D1663739

Keiderling (Hrsg.) · Lexikon der Medien- und Buchwissenschaft

Bibliothek des Buchwesens

Band 26
in drei Teilbänden

Thomas Keiderling (Hrsg.)

Lexikon der Medien- und Buchwissenschaft

analog | digital

3. Teilband: N – Z

Anton Hiersemann · Verlag · Stuttgart · 2018

Inhalt

N–Z 1

Auswahlbibliografie 319

Ein umfangreiches Personen-, Firmen- und Institutionenregister für alle drei Teilbände finden Sie unter www.hiersemann.de/download/LMB.pdf

www.hiersemann.de

ISBN 978-3-7772-1612-6 (Gesamtwerk)
ISBN 978-3-7772-1816-8 (3. Teilband)

Printed in Germany © 2018 Anton Hiersemann KG, Verlag

Alle Rechte vorbehalten, insbesondere die des Nachdrucks und der Übersetzung. Ohne schriftliche Genehmigung des Verlages ist es auch nicht gestattet, dieses urheberrechtlich geschützte Werk oder Teile daraus in einem fotomechanischen, audiovisuellen oder sonstigen Verfahren zu vervielfältigen und zu verbreiten. Diese Genehmigungspflicht gilt ausdrücklich auch für die Speicherung, Verarbeitung, Wiedergabe und Verbreitung mittels Datenverarbeitungsanlagen.
Satz und Druck: Vereinigte Druckereibetriebe Laupp & Göbel GmbH, 72810 Gomaringen
Buchbinderische Verarbeitung: Buchbinderei Klotz GmbH, 89343 Jettingen-Scheppach

N

Nach Korrektur druckreif ↗ Imprimatur

Nachauflage ist als Synonym für eine «unveränderte Neuauflage» gebräuchlich; im Verlagsrecht ist der Begriff jedoch nicht definiert. Im ↗ Modernen Antiquariat bezeichnet man mit N. den Nachdruck verramschter Titel durch Großantiquariate nach Ausverkauf der Restauflage. Diese verwischen die Grenzen zwischen Großantiquariat und Verlag. *K. Gutzmer*

Nachbezug. 1. Der Sortimenter bezieht bedingt (↗ Konditionshandel) oder mit Remissionsrecht (RR) bestellte Stücke eines Werks, sobald sie verkauft sind, fest nach, um diese am Ende der Abrechnungsfrist zu remittieren, wenn der Absatz nicht gelang. Er kann so risikofrei ein größeres Lager halten, auch wenn das fest nachbezogene Exemplar besser rabattiert ist als das bedingt oder mit RR bezogene. 2. Von N. spricht man auch, wenn nach und nach so viele Einzelstücke bezogen werden, bis eine ↗ Partie erreicht ist und der Verleger trotz Einzelbezugs das Partiefreistück innerhalb einer Frist etwa eines Jahres gewährt (Partieergänzung). *W. Braun-Elwert*

Nachdruck bezeichnet 1. den originalgetreuen Wiederabdruck einer bereits gedruckt vorliegenden Auflage bzw. Ausgabe. Er erfolgt heute zumeist rechtmäßig durch den Originalverlag oder Rechteinhaber (nach dem Vervielfältigungsrecht § 16 UrhG in Absprache mit dem Autor), wenn die aktuelle Ausgabe oder Auflage vergriffen ist. Sollte die Druckvorlage nicht mehr vorhanden sein (früher Stehsatz, heute digitale Druckvorlage), kann der Verlag auf Grundlage eines Exemplars der Originalfassung ein Faksimile anfertigen (↗ N.verfahren) oder den Text (digital) neu setzen lassen. Je nach angewendetem Verfahren und der vorhandenen Originaltreue handelt es sich um einen unveränderten bzw. nur unwesentlich veränderten N. Er ist ebenso für jeden Verlag zulässig, wenn es sich um ein gemeinfreies Werk handelt (vgl. §§ 5, 64 UrhG). 2. Mit N. wird zuweilen auch der nach dem modernen Urheberrechtsgedanken bzw. Urheberrechtsgesetz nicht erlaubte ↗ Raubdruck bezeichnet. *T. Keiderling*

Nachdrucklizenz, die vertraglich eingeräumte Berechtigung, ein urheberrechtlich geschütztes Werk, dessen Verlagsrechte bei einem fremden Verlag liegen, nachzudrucken. ↗ Lizenz *L. Delp*

Nachdruckrecht, nach deutschem Recht Befugnis des Urhebers zur anderweitigen Vervielfältigung und Verbreitung eines Werks trotz Einräumung eines ausschließlichen Nutzungsrechts an den Verleger bei bestimmten Werkarten, soweit nichts anderes ausdrücklich vereinbart ist. Bei periodisch erscheinenden Sammlungen (z. B. Zeitschriften) kann der Urheber nach Ablauf eines Jahres seit Erscheinen des Beitrags anderweitig verfügen. Das gilt für einen Beitrag in einer nichtperiodisch erscheinenden Sammlung ebenfalls, wenn der Urheber keine Vergütung erhält. Über einen Zeitungsbeitrag kann der Urheber sogleich nach dessen Erscheinen verfügen (§ 38 UrhG).

Das N. steht jedermann zu, wenn ein überwiegendes Interesse der Öffentlichkeit an der Weitergabe der Informationen besteht, z. B. aus Gründen der Rechtspflege und öffentlichen Sicherheit, bei Sammlungen für Kirchen-, Schul- oder Unterrichtsgebrauch, bei Schulfunksendungen, öffentlichen Reden, Zeitungsartikeln und Rundfunkkommentaren, bei Bild- und Tonberichterstattungen, bei vergütungsfreier öffentlicher Wiedergabe zu sozialen oder kirchlichen Zwecken, bei

Vervielfältigungen zum privaten und sonstigen eigenen Gebrauch und bei Zitaten. Entsprechendes gilt bei Vervielfältigungen durch Sendeunternehmen und, einschließlich der öffentlichen Wiedergabe, durch Geschäftsbetriebe. Dies gilt auch für öffentlich ausgestellte Werke der bildenden Künste in Ausstellungskatalogen für in Auftrag gegebene Bildnisse zugunsten des Bestellers. In Einzelfällen schreibt das Gesetz auch bei Ausübung solcher N.e eine Vergütungspflicht für den Benutzer vor. In jedem Fall dürfen Änderungen an dem benutzten Werk nicht vorgenommen werden. Auch besteht grundsätzlich die Verpflichtung zur Quellenangabe (§§ 45 – 63 UrhG).

L. Delp

Nachdruckverbot, meist durch die Formel «Nachdruck verboten» zum Ausdruck gebrachte Inanspruchnahme des Urheberrechts, das dem Urheber von Werken der Literatur, Wissenschaft und Kunst bzw. demjenigen zusteht, der vom Urheber ausschließliche Nutzungsrechte abgeleitet hat (§ 1 UrhG). Rechtswidrig hergestellte Vervielfältigungsstücke dürfen weder verbreitet noch zu öffentlichen Wiedergaben benutzt werden; rechtswidrig veranstaltete Funksendungen dürfen nicht auf Bild- oder Tonträger aufgenommen oder öffentlich wiedergegeben werden (§ 96 UrhG). Bei Rechtsverletzungen kann der Berechtigte den Anspruch auf Unterlassung und Schadenersatz, auf Vernichtung und ähnliche Maßnahmen und auf Überlassung geltend machen (§§ 97 ff UrhG). Die Verletzung des N.s kann auch strafrechtlich verfolgt werden (§§ 106 ff UrhG).

L. Delp

Nachdruckverfahren ist kein Druckverfahren, sondern eine bestimmte Technik der traditionellen Druckformherstellung, um im Offsetdruck den Text vorhandener Werke ohne Neusatz nachdrucken zu können. Häufig wird die Reprofotografie eingesetzt (Reprint), gelegentlich das ↗ Reflexkopierverfahren.

C. W. Gerhardt

Nachkalkulation ↗ Kalkulation

Nachlass. 1. Es handelt sich um das gesamte private wie berufliche Schrift- und Dokumentationsgut einer Person, das sich im Laufe ihres Lebens organisch gebildet hat und zur dauerhaften Archivierung eignet. Dazu gehören alle Arten von literarischen, künstlerischen, wissenschaftlichen wie geschäftlichen Aufzeichnungen und Manuskripten des N.ers, unter Einschluss von Noten und Skizzenbüchern, von der Stoffsammlung und dem ersten Entwurf bis zur Reinschrift und Korrekturfahne; weiter seine Korrespondenz, d. h. die von ihm empfangenen Briefe nebst seinen eigenen Briefentwürfen und -durchschlägen, schließlich alle Unterlagen über seine persönliche und juristische Existenz, Urkunden, Zeugnisse, Fotografien und sonstige Dokumente, autobiografische Niederschriften, Tage-, Notiz- und Stammbücher sowie die von ihm verwahrten Rezensionen seiner eigenen Werke und ihn betreffenden Drucksachen. Keinen Teil des schriftlichen N.es bildet i. d. R. die Bibliothek des N.ers, mit Ausnahme seiner eigenen Veröffentlichungen, Belegdrucke oder Handexemplare. Auch vom N.er angelegte Sammlungen, z. B. von Autografen und anderen Materialien, die nicht Ausfluss seiner eigenen Tätigkeit sind, gehören nicht zum N. und sind von diesem zu trennen. Nachlässe befinden sich entweder im Privatbesitz der Familie bzw. Erbengemeinschaft oder im Besitz von bestandsverwahrenden Einrichtungen (u. a. Bibliotheken, Archiven, Stiftungen oder Museen). Wird ein solcher Bestand vor dem Tod einer Person einer bestandsverwahrenden Einrichtung übergeben, spricht man von einem Vorlass. Die meisten überlieferten Nachlässe sind nur Teil- oder Restnachlässe, die zumeist nach dem ↗ Provenienzprinzip geordnet werden. Überwunden ist heute die frühere Verfahrensweise, die bestehende Ordnung von Nachlässen nach dem ↗ Pertinenzprinzip aufzulösen und nach bestimmten Kriterien neu zu organisieren. Bei der N.-Benutzung müssen urheber- und personenrechtliche Bestimmungen beachtet werden.

2. N. meint auch eine Herabsetzung des gebundenen Ladenpreises, den der Sortimentsbuchhändler bestimmten Gruppen von Letztabnehmern in klar abgegrenzten Fällen gewähren darf, so etwa beim Bibliotheksrabatt, bei Mengenrabatten (Partien)

und Rabatten für kurzfristige Zahlungsziele (Messagio, Messerabatt, Skonto).

T. Keiderling / I. Stolzenberg

Nachlieferung. 1. Teillieferung zu einem späteren als dem für die gesamte Lieferung vereinbarten Termin. Die N. ist zu gleichen Konditionen zu liefern wie die Hauptlieferung. 2. Unberechnete N.en zu einer vorausgegangenen Lieferung, in deren Berechnung der Preis für die N. bereits enthalten war. ↗ Als Rest ↗ Restschreiben

W. Braun-Elwert

Nachmittagsausgabe, zweite Ausgabe einer mehrfach am Tag erscheinenden Zeitung, deren Redaktionsschluss am frühen Morgen lag und die ab mittags in den Verkauf ging. N.n sind in Deutschland seit dem Zweiten Weltkrieg nicht mehr üblich. ↗ Morgen-, Mittags-, Abendblatt

H. Bohrmann

Nachricht ist die Information bzw. Botschaft eines Kommunikators (Senders), die codierte Symbole, Zeichen oder Signale enthält, ggf. medial übermittelt und von einem bzw. mehreren Empfängern (möglicherweise einer Öffentlichkeit) decodiert und rezipiert werden kann. Zugleich handelt es sich um eine journalistische Darstellungsform vorrangig der Bereiche Zeitung, Zeitschrift, Radio, Fernsehen und Internet, die Inhalte in prägnanter Form präsentiert. Das Wort kommt erst seit dem 17. Jh. vor, seine Inhaltsbedeutung wurde vorher mit dem Wort «Zeitung» ausgedrückt. «Newe Zeytungen», die seit dem 16. Jh. anlässlich wichtiger Ereignisse (noch) nicht periodisch herauskamen, wiesen durch diesen Titel auf die neuen N.en hin, die sie verbreiteten. Die N. bildet inhaltlich einen Kern der seit 1609 (Aviso) nachweisbaren periodischen Presse. N.en stehen neben reflektierenden, unterhaltenden und kommentierenden Inhalten aller Art, die dem universalen und aktuellen Berichtsanspruch der Zeitung entsprechen. V.a. durch die Nachfrage der Zeitungspresse sind N.en zu teilweise gut bezahlten Waren geworden, die bis in die Mitte des 19. Jh.s von angestellten Korrespondenten, Journalisten und Auslandsberichterstattern gesammelt und an eine oder mehrere Redaktionen weitergegeben wurden (↗ Gatekeeper). Seit dem Aufkommen der N.enagenturen wurde das Ermitteln, Überprüfen und Vermitteln von N.en professionalisiert. Durch die ungeheure Beschleunigung der N.enübermittlung im digitalen Zeitalter ist die Welt zu einem sog. «globalen Dorf» geworden (M. McLuhan, 1911–1980; ↗ Gutenberg-Galaxis). ↗ Internet ↗ Social Media

H. Bohrmann / T. Keiderling

Nachrichtenagentur ist ein Unternehmen, das gewerbsmäßig Nachrichten im In- wie im Ausland entweder universell oder spartenmäßig eingeschränkt auswählt, sammelt, verarbeitet und an Interessenten, vorwiegend in den publizistischen Medien, aber auch Regierungsdienststellen und Wirtschaftsbetrieben u.a.m. im Abonnement verkauft. Die N. arbeitet publizistisch gesehen für Weiterverarbeiter, nicht für den Endverbraucher. Erste N.en entstanden in der Mitte des 19. Jh.s, als die Nachrichtentechnik ausgebaut wurde, zunächst in Paris (Agence Havas, 1832), Berlin (Wolff's Telegraphisches Bureau, 1849) und London (Reuters, 1851), aus dem Bedürfnis der raschen Mitteilung von Wirtschaftsnachrichten (Börsenkurse). Die N.en verbesserten die Nachrichtenversorgung der Tagespresse, weil sie Informationen in breitem Umfang auch für weniger kapitalkräftige Blätter ermöglichten, die sich den Unterhalt ausgebreiteter Korrespondentennetze, deren Mitteilungen postalisch übermittelt wurden, nicht leisten konnten. Die N.en ersetzten den Zeitungskorrespondenten, sofern er lediglich Nachrichten ermittelte und übermittelte (Rationalisierungseffekt) und sorgten für den Strukturwandel der Korrespondententätigkeit im Hinblick auf Hintergrundberichte. Da auch der Betrieb einer Agentur wegen des hohen Personalkostenanteils und der eingesetzten Technik (u.a. Telegrafen) teuer war, suchten deren Besitzer häufig Anlehnung bei den nationalen Regierungen (offiziöse Agenturen). Die US-amerikanische N. Associated Press (AP) als Genossenschaft der an ihr beteiligten Journalisten wies einen anderen Weg, der von den großen Weltn.en heute im Allgemeinen beschritten wird. Eigentümer sind die Abnehmer der N. (Presseverlage, Rundfunk- und Fernsehanstalten). Im Unterschied zur Zeit vor dem Ersten Weltkrieg gibt es zwischen den führenden N.en heute keine verbindlichen Verträge über eine Arbeitsaufteilung nach Regionen. Die N.en tauschen auch untereinander Meldungen aus. Dennoch sind besondere Stärken erkennbar. So ist die Berichterstattung von Reuters aus den Gebieten des britischen Commonwealth besonders intensiv; die französische Agentur AFP hat v. a. gute Berichte aus den ehemals französischen Kolonien im Mittelmeergebiet, Afrika, Asien und dem Nahen und Fernen Osten. Die führende deutsche N. dpa (Deutsche Presse-Agentur, Hamburg), hat den Schwerpunkt ihrer Tätigkeit folgerichtig im deutschsprachigen Raum, deckt aber auch die Berichterstattung aus Skandinavien, Italien und von der iberischen Halbinsel und der spanischsprachigen Welt ab. Die Zeitungen in Deutschland haben i. d. R. dpa abonniert. Nur die größeren Zeitungen beziehen weitere N.en; die Rundfunkanstalten haben stets mehrere N.en abonniert. Neben den universalen N.en gibt es auch spezielle, die sich der Pflege eines bestimmten Interessengebiets annehmen, z. B. Sport-Informations-Dienst (SID), Vereinigte Wirtschaftsdienste (VWD), Katholische N. (KNA) oder Evangelischer Pressedienst (epd). Das Angebot der N.en wird ergänzt durch Bilddienste und -archive. *H. Bohrmann*

Nachrichtenblatt. Ähnlich einem ↗ Mitteilungsblatt bringt das N. ausschließlich Nachrichten etwa von Behörden, Verbänden, Vereinigungen und sucht deren Verordnungen, Entscheidungen, Entschlüsse u. a. m. dem Kreis der davon betroffenen Mitarbeiter, Mitglieder etc. regelmäßig zu übermitteln. N.blätter stehen damit den Amtsblättern und den Gesetz- und Verordnungsblättern nahe. Am Markt kann sich eine solche Publikation nicht behaupten, es sei denn, sie würde durch die Aufnahme eines zusätzlichen redaktionellen Teils und eines Anzeigenteils den Charakter der reinen Nachrichtenübermittlung aufgeben. *H. Bohrmann*

Nachrichtendienst. 1. Bezeichnung für eine ↗ Nachrichtenagentur oder einzelnen Dienst einer solchen, z. B. Sportnachrichten. 2. Von N. wird auch bei den Produkten der zentralen Nachrichtenredaktion eines Pressekonzerns gesprochen. 3. Bezeichnung für eine Nachrichtensendung und deren Redaktion bei elektronischen Medien. 4. Auch Benennung für den Geheimdienst, der i. d. R. in staatlichem Auftrag nicht allgemein zugängliche Nachrichten sammelt und auswertet. *H. Bohrmann*

Nachrichtenfaktoren ↗ Nachrichtenwerttheorie

Nachrichtenmagazin, Zeitschriftentypus, der meist wöchentlich erscheint und unter starker Betonung der politischen Ereignisse die Nachrichtenlage einer Woche, nach Sparten gegliedert und häufig in einer mit Meinungselementen durchsetzten Stilform, für einen intellektuell geprägten Leserkreis aufbereitet. Bedeutende Vertreter des Typus N. in Deutschland ist «Der Spiegel» (1947 unter dem Titel «Diese Woche» gegr., gilt als Prototyp des N.s), «Der Stern» (seit 1948) und «Focus» (seit 1993) gelten als illustrierte N.e. Die Vorbilder des N.s stammen aus den USA («Time» 1923, «Newsweek» 1933). *H. Bohrmann*

Nachrichtensendung. Sendeformat des Rundfunks (Radio, Fernsehen, auch via Internet), das in erster Linie Nachrichten verbreitet. Nach dem Vorbild des französischen Nachrichten-Radiosenders France Info (gegr. 1987) bieten mittlerweile in Deutschland fast alle ARD-Anstalten reines Nachrichtenradio und Informationsprogramme an. Innerhalb einer Viertelstunde informieren sie über die wichtigsten Entwicklungen des Tages. Die deutschen Nachrichten-Fernsehsender n-tv (Köln; im Besitz der Mediengruppe RTL; gegr. 1992) und N24 – 2018 umbenannt in Welt – (Berlin; heute im Besitz von Welt24, eine Tochter von Axel Springer; gegr. 2000) bieten ebenso im Kern diese journalistische Darstellungsform und darüber hinaus zahlreiche Dokumentationen an. Derzeit werden N.en von schätzungsweise 85 % der deutschen Bevölkerung mindestens einmal täglich rezipiert. Bei wichtigen politischen Geschehnissen (u. a. Wahlen, politische Umstürze) aber auch dramatischen Ereignissen (Katastrophen, Terroranschläge, Skandale etc.) werden die reinen Nachrichtensender kurzfristig verstärkt genutzt. Insgesamt ist die Nachfrage nach N.en durch die zunehmende Verbreitung von mobilen Endgeräten in den letzten Jahren angestiegen.

T. Keiderling

Nachrichtentechnik, ingenieurwissenschaftliche Teildisziplin, die sich mit der Gesamtheit der Technik zur Darstellung, Verarbeitung, Übertragung und Vermittlung von Nachrichten beschäftigt. Repräsentant der Nachricht ist das ↗ Signal. Die Begriffe N. und Informations- und Kommunikationstechnik sind nicht synonym. Von grundlegender Bedeutung ist das Sender-Empfänger-Modell zur Nachrichtenübertragung von C. Shannon (1916–2001) und W. Weaver (1894–1978). Die N. entwickelt und erstellt technische Systeme, die aus vielen unterschiedlichen Hard- und Softwaresystemen bestehen können.

S. Büttner

Nachrichtenwerttheorie, theoretischer Ansatz, der anhand verschiedener Kriterien zu erklären versucht, was eine Nachricht zu einer solchen macht. Journalisten und Medienvertreter sowie Nachrichtenagenturen besitzen als Gatekeeper eine Selektionsfunktion, d. h. sie wählen aus den zur Verfügung stehenden Informationen diejenigen aus, die (nach ihrer Einschätzung) einen bestimmten Nachrichtenwert besitzen und verbreiten diese. Hierbei beachten sie u. a. folgende Kriterien, die auch als «Nachrichtenfaktoren» bezeichnet werden: Neuigkeitsgehalt, Tragweite, Eindeutigkeit des Geschehens, Konflikt, Überraschung, Skandal, Katastrophe, Bezug zu Elite-Personen und zur Nation, Betroffenheit bestimmter Personengruppen, räumliche Nähe und dgl. mehr. Die These lautet: Je mehr Nachrichtenfaktoren in einem Artikel bzw. einem Ereignis stecken und je stärker sie ausgeprägt sind, desto höher ist der Nachrichtenwert.

T. Keiderling

Nachruf ↗ Nekrolog

Nachschlagewerk. Bezeichnung für ein Informationsmittel, das vornehmlich dem raschen und gezielten Auffinden von Daten und Fakten dient und nicht einer zusammenhängenden Lektüre. N.e gibt es in gedruckter Form, als E-Books sowie auf Internetplattformen (u. U. durch auditive oder audiovisuelle Medien angereichert). N.e sind Informationsspeicher, die zweckentsprechend nach bestimmten Ordnungsprinzipien angelegt sind und Daten und Fakten zu verschiedenen Gebieten des Wissens erfassen und erschließen. Zu den N.n zählen Enzyklopädien, Lexika, Wörterbücher, Bibliografien und Kataloge, Adressbücher, Atlanten und Tabellenwerke, statistische Jahrbücher u. a. m.

W. Grebe

Nachsehbogen ↗ Abstimmbogen ↗ Andruck

Nachtragsband, nachträglicher, zusätzlicher Band eines vielbändigen und nach der ursprünglichen Konzeption eigentlich abgeschlossenen Werks. N.bände werden dann erstellt und herausgegeben, wenn das Erscheinen des Gesamtwerks einen langen Zeitraum umfasst. Sie behandeln übersehene oder nach Erscheinen der vorherigen Bände erst neu aufgekommene Sachverhalte oder liefern inhaltliche Aktualisierungen zu Darstellungen in den früher erschienenen Bänden. N.bände unterliegen je nach den Bezugsbedingungen dem Pflichtbezug des Gesamtwerks oder werden optional angeboten. Gleiches gilt für Supplemente u. ä. N. werden bibliografisch in die Bandangabe übernommen.

W. D. v. Lucius

Nachwort, ein vom Autor oder Herausgeber eines Werks nachgestellter, meist das Werk oder seine Edition erläuternder Text. Er hat gewöhnlich eine ähnliche Aufgabe wie das ↗ Vorwort.

G. Pflug

Nachzensur meint einen zensorischen Eingriff nach dem Zeitpunkt der Drucklegung, anhand eines bereits vorliegenden Druckexemplars. Dieses Verfahren wurde über Jh.e in zahlreichen Nationalstaaten geübt und stellt den Regelfall der Überwachung von Druckerzeugnissen dar. In den Karlsbader Beschlüssen von 1819 gab es in den Zensurbestimmungen für den Deutschen Bund («Provisorische Bestimmungen hinsichtlich der Freiheit der Presse» § 1) eine ↗ Zwanzig-Bogen-Klausel, die besagte, dass alle Druckwerke der Vorzensur unterliegen, die zwanzig oder weniger Bogen Umfang (≤ 320 Seiten) aufwiesen. Umfangreichere Bücher wurden erst nach ihrer Drucklegung kontrolliert, da sich in diesem Bereich kaum tagesaktuelle, politische Schriften befanden und eine nachtägliche Beschlagnahme die Autoren und Hersteller (Verleger, Drucker) wirtschaftlich treffen würde, so dass bei ihnen eine sog. ↗ Schere im Kopf wirkte. Da nach der Drucklegung die Gefahr bestand, dass der Verlag, die Druckerei bzw. der Autor bereits weitere Exemplare bzw. ein Gutteil der Auflage in Umlauf brachte, wurde die N. vom 16. bis 19. Jh. direkt an den großen deutschen Buchmessen durch die sog. Bücherkommissionen durchgeführt (↗ Bücheraufsicht), die bei der Nachzensur der zur Messe veröffentlichten Neuigkeiten prinzipiell die Möglichkeiten hatten, die gesamte Auflage zu konfiszieren und somit aus dem Verkehr zu ziehen. ↗ Zensur   *T. Keiderling*

Napster, ehemals als Peer-to-Peer-Netzwerk funktionierende kostenlose Tauschbörse für Musikdateien im Format MP3 (gegr. 1999). N. war zwischenzeitlich die am schnellsten wachsende Community im Internet mit mehr als 80 Mio. Nutzern im Jahr 2001. Nachdem Gerichte in immer mehr Staaten diese Praxis als Verstoß gegen das Urheberrecht bzw. Copyright eingestuft hatten, wurde das Netzwerk im Juli 2001 abgeschaltet. 2003 wurde unter demselben Markennamen ein kommerzielles System zur Online-Musikvermarktung etabliert.
P. Schaer / K. Umlauf

Narbenseite ↗ Haarseite

Narbung, im buchbinderischen Sprachgebrauch auch «der Narben» genannt, ist die natürliche Musterung der Oberfläche des Leders. Diese ist bei den einzelnen Ledersorten verschieden ausgebildet und kann zur Bestimmung des Leders genutzt werden. Der Narben des Maroquinleders ist groß und kräftig ausgebildet. Saffian ist ein Ziegenleder bester Qualität mit feiner Perlnarben (chagrin). Schweinsleder hat kräftige Poren, in denen manchmal noch die Borstenreste zu sehen sind. Schafleder sind häufig von minderer Qualität, weil die Wolle einen großen Teil der Schutzfunktion der Haut übernimmt. Die besten Lederqualitäten werden von Tieren bezogen, die Tag und Nacht im Freien leben.   *K. Jäckel*

Narrenliteratur, im weiteren Sinn Literatur didaktisch-satirischen Gepräges, die menschliche Schwächen aller Art und Missstände des öffentlichen und privaten Lebens geißelt. Dazu gehören auf Grundlage antiker und orientalischer Quellen Werke wie «Salomon und Markolf» bzw. in der deutschen Version «Salman und Morolf», «Reinhart Fuchs» (12. – 13. Jh. entstanden), «Till Eulenspiegel» (Erstdruck um 1510), sowie Fastnachtspiele wie «Das Narrenschneiden» von H. Sachs (1494 – 1576) von 1534. Im engeren Sinn handelt es sich um die Narrenbilderliteratur des 16. Jh.s in der Nachfolge des «Narrenschiffs» (1494) von S. Brant (1457 – 1521), der Werke von T. Murner (1475 – 1537) «Narrenbeschwörung» und «Der Schelmen Zunft» (beide 1512). Die N. wurde auch im folgenden Jh. fortgesetzt, z. B. im Grimmelshausenschen «Simplicissimus» 1668, oder von C. Weise (1642 – 1708).

Narrowcasting, aus dem Englischen «Schmalfunk»; meint eine Programmpolitik des Rundfunks, die mit ihrem speziellen inhaltlichen Angebot an ein eng begrenztes Publikum ausgerichtet ist (Gegensatz ↗ Broadcasting). Der Begriff geht auf J. C. R. Licklider (1915 – 1990) 1968 zurück. Bei der Einführung des Kabelfernsehens in den 1990er Jahren wurde dieser Terminus übernommen und meinte das zeitversetzte Ansehen von Fernsehprogrammen (realisiert zunächst mit dem Videorekorder) sowie eine zunehmende Programm- und Meinungsvielfalt privater Sender. Im Internet werden Angebote des N. besonders als Pod-, Net-, und Webcasting, beim Broadcatch sowie bei Streaming Media realisiert.   *T. Keiderling*

Nassbehandlung von Papier. Darunter zählen in der Papierrestauration verschiedene Methoden (Wässern, Baden, Bleichbad), um den Alterungsprozess von Papier aufzuhalten (besonders hinsichtlich holz- und säurehaltiger Papiere), gewellte Papiere

zu glätten oder Schimmelbefall zu bekämpfen. Die N. kann die Flexibilität des gealterten Papiers erhöhen. Schmutzpartikel, Abbauprodukte und Säuren werden herausgespült. Das Einbringen einer alkalischen Reserve verlangsamt die natürliche Alterung.
↗ Massenentsäuerung *T. Keiderling*

Nassfarbendruck ↗ Citochromie

Nass-in-Nass-Druck ist das unmittelbare Übereinanderdrucken von zwei und mehr Farben, bevor diese ausreichend getrocknet sind; etwa beim Offsetdruck. Bei früheren Druckverfahren war die erste Farbe zumeist schon getrocknet, weil zwischen den einzelnen Druckgängen zu viel Zeit verstrichen war. Man sprach in diesen Fällen vom Nass-auf-Trocken-Druck.

Nassverfahren. Älteres fotografisches Aufnahmeverfahren mit selbstbeschichteten Glasplatten auf Jodsilber-Kollodium-Basis. Die Glasplatten werden mit Kollodiumlösung übergossen, sodann mit Jodsalzen «jodiert» und schließlich in Silbernitratlösung gebadet, wodurch sie lichtempfindlich werden. Nach dem Belichten der nassen Platten werden sie mit Eisensulfatlösung entwickelt und mit Natriumthiosulfatlösung fixiert. Da verfahrensbedingt nur zarte Schwärzungen erzielt werden, muss das Silberbild noch verstärkt werden, was durch zusätzliche physikalische Entwicklung oder Behandlung mit Sublimat erfolgt. *R. Golpon*

National Distributor (ND) oder Nationalvertrieb nennen sich die Spezialisten im Pressevertrieb, welche die Auslieferung der ihnen übertragenen Titel (Bücher, Zeitungen und Zeitschriften) i. d. R. als Streckengeschäft betreiben, d. h. die Auslieferung erfolgt direkt ab Druckerei (u. U. aus dem Ausland) an die Empfänger in den Absatzkanälen des Pressevertriebs. Eine Lagerhaltung ist nur bei nicht aktuellen Titeln zur Nachlieferung (außerhalb der normalen Angebotszeiten) erforderlich. Die N. D.s beschäftigen sich viel mehr mit dem Vertriebsservice. Sie arbeiten sowohl für kleinere und mittlere Verlage, als auch für große Verlage bzw. Verlagsgruppen, deren Tochterfirmen sie oft sind, auf allen Feldern des Vertriebs, vom Einzelverkauf über das Abonnement bis zum Lesezirkel, von den Verhandlungen mit Bahnhofsbuchhändlern und Pressegrossisten über die Betreuung von Abonnenten bis zur Marktanalyse und Statistik für ihre Verlage. Meist betreiben sie auch den Im- und Export von Presseerzeugnissen, deren Auslieferung ihnen (vertraglich) übertragen ist. *T. Bez*

Nationalbibliografie, Bibliografie, die nach der Territorialkonzeption die in einem Staat erscheinenden Publikationen verzeichnet (meist beschränkt auf selbstständige Publikationen in Medientypen wie Buch, Zeitschrift, Tonträger, DVD-ROM, Netzpublikationen, lange Zeit auf Monografien beschränkt). Nach der Sprachkreiskonzeption ist (sind) das Auswahlkriterium die Nationalsprache(n), unabhängig vom Erscheinungsort; nach der landeskundlichen Konzeption werden die Publikationen über den betreffenden Staat, ebenfalls unabhängig vom Erscheinungsort einbezogen. Produzent ist seit dem 19. Jh., v. a. im 20. Jh. i. d. R. die jeweilige ↗ Nationalbibliothek, z. T. auch Organisationen des Buchhandels, vereinzelt Verlage. Ggf. bestimmt der Auftrag der Nationalbibliothek (oft als Gesetz, Verordnung usw.) das Profil der N. im Einzelnen. Diesen N.n gingen in vielen Ländern Buchhandelsbibliografien voraus (u. a. der ↗ Hinrichs' Katalog). Die meisten entwickelten Staaten verfügen über eine N. als laufende Bibliografie (Deutschland: Deutsche N.); in einigen Staaten ist sie unvollständig (z. B. für Indien). Oft handelt es sich um ein System von laufenden und kumulierten Teilen; verbreitet sind wöchentlich erscheinende, nach einer Klassifikation (oft Dewey-Dezimalklassifikation) geordnete Verzeichnisse, z. T. in Reihen nach Dokumenttypen oder Medientypen aufgeteilt, deren Katalogisate in mehr oder minder großen Abständen zu kumulativen Bibliografien alphabetischer Ordnung zusammengefasst werden. Daneben entstanden N.n als retrospektive Bibliografien, oft für Zeitsegmente, z. B. das Verzeichnis der im deutschen Sprachraum erschienenen Drucke des 16./17./18. Jh.s. N. erscheinen zunehmend als bibliografische Datenbank, z. T. nicht mehr gedruckt. Nach den Empfehlungen der International Federation of Library Associations and Institutions (IFLA) von 1977 (veröffentlicht 1979) sollen N.n mindestens Monografien, neue bzw. geänderte Zeitschriftentitel und Amtsdrucksachen, die im Land gedruckt werden, verzeichnen. Ferner sollen einbezogen werden: Veröffentlichungen ethnischer Minderheiten des betreffenden Landes, Karten, Noten und audiovisuelle Medien. 1998 empfahl die IFLA darüber hinaus: Einführung der Pflichtablieferung, wo sie noch nicht besteht, zur besseren bibliografischen Kontrolle; Ausweitung auf die gesamte Menge der aktuellen und früheren Publikationen in dem betreffenden Land, insbesondere auf Netzpublikationen; internationale Standards für die Katalogisate, einschließlich einer stabilen Adressierung digitaler Informationsobjekte; Publikation der N.n u. a. in einer für die digitale Langzeitarchivierung geeigneten Form. N.n dienen v. a. anderen Bibliotheken als den Nationalbibliotheken beim Bestandsaufbau. Darüber hinaus wird oft auch ihre Bedeutung im Sinn einer Widerspiegelung von Kultur, Eigenheiten und gegenwärtigen Strömungen eines Landes überhöht (N.n als Baustein nationaler Identität und Integration, so ausdrücklich bei der «Indian National Bibliography»). Als erste laufende N. im Sinn eines offiziellen Produkts der Nationalbibliothek gilt die «Bibliographie de la France», Paris 1811–1989, fortgesetzt unter dem Titel «Bibliographie nationale française», jedoch haben nationale Buchhandelsbibliografien z. T. eine weiter zurückreichende Tradition.

D. Wissen / K. Umlauf

Nationalbibliothek, wissenschaftliche Universalbibliothek, die die Gesamtheit der Publikationen zunehmend einschließlich der Netzpublikationen des jeweiligen Landes sammelt und meist auch die Aufgabe hat, die wichtigsten ausländischen Publikationen mit entsprechendem Landesbezug zu erwerben. Sie hat das schriftliche ↗ kulturelle Erbe eines Landes zu erhalten, zu erschließen und der Öffentlichkeit zugänglich zu machen. Sie versteht sich meist als Bildungs- und Kulturzentrum, das abgesehen vom Bibliotheksbetrieb einem möglichst breiten Kreis von Interessierten durch Ausstellungen, Publikationen und Veranstaltungen ihre Bestände zugänglich macht. Darüber hinaus nimmt die N. im Bibliothekswesen eines Landes oft als zentrale wissenschaftliche Bibliothek eine führende und koordinierende Rolle ein und arbeitet mit in- und ausländischen bibliothekarischen Einrichtungen zusammen, um aktiv an Entwicklungen im Bibliotheksbereich mitzuwirken. I. d. R. werden der N. ein landesweites Pflichtexemplarrecht oder vergleichbare Rechte eingeräumt, um die Nationalbibliografie zu erstellen. Die N.en entstanden großteils aus alten kgl. Bibliotheken, teilweise tragen sie heute noch diesen Namen (z. B. in Schweden die Königliche Bibliothek in Stockholm). In einigen Ländern übernehmen Universitätsbibliotheken die Aufgabe einer N. (z. B. in Finnland), in den USA ist es die Library of Congress. Mit der Umbenennung der Bibliothèque royal in Bibliothèque Nationale de France 1792 wird der Begriff N. das erste Mal verwendet. In Deutschland gibt es erst seit 2006 eine Bibliothek, die sich Deutsche N. nennt. Davor nahmen die Deutsche Bücherei in Leipzig und die Deutsche Bibliothek in Frankfurt a. M. als Vorgänger der heutigen Deutschen N. die Aufgabe wahr. Aber auch die Staatsbibliothek zu Berlin und die Bayerische Staatsbibliothek sowie die Sammlung Deutscher Drucke sind für zurückliegende Zeiträume an den Aufgaben einer N. für Deutschland beteiligt. *C. Köstner*

Nationallizenz. Die Lizenzierung einer kostenpflichtigen Netzpublikation und deren dauerhafte Verfügbarmachung für alle Bürger eines Landes. Für den Abschluss von N.en kooperieren vielfach regionale Konsortien (↗ Lizenz, 3.) auf nationaler Ebene. In Deutschland sind N.en bundesweit geltende Lizenzvereinbarungen mit Fachgesellschaften u. a. Informationsanbietern, die mit der Zielsetzung abgeschlossen wurden, eine nachhaltige Verbesserung der Versorgung mit elektronischer Fachinformation an deutschen Hochschulen, Forschungseinrichtungen und Wissenschaftlichen Bibliotheken zu erreichen. Das diesen Lizenzvereinbarungen zugrundeliegende Programm der N.en (2004–2011) wurde von der Deutschen Forschungsgemeinschaft (DFG) initiiert, die die Lizenzierung von Netzpublikationen im Rahmen des Sondersammelgebietsprogramms in das Konzept der überregionalen Literaturversorgung einbezogen hat. Die bisherigen DFG-geförderten Sondersammelgebiete wurden im Zeitraum 2013–2015 in das neue Förderprogramm «Fachinformationsdienste für die Wissenschaft» überführt. Inhaltlich konzentrieren sich die N.en auf abgeschlossene Textsammlungen, Werksausgaben, Backfiles wissenschaftlicher Zeitschriften sowie in geringer Zahl auf Kollektionen elektronischer Bücher und nicht mehr fortgeführte Datenbanken. Neben Wissenschaftlern und Studierenden ermöglichen die N.en auch wissenschaftlich interessierten Privatpersonen den kostenfreien Zugang auf diese Informationsressourcen. Auf Basis eines von der DFG vorgegebenen Kriterien- und Anforderungskatalogs mit der Verhandlungsführung und dem -abschluss beauftragt sind mehrere Institutionen, die auch als Ansprechpartner für die Bereitstellung der Daten fungieren (u. a. die Deutsche Zentralbibliothek für Medizin). Der Nachweis der N.en erfolgt in vielen bibliothekarischen Informationssystemen (u. a. Zeitschriftendatenbank, Elektronische Zeitschriftenbibliothek, Datenbank-Infosystem). Ende 2011 trat an seine Stelle das Konzept der Allianz-Lizenzen. Die Allianz der deutschen Wissenschaftsorganisationen verfolgt das Ziel, die DFG-N. weiter zu entwickeln; angestrebt werden erweiterte Nutzungsrechte, internationale Kooperationen sowie neue Preis- und Geschäftsmodelle.

B. Bauer

Natronpapier ↗ Kraftpapier

Naturdruck. Druck von originalgetreuen Reproduktionen natürlicher Objekte (z. B. Pflanzen und Pflanzenteile, Tiere und Tierteile, Textilien, Fossilien, Mineralien etc.) mittels mechanischer Techniken, z. T. auf Maschinen. Um 1830 formte P. Kyhl (1797–1847) Pflanzen auf Neusilber- oder Kupferplatten ab, die er als Druckformen benutzte. 1850 gelang der Wiener Hof- und Staatsdruckerei unter A. Auer von Welsbach (1858–1929) die entscheidende Vollendung durch die Galvanoplastik: Aus der galvanisch erzeugten Hochdruckplatte entstand durch nochmalige Galvanisierung die druckfähige Tiefdruckplatte. Damit konnten alle flachen und leicht reliefartigen Gegenstände vervielfältigt werden. Auer vervollkommnete das Kyhlsche Verfahren zusätzlich durch die Stereotypie.
↗ Naturselbstdruck   C. W. Gerhardt

Naturschnitt ist in der Buchbinderei die Bezeichnung für den unbehandelten Buchschnitt (↗ Schnitt) nach dem Beschneiden.

Naturselbstdruck, Abdruck natürlicher Objekte (z. B. Pflanzen, Pflanzenteile, Tiere, Tierteile, Textilien, Fossilien, Mineralien etc.) durch Abreiben, Drücken oder Drucken mit Farbe, wobei das Objekt selbst als Druckform dient; im 19. Jh. weiter entwickelt zum ↗ Naturdruck. Seit ca. 1940 wird in Europa der N. vorwiegend für Kinderbücher verwendet. In Japan, Australien, Hawaii und an den Küsten Amerikas wird häufig der japanische Fischabdruck angefertigt. Dafür wird der Fisch gereinigt, eingefärbt und auf Papier abgedruckt. Eine zweite Methode entspricht der Abreibung, wie sie aus China bekannt ist: Hier wird über den gereinigten Fisch ein feuchtes Reispapier gelegt und nach dem Abtrocknen mit einem Tampon die Sumifarbe abgerieben.

Die ältesten N.e sind grün kolorierte Pflanzendrucke (13. Jh.). L. da Vinci (1452–1519) beschrieb um 1500 ein Verfahren für den zweifarbigen Druck (Codex atlanticus). Im 16. und 17. Jh. stellten vorwiegend Ärzte und Apotheker ihr eigenes Herbarium auf

Naturselbstdruck. Nakimizo-Fisch-Druck 1990. (Sammlung P. Heilmann, Mainz).

diese Weise her. Häufig wurden die Drucke anschließend illuminiert. Um 1700 brachte F.-D. Pastorius (1651–1719) das Verfahren nach Amerika. U. a. nutzte es der Drucker B. Franklin (1706–1790), um Papiergeld herzustellen. Nach 1800 übertrug man den N. auf den lithografischen Stein und druckte hiervon in größeren Auflagen. Diese und weitere Erfindungen verwandelten den N. in den Naturdruck. *C.W. Gerhardt*

NCR-Papier (Abkürzung für «no carbon required») ist ursprünglich der Markenname eines US-amerikanischen Produkts für ein Durchschreib- und innerhalb dieser Gruppe für ein Farbreaktionspapier: das obere, auf der Vorderseite mit Hand oder Maschine zu beschreibende Blatt eines zweiteiligen Satzes ist auf der Rückseite mit einem bestimmten Stoff imprägniert und das untere Blatt auf der Vorderseite mit einem anderen. Beide Stoffe sind farblos. Wenn jedoch der erste durch den Druck des Schreibinstruments mit dem zweiten zusammengebracht wird, entsteht in chemischer Reaktion ein Farbstoff. NCR wird bisweilen allgemein für Farbreaktions- und sogar für andere präparierte Durchschreibsätze verwendet, d. h. solche, die kein farbschichttragendes Zwischenpapier enthalten. *H. Bansa*

Nebeneintragung. Nach den mittlerweile veralteten Regeln für die alphabetische Katalogisierung (RAK) kann zusätzlich zur ↗ Haupteintragung unter einem für das Auffinden hilfreichen weiteren Ordnungsmerkmal eine N. vorgenommen werden. Sie hat die Funktion einer Verweisung. Durch die elektronische Verzeichnung von Titeln im OPAC erübrigt sich die N. *S. Corsten*

Nebenmarkt (des Buchhandels). Aus buchhändlerischer Sicht waren N.märkte alle Absatzkanäle für Bücher, die nicht im Sortimentsbuchhandel (ehemals «Vollbuchhandel») endeten. Mit dem Versandhandel gab es Streit, der zur Einführung der Ladenpreisbindung 1888 geführt hatte. Der Warenhausbuchhandel wurde um 1900 bekämpft der «Auchbuchhandel» und der Grossobuchhandel, der ihn belieferte, wurden diskriminiert (5 % weniger Rabatt – so stand es 1888 in der ↗ Buchhändlerischen Verkehrsordnung). Später zählte man den Warenhausbuchhandel und den Versandbuchhandel (heute v. a. den Internetbuchhandel) nicht mehr zu den N.märkten. Nach dem Zweiten Weltkrieg kamen neue N.märkte auf: Fachgeschäfte, die Bücher im Bedarfszusammenhang führen, und SB-Märkte, die von Regalgroßhändlern betreut oder von Pressegrossisten beliefert werden. Die Diskussion um die N.märkte hat immer wieder Wellen geschlagen; aber je mehr sich der Buchmarkt diversifizierte, desto bedeutender wurden die alternativen Absatzkanäle für viele Verlage, insbesondere für Taschen- und Jugendbücher, sowie für Sachbücher (insbesondere Ratgeber), die in einschlägigen Fachgeschäften im Bedarfszusammenhang (Kochbücher bei Haushaltswaren, Tierbücher in Zoohandlungen usw.) zusätzliche Umsätze erzielen. Nach «Buch- und Buchhandel in Zahlen 2017» generieren die «sonstigen Verkaufsstellen» im Jahr 2016 einen Umsatz von 935 Mio. Euro oder immerhin 10,1 % der geschätzten Umsätze buchhändlerischer Betriebe zu Endverbraucherpreisen. *T. Bez*

Nebenrechte, die mangels anderweitiger Absprache bei Abschluss eines Verlagsvertrags beim Verfasser verbleibenden Nutzungsrechte wie z. B. die Übersetzung in eine andere Sprache oder in eine andere Mundart, für die Wiedergabe einer Erzählung in dramatischer Form oder eines Bühnenwerks in der Form einer Erzählung, für die Bearbeitung eines Werks der Tonkunst, für die Benutzung des Werks zum Zwecke der mechanischen Wiedergabe für das Gehör, für die Benutzung eines Schriftwerks oder einer Abbildung zu einer Verfilmung. Auch ist der Verfasser zur Vervielfältigung und Verbreitung in einer Gesamtausgabe befugt, wenn seit dem Ablauf des Kalenderjahres, in welchem das Werk erschienen ist, zwanzig Jahre verstrichen sind (§ 2 Abs. 3 VerlG). N. sind auch alle weiteren gegenwärtigen und künftigen Verwertungsformen wie das Ausstellungsrecht, das Vortrags-, Aufführungs- und Vorführungsrecht, das Senderecht, das Recht der Wiedergabe durch Bild- oder Tonträger und das Recht der Wiedergabe von Funksendungen (§§ 15 ff UrhG). Verträge über

die Einräumung von N.n, die noch nicht bekannt sind, sind unwirksam (§ 31 Abs. 4 UrhG). Verträge über die Einräumung von Nutzungsrechten an künftigen Werken, die überhaupt nicht näher oder nur der Gattung nach bestimmt sind, bedürfen der Schriftform und können nach Ablauf von fünf Jahren mit einer Kündigungsfrist von sechs Monaten gekündigt werden; hierauf kann im Voraus nicht verzichtet werden (§ 40 UrhG).
L. Delp

Nebentitel ist ein weiterer Titel, der sich in Wortlaut, nicht jedoch in der Sprache vom Hauptsachtitel (↗ Sachtitel) unterscheidet. Er kann zusammen mit diesem auf dem Haupttitelblatt stehen; häufig ist er jedoch an anderer Stelle der Publikation zu finden. Seine Erfassung erfolgte bislang nach den Regeln der bibliothekarischen Katalogisierung (RAK) in Form einer Nebeneintragung; heute wird er nach Resource Description and Access elektronisch erfasst und dient als weiterer Sucheinstieg. Ein N. in einer anderen Sprache als der Hauptsachtitel wird auch als Paralleltitel bezeichnet.
T. Keiderling

Negativdruck ist ein Druck, bei dem Schrift und Bild weiß bzw. farblos auf schwarz gedruckter Fläche steht.

Negativkopierverfahren nennt man mehrere Verfahren zur Umkehrung der Vorlagen negativ/positiv oder positiv/negativ. Sie werden bei der Druckformherstellung für Hoch-, Flexo- und Offsetdruck eingesetzt.

Negativschrift ist eine Schrift, die weiß auf dunklem Bedruck- oder Beschreibstoff steht; auf Filmen erscheint sie transparent.

Nekrolog, aus dem Griechischen «Leichnam», «Rede»; Bezeichnung für den Nachruf auf einen kürzlich Verstorbenen wie für die Sammlung von Biografien von Verstorbenen. Im europäischen Mittelalter sind N.e kalendarische oder annalistische Verzeichnisse von Toten einer geistlichen Gemeinschaft für die jährlichen Gedächtnisfeiern. Seit dem 19. Jh. gibt es zahlreiche biografische Einzel- und Sammelwerke mit der Bezeichnung N. Für Deutschland erfolgt die wissenschaftliche Edition v. a. in den Monumenta Germaniae Historica, Necrologia Germaniae.
W. Grebe

Nessel, ungebleichtes Baumwollgewebe in Leinwandbindung. Es wird in der Buchbinderei zum Aufziehen von Plänen benutzt, eignet sich aber auch zum Hinterkleben von Buchblöcken in Klebebindung. N. dient auch als Rohgewebe für Bucheinbandstoffe.
G. Brinkhus

Net Book Agreement (NBA), Ladenpreisbindungsgesetz in Großbritannien. Es wurde – nach dem Vorbild der deutschen Ladenpreisbindung (seit 1888) – zuerst 1890 vom Verleger F. Macmillan (1851–1936) gefordert und zwischen den Handelsverbänden Publishers‹ Association (gegr. 1896) und Associated Booksellers (gegr. 1895; seit 1948: Booksellers› Association) ausgehandelt. 1900 trat es in Kraft und wirkte über fast das gesamte 20. Jh. 1994 entschied der Generaldirektor des Office of Fair Trading (London), dass das Restrictive Practices Court (daselbst) die Vereinbarung überprüfen solle. 1995 zogen sich mehrere große Verlage (darunter HarperCollins und Random House) vom NBA zurück. 1996 beschloss die Buchhändler-Vereinigung, sich nicht mehr daran zu beteiligen. Im März 1997 entschied der Restrictive Practices Court, dass das NBA gegen das öffentliche Interesse verstößt und daher illegal ist; es wurde somit unwirksam.
G. P. Jefcoate/T. Keiderling

Netbook, Produktbezeichnung für kleine, leichte und kostengünstige mobile Computer. Genaue Spezifikationen, die N. von Notebooks unterscheiden gibt es nicht. Durch den Verzicht auf leistungsfähige Hardware und den Einsatz günstiger Versionen von Microsoft Windows bzw. kostenloser von Linux sind niedrige Preise möglich. Das macht sie besonders für den Einsatz im Bildungsbereich interessant.
P. Schaer

Netcast ↗ Podcast ↗ Narrowcasting

Netikette (Netiquette). Kofferwort aus Netz für Englisch «Internet» und Französisch «Etikette». Unter N. werden wünschenswerte Verhaltensregeln bei der Kommunikation und Kollaboration via Internet-Medien verstanden (sowohl One-to-One-Kommunikation wie etwa E-Mail als auch One-to-Many-Kommunikation wie Mailing Lists oder Internet-Nachrichten- bzw. Informationsportale). Dazu werden Regeln zur Vermeidung oder Eindämmung von ↗ Flaming und Spamming (↗ Spam) ebenso gezählt wie ein reflektierter Umgang mit Informationen in Hinsicht auf Urheberrecht und Schutz der Privatsphäre. Die Grundlagen der N. wurden 1995 im Dokument RFC (Request for comments) 1855 zusammengefasst und formalisiert. Das Dokument enthält zwei Richtlinien: 1. für Verhalten gegenüber dem Netz und seinen Ressourcen (etwa einem Internetportal, das Diskussionen bzw. Kommentare zulässt und verwaltet) und 2. für Verhalten gegenüber anderen Menschen (Mitnutzern von Internet-Medien). Aufgabe von Internet-Redaktionen ist es, die Durchsetzung der N. ständig zu überprüfen und Regelverstöße etwa durch Ausschluss von Beiträgern bzw. Kommentaren zu ahnden.

L. Heller / T. Keiderling

Nettohandel. Der unter den Buchhändlern (damals Verlegersortimenter) bis ins 18. Jh. übliche ↗ Tauschhandel wurde ab 1760 durch Forderungen nach einem N. bekämpft, d. h. einige Unternehmer wollten vom Tausch- zum modernen Bargeldgeschäft übergehen. Sächsische Verleger unter Führung des Leipzigers P. E. Reich (1717–1787) verlangten die Barzahlung ihrer Werke, verweigerten ihren Kollegen das Rückgabe- bzw. Remissionsrecht und setzten deren Rabatt den ursprünglich geltenden «Viertelrabatt» = 25 % vom empfohlenen Ladenpreis auf 16 % herab. Dieses Vorgehen verärgerte die ↗ Reichsbuchhändler aus dem süd- und südwestdeutschen Bereich. Nach heftigen Kontroversen zwischen diesen – die z. T. in Reaktion auf den N. zum Raubdruck übergegangen waren – und den Leipziger Nettohändlern, kam es zur Einigung der Streitparteien in der ↗ Nürnberger Schlussnahme von 1788, die den Konditionshandel durchsetzte. Mit letzteren wurde der logistische Verkehr über Leipzig etabliert; es handelte sich um die Geburtsstunde des ↗ Leipziger Platzes bzw. der ↗ Buchstadt Leipzig. *T. Keiderling*

Nettoladenpreis, eine Bemessungsgrundlage für das Autorenhonorar, i. d. R. Ladenpreis abzüglich des Rabatts, den der Verleger dem Sortimentsbuchhändler einräumt. Bei unterschiedlichen Einbandarten gilt häufig der Preis des broschierten (ungebundenen) Buches als N. *K. Gutzmer*

Nettopreis im Handel mit Büchern ist der um den Buchhändlerrabatt verminderte Ladenpreis. Die Berechnung der Buchhändlerrabatte war weit bis ins 20. Jh. hinein uneinheitlich. Infolge Partielieferung, Reizpartien und Umsatzbonus ist es auch heute noch schwer, den N. pro Einzelexemplar zu ermitteln. N. plus Bezugskosten ergeben den Einkaufspreis. *K. Gutzmer*

Netto-Reichweite. Im Unterschied zur ↗ Brutto-Reichweite versteht unter N.-R. die Anzahl der Personen, die durch ein Medium (z. B. Fernsehen, Radio, Zeitschriften, Kino, Plakat, Internet) oder einer Kampagne mindestens einmal erreicht werden. Doppel- und Mehrfachkontakte einer Person werden dabei nicht mit einbezogen.

Network Publishing ist ein Begriff aus den ausgehenden 1990er Jahren für damals neue Formen der vernetzten, interaktiven Kommunikation im Verlagsbereich. So sollte es mehreren Teams mithilfe von webbasierten Anwendungen möglich sein, ihre Publikationsvorhaben gemeinsam zu verwalten und zu koordinieren. Dieses Projekt zielte ebenso auf eine Vereinheitlichung von Software ab (u. a. auf nicht uneigennütziger Initiative von Adobi). Zudem sollten Verlagsprodukte für verschiedene Nutzergruppen und High-End-Geräte sowie entsprechende Software zugeschnitten werden. ↗ Elektronisches Publizieren *T. Keiderling*

Netz, analoges und digitales, Telekommunikationsnetz, das über die ältere Analogtechnik bzw. über die neue Digitaltechnik übertragen wird. Die digitale Umstellung des zuvor analogen Telekommunikationsnetzes erfolgte mit der Einführung des ISDN-Standards (Integrated Services Digital Network). 1987 wurde ein ISDN-Pilotprojekt in Mannheim und Stuttgart ge-

startet, ab 1989 ISDN bundesweit eingeführt und steht seit 1993 flächendeckend zur Verfügung. Derzeit erfolgt eine Umstellung der ISDN-Anschlüsse auf die neue IP-Technologie (IP steht für Internet-Protokoll). Dadurch wird die Netzinfrastruktur leistungsfähiger.
T. Keiderling

Netzabdeckung meint den Versorgungsgrad, den ein bestimmtes Mobilfunknetz bzw. -standard in einem geografischen Raum erreicht. Theoretisch beträgt die N. in Deutschland für den Standard GSM (Global System for Mobile Communications; früher Groupe Spécial Mobile, GSM) für volldigitale Mobilfunknetze (hauptsächlich Telefonie, aber auch leitungs- bzw. paketvermittelte Datenübertragung wie Kurzmitteilungen) fast 100 Prozent. In der Praxis entstehen in einigen Gebieten sog. Funklöcher, d. h. durch geografische Hindernisse (Berge, Täler) oder durch elektromagnetische Störungen, aber auch in Gebäuden, Tunneln etc., können in diesen Bereichen Funksignale nicht oder nur sehr eingeschränkt empfangen oder gesendet werden. Zudem gibt es Unterschiede in der Netzabdeckung verschiedener Standards wie UMTS oder LTE. ↗ Handy   *T. Keiderling*

Netzätzung, Netzdruck ↗ Autotypie

Netzjargon. In Social Media (Chats, Diskussionsforen, Instant Messaging) aber auch Medien der digitalen Direktkommunikation (E-Mails, SMS usw.) hat sich in kürzester Zeit eine Netzkultur herausgebildet, die spezielle Kunstwörter und Abkürzungen verwendet. Oft stammen diese Wörter aus dem Englischen oder werden aus Bequemlichkeit kleingeschrieben. Sie drücken u. a. Emotionen aus («lol» für Laughing Out Loud – lautes Auflachen), häufige Redewendungen (AFAIK für As Far As I Know – Soweit ich weiß; BB für Bye, Bye – Bis bald / Tschüss; CUL8R für See You later – Bis später) oder positive wie negative Haltungen bzw. Einstellungen (GJ für Good Job / Great Job – Gute Arbeit; GTFO für Get The Fuck Out – Hau ab!). Einige Begriffe sind einer breiten Netzgemeinde bekannt, andere hingegen nur bestimmten Kreisen, etwa Computerspielern.
T. Keiderling

Netzpublikation ↗ Onlinemedium

Netzwerk, Zusammenschluss elektrischer Systeme zum Zweck der Kommunikation der Systeme untereinander. Da hierbei vornehmlich Computersysteme gemeint sind, werden diese Art von N.en auch Rechnernetze genannt, wobei andere Systeme z. B. Drucker oder elektronische Sensoren sein können. Die Vernetzung der Systeme wird physikalisch über Kabel- oder Drahtlosnetzwerke realisiert. Die physikalischen Verbindungen in ihrer Gesamtheit werden als N. bezeichnet. Unterschiedliche N.topologien wie Ring, Stern oder Bus sind verbreitet und vom jeweiligen Anwendungsfall abhängig. Neben dem meist auf wenige lokale Systeme beschränkten LAN gibt es für die Netzarchitektur Größenabstufungen bis hin zum weltumspannenden Internet. Das physikalische Netz bildet die Grundlage für die N.-Software, die in unterschiedlichen Abstraktionsstufen für die elektronische Informationsübermittlung sorgt. Verwaltet werden die Hard- und Softwareaspekte eines N. durch die N.-Administration. Im Hinblick auf die Verwendung des Begriffs in sozialen Kontexten: Soziales N.
P. Schaer

Netzwerkanalyse, ein vorwiegend aus der empirischen Sozialforschung stammendes Instrumentarium zur Analyse von Beziehungen zwischen Personen in sozialen Netzwerken. In der Informatik ist die N. die Auswertung der Datenflüsse in einem Rechnernetz im Hinblick auf Monitoring, Sicherheitsüberwachung und Auslastungsoptimierung. In der Webwissenschaft steht hier z. B. zusätzlich die Linkanalyse im Vordergrund. Die N. versteht sich als ein neues Paradigma der Sozialwissenschaft, das entgegen der klassischen nicht auf die Gesamtgesellschaft (Makrosoziologie) oder auf das Individuum (Mikrosoziologie) fokussiert, sondern die Beziehungsstruktur als Ausgangspunkt für soziales Handeln in den Vordergrund der gesellschaftlichen Analyse stellt. Bekannte Methoden sind z. B. soziometrische Analysen wie das Soziogramm oder die umfassende empirische Erhebung ego-zentrierter Netzwerke, in denen die Befragten jeweils zu ihren wichtigsten Kontaktpersonen Auskunft geben. Damit lassen sich Beziehungsstrukturen errechnen und abbilden, die Aussagen über das Sozialkapital einer Gruppe erlauben und damit über die Art und den Inhalt von Informationsflüssen in und zwischen diesen Strukturen.

H.-C. Hobohm

Neuauflage ist eine Auflage von neuem Satz. Sie darf nicht mit der ↗ Neuerscheinung verwechselt werden. Heute wird verlagsrechtlich auch der Begriff Neudruck verwendet als eine Bezeichnung für den ↗ Nachdruck eines meist älteren Werks. Unveränderte N.n vom alten Satz (Nachdruck, Reprint) oder bewusst veränderte (verbesserte, gekürzte, erweiterte) sind im Impressum oder auf dem Titelblatt als solche eindeutig zu benennen, unveränderte N.n wenigstens fortlaufend zu nummerieren. Juristisch ist die N. die Wiederholung eines Auflagendrucks bei weiterem Marktbedarf. Wenn mit dem Urheber nichts anderes vereinbart ist, kann nach deutschem Recht der Verleger nur eine Auflage in Höhe von 1.000 Exemplaren, also keine N., veranstalten. Vertragliche Abreden über N.n und darüber, dass der Verleger die Auflagenhöhe nach seiner Markteinschätzung festlegt, sind deshalb i. d. R. geboten. Wurde ihm das Recht zur Veranstaltung mehrerer Auflagen eingeräumt, so gelten im Zweifel für jede N. dieselben Abreden wie für die vorhergehende (§ 5 VerlG). Der Verleger muss von seinem Recht zur N. keinen Gebrauch machen. Der Verfasser hat jedoch nach angemessener Fristsetzung das Recht, vom Vertrag zurückzutreten, wenn die N. nicht rechtzeitig erscheint (§ 17 VerlG). Vor Veranstaltung einer N. hat der Verleger dem Verfasser Gelegenheit zu Änderungen am Werk zu geben, soweit solche nicht ein berechtigtes Interesse des Verlegers verletzen oder die Vertragslage dem entgegensteht; ändert der Verfasser erst nach Beginn der Herstellung das Werk über das übliche Maß hinaus, so muss er die hieraus entstehenden Kosten ersetzen, es sei denn, dass die Änderungen durch Umstände eingetreten sind, die er nicht zu verantworten hatte (§ 12 VerlG). ↗ Bearbeiter

L. Delp / D. Kranz

Neuausgabe ist i. d. R. die neue Ausgabe eines bereits veröffentlichten Werks in anderer Ausstattung, z. B. als Lizenzausgabe. Heute wird jedoch auch eine Neuauflage, die inhaltlich und hinsichtlich der Ausstattung eine unveränderte Wiederauflage der ersten Veröffentlichung ist, häufig als N. bezeichnet.

D. Kranz

Neudruck umfasst verschiedene Aspekte: 1. bezeichnete er eine Neuausgabe älterer, seltener und schwer verfügbarer Literatur, die im Unterschied zum unveränderten ↗ Nachdruck der heutigen Leserschaft mit einem historisch-kritischen Apparat und Kommentar ausgestattet wieder zugänglich gemacht werden. 2. Man versteht darunter auch die ↗ Neuauflage eines Werks, die vom unveränderten Text der vorhergehenden Auflage hergestellt wurde. Bei Verwendung des Stehsatzes sind auch die Begriffe Nachauflage und Nachschussauflage gebräuchlich gewesen für N.e im Anschluss an vergriffene Auflagen. 3. Steht der Satz nicht mehr zur Verfügung, so werden Flachdruckverfahren eingesetzt und ein Exemplar des Originalwerks reproduziert. Allgemein wird für solche N.e die englische Bezeichnung ↗ Reprint verwendet.

D. Kranz

Neue Medien (Pluralbegriff). Historisch gesehen galten viele der heutigen Medien in der Phase ihrer (Markt-)Einführung und Verbreitung wie Durchsetzung beim Publikum als «neu» und entfachten eine dementsprechende Pro- und Contra-Diskussion, so geschehen bei der Einführung der Zeitung («Newe Zeytungen») im 16. und 17. Jh., sowie des Rundfunks (Hörfunk und Fernsehen) im frühen 20. Jh. Ferner wurden Videotext und BTX bei ihrem Aufkommen als N. M. bezeichnet. Seit Mitte der 1990er Jahre fasst der Begriff alle elektronischen, digitalen, interaktiven Medien im Kontext von Multimedia und Netzpublikation.

T. Keiderling

Neue Zeitung (zeitgenössisch «Newe Zeytung»). Der Begriff bedeutet «aktuelle Nachricht» und wurde im 16. und 17. Jh. zur Benennung unterschiedlicher Gattungen des Tagesschrifttums verwendet. Im engeren Sinn versteht man unter den N.n Z.en nichtperiodische Einblattdrucke (vergleichbar mit Flugblättern) oder umfangreichere Druckschriften (Flugschriften), in denen i. d. R. über nur ein oder zwei aktuelle Ereignisse berichtet wurde. Bevorzugt handelte es sich um Sensationsnachrichten. N. Z.en enthielten bisweilen auch gereimte und mit Holzschnitten, später mit Kupferstichen illustrierte Nachrichten. Der Umfang betrug normalerweise einen halben bis einen Bogen; in Form des illustrierten Einblattdrucks konnte das mitgeteilte Ereignis gleichgewichtig zum Text auch visuell vermittelt werden. N. Z.en sind seit Beginn des 16. Jh.s überliefert; ihre Entstehung wird aus den handschriftlichen ↗ Briefzeitungen hergeleitet. Mit dem Aufkommen periodischer Zeitungen verloren sie im 17. Jh. allmählich an Bedeutung. *P. Ukena*

Neuerscheinung meint ein soeben erstmals erschienenes, gerade erscheinendes oder zu einem bestimmten, nicht zu fernen zukünftigen Zeitraum (z. B. Herbst oder Frühjahr) zum Erscheinen bestimmtes, zumeist urheberrechtlich geschütztes Werk des Verlagsbuchhandels.

Neuerscheinungsliste ↗ Verlagsverzeichnis ↗ Vorschau

Neuries ↗ Ries

Neusatz heißt die Wiederholung des Setzens eines Werks ohne Veränderungen nach einer gedruckten Vorlage. Im 15.–17. Jh. häufig gebraucht, z. B. weil man kein Geld für die Papierkosten einer höheren Auflage hatte, während der Setzerlohn niedrig war. N. konnte vermieden werden, wenn es möglich war, den vorhandenen Satz eine Zeit lang stehen zu lassen (↗ Stehsatz). Vom 18. Jh. an konnte man immer wiederkehrende Texte stereotypieren, vom 19. Jh. an auch matern, um N. zu vermeiden. Heute bewahrt man die Filme auf oder nutzt elektronische Speichermedien anstelle des früher genutzten N.es. *C. W. Gerhardt*

Neutralisieren. Unter N. versteht man in der Papierrestaurierung das Zuführen eines alkalischen Stoffes zum Zerstören von Säure, die im Papier vorhanden ist, und zum Schaffen eines Puffers gegen Säure, die dort im Laufe der Alterung oder infolge der Umweltverschmutzung entsteht, damit diese weiterhin die Hydrolyse, einen der Faktoren der Alterung von Papier, nicht mehr katalytisch fördern kann. Als geeignete Mittel gelten die Erdalkalicarbonate, speziell Magnesium- und/oder Calciumcarbonat. *H. Bansa*

Newe Zeytung ↗ Neue Zeitung

Newsfeed ↗ Feed

Newsgroups sind dezentrale Online-Netzwerke aus News-Servern und deren Usern. Das älteste, noch existierende Netzwerk zum Austausch von Nachrichten (Artikel, Dateien, auch Postings genannt) ist Usenet (gegr. 1979 als freie Alternative zum ↗ Arpanet; vor der Computertechnik noch über Telefonleitungen mithilfe des UUCP = Unix to Unix Copy Protocol realisiert). Via E-Mails mit entsprechenden Header-Zeilen werden die Nachrichten an einen Newsserver gesendet, der diesen an weitere News-Server (sog. Peering-Partner) und deren Nutzer weiterleitet. Auf diese Weise wird ein großer Rezipientenkreis erreicht. Aufgrund der dezentralen Struktur sind N., etwa durch Staaten, schwieriger zu zensieren als ein einzelner Server, den man abschalten könnte. Ein aktiver Teilnehmer einer N. wird im ↗ Netzjargon «Poster», ein passiver «Lurker» genannt. Weltweit existieren verschiedene News-Systeme. Oft sind N. lediglich regional verteilt, oder sie werden in Intranets zur Verfügung gestellt. Wenn auch der Höhepunkt der N. um 2000 erreicht war und deren Bedeutung seitdem kontinuierlich zugunsten neuerer Nachrichten-Webforen oder Chats abnimmt, gehen derzeitige Schätzungen noch von über 150.000 Newsgroups weltweit aus. *T. Keiderling*

Newsletter, aus dem Englischen «Nachrichtenbrief»; ist ein regelmäßig erscheinender Infobrief bzw. ein Rundschreiben. Ursprünglich bezeichnete N. ein periodisches Print-Format von wenigen Seiten, das in kürzester Form Nachrichten und Informationen zusammenfasste. Heute werden darunter vorwiegend elektronische Newsletter verstanden (via E-Mail-Versendung), die v. a. durch Institutionen (Vereine, Verbände,

Unternehmen etc.) herausgegeben und an Mitarbeiter, Mitglieder oder Kunden i. d. R. kostenfrei verschickt werden. Bei Unternehmen handelt es sich um eine moderne Form der Werbung und konkret auch um eine ↗ Kundenzeitschrift. Da N. bei Empfängern ggf. unerwünscht sind (↗ Spam), muss es die Möglichkeit geben, diesen per Link abzumelden. Ist ein solcher Link, der üblicherweise am Ende der Mail neben dem Impressum positioniert ist, nicht vorhanden, drohen dem Versender aufgrund § 4 des Bundesdatenschutzgesetzes (BDSG) sowie § 7 des Gesetzes gegen unlauteren Wettbewerb (UWG) Sanktionen. *T. Keiderling*

Nichterfüllung des Vertrags ↗ Vertragsverletzung

Nichtverlangte Lieferung ↗ Unverlangtsendung

Nicht-Zeichen (ō), im Buchhandel, in der Bibliothek und im Archiv gebräuchliche Abkürzung für nicht-Vorhandenes oder Verzeichnetes. Sie geht zurück auf die mittellateinische Abkürzung ō für non.

Nokturnale, Auszug aus dem Vollbrevier (↗ Brevier), der – im Unterschied zum Diurnale – Lesungen, Psalmen oder Antiphone für den Nachtgottesdienst (Vigiliae, Laudes oder Matutin) enthalten kann. *H. M. Werhahn*

Nominalkatalog ↗ Alphabetischer Katalog

Nonbook (Non-Book, Non Book Materials). Sammelbegriff für Gegenstände des Buchhandels und Medienformen in Bibliotheken, die keine Bücher sind, wie Globen, Landkarten, Poster, Kunstdrucke, Musikalien, Videofilme, EDV-Software usw. In Bibliotheken ist die Bezeichnung «Non book Materials» geläufig. Der Terminus N., für den es im Deutschen keine treffende Bezeichnung gibt (z. T. bezeichnet als «Nichtbuchmaterialien»), wurde Ende der 1960er Jahre aus dem Englischen übernommen.

Nonfiction (auch Non-Fiction), aus dem Englischen «keine Dichtung», «nichts Ausgedachtes»; bezeichnet – im Unterschied zu ↗ Fiction – verschiedene Textsorten und Genres des Buch- und Zeitschriftenhandels (insbesondere Wissenschafts-, Fach- und Sachbücher, Zeitungen und Zeitschriften) sowie audiovisuelle Werke von Film und Fernsehen, die sich auf die Realität beziehen. Der im angloamerikanischen Bereich übliche Begriff für Sachbücher findet sich so nicht in der ↗ Warengruppensystematik des Börsenvereins des Deutschen Buchhandels. *T. Keiderling*

Non-Impact-[Druck-]Verfahren (NIV), berührungslose Druckverfahren im Gegensatz zu den traditionellen Druckverfahren; sie nahmen seit den 1960er Jahre an Bedeutung zu. Bei diesen Verfahren kommt es nicht darauf an, dass sie «berührungslos» funktionieren, sondern darauf, dass mit der Information keine Masse bewegt wird. Als Schrittmacher dieser Entwicklungen sind die Fortschritte auf dem Gebiet der Mikroelektronik anzusehen. Die Verfahren sind folgende: 1. Elektrofotografische Verfahren (Laser-Drucker). Im angloamerikanischen Sprachgebrauch meist als elektrostatische Verfahren bezeichnet. 2. Ink-Jet-Verfahren (Farbspritzverfahren). 3. Thermische Verfahren (Thermal Printing). Es wird thermosensitives Papier verwendet. 4. Thermo-Transferverfahren. Es wird «Normalpapier» verwendet. 5. Sublimations-Thermo-Transferverfahren. Es muss spezielles Papier verwendet werden. 6. Magnetische Verfahren: a) Punktuelle Magnetisierung einer Stahlwalze, b) Verwendung von magnetischer Farbe, c) Magnetografische Verfahren, bei diesen wird eine Vorlage als Ganzes direkt auf magnetisierbares Material übertragen. d) Magneto-optische Verfahren. 7. Elektrosensitive Verfahren. 8. Fotokapsel-Transferverfahren. 9. Fotothermische Verfahren. 10. Ionen-Deposition-Verfahren = Ionen-Transferverfahren; gehört in die Gruppe der elektrofotografischen Verfahren, wird jedoch gesondert aufgeführt, weil nur einfarbige Aufzeichnungen möglich sind. 11. Laser-Color-Transferverfahren.

Bei den genannten N. ist zu unterscheiden, ob sie nur einfarbige oder auch mehrbige Aufzeichnungen ermöglichen. Thermische, magnetische, elektrosensitive, fotothermische und Ionen-Deposition-Verfahren ermöglichen nur einfarbige Aufzeichnungen. Von den anderen Verfahren finden die Ink-Jet-Verfahren, die Sublimations-Thermo-Transferverfahren und die elektrofotografischen Verfahren verbreitete Anwendungen als Aufzeichnungsverfahren in allen Zweigen der Reproduktionstechnik (einschließlich Fern- und Satellitenübertragung), beim Desktop Publishing (einschließlich Print-on-demand) und beim elektronischen Design. Bei Farbkopierern werden hauptsächlich elektrofotografische Verfahren angewandt.

K.-A. Springstein

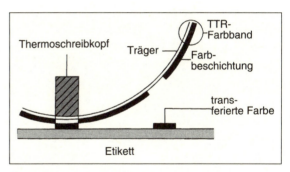

Non-Impact-Verfahren. Schemazeichnung Thermo-Transferdruck.

Non-Print-Medium heißt, namentlich in der publizistischen Fachterminologie, diejenige öffentlich zugängliche Informationsquelle, die kein ↗ Druckerzeugnis ist. Da sich die Bezeichnung nur auf Medien bezieht, die mithilfe von technischen Erfindungen des 19. bis 21. Jh.s hergestellt und verbreitet werden, sind ältere nichtgedruckte Materialien wie Autografen und Handschriften ausgeschlossen. N. sind demnach Rundfunk, Fernsehen, digitale und analoge Tonträger aller Art, Videobänder, Bildspeicherplatten, Computerprogramme usw. Die Besonderheiten bei der Sammlung und Benutzung entsprechen denen, die für Non-Book-Materials gelten. ↗ Nonbooks

G. Wiegand

Nonverbale Kommunikation. Der Anteil zwischenmenschlicher Kommunikation, der über den sprachlichen Ausdruck hinausgeht. Zur n.n K. kann man neben Körpersprache, Gestik, Mimik auch Blickkontakt, Sprecher-Hörer-Distanz und sogar Stimmfärbung, Körpergeruch oder Kleidung zählen. N. K. drückt oft die Beziehung zwischen den Sprechern aus und kann damit wesentlich zum Gelingen von Kommunikationsakten beitragen. Empirische Forschungen belegen, dass die n. K. bzw. Kommunikation auf der Beziehungsebene den größten Anteil der Kommunikation ausmacht (↗ 55-Prozent-Regel). Im Qualitätsmanagement für Dienstleistungen werden seit den 1980er Jahren diese weichen Faktoren im Kundenkontakt besonders hervorgehoben. In der computervermittelten Kommunikation sind die Informationskanäle meist auf die verbale, rein sprachliche Kommunikation eingeschränkt, was häufig zu Missverständnissen oder Kommunikationsschwierigkeiten (↗ Flaming) führt. Als Ausgleich dazu entwickelten sich die Emoticons u. a. Formen des Transports konnotativer Elemente der Kommunikation (z. B. Hashtags). ↗ Netzjargon

H.-C. Hobohm

Nordisches Format ↗ Berliner Format

Normalausgabe. Der Ausdruck N. wird verständlich, wenn er der ↗ Vorzugsausgabe gegenübergestellt wird, die ihr gegenüber wesentlich besser ausgestattet ist und damit auch teurer angeboten wird. N.n bieten ihre Texte i. d. R. auf preiswerterem Papier und verzichten oft auf schmückendes Beiwerk wie Illustrationen, Nummerierung, Signierung. ↗ Liebhaberausgabe ↗ Luxusausgabe

D. Kranz

Normalformat ↗ DIN Deutsches Institut für Normung ↗ DIN-Format (Papier)

Normdaten (Authority File). Normierte Formen von Daten, v. a. Namen von Personen, Körperschaften, Geografika, Konferenzen sowie von Deskriptoren und Werktiteln für die Nutzung in der Informationsaufbereitung, besonders in der bibliothekarischen Formalerschließung und Inhaltserschließung. Im deutschen Sprachbereich bilden die N. die Gemeinsame Normdatei (GND), 2012 hervorgegangen aus der Personennamendatei (PND), der Schlagwortnormdatei

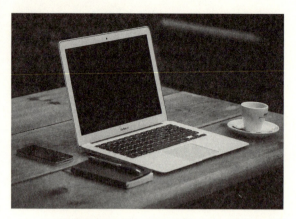
Notebook.

(SWD), der Gemeinsamen Körperschaftsdatei (GKD) und der Einheitssachtitel-Datei des Deutschen Musikarchivs (DMA-EST-Datei). Der GND entsprechen im angloamerikanischen Bereich die Library of Congress Authorities. Aus diesen und weiteren N. anderer Sprachbereiche speist sich das Projekt des Virtual International Authority File (VIAF). Im Gegensatz zum angloamerikanischen Sprachbereich erfolgt die Nutzung der N. für Kataloge im deutschen Sprachbereich i. d. R. durch Verknüpfung, auch die deutsche Wikipedia bietet bei bestimmten Begriffen die Verknüpfung zu den N. an. – Ein N.-Satz enthält neben dem bevorzugten Namen bzw. der Vorzugsbenennung und den Verweisungen von anderen Formen bei Personennamen idealerweise zusätzliche individualisierende Angaben wie Geburts- und Sterbedatum, Beruf und den Hinweis auf Veröffentlichungen von der und über die Person sowie Beziehungen zu anderen Personen. Entsprechendes gilt für Namen von Körperschaften und für Schlagwörter. *P. Hauke*

Normvertrag, Verbandsempfehlung zum Abschluss von Verlagsverträgen. N.verträge entspringen dem Wunsch von Autorenseite, die unübersehbar große Variationsbreite der Gestaltung von Verlagsverträgen unter dem Regime der Vertragsfreiheit einzuengen, um Übervorteilung durch den erfahreneren Vertragspartner zu verhindern. Eine wichtige Arbeitsgrundlage ist der N. für den Abschluss von Verlagsverträgen, den die Interessenverbände der Autoren und Verlage, der Verband der Schriftsteller in ver.di (VS) und der Börsenverein 2014 neu ausgehandelt haben. Viele der in der Praxis genutzten Verlagsverträge lehnen sich an diesen Normvertrag an. *W. D. v. Lucius / T. Keiderling*

Notebook ist ein kleiner, transportabler Computer. Den Begriff N. führte Toshiba Ende der 1980er Jahre ein, um besonders kompakte und leichte Geräte zu vermarkten. Inzwischen werden die Bezeichnungen Notebook und Laptop im deutschen Sprachraum weitgehend synonym verwendet. Der Versuch, sie durch Größe oder Ausstattung zu differenzieren, scheitert in der Praxis.

Notendruck ↗ Musiknotendruck

Notenlinie ↗ Notenschrift

Notensatz ↗ Musiknotendruck

Notenschrift oder Notation bezeichnet die visuelle Darstellung von Tönen mithilfe von schriftlich fixierten Zeichen. Dabei können Buchstaben und Ziffern der Schreibschrift verwendet werden oder eigene grafische Symbole, die «Noten» im eigentlichen Sinn (aus dem Lateinischen «Zeichen»). Eine Sonderform der N. stellen die Griff- oder Tabulaturschriften dar, die die Folge der Griffe auf Saiten oder Tasten in der Instrumentalmusik durch eigene Zeichensysteme abbilden. Frühe N.en gehen auf die griechische Antike zurück und verwendeten Buchstaben zur Bezeichnung der Tonhöhe. Die älteste buchstabenlose N. entstand mit den sog. Neumen in Kombination mit Notenlinien und Schlüsseln in der christlichen liturgischen Musik. Ab dem 12. Jh. wurde auch die Rhythmik verschriftlicht. *H. Lanzke*

Notenstich ↗ Musiknotendruck

Notenzeichen ↗ Notenschrift

Notizbuch, im 18. Jh. auch Notierbuch genannt, ist ein Buch im Taschenformat mit leeren Seiten, das zur Eintragung von persönlichen Notizen oder Terminen dient. Seit ca. 1850 tritt der Begriff in Deutschland wie in Großbritannien – dort in der Form Notebook – zur Bezeichnung von praktischen Handbüchern auf, die oft mit Kalendarien versehen sind.

Novität ↗ Neuerscheinung

Novitätensendung enthält eine Neuerscheinung oder Neuauflage. Sie wird vom Verlag bzw. dessen Auslieferung gekennzeichnet und dem Buchhandel so zugestellt, dass die gleichzeitige Belieferung aller Firmen an einem Ort gewährleistet ist. Die vom Verlag festgesetzten Erstverkaufstage sind zu beachten. N.en werden bei Eintreffen bevorzugt behandelt zwecks rascher Präsentation, Auslieferung an Vorbesteller und eventuelle ↗ Ansichtssendungen. *K. Gutzmer*

Nullnummer ↗ Dummy

Nullverkauf, im Pressegrosso übliche Bezeichnung für den Fall, dass ein Presseeinzelhändler alle ihm gelieferten Exemplare einer Zeitungs- oder Zeitschriftenausgabe nach Ablauf ihres Erscheinungszeitraumes wieder an den Pressegrossisten zurückgibt, also nichts verkauft hat. Sie werden Nullverkäufer oder auch Vollremittierer genannt und durch EDV-gestützte Verfahren der markt- (oder marketing-)orientierten Bezugsregulierung kontrolliert, was für einzelne Verkaufsstellen bei wiederholten Nullverkäufen zu verkürzten Angebotszeiträumen oder gar zum Einstellen der Lieferungen führen kann.
H. Buske

Nummerierte Exemplare. Aufwendig hergestellte Liebhaberausgaben in kleiner Auflage (von wenigen Einzelstücken bis zu ca. 500 Exemplaren), können auf der letzten Seite, seltener im Kolophon, von Hand oder der Maschine nummeriert sein. Zusätzlich vom Autor, oder bei illustrierten Büchern vom Künstler, signiert, wird der besondere Wert des Buches unterstrichen. Maschinennummerierungen über 1.000 dienen lediglich arbeitstechnischen oder statistischen Zwecken. Mit Aufkommen der Original-Druckgrafik im 19. Jh. begannen die Künstler ihre Drucke zu nummerieren, um mögliche Qualitätsunterschiede anzuzeigen. Dieser Brauch wurde mit Entwicklung der neuen Buchkultur gegen Ende des 19. Jh.s, der Entstehung von Privatpressen und bibliophilen Gesellschaften von diesen übernommen und in verschiedenen Varianten praktiziert.
H. Buske

Nürnberger Schlussnahme, wichtiges buchhandelsgeschichtliches Dokument, das den Übergang vom Tauschhandel zum Konditionshandel einleitete. Es handelte sich um ein Rundschreiben von 19 einflussreichen süddeutschen, österreichischen und schweizerischen Buchhändlern, das zu Michaelis (Herbstmesse) 1788 an alle messebesuchenden Buchhändler verteilt und darüber hinaus von Nürnberg aus versandt wurde. Bereits ab Mitte des 17. Jh.s führten zunehmende Buchproduktion, missbräuchlicher Tauschhandel, Überhandnehmen des Nachdrucks zu Auseinandersetzungen zwischen nord- und süddeutschen Buchhändlern (letztere auch ↗ Reichsbuchhändler genannt) über die Formen buchhändlerischer Abrechnungsmodalitäten. Nachdem seit 1860 sächsische Verleger unter Führung des Leipzigers P. E. Reich (1717–1787) den ↗ Nettohandel (Barzahlung mit vermindertem Rabatt ohne Remissionsrecht) forderten, kam es zu zahlreichen Raubdrucken in Süddeutschland. Zudem blieben die süddeutschen Berufskollegen den Leipziger Buchmessen fern. 1788 (kurz nach P. E. Reichs Tod) trafen sich in Nürnberg die besagten Buchhandelsfirmen und schlugen in der N. S. u. a. einen historischen Kompromiss vor: Weder Tausch- noch Nettohandel sollte künftig die zentrale Handelsart werden, sondern der bereits aus früheren Jh.en bekannte ↗ Konditionshandel. Tatsächlich setzte sich dieser innerhalb weniger Jahre allgemein durch und führte zu einem Bedeutungsaufschwung des Kommissionsbuchhandels sowie des nun immer mehr logistisch vermittelnden Kommissionsplatzes Leipzig (↗ Leipziger Platz). ↗ Buchstadt Leipzig
T. Keiderling

Nutzenansatz ↗ Uses-and-Gratifications-Ansatz

Nutzergenerierte Inhalte ↗ User-Generated Content (UGC)

Nutzergesteuerte Erwerbung ↗ Patron-Driven-Acquisition (PDA)

Nutzerverfolgung ↗ User-Tracking

Nutzungsforschung, Forschungsfeld der Kommunikations- und Medienwissenschaft, das sich mit der ↗ Mediennutzung befasst (auch Mediennutzungsforschung genannt). Siehe auch ↗ Benutzerforschung, ↗ Media-Analyse, ↗ Mediaforschung.

Nutzungsfrequenzanalyse ↗ Benutzungsfrequenzanalyse

Nutzungsrecht ist gemäß § 31 UrhG das vom Urheber einem anderen (z. B. einem Verleger) eingeräumte Recht, das Werk auf einzelne oder alle Nutzungsarten zu nutzen (↗ Verwertungsrecht ↗ Verlagsvertrag). Im Geschäftsverkehr wird für N. vielfach der Ausdruck Lizenz gebraucht. Das N. kann als einfaches oder ausschließliches Recht eingeräumt werden. Das einfache N. berechtigt den Inhaber, das Werk neben dem Urheber oder anderen Berechtigten auf die ihm erlaubte Art zu nutzen. Das ausschließliche N. berechtigt den Inhaber, das Werk unter Ausschluss aller anderen Personen einschließlich des Urhebers auf die ihm erlaubte Art selbst zu nutzen und einfache N.e einzuräumen. Bei der Einräumung eines ausschließlichen N.s nur zur Wahrnehmung der Belange des Urhebers soll der Inhaber des N.s (z. B. eine Verwertungsgesellschaft) das Werk nicht selbst nutzen, sondern anderen (z. B. Verlegern) das N. einräumen. Das N. kann räumlich, zeitlich oder inhaltlich beschränkt eingeräumt werden (§ 32 UrhG). *K. Peters*

O

Oasenziegenleder, schönes und haltbares Leder mit Naturnarben, das aus den Fellen der Oasen- oder Sudanziege (Zentralafrika) hergestellt wird. Felle von Oasenziegen haben meist kleinere Fehler (Risse, Schnitte usw.). O. wird für Buchbinderarbeiten verwendet, da es sich gut verarbeiten lässt und in einer reichen Farbenskala angeboten wird.
G. Brinkhus

Oberlänge, derjenige Teil eines Minuskelbuchstabens, der über die ↗ Mittellänge hinausragt.

Oberschnitt, wenig gebrauchte Bezeichnung für den ↗ Kopfschnitt.

Oberseite, die traditionell auch als Filzseite, vom Drucker als Schön(druck)seite bezeichnete Fläche des Papiers, die bedingt durch den Herstellungsprozess ebenmäßiger und geschlossener als die abgewandte ↗ Siebseite ist und sich besser bedrucken lässt. P. Neumann

Objektivität (im Journalismus) meint, dass ein erkennendes Subjekt (Journalist) aufgrund von gezielt eingesetzten Erkenntnismethoden, Betrachtungsweisen bzw. Darstellungsformen in der Lage ist, über Sachverhalte so zu berichten, dass die Aussagen wahrheitsgemäß und in diesem Sinne «verlässlich», ausgewogen (↗ Ausgewogenheit) und intersubjektiv überprüfbar sind. Neben einer spezifischen Ausbildung des Journalisten ist es nötig, dass er unabhängig urteilen kann, um dadurch einen möglichst «neutralen» Standpunkt formulieren zu können. Es handelt sich um einen normativen, berufsethischen Standpunkt, der in den USA und zahlreichen europäischen Staaten des 19. Jh.s erstmals formuliert wurde und von Fall zu Fall durchgesetzt werden muss. In der Journalistik gibt es seit längerem eine Debatte darüber, ob und inwieweit es diese O. tatsächlich gibt. Angesichts bewusst verfälschter Berichterstattungen (Fake News, Propaganda) und häufig vorkommender Recherche- und Darstellungsfehler (unabsichtliche Fehlberichterstattung), ist diese Kritik an der O. im Journalismus nachvollziehbar. Generell sollte die objektive Berichterstattung (Nachrichten) von subjektiven, d. h. meinungsäußernden journalistischen Darstellungsformen (wie Leitartikel, Glosse, Kommentar, Kolumne, Feuilleton) getrennt werden (↗ Trennungsgebot). T. Keiderling

Oblaten ↗ Luxuspapier

Obszöne Literatur ↗ Erotische Bücher

OCR (Optical Character Recognition) ↗ Optische Zeichenerkennung

Offener Brief (früher Sendschreiben, Sendbrief). Während ein ↗ Brief ein ↗ Individualmedium ist, das i. d. R. die schriftliche Kommunikation zwischen zwei Personen (Schreiber/Sender – Leser/Empfänger) ermöglicht, stellt ein o. B. öffentliche Kommunikation her (vergleichbar mit der Funktionsweise eines Flugblatts) und erweitert somit die Zahl der Empfängerschaft. Durch die Form des o. n B.s wird eine Thematik publik gemacht. Der Sender kann die Empfänger zu einer öffentlichen Stellungnahme auffordern. Ein o. B. steht ggf. in Verbindung mit einer Petition oder Pressemitteilung und kann als Instrument der Öffentlichkeitsarbeit genutzt werden. T. Keiderling

Offenes WLAN ↗ Open WLAN ↗ Hot Spot

Öffentliche Bibliothek. Der Terminus wird in zwei Bedeutungen gebraucht: 1. zur Bezeichnung ihrer Rechtsstellung. In Unterscheidung zu privaten Bibliotheken werden als Ö.B.en Einrichtungen bezeichnet, deren Träger eine öffentlich-rechtliche Person ist. In diesem Sinn sind alle Bibliotheken, die von Gebietskörperschaften (Bund, Ländern oder Gemeinden), aber auch von Kirchen und anderen öffentlich-rechtlichen Personen getragen werden, öffentlich. 2. zur Bezeichnung ihrer Zugänglichkeit. Als Ö.B.en werden auch Bibliotheken bezeichnet, die im Grundsatz jedem zugänglich sind. So sind auch Einrichtungen privater Rechtsträger öffentlich, wenn sie allgemein zugänglich sind. Rechtlich ist dieser Wortgebrauch bei der Anwendung der Bestimmungen über den ↗ Bibliotheksrabatt von Bedeutung, da er nur öffentlich zugänglichen Bibliotheken gewährt werden darf. Neben den Stadt -und Gemeindebibliotheken sind auch wissenschaftliche Bibliotheken wie Staats-, Landes- und Hochschulbibliotheken öffentlich. Darüber hinaus wird der Begriff einschränkend nur auf die kommunalen Bibliotheken angewandt. Dabei hat er sich in der Auseinandersetzung um Struktur und Aufgabe derjenigen Bibliotheken herausgebildet, die seit der Mitte des 19.Jh.s als «volkstümliche Bibliotheken» oder ↗ «Volksbibliotheken» bezeichnet wurden. Als ihre Aufgaben zu Beginn des 20.Jh.s unter dem Einfluss der angloamerikanischen Public Libraries neu bestimmt wurden, entstand in Übersetzung des englischen Namens die Bezeichnung Ö.B. Im ↗ Richtungsstreit wurde sie zwar wieder durch die traditionelle Benennung «Volksbibliothek» zurückgedrängt, erlebte jedoch nach dem Zweiten Weltkrieg Verbreitung, wobei es sich durchsetzte, in diesem Zusammenhang Ö.B. mit großem «Ö» zu schreiben, um den Begriff von den anderen Bedeutungsinhalten zu unterscheiden. G. Pflug

Öffentliche Bücherhalle ↗ Bücherhallenbewegung

Öffentliche Kommunikation bezeichnet jegliche ↗ Kommunikation, die in einem öffentlichen Raum bzw. in der ↗ Öffentlichkeit stattfindet und die i.d.R. – jedoch nicht zwingend durch Massenmedien vermittelt wird. Typen der ö.n K. sind Public Relations/Öffentlichkeitsarbeit, Werbung und Journalismus. T. Keiderling

Öffentliche Meinung. 1. Kategorie der bürgerlichen Staatslehre. Die ö. M. bildet den Kommunikationsraum, in dem die unterschiedlichen privaten Meinungen der Bürger ausgetauscht und teils durch daraus entwickelte Übereinstimmung oder, in besonderen Fällen, durch Wahlen und Abstimmungen, zur verbindlichen gesellschaftlichen Richtungsbestimmung führen. Um sich funktionell zu bewähren, bedarf die ö. M. eines möglichst großen Freiheitsraumes, in dem Zensur durch gesellschaftliche Gruppen oder staatliche Stellen genauso ausgeschlossen werden soll, wie die etwa durch Macht und Geld ausgeübte Beeinflussung einzelner. Dieser Konstruktion folgt auch das Grundgesetz der Bundesrepublik Deutschland, das im Artikel 5 die Meinungsfreiheit zum Grundrecht erklärt. Den Massenmedien kommt die besondere Aufgabe zu, in den Staaten die Verständigung der Bürger untereinander zu ermöglichen, damit politische Wege und Ziele rational bestimmt und gemäß dem Willen der Mehrheit angestrebt werden können. Diese Auffassung enthält Elemente der Abstraktion vom tatsächlichen Prozess öffentlicher Kommunikation, wie sie sozialen und politischen Zielvorstellungen üblicherweise eigen sind. Deshalb werden Ergebnisse der öffentlichen Meinungs- und Willensbildung immer nur als Etappen eines unendlichen Diskussionsprozesses anzusehen sein, nicht aber als letzte unumstößliche Wahrheiten. Die staatsrechtliche Zielvorstellung der ö. M. erfüllt andererseits als Maßstab real ablaufender Kommunikationsprozesse nicht nur auf der Ebene des Verfassungsgerichts (Deregulierung des Systems der Massenkommunikation) eine unersetzliche Rolle.

2. Ö. M. kann empirisch mithilfe der Umfrageforschung untersucht und beschrieben werden. Dadurch ist es möglich, die Verteilung von Meinungen in der Öffentlichkeit zu bestimmen, innerhalb der sozialwissenschaftlichen Grenzen zu erklären und zum Teil, mit berechenbaren Fehlermargen, vorherzusagen. Die empirische Erforschung der ö.n M. ist in der Wiener sozialwissenschaftlichen Schule der frühen 1930er Jahre entwickelt worden und durch die Wissenschaftsemigration aus Deutschland in die USA gekommen und dort v. a. während des Zweiten

Weltkriegs angewandt und weiterentwickelt worden. Seitdem ist die Umfrageforschung, mit ständig verfeinerten Untersuchungstechniken und Interpretationsmethoden, ein Instrument sozialwissenschaftlicher Gesellschaftsdiagnose geworden. *H. Bohrmann*

Öffentliche Wiedergabe ist das dem Urheber ausschließlich zustehende Verwertungsrecht, sein Werk in unkörperlicher Form öffentlich wiederzugeben, insbesondere das Vortrags-, Aufführungs- und Vorführungsrecht, das Senderecht, das Recht der Wiedergabe durch Bild- oder Tonträger und das Recht der Wiedergabe von Funksendungen. Die Wiedergabe eines Werks ist öffentlich, wenn sie für eine Mehrzahl von Personen bestimmt ist, es sei denn, dass der Kreis dieser Personen bestimmt abgegrenzt ist und sie durch gegenseitige Beziehungen oder durch Beziehungen zum Veranstalter persönlich untereinander verbunden sind (§ 15 Abs. 2 und 3 UrhG). Die nicht erschöpfende Aufzählung schließt auch neue, entsprechende Verwertungsarten ein, z. B. das Recht zur EDV. Vgl. hierzu die ausschließlichen Rechte des Urhebers zur körperlichen Werkverwertung wie insbesondere das Vervielfältigungsrecht, Verbreitungsrecht und das Recht zur öffentlichen Ausstellung (§ 15 Abs. 1 UrhG). *L. Delp*

Öffentlichkeit. Der in seiner heutigen Form auf die Aufklärung zurückgehende Begriff meint 1. die unbeschränkte, d. h. durch Barrieren nicht behinderte Kommunikation innerhalb eines strukturell unbegrenzten, dispersen (zerstreuten) Personenkreises und 2. die Gemeinschaft aller Diskursteilhaber selbst, die an dieser Kommunikation partizipieren. Ersteres besagt, dass es einem offenen Personenkreis möglich ist, z. B. an der Ö. eines (Massen-)Mediums (Flugblatt, Buch, Zeitung, Hörfunk, Fernsehen, Internetpublikation) teilzuhaben, weil sie den freien Zugang zu diesem Medium besitzen und die Voraussetzung für die Rezeption erfüllen (Alphabetisierung/Lesefähigkeit, Medienkompetenz). In diesem Sinne meint Ö. auch ↗ Publizität. Im Urheberrechtsgesetz wird der Begriff Ö. bzw. öffentliche Wiedergabe im § 15 Abs. 3 UrhG definiert. So liegt eine öffentliche Wiedergabe dann vor, wenn diese für eine Mehrzahl von Mitgliedern der Ö. bestimmt ist. Ö. ist nach dem UrhG dann gegeben, wenn die Nutzer eines Werks nicht durch persönliche Beziehungen miteinander verbunden sind, wie dies bei Familienmitgliedern oder engen Freunden der Fall ist.

Die moderne Begriffsdefinition wurde durch J. Habermas (geb. 1929) mit seiner Habilitation «Strukturwandel der Ö.» 1962 maßgeblich geprägt, in der er den Idealtypus bürgerlicher Ö. des 18. und frühen 19. Jh.s untersuchte. Bürgerliche Ö. wurde u. a. über Literaturcafés oder Salons institutionell etabliert, in denen Literatur, Musik und Kunst Gegenstand permanenter Diskussion wurden. Konstituierende Kriterien dieser Form der Ö. waren 1. eine Offenheit der Diskussionsthemen und des Zugangs durch Diskursteilnehmer (siehe oben), 2. Diskursivität als einen Prozess des Austauschs von Argumenten, der vernünftigen Begründung von Normen unter gleichberechtigten Diskursteilnehmern und der Konsensbildung, sowie 3. eine daraus resultierende Legitimationsfunktion politischer Entscheidung(sfindung)en durch die Ö. (dies mündete später in Habermas' Theorie des kommunikativen Handelns). Das Habermassche Modell der Ö. wurde seitdem in der Forschung vielfach modifiziert, differenziert und weiterentwickelt, u. a. durch N. Luhmann (1927–1998): Spiegeltheorie/Systemtheorie oder J. Gerhards (geb. 1955) und F. Neidhardt (geb. 1934) 1990: Ö. als ausdifferenziertes Kommunikationssystem bzw. das Arena- und Galerie-Modell der Ö. *T. Keiderling*

Öffentlichkeitsarbeit (Public Relations), Handlungsfeld von Organisationen und Unternehmen, das sich auf einen Dialog mit der ↗ Öffentlichkeit (2) richtet, um das Image der Organisation oder des Unternehmens und dessen Positionierung im allgemeinen Bewusstsein den Zielen entsprechend zu gestalten und einen Konsens mit den Anspruchsberechtigten zu erreichen. Dabei geht es ggf. auch darum, unpopuläre Entscheidungen oder Krisensituationen an die Öffentlichkeit zu kommunizieren (↗ Krisen-PR), um schwer- oder missverständliche Positionen zu erklären und um darüber mit der

Öffentlichkeit in einen Dialog einzutreten. Ö. ist insbesondere gegenüber Entscheidungsträgern, Geldgebern und Kunden von großer Bedeutung. Wichtige Instrumente der Ö. sind Gremien- und Pressearbeit u. a. Formen der öffentlichen Kommunikation. Der englische Ausdruck «Public Relations» charakterisiert Ö. treffend. Ö. muss von Lobbyarbeit (direkte Beeinflussung politischer Akteure), Kommunikationspolitik (Vermittlung von Information über Produkte und Dienstleistungen, Werbung) und von Programmarbeit (Ausstellungen und Veranstaltungen) unterschieden werden.

A. Degkwitz

Öffentlich-rechtlicher Rundfunk
(ÖRR) bezeichnet Hörfunk- und Fernsehprogramme des öffentlichen Rechts und deren Organisationsstruktur. Nach dem Vorbild der BBC (British Broadcasting Corporation) – gegr. 1922 als privates Unternehmen, 1927 Übernahme durch den Staat – schufen zahlreiche Staaten ähnliche Einrichtungen. In Deutschland wurde nach dem Zweiten Weltkrieg der ÖRR nach britischem Vorbild eingeführt. Die Sender sind als beitragsfinanzierte Körperschaften bzw. Anstalten des öffentlichen Rechts gegründet. Die Arbeitsgemeinschaft der öffentlich-rechtlichen Rundfunkanstalten der Bundesrepublik Deutschland (ARD) wurde 1950 aus den sechs Landesrundfunkanstalten Nordwestdeutscher Rundfunk (NWDR, gegr. 1945; hervorgegangen aus dem kurzzeitig bestehenden Radio Hamburg, gegr. 1945), Radio Bremen (RB, gegr. 1945), Südwestfunk (SWF, gegr. 1946), Hessischer Rundfunk (HR, gegr. 1948), Bayerischer Rundfunk (BR, gegr. 1949) und Süddeutscher Rundfunk (SDR, gegr. 1949) sowie mit beratender Stimme von Rundfunk im amerikanischen Sektor Berlin (RIAS Berlin; gegr. 1945) etabliert. Das Zweite Deutsche Fernsehen (ZDF) sendete erstmals 1963. Zu den Landesrundfunkanstalten gehören aktuell alle Sendeanstalten des öffentlichen Rechts, die für ein oder für mehrere Bundesländer Rundfunk- und Fernsehprogramme veranstalten. Derzeit sind es neun Landesrundfunkanstalten, die sich in der ARD zusammengeschlossen haben. Hierzu gehören Radio Bremen (s. o.), Bayerischer Rundfunk (s. o.), Norddeutscher Rundfunk (NDR, gegr. 1956), Westdeutscher Rundfunk (WDR, gegr. 1956), Saarländischer Rundfunk (SR, gegr. 1957), Hessischer Rundfunk (s. o.), Mitteldeutscher Rundfunk (MDR, gegr. 1991), Südwestrundfunk (SWR, gegr. 1998), Rundfunk Berlin-Brandenburg (RBB, gegr. 2003). Hinzu kommt der ÖRR-Sender Deutsche Welle (DW, gegr. 1953), der für ganz Deutschland Programme gestaltet. Zu den bundesweiten öffentlich-rechtlichen Programmen gehören Das Erste (Gemeinschaftsprogramm der ARD), ZDF sowie Deutschlandradio mit seinen drei Hörfunkprogrammen Deutschlandfunk Kultur, Deutschlandfunk und Deutschlandfunk Nova. Nachdem der ÖRR über Jahrzehnte eine Monopolstellung in der Bundesrepublik Deutschland besaß, nahmen seit den 1980er Jahren mit Einführung des privaten Fernsehens die Programmvielfalt und der Wettbewerb zu.

Die duale Finanzierung des ÖRR basiert einerseits auf Rundfunkgebühren und Rundfunkbeiträge (z. B. in Deutschland oder Österreich) bzw. direkte Finanzierung aus dem öffentlichen Staatshaushalt (z. B. Niederlande) sowie andererseits kommerzielle Einnahmen (z. B. Werbung, Produktplatzierung). Begründet wird sie aus einem Grundversorgungsauftrag, einem gesetzlich definierten Programmauftrag (d. h. Programme müssen umfassend und ausgewogen Information, Bildung, Kultur sowie Unterhaltung anbieten, journalistische und ethische Grundprinzipien einhalten) sowie der Überlegung, mithilfe des ÖRRs politische und wirtschaftliche Unabhängigkeit der Sender zu wahren. Das Finanzierungsmodell wird jedoch auch kritisch hinterfragt. Von Gegnern wird neben dem «Beitragszwang», selbst wenn der private Zahler den oder die Sender nicht rezipieren würde, die Wettbewerbsverzerrung gegenüber dem privaten Rundfunk angeführt. Zudem ist die Programmgestaltung sowie die Beteiligung des ÖRRs an teuren Lizenzvergaben (Übertragung von Fußballspielen und anderen Sportwettkämpfen) Gegenstand der Kritik. Die Steuerungsorgane des ÖRR bestehen aus dem Rundfunkrat und dem von ihm gewählten Intendanten und Verwaltungsrat.

T. Keiderling

Offertenblatt, periodisch erscheinende Druckschrift. Es nimmt unentgeltlich Kleinanzeigen auf, die es ohne Beigabe eines redaktionellen Teils gegen Entgelt über den Zeitungseinzelhandel an eine Leserschaft bringt. Ein O. ist ein Gegenstück zum ↗ Anzeigenblatt. *H. Bohrmann*

Officiale ↗ Kollektar

Offizielle Drucksache ↗ Amtliche Druckschrift

Offizielle Presse, von staatlichen Instanzen herausgegebene Zeitung, welche die Unterrichtung ihrer Leserschaft nach Maßgabe ihres Auftraggebers durchführt.

Offizin. Aus dem Lateinischen «Werkstatt»; wurde gegen Ende des Mittelalters zuweilen für die Arbeitsstätte von Apothekern und Buchdruckern gebraucht. In der eingedeutschten Form wurde die Bezeichnung seit dem 17. Jh. für Buchdruckereien häufig verwendet.

Offline, Begriff aus der Informatik und Telekommunikation, der sich inzwischen im Alltag etabliert hat. Allgemein bedeutet o. ein Zustand, bei dem eine Person oder auch ein Gerät nicht mit einem Netzwerk (z. B. dem Internet) verbunden ist. Gegensatz: ↗ Online *P. Mayr*

Offline-Medium, Medium auf einem körperlichen Träger. Die Benutzung erfolgt offline, im Unterschied zu online zugänglichen Netzpublikationen. Insofern ist O.-M. synonym zu ↗ Trägermedium; implizit wird der Begriff O.-M. aber häufig eingeschränkt auf nur offline zugängliche Publikationen oder auf nur offline zugängliche Nonprint-Medien. *K. Umlauf*

Offsetdruck (kurz Offset), ein «Flachdruckverfahren, bei dem die Druckfarbe von der Flachdruckform auf einen Übertragkörper (z.B. auf einen mit Drucktuch bespannten Zylinder) und von dort auf den Bedruckstoff übertragen wird» (DIN 16529). Der O. ist mithin ein ↗ indirektes Druckverfahren. Das Prinzip beruht – wie bei allen Flachdruckverfahren – auf der Reaktion von Fett und Wasser. Druckende und nichtdruckende Stellen des Druckbildes liegen (fast) auf selber Ebene, jedoch sind die ersteren hydrophil, die anderen hydrophob präpariert: Das Druckbild nimmt die Druckfarbe an, die nichtdruckenden Teile weisen sie ab. O. ist eine logische Weiterentwicklung des 1796 erfundenen ↗ Steindrucks. Die ersten O.maschinen wurden etwa gleichzeitig, jedoch unabhängig voneinander, vom Amerikaner I. W. Rubel (1860–1908) und Deutschen C. Hermann (1871–1934) zwischen 1904 und 1907 entwickelt. Im Laufe der 1970er Jahre hatte der O. anstelle des Buchdrucks (Hochdrucks) die führende Stellung als Universaldruckverfahren für fast alle Druckerzeugnisse übernommen. Hauptvorteile sind die schnellere und einfachere Druckformherstellung, die gute Eignung für gleichzeitigen, ein- und mehrfarbigen Bild- und Textdruck, der niedrige Anpressdruck, welcher hohe Laufgeschwindigkeiten ermöglicht, und die problemlose Bedruckbarkeit von hochwertigen wie von preiswerten Papiersorten. Im Gegensatz zum Buchdruck gibt es im O. sowohl zum Bedrucken von Bogen als auch für Rollen ausschließlich Rotationsdruckmaschinen. Zylinderflachformmaschinen oder gar Tiegeldruckmaschinen hat es für den Auflagendruck im O. nicht gegeben. Flachbett-Offsetmaschinen, die in ihrer vereinfachten Konstruktionsform erst nach den großen Auflagenmaschinen entstanden, werden v.a. in Reproduktionsanstalten zu Andruckzwecken (↗ Andruck) genutzt. *C.W. Gerhardt*

Offsetpapier. Die auf das mit Feuchtwalzen und Gummitüchern arbeitende Offsetdruckverfahren abgestimmten Papiere müssen gut geleimt und ausgereift sein, um flächenbeständig «dimensionsstabil» Passerdifferenzen zu vermeiden (Passer = genaues Übereinanderpassen von mehreren Druckformen/Druckfarben im Mehrfarbendruck), aber auch das Stauben und Rupfen, das den Gummizylinder verunreinigen würde. *P. Neumann*

Offsettief-Verfahren, älteres Positivkopierverfahren – auch Beka-Verfahren genannt – zur Herstellung von Offsetdruckplatten auf Grundlage einer lichtempfindlichen Schicht aus Fischleim, sensibilisiert mit Dichromat. Charakteristisch ist das minimale Tiefätzen der Platten, wodurch die Druckqualität verbessert und die Plattenstandzeit erhöht wird. *R. Golpon*

Oktav (geschrieben: 8°) bezeichnet als ↗ Buchformat die Maße des aus dreimal gebrochenen Bogen zusammengesetzten Buchblocks. Dabei ergeben sich acht Blatt = 16 Seiten. Das anfangs nur gelegentlich vorkommende Format wurde im Laufe der Zeit zur am häufigsten hergestellten Buchgröße. Weil die Bogen früher verschiedene Abmessungen besaßen, ergab die Brechung unterschiedliche Buchgrößen. Die Unterscheidungen Klein-O. (bis 18 cm Höhe) und Mittel-O. (18–22,5 cm Höhe) spielen nur eine geringe Rolle. Als Papierformat wurde dem O. das 1883 vereinheitlichte Groß-Median (46 × 59 cm Bogengröße) zugrundegelegt. Es betrug ein Achtel davon und hatte Ausmessungen von 14,5 × 22,5 cm. Es wurde seit 1922 durch das ↗ DIN-Format abgelöst. *S. Corsten*

Oktodez, Formatbezeichnung für allerdings selten gefertigte Bücher, bei denen ein gefalzter Druckbogen aus 18 Blättern mit 36 Seiten besteht. *P. Neumann*

Ölbilderdruck, auch Ölfarben-, Präge- und Imitationsdruck genannt, in den letzten Jahrzehnten des 19. Jh.s weitverbreitete aufwendige, faksimileähnliche Wiedergabe von Ölgemälden im langskaligen Mehrfarbensteindruck. Leinenstruktur und pastose Maltechnik wurden durch Lackauftrag und Prägungen mit Gravurplatten täuschend ähnlich nachgeahmt. *R. Golpon*

Öldruck. 1. Kurzbezeichnung für die ↗ Oleografie. 2. Kurzbezeichnung für den ↗ Ölkopierprozess.

Oleografie, auch Öldruck genannt; um 1860 von A. L. Poitevin (1819–1882) entwickeltes Verfahren zur Herstellung fotografischer Papierbilder auf dichromatsensibilisiertem Umdruck- oder Gelatinepapier. Nach dem Überwalzen der Schichtseite mit einem Gemisch aus lichtempfindlichem Asphalt und Druckfarbe kopierte man durch die Rückseite ein Halbtonnegativ, das in Terpentinöl entwickelt wurde. Dabei lösten sich die unbelichteten und folglich ungehärteten Farbpartien im Öl, wodurch das Bild als gut abgestuftes Positiv zum Vorschein kam. *R. Golpon*

Ölfarbendruck, ein seit 1866 und bis zum Ende des 19. Jh.s ausgeübtes und erfolgreiches Verfahren, im Mehrfarben-Steindruck (↗ Chromolithografie) Ölgemälde oder auch Aquarelle täuschend ähnlich wiederzugeben, damit sie als Wandschmuck geeignet waren. Durch Lackierung wurde Oberflächenglanz erreicht, durch Aufprägen einer gravierten Platte wurden die Strukturen des Farbauftrags und des Malgrundes der Originale nachgeahmt. *P. Neumann*

Ölfleck ↗ Fettfleck

Ölkopierprozess, auch Öldruck genannt; Verfahren zur Herstellung fotografischer Bilder auf feuchten Dichromatkopien durch Einfärben mit Fettfarbe. Auf ein Papier mit Dichromat-Gelatineschicht wird ein Halbtonnegativ kopiert, wobei die Gelatine entsprechend der Belichtung (Härtung) ihr Quellvermögen verliert, was sich beim anschließenden Auswässern der Dichromatsalze als Gelatine-Quellrelief manifestiert. Mit einem kurzhaarigen Pinsel wird nun zähflüssige Ölfarbe aufgetupft, die sich nur auf den gehärteten, farbfreundlichen Bildpartien halten kann, vom Quellrelief aber entsprechend seinem Wassergehalt abgestoßen wird. Wenn von dem frisch eingefärbten Öldruck Abdrucke auf Papier oder einem ähnlichen Träger erfolgen, spricht man von «Ölumdruck». Eine Variante des Ölumdrucks ist der ↗ Bromöldruck. ↗ Lichtdruck *R. Golpon*

Ölpapier, auch Paraffinpapier genannt, ist ein Papier, das durch Firnis- oder Harztränkung fett- und wasserdicht gemacht wird. Früher wurde es u. a. bei der Registratur und Archivierung benutzt. In der Buchbinderei und Restaurierung wird Ö. zum Vorlegen beim Einpressen verwendet, um ein Verkleben durch austretenden Kleber zu verhindern. Heute wird Ö. weitgehend durch Kunststoffmaterialien und kunststoffbeschichtete Papiere ersetzt. *G. Brinkhus*

Omphalos, aus dem Griechischen «Nabel», wurde in der Antike das aus der Buchrolle herausragende Ende des Stäbchens genannt, an dem die Papyrusrolle zur leichteren Handhabung beim Abrollen des Textes befestigt war. Der O. bestand aus Holz, Elfenbein oder Metall und war häufig verziert. An ihm war außen oft ein Pergamentschildchen, der Sillybos, angebracht, auf dem der Titel des Buches stand. *G. Pflug*

One Person Library (OPL), Bibliothek (2), in der die gesamte bibliothekarische Arbeit durch eine einzige Fachkraft geleistet wird, die mitunter von Hilfskräften unterstützt wird. Der O.P.L.ian verrichtet den sonst arbeitsteilig erledigten Geschäftsgang selbst und garantiert durch seine Anwesenheit die Öffnungszeiten der Bibliothek. Das Spektrum dieser Kleinstbibliotheken, die sich stark an den Aufgaben und Zielen ihrer Trägerorganisationen orientieren, reicht von Spezialbibliotheken (z.B. Bibliotheken der Max-Planck-Gesellschaft) über Museumsbibliotheken, kleinen Öffentlichen Bibliotheken, Firmenbibliotheken, Klosterbibliotheken bis zu Schulbibliotheken usw. Seit den 1970er Jahren formierte sich von den USA ausgehend eine OPL-Bewegung, um die spezifischen Anliegen dieses Bibliothekstyps zu thematisieren. *A. Brandtner*

One-to-many-Kommunikation bedeutet, dass ein Teilnehmer mit vielen anderen Teilnehmern kommuniziert. Der englische Begriff kennzeichnet die Funktion und Wirkungsweise von ↗ Massenmedien, z.B. Zeitungen und Zeitschriften, Fernsehen, Radio, aber auch Blogs im Internet. Gegensatz ist im Bereich der Direktkommunikation die One-to-one-Kommunikation (individualisierte Einzelansprache) bzw. One-to-few-Kommunikation mit nur wenigen Kommunikationspartnern. Findet hingegen z.B. ein öffentliches Diskussionsforum bzw. Chat zwischen vielen Teilnehmern statt, spricht man auch von Many-to-many-Kommunikation. *T. Keiderling*

Onion Router, The ↗ Hidden Web

Onionskin, aus dem Englischen «Zwiebelhaut»; hartes, radierfähiges, hadernhaltiges Dünn-(besonderes Luftpost-)Papier nach DIN 6730 mit kleinwelliger bzw. gekräuselter Struktur.

Onleihe, Kunstwort aus «online» und «Ausleihe»; markenrechtlich geschützt von der Firma DiViBib, einer Tochter der ekz.bibliotheksservice, zur Bezeichnung des Angebots an Netzpublikationen (elektronische Bücher und Zeitschriften, Audiodateien, Videodateien) zum Download, das Öffentliche Bibliotheken in deutschsprachigen Ländern seit 2007 bieten. *K. Umlauf*

Online, Begriff aus der Informatik und Telekommunikation, der sich inzwischen auch im Alltag etabliert hat. Allgemein bedeutet o. ein Zustand, bei dem eine Person oder auch ein Gerät mit einem Netzwerk (z.B. dem Internet) verbunden ist. Gegensatz: ↗ Offline *P. Mayr*

Online-Buchhandel ↗ Internetbuchhandel

Online-Community, Zusammenschluss von Menschen zu einer Gemeinschaft, die sich im Internet konstituiert, entwickelt und über das Internet kommuniziert und damit unabhängig von örtlichen oder zeitlichen Rahmenbedingungen funktioniert. O.-C.ies benutzen meist Foren oder soziale Netzwerke für den Austausch und zur Abgrenzung zu anderen Gemeinschaften. Selten werden Beziehungen in O.-C.ies auch ins physische Leben transportiert. Eine der ersten O.-C.ies war «The Well» (gegr. 1985), die von H. Rheingold (geb. 1947) 2000 ausgiebig beschrieben wurde. *V. Petras*

Onlinejournalismus wendet den klassischen Journalismus bzw. traditionelle journalistische Darstellungsformen auf ↗ Onlinemedien bzw. die Kommunikation via Internet (↗ Onlinekommunikation) an.

Online-Katalog ↗ OPAC

Onlinekommunikation. Der Begriff fasst alle Formen und Techniken der über Netzwerke (Internet) vermittelten Kommunikation unter Einsatz von Computern, Datenleitungen und leitungsloser Funkübermittlung zusammen. O. kann hypermedial/multimedial nach dem Prinzip der nichtlinearen, modulhaften Anordnung von Inhalten verschiedener Mediengattungen stattfinden (Texte, Grafiken, Audiodateien oder Filme, eventuell durch Querverweise, sog. Hyperlinks, miteinander verbunden). Innerhalb der O. kann u. a. unterschieden werden, ob a) eine zwischenmenschliche Kommunikation vermittelt wird oder Computer (Maschinen) miteinander kommunizieren, b) nach der Anzahl der beteiligten menschlichen Kommunikationspartner (↗ One-to-many-Kommunikation und weitere dort genannte Formen), c) einer möglichen «zeitechten» oder zeitverzögerten Kommunikation (synchron: u. a. Chats, Internetfernsehen; asynchron: Web-Angebote, E-Mail-Kommunikation) bzw. d) nach der Kommunikationsabsicht, so etwa Information (Pull-Kommunikation – Informationen werden direkt zugestellt; Push-Kommunikation – Informationen werden bereitgestellt und durch Nutzer abgerufen), Bildung, Unterhaltung, Public Relations, Werbung etc.
T. Keiderling

Onlinemedium. Es handelt sich um ein ↗ Medium, das Onlinekommunikation über das ↗ Internet vermittelt (Sende-, Empfangs- und Übertragungstechnik per Transmission Control Protocol/Internet Protocol – TCP/IP).

Online-PR, Online-Werbung bezeichnet jegliche Formen der PR (↗ Öffentlichkeitsarbeit) und ↗ Werbung, die über das Internet vermittelt werden. Für Unternehmen bzw. Institutionen ist die O.-PR bzw. O.-W. wichtiger Bestandteil des Kommunikationsmanagements. Im digitalen Zeitalter nimmt die Bedeutung des Internets zu, wollen die genannten Einrichtungen an potenzielle Ziel- und Interessengruppen oder auch Einzelpersonen (sog. «Stakeholder» wie Gesellschaft, Staat, Kunden, Partnerfirmen) herankommen. Informationen werden sowohl über Pull-Kommunikation vermittelt (Informationen werden u. a. durch Mailverteiler direkt zugestellt) als auch über Push-Kommunikation (Informationen werden z. B. auf frequentierten Websites, ggf. Corporate Websites bereitgestellt und durch Nutzer abgerufen). Eine besondere Rolle spielt in der Werbung das ↗ Virale Marketing, v. a. durch die Einbindung von Social Media und Influencer ist es möglich, Informationen über eigene Produkte und Dienstleistungen an neue, bislang nicht direkt erreichbare Zielgruppen heranzutragen.
T. Keiderling

Online-Zeitung (Netzzeitung), der für das Internet optimierte Webauftritt einer gedruckten Zeitung. Im Gegensatz zur Variante in Papierform ist sie immateriell, erfüllt aber dieselben Kriterien. Sie kann identisch mit der Printausgabe sein und z. B. als PDF-Dokument auf einer Website angeboten oder speziell an die medialen Vorgaben angepasst werden. Die Redaktionsteams beider Formen unterscheiden sich zumeist. Oftmals haben Abonnenten der Printversion kostenlosen Zugang zur O.-Z., während Nicht-Abonnenten pro Artikel bezahlen müssen. Daneben gibt es aber auch reine O.-Z.en, die nur online erhältlich sind. Erste Überlegungen für O.-Z.en gab es Anfang der 1980er Jahre in den USA, um eine Archivfunktion für die Printversion zu ermöglichen. In der Bundesrepublik Deutschland wurde FAKTuell 1982 als erste reine O.-Z. im btx-Format gestartet (Bildschirmtext ↗ Fernsehtext); seit 1996 ist sie via Internet erreichbar. Die Präsentation über das Internet erlaubt die Einbindung multimedialer Elemente (Videos, Toneinspielungen). Die O.-Z. ist auch in der Lage, auf das tagesaktuelle Geschehen Bezug zu nehmen, indem sie sich nicht an die tageszyklische Erscheinungsweise halten muss, sondern neue Informationen zeitnah liefern kann. Als Netzpublikation sind Zeitungen weltweit zugänglich. Auf Produzentenseite sind Herstellung und Verbreitung kostengünstiger als beim gedruckten Pendant. Für Rezipienten sind Vervielfältigung und Weiterbearbeitung leichter. Bei der O.-Z. handelt es sich um ein tertiäres Medium, das zur Rezeption ein internetfähiges Lesegerät voraussetzt. O.-Z. unterliegen dem Pflichtexemplarrecht wie die Papierausgaben.
S. Rühr

OPAC (Online Public Access Catalogue, auch Online-Katalog). Öffentlich zugänglicher, elektronischer Hauptkatalog einer Bibliothek zum Nachweis des eigenen Medienbestandes; löste frühere Formen des Katalogs, insbesondere den Zettelkatalog, ab. Im Gegensatz zu diesen erlaubt der O. die variable Abbildung von Katalogisaten z. B. nach dem Schema der International Standard Bibliographic Description (ISBD), als Kurztitelanzeige oder in durch Feldnummern oder Feldnamen bezeichneten Datenfeldern, entsprechend dem dahinter liegenden Datenformat. Sucheinstiege sind, neben dem Freitext-Retrieval, i. d. R. über Verfasser, Körperschaft, Titel, Schlagwort, ISBN und Erscheinungsjahr gegeben, jeweils vermittels Boolescher Operatoren miteinander verknüpfbar. O.s sind zunehmend eingebunden in das Portal einer Bibliothek oder eines Bibliotheksverbundes mit der Möglichkeit einer verteilten Suche über mehrere O.s und Datenbanken auf Basis von Suchmaschinentechnologie (discovery and delivery system, z. B. Primo). Immer häufiger ist über den O. die Möglichkeit des Online-Ordering oder der Online-Fernleihe gegeben, ferner die Implementierung von Links zu digitalen Medien, besonders Netzpublikationen, meist über Linkresolver. Zunehmend werden Empfehlungssysteme und Web-2.0-Anwendungen (für Folksonomien) integriert und die Anwendung für mobile Endgeräte parametrisiert. *P. Hauke / K. Umlauf*

Opak ↗ Opazität

Opaque Web, jener Teil des Invisible Web (↗ Deep Web), der in Suchmaschinen-Indexen nicht berücksichtigt wird, obwohl dies möglich wäre. Gründe dafür können sein: Crawling-Tiefe (nicht alle Seiten einer Website werden durch einen ↗ Crawler besucht), Crawling-Frequenz (eine neue Webseite wurde vom Crawler noch nicht aufgesucht), für Crawler nicht erreichbare Webseiten (z. B. keine Inlinks) sowie die Anzahl der Dokumente, die als Ergebnis einer Websuche maximal aufrufbar (anzeigbar) ist. *C. Schlögl*

Opazität, Maß für die Lichtundurchlässigkeit von Papier u. a. Materialien, somit das Gegenteil von Transparenz. Papiere, die beidseitig bedruckt werden, sollten opak sein, also eine hohe O. aufweisen, damit der Druck der jeweils anderen Seite nicht durchscheint. Die O. eines Papiers hängt vom Flächengewicht und verwendeten Rohstoff ab, kann aber durch die Zugabe von Füllstoffen erhöht werden, was insbesondere bei leichten Druckpapieren geschieht (↗ Dünndruckpapier). *E.-P. Biesalski*

Open Access, Veröffentlichungs- und Zugangsmodell für hauptsächlich wissenschaftliche Netzpublikationen, bei dem ein kostenfreier und unbeschränkter Zugang zu den Veröffentlichungen über das Internet gewährleistet werden soll. V. a. auf wissenschaftliche Zeitschriften bezogen spricht für das Modell des O. A., dass Forschung häufig staatlich (durch die Gesellschaft) finanziert ist und damit auch deren Resultate der Gesellschaft kostenlos zugänglich gemacht werden sollten. Eine zweite Motivation ist die Durchbrechung der quasi monopolistischen Preis- und Lizenzstrategien führender wissenschaftlicher Verlage (↗ Zeitschriftenkrise). Weitere Argumente sind gute Auffindbarkeit und damit ein schnellerer und vereinfachter Zugang zu wissenschaftlichen Information sowie deren raschere Verbreitung und bessere Durchdringung sowie erhöhte Zitationsraten. Gegner des O.-A.-Modells bemängeln ungeklärte Urheberrechts- u. a. rechtliche Fragen und eventuell fehlende Qualität durch das Wegfallen der redaktionellen Kontrolle der Verlage als zwischengeschaltete Institutionen im Veröffentlichungsprozess. O. A. wird manchmal auch wegen fehlender Qualitätskontrolle kritisiert. Allerdings gibt es auch O.-A.-Publikationen, die durchaus einen Prozess des ↗ Peer Reviewing durchlaufen (insbesondere wenn diese zunächst in einer wissenschaftlichen Zeitschrift mit Peer Reviewing publiziert worden sind). Wichtige Kriterien sind der ↗ Impact Factor sowie die Reputation einer Zeitschrift, die bei O.-A.-Zeitschriften derzeit i. d. R. noch nicht so hoch sind wie bei traditionellen Verlagszeitschriften, weshalb viele Wissenschaftler weiterhin bevorzugt dort publizieren. Gleichwohl gibt es unter Wissenschaftlern Bestrebungen, O. A. zu unterstützen. So haben sich Forscher und wissenschaftliche Gesellschaften in der ↗ Budapest Open Access Initiative zusammengeschlossen, um O.-A.-Modelle zu propagieren und besonders die deutschen wissenschaftlichen Gesellschaften haben sich in der Berliner Erklärung über den offenen Zugang zu wissenschaftlicher Information dazu verpflichtet, O. A. zu fördern. Als grundsätzliche Formen des O. A. unterscheidet man den Goldenen Weg des O. A. (Publikation in O.-A.-Zeitschriften) und den Grünen Weg des O. A. (hier erfolgt die Zweitverwertung nach der Veröffentlichung in einer kostenpflichtigen Verlagszeitschrift auf einem Dokumentenserver oder Repositorium). Eine dritte Form ist der Graue Weg des O. A. (für graue Literatur, die über den Buchhandel nicht zu beziehen sind, wie u. a. Tagungsberichte, Abstract-Sammlungen, Seminar- und Abschlussarbeiten). Im Directory of O. A. Journals und dem Directory of O. A. Repositories kann man O.-A.-Zeitschriften und -Repositorien recherchieren, in der Suchmaschine BASE finden sich viele Dokumente, die O. A. verfügbar sind. Varianten des O. A. sind: Author-pays O. A., Delayed O. A., Dual Mode O. A., Free of Charge O. A., Institution-pays O. A., O. A. for Developing Nations, Optional O. A., Partial O. A. sowie True O. A. *V. Petras*

Open Archives Initiative (OAI), 1999 gegr. US-basierte Organisation zur Förderung von Interoperabilitätsstandards zwischen Informationsanbietern, insbesondere für Dokumentenserver. Die OAI ist bekannt für die Entwicklung der zwei Standards OAI-PMH (standardisierte Datenübertragung zwischen Repositorien) und OAI-ORE (standardisierte Repräsentation der Beziehungen zwischen Informationsobjekten). *V. Petras*

Open Data ↗ Linked Open Data

Open-Source-Lizenz. Seit Gründung der Open Source Initiative (OSI) durch E. Raymond (geb. 1957) und B. Perens (geb. 1958) 1998 gilt Software dann als Open-Source-Software, wenn sie unter einer O.-S.-L. veröffentlicht wird, die als der Open-Source-Definition entsprechend anerkannt wird. Dabei kann es sich um Lizenzen für Freie Software (z. B. die GNU General Public License) oder Public-Domain-Software handeln, als Voraussetzung reicht es jedoch aus, dass die Lizenz die Zugänglichkeit des Quellcodes in vollem Umfang, die freie Verwendung unter quasi jedem denkbaren Zweck sowie die Weiterverbreitung auch modifizierter Varianten zulässt. Diese Minimalanforderungen haben die spätere Definition von Lizenzen für u. a. Open Access und Open Educational Resources sowie die Familie der Creative-Commons-Lizenzen inspiriert. *L. Heller*

Open-Source-Software (auch Freeware), im engeren Sinn Software, die unter einer Open-Source-Lizenz veröffentlicht worden ist; im Alltagsgebrauch jede Software, deren Quelltext frei zugänglich ist und deren Gebrauch und Weiterverbreitung kaum beschränkt wird. Neben der wirtschaftlichen Attraktivität, die durch O.-S.-S.-Projekte wie Linux bekannt geworden ist, wird oft betont, dass die Nachvollziehbarkeit und Variierbarkeit des Quelltexts sowie der Verzicht auf Lizenzgebühren für den Gebrauch Eigenschaften von O.-S.-S. sind, die zu zahlreichen Anwendungszwecken in Wissenschaft, Bildung und Verwaltung passen; z. B. ist die Suchplattform Apache Solr, seit diese 2006 als O.-S.-S. veröffentlicht worden ist, weit verbreitet. *L. Heller*

Open WLAN ist ein drahtloses Netzwerk (WLAN), das allen Nutzern ohne Eingabe eines Schlüssels bzw. Passwortes einen Zugang ermöglicht. ↗ Hot Spot

Opinion Leader ↗ Meinungsführer

Opisthograf, aus dem Griechischen «rückseitig beschreiben»; Bezeichnung für einen beidseitig beschriebenen Papyrus. Die Papyrusrolle wurde üblicherweise nur auf der Innenseite beschriftet, die besser geschützt war und durch den waagrechten Verlauf der Fasern dem Schreibrohr weniger Widerstand bot. In zahlreichen Fällen aber hat man Rollen oder Blätter aus Sparsamkeit auch auf der Rück- (d. h. Außen-)Seite beschriftet. *B. Bader*

Opistografischer Druck heißt der beidseitige Abdruck von Holzschnitten bzw. Holztafeln in Blockbüchern des 15. Jh.s. Zunächst konnte der Abdruck mit dem Reiber durch Handpressung nur einseitig (↗ Anopistografisch) erfolgen, da sich die Umrisse der Holztafeln so tief in das Papier eindrückten, dass die Rückseite nicht mehr zu bedrucken war. Die Blätter wurden mit ihren unbedruckten Rückseiten zusammengeklebt. Erst nach Erfindung der Buchdruckpresse konnten Vorder- und Rückseite eines Blattes beidseitig bedruckt werden. *W. Milde*

OPL ↗ One Person Library

Optionsvertrag (Vor[rechts]vertrag) ist generell ein schuldenrechtlicher Vertrag, ein Verpflichtungsgeschäft, dessen Erfüllung im Abschluss des Hauptvertrags liegt. Konkret meint ein O. einen Vorvertrag über ein künftiges, noch nicht vorliegendes Werk oder mehrere Werke. Durch ihn verpflichtet sich einseitig ein Verfasser – häufig binnen eines festgelegten Zeitraums und für ein bestimmtes Genre/Fachgebiet – ein von ihm geschaffenes Werk dem Verleger zur Prüfung bzw. zum Abschluss eines Verlagsvertrags anzubieten. Es kann sich bei diesem Werk auch um eine Übersetzung handeln. Der Verleger ist in seiner Entscheidung frei, ob er dieses Werk übernimmt oder nicht. Nach § 40 UrhG «Verträge über künftige Werke» bedarf es für einen O. der schriftlichen Form und er kann von beiden Vertragsteilen nach Ablauf von fünf Jahren seit Abschluss gekündigt werden. Ein O. muss nicht, kann aber eine angemessene Gegenleistung für den Urheber als Optionsverpflichteten festlegen, wie ein Honorar oder andere geldwerte Vorteile, wie z. B. einen besonderen Autorenrabatt an dem eigenen Werk. Der O. im engeren Sinn erfüllt die Bedingungen eines Verlagsvertrags in wesentlichen Punkten. Beim O. im weiteren Sinn bedarf es des (späteren) Abschlusses eines Verlagsvertrags. Aus Sicht eines Verlegers macht ein O. dann Sinn, wenn es sich um einen bekannten bzw. fachlich versierten Autor handelt, den man strategisch an das Unternehmen binden möchte. *T. Keiderling*

Optische Zeichenerkennung (OCR, Optical Character Recognition, Zeichenerkennung), Verwendung genormter Schriften (OCR-Schrift), die sowohl für Menschen als auch für Maschinen interpretierbar sind. Es existieren unterschiedliche internationale Normen (ISO 1073/1 für OCR/A und ECMA–11 für OCR-B) und standardisierte Schriften (DIN 66008 für OCR/A und 66009 für OCR/B). Der Schrifttyp OCR/A verwendet Ziffern, einige Sonderzeichen und nur Großbuchstaben, während OCR/B auch Kleinbuchstaben nutzt und sich stärker an der üblichen Druckschrift orientiert. OCR/A wird häufig im deutschen Bankwesen genutzt (wie z. B. zur Erkennung von Kontonummern oder Bankleitzahlen auf Scheckformularen). Moderne Texterkennung umfasst mehr als reine o. Z., d. h., dass auch die Übersetzung einzelner Schriftzeichen geleistet wird. Heutzutage werden dank moderner Computer und verbesserter Algorithmen auch «normale» Druckerschriftarten bis hin zu Handschriften erkannt. *E. W. De Luca*

Optischer Leser, ↗ Scanner, Gerät zur Digitalisierung von Texten, Grafiken, (Farb-)Bildern auf Papiervorlagen etc. Synchron zur optischen Abtastung wird das Vorlagenbild zeilenweise durch elektrische Signalfolgen (bitstrings) dargestellt. Die Zeilen werden entsprechend der gewünschten Auflösung in Punkte (Pixel, Auflösungsmaß: DPI = dots per inch) zerlegt, denen entsprechend der Vorlage Helligkeits- bzw. Farbwerte zugeordnet werden. Das Ergebnis des Abtastvorgangs stellt ein gespeichertes digitales (faksimiliertes) Abbild der Vorlage dar, das im EDV-System mit Grafik- oder mit Lesesoftware (Optische Zeichenerkennung) weiterverarbeitet werden kann. *N. Henrichs*

Optischer Speicher. 1. Alle Formen von Mikrofilm als analoges Aufzeichnungsmedium. 2. Laser-optische, magneto-optische Speicher (sog. Bildplatten); sie verbinden hohe Speicherdichte mit großer Speicherkapazität, erlauben den direkten Datenzugriff und sind als scheibenförmige Datenträger (↗ Blue-ray Disk, ↗ CD (CD-ROM), ↗ DVD, MiniDisc) schnell und leicht austauschbar und transportabel. Je nach System werden die zu speichernden Informationen in das Trägermaterial mechanisch eingepresst, mit einem Laserstrahl dauerhaft eingebrannt oder in einer verformbaren Kunststoffschicht veränderbar eingebettet. Beim Lesevorgang beleuchtet ein Laserstrahl die Oberfläche des rotierenden Datenträgers. Seine Reflexion wird durch einen Detektor in digitale elektrische Impulse umgesetzt, die dem Codewert der jeweiligen gespeicherten Daten entsprechen. *N. Henrichs*

Optoelektronik ist ein Grenzgebiet zwischen Elektronik und Optik, das sich mit der Umsetzung von elektrischen Impulsen in Lichtimpulse und umgekehrt auf der Grundlage fotoelektrischer Halbleiter befasst. Die O. findet bei der Gewinnung, Übertragung, Verarbeitung und Speicherung von Informationen umfassende Anwendung, z. B. beim automatischen Lesen von OCR-Schriften, dem Kopieren gedruckter Texte mittels elektrooptischer Verfahren wie der Xerokopie und dem Lichtsatz. *G. Pflug*

Opus, aus dem Lateinischen «Werk»; Bezeichnung für ein literarisches Werk und auch für das Gesamtwerk eines Schriftstellers. In der Musik seit dem 15. Jh. gebräuchlich, wird das Wort (Abkürzung: op.) seit dem 17. Jh., verbunden mit einer Zahl, als verlegerische Kennzeichnung der chronologischen Folge der Kompositionen eines Autors in der Reihenfolge ihres Druckes gebraucht. Erst im 19. Jh. wurde es üblich, dass Komponisten ihren Werken schon bei der Veröffentlichung oder bei der Niederschrift eine Opuszahl geben. *B. Bader*

Oral History, aus dem Englischen «mündliche Geschichte»; ist eine anerkannte Methode der Geschichtswissenschaft, um erlebte Geschichte bzw. biografische Erinnerungen für die Forschung nutzbar zu machen. Im Unterschied zu den traditionellen Quellen der Geschichtswissenschaft, die in der sekundären Auswertung von bereits vorhandenen Archiven (Nachlässe, schriftliche Dokumente wie Briefe, Fotografien etc.) aus privater wie öffentlicher Hand besteht, erzeugt die Methode der O. H. selbst Quellen. Dem Forscher ist es möglich, durch gezielte Fragen diejenigen mündlichen Aussagen zu «produzieren», die für ihn interessant sind und durch traditionelle Archive nicht überliefert wurden. Der Begriff O. H. stammt aus den USA der 1930er Jahre und wurde im deutschen Sprachraum ab den 1960er Jahren populär. U. a. haben sich die Historiker S. Friedländer (geb. 1932) mit Bezug auf die Holocaustforschung und L. Niethammer (geb. 1939) mit Bezug auf die erlebte Sozialgeschichte auf diesem Feld verdient gemacht. Die Durchführung der Methode erfolgt mittels Zeitzeugen-[↗]Interview, zumeist mit offenen Fragestellungen (Leitfadeninterview); dieses wird auditiv bzw. audiovisuell mitgeschnitten und später ggf. durch Transkription, die wiederum Standards verwendet (u. a. werden «ähhs» und dgl. mehr herausgenommen, angefangene Sätze gestrichen und ggf. Dialekte nicht wiedergegeben; zudem werden falsche Angaben [Datumsangaben, Zahlen, Personennamen] möglicherweise stillschweigend oder durch Klammerhinweise berichtigt). Eine mündliche Überlieferung gibt stets die subjektive Sichtweise wieder und es können sich Gedächtnisfehler einschleichen. Bei Einhaltung einer entsprechenden Quellenkritik und Kennzeichnung der subjektiven Quelle (als Interview) können jedoch Fehlinterpretationen zurückgedrängt oder weitgehend ausgeschlossen werden. Mittels der O. H. können aufgrund der notwendigen Zeitzeugenschaft Ereignisse nachträglich rekonstruiert bzw. durch Beschreibungen angereichert werden, die maximal 80 Jahre zurückliegen. Für die Durchführung von Zeitzeugen-Interviews der O. H. gibt es mittlerweile umfangreiche Hand- und Methodenbücher. *T. Keiderling*

Oralität, orale Kommunikation meint die Informationsübertragung bzw. Kommunikation über alle möglichen Formen der gesprochenen Sprache bzw. über Sprechakte der Direktkommunikation. Im erweiterten Sinne wird eine Gesellschaft dann als oral (sprachbezogen) bezeichnet, wenn sie der O. und o.n K. eine zentrale Funktion innerhalb der Kommunikation zuweist. Im Allgemeinen geht die Forschung davon aus, dass die Oralität (Mündlichkeit) der Literalität (Schriftlichkeit) unterlegen ist, weil Information (Wissen) nur durch die Direktkommunikation weitergegeben werden kann. Speicherung und Fixierung ist somit nur eingeschränkt möglich, i. d. R. werden Inhalte beim «Weitererzählen» verkürzt oder verändert wiedergegeben. Seit dem 20. Jh. (Schallplatte, Radio, Fernsehen) und verstärkt durch die derzeitige Computertechnik gewinnen jedoch auditive wie audiovisuelle Medien an Bedeutung. Computerprogramme und Apps werden u. a. eingesetzt, um Sprachinformationen zu speichern, weiterzuleiten, in digitale Texte umzuwandeln oder digitale Texte vorlesen zu lassen. Hierbei wird die Schriftlichkeit übersprungen. ↗ Literalität (Schriftlichkeit) – Oralität (Mündlichkeit) *T. Keiderling*

Orangebuch ↗ Buntbuch

Ordinär, Schreibweise anfangs Ordinair, ordinair. Aus dem Lateinischen «festgesetzt» (16. – 18. Jh.), wie aus dem Französischen «üblich», «alltäglich» (Ende 17. Jh.). Im 16. Jh. wurden die Konten durchweg «lauter» = netto geführt, wegen der unklaren Rabattierung jedoch auch «unlauter» = ordinär. Damit war der Verkaufspreis gemeint, von dem der Rabatt abgezogen wurde. Diese Berechnungsweise erforderte auf Konten und Fakturen zwei Preiskolumnen, das O. und das Netto. Die Rabattierung erfolgte nicht einzeln, sondern erst bei Rechnungsabschluss zur Ostermesse von der O.-Gesamtsumme. Bücher, deren Preise im O. standen, bezeichnete man als O.artikel. *H. Buske*

Ordinärpreis. Im ↗ Tauschhandel war der im ↗ Ordinär ausgeworfene Preis der Verkaufspreis ohne Rabatt, ein Artikelpreis, dem je nach Qualität von Schrift und Papier der jeweils übliche Bogenpreis zugrunde lag. In der heutigen Praxis kaum noch gebräuchlich, durchweg ersetzt durch Ladenpreis. *H. Buske*

Original, aus dem Lateinischen «ursprünglich»; seit dem 14. Jh. wird der Begriff in der Kanzleisprache zur Bezeichnung der Urschrift gegenüber der Abschrift verwendet. Im 17. Jh. auch Anwendung in den Bereichen Kunst und Literatur. Mit ihm wird das von einem Verfasser oder Künstler selbstständig geschaffene Werk bezeichnet, das in dieser Form einmalig ist. Im analogen Zeitalter war damit das Manuskript gemeint, das heute zunehmend durch elektronische Speicherformen verdrängt wird.

Originalabdruck bedeutet in der Grafik Abzug von der vom Künstler eigenhändig bearbeiteten Platte. Seit dem 20. Jh. wird die Originalität durch die eigenhändige Unterschrift des Schöpfers unterhalb der Darstellung sowie durch Angabe der Reihenfolge der Drucke und der Auflagenhöhe garantiert (z. B. 7/15 = 7. Abdruck von 15). Nach dem Druck der Auflage sollte die Platte vernichtet oder zumindest unbrauchbar gemacht werden. *F. Anzelewsky*

Originalausgabe (OA). Als OA wird im Verlagsbuchhandel eine Ausgabe bezeichnet, die erstmals auf einem konkret definierten, z. B. nationalsprachlichen Buchmarkt erscheint. Es handelt sich um eine durch den Autor, dessen Vermittler (z. B. einen Literarischen Agenten) bzw. einen anderen Rechteinhaber per Verlagsvertrag legitimierte Neuerscheinung eines Originalverlags (vgl. auch ↗ Lizenzausgabe bzw. ↗ Nachdruck einer bereits vorliegenden OA). OAn sind für Bibliophile begehrtes Sammelobjekt und erzielen i. d. R. antiquarisch höhere Verkaufserlöse. *T. Keiderling*

Originalbroschur, die ursprüngliche, originale Ausstattung eines als ↗ Broschur gefertigten Buches, sei es für die Gesamtausgabe oder für eine Teilauflage.

Originaldecke, eine vom Verlag gesondert angebotene und gelieferte Einbanddecke für Lieferungs- und Fortsetzungswerke, v. a. auch für Zeitschriften, die es dem Abonnenten ermöglicht, das nachträgliche Einbinden kostengünstig und mit einheitlichem Aussehen vornehmen zu lassen. *P. Neumann*

Originaldokument ↗ Urkunde

Originaldruckform (veraltet: Originalklischee) ist im Gegensatz zur Duplikatdruckform (z. B. Galvano, Stereo etc.): Schriftsatz, Holz- und Metallschnitt und -stich, Strichätzung und Autotypie, Kupferstich, Radierung etc., also alle nach einer Vorlage direkt hergestellten und zum direkten Druck benutzten Druckformen. *C. W. Gerhardt*

Original-Druckgrafik ist eine Druckgrafik, bei der neben dem Entwurf auch die

Druckstöcke und -platten vom Künstler z. B. geschnitten, radiert oder lithografiert worden sind. Auch der Druck der Auflage muss vom Künstler, zumindest aber unter seiner Aufsicht vorgenommen werden. Die handschriftliche Künstlersignatur unter Hinzufügen der Nummer des Blatts (in der Reihenfolge des Drucks) und der Auflagenhöhe (z. B. 7/50) und dem Jahr des Entstehens bestätigt die Echtheit. Bei O.-D.en müssen in Katalogen, Prospekten und auf Rechnungen der Name des Künstlers, das Datum des Drucks und die genaue Anzahl der gedruckten Exemplare angegeben werden. Es muss zu ersehen sein, ob vom selben Druckstock schon zuvor Abzüge gemacht wurden und ob der Druckstock nach Herstellung der Auflage unbrauchbar gemacht oder zerstört worden ist. Die Zahl der Druckzustände ist zu nennen und es ist auszuweisen, zu welchem Zustand das vorliegende Blatt gehört. Handelt es sich nicht um Eigendrucke des Künstlers, so ist der Name der Druckerei aufzuführen, und es ist mitzuteilen, ob es sich um Drucke aus dem Nachlass handelt oder Überarbeitungen von fremder Hand vorgenommen wurden. *R. Busch*

Originaleinband. Diese Bezeichnung ist bei der maschinellen Buchherstellung dem ↗ Verlagseinband gleichzusetzen, mit dem die vollständige Auflage oder Teilauflage einheitlich ausgestattet wird. Bei der handwerklichen Einzelfertigung ist es der ursprüngliche, meist zeitgenössische Bucheinband. *P. Neumann*

Originalhandschrift ↗ Autograf

Originalrabatt. Unter dem O. versteht man im Buchhandel den Rabatt, den der Verlag (offiziell) seinen buchhändlerischen Kunden gewährt, vom Einzelstückrabatt (Grundrabatt) über Staffelrabatte bis zu Jahreskonditionen. ↗ Jahresabschlussrabatt *T. Bez*

Originalstein nennt man den ↗ Lithografiestein, auf der der Lithograf seine Zeichnung aufbringt und diese ausarbeitet. Für den Auflagendruck verwendete man häufig auch einen Maschinenstein, der über einen Umdruckabzug vom O. gewonnen wurde. Der O. wurde aufbewahrt, während die Maschinensteine nach der Auflage zur Wiederverwendung abgeschliffen wurden. *H. Wendland*

Originalverlag ist derjenige Verlag, der zuerst das Verlagsrecht an einem Werk, der sog. Originalausgabe, ausübt im Gegensatz zum Verlag, der ein vorhandenes Werk in Lizenz, anderer Ausstattung (Sonderausgabe, Taschenbuch) oder als Übersetzung in den Verkehr bringt. Die heute übliche Bezeichnung O. wird in der Forschung auch auf frühere Jh.e ausgedehnt, obwohl es vor dem Verlagsgesetz von 1901 noch keine einheitliche Regelung in Deutschland gab. Bis ins 18. Jh. sprach man auch von einem «privilegierten Verleger». *T. Keiderling*

Originalverlagsrabatt ↗ Verlagsrabatt

Organisationskommunikation ↗ Interne Organisationskommunikation

Orthonym, aus dem Griechischen «richtiger Name»; eine Verfasserangabe wird als o. bezeichnet, wenn sie den echten Namen des Verfassers wiedergibt. Der Gegensatz zu O. ist ↗ Pseudonym. *G. Pflug*

Ostermesse ↗ Buchmesse

Ostrakon (Plural Ostraka), Tonscherbe; im Altertum ein verbreiteter Beschreibstoff, einfacher und billiger als Papyrus. Da das Geschirr überwiegend aus Tongefäßen bestand, standen Scherben davon praktisch überall kostenlos zur Verfügung, auch für ärmere Leute. Man schrieb mit Tinte in erster Linie auf die konvexe Seite. In Ägypten (Hauptfundort Theben) sind große Mengen von O.a vorwiegend aus römischer Zeit gefunden worden. Sie enthalten Steuerquittungen, andere kleine Urkunden sowie private Aufzeichnungen jeder Art (Briefe, Schulübungen, Rechnungen, Notizen). Im Athen des 5. Jh.s v. Chr. dienten O.a als «Stimmzettel» bei den Abstimmungen, durch welche die Volksversammlung jedes Jahr einen Politiker in die Verbannung schicken konnte; daher der Name Ostrakismos für diese «Scherbengerichte». Viele solcher O.a mit den Namen von Politikern sind erhalten. Die Erforschung der O.a ist eine Aufgabe der Papyrologie. Im weiteren Sinne rechnet man auch die Kalksteinsplitter, die im altägyptischen Reich u. a. für grafische Darstellungen verwendet wurden, dazu. *B. Bader*

Outsourcing ↗ Funktionsauslagerung

Oxidation ist die chemische Reaktion eines Stoffes mit Sauerstoff. Auch in der Buchherstellung spielt dieser chemische Vorgang eine Rolle. So wird die O. z. B. beim Trocknen von Druckfarben eingesetzt. Alle mit Bindemitteln auf der Basis trocknender Öle (z. B. Leinöl) gearbeiteten Druckfarben trocknen durch O. (sog. Verharzung). Die O. kann aber auch störend in Erscheinung treten. So z. B. in der buchbinderischen Verarbeitung bei der Goldprägung auf echtem Leder. Selbst Bronzeprägefolien mit hohem Oxidschutz oxidieren schon nach wenigen Jahren infolge der für die Gerbung des Leders verwendeten Chemikalien. Da die nichtoxidierenden Goldimitationen sämtlich nicht lichtecht sind, bleibt nur die kostspielige Prägung mit Echt-Goldfolien. *R. Busch*

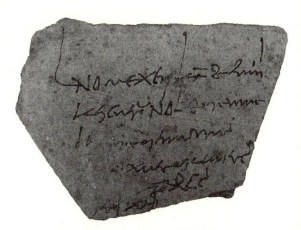

Ostrakon (Bader). Ostraka-Slg. der UB Gießen Inv. Nr. 37: Steuerquittung aus dem Jahre 116 v. Chr.

P

Packaging ist ein Verfahren des internationalen Publizierens von Büchern, bei dem ein Unternehmer (Packager) homogene und damit international verwertbare Buchserien und Partworks entwickelt und möglichst vielen Verlegern in verschiedenen Sprachräumen für deren Produktion anbietet. Dabei werden – gewöhnlich auf den internationalen Messen – entweder Musterlayouts oder anderes Anschauungsmaterial vorgelegt, um möglichst viele Verlage zur Produktion nationaler Teilauflagen auf deren Risiko zu gewinnen. Diese «P. Books» werden zu einer internationalen Großauflage «zusammengepackt» (= packaging). Lediglich der Text wird einzeln in den verschiedenen Sprachen gedruckt. *W. E. Heinold / G. Gabel*

Packpapier. Bei den P.en hat die Festigkeit Vorrang vor dem Aussehen oder der Bedruckbarkeit. Die P. werden je nach Rohstoffzusammensetzung in drei Gruppen eingeteilt: 1. AP-Papiere, die aus Altpapier und höchstens 30 % Frischfaserzellstoff bestehen, 2. ZP-Papiere aus mindestens 70 % Frischfasersulfitzellstoff und Holzschliff und höchstens 30 % Altpapier hergestellt und 3. Natron-Zellstoffpapiere aus mindestens 50 % Frischfaserzellstoff angefertigt. Zu den Qualitäten der Gruppe 1 gehören z. B. Schrenzpapiere und Einschlagpapiere, Konsumpack. Zur Gruppe 2 werden z. B. Zellpack oder Packzellstoff und Zellbastpapiere gezählt. Die Gruppe 3 enthält die Kraftpapiere und Natronpapiere. Zu den Packpapieren im weiteren Sinne sind auch die Seidenpapiere, Krepp-Papiere, Ölpapiere und Wellpappen zu rechnen, ebenso die Pergamentersatz- und Pergaminpapiere sowie beschichtete P. und Wollfilzpapiere. *G. Brinkhus*

Packzettel gibt den Inhalt eines Pakets an und dient der Kontrolle des Inhalts. Aufgeführt wird im Buchhandel nur der Kurztitel, der Ladenpreis und eventuell die ISBN und der Verlag.

PageRank. Verfahren der Linkanalyse im Internet, das Seiten automatisch einen Qualitätswert zuordnet. Der P.-Algorithmus berücksichtigt die Anzahl der eingehenden Links und die Qualität der Seiten, von denen diese Links kommen. Je größer die Autorität einer Seite ist, desto höheres Gewicht haben die von ihr ausgehenden Links. Der P.-Algorithmus arbeitet wiederholend. Ausgehend von einem initialen Qualitätswert konvergiert das P.-Verfahren zu einem stabilen Wert für alle Seiten. Suchmaschinen berücksichtigen den P.-Wert bei der Erstellung der Trefferliste. *T. Mandl*

Pagina (abgekürzt p. oder pag.) ist seit dem 16. Jh. die noch heute übliche lateinische Bezeichnung für die nummerierte Buchseite oder die Seitenzählung in Büchern und Zeitschriften. Dabei trägt die Recto(-Vorder)seite eines Blatts stets eine ungerade, die Verso(-Rück)seite eine gerade Zahl. Das fortlaufende Nummerieren von Seiten oder Spalten wird «Paginierung» genannt. *P. Neumann*

Paginierung, aus dem Lateinischen «Seite» oder Seitenzählung; gehört neben der Blattzählung (↗ Foliierung) und selteneren Spaltenzählung und der nur im Buchdruck üblichen Bogenzählung zu den Ordnungsmaßnahmen in Handschriften und Druckwerken; sie bildet die Voraussetzung für detaillierte Inhaltsübersichten, für Register und das Zitieren von Einzelstellen. P. begegnet schon im frühen Buchdruck (seit 1470). Die fortlaufenden römischen oder arabischen Ziffern der Seitenzahlen (auf beiden S. des Blatts) oder der Blattzahlen (nur auf dessen Vorderseite) stehen bis ins 18. Jh. mehrheitlich über dem Satzspiegel, später auch darunter, im modernen Buchdruck (wie vereinzelt schon in Wiegendrucken) mitunter auch auf dem Außenrand. Bei der bibliografischen Beschreibung von Handschriften und Drucken gehört die Angabe von Art und Umfang der P. zu den Grunderfordernissen (↗ Kollationieren).

C. Weismann

Paid Content, zu Deutsch «bezahlter Inhalt»; wird der kostenpflichtige elektronische Handel und Vertrieb digitaler Produkte bzw. Inhalte (Online-Nutzung bzw. Download z. B. von Text-, Musik- oder Videodateien) über das Internet bzw. via mobiler (Handy-) Medien, ggf. unter Nutzung von Apps, bezeichnet. Unterschieden wird in P. C. und Paid Services; ersteres meint den Erwerb eines konkreten Produkts als immaterielles Realgut gegen Gebühr, letzteres die Nutzung von Dienstleistungen, etwa die Teilnahme an einem SMS Service, Onlinespiel-Service, einer Online-Auktion oder Internet-Handelsplattform, gegen Gebühr. Paid Services schließt somit im Vergleich zum P. C. oftmals eine entsprechende, möglicherweise über einen längeren Zeitraum gehende Interaktion des Kunden mit dem Anbieter ein. Im Gegensatz zum P. C. stehen alle frei zugänglichen Informationen und Inhalte im Internet; ↗ Open Access.

Es gibt unterschiedliche Bezahlmodelle für den P. C. Generell kann man in transaktionsunabhängige Abonnement-Modelle und transaktionsabhängige Modelle unterscheiden, bei denen der Kunde für jedes einzelne Content-Objekt gesondert zahlt. Übliche Bezahlmethoden sind klassische Inkassoverfahren über Kreditkarten oder Abrechnung über einen Service-Provider. P. C. ist bislang im B2B-Bereich stärker etabliert als im B2C-Sektor. Bei Verlagen spielt P. C. eine zunehmende Rolle. So zahlten 2017 laut einer Bitkom-Umfrage 22 % der befragten Internetnutzer für journalistische Inhalte eine monatliche Pauschale. Nach einer Statistik des Bundesverbandes Deutscher Zeitungsverleger e. V. (BDZV) boten 2017 deutsche Zeitungsportale folgende P. C.-Modelle am häufigsten an: 122 Zeitungen das «Freemium-Modell», bei dem die Redaktion darüber entscheidet, welche Artikel kostenlos bzw. kostenpflichtig online gelesen werden können (Beispiele: «Bild», «Die Welt», «Handelsblatt»). Sodann bieten 67 Zeitungen das «Metered Model» an: Hier hat der Nutzer einen kostenlosen Zugriff auf eine bestimmte Anzahl eigentlich kostenpflichtiger Inhalte. Ist dieses Kontingent erschöpft, wird er meist zur kostenfreien Registrierung aufgerufen, die wieder ein zusätzliches Freikontingent beinhaltet. Erst wenn der Nutzer auch die Anzahl dieser erlaubten Abrufe überschreitet, wird er aufgefordert, für ein Abonnement zu zahlen. (Beispiel: «Augsburger Allgemeine»). Ebenfalls verbreitet sind «Harte Bezahlschranken» (19 Zeitungen in Deutschland): Hier können zahlende Abonnenten das Online-Angebot der Zeitung nutzen, für alle anderen ist es nicht zugänglich. (Beispiel: «Westfälische Rundschau»). Darüber hinaus gibt es das «Spenden-Modell» bzw. die «Freiwillige Bezahlung»: Der Nutzer kann entscheiden, ob und in welcher Höhe er für die Inhalte bezahlen möchte (Beispiel: «Taz»). Wikipedia Deutschland führt seit 2001 auch jährliche Spendenaufrufe zur Finanzierung des eigentlich kostenlos zu nutzenden Portals durch und nutzt somit ein Bezahlmodell des P. C.

T. Keiderling

Paid Placement (Sponsored Listing), bezahlter Suchtreffer in Suchmaschinen, der als Textanzeige in den Paid Listings (bezahlte und als solche gekennzeichnete Auflistung von Textanzeigen) erscheint. Hierdurch wird eine Platzierung weit oben in der Liste der Suchergebnisse, bezogen auf bestimmte selbst festgelegte Keywords (Suchbegriffe), garantiert. Programme für P. P. basieren typischerweise auf der Abrechnung nach Kosten pro Klick (Cost per click, CPC) oder Kosten pro 1.000 Impressionen (CPM), die ein Werbungtreibender zu zahlen bereit ist (Pay per click, PPC). Damit hängen die Kosten v. a. vom Wettbewerb (offene Auktion) um eine bestimmte Suchmaschinen-Position ab. Bekanntester Anbieter von Keyword-Advertising-Programmen ist Google AdWords.

S. Fühles-Ubach

Paid Services ↗ Paid Content

Paketaustauschstelle, eine der ehemaligen Leipziger buchhändlerischen Verkehrseinrichtungen, nach einer kurzzeitigen provisorischen Einrichtung 1912 im Jahre 1916 vom Verein der Buchhändler zu Leipzig geschaffen. Sie komplettierte die dortige ↗ Bestellanstalt (seit 1842). Die Sendungen der Leipziger Verlage und Verlegerkommissionäre wurden bei ihr angeliefert und nach Leipziger Sortimentern bzw. Sortimenterkommissionären geordnet und diesen zur weiteren Beförderung an ihre Kommittenten zugeführt oder von ihnen abgeholt. Entsprechende Einrichtungen entstanden in Berlin (seit 1879, verbunden mit der dortigen Bestellanstalt), Amsterdam, Paris, den USA und Norwegen. Wiederbelebungsversuche nach 1945 führten in Deutschland zu keinen Ergebnissen. ↗ Buchstadt Leipzig   W. Braun-Elwert / T. Keiderling

Paläografie, aus dem Griechischen «alt», «schreiben»; Kunde von den alten Schriften. P. ist die Lehre von der Entwicklung der Buchstabenschrift und der Wandlung der einzelnen Buchstabenformen, hier insbesondere der lateinischen Schrift des römischen Altertums und des abendländischen Mittelalters. Sie hat als Methode dafür den Vergleich entwickelt. Losgelöst von der P. im engeren Sinn haben sich im Laufe der Zeit die Erforschung der Urkundenschrift, ferner die Papyrologie, Epigrafik, Numismatik und Sphragistik. Aufgabe der P. ist es, die Schrift (Buchschrift und Kursivschrift) als ein geschichtliches Phänomen der menschlichen Kultur zu verstehen, zu erforschen und darzustellen. Ferner bietet sie eine Möglichkeit für die Datierung und Lokalisierung von Handschriften und lehrt, die älteren Schriftformen richtig zu entziffern und korrekt zu lesen (einschließlich der Abbreviaturen) sowie entstandene Irrtümer zu beseitigen und Texte korrekt zu edieren. P. ist ein konstitutiver Bestandteil der ↗ Handschriftenkunde; sie erst ermöglicht das fehlerfreie Lesen von Handschriften.   W. Milde

Palimpsest, aus dem Griechischen «wieder», «(ab)geschabt»; bezeichnet einen Beschreibstoff, der nach Entfernung der ersten Beschriftung ein zweites Mal beschrieben wurde. Es gibt seltene Fälle einer dreimaligen Beschriftung, also einer zweimaligen Wiederbeschriftung. Zeugnisse für P.ierung finden sich in der Antike, z. B. bei Cicero (106 – 43 v. Chr.) oder Plutarch (ca. 45 – ca. 125), wobei es vorwiegend um die Wiederbeschriftung von Papyrus geht. Öfter als dieses Material wurde seit dem 4. Jh. Pergament wieder beschrieben, von dem sich die Schrift leichter entfernen ließ. Die Entfernung der ursprünglichen Schrift geschah entweder mechanisch durch Abschaben mit einem Bimsstein bzw. einem Messer oder mithilfe chemischer Mittel, v. a. auf Milchbasis.

Palimpsest. Unzial-Schrift. Die ältere in zwei Kolumnen angeordnete Schrift um die Wende des 4.–5. Jh.s enthält Cicero, De re publica. Die jüngere Schrift, die im 7. Jh. in Bobbio entstand, enthält Augustinus, Enarrationes in psalmos. Rom, Cod. Lat. Vat. 5757. S. Bd. II, S. 554. (Ausschnitt).

P.e sind schwer zu erkennen und schwer lesbar. Um P.e lesbar zu machen, bediente man sich früher chemischer Mittel. Beliebt waren zunächst Galläpfeltinktur, später Giobertis Tinktur und dann Ammonium-Sulfide. Diese Mittel halfen zwar, die Schrift kurzfristig sichtbar zu machen, hinterließen aber bleibende Schäden. Weit bessere Erfolge – bei schonenderer Behandlung der Handschriften – werden durch die Benutzung von ultraviolettem Licht oder Rotlicht und die dadurch ermöglichte Palimpsest-Fotografie erzielt. *E. Wunderle*

Palindrom, aus dem Griechischen «rückläufig»; wird ein Wort, ein Satz oder ein Text genannt, der vor- und rückwärts gelesen identisch ist. Ein P.gedicht wird auch als «versus cancrinus», verdeutscht «Krebsgedicht» bezeichnet. Das P. soll im 3. Jh. v. Chr. vom griechischen Dichter Sotades erfunden worden sein. Ihm wurde oft eine magische Bedeutung bei der Beschwörung von Dämonen zugeschrieben. Typische Beispiele im Deutschen sind für ein Wortp. der von A. Schopenhauer (1788–1860) verwendete «Reliefpfeiler», für ein Satzp. «Ein Neger mit Gazelle zagt im Regen nie». *G. Pflug*

Palingrafie ↗ Anastatischer Druck

Palmblattbuch. Die in Indien auf einzelne Palmblätter geschriebenen Texte wurden zu ganzen Büchern zusammengefasst, indem man in die Blätter mit einem Metallstab ein oder zwei Löcher (je nach Region und Zeit verschieden) einbrannte, die Blätter zwischen hölzerne Deckel legte und durch die Löcher eine Schnur führte. Diese Schnur wurde um den ganzen Block gewickelt und hielt so das Buch zusammen. Die Form des Buches, bedingt durch das Material, war länglich und schmal. Die Buchform verbreitete sich bis Hinterindien und Indonesien (Bali, Lombok). *G. Grönbold*

Pamphlet, Streit- oder Schmähschrift, oft abwertend gebraucht, wenn die Polemik persönlich angreifend und unsachlich ist, auch für essayistische Polemik. Der Begriff geht wahrscheinlich auf die Komödie des 12. Jh.s «Pamphilus seu de amore» zurück. Im Englischen und Französischen bezeichnet P. sowohl eine Broschüre, kleine Schrift als auch eine Streitschrift auf politischem, religiösem oder literarischem Gebiet, wozu auch Stellungnahmen der politischen oder kirchlichen Machthaber gehören. Ausgehend von den Flugschriften der Renaissance und Reformationszeit hatten die P.e bis ins 19. Jh. große Bedeutung. *G. Franz*

PAN (Personal Area Network), kleines Rechnernetz v. a. im privaten Computerbereich, das von Kleingeräten wie PDAs oder Mobiltelefonen ad hoc via drahtgebundener Übertragungstechniken wie USB oder FireWire oder auch mittels drahtloser Techniken, wie Infrared Data Association (IrDA) oder Bluetooth (WPAN) aufgebaut werden kann. Die Reichweite beträgt nur wenige Meter. PANs können genutzt werden, um mit den Geräten untereinander zu kommunizieren und liegen in der Größe unter dem ↗ LAN (Local Area Network). Die Grenzen sind nicht scharf gezogen, so dass auch private PANs als LANs bezeichnet werden. ↗ MAN (Metropolitan Area Network) *T. Keiderling*

Pandektenband, aus dem Griechischen «Gesammeltes», heute nicht mehr gebräuchliche Bezeichnung für einen festgebundenen Belegband, der Akten oder Rechnungen enthält. *E.-P. Biesalski*

Panel-Befragung (Langzeitstudie), Erhebungsdesign der ↗ empirischen Methode. In Panelwellen regelmäßig wiederholte Befragung einer identischen Stichprobe zum stets selben Untersuchungsgegenstand zur Ermittlung von individuellen oder kollektiven Wandlungsprozessen bzw. Trends. Dem hohen Erkenntnisgewinn von P.-B.en steht die methodische Problematik der Panelmortalität gegenüber, welche die Verringerung der Stichprobe im Verlauf der Panelwellen durch z. B. Umzug, Teilnahmeverweigerung oder Tod bezeichnet. In der Marktforschung werden P.-B.en zur Erhebung von Handelsdaten und Verbraucherdaten eingesetzt. Die sozialwissenschaftliche Meinungsforschung führt P.-B.en zur Analyse von Veränderungen in den Einstellungen von Gruppen durch. Die bekannteste deutsche P.-B. ist das aus einem

Sonderforschungsbereich der Deutschen Forschungsgemeinschaft (DFG) hervorgegangene, seit 2003 in die institutionelle Förderung des Bundes und der Länder übergegangene Sozio-ökonomische Panel, welches seit 1983 Daten von 20.000 Personen aus 11.000 Haushalten erhebt und wichtige Datengrundlage für zahlreiche Forschungsprojekte bildet. *A. Michel*

Panikonografie ↗ Gillotage

Pantograf, aus dem Griechischen «vielfältig», «Schrift»; ist der Name für verschiedene Geräte zur exakten Übertragung einer Zeichnung oder Abbildung. Es lassen sich nach ihren Verfahrensweisen drei Gerättypen unterscheiden, die heute allerdings nicht mehr eingesetzt werden. 1. P., auch Storchschnabel oder Affe genannt, ist ein Hilfsmittel zur genauen Übertragung, maßstabsgerechten Vergrößerung oder Verkleinerung von Vorlagen, bei dem die Parallelverschiebung eines Parallelogramms ausgenutzt wird. In der analogen Schriftschneidetechnik diente er dazu, zum einen das Schriftbild der entworfenen Schrift wesentlich zu vergrößern und in diesem Maßstab auf eine Zinkplatte zu bringen. Diese Platte bildete die Schablone für einen Gravierp.en, mit dessen Hilfe die Schriftzeichen in einem verkleinerten Maßstab auf ein Stahlstäbchen, die Patrize, eingegraben wurden. 2. Mit P. wird auch ein Vergrößerungs- und Verkleinerungsgerät bezeichnet, das eine elastische Kautschukhaut benutzt. Auch dieses Gerät fand im Druckbereich als lithografischer Reproduktionsapparat Verwendung. 3. Schließlich wurde mit Fotop. auch ein fotografischer Vergrößerungsapparat bezeichnet. *G. Pflug*

Pantografie ↗ Polygrafie

Paperback ↗ Softcover

Papier, nach DIN 6730 ein flächiger Werkstoff, der aus meist pflanzlichen Fasern durch die Entwässerung einer Faserstoffaufschlämmung auf einem Sieb gebildet wird. P. ist ein seit ca. 2.000 Jahren bekannter Informationsträger – erstmalige Herstellung in China durch Cai Lun (50–121) 105 n. Chr. – und bestimmt die Qualität und Wirkung des Druckerzeugnisses auch in der Gegenwart wesentlich mit. Die seit dem 13. Jh. zunächst manuelle Herstellung des P.s in P.mühlen wurde im 18. Jh. durch die Entwicklung der ersten P.maschine industrialisiert. In heutigen P.maschinen mit den Baugruppen Sieb-, Pressen- und Trockenpartie, der Leimpresse sowie des Glättwerks und der Aufrollung werden P.rollen mit bis zu 60 km Bahnlänge und bis zu 12 m Breite hergestellt. Die mechanischen und optischen Eigenschaften von P. für die unterschiedlichen Druckanwendungen werden durch die im Prozess der Stoffaufbereitung verwendeten Primärfasern (Holzschliff, Zellstoff) und/oder Sekundärfasern (Altp.) sowie Füllstoffe (Kreide, Kaolin) und Hilfsstoffe (optische Aufheller, Leim, Farbstoffe) bestimmt und durch Veredelungsprozesse wie Streichen (Aufbringen einer Streichfarbe zur Veränderung des optischen Eindrucks sowie des Farbannahmeverhaltens des P.s) und Satinieren (Erzeugung von glänzenden, matten oder halbmatten sowie strukturierten Oberflächen des P.s) weiter modifiziert. Die P.sorten werden entsprechend der Kriterien Verwendungszweck (z. B. Buch, Plakat, Zeitschrift), Bedruckbarkeit (Wechselwirkung Druckfarbe und P.) sowie Verdruckbarkeit (Verhalten des P.s in der Druckmaschine) klassifiziert. *U. Herzau-Gerhardt*

Papier, Büro, Schreibwaren ↗ PBS

Papieranfasern, ist eine Technik der Papierrestaurierung zum Ergänzen fehlender Teile in einem Blatt und – bei mäßig fortgeschrittenem Schaden – auch zum Wiederherstellen der Festigkeit, die unter der Einwirkung biologischer (Schimmel) oder chemischer Faktoren (↗ Alterung von Papier) verloren gegangen ist. Das P. kann als ein Sonderfall der Papierherstellung verstanden werden. Die Blattbildung erfolgt unter Sog, auf einem ebenen Sieb, auf dem das geschädigte Papier liegt. Wo kein Papier liegt (Fehlstellen, Zwischenräume zwischen einzelnen Blättern), entsteht neues Papier. Auf dem alten Papier setzen sich je nach zu steuernder Sogstärke und Entwässerungsgeschwindigkeit keine oder so viel Fasern ab, dass eine Festigung erreicht wird. Die Fasersuspension ist in Dichte und Art (Färbung, Mahlung) so zu berechnen, dass das neu gebildete Papier optisch und taktil dem alten möglichst nahekommt und festigende Ablagerungen nicht ins Auge fallen. 1956 entstand in der damaligen UdSSR das erste Gerät für das P. In den 1970er und 1980er Jahren wurde, v. a. in den deutschsprachigen Ländern und in Dänemark, eine Vielzahl von Geräten entwickelt. Heute gibt es Geräte für alle Anforderungsprofile: vom Zusatz zum Saugtisch bis zum feinsteuerbaren Druckluft- und zum hochleistungsfähigen Endlossiebgerät. *H. Bansa*

Papierbahn. Bei der modernen Papierfertigung auf Langsiebpapiermaschinen wird das Fertigprodukt in Endlosbahnen getrocknet und aufgerollt, um später weiterbehandelt und schließlich in der Ausrüsterei auf Format geschnitten zu werden. *G. Brinkhus*

Papierbewirtschaftung gehört in Staaten mit gelenkter Wirtschaft – im 20. Jh. auf deutschsprachigem Boden während des Nationalsozialismus, der alliierten Besetzung Deutschlands nach dem Zweiten Weltkrieg sowie in der DDR – zu den allgemeinen Kontingentierungsmaßnahmen. Besonders in wirtschaftlichen, politischen und militärischen Ausnahmesituationen kann die P. eine höhere gesellschaftspolitische Bedeutung erlangen. Eine Besonderheit besteht zudem darin, die P. als Mittel der ↗ Zensur einzusetzen. Lizenzierte Verlage erhielten je nach der politisch zugemessenen Bedeutung ihrer Produktion für die Machthaber unterschiedliche Mengen Papier (in Tonnen berechnet). So konnte die erwünschte Produktion gesteigert und der nicht erwünschten Produktion der «Papierhahn» zugedreht werden. Beispiele dieser Verteilungspraktiken finden sich im Deutschland während des Ersten Weltkriegs, der Inflation der 1920er Jahre, des NS-Frontbuchhandels im Zweiten Weltkrieg und in der DDR. *T. Keiderling*

Papierbogen ↗ Bogen ↗ Druckbogen

Papierbrei ↗ Papiermasse

Papierdicke. Nach DIN 6730 Nr. 77 das «Maß zwischen sich gegenüberliegenden Oberflächen» eines Blatts aus Papier. Zum Messen dienen spezielle Geräte; ihre reproduzierbare Handhabung ist in DIN 53105 geregelt. Die P. steht in enger, wegen der verschiedenen gewichtigen Inhaltsstoffe (Fasern, Füllstoff) und unterschiedlicher Herstellung (Kalander) nicht strenger Relation zum Flächengewicht. Die P. von dünnen Japanpapieren beträgt 20 μm (5 g/m^2) und weniger, die von gutem historischen Hadernpapier 150 μm (ca. 100 g/m^2) und mehr. ↗ Papiervolumen *H. Bansa*

Papiergeschichte. 1. Historische Entwicklung. Papier ist eine chinesische Erfindung. Erstmalig nachgewiesen in der Han-Dynastie 105 n. Chr. Neuere Funde belegen die Existenz des Papiers bereits im 2. Jh. v. Chr. Das frühe chinesische Papier bestand aus Baumrinde und Textilabfällen. Darin unterschied es sich vom ostasiatischen ↗ Japanpapier und der Papiermacherei im westlichen Asien und in Europa. Letztere ist der Träger der Entwicklung zur modernen industriellen Papierherstellung. Nach Japan kam die Kenntnis vom Papier und seiner Herstellung mit Einführung der chinesischen Kultur im 7. Jh. Nach Westen kam sie ein Jh. später: 751 seien Chinesen, die Kenntnis vom Papiermachen hatten, in arabische Gefangenschaft geraten; 793 wird von einer Papiermühle in Bagdad gesprochen. Das arabische Papier ist das Zwischenglied zwischen der Herstellungstechnik im Ursprungsland und der westlichen. Seine Neuerungen sind das Schöpfen stärkerer Blätter bzw. Bogen, die beidseitig beschrieben werden konnten, die Leimung mit Stärke und erste Ansätze zur Veredelung der Oberfläche (Polieren). Als Importware kam Papier schon im frühen Mittelalter nach Europa. Im 11. Jh. wurde es in christlichen Ländern auch hergestellt, 1056 europaweit erste bezeugte, wassergetriebene Papiermühle in Xàtiva (Spanien); danach auch in Italien. Die in Europa sukzessive entwickelte Produktionsmethode (Aufbereiten der Hadern durch Fermentieren und/oder ein alkalisches Bad, d. h. in Kalkbrühe, Stampfen des Zeugs mit wasserkraftbetriebenen Anlagen, d. h. Mühlen, Oberflächenleimung durch ein Tauchbad in einer stark verdünnten Lösung von tierischem Leim) blieb bis in die Neuzeit

Standard der Papierherstellung. Bereits am Beginn der Papierproduktion in Deutschland – 1390 durch den Nürnberger Unternehmer U. Stromer (1329–1407) mithilfe italienischer Ingenieure – hatte der Werkstoff eine hohe Qualität erreicht (↗ Bibel mit 42 Zeilen). Der stetig mit der Ausbreitung der Drucktechnik (nach 1450) wachsende Papierbedarf führte zur Zunahme des Papiermachens und Entwicklung zahlreicher Papiersorten. Technische und chemische Neuerungen zur Steigerung und Verbilligung der Produktion folgten bis zum 17. Jh. hinsichtlich der Änderung verwendeter Rohstoffe, in deren Aufbereitung und in der Schöpf- und in der Leimungstechnik, die z. T. eine verminderte Qualität (geringe Haltbarkeit, Vergilbungsneigung) zur Folge hatten. Zugleich wurde die Wasserkraft zunehmend ausgenutzt. Im 17. Jh. gab es in den Niederlanden (Holland) einen Entwicklungsschub durch die Hadernaufbereitung mittels eines Mahlwerks (↗ Holländer[n]) entwickelt, das die Aufbereitungszeit verringerte und die Ausbeute erhöhte. Industrielle Durchbrüche zur (Vor-)Industrialisierung der Papierherstellung waren: 1798 Blattbildung auf endlosem Sieb (Papiermaschine) durch N.-L. Robert (1761–1828); 1806 Masseleimung durch M. F. Illig (1777–1845); 1844 Holzschliff durch F. G. Keller (1816–1895); seit 1854 Zellstoff aus Holz (mehrere Patente und verschiedene Verfahren). Im 20. Jh. wurde die chemische Aufbereitung der Rohstoffe und die Herstellungstechnik v. a. durch den Einsatz von Spezialmaschinen verfeinert.

2. P.sforschung. Bereits im 17. Jh. finden sich erste fachliche Ansätze, so bei W. J. Dümler (1610–1676) 1664 und H. Wanley (1672–1726), letzterer legte eine Sammlung englischer, kontinentaleuropäischer und orientalischer Papiere an, die der P. dienen sollte. J. S. Hering (1683–1752) führte 1736 erste Untersuchungen zur Altersbestimmung von Papier durch Wasserzeichen durch, die durch G. Fischer v. Waldheim (1771–1853) 1803 fortgeführt wurden. Im 19. Jh. entwickelte sich neben der P. als eng verknüpftes Wissensgebiet die ↗ Wasserzeichenforschung. Die exakte Analyse des Papiers fand Eingang in buchkundliche, archivalische und kunstwissenschaftliche Forschungen. Dabei wurden naturwissenschaftliche Untersuchungsmethoden (Anfärben von Fasern, Mikroskopie) eingesetzt. C.-M. Briquet (1839–1918) veröffentlichte 1907 sein vierbändiges Standardwerk über die europäischen Wasserzeichen vor 1600 und eröffnete der P. eine wesentliche Quellenbasis. Forscher wie D. Hunter (1883–1966) gaben der P.sforschung eine globale Dimension. Exakte historische Kenntnisse über eingetretene Veränderungen bei der Rohstoffwahl und deren Aufbereitung (Holzschliff, Zellstoff) sowie bei der Leimung und Färbung von Papieren sind heute für qualifizierte Konservierungs- und Restaurierungsmaßnahmen im Bereich der Bibliotheken, Archive und Museen unerlässlich.

Im 20. Jh. wurde die P.sforschung durch die Gründung von Vereinigungen, Papiermuseen und Zeitschriften institutionalisiert. Länderübergreifend ist die Internationale Arbeitsgemeinschaft der Papierhistoriker (IPH, gegr. 1959 im Bamberg) tätig, die auch die Zeitschrift «International Paper History» (1991 ff) herausgibt. Sie fungiert gleichzeitig als Dachverband nationaler Vereinigungen wie z. B. den Schweizer Papierhistorikern, der British Association of Paper Historians oder der Deutschen Arbeitsgemeinschaft der Papierhistoriker. Der Verein der Zellstoff- und Papier-Chemiker und -Ingenieure gründete bereits 1937 einen Fachausschuss für P. und Wasserzeichenkunde und 1938 die Forschungsstelle P. in Mainz, die 1973 dem Deutschen Museum von Meisterwerken der Naturwissenschaft und Technik in München eingegliedert wurde. Die Wasserzeichensammlung der Forschungsstelle P. befindet sich seit 1992 am Deutschen Buch- und Schriftmuseum der Deutschen Nationalbibliothek Leipzig, die mit ihren Papierhistorischen Sammlungen als Dokumentationszentrum tätig ist; die Wasserzeichenkartei Piccard des Hauptstaatsarchivs Stuttgart und das Wasserzeichen-Informationssystem WZIS sind online verfügbar. In Deutschland befinden sich Spezialsammlungen und Museen bzw. Museumsabteilungen an zahlreichen weiteren Standorten. *H. Bansa*

Papiergewicht. In Europa ist zur Beschreibung von Papier durch sein Gewicht das sog. Flächengewicht üblich, d. h. das Gewicht von 1 m² in Gramm. Je höher das Flächengewicht, desto stärker das Papier. Daneben gibt es für Pappe noch die Pappennummer, d. i. die Anzahl der Bogen in der häufigsten Handelsform (70 × 100 cm), die 50, an anderen Orten 25 kg wiegen. Aufgrund dieses regionalen Unterschieds ist es üblich, die Pappennummer doppelt anzugeben: 18/36, 14/28 usw.; je höher die Zahl, desto dünner die Pappe. Die angelsächsischen Länder haben das «Basis Weight» entwickelt, d. h. die Angabe des Gewichts eines Stapels von bestimmter Bogenzahl (480, 500, 1.000) in bestimmter Abmessung (25 × 40, 12 × 20 Zoll). *H. Bansa*

Papierherstellung ist die Gesamtheit der Vorgänge, die notwendig sind, um aus Rohstoffen (Fasern, Leimung, Füll- und Hilfsstoffen) den Werkstoff ↗ Papier zu schaffen. Vor der P. steht die Herstellung dieser Rohstoffe, auf sie folgt die Papierverarbeitung. Die Herstellung von Holzstoff und das Zuschneiden von Bogen ist oft in die P. integriert. Arbeiten an einem Papier, um es in bestimmten Eigenschaften für eine spezielle Verwendung zu verändern, nennt man Papierveredelung (z. B. Streichen, ↗ gestrichenes Papier oder Folienkaschieren).

Zentrum der P. ist die Papiermaschine und darin das Papiersieb. Um dieses herum ist eine Vielzahl von Einheiten zur gleichmäßigen Zufuhr der Rohstoffe, zum stufenweisen Abführen des Wassers, zur permanenten Kontrolle der Qualität und zum Abführen des fertigen Produkts angeordnet und zu einer kompakten Anlage, der Papiermaschine vereinigt. Am Anfang der P. steht das Halbzeug, das sind Faserstoffe, die durch vorangegangene mechanische (Stampfen, Mahlen, Schleifen) oder chemische Maßnahmen (Kochen in Lauge) in einen Zustand versetzt worden sind, dass man aus ihnen Papier herstellen kann. Das Halbzeug durchläuft bei der heutigen maschinellen P. eine Vielzahl von Bearbeitungs- und Einmischungseinheiten (Pulper, Entstipper, Mahlbütte, Refiner, Mischbütte usw.), in denen aus ihm das Ganzzeug wird, d. h. die Rohstoffmischung bzw. -aufschlämmung fertig zum Einbringen in die Papiermaschine. In der Stoffzentrale wird der Ganzstoff in Menge und Dichte für das Einbringen in die Papiermaschine konditioniert, u. U. noch einmal homogenisiert. In deren Nass- und Trockenpartie erfolgt die Blattbildung und stufenweise Entwässerung. In der Rundsiebmaschine erfüllt die Aufgabe des Stoffauflaufs und der Siebpartie ein wasserdurchgängiger (siebbespannter) Zylinder, der sich in einem stoffgefüllten Gefäß (Trog, Bütte) um seine horizontal liegende Achse dreht. Die heutigen Arbeitsvorgänge der Ganzstoffzubereitung fanden früher in einem ↗ Holländer statt. Das fertige Papier wird entweder in Rollen, wie von der Maschine erzeugt, in schmaleren, d. h. in der Länge nach geteilten Rollen oder zu Bogen geschnitten, in der Papierfabrik verpackt, zwischengelagert und an weiterverarbeitende Betriebe geliefert. In der Rundsiebmaschine können auch direkt, ohne dass ein Schneidvorgang nötig wäre, einzelne Bogen hergestellt werden. Die Tendenz geht zu immer präziser definierten, klimaabhängigen Eigenschaften des Papiers, dementsprechend zu immer enger definierten und damit teureren Lagerbedingungen und in deren Gefolge zu kürzeren Lagerzeiten (Größenordnung von Tagen). *H. Bansa*

Papierindustrie ↗ Papierherstellung

Papierleimung ↗ Geleimtes Papier
↗ Harzleimung ↗ Leimung des Papiers

Papiermaché, aus dem Französischen «gekautes», d. h. «zerfasertes Papier»; ist eine aus mehreren Lagen von gefeuchtetem und zusammengeklebtem Papier hergestellte formbare Masse, aus der man Puppenköpfe, Schaufensterfiguren, Schalen, Heiligenbildchen u. a. m. herstellt. Für die Drucktechnik erlangte das P. seit dem 16. Jh. Bedeutung für die Anfertigung von Zinkstereos für die Beschriftung. Seit 1829 kennt man die von J.-B. Genoux (Lyon) erfundene Papier-Stereotypie. G. M. Bauerkeller (1805–1886) stellte seit 1839 Relief-Landkarten mittels P. her. *C. W. Gerhardt*

Papiermaschine, zentrales Element jeder Papierfabrik. Auf bis zu 10 m Breite und bis zu 200 m Länge sind unter dem Sammelbegriff P. unterschiedliche Aggregate hintereinander geschaltet: Stoffauflauf, Siebpartie, Pressenpartie, Trockenpartie und Aufrollung sind – bei variablen Konstruktionsmöglichkeiten – die Standardelemente. Im Stoffauflauf wird mittels einer Düse der Faserbrei (mit bis zu 99 % Wasser aus der Aufbereitung) gleichmäßig auf ein äußerst feines Endlossieb aufgebracht, das sich ständig fortbewegt und, außer bei schnellen Maschinen, auch seitlich geschüttelt wird. Hier verfilzen sich die Fasern zu einer einheitlichen, noch nassen Papierbahn (Blattbildung). In dieser Siebpartie läuft überschüssiges Wasser durch das Sieb ab, am Ende liegt der Wassergehalt bei etwa 80 %. Die Bahn ist dann bereits fest genug, um sie vom Sieb abzunehmen und mithilfe von Filzbändern in die anschließenden Nasspressen zu leiten. Nach dieser weiteren Entwässerung, die den Wassergehalt auf gut 50 % reduziert, beginnt der längste Teil der Papiermaschine, die Trockenpartie. Auf bis zu 100 dampfbeheizten Trockenzylindern wird der Papierbahn der Rest der Feuchtigkeit entzogen. Daran können sich bis zum Aufrollen der Bahn auf einen Tambour noch verschiedene Arbeitsgänge anschließen. So kann ein Streichwerk eingeschaltet sein, in dem die Papierbahn auf halbem Weg zum endgültigen Trocknen noch gestrichen wird. Für bestimmte Verwendungszwecke wird das Papier außerhalb der Papiermaschine noch veredelt (satiniert bzw. geglättet). Beachtlich sind die Geschwindigkeiten, mit denen moderne P.n arbeiten. So kann eine Zeitungsdruckpapiermaschine mit einer Arbeitsbreite von 9 m Geschwindigkeiten bis zu 1.200 m pro Minute (ca. 70 km/h) erreichen und so in 24 Stunden 800 Tonnen Papier mit einem Flächengewicht von 52 g/m² erzeugen. Zum Vergleich: Eine mittelalterliche Papiermühle schaffte mit 24 Arbeitern in 16 Stunden etwa 100 kg illustriertes Büttenpapier. Je nach Art des Papiers laufen P.n mit Geschwindigkeiten bis zu 1.800 m/min, in anderen Fällen erreichen sie jedoch nur einige m/min.

W.Walenski

Papiermasse, breiartiger, plastisch verformbarer und beim Trocknen fest werdender Werkstoff aus Fasern, wie sie zur ↗ Papierherstellung verwendet werden können, mit oder ohne Beimengung eines Klebstoffs (Kleister, Methylcellulose). Unterschieden wird P. vom ↗ Papiermaché, das aus zerkleinertem Papier hergestellt wird. Der Begriff P. ist in der Fachsprache unüblich; wo eher von «Zeug» oder «Stoff» (Halb-, Ganzzeug bzw. -stoff) gesprochen wird.

Papiermühle, frühe Werkstätte zur manuellen Herstellung von Papier. P.n etablierten sich besonders an Fluss- und Bachläufen zur Ausnutzung der Wasserkraft, zum Antrieb der Mühlenmaschinerie wie Lumpenstampfwerke, Holländer, Lumpenschneider, Rechenkasten, Wasserpresse und Glättstampfe sowie zur Aufbereitung der Lumpen. Die erste P. in Deutschland wurde 1390 durch U. Stromer (1329–1407), einem Nürnberger Handels- und Ratsherren, vor den Toren der Stadt gegründet. Um 1500 gab es 60 P.n in Deutschland, 1735 waren es 400. Die Anzahl der Bütten zum Schöpfen von Papier wurde um 1800 mit 1.300 angegeben mit 15.000 Beschäftigten. Zu dieser Zeit wurden etwa 15000 t Papier jährlich hergestellt.

W.Walenski

Papiernormung ↗ DIN-Format (Papier) ↗ Format

Papierprüfung. Die Papierindustrie bzw. die zugehörige Forschung hat verschiedene Verfahren zur reproduzierbaren Beschreibung der Qualitätsmerkmale von Papier bzw. Zellstoff entwickelt und ebenso streng einzuhaltende, in Normen festgelegte Bedingungen, unter denen sie durchzuführen sind. Die P. kann erfassen: äußere Eigenschaften (Format, Stärke, Gewicht, Glätte, Glanz); die Zusammensetzung (Fasern, Leimung, Füllstoffe jeweils in Art und Menge); die Festigkeit (Bruchlast, Berstwiderstand, Ein- und Durchreißwiderstand, Falzwiderstand); chemische Eigenschaften (pH-Wert, Polymerisationsgrad, Kappa- und Kupferzahl) und zahlreiche andere, an denen die Eignung für besondere Anwendungszwecke erkennbar sein kann.

H. Bansa

Papier-Recycling ↗ Recyclingpapier

Papierschnitt ↗ Silhouette

Papiersorten. Für die diversen Einteilungssysteme und Sortenlisten in der Fachliteratur zur Papierherstellung und -weiterverarbeitung werden Kriterien der Herkunft (u. a. Japanpapier), der Herstellung (Maschinen-, Handbüttenpapier), des Stoffeinsatzes (Recycling-, Hadern-, holzhaltiges Papier), der Verwendung (Zeitungs-, Schreib-, Druck-, Packpapier) und v. a. zur Einteilung herangezogen. Manche Bezeichnungen für P. sind mehr Handelsnamen als Fachausdrücke. ↗ Buntpapier ↗ Dünndruckpapier ↗ Kraftpapier *H. Bansa*

Papierspaltverfahren, ein Verfahren zum Festigen brüchigen und beidseitig beschriebenen oder bedruckten Papiers, bei dem das bei starker Brüchigkeit immer notwendige zweite blattförmige Gebilde zwischen die vorher in zwei Hälften gespaltenen beiden Blattoberflächen gebracht wird (nicht wie beim Einbetten oder Laminieren außen auf das Objekt). Auf die beiden Oberflächen wird zunächst mit einem leicht wasserlöslichen Klebstoff (Gelatine einer bestimmten Viskosität) je ein Trägerpapier geklebt. Der Klebstoff muss fest und durchgängig auf der Oberfläche haften oder sogar in sie eindringen; die Schichten von beiden Seiten dürfen aber im Innern nicht zusammentreffen. Nach angemessenem, aber nicht vollständigem Trocknen werden die beiden Trägerpapiere mit daran haftenden Blatthälften auseinandergezogen und anschließend mit wasserlöslichem Klebstoff (Kleister, Methylzellulose) rückseitig auf einen festigenden Kern (Japanpapier) geklebt, der dadurch ins Innere der nun fünfteiligen Einheit zu liegen kommt. Abschließend werden die beiden äußeren Schichten, d. h. die Trägerpapiere samt Klebstoff in (heißem) Wasser und ggf. mithilfe von proteolytischem Enzym möglichst weitgehend entfernt. Das P. hat von allen Verfahren der Papierrestaurierung die geringste «Verschattung» der Blattoberfläche zur Folge, verändert aber deren Struktur und die Stärke des Blatts. *H. Bansa*

Papierstärke ↗ Papierdicke

Papierstaude, nicht ganz korrekte Bezeichnung für die in der Papierherstellung des Fernen Ostens verwendeten, Bast liefernden Pflanzen, wie z. B. Papiermaulbeerbaum, und für die zur Zellstoffgewinnung verwendeten Einjahrespflanzen, z. B. Bambus, Bagasse, Espartogras, Ramie. *G. Brinkhus*

Papierstege ↗ Geripptes Papier

Papierstereotypie ↗ Stereotypie

Papierstoff ↗ Papiermasse

Papiervolumen, ein Ausdruck für das Verhältnis zwischen Dicke und Gewicht eines Papierblatts. Das spezifische P. (oder einfach das Volumen) wird berechnet als Division von Dicke (↗ Papierdicke) in μm durch Flächengewicht in g/m². Das Ergebnis ist, je nach Porosität, mehr oder weniger harter Kalandrierung, Füllstoffgehalt usw. i. d. R. eine Zahl gleich oder größer als 1. In ersterem Fall spricht man von einfachem, in letzteren von xfachem (anderthalbfachem, doppeltem usw.) P. Je höher die Zahl für das P., desto stärker trägt das Papier – bei gleichem Gewicht – auf. *H. Bansa*

Papierwolf (auch Reißwolf, Aktenvernichter oder Büro-Shredder), ein Gerät, das Papiere mit sensiblen Daten vernichtet. Die zu zerstörenden Akten und Papiere werden in schmale Streifen geschnitten, so dass ein zusammenhängender Text nicht mehr ohne großen Aufwand rekonstruierbar ist (beim Bundesbeauftragten für die Unterlagen des Staatssicherheitsdienstes der ehemaligen DDR [BStU] wurden jedoch zerrissene Stasi-Unterlagen zunächst manuell und seit 2007 durch eine Computer-Software wieder virtuell zusammenzufügt). Der P. kann auch zur Herstellung von Papierwolle als Verpackungsmaterial verwendet werden.
T. Keiderling

Papierzeichen ↗ Wasserzeichen

Papierzerfall, endogene Beeinträchtigung der Verwendungsfähigkeit von Papier, beruhend auf chemischen Prozessen im Papier, die ursächlich während der Herstellung des Papiers (Leimung, Holzschliff) eine Säurebildung im Papier (Säurefraß) ermöglichen.

Der in Abhängigkeit von der Umgebungstemperatur und der Zeit (50–100 Jahre) fortschreitende Prozess führt zu einer Versprödung des Papiers einschließlich einer Vergilbung mit anschließendem Papierzerfall. Betroffen sind insbesondere seit ca. 1807 hergestellte Papiere. Die ↗ Massenentsäuerung (Tränkung des Papiers mit einer nichtwässrigen Entsäuerungslösung und anschließende Rekonditionierung) ermöglicht die Erhaltung sowohl einzelner Blätter und Buchseiten als auch ganzer Bücher und Dokumente und ersetzt aufwendige Verfahren zur Digitalisierung oder des Reprints originaler Dokumente und Schriften sowie entsprechender Restaurationsverfahren. Der P. kann heute durch die Verwendung säurefreier und alterungsbeständiger Papiere (DIN ISO 9706, Papier für Schriftgut und Druckerzeugnisse – Voraussetzungen für die Alterungsbeständigkeit) vermieden werden.

U. Herzau-Gerhardt

Pappband (Papierband), ein ↗ Ganzband, der vollständig mit Papier bezogen ist. Die heute industriell gefertigten P.bände sind meist mit einem speziellen Einbandpapier, bedruckt oder auch mit Struktur, überzogen. Der Anteil dieser Einbände – auch mit zusätzlichem Schutzumschlag – an der gegenwärtigen Buchproduktion ist hoch, da moderne P.bände fast ebenso haltbar wie Gewebeeinbände, dabei jedoch kostengünstiger in der Herstellung sind. Weil der Begriff zu Verwechslungen führt, werden P.bände in buchhändlerischen Verzeichnissen durchweg als Hardcover oder Festeinband bezeichnet. Die im Buchbinderhandwerk gefertigten P.bände können mit Buntpapieren bezogen sein oder als Edel-P.bände gefertigt werden. Bei diesen werden die Ecken oder auch Kanten zusätzlich verstärkt, wofür Einbandgewebe, aber auch Leder oder Pergament verwendet werden.

E.-P. Biesalski

Pappdeckel für Bucheinbände wurden seit der Renaissance zunächst in Italien und Frankreich, ab Mitte des 16. Jh.s auch in Deutschland gebräuchlich. Sie traten an Stelle der bis dahin fast ausschließlich verwendeten Holzdeckel. Zunächst bestanden diese P. aus verklebten Einzelblättern; später stellte man sie aus nass zusammengegautschten Blättern aus einem geringerwertigen Papierstoff her. Heute werden für die Deckenherstellung überwiegend P. aus Graupappe verwendet. ↗ Pappe

E.-P. Biesalski

Pappe, ein flächiger Werkstoff aus weniger gutem Papierstoff, der sich von Papier und Karton hauptsächlich durch ein höheres Flächengewicht und größere Dicke unterscheidet. Üblicherweise spricht man von P. ab einem Flächengewicht von 600 g/m² (DIN 6730). Grundsätzlich voneinander zu unterscheiden sind Voll- und Wellp. Letztere wird in der Verpackungsmittelindustrie verwendet, da sie leicht, aber stabil ist. Voll-P. gibt es in verschiedenen Qualitätsstufen, abhängig von den verwendeten Rohstoffen und der Art der Fertigung. Die in der Buchbinderei verwendete P., etwa für Buchdeckel, muss höheren Anforderungen hinsichtlich ihrer Knick- und Biegefestigkeit genügen. Sie wird als Buchbindergrau-P. bezeichnet.

E.-P. Biesalski

Pappeinband ↗ Pappband

Pappmaché ↗ Papiermaché

Papyrologie. Die P. bildete sich als eine Teildisziplin der Altertumswissenschaft Ende des 19. Jh.s heraus, als sich infolge des starken Anwachsens der Papyrusfunde eine zunehmende Zahl von Wissenschaftlern verschiedener Fachgebiete (Klassische Philologie, Alte Geschichte, Rechtsgeschichte, Theologie) auf die Beschäftigung mit den Papyri spezialisierte, um sie als Quellen für ihre Wissenschaftsgebiete zu erschließen. Aufgaben der P. sind die Sicherung, Entzifferung, Veröffentlichung und Interpretation von Papyrustexten. Wie ihre Schwesterwissenschaften Epigrafik (Inschriftenkunde) und Numismatik (Münzkunde) hat sie es mit antiken Originaldokumenten und primären Quellen für die Erforschung des Altertums zu tun. Im engeren Sinne beschränkt sie sich zumeist auf griechische und lateinische Papyri, während die ägyptischen, arabischen usw. Papyri Gegenstand der Ägyptologie, Arabistik usw. sind. Andererseits bezieht sie meist auch antike Dokumente auf anderen Schriftträgern ein, d.i. die Ostraka. Bisweilen wird die Zuständigkeit der P. auf die Urkunden begrenzt, während die literarischen Papyri der Klassischen Philologie zugewiesen werden.

B. Bader

Papyrus ist der Beschreibstoff, der im Alten Ägypten und Zweistromland (heute Irak) sowie in der klassischen Antike im gesamten Mittelmeerraum am meisten gebraucht wurde. Seit früher pharaonischer Zeit (um 3.000 v. Chr.) bis ins Mittelalter schrieb man auf P. Die ältesten erhaltenen beschriebenen P.blätter sind Rechnungen aus der Zeit um 2.700 v. Chr., gefunden im unterägyptischen Abusir.

Der Beschreibstoff P. wurde aus einer im Lateinischen gleichnamigen Pflanze hergestellt. Sie wuchs v.a. in Ägypten, besonders im Nildelta, weshalb sie zum Symbol Unterägyptens in pharaonischer Zeit wurde. Heute findet sich P. in Nordafrika noch im Sudan, in Ägypten und auf Sizilien.

P. ist eine Sumpfpflanze mit einem 1 – 5 m hohen dreikantigen Stängel und einer Krone von feinen, röhrenförmigen Blättern. Der Beschreibstoff wurde aus den Stängeln der Pflanze gewonnen. Nach Plinius d. Ä. (23 – 79) wurden die von ihrer Rinde befreiten Stängel der Länge nach in Streifen geschnitten. Die so entstandenen Streifen wurden, ohne dass sie sich überlappten, nebeneinandergelegt. In rechtem Winkel zur ersten Schicht legte man eine zweite von P.streifen. Das Ganze wurde gepresst und geglättet und hielt ohne die Zufügung eines weiteren Klebemittels allein aufgrund des pflanzeneigenen Klebstoffs seine Festigkeit. Aufgrund der Herstellungsmethode zeigte jedes P.blatt eine Seite mit senkrechtem, die Rückseite mit waagerechtem Faserverlauf. Die Färbung der Blätter war hell- bis dunkelbraun. Die Blätter wurden zu Rollen (↗ Charta) zusammengeklebt. Üblich waren Rollenlängen zwischen 4 und 7 m, es gab aber auch wesentlich längere Rollen (bis zu 40 m). Geschrieben wurde vorzugsweise parallel zu den Fasern, auf der Innenseite der Rolle, da hier das Schreibrohr leichter entlang der Fasern zu bewegen war. Häufig verwendete man jedoch die Rolle auch ein zweites Mal und beschrieb sie dann auf der Außenseite. Aufbewahrt wurden die Rollen in tönernen, hölzernen oder ledernen Behältern, die sich in größerer Zahl stapeln ließen als die bloßen Rollen. Die Rolle blieb bis etwa im 2. bis 4. Jh. der übliche Schriftträger. Etwa um diese Zeit wurde die Form des ↗ Codex populär. Gleichzeitig begann auch das ↗ Pergament den P. zu verdrängen.

C. Römer

Papyruskunde ↗ Papyrologie

Papyrusrolle. Papyrus war der vorherrschende Beschreibstoff und die ↗ Buchrolle die dominierende Form des Buches in der Antike. Erst durch den leistungsfähigen Beschreibstoff Pergament wurde das Papyrus ab dem 1. Jh. sukzessive abgelöst. Im 2. bis 4. Jh. erfolgte der Übergang zur neuen Buchform ↗ Codex.

T. Keiderling

Paraffinpapier ↗ Ölpapier

Parallelausgabe ist die 1. zeitgleiche Veröffentlichung ein und desselben Titels in zwei unterschiedlichen Ausgaben, die sich in Ladenpreis – der unterschiedliche Ladenpreis muss jedoch nach dem Buchpreisbindungsgesetz § 5 (5) gerechtfertigt sein – Ausstattung (Papier, Einband und Bindung; etwa als Softcover neben einem Hardcover) sowie in der Art des Nutzungsrechts (insbesondere durch Vergabe eines einfachen Nutzungsrechts nach § 31 (2) UrhG als Lizenz-, [früher] Volks-, Studien- oder Taschenbuchausgabe für einen eingeschränkten Markt wie einem Buchclub oder Buchnebenmarkt) unterscheidet. 2. Handelt es sich um eine Ausgabe, die zwei Ausgaben bzw. Versionen eines Textes in zwei Spalten bzw. gegenüberliegenden Seiten vergleichend und ggf. kommentierend vorstellt.

T. Keiderling

Paralleldruck ↗ Doppeldruck

Parallelschnittstelle bezeichnet einen digitalen Ein- oder Ausgang eines PCs oder Peripheriegeräts (Zubehör, u. a. ein Drucker). Bei der Datenübertragung werden mehrere Bits parallel übertragen, im Gegensatz zur seriellen Schnittstelle, bei der die Bits nacheinander transferiert werden. Seit der Entwicklung von Geräten für den ↗ USB-Stick ab 1996 (USB1.1) sowie FireWire werden parallele Schnittstellen nur noch für ältere Peripheriegeräte bzw. von älteren Rechnern verwendet.

Paralleltitel ↗ Nebentitel

Parallelverlag (auch zweigleisiger Verlag). Historische Sonderform des Verlagsbetriebs, der während der Besatzungszeit in Deutschland und der deutschen Teilung im Zeitraum von 1945 bis 1990 bestand. Es handelte sich um ca. 30 ursprünglich auf dem Gebiet der SBZ bzw. DDR angesiedelte bürgerliche Traditionsunternehmen (u. a. Bibliographisches Institut, Breitkopf & Härtel, F. A. Brockhaus, Otto Harrassowitz, S. Hirzel, Insel, G. Kiepenheuer, Ph. Reclam jun. oder B. G. Teubner), deren Inhaber zwischen 1945 und 1961 in die Westzonen bzw. in die Bundesrepublik Deutschland – teilweise aus eigener Entscheidung, teilweise um einer bevorstehenden Enteignung zu entgehen – übergesiedelt waren, um dort das Unternehmen fortzuführen. Charakteristisch waren Schauprozesse gegen Inhaber und Prokuristen der Inhaberverlage in der SBZ/DDR, deren Verhalten durch rückwirkende Gesetzgebungen als «Wirtschaftsspionage», «Sabotage» und sogar «Schädigung des Volkseigentums» inkriminiert wurde. In der SBZ/DDR wurden diese Betriebe zumeist einem Treuhänder unterstellt und dann häufig (aber nicht immer) als sog. Volkseigener Betrieb (VEB) verstaatlicht. Die Fortführung dieser Betriebe unter altem Namen diente den DDR-Machthabern dazu, aus dem hohen Renommee der Markenverlage Devisen zu erzielen. Somit existierten diese Unternehmen parallel in zwei Staaten. Rechtliche Auseinandersetzungen waren die Folge. Die nun in den Westzonen bzw. der Bunderepublik Deutschland befindlichen Unternehmerfirmen boykottierten den Buchimport der DDR-P.e in die Bundesrepublik Deutschland. Als den Letzteren der Marktzutritt im Westen juristisch versperrt wurde, ging man zwischenzeitlich in der DDR zur Taktik des «trojanischen Pferdes» über: der 1960 gegründete Verlag Edition Leipzig fungierte als Impressum-Verlag für diese Exporte. Wenngleich sich das beiderseitige Verhältnis weiterhin schwierig gestaltete, gelang in einigen Fällen ein Aufeinander-Zugehen bzw. eine Einigung, so 1980 zwischen den Bibliographischen Instituten in Mannheim und Leipzig. Nach der Deutschen Einheit von 1990 kam es in den meisten Fällen zu einer Rückübertragung der Verlagsteile in der ehemaligen DDR an die Alteigentümer in der Bundesrepublik. *T. Keiderling*

Paratext. Unter einem P. versteht man einen Text, der dem eigentlichen Medientext (im Kern ist das Buch bzw. der Buchtext gemeint, der Begriff wird jedoch auch auf andere Medien, u. a. den Film, angewendet) beigegeben werden. Man unterscheidet nach G. Genette (geb. 1930) 1987 in a) den Peritext (sinngemäß: ein Ringsum-umgebener-Text), d. h. einen P., der werkintern besteht bzw. mit dem Basistext strukturell, auch physisch, verknüpft ist, wie Titelgestaltung, Motto, Inhaltsverzeichnis, Vor- und Nachwort, Buchumschlag, Klappentext, Widmung, Danksagung etc. Eine andere Unterform ist nach Genette b) der Epitext (ein Darauf-bezogener-Text), der ein werkexterner P. ist, also separat sowie zeitlich unabhängig vom Basistext geschaffen werden kann und in diesem Sinne die Kommunikation über das Werk öffentlich erweitert, wie nachträgliche Begleitmaterialien, Werbung (Waschzettel, Pressemitteilung, Anzeige), Rezensionen, Kritiken, Making-Ofs, Interviews mit dem Verfasser und weitere Äußerungen des Autors über sein Werk etc. *T. Keiderling*

Parken. Um die Sendungsbündelung zu erhöhen und dem Buchhandel Porto zu ersparen sowie den Wareneingang zu entlasten, sehen viele Verlagsauslieferungen Parkmöglichkeiten vor, d. h., dass Bestellungen auf Wunsch des Sortimenters erst ausgeliefert werden, wenn ein bestimmtes Bestellvolumen, ein festgelegter Bestellwert, ein festgelegter Zeitraum/Zeitpunkt oder auch ein bestimmtes Sendungsgewicht erreicht wird. Sollten die Vorgaben innerhalb eines bestimmten Zeitraums, z. B. zehn Tage, nicht erreicht werden, wird die Bestellung trotzdem versendet. Alternativ kann der Buchhändler seine Bestellungen (unter einem gewissen Auftragswert) an festgelegten

Fakturdaten ein- bis zweimal die Woche fakturieren lassen. Während immer mehr Verlagsauslieferungen das Parken anbieten, wird es vom Sortimentsbuchhandel nur dann genutzt, wenn nicht die schnelle Lieferung (am nächsten, spätestens am übernächsten Tag) im Vordergrund steht. *T. Bez*

Parlamentsdruckschrift. Zu den P.en zählen sowohl die Protokolle (zusammenfassende Berichte) und die stenografischen Berichte (wörtliche Wiedergaben der Reden und Diskussionsbeiträge) der Verhandlungen im Plenum und in den Ausschüssen des Parlaments als auch die sog. Drucksachen (Tagesordnung, Haushaltsetat, Gesetzentwürfe, Ausschussberichte, Anträge der Fraktionen und der Abgeordneten, Petitionen sowie Vorlagen, Berichte, Auskünfte und Gutachten der Regierung), die als Anhang der Verhandlungen oder als gesonderte Reihen gedruckt werden. Als erstes hat Großbritannien, das Mutterland des Parlamentarismus, Parlamentsverhandlungen veröffentlicht («Cobbetts», dann «Hansards Parliamentary Debates» 1803 ff). Ihm folgten bald die süddeutschen Staaten, 1848 Preußen, wo bereits seit 1826 die Protokolle der Provinziallandtage gedruckt wurden. *W. Leesch*

Parsing, automatisches Verfahren für das Erfassen von Strukturen in natürlich- oder formalsprachigen Texten und ihre Überprüfung in Bezug auf die Regeln einer Sprache. Für formale Sprachen wird die syntaktische Struktur einer Abfolge von Zeichen analysiert und als abstrakte Baumstruktur repräsentiert (etwa für Dokumente in XML oder das Kompilieren von Quelltext). Das P. natürlicher Sprachen ist komplexer und wichtiger Bereich der Computerlinguistik. Der Begriff wird hier meist auf die Analyse der Syntax eines Satzes bezogen, der anhand der hierarchischen Struktur seiner Elemente und ihrer (möglichen) syntaktischen Funktionen und Abhängigkeiten beschrieben wird. Weitere Formen sind morphologisches oder semantisches P. Verwendung findet das P. natürlicher Sprachen z. B. in der automatischen Sprachübersetzung. Einfachere, partielle P.-Verfahren erkennen Teilstrukturen eines Satzes wie Nominal- und Verbalphrasen für das automatische Indexieren und die Informationsextraktion. *B. Heuwing*

Partie. 1. Die buchhändlerische P. ist eine Verbindung aus Natural- und Staffelrabatt, am bekanntesten ist die P. 11/10, d. h. Lieferung von elf Exemplaren (eines Titels), von denen aber nur zehn in Rechnung gestellt werden. Das elfte Exemplar wird frei (ohne Berechnung) dazugelegt. Bei Taschenbüchern und Reihen gibt es vereinzelt noch «gemischte P.n» (verschiedene Titel aus derselben Reihe). Es besteht nach Absprache mit manchen Verlagen auch die Möglichkeit der P.ergänzung. Diese ist dann gegeben, wenn durch zwei- bis dreimalige Bestellung kleinerer Mengen eines Titels innerhalb eines bestimmten Zeitraums die erforderliche Mindestanzahl zur Gewährung eines kostenlosen Partieexemplars erreicht wird; bei einer Partie 11/10 können z. B. erst 6 Exemplare und beim nächsten 5/4 bestellt werden. Reizp.n sollen die Einkäufer «reizen», möglichst viel zu bestellen: 23/20, 115/100 usw. P.n, insbesondere Reizp.n, erhöhen jedoch das Risiko des Fehlkaufs (zu hohe Eindeckung) und enden nicht selten in Remissionen, die für alle Beteiligten zu teuer sind. Denn der wirtschaftliche Erfolg des P.-Bezugs stellt sich erst dann ein, wenn nicht nur die kostenpflichtig bezogenen Exemplare, sondern auch die P.-Exemplare verkauft worden sind. Bezugswegoptimierung, Funktionsverschiebung und Jahreskonditionen haben die P. zunehmend überflüssig werden lassen. Barsortimente gewähren sie schon lange nicht mehr und für die Warenwirtschaftssysteme müssen die Freiexemplare in einen (Gesamt-)Rabatt umgerechnet werden: Eine P. 11/10 bei einem Rabattsatz von 40 % ergibt dann einen (Gesamt-)Rabatt von 45,45 %. In der Schweiz kennt man die Schweizer P. 7/6 bei 35 %, was einem Gesamtrabatt von 44,29 % entspricht.

2. In der Buchbinderei meint P. a) eine bearbeitungsgerecht zusammengestellte Auftragsmenge, die gemeinsam den Produktionsprozess durchläuft; b) eine Tischarbeit mit mehreren Personen, die einander zuarbeiten, ähnlich einer Fließbandarbeit. *T. Bez/E.-P. Biesalski*

Partieergänzung, Partieexemplar
↗ Partie

Partitur ist die handschriftliche oder gedruckte Fixierung einer mehrstimmigen musikalischen Komposition, bei der die einzelnen Stimmen so angeordnet sind, dass gleichzeitig Erklingendes, durch senkrecht verlaufende Taktstriche gegliedert, untereinander abgebildet ist. Der Ursprung der neuzeitlichen P. liegt in den Intavolierungen von Kompositionen für Tasten- oder Zupfinstrumente. Gedruckte P.en werden als Druckmedien durch den ↗ Musikalienhandel vertrieben. Während Dirigierp.en mehrstimmiger Werke kaum auf Lager gehalten werden, gehören Studien- oder Taschenp.en zum Standardsortiment jeder Musikalienhandlung und auch der Musikabteilung in Sortimentsbuchhandlungen. Bei Kammermusikwerken mit Klavier ist die Klavierstimme i. d. R. gleichzeitig Partitur.
H. Heckmann

Pasigrafie, aus dem Griechischen «jeder», «schreiben»; eine von den natürlichen Sprachen unabhängige, für alle verständliche Universalschrift, auch als Weltsinnschrift bezeichnet, ohne phonetisch-phonologische Ebene. Sie verwendet statt Wörtern Zeichen und Symbole und eigene grammatische Strukturen. Chemische Formeln, Musiknoten, Hinweis- und Verkehrszeichen sind Pasigramme, ohne grammatische Zusammenhänge und deshalb keine P.n. Als menschliche Kommunikationssysteme gehen P.n bis in die Vorzeit zurück, haben ihren Ursprung in den ↗ Ideenschriften, finden sich in der ↗ Keilschrift, den ↗ Hieroglyphen u. a. m. Die Zeit des Humanismus förderte die Bemühungen um Universalschriften, denen sich z. B. der Abt J. Trithemius (1462–1516) mit seinen Geheimschriften «Steganographia» (1500) und «Polygraphia» (1518) zuwandte. Die Bezeichnung P. tauchte zuerst 1795 in Pariser Zeitschriften auf, in denen J. de Maimieux (1753–1820) sein Buch «Pasigraphie» anzeigte, das 1797 erschien. Die Bücher erregten Aufsehen und inspirierten weitere Publikationen, u. a. von C. H. Wolke (1741–1825) 1797, G. F. Grotefend (1775–1853) 1799. Pasigrafische Ideen fanden und finden ihren Niederschlag in den Welthilfssprachen (auch Plansprache bzw. Universalsprache).
H. Buske

Partitur. Ludwig van Beethoven: Siebente Symphonie. Taschenpartitur. London u. a., Ernst Eulenburg um 1960.

Pasquill (Pasquillade, Pasquinade) bezeichnet eine anonyme Schmäh- oder Spottschrift. Der Begriff entstand zu Beginn des 16. Jh.s in Rom, wo der Kardinal O. Carafa (1430–1511) eine antike Statuengruppe vor dem Palais Braschi aufstellen ließ, an die spottlustige Römer Schmähschriften hefteten. Die Statuengruppe wurde vom Volksmund nach dem im gegenüberliegenden Hause wohnenden Schneider oder Schuhmacher Pasquino benannt, dessen Name auf die ihr angehefteten Schriften überging. Der Begriff trat im 17. und 18. Jh. auch als Titel für politische Zeitungen und Zeitschriften auf, so im deutschsprachigen Raum «Des träumenden Pasquini kluge Staats-Phantasien» 1697. ↗ Famosschrift
G. Pflug

Passepartout, Rahmen aus Papier, Karton oder Pappe für Grafiken, Bilder etc., dessen äußerer Rand größer als die Einlage selbst ist.

P.s werden industriell gestanzt, handwerklich aber von Hand oder mit der P.-Schneidemaschine ausgeschnitten, insbesondere wenn sie einen facettierten Ausschnitt haben. Sie dienen zum Schutz des Bildes, aber auch, um nur einen bestimmten Ausschnitt zu zeigen oder eine optische Verbindung zwischen Rahmen und Bild zu schaffen. *E.-P. Biesalski*

Passionale (auch Passionar), für die liturgische Lesung bestimmte Sammlung hagiografischer (d.h. das Leben Heiliger betreffender) Texte, hauptsächlich Märtyrerakten (Passiones). ↗ Lektionar

Pastellzeichnung, eigentlich Pastellmalerei. Diese wird mit Stiften ausgeführt, die aus Schlämmkreide, Tonerde oder Kreide, mit Farbstoffen gemischt und Gummi arabicum als Bindemittel bestehen. Malgrund sind Papier, Pappe, Pergament oder Leinwand mit rauer Oberfläche, damit der Farbstaub gut haftet. Da die Farben willkürlich vermischt werden können, sollte das Pastell als eine Maltechnik bezeichnet werden. Das Pastell bedarf einer dauerhaften Fixierung, da sich die Farbpigmente wieder leicht vom Malgrund lösen können.

Die Pastelltechnik kam im 16. Jh. in Italien auf, wurde durch die Italienerin Rosalba Carriera (1675–1757) nach Frankreich gebracht und erlebte im 18. Jh. eine Blüte. Im 19. Jh. nahmen Künstler des Impressionismus wie E. Degas (1834–1917) und P.-A. Renoir (1841–1919) die P. wieder auf. Für die Buchillustration konnte diese Technik nicht genutzt werden, es gab jedoch Versuche, eine reproduzierende Tiefdrucktechnik namens Pastellmanier zu entwickeln. L.-M. Bonnet (um 1736–1793) entwickelte ein Verfahren mit Farbplatten in Punktier- und Crayonmanier. *H. Wendland*

Patch (Software), aus dem Englischen «flicken»; stellt eine Nachbesserung bzw. Korrektur für eine Software oder Daten dar, um Sicherheitslücken zu schließen, Fehler zu beheben oder bislang nicht vorhandene Funktionen nachzurüsten.

Patent, 1. handelt es sich seit dem Mittelalter um eine obrigkeitliche, öffentlich einzusehende Ernennungsurkunde, die eine berufliche Qualifikation ausweist – historisch verbreitet für Offiziere, Beamte oder Seeleute. 2. Schutzrecht für eine Erfindung. Der rechtsgeschichtlich weite Begriff P. hat sich im Laufe der Zeit auf das einem Erfinder auf seinen Antrag hin von der zuständigen staatlichen Stelle (P.amt) verliehene Recht zur alleinigen wirtschaftlichen Nutzung einer Erfindung und damit auf einen bestimmten Begriff aus dem Gebiet des gewerblichen Rechtsschutzes eingeengt. Das P. für eine Erfindung entsteht anders als das Urheberrecht nicht bereits mit der Schöpfung des Werks, sondern erst durch einen nationalen oder z. B. europäischen Erteilungsakt. P.e werden auf der Grundlage des P.gesetzes (PatG in der Fassung von 1980) erteilt und unterscheiden sich in den Schutzvoraussetzungen von den Gebrauchsmustern dadurch, dass P.e auch für Verfahrenserfindungen erteilt werden können, höhere Anforderungen an die Erfindungshöhe gestellt werden und der Erteilung ein Prüfungsverfahren vorausgeht. Das P. ist ein privates Immaterialgüterrecht, das gegenüber jedermann wirkt, es ist also ein absolutes Recht. Nur der P.-Inhaber ist befugt, die p.ierte Erfindung zu nutzen, während es jedem Dritten ohne Zustimmung des P.inhabers verboten ist. *E. Plassmann/G. Pflug*

Patentamt, nationale (Deutsches Patent- und Markenamt, DPMA; gegr. 1877 als Kaiserliches P., erst seit 1998 unter heutigem Namen) oder supranationale (Europäisches P., EPA, gegr. 1977) Behörde für die Erteilung von Patenten. Das DPMA hat seinen Sitz in München, Zweigstellen in Jena und Berlin, und gehört zum Geschäftsbereich des Bundesministeriums der Justiz und für Verbraucherschutz. Zuständigkeiten und Organisation sind im Patentgesetz (PatG) in der Fassung von 1980 geregelt. Das EPA hat seinen Sitz ebenfalls in München, eine Zweigstelle in Den Haag und Dienststellen in Berlin und Wien. Das vom EPA erteilte europäische Patent wirkt in den Vertragsstaaten, für die es erteilt ist, wie ein nationales Patent. Rechtsgrundlage ist das Europäische Patentübereinkommen (EPÜ/EPC) von 1973.

Patria (Groß patria), auch «Bienenkorb» genannt, altes Papierformat, etwa 36 × 45 cm.

Patrize («Vaterform»). Ausdruck für den beim Bleisatz-Schriftguss erforderlichen, in Stahl gestochenen Stempel, der das Bild des Buchstabens erhaben und seitenverkehrt trägt. Die P. wird in die kupferne Matrize geschlagen, die zur Gewinnung der Druckletter mit der Bleilegierung ausgegossen wird.

Patron-Driven-Acquisition (PDA, User-driven Acquisition, kunden- bzw. nutzergetriebene Erwerbung – deutsche Übersetzungen sind noch nicht gebräuchlich). Zuerst 1998 eingesetztes Verfahren für die Erwerbung von E-Books durch Bibliotheken: Im OPAC wird eine größere Anzahl von E-Books nachgewiesen, die die Bibliothek noch nicht erworben hat; die Katalogisate stellt der Aggregator (meist umfangreichere Titel-Pakete) zur Verfügung. Definierte Aktionen der Benutzer lösen die Erwerbung bzw. Lizenzierung aus, z. B. die Öffnung der Datei für einen Zeitraum länger als 5 Minuten oder die Öffnung der Datei durch einen zweiten Benutzer. Z. T. haben die Benutzer (nur) die Möglichkeit, die Erwerbung vorzuschlagen; die Entscheidung bleibt beim Personal der Bibliothek. Wichtig ist eine Benutzeroberfläche, die derartige Sachverhalte und Optionen klar sichtbar macht. Erfahrungen und Untersuchungen v. a. in Universitätsbibliotheken zeigen: Nur bei einem überschaubaren Prozentsatz der angebotenen E-Books führt die Option der Benutzer zur Erwerbung; Missbrauch (etwa Veranlassung der Erwerbung zahlreicher Werke zu einem speziellen Thema oder absichtsvolle Schädigung) spielt nahezu keine Rolle. Vereinzelt wird ein entsprechendes Verfahren auch für gedruckte Bücher eingesetzt. Ein Vorläufer dieses Verfahrens war die Interpretation von Fernleihbestellungen gedruckter Bücher als Erwerbungsvorschlag, denen die Bibliothek folgte. ↗ Pay-per-View   K. Umlauf

Pauschalhonorar ↗ Honorar

Pay-per-View (Pay-per-Use), Geschäftsmodell für elektronische Zeitschriften, bei dem einzelne Artikel oder ganze Zeitschriftenausgaben nur dann bezahlt werden, wenn sie von einem Benutzer abgerufen werden. P.-p.-V. wird meist für das Privatkundenge-

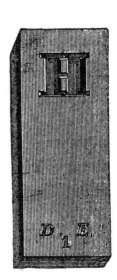

Patrize und Matrize.

schäft benutzt, in Bibliotheken auch als Alternative zur Lizenz bei geringer Nutzung. ↗ Patron-Driven-Acquisition

V. Petras/K. Umlauf

Pay-TV (Bezahlfernsehen). Private Fernsehanstalten bieten unter dieser Bezeichnung den Empfang ihrer Sendungen nur gegen Bezahlung an. Der Kanal wird hierzu verschlüsselt ausgestrahlt, eine Entschlüsselung ist mit einem Decoder bzw. einer Dekoderkarte möglich. Heute werden mit wenigen Ausnahmen Digitaldekoder und Zugangsberechtigungssystem (Conditional Access System; CAS) verwendet. Der Internetzugang erfolgt durch unterschiedliche Angebotsmodelle bzw. Mischformen verschiedener Modelle: 1. Selektionsmodell: Abonnement ausgewählter Programme, z. B. ein Spartenprogramm. 2. Programmbouquet: Abonnement aus mehreren, meist zu einem Paket geschnürten Programmen wie z. B. mehrere Sport- und Kinderprogramme, Film- oder Serienpakete. 3. Grundverschlüsselte Angebote mit einmaliger Freischaltgebühr. 4. Pay-per-View (PPW)/Paid Video-on-Demand (Paid-VoD): eine ausgewählte Sendung wird aufgerufen und nach Bezahlung freigeschaltet (keine Grundgebühr nötig). Bei Paid-VoD kann der Rezeptionszeitpunkt selbst gewählt werden. Die bedeutendsten Pay-TV-Anbieter in Deutschland sind Sky (vormals Premiere), Kabel Deutschland, Unitymedia, HD+ und die Telekom von insgesamt ca. 90 Pay-TV-Sendern. Die meisten Angebote gibt es im Bereich Unterhaltung und Sport. Pay-TV wird in den USA als «Premium (TV) Channels» bezeichnet, womit ein höherwertiges Zusatzprogramm gemeint ist. *T. Keiderling*

PBS (Abkürzung für «Papier, Büro, Schreibwaren»). Obwohl diese Waren eigentlich keine Gegenstände des Buchhandels sind und in der Warengruppenstatistik des Börsenvereins unberücksichtigt sind, gibt es seit Jh.en in Deutschland eine Tradition, dass Sortimentsbuchhandlungen ihr Sortiment durch PBS erweitern und auch einige Grossisten (Barsortimente, Grossobuchhändler) diesbezügliche Waren ihren Sortimenterkunden anbieten. PBS sind Non-Book-Artikel (19 % MwSt.) gehören laut der Statistik des Börsenvereins «Buch und Buchhandel in Zahlen» 2017 zu einem Bereich des Buchhandels, der jährlich 15 % des Branchen-Gesamtumsatzes ausmacht. Dieser Wert wird seit einigen Jahren konstant erreicht.
T. Keiderling

PC ↗ Personalcomputer ↗ Computer

PDA (Personal Digital Assistant), zu Deutsch «Persönlicher digitaler Assistent»; ist ein kompakter, tragbarer Computer, der neben vielen anderen Programmen hauptsächlich für die persönliche Kalender-, Adress- und Aufgabenverwaltung benutzt wird. Die Bedienung erfolgt über ein berührungsempfindliches LC-Display. Anfang der 1990er Jahre verwendete Apple für sein neu eingeführtes Newton MessagePad erstmals die Bezeichnung PDA. Seit Ende der 1990er Jahre wurde die Bezeichnung im deutschen Sprachraum oft synonym für alle tragbaren Kleincomputer benutzt. Seit ca. 2010 wurde die Produktion der PDAs weitgehend eingestellt, weil sie zunehmend durch leistungsfähigere Smartphones und Tablets verdrängt wurden. ↗ Endgerät, mobiles *T. Keiderling*

PDF (Portable Document Format), ein von der Firma Adobe entwickeltes, plattformunabhängiges Dateiformat. PDF beruht auf dem älteren Format PostScript und sorgt wie dieses für eine originalgetreue, seitenorientierte Darstellung eines Dokuments unabhängig von technischen Gegebenheiten. Für die jeweilige Plattform muss dazu ein geeigneter Treiber, für die Bildschirmausgabe ein Viewer (PDF-Reader) vorhanden sein. Auf den Seiten von Adobe finden sich für nahezu alle Geräte und Betriebssysteme geeignete Treiber zum Download. PDF-Dateien können mit entsprechenden Werkzeugen aus nahezu allen digitalen Dokumenten erzeugt werden, von Adobe wird das Programm Acrobat Distiller empfohlen, mit dem zahlreiche Eigenschaften des PDF bei der Erstellung gewählt werden können. PDF kann neben Text auch alle anderen digitalen Inhalte wie Bilder, Töne oder Videos einbinden. Um Probleme mit fehlenden Fonts zu vermeiden, wird in PDF üblicherweise der Zeichensatz mit eingebettet, so dass er nicht installiert sein muss.

PDA Apple Newton MessagePad 2000.
CC BY-SA 3.0.

PDF verfügt ferner über die Möglichkeiten zur internen und externen Verlinkung. In PDF können auch interaktive Elemente wie Lesezeichen, Kommentare oder Formularfelder eingebettet und verwendet werden. Ein Rechtesystem erlaubt es dem Verfasser zudem, einzelne Funktionen des Dokuments, wie z. B. Ausdrucken, zu unterbinden (↗ Digital Rights Management), auch eine digitale Signatur zur Authentizität des Dokuments kann angelegt werden. Durch Datenkompression ist der Speicherbedarf von PDF-Dateien vergleichsweise gering. PDF hält im Hintergrund Metadaten über seine Entstehung, die ungewollt Informationen mit dem Dokument transportieren können. PDF ist ein von der International Standard Organization 2008 genormtes, offen verfügbares Format (ISO 32000-1). Daneben gibt es zwei ebenfalls genormte Sonderformate: PDF/X für Druckvorstufen und PDF/A-1 für die ↗ digitale Langzeitarchivierung. Beide Formate können mit entsprechenden Werkzeugen aus PDF-Dateien erstellt werden, wenn die Ursprungsdatei nicht mehr zugänglich ist, schränken die Möglichkeiten aktueller PDF-Versionen jedoch ein. *A. Sabisch*

Pecia (Peciensystem), aus dem Lateinischen «Stück», «Teil», «Lage». Das Peciensystem wurde im 13. und 14. Jh. zur Vervielfältigung von Texten für den Bedarf der frühen Universitäten etabliert. Dabei wurden von den zur Verbreitung bestimmten Texten sog. Exemplare angefertigt, d. h. Abschriften, die aus Lagen mit gleichmäßiger Länge bestanden, den Pecien. Diese waren bei Stationaren gegen Gebühr auszuleihen und dienten als Vorlage für Abschriften, die i. d. R. von professionellen Schreibern ausgeführt wurden. Der Vorteil des Peciensystems bestand darin, dass potenziell so viele Abschriften gleichzeitig von einem Exemplar angefertigt werden konnten, wie es Pecien hatte. Da dieses Exemplar von der Universität auf Fehler überprüft wurde, hoffte man eine möglichst hohe Textqualität zu sichern. Es ermöglichte gleichzeitig eine sehr rasche Verbreitung neuer Texte, was v. a. für die Verbreitung der Werke des Thomas von Aquin (1225–1274) von Bedeutung war. Erstmals nachgewiesen ist das Peciensystem im Vertrag von Vercelli 1228, der Ursprung liegt höchstwahrscheinlich in Bologna. Es breitete sich über die norditalienischen Universitäten aus und wurde auch in Paris eingeführt. In den «Siete Partidas» und den Statuen der Universität Oxford finden sich Hinweise auf ein Peciensystem, doch sind keine entsprechenden Handschriften bekannt. Die deutschen Universitäten nutzten stattdessen das Diktat (Pronuntiatio). Das Peciensystem hört um die Wende zum 15. Jahrhundert auf zu existieren. Der Grund dafür ist nicht abschließend geklärt. In seiner Arbeitsteilung und Effizienz kann das Peciensystem als Vorläufer des neuzeitlichen Buchhandels gelten. Seine zeitgenössische Motivation lag aber in der Sicherung der Textqualität und nicht in der preisgünstigen Mengenproduktion. Die gleichzeitig und in direkter Nachbarschaft zu den Stationarii der Universität blühende Produktion von Pariser Bibeln und volkssprachlichen Büchern übernahm das Peciensystem nicht. *N. Weichselbaumer*

Peer-Reviewing, qualitatives Evaluierungsverfahren, bei dem die Beurteilung durch Gleichgestellte (z. B. Fachkollegen, wissenschaftliche Experten im jeweiligen Fachgebiet: Expert Review) erfolgt. Es kann in verschiedenen, auch nicht wissenschaftlichen Bereichen (z. B. Krankenpflege, Sozialarbeit, Wirtschaftsprüfung, Bildungsbereich) auf unterschiedlichen Ebenen (z. B. Bildungssystem eines Landes, bestimmte Organisation, Wissenschaftler) zur Anwendung kommen. In der Wissenschaft kommt es bei der Begutachtung von Förderanträgen, Programmen, Institutionen und insbesondere Manuskripten zum Einsatz. «Peer reviewed journal» gilt als eine Art «Qualitätsgütesiegel» in der Wissenschaftskommunikation, auch wenn P.-R. in einzelnen Zeitschriften und Disziplinen in Hinblick auf Gutachterauswahl, Gutachteranzahl, Kriterien für die Annahme bzw. Ablehnung eines Manuskripts, Ablehnungsquote oder Ausmaß der Anonymität sehr unterschiedlich ausgestaltet sein kann. Z. B. wird beim letzten Punkt zwischen (Einfach)Blind- (Begutachtete kennen Gutachter nicht), Doppelblind- (Gutachtern ist auch die Identität des Autors vorenthalten) und Dreifachblindverfahren (auch dem Zeitschriftenherausgeber, der das P.-R. steuert, ist der Begutachtete nicht bekannt) unterschieden. Trotz der am P.-R. geäußerten Kritikpunkte (z. B. mangelnde Transparenz, Innovationsfeindlichkeit, Verzögerung der Wissenschaftskommunikation, Aufwand) konnte sich bis jetzt keine Alternative, wie z. B. Open P.-R., auf breiter Front durchsetzen. *C. Schlögl*

Peer-to-Peer-Netz (P2P), Netzwerk zwischen Computern im Internet, ohne zentrale Steuerung und zuverlässige Partner. Etymologisch betrachtet (aus dem Lateinischen «par») ist ein P2P ein Netzwerk unter «Gleichen». So wird in P2P nicht die starre Aufteilung der Client-Server-Architektur benutzt: Es gibt folglich keine zentralen Server, die Dienste anbieten, sondern jeder am Netzwerk teilnehmende Peer kann Dienste sowohl anbieten als auch nutzen. In der Praxis gibt es allerdings durchaus P2P, die einen zentralen Server zur Verwaltung benötigen, wie dies bei Napster der Fall war. Andere Systeme, wie Gnutella, sind in der Lage, ganz ohne zentrale Rechner zu arbeiten. Weiterhin existieren hybride Ansätze. Populär wurden P2P maßgeblich durch den Einsatz für das File Sharing. Darüber hinaus basieren auch andere Anwendungen, wie etwa die Kommunikationssoftware Skype, auf dem P2P-Gedanken. Neben den genannten modernen P2P-Anwendungen wurde die Idee der dezentralisierten Netzwerke unter Peers schon im Diskussionssystem Usenet aus dem Jahre 1979 eingesetzt und funktioniert dort bis heute. *P. Schaer*

Peergroup (auch Peer-Group, kurz: Peer), zu Deutsch «Gruppe Ebenbürtiger», «Gruppe Gleichrangiger»; kennzeichnet eine Gruppe überwiegend gleichaltriger Menschen von gleicher Herkunft und gleichem sozialen Status sowie mit weitgehend übereinstimmenden Interessen, die in enger wechselseitiger Beziehung zueinander stehen und sich auf diese Weise sozialisieren. Zentral wird der auf C. H. Cooley (1864 – 1929) zurückgehende soziologische Begriff für Kinder und Jugendliche im Schulalter angewendet, die sich in Cliquen, Gangs, früher auch «Meuten», in der unmittelbaren Umwelt (Nachbarschaft, Straße, Schule) spontan, aus eigenem Antrieb und auf freundschaftlicher Basis zusammenfinden, um in der Gemeinschaft soziale Orientierung, Abgrenzung von anderen jugendlichen P.s und Erwachsenen zu finden. Zumeist sind die Mitglieder einer P. geschlechtshomogen. In Erweiterung dieser Anwendung gibt es den Begriff in der Fachliteratur auch als Interessengruppe für erwachsene Teilnehmer einer Ausbildungs-, Lern- oder Arbeitsgruppe (Peer-Education). P.s haben eigene Hierarchien, Normen und Werte, die neben dem Elternhaus und der Schule entscheidend für die Sozialisierung des Heranwachsenden, für die Herausbildung seiner Persönlichkeit und Verhaltensstandards sind. In zahlreichen kommunikations- und medienwissenschaftlichen Fragestellungen spielt daher die Beachtung der P. eine besondere Rolle. *T. Keiderling*

Pentateuch, aus dem Griechischen «Fünf-Rollen-Buch»; Benennung der fünf Bücher Mose, Genesis bis Deuteronomium, zur Andeutung ihres Zusammenhangs; hebräisch Tora (Lehre, Unterricht) oder Chamischa Chumsche Tora (fünf Fünftel der Tora), abgekürzt Chumasch. Schon die Septuaginta setzt die fünf Bücher Mose voraus. Seit dem 2. Jh. erschienen im griechischen Text die Titel der fünf individuellen Bücher ihrem ungefähren Inhalt gemäß als Genesis, Exodos, Levitikos, Arithmoi (lateinisch Numeri) und Deuteronomion. Der hebräische Text wird für den liturgischen Gebrauch noch immer auf Pergamentrollen von spezialisierten Kopisten (Soferim; Sofer = Schreiber) von Hand geschrieben, die Bücher werden wie Rollentitel nach Anfangsworten benannt: Bereschit (Im Anfang), Schemot (Namen), Wajikra (Und Er rief), Bemidbar (In der Wüste) und Devarim (Reden). Selbstständige Ausgaben des P. erschienen hauptsächlich im jüdischen Umkreis. Der älteste überlieferte hebräische Text in Codexform datiert zwischen 820 und 850. Die erste gedruckte Ausgabe (mit Aramäischer Paraphrase und einem Kommentar) erschien 1482 in Bologna. *A. K. Offenberg*

Pergament ist die enthaarte, spanngetrocknete Haut verschiedener Tiere (z. B. von Ziegen, Schafen, Kälbern und Schweinen, ↗ Pergamentherstellung), die als Beschreibstoff seit mindestens dem 3. Jh. v. Chr. benutzt wurde. Der Name kommt von «membrana pergamena» (Häute von Pergamon), die König Eumenes II. von Pergamon (197–159 v. Chr.) ca. 168 v. Chr. herstellen ließ als Beschreibmaterial für die «Bücher» (↗ Buchrolle) seiner Bibliothek. Beschriebene P.e sind bereits aus dem 3. und 2. Jh. v. Chr. überliefert. Im Unterschied zu P. ist Leder als Beschreibstoff vereinzelt schon früher im alten Ägypten (ca. 2.300 v. Chr.) und Palästina bekannt. Eine genaue Trennung zwischen einer gegerbten (Leder) und nicht gegerbten Haut (P.) ist jedoch bei diesen alten Materialien bisher nicht eindeutig möglich. Da P. aus organischem Material zusammengesetzt ist, lassen sich Datierungen mit der ^{14}C- oder Radiocarbonmethode auch an P.handschriften durchführen. Hierfür sind nur geringste Probenmengen nötig. R. Fuchs

Pergamentarius ↗ Permenter

Pergamentdruck. Die Erfindung des Buchdrucks hätte nicht jene weitreichenden Wirkungen gehabt, wäre nicht das Papier als verhältnismäßig preiswerter und in ausreichender Menge zur Verfügung stehender Beschreibstoff schon in Kanzleien und Schreibstuben üblich gewesen. Dennoch wurde lange Zeit auch noch auf Pergament gedruckt. In der Anfangszeit des Buchdrucks dürften P.e v. a. wegen ihres hohen Wertes, der längeren Haltbarkeit und dem Bestreben hergestellt worden sein, die neue Druckkunst als gleichwertig gegenüber der bisherigen Schreibtechnik auszuweisen. Die bibliophile Bedeutung der P.e kommt auch darin zum Ausdruck, dass sie mit handgefertigtem Buchschmuck versehen sind. Schon J. ↗ Gutenberg hat einen Teil der Auflage seiner ↗ Bibel mit 42 Zeilen auf Pergament gedruckt (von geschätzten 180 Exemplaren waren ca. 30 P.e). Andere Bibelausgaben der Frühzeit, das sog. Mainzer Catholicon und von P. ↗ Schöffer herausgebrachte Titel sind auch als P.e erhalten. Dieselbe Praxis ist bei den deutschen Druckern zu beobachten, welche die Drucktechnik in Italien heimisch machten. Der Druck umfangreicher Werke auf Pergament war kostspielig und band hohe Investitionen. S. Corsten

Pergamenteinband. Bezeichnung für einen Bucheinband, der unter Verwendung von Pergament als Bezugsstoff hergestellt wurde. Technisch ist zu unterscheiden zwischen dem meist durch den Umschlag gehefteten mittelalterlichen, flexiblen P. als Gebrauchseinband (↗ Kopert) sowie dem P., bei dem der meist auf Pergamentbünde gehefte Buchblock in eine vorgefertigte Decke aus Pergament eingehängt wurde, indem die Bünde im Falzbereich zweimal durch die Decke gezogen wurden. Eine weitere Form des historischen P.es ist der sog. ↗ Hornband, bei dem die Deckel mit Pergament überzogen wurden. Moderne P.bände werden häufig als Halbbände gefertigt. Sie dienen als bibliophile Einbandform z. B. für Pressendrucke; als P. bezeichnete Verlagseinbände werden häufig unter Verwendung von Pergamentersatzstoffen hergestellt. G. Brinkhus

Pergamenter ↗ Permenter

Pergamentherstellung. Zur Herstellung von Pergament werden die Felle von Kälbern, Schafen und Ziegen, selten von anderen Tieren für ca. 3–6 Wochen je nach Jahreszeit (Temperatur) in fünf- bis zehnprozentige Kalklauge (Äscher: gelöschter gebrannter Kalk, selten Pottasche) gelegt. Dabei löst sich die oberste Hautschicht (Epidermis) auf und die Haare können durch einfaches Schaben mit einem leicht gebogenen, stumpfen Messer mit zwei Griffen auf einem Bock entfernt werden. Ebenso lassen sich auf der Fleischseite die Fleischreste entfernen. Danach wird die nasse Haut auf einen runden oder rechteckigen Rahmen gespannt und an der Luft während 2–4 Tagen getrocknet, wobei immer wieder nachgespannt werden muss. Die so spanngetrocknete Haut wird während oder nach dem Trocknen mindestens auf einer Seite (z. B. für Urkunden), meist jedoch auf beiden Seiten geschabt, bis eine feine raue Oberfläche entsteht, die das Beschreiben gestattet. Anschließend kann das Pergament noch mit Bimsstein oder mit einem im Ofen gebackenen «Schleifbrot» aus fein zerstoßenem Glas, Kalk, Eiern und Mehl geschliffen werden. Aus verschiedenen mittelalterlichen Rezepten weiß man, dass meist der Schreiber (nicht der ↗ Permenter) die letzte Bearbeitung der Pergamentoberfläche durchführte, da nur er wusste, wie das Pergament für ein gutes Beschreiben zu präparieren war. Verletzungen der Tierhaut mussten durch Nähen vor dem Spannen oder durch Anbringen von Pergamentplomben vor dem Beschreiben repariert werden. Meistens entfernte man die Fäden vor dem Beschreiben wieder. Im frühen Mittelalter wurden die Plomben oder Hilfsnähte sogar beim Schreiben durch eine Reihe von Farbtupfen besonders hervorgehoben.

Heute wird bei der industriellen P. meist Natriumsulfid (Na_2S) anstatt Kalklauge verwendet, was den Prozess zwar beschleunigt (Einwirkungszeit nur noch 2–3 Tage), jedoch auch das Pergament auf Dauer schädigen kann, da sich das Na_2S nicht vollständig auswaschen lässt. Auch der Einsatz von Enzymen bei der Herstellung verändert das Pergament derart, dass es auf Dauer geschädigt wird. Für besondere Fälle färbt man Pergament auch ein. Gelegentlich werden Pergamente auch mit deckenden Pigmenten (↗ Buchmalereifarben) eingestrichen. Zur Gewinnung von Paus- oder Fensterpergament strich man im Mittelalter Pergament mit Leinöl oder Gummi arabicum mit Eiklar ein und ließ es ohne Spannung trocknen. So entstand ein durchsichtiges Pergament. Nach dem Kalklaugeverfahren lässt sich aus den Häuten des Kalbsblinddarms die dünne und elastische Goldschlägerhaut gewinnen. Aus den Hautabfällen kocht man einen kräftigen Pergamentleim (Hautleim), der zum Kleben von Möbeln und Einbänden, aber auch zum Leimen von Papier verwendet werden kann.
R. Fuchs

Pergamentleder ist ein heute nicht mehr verwendeter Ersatzstoff, bei dem einem ↗ Pergamentpapier durch starken Druck eine Ledernarbung aufgepresst wurde. Ersatzstoffe dieser Art fanden häufig Verwendung bei buchbinderischen Arbeiten. *G. Brinkhus*

Pergamentleinwand wurde aus einem Baumwollgewebe hergestellt, das wie das ↗ Pergamentpapier mit Schwefelsäure behandelt wurde. Wie Pergamentpapier wurde P. als Ersatz für Pergament auch bei buchbinderischen Arbeiten eingesetzt. *G. Brinkhus*

Pergamentpapier. Für P. wird ungeleimtes, hoch saugfähiges Rohpapier ohne Füllstoffe (meist 50 g/m²) durch eine Pergamentierflüssigkeit (meist 90-prozentiger Schwefelsäure bei −15 °C) gezogen und gleich wieder neutralisiert und gewaschen. Dabei quillt die Oberfläche zu einer gallertartigen Masse (Amyloid) auf, die bei Trocknen stark schrumpft und eine hornartige Oberfläche bildet. Durch eine Nachbehandlung mit Glyzerin und Zucker wird der pergamentierte Zellstoff hygroskopisch, verliert seine Sprödigkeit und hat danach eine 4–5fach höhere Festigkeit und hohe Transparenz (↗ Transparentpapier). Dieses Verfahren wurde schon im 19. Jh. angewendet und wird heute noch verfeinert durchgeführt (DIN 6730). Als technisches P. (technisches Echt Pergament) wird heute auch silikonbeschichtetes Papier (mit Wasserglas o. ä. getränkt) angewendet. P. wird zum Verpacken von wasserhaltigen Fetten (Butter, Margarine, Käse) sowie anderen Lebensmitteln verwendet; früher jedoch auch zu Architekturzeichnungen als Pauspapier. Technisches P. findet sich in der Industrie als Trennschicht- oder Mitläuferpapier bei der Produktion. *R. Fuchs*

Pergamentrolle. Mit Ablösung der ↗ Buchrolle durch den ↗ Codex im 2.–4. Jh. begann auch die allmähliche Zurückdrängung des Papyrus durch den konkurrierenden Beschreibstoff Pergament. Doch verwendete man auch danach, z.T. bis in unsere Zeit, in manchen Bereichen die P., so für Urkunden, Personenverzeichnisse, liturgische Texte (auch jüdische), kurze literarische Texte. Die Zeilen laufen im Allgemeinen parallel zur Schmalseite (anders z.T. in hebräischen P.n).
B. Bader

Pergaminpapier (auch Pergamyn), weitgehend fettdichtes, aber nicht nassfestes Papier, das aus fein gemahlenem, meist gebleichtem Zellstoff hergestellt wird (DIN 6730). Seine hohe Transparenz erhält es durch scharfes Satinieren (Glätten zwischen polierten Walzen unter hohem Druck). Häufig wird es auch geprägt. Verwendung findet das P. als Schutzblatt in Fotoalben, als Einschlagpapier, Schutzumschläge für Hefte, Briefumschlagfenster etc. *R. Fuchs*

Perikope, Perikopenbuch ↗ Lektionar

Periodikum, regelmäßig, ohne geplanten Abschluss in konfektionierten Teilen verbreitetes Medium, meist als Publikation, ggf. aber auch als organisationsintern verbreitete Nachrichten, z. B. Mitarbeiterzeitschrift. Ein wichtiges Kriterium für ein P. ist ↗ Aktualität der Information.

Zum P. gehören gedruckte Zeitungen/Zeitschriften und elektronische bzw. Online-Zeitungen/-Zeitschriften, Newsletter, Schriftenreihen, Jahr-, Halb-, und Vierteljahrbücher, Monatshefte sowie Aktualisierungslieferungen von Loseblatt-Ausgaben. P.a haben besonders seit dem 20. Jh. eine hohe Bedeutung erlangt. Sie organisieren, strukturieren und rationalisieren Kommunikation. Regelmäßige Sendungen, wie z. B. Nachrichtensendungen, und regelmäßig aktualisierte Datenbanken werden nicht zu den P.a gerechnet. Der Begriff stammt aus dem Printzeitalter und wird auf viele Netzpublikationen nicht angewendet, auch wenn sie die Kriterien der üblichen Definition erfüllen, wie z. B. Feeds, Usenet-News, Videoblogs, Webforen, Weblogs oder Wikis; man spricht hier eher von dynamischen Dokumenten. *K. Umlauf*

Periodische Bibliografie ↗ laufende Bibliografie

Periodizität meint die zyklische Erscheinungsweise zunächst von Printmedien (Hefte, Zeitungen, Zeitschriften, Jahrbücher, Halbjahresbücher, Viertelsjahreshefte, aber auch Kalender, Taschenbuchreihen etc.), um a) ↗ Aktualität herzustellen – dies ist ein vorrangiges Kriterium der ↗ Publizität (2) von Presseerzeugnissen, jedoch auch, um b) ein bestimmtes Verkaufsmodell zu wählen, das eine Publikumsbindung erzeugt (über Abonnements etc.) und somit ein längerfristiges Arbeiten von Redaktionen und Verlagen an einem bestimmten Titel erlaubt. Bei Netzpublikationen spricht man nicht von P., sondern eher von dynamischen Dokumenten. ↗ Buch (Unterform a) *T. Keiderling*

Peripheriegerät ist eine Komponente oder ein Gerät, das sich als Zubehör außerhalb der Zentraleinheit eines Computers befindet. Vereinfacht kann zwischen im Computer verbauten (internen) und mit diesem durch ein Kabel (oder auch durch Infrarot- oder Funktechnik) verbundenen (externen) P.en unterschieden werden. P.e dienen der Ein- und Ausgabe von Daten oder Befehlen in die Zentraleinheit. Sie erbringen eine «Dienstleistung» für den Benutzer, diese kann entweder sichtbar (z. B. Papier-Ausdruck) oder unsichtbar (z. B. Signalwandlung interner Modems) erfolgen. *T. Keiderling*

Perlschrift, Schriftgradbezeichnung für den 5-Punkt-Kegel nach dem Didot-System (1,88 mm). Nachweisbar ist diese Schriftgröße bereits in französischen Bibelhandschriften des 13. Jh.s, als Druckschrift erscheint sie 1620 bei J. Jannon (1580–1658) und 1664 bei der Lutherischen Gießerei in Frankfurt. *P. Neumann*

Permenter, verkürzte Form für Pergamenter, auch Pergamentier oder Buchfeller, ein Handwerker, der aus Tierfellen ↗ Pergament herstellte.

Persistent Identifier, dauerhaftes Adressierungsverfahren für digitale Objekte. Obwohl Uniform Resource Locator (URL) weltweit eindeutig sind und somit zur Adressierung von digitalen Objekten genutzt werden, sind sie nicht für die dauerhafte Adressierung und damit die Zitierbarkeit geeignet. Technische oder organisatorische Gründe können einen Webseitenbetreiber dazu zwingen, die Adressen seiner Webseiten o. a. Internet-Ressourcen wie Bilder, elektronische Dokumente etc. zu ändern. Häufige Gründe sind hierbei ein Wechsel der Domain oder des verwendeten Redaktionssystems. Bekannte P.-I.-Systeme sind u. a. Persistent Uniform Resource Locator, Digital Object Identifier, das Handle-System oder Uniform Resource Name. *P. Schaer*

Persistenz, die dauerhafte Verfügbarkeit eines Daten- und Informationssystems oder die Aufrechterhaltung digitaler Verbindungen auch während kurzzeitiger Unterbrechungen. Diese nichtflüchtige Speicherung bleibt auch dann erhalten, wenn die dazugehörige Soft- und Hardware zwischenzeitlich

ausgeschaltet wird. Im Gegensatz hierzu gehen transiente Daten bei geplanten und ungeplanten Systemausfällen verloren. Gerade bei Systemen, die eine fortwährende Konsistenz der Daten und größtmögliche Ausfallsicherheit voraussetzen, ist P. unerlässlich. Als prominentes Beispiel ist hier Software für Geldtransfer zu nennen. ↗ Digitale Langzeitarchivierung
H. Heuser

Personal Area Network ↗ PAN

Personalcomputer (PC), Einzelplatzrechner. Er ist die gebräuchlichste Form des ↗ Computers. PCs sind auf die Nutzung durch einzelne Benutzer als private Heim- oder als Arbeitsplatzrechner ausgelegt und im Vergleich zu Großrechnern oder Servern im Allgemeinen weniger leistungsfähig.
B. Heuwing

Personal Digital Assistant ↗ PDA

Personalisierung, Anpassung der Information an die Bedürfnisse, Vorlieben oder Fähigkeiten eines Nutzers. P. untergliedert sich in einen auf Regeln und einen auf Vergleichen basierenden Ansatz. Während die regelbasierte P. Nutzer und Experten unterteilt, untergliedert die vergleichende P. Nutzer und Inhalte. Diese P.-Möglichkeiten können kombiniert werden.
E. W. De Luca

Personalschrifttum, Oberbegriff für alle Schriften, die aus Anlass eines persönlichen Ereignisses verfasst und gedruckt wurden. Hierzu gehören v.a. Gelegenheitsdichtung, Hochzeitsdrucke und Leichenpredigten. Blütezeit dieser Gattung war v.a. das 17. Jh. Sie sind gewöhnlich nur wenige Bogen stark und im Buchschmuck meist zurückhaltend. ↗ Festschrift
R. Feldmann

Personennamendatei (PND) ↗ Gemeinsame Normdatei ↗ Normdaten

Personenregister ↗ Register

Persönliche geistige Schöpfung, Voraussetzung für das ↗ Urheberrecht (§ 2, Absatz 2 UrhG) am Ergebnis menschlichen Schaffens in Form eines Werks der Literatur, Musik, Kunst oder Fotografie. Die Schutzfähigkeit erfordert den zum Ausdruck gebrachten geistigen Gehalt, die vom Geist geprägte Konzeption durch Entfaltung persönlicher Züge des Urhebers und durch die Erzielung statistischer Einmaligkeit, die für Dritte wahrnehmbare persönliche Formgestaltung und ein bestimmtes Mindestmaß an Gestaltungshöhe im Sinne einer je nach Werkart durchaus unterschiedlichen schöpferischen Eigentümlichkeit. ↗ Geistige Schöpfung
L. Delp

Persönlicher Gebrauch ↗ Eigener Gebrauch

Persönlichkeitsrecht, die Befugnis des Einzelnen zur freien Entfaltung seiner Persönlichkeit, soweit er nicht die Rechte anderer verletzt und nicht gegen die verfassungsmäßige Ordnung oder das Sittengesetz verstößt (Art. 2 Grundgesetz Deutschland). Eines der vornehmsten Menschenrechte im Rahmen des P.s ist die Meinungsfreiheit. Das P. spielt in allen Bereichen zwischenmenschlicher Beziehungen eine Rolle, z. B. mit dem Schutz des gesprochenen Wortes, des Persönlichkeitsbildes, des Vertraulichkeitsbereichs, der Intimsphäre, des Namens, der persönlichen Ehre und des wirtschaftlichen Rufs. Das P. steht angesichts der unantastbaren Würde des Menschen (Artikel 1 Grundgesetz) in erster Linie jeder natürlichen Person für deren gesamte Lebenszeit zu, in eingeschränktem Maße, wahrzunehmen durch die nächsten Angehörigen, für eine bestimmte Zeitdauer auch nach deren Ableben. Soweit sie ihrem Wesen nach auf das P. anzuwenden ist, genießen auch inländische juristische Personen den Schutz des P.s, z. B. Universitäten im Hinblick auf die dort repräsentierte Freiheit der Wissenschaft oder Rundfunk- und Fernsehanstalten im Hinblick auf deren Freiheit der Berichterstattung. Das P. kann auch Personengruppen zur Seite stehen, die aus der Allgemeinheit deutlich hervortreten und personal in jedem ihr Zugehörenden verkörpert werden; der Kreis der Betroffenen kann zwar groß, muss aber klar abgrenzbar und insoweit auch überschaubar sein. Das P. rechtfertigt ebenso das geistige Schaffen des Einzelnen, wie es dieses begrenzt; hier stehen gleichwertige Grundrechte autonom und antinom gegenüber, deren Wirkung regelmäßig nur anhand der Güterabwägung zwischen den widerstreitenden Interessen bestimmt wird. Als Kern des Rechts des geistigen Schaffens kommt dem P. ebenso zentrale Bedeutung beim Schutz des Schaffensergebnisses zu. Das UrhG hat das P. des Urhebers in §§ 12 bis 14 ausdrücklich, in zahlreichen anderen Bestimmungen jedenfalls mittelbar verankert. Das P. des Urhebers kann nur zusammen mit dem übrigen Urheberrecht im Erbgang auf Dritte übergehen. Die an die Person gebundene Gestaltung des P.s schließt im Übrigen die Übertragbarkeit des Urheberrechts aus (§ 29 UrhG). Nach dem Tod des Urhebers wird auch hier das P. von den nächsten Angehörigen wahrgenommen, denen der vom Urheber testamentarisch Bedachte zuzurechnen ist. Die Dauer des postmortalen P.s des Urhebers erstreckt sich auf die Zeit der Urheberschutzfrist nach dem Tode. *L. Delp*

Pertinenzprinzip (Betreffsprinzip), Ordnungsprinzip in Archiven und Bibliotheken, das Bestände ungeachtet ihrer Herkunft und Entstehungszusammenhänge nach sachsystematischen, territorialen oder personenbezogenen Merkmalen strukturiert und zusammenfügt. I. d. R. muss das P. auf einem Ordnungsplan oder definierten Klassen fußen. Das P. wird bis heute in Bibliotheken angewendet. In Archiven wurde es seit dem 19. Jh. durch das ↗ Provenienzprinzip abgelöst, weil der mit einer Neuordnung großer Schriftgutmengen verbundene Arbeitsaufwand hier nicht länger zu leisten war, v.a. aber die Vielfalt der Betreffe von Archivalien in einer Pertinenzordnung nicht adäquat erfasst werden kann und Archivalien zu ihrem Verständnis und ihrer Interpretation durch den Benutzer ihres Entstehungskontextes bedürfen. *F. M. Bischoff*

Perzeption, aus dem Lateinischen «wahrnehmen»; meint die erste Phase der primär unbewusst ablaufenden Informations- und Wahrnehmungsverarbeitung eines Rezipienten. Der aus der Psychologie stammende Begriff wird auch in der Kommunikations- und Medienwissenschaft bei bestimmten Fragestellungen, etwa innerhalb der Werbe- und Medienwirkungsforschung angewendet. Durch ein unbewusstes Erfassen und Identifizieren, z. B. durch einen flüchtigen Blick auf ein Mediencover, ein Werbeplakat, ein Werbebanner, oder eine ↗ Produktplatzierung in Filmen wird eine (Werbe-)Botschaft unbewusst aufgenommen. Es findet eine ebenfalls noch unbewusste Bedeutungszuschreibung statt. Bei erneuter Aufnahme dieser Botschaft stellt sich ein Erinnerungsvorgang ein, möglicherweise wurde dadurch gezielt eine ↗ Aufmerksamkeit beim Rezipienten erreicht. *T. Keiderling*

Petit, eine in Deutschland gebräuchliche Schriftgradbezeichnung im Bleisatz für den 8-Punkt-Schriftgrad. Die «Kleine» bezeichnete einen viel verwandten Schriftgrad, findet aber in modernen Satzverfahren keine Verwendung mehr. *A. Ihlenfeldt*

Petroglyphen, aus dem Griechischen «Fels», «einritzen»; sind prähistorische, auf Felsen oder Steinen eingeritzte oder eingemeißelte Zeichnungen. Sie werden Petrogramme genannt, wenn es sich um Malereien handelt. Beide Formen kommen auch nebeneinander vor. Solche Ritzungen und Malereien sind i. d. R. an den Wänden von Höhlen, oft auch an freien Felswänden angebracht. Reichhaltige Funde wurden in Nord- und Mittelamerika, Nordeuropa, Südfrankreich, Nordspanien, Nord- und Südafrika sowie in Nordaustralien gemacht. Glaubte die ältere Forschung noch an ihren Charakter als ↗ Bilder- oder Ideenschrift, sprachen andere von naiver Ornamentkunst. Die neueren Forscher interpretieren sie als Darstellungen kultisch-magischen Inhalts. Spätere P. erscheinen als stark vereinfachte Gebilde, denen nur noch symbolische oder gar keine bestimmte Bedeutung zugemessen werden kann. P. kann man als Vorläufer der ↗ Piktogramme bezeichnen. *H. Buske*

Pezien ↗ Pecia (Peciensystem)

Pflichtexemplar (Pflichtstück), das jeweils aufgrund des Pflichtexemplarrechts (meist) kostenfrei an in den Rechtsvorschriften benannten Bibliotheken abgegebene Exemplar einer Publikation. *W. N. Rappert*

Pflichtexemplarrecht, ein vom Gesetzgeber taxativ genanntes, Bibliotheken des eigenen Hoheitsgebiets eingeräumtes Recht, eine bestimmte Exemplaranzahl von Publikationen durch Verlag, Druckerei, Hersteller oder Autor (meist) kostenfrei abgeliefert bzw. angeboten zu bekommen. Typischerweise handelt es sich um National-, Regional-, Provinzial-, z.T. auch Parlamentsbibliotheken. Das zunächst auf Druckwerke abzielende P. ist in der frühen Neuzeit im Zusammenhang mit der Zensur, später mit dem Copyright bzw. Urheberrecht entstanden. In vielen Ländern etabliert, fördert es den kontinuierlichen Bestandsaufbau nationaler Gedächtnisinstitutionen und trägt zur Erstellung von Nationalbibliografien bei. In jüngerer Zeit wurde bzw. wird es auf visuelle und audiovisuelle sowie elektronische Medien einschließlich Netzpublikationen ausgeweitet, selten auch auf Filme. Die Rechtsvorschriften sind in Bibliotheks-, Medien-, Pflichtexemplar- oder Pressegesetzen enthalten. Oft sind von der Pflichtablieferung ausgenommen (von Land zu Land etwas unterschiedlich): unveränderte Neuauflagen; Medienwerke in geringer Auflage oder in geringem Umfang; Patentschriften; Medienwerke, die lediglich gewerblichen, geschäftlichen oder innerbetrieblichen Zwecken, der Verkehrsabwicklung oder dem privaten, häuslichen oder geselligen Leben dienen; Spiele, soweit sie nicht der Wissensvermittlung dienen; Rundfunksendungen; Anwendungsprogramme und Betriebssysteme; netzbasierte Kommunikations-, Diskussions- oder Informationsinstrumente ohne sachliche oder personenbezogene Zusammenhänge. *W. N. Rappert/K. Umlauf*

Pflichtstück ↗ Pflichtexemplar

Phishing, Kunstwort aus dem Hackerjargon (↗ Netzjargon), das sich an das Englische «angeln» anlehnt. Scheinbar autorisierte, tatsächlich jedoch gefälschte E-Mails oder weitere Kurznachrichten locken die Empfänger (ggf. «Opfer») auf wiederum gefälschte Websites, die oft entsprechenden Internetauftritten bekannter Händler, Bankinstitute etc. nachempfunden sind. Die Empfänger werden aufgefordert, persönliche Daten (Benutzernamen, Passwörter, PINs, TANs) preiszugeben. Eine weitere Möglichkeit besteht darin, sog. ↗ Malware («Trojanische Pferde») einzusetzen, um Zahlungstransaktionen im Internet zu hacken und zu manipulieren. Mithilfe des so ermöglichten Identitätsdiebstahls erhalten Täter unberechtigten Zugang zu Konten, User-Accounts und dgl. mehr. Diesem Problem ist nur durch Achtsamkeit und aktuelle Antivirenprogramme beizukommen, die unter Umständen P.-Versuche erkennen und rechtzeitig blockieren/unterbinden können. *T. Keiderling*

Phonetische Schrift ↗ Lautschrift

Phonographie, aus dem Griechischen «Stimme», «schreiben». 1. Die Aufzeichnung und Speicherung akustischer Vorgänge (Geräusche, Töne, Musikwerte, gesprochene Sprache) zum Zweck der Wiedergabe und Archivierung. Seit Mitte des 19. Jh.s wurden vier verschiedene Verfahren zur P. entwickelt. Die ersten Tonaufzeichnungen erfolgten durch T. A. Edison (1847–1931), der 1877 einen P.en in Form einer drehbaren, stanniolbelegten Walze erfand, auf welche die Tonschwingungen mittels eines Stiftes in Verbindung mit einer Membrane unterschiedlich tief eingeritzt wurden. Ursprünglich erfolgte die Aufzeichnung akustisch, später elektrisch mittels eines Mikrofons. 1887 erfand E. Berliner (1851–1929) mit der Schallplatte ein Verfahren, bei dem die Tonfolgen in eine Schellack-, später eine Kunststoffscheibe durch eine in der Tiefe konstante, jedoch in der Breite variable Rille dargestellt wurden. Auch diese Technik wurde weiterentwickelt. 1958 erschien die erste Schallplatte mit stereophoner Tonaufzeichnung, seit den 1970er Jahren erfolgte die Tonaufzeichnung digital. Um die Wende vom 19. zum 20. Jh. entwickelte V. Poulson (1868–1942) eine Methode, Töne auf Papier-, später auf Kunststoffstreifen aufzuzeichnen, die mit einem magnetisierbaren Material beschichtet sind. 1929 hat F. Pfleumer (1881–1945) die Technik des ↗ Magnetbandes zur Einsatzreife entwickelt. In den 1960er Jahren wurden Magnetbänder in Kassetten (↗ MC) eingeschlossen. In dieser Form erfuhren sie eine weltweite Verbreitung. 1982 erschien in Japan die erste Compact Disc (↗ CD), bei der die Tonfolge in digitalisierter Form in eine Kunststofffolie eingestanzt wird, die zur Festigung auf eine Metallscheibe geklebt wird. Die Wiedergabe erfolgt durch Abtasten der Aufzeichnung mittels eines Laserstrahls.

2. Gelegentlich verwendeter Begriff zur Benennung eines Verzeichnisses von p.ischen Aufnahmen und ihren Ausgaben. Obwohl dieser Begriff der heutigen Praxis, in Verzeichnissen dieser Art neben Schallplatten sämtliche Tonträgerformen sowie die Details der Aufnahme zu berücksichtigen, besser entspricht, hat er den engeren, international verbreiteten Begriff ↗ Diskografie nicht verdrängen können.

3. Die zusammenfassende Bezeichnung für alle Schriften, deren Zeichen Laute repräsentieren im Gegensatz zu den logografischen Schriften. Die kleinsten Elemente der p.ischen Schriften sind Phoneme, d. h. Zeichen, die nur einen einzigen Laut grafisch wiedergeben. Im strengen Sinn gibt es keine rein p.ischen Schriften, da in allen alphabetischen Schriften Zeichen vorkommen, die keine Laute wiedergeben, sondern andere Funktionen versehen, z. B. Satzzeichen oder Ziffern.

4. P. nannte auch I. Pitman (1813 – 1897) die von ihm und seinem Bruder B. Pitman (1822 – 1910) entwickelte p.ische Pitman Shorthand, das im englischen Sprachgebiet maßgebliche Kurzschriftsystem.

K. Gutzmer / G. Pflug / H. Lanzke

Thomas Alva Edison mit seinem leicht verbesserten Zinnfolien-**Phonographen** von 1878. In: Wikipedia, Artikel: Phonograph.

Phonothek, Informationseinrichtung, die auf Tonträgern oder in Audiodateien gespeicherte akustische Dokumente (z. B. Geräusche, Stimmen, Sprachen, Musik) sammelt, archiviert und dokumentiert. P.en entwickelten sich aus den um 1900 entstandenen Phonogrammarchiven und nehmen heute ähnliche Aufgaben wie Bibliotheken auf dem Gebiet des Schrifttums wahr. Bis Ende des 20. Jh.s wurden v. a. Schallplatten, Tonbänder und CDs gesammelt. Heute werden die Aufnahmen überwiegend in digitaler Fassung auf Festplatten archiviert. Bedeutende P.en bestehen in Leipzig (Deutsches Musikarchiv), Brüssel, London und Washington (D. C.). Das Phonogrammarchiv der Österreichischen Akademie der Wissenschaften mit Sitz in Wien ist das älteste audiovisuelle Archiv der Welt (gegr. 1899). Z. T. wird P. synonym zu Schallarchiv und Diskothek verwendet; veraltet steht der Begriff auch für Abteilungen in Öffentlichen Bibliotheken, die Tonträger verleihen. *C. Köstner-Pemsel*

Phraseonym, aus dem Griechischen «Redensart», «Name»; bezeichnet ein Pseudonym, bei dem eine Redewendung die Verfasserangabe ersetzt, z. B. «Von einem Deutschen».

Phrenonym, aus dem Griechischen «Gemüt», «Name»; bezeichnet ein Pseudonym, bei dem anstelle des Autorennamens ein Gemütszustand oder eine Charaktereigenschaft genannt wird, z. B. «Von einem Ehrlichen».

Pica, in den USA und Großbritannien übliche Schriftgradbezeichnung für 12 Punkt, außerdem eine auch im Satzverfahren benutzte Maßeinheit (Pica/Picapoint). Sie entspricht in der Systematik dem Didot-Punktsystem: 12 Picapoint = 12 Didotpunkt, ein

Cicero; ist aber um etwa 8 % kleiner. 1 Pica = 4,217 mm. *A. Ihlenfeldt*

Pigment, aus dem Lateinischen «Farbe»; ist ein Farbmittel, das unlöslich und größer als 1/10.000 mm ist. Es streut dadurch das Licht und ist i. d. R. deckend. In der Malerei (↗ Buchmalerei) und beim Druck (↗ Druckfarbe) wird es mit einem Bindemittel vermischt, damit es auf der Schreiboberfläche gut haftet. Bei gestrichenen Papieren fügt man P. dem Strich zu. Die Differenz zwischen dem Brechungsindex des P.s und dem des Bindemittels bestimmt, ob das P. deckt oder durchscheinend ist. Kreide z. B. ist nur in wässrigen Bindemitteln deckend. Eine Überfärbung von weißen P.en mit Farbstoffen machen letztere deckend, indem sie damit einen «Körper» (Körperfarbe) erhalten. Sie werden gleichzeitig lichtstabiler und alterungsbeständiger. P.e sind meist mineralischer Natur, können jedoch auch künstlich hergestellt werden (↗ Buchmalereifarben). Schon früh begann die künstliche Herstellung von P.en (ca. 2500 v. Chr.: Ägyptisch Blau), während synthetische Farbstoffe erst ab dem 18. Jh. (Preußisch Blau, Anilinfarbe) bekannt sind. *R. Fuchs*

Pigmentdruck, auch Kohledruck, ist kein Druckverfahren, sondern ein Sammelbegriff für bestimmte fotografische Vervielfältigungstechniken. Bei ihnen wird das Bild nach dem Belichten, Entwickeln und Fixieren auf ein fotografisches Papier gebracht, das mit einer Gelatine- oder Gummimasse beschichtet ist, auf der die entsprechenden Tonwerte durch eine Reliefbildung als Negativ zurückbleiben.

Piktografie ist eine ↗ Bilderschrift, bestehend aus einzelnen ↗ Piktogrammen mit eigenen grammatischen Regeln, vereinzelt auch als Piktogrammatik bezeichnet. P.ische Systeme finden sich in der Frühgeschichte der Schrift bei den Azteken, den kleinasiatischen Völkern, den Eskimos, den Ojibwa-Indianern in Nordamerika u. a. m. mit allen ihren Übergangsformen, in denen P.n als Laut- und Silbenschrift benutzt wurden und aus denen sich die alphabetischen Schriftsysteme entwickelten. Eine besondere Bedeutung gewinnt die P. in der modernen Sprachbehindertentherapie. Wurden bereits im 18. Jh. Versuche unternommen, die Gebärdensprache durch Laut und Schrift zu unterstützen, gab es von damals bis heute Befürworter und Gegner mit jeweils festen Positionen. Die durch C. K. Bliss (1897 – 1985) in den Jahren 1942 – 1965 erfundene Symbolsprache kann von Menschen aller Sprachen gelesen werden und stellt besonders für Kinder mit schweren Lernproblemen ein zusätzliches Hilfsmittel dar, um einen Wortschatz zu bilden. Die Bliss-Symbole bieten, im Gegensatz zum Alphabet, mehr Möglichkeiten der Anpassung an die unterschiedlichen geistigen Fähigkeiten der Benutzer. *H. Buske*

Piktogramm (Bildzeichen, auch Logogramm, Wortzeichen, Zeichensymbol), innerhalb der klassischen Schriftgeschichte allgemein anerkanntes Bildzeichen, allgemeinverständliche stilisierte Zeichnung oder grafisches Symbol mit überwiegend international festgelegter Bedeutung wie z. B. Bett für Unterkunft, Brief für Post, Messer und Gabel für Essgelegenheit. P.e müssen von einfacher «Lesbarkeit» sein. Die weltweit bekanntesten wurden von modernen Designern und Typografen entworfen. In der Mensch-Computer-Kommunikation erleichtern P.e die Bedienung von Computersystemen. Auf Normen hat sich die Industrie bisher nicht einigen können. *H. Buske*

PIN (Personal Identification Number), ein nummerischer Code bzw. eine Geheimzahl, der/die nur einer Person bzw. nur wenigen Personen bekannt sein sollte und zur maschinellen, d. i. computergestützten Autorisierung genutzt wird (häufig 4stellig). Anwendungen v. a. bei Geldausgabeautomaten, bargeldloser Bezahlung mit der Bankkarte oder dem Schutz von Mobiltelefonen vor unberechtigter Nutzung.

PIXE (Particle Induced X-ray Emission) steht für Partikel-induzierte Röntgenemission bzw. Protonen-induzierte Röntgenemission und ist eine verbreitete Methode der Ionenstrahlanalytik u. a. zur zerstörungsfreien Untersuchung von Druckfarben oder Tinten. Um 1980 wurde diese Methode entwickelt, um direkt an den Drucken kleinste Bereiche von gedruckten Buchstaben zu analysieren. P. wurde bisher zur Untersuchung der ersten Druckfarben bei J. ↗ Gutenberg benutzt. Es ergaben sich Aufschlüsse über die Druckfolge der einzelnen Seiten und der Werkstätten. Der Nachteil dieser Methode ist, dass sich die leichten Elemente (leichter als Kalium) nicht bestimmen lassen. Das bedeutet, dass organische Verbindungen (Bindemittel) nicht erfasst werden können, ebenso wenig wie die genaue chemische Zusammensetzung der vermischten Verbindungen. R. Fuchs

Pixel, kleinste Einheit einer digitalen Rastergrafik; jedes P. nimmt genau einen Farbwert an. P. ist ein Kunstwort, das sich aus der Abkürzung des englischen Ausdrucks «picture element» zusammensetzt. P. wird u. a. als Maßeinheit zur Angabe von Auflösungen von Bildschirmen genutzt. In der Digitalfotografie wird die Auflösung der Digitalkamera üblicherweise in Mega-P. angegeben. Die Angabe von Bits pro P. wird als Maßeinheit für die Farbtiefe verwendet. Für den Druck rechnet ein Raster Image Processor die P. in einen Druckraster (↗ Raster) um.

P. Schaer / K. Umlauf

Pixel per Inch (ppi, Punktdichte), Maß der Abtast- oder Scanauflösung für Geräte, die ↗ Pixel ausgeben, wie Scanner und Monitore. Das Maß gibt an, in wie viele Bildpunkte eine 1 Inch (2,54 cm) lange Linie digital zerlegt wird. Bei Datenausgabegeräten wie Druckern wird hingegen mit dots per inch (dpi) gearbeitet, da diese Punkte (dots) ausgeben. Auch bei Scannern ist durchaus noch die Bezeichnung dpi in Gebrauch, da diese früher häufig in den Prozess der Druckvorstufe eingebunden waren. Konsequenterweise sollte die Auflösung von Scannern, Monitoren und Digitalkameras nicht in dpi, sondern in ppi angegeben werden. Für die Belichtung eines Kleinbilddias aus einer Datei ist eine Auflösung von bis zu 5.800 ppi erforderlich. Bei der Digitalisierung von Mikroformen sollte eine Auflösung von 3.000 ppi gewählt werden. S. Büttner / K. Umlauf

Plagiat, eine auf den römischen Epigrammdichter Martial (40 – um 102) zurückgehende Bezeichnung. Unter einem «plagiarius» wurde ein Menschenräuber verstanden, der gerade freigelassene Sklaven rechtswidrig wieder gefangen nahm. Dies übertrug man auf den «geistigen Diebstahl». Zwar existierte der Terminus in dieser rechtlichen Bedeutung damals noch nicht, aber einige Protagonisten prangerten die Verfahrensweise des Ideenraubes bereits an bzw. verurteilten ihn moralisch. Auch in der Gegenwart wird unter P. die widerrechtliche Aneignung fremden geistigen Schaffens verstanden, sei es durch unmittelbare Übernahme, durch ungenehmigte Bearbeitung oder Umgestaltung oder durch Zitieren ohne Quellenangabe, Fälschung von Kunstwerken u. a. m. ↗ Selbstplagiat L. Delp / T. Keiderling

Plakat ist ein Anschlag in meist großem Papierformat und einseitigem Druck zur öffentlichen Bekanntmachung, Information, Ankündigung eines Ereignisses oder zur Beeinflussung des Betrachters, ein Mittel visueller Massenkommunikation (auch Bildmedium) und der Werbung.

P.e als Medien allgemeiner Mitteilung leiten sich von den, seit dem 15. Jh. verbreiteten ↗ Flugblättern ab, die häufig auch an Häuserwänden und Mauern angeschlagen wurden. Die Übergänge vom Flugblatt zum P. waren fließend. Seit der Französischen Revolution entwickelte sich das Textp. zu einem Medium politischer Beeinflussung. 1791 wurden von der französischen Republik Gesetze über das P.ieren erlassen. Anschlagvorrichtungen für P.e entstanden im 19. Jh., in Berlin wurden sie nach ihrem Erfinder (dem Drucker und Verleger E. Litfaß, 1816 – 1874) seit 1854 Litfaßsäulen genannt. Er bekam von der Stadt Berlin ein bis 1865 gültiges Monopol für die Aufstellung seiner Säulen. In den 1850er Jahren entstand das P. in der heutigen Form. Voraussetzungen waren die Erfindung und Einführung der Papiermaschine, die großformatiges Papier in quasi «endloser» Bahn zu niedrigen Kosten herstellen konnte, sowie Schnellpressen, die in großen Formaten mit typografischem Material, holzgeschnittenen Plakatschriften, Holz- und Linolschnitten für Bildwiedergaben und Farbflächen im Hochdruck (Buchdruck) oder mit großformatigen Lithografiesteinen im Steindruck ein- und

Plakat. Zeitgenössische Lithografie zur ersten Berliner Litfaßsäule, um 1855. In: Wikipedia, Litfaßsäule.

mehrfarbige P.e herstellen konnten. Erst im 20. Jh. wurden P.e v. a. im Offsetdruck hergestellt, der dann vor dem Rakeltiefdruck und dem Siebdruck das bevorzugte Druckverfahren für den P.druck wurde. Nach dem Ersten Weltkrieg traten neben die Produkt- und Veranstaltungswerbung politische P.e. Es entstand der neue Typ des Wahlp.s der politischen Parteien. Zugleich wurde das Medium zunehmend von Gebrauchsgrafikern, später Werbedesignern und Werbeagenturen entdeckt und bestimmt. Parallel zu dieser Entwicklung entstand unter angloamerikanischem Einfluss die Nebenform des ↗ Posters, das als Raumschmuck gedacht war und bei dem die Funktion auf die ästhetische Wirkung fokussiert wurde. *H. Wendland*

Plakatschrift hießen im Bleisatz die großen Schriftgrade, die im Buchdruck für den Druck von Plakaten gebraucht wurden. Sie waren i. d. R. in Holz geschnitten oder in jüngerer Zeit in Kunststoff gegossen. Die Bezeichnung ist heute nicht mehr gebräuchlich. *A. Ihlenfeldt*

Plaketteneinband wird ein Bucheinband genannt, der bei einfachem Rahmen in der Mitte des Deckels eine erhabene figürliche Darstellung (Kamee) oder ein Medaillon besitzt. Diese Form des Einbandes wurde seit dem Ende des 15. Jh.s in einigen italienischen Städten bei der Herstellung von Büchern verwendet, die v. a. für den Adel und anspruchsvolle Leser bestimmt waren. Die Kameen waren oft vergoldet, in Silber oder mehrfarbig aufgedruckt, trugen manchmal Sprüche und Legenden. Mythologische Szenen, Münzen oder Medaillen mit den Profilen antiker Persönlichkeiten wurden dargestellt. *A. Spotti*

Planbindung, Bezeichnung für eine Heftung durch Metall- oder Plastikspiralen, die durch eine Reihe von gestanzten Löchern oder Schlitzen entlang des Rückens gezogen werden (Spiralbindung, Kammheftung). Die Blätter liegen, wenn der Band aufgeschlagen ist, plan auf. *G. Brinkhus*

Planfilm. Im Unterschied zum ↗ Rollfilm ein Film, bei dem für jede Aufnahme ein eigenes Blatt verwendet wird. Die lichtempfindliche Emulsion ist auf einem flexiblen Träger (meist Zelluloseacetat oder Polyester) aufgebracht. Die üblichen Größen bewegen sich von 6,5 × 9 cm bis 50 × 60 cm und werden in Mittel-und Großformatkameras eingesetzt. Eine Spielart dieser Technik ist die Polaroid-Fotografie. *U. Naumann*

Planieren ist der Fachausdruck für das nachträgliche Leimen bedruckter Bogen durch den Buchbinder. Das P. war bis Mitte des 19. Jh.s notwendig, da die Drucker überwiegend ungeleimte Papiere verwendeten, welche die Druckfarbe besser annahmen. Dieser Arbeitsgang des P.s entfiel erst, als sich die Leimung des Papiers in der Masse durchgesetzt hatte, 1806 erfunden von M. F. Illig (1777–1845). *E.-P. Biesalski*

Planobogen ist ein ungefalzter, flach liegender Papier- oder Druckbogen in beliebigem Format.

Plansprache ist eine nach bestimmten Kriterien konstruierte, international anwendbare Hilfssprache zur Unterstützung der sprachlichen Kommunikation wie Esperanto, Ido, Interlingua oder Volapük. Synonym werden gebraucht Allgemeine Sprache, Einheitssprache, Kunst- oder künstliche Sprache, Universalsprache, (Welt-)Hilfssprache. Erste Bemühungen zu einer P., wenn auch nicht unter dieser Bezeichnung, gibt es seit dem 15. Jh. ↗ Pasigrafie *H. Buske*

Plastbindung, Plastikbindung, Plastik-Effektheftung ↗ Spiralbindung

Plattendruck, Begriff aus dem Hochdruck. Gemeint sind alle denkbaren Platten: Original-Druckformen wie Holzschnitte, Strich- und Rasterätzungen, Elektrogravuren, Letterflexplatten (z. B. Nyloprint), ferner Duplikatdruckformen, wie Stereos und Galvanos. Die meisten dieser Platten kommen als Flach- bzw. Rundplatten (Wickelplatten) zur Anwendung. In der Buchdruckzeit wurde der P. im Gegensatz zum Druck vom Satz gesehen, der meist die bessere Druckqualität versprach. *C. W. Gerhardt*

Platteneinband trägt einen zentralen Dekor, der mit großen, gravierten Platten in den Deckelüberzug gepresst wird. P.bände kamen im 13. Jh. zuerst in den Niederlanden, bis zum 15. Jh. in Frankreich und England auf, in Deutschland am Niederrhein. Die Platten sind mit biblischen, allegorischen, mythologischen, heraldischen und floralen Motiven graviert, nur in Österreich mit Spruchbändern. Ab ca. 1850 wurden Deckenbände mechanisch mit Platten dekoriert. *D. E. Petersen*

Plattenrand. Eine farblose Einpressung rings um das Bild, auch Facette genannt, ist das kennzeichnende Merkmal des Originalabzugs von einer Tiefdruckplatte (Kupfer- oder Stahlstich, Radierung, Schabkunst). Beim Beschneiden des Blattes geht der P. verloren. Auch technische Tiefdruckverfahren (Heliogravüre, Kupfertiefdruck u. a.) weisen oft einen P auf. Bei Reproduktionen wird der P. künstlich eingepresst, um die Ähnlichkeit zu vervollkommnen. *K. Gutzmer*

Plattenspeicher ↗ Magnetspeicher

Plattenspieler ↗ Schallplattenspieler

Plattenstempel ↗ Blindprägung ↗ Vergoldetechnik

Playertypie ↗ Reflexkopierverfahren

Plenar, ein (liturgisches) Buch, das ursprünglich getrennt überlieferte Texte in einem Band zusammenfasst. Im spätmittelalterlichen Sprachgebrauch bezeichnet P. eine nach dem Kirchenjahr geordnete Sammlung der biblischen Lesungen (Perikopen) für den Messgottesdienst der römisch-katholischen Kirche, also im Grunde eine volkssprachliche Fassung des ↗ Lektionar. Gegenüber dem liturgischen Lektionar bringt das P. eine Erweiterung, wenn es eine Auslegung der

Sonntagsevangelien enthält. Die breite handschriftliche Tradition, die im späten 13. Jh. einsetzt, belegt, ebenso wie die zahlreichen gedruckten Ausgaben der Inkunabel- und Frühdruckzeit (1473–1523, über 50 Nachweise) die außerordentliche Beliebtheit dieses Buchtyps. *F. Heinzer*

Plug-in (auch Plugin), aus dem Englischen «einstöpseln», «anschließen»; meint die Software-Erweiterung bzw. das Zusatzmodul für eine bestehende Software. Der Begriff wird teilweise auch als Synonym zu «Add-on» benutzt. P.s gibt es z. B. zur Darstellung und Bearbeitung von Hör- bzw. Musikdateien (Audio-P.) oder Bilddateien (Grafik-P.). Einmal installiert werden sie von der entsprechenden Hauptanwendung während der Laufzeit eingebunden. Da P.s wichtig für die Internetnutzung sind, unterstützen die meisten Webbrowser diese Helfersoftware. P.s können nicht ohne die Hauptanwendung ausgeführt werden. *T. Keiderling*

Plusauflage. ↗ Auflage meint sowohl die auf dem Titelblatt oder im Impressum abgedruckte bibliografische Bezeichnung als auch die Gesamtanzahl aller Vervielfältigungsstü-

Plusauflagen des Verlags Volk und Welt (Berlin/Ost) für Titel aus der Bundesrepublik und der Schweiz

Lizenztitel mit nachgewiesener Plusauflage	Vertraglich vereinbarte Auflage	Gedruckte Auflage
Frank Arnau, Tätern auf der Spur	10.000	15.000
Blatter, Mary Long	10.000	15.000
Dürrenmatt, Stücke	6.000	25.000
Erkundungen, 35 Schweizer Erzähler	8.000	25.000
Erkundungen II, 42 Schweizer Erzähler	8.000	25.000
Frisch, Homo Faber	8.000	15.000
Frisch, Stiller	10.000	17.500
Frisch, Stücke	8.000	12.000
Frisch, Blaubart	8.000	20.000
Diggelmann, Ich und das Dorf	10.000	20.000
Muschg, Der blaue Mann	8.000	16.000
Muschg, Albissers Grund	10.000	15.000
Muschg, Baiyun	6.000	30.000
Vogt, Wiesbadener Kongreß	8.000	12.000
Vogt, Vergessen und Erinnern	6.000	20.000
R. Walser, Romane (2 Bde.)	3.000	15.000
Widmer, Schweizer Geschichten	6.000	20.000
Zollinger, Stille des Wunders (Lyrik)	1.200	2.500

Quelle: S. Lokatis: DDR-Literatur aus der Schweiz (http://www.europa.clio-online.de/essay/id/artikel-3770)

cke (auch ↗ Auflagenhöhe), die der Verleger nach dem Verlagsrecht herstellen darf bzw. die konkret auch hergestellt wurde. Über die festgelegte Auflage hinaus darf der Verleger nur sog. Zuschussexemplare fertigen, die für den Ersatz von beschädigten Vervielfältigungsstücken bzw. Frei- und Rezensionsexemplaren bestimmt sind. Mit P. wiederum ist eine illegale, d. h. strafrechtlich relevante Zusatzproduktion von Vervielfältigungsstücken über die vertraglich vereinbarte Auflagenhöhe hinaus gemeint. Die P. wird oftmals unter Täuschung bzw. bei Nichtwissen der Autoren bzw. anderer Rechteinhaber (z. B. Lizenzgeber) vorgenommen. Ein besonderes Ausmaß nahmen P.en in der DDR ein, die von offiziellen staatlichen bzw. kulturpolitischen Stellen aus Gründen der Devisenbeschaffung bzw. fehlender Devisen so gewollt wurden. Z. B. produzierte der Verlag Volk und Welt (Berlin/Ost) zahlreiche Lizenztitel mit einer entsprechenden P. (siehe Tabelle). Für die 6.000 kontraktierten Exemplare von A. Muschgs (geb. 1934) Roman «Baiyun» erhielt z. B. der Suhrkamp-Verlag/Frankfurt am Main) 7.400 «Verrechnungseinheiten», also D-Mark, obwohl ihm die fünffache Summe zugestanden hätte. In der Schweiz wurde besonders der Diogenes-Verlag mit seinen in der DDR populären Krimiautoren ein Opfer dieser Methode. Von den zahlreichen Chandler-Romanen wurden regelmäßig 50.000 Exemplare gedruckt, aber stets nur 10.000 davon bezahlt. Insgesamt addierten sich die in der DDR durch den P.n-Betrug bis 1990 ersparten Valuta-Beträge für westliche Literatur auf eine Summe von über 20 Mio. D-Mark, die in den 1990er Jahren den betroffenen Westverlagen von der Treuhand zurückgezahlt wurden. Grundlage dieser zentral gesteuerten, das internationale Urheberrecht systematisch unterlaufenden Praxis war die weitgehende Konzentration des Belletristik-Imports auf die zwei Verlage Aufbau sowie Volk und Welt. Somit blieb das Wissen um den im Auftrag der SED-Finanzverwaltung durchgeführten Betrug parteiintern, nur wenige Führungskader waren eingeweiht.

Auch im Schallplattenbereich der DDR waren P.en bei stark nachgefragten Lizenz-Platten üblich. So durfte Amiga von einer Lizenz-Pressung der Kölner Band BAP «Vun drinne noh drusse» nur 10.000 Stück herstellen. Nachdem das Management von BAP misstrauisch geworden war, schickte es einen als Reporter der FDJ-Zeitung «Junge Welt» getarnten Rechercheur durch 35 Plattenläden Ostberlins. Er stellte fest: allein dort wurden 35.000 Stück verkauft, hochgerechnet auf die DDR betrug die Auflage ca. 100.000 Stück. Für Amiga, die auf diese Weise auch Tantiemenzahlungen an die GEMA einsparen wollte, wurden beträchtliche Nachzahlungen fällig. Bei einer Plusauflage für den unterdessen im Westen lebenden DDR-Dissidenten und Musiker S. Diestelmann (1949 – 2007), wurde nach Auffliegen der P. die Auflage eingestampft, weil keine Devisen vorhanden waren.

T. Keiderling / S. Lokatis

PNG (Portable Network Graphics), Bilddateiformat für Rastergrafiken. Es unterstützt eine verlustfreie Bildkompression, eine Farbtiefe von bis zu 16 Bit pro Farbkanal und eigene Transparenzwerte für jeden Pixel (Alphawerte). PNG wurde eingeführt, um das Graphics Interchange Format (GIF) zu ersetzen und wird häufig im Internet eingesetzt, weil es kleine Dateigrößen ermöglicht.

B. Heuwing

PoD ↗ Print on Demand

Podcast, Podcasting, Kofferwort aus «iPod» (tragbares digitales Medienabspielgeräte des Unternehmens Apple, 2001 erstmals vorgestellt), mit dessen Erfolg P.s verknüpft sind und das stellvertretend für tragbare MP3-Player steht, sowie «Broadcasting» – Englisch für Rundfunk. P. bezeichnet das Anbieten abonnierbarer Mediendateien (aufgezeichnete Nachrichten- bzw. thematische Radiosendungen, auch Musikdateien) über das Internet. Heute werden P.s zunehmend über Smartphones genutzt. Dabei besteht ein einzelner P. zumeist aus einer Serie von Medienbeiträgen (Episoden), die über einen Web-Feed (meistens RSS) automatisch bezogen werden können. Alternativ sind P.s auch unter dem markenneutralen Begriff Netcast bekannt. Entgegen der Ausstrahlung von Sendungen und Musik über den Rundfunk kann der Nutzer diejenigen Angebote aussuchen, die ihn persönlich interessieren (↗ Pull-Medium). Zudem kann er den Zeitpunkt der Rezeption selbst bestimmen. Die Bereitstellung eines Videos nennt man ↗ Vodcast. *T. Keiderling*

Poesiealbum, Buch, in das Freunde, Verwandte, Mitschüler, Lehrer und Erzieher ihre Namen, verbunden mit Sinnsprüchen oder einer persönlichen Widmung, einfügen. Nicht selten werden auch Handzeichnungen beigefügt oder Sticker eingeklebt. P.en sind überwiegend bei Mädchen zwischen dem 8. und 14. Lebensjahr in Gebrauch (nur ca. 5 % der gleichaltrigen Jungen besitzen ein P.). Die persönliche Bindung zwischen Empfänger und Eintragendem spielt eine große Rolle. Die Bezeichnung setzte sich seit ca. 1850 durch. ↗ Stammbuch *R. Feldmann*

Point ↗ Typografischer Punkt

Point of Sale (POS). Der POS ist das Zentrum des Marktes, denn dort treffen Angebot des Produzenten/Händlers und Nachfrage des Käufers/Kunden zusammen. Es handelt sich entweder um einen realen, physischen Ort (Geschäft des Einzelhandels) oder einen virtuellen Ort (Internetportal eines Anbieters, wobei die Akteure in diesem Fall entweder in der häuslichen oder beruflichen Umgebung agieren, oder ambulant bzw. mobil handeln können, etwa wenn sie eine Transaktion unterwegs via Smartphone auslösen). Aus Sicht des Verkäufers/Händlers handelt es sich beim POS um den Verkaufsort, aus Sicht des Käufers/Kunden um den Einkaufsort. Werbende Maßnahmen, die Waren- oder Dienstleistungsangebote hin zum POS bringen, bezeichnet man als Push-Marketing. Hierzu zählt z. B., dass Verlagsvertreter in Sortimentsbuchhandlungen vorsprechen, um Waren zu präsentieren und Händlerbestellungen nach gewissen, möglicherweise gesonderten Konditionen (Partien, Staffelpreise) vereinbaren. Werden Kunden z. B. durch Hersteller- oder Händlerwerbung zum POS gelockt, spricht man hingegen von Pull-Marketing. *T. Keiderling*

Pointe sèche ↗ Kaltnadelradierung

Pointillé-Stil. Einbandverzierung, bei der hauptsächlich ein Gerät zur Vergoldung verwendet wird, dessen Zeichnung auf einer gepunkteten Strichführung (im Gegensatz zur üblichen durchgehenden Linie) beruht. Dabei werden punktierte Stempel («fers pointillés») mit großer Feinheit eingesetzt, die gerade und gekrümmte Formen darbieten, u. a. Blumen, stilisierte Blätter, kleine Ringe und doppelte Spiralen. Alle Motive sind kleinformatig. Die Verwendung der punktierten Stempel kam auf Pariser Einbänden etwa 1615 auf und ist bis ca. 1825 auch in Großbritannien, den Niederlanden, Italien und Spanien nachweisbar. Damit wurde der ↗ Fanfares-Stil in Erinnerung gebracht, der charakteristisch ist für den Pariser Einband seit etwa 1560. *P. Culot*

Polyautografie, synonym ↗ Autografie und Autotypografie: die technische Möglichkeit, Künstleroriginale ohne den Eingriff einer fremden Hand auf eine Druckform zu bringen und mit dieser beliebig oft zu vervielfältigen. *C. W. Gerhardt*

Polychromografie, eine selten benutzte Bezeichnung für den mehrfarbigen Flachdruck.

Polyglotte, aus dem Griechischen «mehrsprachig»; war ursprünglich der Name eines vergleichenden Wörterbuchs mehrerer Sprachen, dann wurden auch vielsprachige Inschriften und Texte so bezeichnet. Im engeren Sinne versteht man unter P. eine große kritische Bibelausgabe (P.nbibel) mit hebräischem, griechischem, lateinischem und anderem Text. *S. Corsten*

Polygrafie, aus dem Griechischen «viel», «allgemein», «schreiben». 1. Allgemeine Zeichensprache, die unabhängig von den Volkssprachen eine weltweite Verständigung ermöglichen soll (auch ↗ Pasigrafie, Pasilalie oder Pantografie genannt). Die ersten Ansätze zu einer P. entwickelte im 15. Jh. J. Trithemius (1462–1516) als eine internationale Geheimschrift, «Polygraphiae libri VI» 1518. Diese Versuche wurden u. a. von F. Bacon (1561–1626) 1623 und R. Descartes (1596–1650) 1629 aufgegriffen und von G. W. Leibniz (1646–1716) 1666 weiterentwickelt. Im 18. Jh. befassten sich zahlreiche Autoren mit der Schaffung derartiger Schriftsysteme, u. a. F. Grotefend (1775–1853) 1799. Im 19. Jh. wurde die P. in zwei Richtungen weiterentwickelt. Zum einen gab es Versuche, eine Welthilfssprache zu schaffen, zunächst das Solresol durch F. Sudre (1787–1862) 1866 posthum veröffentlicht, sodann das Volapük durch J. M. Schleyer (1831–1912) um 1880 und schließlich das Esperanto durch L. L. Zamenhof (1859–1917) 1887. Daneben griffen Mathematiker die Leibnizsche Intention einer universellen Formelsprache wieder auf und schufen eine sprachunabhängige Begriffsschrift im Bereich der Mathematik und der mathematischen Logik, z. B. G. Frege (1848–1925) 1879 und B. Russell (1872–1970) und A. N. Whitehead (1861–1947), beide letztgenannte 1910–1913. Auch im 20. Jh. ging das Bemühen um eine Universalsprache weiter, wesentlich getragen von der International Auxiliary Language Association (IALA), die 1924 von A. Morris (1874–1950) in den USA gegründet wurde.

2. Im 18. und 19. Jh. wurde P. synonym zu dem Begriff «Vielschreiberei» verwendet, oft in einem abwertenden Sinn.

3. Seit der Mitte des 20. Jh.s wurde, ausgehend von einer Sprachregelung in der DDR und weitgehend in der adjektivischen Form als «polygrafische Industrie», der Begriff als zusammenfassende Bezeichnung für denjenigen Industriezweig benutzt, der sich mit der Herstellung von Druckprodukten aller Art einschließlich ihrer buchbinderischen Verarbeitung befasst. ↗ Grafisches Gewerbe
T. Keiderling/G. Pflug

Polyptychon ↗ Diptychon

Polytypen sind Typen, die jeweils ein ganzes Wort enthalten. Auch eventuelle Gravierungen für Überschriften, Kopfzeilen oder Schriftzeilen. Beim Fotosatz spricht man von Logotypen. *F. Lühmann*

Pontificale, liturgisches Buch der katholischen Kirche mit den Gebetstexten und Rubriken für die dem Bischof vorbehaltenen Handlungen außerhalb der Messfeier (Weihen, Segnungen, Sakramentenspendungen). Das P. ist Ergebnis eines längeren Entstehungsprozesses. Erste Ansätze finden sich in Form von nicht-eucharistischen Anhängen in ↗ Sakramentaren des 8. Jh.s. Aus der Verbindung dieser Gebete mit den Rubriken der Ordines entsteht der neue Buchtypus P., der als Frucht der karolingischen Liturgiereform anzusehen ist. *F. Heinzer*

Populärliteratur. Der Begriff versucht, die literarisch-wissenschaftlich vorrangig beachteten, im Anspruch «hohen» von den mengenmäßig stärkeren und einflussreicheren, vermeintlich «niederen» Lektüren (Kiosklitatur, Marktliteratur) analytisch zu trennen und dabei Wertungen (Kolportage-, Schmutz und Schund-, Trivialliteratur etc.) zu meiden. «Populär» deutet auf hohe Auflagen und breite Akzeptanz einzelner Textsorten in der Bevölkerung; «Literatur» umfasst im weiten Sinn, unter Verzicht auf ästhetische Kriterien, vervielfältigte Texte zumeist erzählenden Inhalts, u. a. Flugblätter und -schriften, illustrierte Zeitungen und Zeitschriften, Heftromane, Kalender, Abenteuerserien, religiöse Traktate, Plakate; auch Bilder (mit nicht-alphabetischem Zeichensystem) können zur L. gerechnet werden. Deren Botschaften entsprechen den Bedürfnissen einer Mehrheit von Lesern und erfüllen wichtige Funktionen (Erfahrungserweiterung, Evasion, Identifikation, Konsolation, Lebensbewältigung, Solidarisierung mit fiktiven Vorbildern). *R. Schenda*

Populärwissenschaftliche Literatur. Die Bezeichnung charakterisiert diese Literaturform in doppelter Weise: zum einen durch ihre Zielgruppe als Laien, zum anderen durch die Art ihrer Darstellung als einer Vereinfachung komplexer Zusammenhänge, so dass sie ohne spezielle Kenntnisse trotz des grundlegend wissenschaftlichen Gegenstandes bzw. Anspruchs verstanden werden kann. Gegenüber der wissenschaftlichen Literatur selbst ist die Darstellung weniger systematisch und i. d. R. ohne Fußnoten und bibliografischen Anhang. Die p. L. entstand während der Aufklärung. In Deutschland wurde sie wesentlich von der im 18. Jh. verbreiteten Almanach-Literatur getragen, die entsprechende Kenntnisse in allen Wissensgebieten verbreiten wollte. Adressat dieser Literatur ist nach M. Hißmann (1752–1784)

1778 die bürgerliche Welt und insbesondere das lesende weibliche Publikum während der ersten ↗ Leserevolution. 1805 veröffentlichte J. Ch. Greiling eine «Theorie der Popularität» (1765–1840), die sich für eine p. L. aussprach. Neue Impulse erhielt die p. L. in der zweiten Leserevolution nach 1850, als neben dem Bürger auch der Arbeiter als Leser entdeckt wurde. Hier waren es u. a. Zeitschriften mit spezielleren Themen, z. B. die «Populäre Bauzeitung» (1845–1856) oder die «Populäre homöopathische Zeitung» (1855–1872). V. a. H. G. Wells (1866–1946) schuf mit seinen utopisch-naturwissenschaftlichen Romanen die Gattung ↗ Science Fiction (als erstes «The Time Machine» 1895). In Deutschland brachte der historische Roman (W. Hauff 1802–1827; F. Dahn 1834–1912) einen gewissen belehrenden Aspekt in die Unterhaltungslektüre ein. Auch die Errichtung von Arbeiterbildungsvereinen und Arbeiterbibliotheken förderte diese Tendenz. Die eigentliche p. L. fand im 20. Jh. kaum noch eine Fortsetzung. Sie wurde seit den 1920er Jahren durch eine neue Gattung, dem ↗ Sachbuch abgelöst. *G. Pflug*

Pop-up, aus dem Englischen «aufplatzen»; ist ein Element einer grafischen Benutzeroberfläche. P.s sind ↗ Rich media, die zusätzliche Inhalte – oft mit animierten Bildern und Sounds angereichert – anzeigen, werbend wirken und zur Interaktion herausfordern. Typischerweise springen Pop-ups auf und überdecken dabei Teile der gerade genutzten Internetseite. ↗ Interstitial ↗ Superstitial *T. Keiderling*

Pop-up-Blocker ist eine Funktion, die ein unerwünschtes Öffnen von zusätzlichen Browser-Fenstern, den sog. Pop-ups (Fenster mit zumeist werbendem Inhalt, die automatisch und ohne Zustimmung des Nutzers angezeigt werden), unterbindet. Die Funktion ist in Webbrowsern i. d. R. enthalten, kann jedoch auch als ↗ Plug-in-Erweiterung oder direkt auf einem Proxyserver installiert werden. Dabei werden durch Analyse des JavaScript-Codes, der für das Öffnen von neuen Browser-Fenstern notwendig ist, diejenigen Codes festgestellt, die ein Pop-up unabhängig von einer Benutzereingabe (Mausklick) öffnen. Dieser Code wird dann nicht ausgeführt bzw. (bei Verwendung eines Proxyservers) entfernt, bevor er zum Browser weitergeleitet wird.

Pop-up-Buch (dreidimensional). Die erste Blütezeit der Spiel- und Verwandlungsbücher, damals auch Harlequinaden genannt, lag zwischen 1750 und 1800. Von Großbritannien kommend fanden sie in Europa und in den USA weite Verbreitung. In Deutschland wurde L. Meggendorfer (1847–1925) mit einer Vielzahl von Aufklapp-, Dreh- und Ziehbilderbüchern zum einzigartigen Papier-Ingenieur. Auch heute ist die dreidimensionale Gattung international v. a. bei Kinderbüchern beliebt. *L. Betten*

Popzeitschrift ↗ Fanzeitschrift

Pornografie, aus dem Griechischen «Dirne», «schreiben»; ursprüngliche Bezeichnung für Texte und Abbildungen, die auf das Leben und die Tätigkeit der Dirnen Bezug nahmen. Es handelt sich um die direkte Darstellung der menschlichen Sexualität oder des Sexualakts, i. d. R. mit dem Ziel, den Betrachter sexuell zu erregen. Dabei werden die in einer Gesellschaft jeweils mehr oder weniger festgelegten Grenzen sexuellen Anstands überschritten, wobei es auch fließende Übergänge zu erlaubten Darstellungsformen der P. gibt. Zumeist handelt es sich um die Medienformen Bild, Film/Video. In Deutschland ist der Vertrieb bzw. das Zugänglichmachen p.ischer Darstellungen an Jugendliche unter 18 Jahren strafbar (§§ 176 (4) 3, 184 StGB). ↗ Erotische Literatur

Portable (Computer-)Anwendung (auch Standalone-Software oder USB-Stick-Ware) ist Software, die ohne weitere Anpassungen oder Einrichtung (Installation) auf verschiedenen Computern läuft. Sie kann z. B. auf einen Wechseldatenträger übertragen (oder kopiert) und von dort aus auf jedem (kompatiblen) Rechner ausgeführt werden, ohne sie auf diesem zu installieren. Anwendungsbeispiele sind USB-Stick, mobile Festplatte oder MP3/MP4-Player.

Portable Document Format ↗ PDF

Portable Network Graphics ↗ PNG

Portal, aus dem Lateinischen «Pforte»; bezeichnet in der Informatik eine Anwendung (Applikation), die einen zentralen Zugriff auf personalisierte Inhalte sowie bedarfsgerecht auf Prozesse und Dienste ermöglicht. Es koordiniert die Suche und Präsentation von Informationen und soll Sicherheit gewährleisten. Im allgemeinen Sprachgebrauch wird darunter der Spezialfall Webportal verstanden, der die Web-Anwendungen beschreibt, welche die Internetdienstanbieter, Webverzeichnisse, Webbrowser-Hersteller und Suchmaschinenbetreiber seit den 1990er Jahren als Einstiegsseiten für die Benutzer des World Wide Webs anbieten.

Portfolio. 1. P. dient zur Bezeichnung einer Mappe für Zeichnungen oder Grafiken eines Künstlers. Seit der zweiten Hälfte des 20. Jh.s werden besonders Sammlungen von Fotografien als P. bezeichnet. 2. Seit den 1830er Jahren wird P. auch für eine Sammlung diplomatischer Schriftstücke verwendet. 3. 1952 nannte der US-amerikanische Wirtschaftswissenschaftler H. M. Warkowitz (geb. 1927) seine Theorie zur Optimierung von Kapitalanlagen P.-Theorie und beeinflusste fortan den Wortgebrauch nachhaltig. Hierbei geht es um Risikoeinschätzungen zur optimalen Anlage von Wertpapieren. Darauf fußend wurde um 1970 die sog. Boston-Matrix (auch BCG-Matrix) zur Einteilung eigener Produktion bzw. Dienstleistungsangebote nach definierten P.s der Geschäftsfelder entwickelt. Sie ist nach der Boston Consulting Group (BCG) benannt und stellt einen engen Zusammenhang zwischen dem Produktlebenszyklus und der Kostenerfahrungskurve her. Demnach sollte z. B. ein Verleger seine Titelproduktion kritisch differenzieren in a) Fragezeichen («Question Marks»), Nachwuchs- und Risikotitel für den möglichen Zukunftsmarkt. Ihr Ergebnis ist im Vorfeld schwer einzuschätzen, das Management muss entscheiden, ob es weiter investieren oder das Produkt aufgeben soll; b) Sterne («Stars»), Bestseller mit einem rasanten positiven Starterergebnis, der Verkauf sinkt jedoch bald ab; c) Milchkühe («Milk Cows»), Long- bzw. Steadyseller. Sie produzieren ein geringeres Ergebnis als b), dafür eine stetige Nachfrage; schließlich d) Arme Hunde («Poor Dogs») oder Auslaufprodukte. Sie haben ein geringes Marktwachstum. Sobald der Deckungsbeitrag negativ ist, sollte das P. bereinigt werden. Über eine ↗ Mischkalkulation ließen sich nicht oder minder rentierliche Titel (a, d) durch rentierliche Titel (b, c) querfinanzieren. Insgesamt sollte dies in einem ausgewogenen Verhältnis stehen und die jeweiligen Deckungsbeiträge fortlaufend überprüft werden (↗ Deckungsbeitragsrechnung). *T. Keiderling/G. Pflug*

Porto, Gebühr für die Beförderung von Briefen, Paketen usw. durch die Post. P. begünstigte Sendungen des Buchhandels sind u. a. Büchersendungen. Der Warenverkehr zwischen Verlagen bzw. deren Auslieferungen und dem Buchhandel erfolgt nur in Ausnahmefällen durch die Post, im Allgemeinen jedoch durch den Büchersammelverkehr o. ä. Insofern stellen die dabei anfallenden Warenbezugskosten kein P. in eigentlichem Sinne dar. Nach dem Handelsbrauch zwischen Buchhandelsfirmen zahlt der Empfänger das P. und bestimmt deshalb auch die Transportwege. Bei Lieferungen an Endkunden verzichtet das Handelsunternehmen oftmals (beim Onlinebuchhandel i. d. R. generell; bei Direktlieferungen vom Verlag ggf. ab einer bestimmten Kaufsumme) auf ein P. *T. Bez*

Porträt (journalistische Darstellungsform), «plastisches» Darstellen bzw. Vorstellen einer Person, indem charakteristische Merkmale, Lebensstationen, persönliche Aussagen und Zitate genannt werden (hier Analogie zur Malerei: P. als Brustbild). Es kann sich um eine Momentaufnahme handeln oder um die verkürzte Darstellung einer Biografie, auch aus Anlass eines Jubiläums oder Nachrufes. Oft werden Fotos, Video- und Interview-Sequenzen mit dem P.ierten gezeigt; seltener Reflexionen, etwa durch Darstellen des inneren Monologs. Es wird unterschieden in eher personen- und eher sachbezogene P.s. Erstere zielen auf bekannte Persönlichkeiten ab, während letztere Tätigkeiten dieser Personen für Institution oder konkrete Arbeits- und Aufgabenbereiche in den Mittelpunkt stellen.
T. Keiderling

Positiv-Kopierverfahren, Verfahren zur Herstellung von Druckformen für den ↗ Offsetdruck unter Verwendung von vorbeschichteten, etwa 0,3–0,5 mm starken, eloxierten Aluminiumplatten. Die Belichtung der Platte erfolgt unter einem Positiv. Druckende Teile sind beim P.-K. die bei der Kopie nicht belichteten Schichtpartien der Platte. Von der seitenverkehrten Positivvorlage bekommt man für den Offsetdruck eine seitenrichtige, positive Druckplatte. *W. Walenski*

Positiv-Retusche ↗ Retusche

Post mortem auctoris ↗ Editio posthuma

Postbezug. Gemäß der deutschen Postzeitungsordnung (PostZtgO) von 1981 konnten Zeitungen und Zeitschriften nicht nur über den Sortimentsbuchhandel oder direkt beim Verlag, sondern auch durch die Post bezogen werden, die durch die Entgegennahme von Abonnementsbestellungen auch den Gebühreneinzug übernahm. Vertrieb und Inkasso wurden von den Verlagen entgolten. Da die Post das Monopol für ihre Dienstleistungen besaß, konnten private Vertriebsorganisationen für Periodika zunächst nicht aufgebaut werden (↗ Presse-Grosso). Heute beschränkt sich die Deutsche Post lediglich auf das Zustellen der von den Verlagen mit Vertriebskennzeichen und Abonnentenadresse versehenen Abonnementsstücke (Postvertriebsstücke für Zeitungen und Zeitschriften). Historisch interessant ist das ↗ Fünf-Kilo-Paket der Deutschen Post. *H. Bohrmann*

Poster, englischer Ausdruck für ein Plakat mit einem großformatig gedruckten Bild, oft rahmenlos. Im Deutschen wurde das Wort P. erstmals 1935 in einem Artikel der «Kölnischen Illustrierten Zeitung» erwähnt. Es handelte sich jedoch um die englische Bezeichnung für Plakat. Der Begriff, wie wir ihn heute kennen, kam im Gefolge der Pop- und Op-Art in den 1960er Jahren in die deutsche Sprache, als es v. a. bei Jugendlichen beliebt war, Bildwiedergaben von Musikern, Politikern (u. a. Che Guevara, 1928–1967), Kunstwerken, Porträts, Tieren, Landschaften u. a. m. als Wandschmuck zu verwenden.

Postfaktisch (postfaktische Politik, postfaktisches Zeitalter) sinngemäß «nach dem Zeitalter des Faktischen»; ist ein Schlagwort, das 2016 international im Zuge der Medienberichterstattung über das Brexit-Referendum in Großbritannien und den US-Präsidentschafts-Wahlkampfes popularisiert wurde. P. bedeutet, Politik und im engeren Sinne politischer Wahlkampf würde nicht (mehr) aufgrund von realen Fakten geführt, sondern aufgrund von gezielt verbreiteten Fehlinformationen (Fake News) und anhand von Aussagen mit emotionalen Effekten sowie einer Meinungsbildung, die sich an den Interessen und der perspektivischen Wahrnehmung von bestimmten Interessengruppen orientiert. Somit steht das p.e politische Denken und Handeln im Gegensatz zum Kommunikationsideal der Aufklärung, das nach J. Habermas (geb. 1929) Fakten für einen sachlich geführten und ethischen Ansprüchen genügenden Diskurs für unabdingbar erachtet (↗ Kommunikatives Handeln). In einem sog. p.en Meinungsstreit werden belegbare Tatsachen abgestritten, von ihnen abgelenkt oder ihr Sachgehalt anders dargestellt, um die Öffentlichkeit zu täuschen und die Diskussion in eine bestimmte Richtung zu lenken. Das bezeichnete Phänomen ist an sich weder neu, noch typisch für die Gegenwart, sondern bereits in früheren Zeiträumen fester Bestandteil der Politik nicht nur in Diktaturen, sondern auch Demokratien gewesen. Schon seit den 1920er Jahren widmen sich kommunikationswissenschaftliche Arbeiten mit dem Phänomen des Lügens in der Politik, u. a. in der Propagandaforschung von H. Lasswell (1902–1978) 1927 und P. F. Lazarsfeld (1901–1976, ↗ Two-Step-Flow-Modell). Neu ist allerdings, dass durch Social Media (Pull-Medien) wie Twitter, Facebook und Google Informationen von politischen Akteuren gezielt in Umlauf gebracht werden, ohne a) dass es nötig ist, die früher vermittelnden und z. T. kritisch agierenden Massenmedien mit ihrer Torwächterfunktion einzuschalten (↗ Gatekeeper) und b) ohne mit größeren Konsequenzen im Falle eines Auffliegens von Falschmeldungen rechnen zu müssen. Fake News können sich somit schnell im Internet verbreiten und zur Meinungsbildung beitragen und das auch dann, wenn sie sich bald als haltlos herausstellen und dementiert werden. Dadurch entstehen eine veränderte Wahrnehmung der politischen Realität und ein Verlust an Glaubwürdigkeit der medialen Berichterstattung. Beispiele für eine p.e Politik gibt es u. a. in der politischen Praxis rechtspopulistischer Parteien zahlreicher europäischer Staaten, bei Regierungsvertretern und -parteien unterschiedlicher Staaten (Demokratien: u. a. USA, autoritäre Systeme: Russland, Türkei oder Diktaturen: Nordkorea). Die Themen der p.en Politik sind vielfältig und betreffen fast alle Bereiche, besonders populär sind derzeit unwahre Äußerungen zu kriegerischen Auseinandersetzungen, zur Asyl- und Flüchtlingsproblematik oder das Leugnen des Klimawandels. Die Redaktion des «Oxford English Dictionarys» wählte «post-truth» im November 2016 zum internationalen Wort des Jahres. Eine deutsche Jury aus Sprachwissenschaftlern und Journalisten (Darmstadt) zog nach und kürte 2017 «alternative Fakten» zum «Unwort des Jahres».

T. Keiderling

Posthume Ausgabe ↗ Editio posthuma

Postillen, Auslegungen der Perikopen der Evangelien und Episteln, benannt nach der Einleitungsformel «Post illa» (verba textus), verwendet für zwei Formen der Schriftauslegung: 1. in Form eines Kommentars einzelner Abschnitte oder als Erklärung ganzer biblischer Bücher; 2. in homiletischer Form, daher oft gleichbedeutend mit Homilie, sofern diese nur die Auslegung eines Bibeltextes beinhaltet, als Einzelpredigten oder im Jahreszyklus. Seit dem Mittelalter bedeuten P., v. a. im protestantischen Bereich, jede Sammlung von Jahrespredigten (auch thematische Predigten). *W. Neuhauser*

Postinkunabel, Bezeichnung für einen Druck, der im unmittelbaren Anschluss an die Inkunabelzeit (endet aus wissenschaftlicher Sicht am 31.12.1500; ↗ Inkunabel) gedruckt wurde. Die P.-Zeit endet ca. 1520–1550. Wie beim Begriff Frühdruck/Inkunabel gibt es hier jedoch keinen Konsens in der Forschung über den genauen Zeitraum.

Posting, einzelner Beitrag auf einer Plattform der ↗ Social Media, in einem Webforum oder einem Blog. Eine Folge von P.s, die sich aufeinander beziehen und in Form von Diskussionsbeiträgen hierarchisch organisiert sind, werden als Thread bezeichnet. Ursprünglich wurde eine Mitteilung innerhalb einer Newsgroup im Usenet als P. bezeichnet.

Postmonopol. Die Übermittlung von Informationen durch Briefe und andere Sendungsarten gehörte in Deutschland als «Postregal» zu den Herrschaftsrechten des Kaisers, der sie 1595 erstmalig gegen Zahlung entsprechender jährlicher Ablösesummen an die Fürsten Thurn und Taxis (Regensburg) vergab. Diese betrieben die Reichspost bis zur Auflösung des Heiligen Römischen Reiches Deutscher Nation 1806. Danach wurde das P. in den deutschen Einzelstaaten ausgeübt, die z. T. auf vertraglicher Basis zusammenwirkten. Durch den Zusammenschluss im Kaiserreich 1871 entstand die Deutsche Reichspost, die wiederum als staatlicher Monopolbetrieb Postdienste anbot. Das galt auch für die in jenen Jahrzehnten entwickelten Telegrafen und das Telefonnetz. Der deutschen Post oblag auch Einrichtung und Betrieb der Hörfunk- und Fernsehdienste, wobei die Rundfunkanstalten in der Weimarer Zeit privatwirtschaftlich unter staatlicher Aufsicht betrieben wurden. Ab 1932 ging der Aktienbesitz der Anstalten wiederum auf den Staat über. Seit dem Ende des Zweiten Weltkriegs hat der deutsche Bundespostminister nur noch technische Kompetenzen, die Rundfunk- und Fernsehfrequenzen betreffen. Die Deutsche Post AG mit Sitz in Bonn tritt seit 2015 unter dem Namen Deutsche Post DHL Group in der Öffentlichkeit auf. Das Unternehmen entstand 1995 durch Privatisierung der früheren Behörde Deutsche Bundespost und ist seit 2000 Bestandteil des deutschen Leitindexes DAX an der Frankfurter Börse. In Bezug auf die Postdienstleistungen wurde seit 1998 auf Grundlage des Postgesetzes (PostG) dereguliert, was auf die Zulassung von konkurrierenden privaten Paketdiensten mit deutlichen Marktanteilen wie Hermes (gegr. 1973), DPD (Dynamic Parcel Distribution, 1976), GLS (General Logistics Systems, 1989) oder UPS (United Parcel Service, 1907) hinauslief. *H. Bohrmann/T. Keiderling*

Postprint. 1. Begriff aus der Druckweiterverarbeitung (Postpress): Buchbinderische Weiterverarbeitung. (2) Begriff aus dem ↗ Open Access, der bereits begutachtete und/oder vorher kostenpflichtig veröffentlichte Publikationen umschreibt, die nun Open Access publiziert werden. Im Gegensatz zu Preprints entsprechen damit P.s inhaltlich vollständig oder fast vollständig dem veröffentlichten Original, allerdings können Formatierung, Layout und Schreibweisen von der Verlagsversion abweichen. *V. Petras*

PostScript ist eine in den 1980er Jahren von der Firma ADOBE (USA) entwickelte Seitenbeschreibungssprache, die es ermöglicht, von elektronisch gespeicherten Texten ein komplettes Druckbild mit unterschiedlichen Typografien und Grafiken, d. i. Vektorgrafiken, zu generieren und über Drucker auszugeben. Mittlerweile ist es durch das Format ↗ PDF weitgehend ersetzt worden.

Postskriptum ↗ Skriptum

Postume Ausgabe ↗ Editio posthuma

Präambel, aus dem Lateinischen «vor», «gehen»; (feierliche) Vorrede bzw. Einleitung bei (Staats-)Verträgen und (Verfassungs-)Urkunden. Sie sind dem eigentlichen Text vorangestellt und enthalten Hinweise auf Motive und Ziele und den historischen Hintergrund des Vertrags- bzw. des Gesetzeswerks. Die deutsche Form P. ist bereits im 15. Jh. bezeugt. *H. Kieser*

Prachtausgabe, besonders reich ausgestattete Ausgabe (meist in Quart oder Folio). P.n gelten meist den Klassikern der Literatur und sind typisch für den Buchgeschmack des Bildungsbürgertums nach 1850. Sie enthalten im Gegensatz zu Luxusausgaben i. d. R. keine originalgrafischen Illustrationen, sondern sind im Klischeedruck meist auf Maschinenpapier produziert. Die Einbände sind oft reich vergoldet oder metall- und farbfoliengeprägt, sowohl auf Leinen als auch Lederimitaten (z. B. Percaline) oder Echtleder. P. sind typisch für eine Prätention des «Als-ob» – aus heutiger Sicht oft vulgär. Ihr antiquarischer Wert ist heute meist gering. ↗ Liebhaberausgabe *W. D. v. Lucius*

Prachteinband, besonders aufwendig ausgestatteter Bucheinband des Mittelalters und der frühen Neuzeit. Im P., der aus den kostbarsten Materialien und in aufwendigster Technik gefertigt wurde, spiegelte sich die Wertschätzung und Verehrung für die damit eingebundenen Bücher wieder, die überwiegend religiösen Inhalts waren. Goldschmiede- und Emailarbeiten, Elfenbeinschnitzereien, Perlen- und Edelsteinbesatz, aber auch Lederintarsien oder Miniaturmalereien schmückten die Holzdeckel dieser in jeder Hinsicht prachtvollen Einbände. Die im Auftrag der Kirche bzw. des Adels gefertigten P.bände überstiegen das fachliche Können der Buchbinder bei Weitem, so dass neben diesen eine Vielzahl weiterer Handwerker bei der Herstellung beteiligt waren. *E.-P. Biesalski*

Prägedruckverfahren unterscheiden sich von anderen Druckverfahren dadurch, dass mit der Farbübertragung der Bedruckstoff verformt wird (↗ Prägen): ein simultaner Vorgang durch das Zusammenwirken der Druckform (Prägeplatte) als Matrize mit der Gegendruckform als Patrize, wobei sich der Bedruckstoff zwischen beiden befindet. Anwendung findet das P. in der Buchdeckenherstellung sowie außerhalb des Buchbereichs in der Verpackungsherstellung und Werbung. Zu den P. zählt man den Flächen-, Linien-, Trocken-Prägedruck sowie die Farblos- und Tiefprägung. Ältestes P. ist seit dem ausgehenden 17. Jh. der Trocken-, seit Ende des 18. Jh.s der Flächen- und seit 1850 der Linien-Prägedruck. *C. W. Gerhardt*

Prägefolie nennt man das Produkt, welches die Farbgebung beim ↗ Trocken-Prägedruck(verfahren) und bei den Vergoldetechniken bewirkt. Auf einem Trägerfilm befindet sich ein Schichtenverbund, der beim Druckvorgang durch Anpressdruck und Wärme (100–170 °C), dem Druckbild folgend, vom Trägerfilm gelöst (Trennschicht) und auf den Bedruckstoff übertragen wird (Haftschicht). Der Glanz für Hochglanz- und

Metallicfolien wird durch Aufdampfen von Rein-Aluminium im Hochvakuum auf die farbbestimmende Schicht erzeugt. Die ältesten Folien für den Prägedruck wurden 1894 für Farbfolien und 1903 für Bronzefolien patentiert, beide für E. Oeser, Berlin (Oeserfolie). In der Buchproduktion setzt man P. ebenso für die Bucheinbandproduktion ein wie seit Jh.en Blattgold und Blattmetall. Anwendungsgebiete sind – in Verbindung mit dem Trocken-Prägedruck – Verpackung und Werbung. *C.W. Gerhardt*

Prägen. 1. Durch P. werden Text oder Bild oder beides aus dem Bedruckstoff, der sich zwischen einer seitenverkehrt und vertieft gearbeiteten Prägeplatte (= Matrize) und einer als Gegendruckform ausgearbeiteten Patrize befindet, konturenscharf herausgehoben. Dabei entstehen rückseitig Vertiefungen. Beim Pressen sind Patrize und Matrize umgekehrt gearbeitet. P. ist sowohl farblos möglich (Blindprägung) als auch mit gleichzeitiger Farbgebung. Dann bezeichnet man dieses Verfahren ↗ Prägedruckverfahren. 2. In der Stereotypie bezeichnet man mit P. das Abformen der Druckform zu einer Mater. 3. Für die Galvanoplastik formt man ein Original durch P. in Wachs, Blei oder Kunststoff; die Abformung wird dann galvanisiert. 4. In älterer Literatur wird nicht genau zwischen P. und Pressen unterschieden. In der modernen Trocken-Prägedrucktechnik wird immer von P. gesprochen, auch, wenn ein Druckvorgang gemeint ist (↗ Druckersprache). *C.W. Gerhardt*

Prägepapier ist eine ältere Bezeichnung für ↗ Brokatpapier.

Pragmatik ↗ Semiotik

Pränumeration heißt Vorausbezahlung. Im Zeitschriftenhandel des 18. Jh.s verstand man unter P. eine Form der Werbung, durch die der Herausgeber oder Unternehmer einer neuen Zeitschrift die Möglichkeit einer Beihilfe zur Bestreitung der ersten Druckkosten und eine Unterlage für den voraussichtlichen Absatz erhielt. Freunde und Vertrauensleute des Herausgebers, sog. Colligenten, warben für das neue Unternehmen in verschiedenen Städten «Praenumeranten», die den Vorteil einer Preisermäßigung gegenüber dem späteren Buchhandelspreis hatten (↗ Subskription). Durch Bekanntmachung der Pränumerantenliste, besonders, wenn sie Namen bekannter und hochgestellter Persönlichkeiten aufwies, suchte man weitere Interessenten für das neue Unternehmen zu gewinnen.

Präsenzbibliothek, Bibliothek, die i. d. R. ihre Bestände nicht außer Haus verleiht, sondern nur in den eigenen Räumen benutzbar macht (im Gegensatz zur Ausleihbibliothek). Ausleihen sind ggf. nur über Nacht oder über das Wochenende möglich (Kurzausleihe), wobei bestimmte Medien (z. B. wertvolle Medien) auch hiervon gänzlich ausgeschlossen sind. Zu den P.en gehören oft wissenschaftlichen Spezialbibliotheken sowie Archivbibliotheken. Die Vorteile von P.en liegen in der ständigen Verfügbarkeit der Bestände und im Bestandsschutz; die Nachteile in der zeitlichen und räumlichen Limitierung der Benutzung. *S. Alker-Windbichler*

Präventivzensur (auch Prohibitiv- oder Vorzensur) stellt eine Form der ↗ Zensur dar, mit deren Hilfe staatliche, parteiliche oder kirchliche Instanzen Medien vor ihrer Veröffentlichung prüfen, um bei Verstößen gegen die Zensurbestimmungen Verbreitungsverbote zu verhängen. Die Medien können z. B. beschlagnahmt oder vernichtet werden. ↗ Druckgenehmigungsverfahren

Preisabstandsklausel, häufig angewendete Absprache in Lizenzverträgen, die dem Schutz des Lizenznehmers gegen Preiswettbewerb durch den Lizenzgeber dienen soll. Nach der Entscheidung des deutschen Bundesgerichtshofs (BGH) vom 25.06.1985 ist die P. zwar kartellwidrig, im Ergebnis aber als Konkretisierung einer ohnehin gegebenen vertraglichen Treuepflicht des Lizenzpartners anzusehen, dem eine angemessene Ausnutzung der Lizenz ermöglicht werden muss. Auch ohne ausdrückliche Regelung bestehe z. B. beim Taschenbuchlizenzvertrag eine immanente Preisabstandspflicht, wobei eine Parallelausgabe nicht den zweieinhalbfachen Ladenpreis der Taschenbuchausgabe unterschreiten dürfe. *L. Delp*

Preisaufhebung. Verlage können im Falle zu geringen Absatzes den festen Ladenpreis (↗ Ladenpreisbindung) für ein Buch aufheben und über den Buchhandel oder darauf spezialisierte Vertriebsfirmen «verramschen» (↗ Modernes Antiquariat). Dies darf allerdings nicht vor Ablauf eines gesetzlich vorgeschriebenen Zeitraums geschehen: Nach § 8 Abs. 1 des Buchpreisbindungsgesetzes (BuchPrG) kann die Preisbindung für eine Buchausgabe erst aufgehoben werden, wenn deren erstes Erscheinen länger als 18 Monate zurückliegt. Für unveränderte Neuauflagen oder Nachdrucke gilt diese Frist nicht erneut, jedoch für veränderte Neuauflagen oder äußerlich veränderte (Buch)ausgaben. In bestimmten Ausnahmefällen, z. B. bei Titeln mit einem sehr kurzen Produktlebenszyklus wie Kalendern oder Ereignisbüchern (u. a. sportliche und politische Events), kann die Preisbindung vor Ablauf der Mindestfrist beendet werden. P.en müssen der Branche zwingend angezeigt werden. Im Regelfall geschieht dies über das Verzeichnis Lieferbarer Bücher mit einer Vorlauffrist von 14 Tagen. Ebenfalls unverändert bleibt das Remissionsrecht des Buchhandels bei P.en und -herabsetzungen. Danach muss der Verlag innerhalb der letzten 12 Monate vom Buchhändler bezogene Exemplare zurücknehmen, wenn der Anspruch innerhalb von sechs Wochen ab Bekanntgabe der Preisänderung geltend gemacht wird (§ 3 Abs. 6 Verkehrsordnung für den Buchhandel). Verlage, die nach erfolgter P. weiter Bruttopreise angeben möchten, müssen diese zwingend als «unverbindlich» kennzeichnen. Alternativ kann der Verlag ganz auf die Angabe von Bruttopreisen verzichten. *T. Keiderling*

Preisbildung im Antiquariat ↗ Antiquariatsbuchhandel

Preisbildung im Buchhandel ↗ Buchpreis

Preisbindung ↗ Ladenpreisbindung

Preisbindungsgesetz, eigentlich Gesetz über die Preisbindung für Bücher (Buchpreisbindungsgesetz – BuchPrG), von 2002 aktuell in der Fassung von 2016. Es löste ein vorheriges privatrechtliches Vertragswerk (↗ Sammelrevers) zur Preisbindung ab. Zweck des Gesetzes (nach § 1) ist es, dem Schutz des Kulturgutes Buch (und weiterer ↗ Gegenstände des Buchhandels) zu dienen. Die Dauer der Preisbindung beträgt nach § 8 BuchPrG mindestens 18 Monate, ausgenommen sind u. a. Waren mit einem sehr kurzen Produktlebenszyklus (u. a. Kalender) und Buchimporte aus Staaten ohne Ladenpreisbindung. Das P. dient dem Erhalt eines breiten Buchangebots und dichten Netzes an Sortimentsbuchhändlern bzw. weiteren Verkaufsstellen (weitere Pro- und Contra-Argumente siehe ↗ Ladenpreisbindung). Verleger oder Importeure können folgende Endpreise festsetzen: 1. Serienpreise, 2. Mengenpreise, 3. Subskriptionspreise, 4. Sonderpreise für Institutionen, die bei der Herausgabe einzelner bestimmter Verlagswerke vertraglich in einer für das Zustandekommen des Werks ausschlaggebenden Weise mitgewirkt haben, 5. Sonderpreise für Abonnenten einer Zeitschrift beim Bezug eines Buches, das die Redaktion dieser Zeitschrift verfasst oder herausgegeben hat, und 6. Teilzahlungszuschläge.

Die BuchPrG gilt nach § 7 u. a. nicht beim Verkauf von Büchern an Verleger oder Importeure von Büchern, Buchhändler oder deren Angestellte und feste Mitarbeiter für deren Eigenbedarf, an Autoren selbständiger Publikationen eines Verlags für deren Eigenbedarf, an Lehrer zum Zwecke der Prüfung einer Verwendung im Unterricht, für Exemplare, die aufgrund einer Beschädigung oder eines sonstigen Fehlers als Mängelexemplare gekennzeichnet sind sowie für wissenschaftliche Bibliotheken, die einen ↗ Bibliotheksrabatt erhalten. Sofern der begründete Verdacht vorliegt, dass ein Unternehmen gegen das BuchPrG verstoßen hat, kann ein Gewerbetreibender, der ebenfalls Bücher vertreibt, verlangen, dass dieses Unternehmen einem von Berufs wegen zur Verschwiegenheit verpflichteten Angehörigen der wirtschafts- oder steuerberatenden Berufe Einblick in seine Bücher und Geschäftsunterlagen gewährt. *T. Keiderling*

Preisbindungsrevers ↗ Sammelrevers

Preisbindungstreuhänder der Verlage. Der Preisbindungstreuhänder gehört nach § 9 Abs. 2 Nr. 3 des Buchpreisbindungsgesetzes (BuchPrG) von 2002 zu den mit einer eigenen Abmahn- und Klagebefugnis ausgestatteten Personen. Er kann im eigenen Namen Preisbindungsverstöße verfolgen, überwacht im Rahmen seines Mandats die Einhaltung der Preisbindung durch den Buchhandel und berät im Vorfeld über die Zulässigkeit preisbindungsrechtlich relevanter Vorgänge. Anders als unter Geltung des Sammelreverses schließt er nicht mehr preisbindungsbegründende Verträge im Namen der Verlage. Das ist eine unmittelbare Konsequenz daraus, dass die Preisbindung nunmehr per Gesetz entsteht. Etwas anderes gilt im Bereich der Fachzeitschriften, deren Preisbindung wie zuvor über ein Sammelreversverfahren organisiert wird (Fachzeitschriftensammelrevers). Verlagen ist zu empfehlen, den Preisbindungstreuhänder auch weiterhin mit der Überwachung der Preisbindung zu beauftragen. Die Preisbindung ist zwar durch Gesetz angeordnet; es gibt jedoch nach wie vor Marktteilnehmer, die sich auf Kosten gesetzestreuer Mitbewerber über rechtliche Vorgaben hinwegsetzen. An der Notwendigkeit, Preisbindungsverstöße schnell und effektiv zu ahnden, hat sich nichts geändert. Die Aufgabe des Preisbindungstreuhänders wird von speziell beauftragten Rechtsanwälten wahrgenommen.

T. Keiderling

Preispolitik (des Verlags) ↗ Ladenpreispolitik

Prenonym, Wortneubildung aus dem Französischen «Vorname», «Pseudonym»; ist ein ↗ Pseudonym, das aus den Vornamen des Autors besteht, z. B. Jean Paul für Jean Paul Richter oder Otto Ernst für Otto Ernst Schmidt.

G. Pflug

Preprint. 1. Vorabdruck i. d. R. von Kongressbeiträgen, die begünstigt durch schnelle elektronische Produktionsverfahren von der Kongressorganisation den Teilnehmern bereits bei Tagungsbeginn zur Verfügung gestellt werden. Bedingt durch frühe Abgabetermine der Manuskripte oder durch kurzfristige Programmänderungen werden Unvollständigkeit, aber auch Abweichungen der schriftlichen von den schließlich vorgetragenen mündlichen Fassungen der Beiträge in Kauf genommen; naturgemäß bleiben auch Diskussionen unberücksichtigt. Trotz dieser Mängel erscheint die termingleiche schriftliche Verfügbarkeit des wissenschaftlichen Ertrags einer Tagung als entscheidender Vorteil gegenüber einer sonst meist monate- oder sogar jahrelangen Verzögerung der Publikation von Kongressakten. 2. Beim Formulardruck werden mit P. auch die Teile von Formularen bezeichnet, die bei ihrer Erstellung mit gedruckt werden, z. B. Firmenköpfe, Lineaturen, Feldeinteilungen oder erläuternde Texte. 3. Im Rahmen des ↗ Open Access werden als P. Artikel für Fachzeitschriften oder Sammelbände bezeichnet, die auf einem institutionellen oder fachlichen Dokumentenserver oder ↗ Repositorium archiviert werden. Es handelt sich im Gegensatz zu Postprints i. d. R. um noch nicht begutachtete wissenschaftliche Arbeiten in Manuskriptfassung, die für eine Veröffentlichung eingereicht worden sind (auch E-Print). Die Artikel können auf diese Weise eine weitere Verbreitung erfahren und v. a. rascher der Diskussion innerhalb der wissenschaftlichen Gemeinschaft zugeführt werden. Die später zur Veröffentlichung kommende Fassung kann bereits Revisionen enthalten.

N. Henrichs / A.-M. Seemann

Pressbengel. In der Buchdruck-Holzpresse ist der P. fest mit der Spindel verbunden (↗ Druckpresse). Anfangs war es ein dicker, gerader Holzstock, später ein ergonomisch gebogener Eisenstab mit dickerem Holzgriff (Bengelscheide). Der P. dient zum Niederdrücken des Tiegels über eine Spindel bis zum Abschluss des Druckvorgangs. Auch die Buchbinderpresse (Stockpresse), Papiermacherpresse (Gautschpresse), die Weinpresse (Torkel) und andere Spindelpressen funktionierten in gleicher Weise.

C. W. Gerhardt

Presse. 1. Als Kelter bzw. Weinpresse bekannt, wurde der Begriff wahrscheinlich bereits von J. ↗ Gutenberg für seine Druckpresse übernommen. Das älteste Zeugnis befindet sich in der Amerbach-Korrespondenz von 1481. Später wurde die Bezeichnung auf alle P.n und Maschinen des Buchdrucks übertragen und durchweg auch für Maschinen des Tief- und Flachdrucks gebräuchlich, nachdem F. ↗ Koenig um 1814 in Großbritannien die Bezeichnung «press» einführte. 2. Zugleich verwendet man P. als Sammelbegriff für alle Geräte und Maschinen im Bereich der grafischen Technik, mit denen Druckkraft ausgeübt wird, wie z. B. Abziehp.n in der Setzerei, Maternprägep.n in der Druckformherstellung, Andruckp.n, Präge- und Vergoldungsp.n in der Buchbinderei. 3. Gelegentlich wird P. auch als Synonym für eine kleinere Druckerei benutzt, gängig z. B. zur Bezeichnung von Druckwerkstätten, die bibliophile Drucke (P.ndrucke) herstellen (Privatp.). 4. Ursprünglich wurde P. auch als Bezeichnung für alle mit der Buchdruckp. hergestellten Druckerzeugnisse verwandt, seit Mitte des 19. Jh.s jedoch nur noch für periodisch erscheinende Druckschriften, insbesondere für Zeitungen. 5. Subsystem der ↗ Massenmedien, das gedruckte Zeitungen und im übertragenen Sinne auch Online-Zeitungen produziert und verbreitet; auch die Gesamtheit dieser Produkte. Die P. – personalisiert gesprochen: die für die P. tätigen Journalisten – erzeugt Nachrichten in Text und Bild auf Basis eigener Recherchen oder stellt sie aus Quellen wie den Meldungen der Nachrichtenagenturen (die z. T. als Teil des Systems P. angesehen werden) zusammen. P.-Produkte sind duale Güter (gemeint ist der Doppelcharakter als Kulturgut und Ware) und werden auf dualen Märkten gehandelt. Die Nachrichten der P. stellen Öffentlichkeit her. Deshalb hat die von staatlicher Kontrolle freie P. eine herausragende Funktion für Machtkontrolle und Aufdeckung von Missständen («vierte Gewalt», P.- und Meinungsfreiheit), kann aber auch zu einem politischen Faktor werden, dessen Wirkung die in demokratischen Verfassungen vorgesehenen Prozeduren und Instanzen der Meinungsbildung und Entscheidungsfindung tangiert. Im weiteren Sinn, u. a. bei der P.arbeit, werden auch die Nachrichtenredaktionen und -sendungen des Rundfunks zur P. gezählt. Mittels Instrumenten des Web 2.0, u. a. über Plattformen wie YouTube, werden Tätigkeit und Wirkung der P. ergänzt oder modifiziert durch Laien, die Nachrichten erzeugen und verbreiten, insbesondere in Situationen, in denen Journalisten nicht präsent sind oder an der Arbeit gehindert werden.

R. Golpon / C. W. Gerhardt / K. Umlauf

Presseabteilung (auch Pressestelle). Mit Herausbildung einer politisch fungierenden Öffentlichkeit nach 1850 entstand bei Regierungen, Parlamenten und Parteien, später auch Unternehmen, Verbänden und weiteren Abteilungen des öffentlichen Rechts, das Bedürfnis, Journalisten als Vertreter der Öffentlichkeit auf Pressekonferenzen und durch Pressedienste kontinuierlich über neue Entwicklungen und ihre jeweilige Beurteilung zu unterrichten. Darüber hinaus ist es Aufgabe der P., die Massenmedien zu beobachten und Nachrichten wie Kommentare in Form von regelmäßigen Presseschauen zu sammeln, die die Institution betreffen. Sie nimmt auch häufig die Aufgabe der Public Relations (↗ Öffentlichkeitsarbeit) wahr. Das Personal der P. rekrutiert sich zu erheblichen Anteilen aus Berufsjournalisten, deren Qualifikation erforderlich ist, um die Aufgaben zu erledigen. Mitunter ist der P. ein (Presse-)Archiv der betreffenden Einrichtung angegliedert.

H. Bohrmann / T. Keiderling

Presseagentur ↗ Nachrichtenagentur

Presseanweisung. Sammelbegriff für regierungsoffizielle, vertraulich an Journalisten ausgegebene Informationen, die von den Zeitungsredaktionen zur Grundlage ihrer Berichterstattung gemacht werden mussten. Im Deutschen Reich mit den «Pressekonferenzen» des Generalstabs im Reichstag 1914 zur wirkungsvolleren Pressezensur in Kriegszeiten eingeführt, wurden sie von den Regierungen der Weimarer Republik in abgewandelter, zensorisch abgeschwächter Form dreimal wöchentlich genutzt. Mit Gründung des Reichsministeriums für Volksaufklärung und Propaganda (RMVP) 1933 wurde die Pressekonferenz bei der Reichsregierung in eine täglich stattfindende Pressekonferenz der Reichsregierung im RMVP umgewandelt. 1933 legte J. Goebbels (1897–1945) die Aufgaben fest: strenge Auswahl der zugelassenen Journalisten (rund 150), Anwesenheitskontrolle, Vertraulichkeit des ausgehängten Materials und der Informationen, Hauptschriftleiter garantieren Einhaltung der Richtlinien und Sprachregelungen in den Zeitungen. Die P.en stammten aus den Ministerien, kamen direkt aus der Reichskanzlei oder aus der NSDAP; Vertreter des Militärs oder anderer Dienststellen konnten mit auftreten. Sie wurden kurz erläutert, die Journalisten durften Fragen stellen. Auf der Pressekonferenz kritisierte, ermahnte oder verwarnte der Leiter die Zeitungen, die am Vortag den Auflagen und Anweisungen nicht korrekt gefolgt waren. Im Verlauf der NS-Zeit begründeten das RMVP und Auswärtige Amt zusätzliche Konferenzen: für Wirtschaft, für Finanzen, für Kultur und zwei Pressekonferenzen für die Vertreter ausländischer Zeitungen (drei Termine täglich). Seit 1937 erhielt ein kleinerer Kreis der Teilnehmer der «großen» Pressekonferenz anschließend auf der «Glossenkonferenz» zusätzliche Hinweise für Kommentierung und Form der Bearbeitung der P. Im November 1940 wurde die «Tagesparole» eingeführt. Sie war Bestandteil der P., musste aber wortgetreu veröffentlicht werden.

B. Sösemann

Pressearbeit, Handlungsfeld im Rahmen der ↗ Öffentlichkeitsarbeit bzw. ↗ Kommunikationspolitik. Inhalt der P. ist die Versorgung der Massenmedien (ggf. einschließlich Nachrichtenagenturen) mit Pressemitteilungen, die über die eigene Organisation und ihre Dienstleistungen, insbesondere über kürzliche oder geplante Ereignisse oder Maßnahmen informieren. Die P. dient der Steigerung der Bekanntheit der eigenen Organisation und ihrer Dienstleistungen, insbesondere der Gestaltung des Organisationsimages. Ferner gehören zur P. Pressekonferenzen und die Erfolgskontrolle der Maßnahmen. Im erweiterten Sinn umfasst P. auch die Gestaltung der Präsenz in sozialen Netzwerken, Newsletter oder Aussendungen über Mailing-Lists.

K. Umlauf

Pressearchiv. ↗ Medienarchiv, das die für die Informationsbeschaffung zuständige Fachabteilung eines Verlags umfasst. Der Archivbestand besteht generell aus Zeitungsbänden, Presseausschnitt- und Fotoarchiven in Papierform sowie digitale bzw. multimedialen Archivdatenbanken mit Texten, Seiten, Fotos und Grafiken. P.e dienen v. a. der Informationsversorgung der Redakteure, sind Anlaufstelle für Informationssuchende und übernehmen Aufgaben aus dem Bereich des Content Managements. Als Abteilungen von Verlagen werden P.e auch als Redaktions- und Zeitungsarchiv oder Pressedokumentation bezeichnet. Seltener werden P.e auch von Forschungseinrichtungen, Bibliotheken oder Unternehmen geführt. Nur etwa die Hälfte der größeren deutschen Verlage unterhält eigene P.e. Archivverbünde führen zu einer stärkeren Zentralisierung. Die Mitarbeiter haben zumeist eine Ausbildung als Dokumentar oder Bibliothekar; z. T. handelt es sich aber auch um paraprofessionelles Personal.

U. Essegern

Presseausschnittbüro ↗ Ausschnittbüro

Pressedienst ↗ Nachrichtenagentur

Presseerzeugnis ↗ Zeitung

Presseforschung. Ihr Gegenstand ist die wissenschaftliche Analyse der deutschsprachigen Presse in Geschichte und Gegenwart. Eine begriffliche und inhaltliche Überschneidung gibt es mit der ↗ Publizistik und ↗ Zeitungswissenschaft. Mehrere Einrichtungen in Deutschland, so das 1926 gegr. Institut für Zeitungsforschung in Dortmund und das 1957 gegr. Institut Deutsche Presseforschung, archivieren Zeitungen und Zeitschriften und stellten sie der Wissenschaft zur Verfügung. Zudem gibt es Marktforschungsinstitute, die P. im Auftrag von Presseunternehmen betreiben. Die P. widmet sich u. a. Fragen der Redaktionsarbeit, nimmt qualitative und quantitative Inhaltsanalysen vor und analysiert – soweit dies quellenbedingt auch für zurückliegende Zeiträume möglich ist – den Zeitungs- und Zeitschriftenmarkt, die Struktur und Organisation entsprechender Unternehmen, Konzentrationsprozesse, das Kaufverhalten, die Nutzung, Wirkung und Innovationskraft der Pressemedien.

T. Keiderling

Pressefreiheit. In Deutschland wird die Freiheit der Berichterstattung durch Presse,

Film und Rundfunk sowohl in analoger als auch digitaler Form im Rahmen der Informations- und Meinungsbildungsfreiheit durch das Grundgesetz garantiert (Art. 5 Abs. 1 GG). Die Ausgestaltung des Presserechts findet in Landespressegesetzen, dem Telemediengesetz (TMG) und dem Rundfunkstaatsvertrag (RStV) statt. Geschützt ist die Freiheit der Presse als Institution, die Arbeit des Journalisten und die Form der Berichterstattung, von der Beschaffung der Information bis hin zur Wahl der Verbreitungsform. Der Presse steht ein eigenes Zeugnisverweigerungsrecht zu, dennoch trägt sie die Verantwortung für ihr Handeln nach den Grundrechten, insbesondere das Persönlichkeitsrecht betreffend und den allgemeinen Gesetzen. «Reporter ohne Grenzen» (http://en.rsf.org) veröffentlichen jährlich einen weltweiten Index der P. nach Ländern; Maßstab sind nicht nur staatliche Beschränkungen der P., sondern u. a. Gewalt gegen Journalisten von nichtstaatlicher Seite. *G. Beger/K. Umlauf*

Pressegeheimnis. Die von Journalisten für das Abfassen von Artikeln, Sendungen etc. ermittelten Sachverhalte unterliegen in Deutschland dem Redaktionsgeheimnis, d. h., ein Journalist muss die Quellen seiner Artikel auch vor Gericht nicht offenbaren (Zeugnisverweigerungsrecht). Umstritten ist, ob unter das P. auch jene journalistischen Rechercheergebnisse fallen, die nicht oder noch nicht in Veröffentlichungen ihren Niederschlag gefunden haben. *H. Bohrmann*

Pressegeschichte. Obwohl der Begriff ↗ Presse neben der Druckerpresse auch alle über eine solche hergestellten Medien umfassen kann, sind hier nur die periodisch erscheinenden Druckmedien, d. i. die Zeitungen und Zeitschriften gemeint. Es handelt sich um ein zentrales Untersuchungsfeld der Disziplinen Presseforschung, Publizistik und Zeitungswissenschaft sowie um ein Teilgebiet der Mediengeschichte bzw. Kommunikations- und Medienwissenschaft. Vorläufer der Presse waren handgeschriebene Kaufmannsbriefe bzw. ↗ Briefzeitungen seit dem ausgehenden Mittelalter (ca. seit 1380) und Relationen (↗ «Aviso» seit 1609, ↗ Messrelationen) mit einer gewissen periodischen Erscheinungsweise und inhaltlich mit der Verbreitung von Nachrichten befasst. Der Begriff «Zeitung» entwickelte sich im 13. und 14. Jh. aus dem Wort «zidunge» (Kölner Raum) für «Nachricht», «Neuigkeit». Flugblätter und Flugschriften ebneten den Weg hin zur Presse, denn sie besaßen im frühen Druckzeitalter vergleichsweise hohe Auflagen, waren z. T. bebildert und widmeten sich aktuellen religiösen und/oder politischen Themen, zumeist mit scharfer Kritik oder Satire dargeboten. Die Anfänge der periodischen Presse lagen im frühen 16. Jh. Es erschienen die «Newe Zeytungen» – erstmals gedruckte, nichtperiodische Nachrichtenzusammenstellung, die einem Flugblatt bzw. einer Flugschrift ähnlich waren. Insgesamt stellte der Buchdruck eine wichtige Voraussetzung für die periodische Erscheinungsweise dar, die für eine hohe ↗ Aktualität der Medieninhalte sorgte. In bestimmten Kulturräumen gab es allerdings noch lange Zeit handgeschriebene Zeitungen (im arabischen Raum bis ins 19. Jh.). Einschneidend war das Erscheinen von Tageszeitungen (1650 in Leipzig «Einkommende Zeitungen», 6 × pro Woche). Der Zeitungs- und Zeitschriftenmarkt erweiterte sich seit dem ausgehenden 17. Jh. in mehreren Schüben. Ein immer größeres Publikum wurde erreicht (1680 Auflage des «Frankfurter Journals», gegr. um 1639, bereits 1.500 Exemplare; 1875 Auflage der «Gartenlaube», gegr. 1853, 380.000 Exemplare), wobei die Lesefähigkeit und der Alphabetisierungsgrad der Gesellschaft zu beachten sind. Die periodische Presse spielte in beiden deutschen ↗ Leserevolutionen des 18. und 19. Jh.s eine besondere Rolle. Über diesen Zeitraum hinweg gab es eine herrschaftliche Zensur der Presse und es fand eine allmähliche Ausdifferenzierung des Zeitungs- und Zeitschriftenmarktes statt (hohe Bedeutung u. a. von moralischen Wochenschriften, politischen Zeitungen, der Partei- und Gesinnungspresse generell, Familienblättern, Frauenzeitschriften, Modezeitschriften). Aufgrund drucktechnischer Innovationen (Schnellpresse von F. ↗ Koenig) war es ab 1814 – 1817 möglich, Presseerzeugnisse massenhaft zu produzieren und preiswert abzusetzen (z. B. «Pfennig-Magazin» 1833 – 1855; dem Londoner «Penny

Magazine», 1832–1845 nachgebildet). Neue Käuferschichten wurden zudem durch die Bebilderung erreicht, etwa Stahlstiche in ↗ Illustrierten Zeitungen. Neben dem (Straßen-)Verkauf ermöglichte das Anzeigengeschäft eine zusätzliche Finanzierung von Presseerzeugnissen. 1932 gab es in Deutschland ca. 4.700 Zeitungen in einer Gesamtauflage von 18,6 Mio. Exemplaren. Zugleich setzte eine partielle Pressekonzentration ein. Ende des 19. Jh.s entstanden erste große Pressekonzerne: Mosse, Ullstein und August Scherl, allesamt Berlin. Die Pressefreiheit wurde seit dem 18. Jh. in vielen Nationalstaaten als Forderung erhoben (USA 1776, 1789; Frankreich 1789; Deutschland 1815, 1830 und 1848/1849 etc.) und sukzessive – ausgenommen sind die Diktaturen des 20. und 21. Jh.s mit starken Presseeinschränkungen und -unterdrückungen – durchgesetzt. Die Weimarer Republik gewährleistete in ihrer Reichsverfassung 1919 zwar die Meinungsfreiheit als Individualrecht, enthielt aber nicht die Pressefreiheit. Erst in der Bundesrepublik Deutschland wird die Presse- und Meinungsfreiheit durch das Grundgesetz garantiert (Art. 5 Abs. 1 GG). Jüngste Entwicklungen im Pressebereich sind der markante Nachfragerückgang (die Folge ist ein dramatischer Auflageneinbruch) durch die digitale Medienrevolution, z. T. auch ein «Zeitungssterben». Ferner werden Zeitungen/Zeitschriften zunehmend digital angeboten, oftmals parallel zu den Printausgaben, in einigen Fällen nur noch digital. *T. Keiderling*

Pressegesetz, allgemein jede rechtliche Regelung, die sich auf (historisch gesehen mittels der Druckerpresse hergestellte) Publikationen bezieht, speziell rechtliche Normierungen periodischer Publikationen wie Zeitungen und Zeitschriften (heutzutage sowohl gedruckt als auch digital; online wie offline). ↗ Landespressegesetz ↗ Medienrecht ↗ Presserecht

Presse-Grosso, Pressegroßhandel: Die buchhändlerische Wurzel des Presse-Grosso sind ↗ Gross(o)buchhandlungen, die den Buchhandel mit Büchern und Presseerzeugnissen belieferten. Der Bundesverband Presse-Grosso firmiert immer noch als Bundesverband Deutscher Buch-, Zeitungs- und Zeitschriften-Grossisten e. V. Die andere Wurzel sind die Ortsgrossisten (am Anfang oft in Verbindung mit Unternehmen des Werbenden Buch- und Zeitschriftenhandels, Zeitungsverlagen oder Bahnhofsbuchhandlungen), die den Einzelhandel in ihrer Umgebung mit Zeitungen und Zeitschriften belieferten. Erste Verlage übertrugen ihnen bereits nach dem Ersten Weltkrieg, die übrigen Verlage nach dem Zweiten Weltkrieg das ↗ Alleinauslieferungsrecht für bestimmte Gebiete. Seit Anfang der 1970er Jahre gibt es nur noch Presse-Grossisten mit Alleinauslieferungsgebieten in der Bundesrepublik Deutschland. In wenigen Ausnahmefällen (Berlin und Großraum Hamburg) liefern zwei Pressegrossisten im selben Gebiet, aber mit Objekt-/Verlagstrennung. Die Rolle des Presse-Grosso als neutraler Mittler im Pressevertrieb wurde zuletzt in der 8. Novelle des GWB (2013) gewürdigt, indem § 30 Abs. 2a GWB erlaubt, dass die Konditionen für den Pressevertrieb zwischen den Verlegerverbänden (BDZV und VDZ) und dem Bundesverband Presse-Grosso (BVPG) ausgehandelt werden dürfen, damit sich marktmächtige Verlage keine Vorteile im Vertrieb verschaffen. Ende der 1970er Jahre begannen Presse-Grossisten mit dem ↗ Rack-Jobbing für Taschenbücher. Nach einer kurzen Blütezeit hat dieser Geschäftszweig deutlich an Bedeutung verloren oder wurde ausgegliedert (z. B. M-Futura als Schwestergesellschaft von Presse-Keppel, die Bücher in Nebenmärkten vertreibt). In Österreich besteht Objekt- bzw. Verlagstrennung zwischen den zwei führenden Pressegrossisten (Morawa in Wien und PGV Austria Trunk in Anif bei Salzburg:), die ganz Österreich beliefern, während es in der Schweiz nur noch ein Presse-Grosso (7 Days) gibt. *T. Bez*

Pressekampagne ist eine zeitlich befristete, koordinierte Aktion einer Institution bzw. Organisation (Unternehmen, Einrichtung, Partei, Verein etc.), aber in Diktaturen auch staatlicher Einrichtungen (Propaganda), ein klar definiertes Ziel – z. B. Aufmerksamkeit oder ein anderes Image – zu erreichen. Ebenso spricht man von Medien-, Wahl-, Werbe- oder Hetzkampagne.

Pressekodex, eigentlich: Publizistische Grundsätze, ist eine Sammlung journalistisch-ethischer Grundregeln, die der Deutsche Presserat (gegr. 1956) 1973 vorgelegt hat und fortlaufend aktualisiert. Er trägt somit den Charakter einer freiwilligen Selbstverpflichtung. Konkretisiert wird der P. durch die «Richtlinien für die publizistische Arbeit nach den Empfehlungen des Deutschen Presserates». Der P. enthält 16 Ziffern, die Maßstäbe hinsichtlich der Berichterstattung und des journalistischen Verhaltens festlegen, hierzu gehören u. a.: Wahrhaftigkeit und Achtung der Menschenwürde; Sorgfalt der Recherche; Richtigstellung; Grenzen der Recherche; Berufsgeheimnis (Zeugnisverweigerungsrecht und Vertraulichkeit); Trennung von Tätigkeiten (z. B. keine Funktionen in Einrichtungen, über die berichtet wird), Trennung von Werbung und Redaktion; Schutz der Persönlichkeit und Ehre; keine Schmähung von Religion, Weltanschauung oder Sitte; Verzicht auf unangemessen sensationelle Darstellung von Gewalt, Katastrophen, Leid oder medizinischen Themen; Beachtung des Jugendschutzes; keine Diskriminierung von Einzelpersonen oder Gruppen; Unschuldsvermutung bei Ermittlungs- und Strafverfahren; keine Annahme von Vorteilen oder Vergünstigungen jeder Art; vom Deutschen Presserat öffentlich ausgesprochene Rügen sind zu veröffentlichen.
T. Keiderling

Pressekommentar ↗ Kommentar

Pressekonferenz, Gesprächsrunde, zu der öffentlichkeitsrelevante Veranstalter (Politiker, politische Institutionen, Nichtregierungsorganisationen, Verbände, Initiativen, Unternehmen, Stars aber auch Privatleute des Zeitgeschehens) einen Kreis örtlich und/oder sachlich interessierter Journalisten einladen, um über aktuelle Ereignisse, aber auch Rück- und Ausblicke zu informieren und im Anschluss ggf. zu diskutieren. Die Bundes- und Landesp.en in Deutschland werden von eigens zu diesem Zweck gegr. Berufsvereinen der Journalisten veranstaltet, die ihre Gesprächspartner (Regierungsmitglieder, Ministerialbeamte, Parlamentarier etc.) regelmäßig zur P. bitten. Einer Einladung zur P. wird meist eine knappe Information schriftlich beigefügt, die während der Konferenz i. d. R. durch weitere schriftliche Unterlagen (oft in Pressemappen zusammengestellt) ergänzt wird.
H. Bohrmann

Pressekonzentration. Weil Zeitungen und Zeitschriften in der öffentlichen Meinungs- und Willensbildung wirksam sind, ist über kartellrechtliche Erwägungen hinaus (Monopolbildung) in demokratischen Gesellschaften die Vielfalt des Printmedienangebotes bedeutsam. Die in der Marktwirtschaft häufig anzutreffende Konzentration ist medienpolitisch unerwünscht, mit marktkonformen Mitteln allerdings schwer zu verhindern. Gefährdungen der Pressefreiheit gehen in modernen Demokratien weniger von staatlicher Zensur als vielmehr von der P. aus, besonders wenn die marktführenden Presseverlage politisch einseitig orientiert sind oder beeinflusst werden. Maßstab der P. ist v. a. die Abnahme der Zahl der publizistischen Einheiten, d. h. der Vollredaktionen von Zeitungen und der Redaktionen, die für andere Zeitungen den Mantel liefern, auch der Zahl der Zeitungsverlage. In Deutschland sank die Zahl der publizistischen Einheiten von 225 in 1954 (nur Bundesrepublik Deutschland) auf 135 in 2008; die Zahl der Zeitungsverlage hat sich etwa halbiert. ↗ Medienkonzentration
H. Bohrmann / K. Umlauf

Pressemitteilung (PM), auch Presseerklärung, Pressemeldung, Presseinformation (PI), in der Schweiz Communiqué genannt, informiert Journalisten über Ereignisse, Aussagen, Veranstaltungen usw. P.en werden von Institutionen, Unternehmen, Organisationen, Vereinen, Behörden oder Persönlichkeiten des öffentlichen Lebens bzw. öffentlichen Interesses, häufig auch durch PR-Agenturen, an die Presse weitergeleitet und oft nur redaktionell gekürzt in den Medien veröffentlicht.

Pressendruck, in einer weiten Definition alle Bücher, die unter buchkünstlerischen Gesichtspunkten und handwerklichen Traditionen folgend hergestellt sind. Solche bibliophilen Ausgaben sind im Zuge des Arts and Crafts Movements in Großbritannien um die

Mitte des 19. Jh.s als Reaktion auf die Industrialisierung und den damit einhergehenden handwerklichen Verfall bei der Buchproduktion entstanden. Eine enge Definition bezieht sich v. a. auf Drucke, die in kleinen Auflagen, durchnummeriert und ohne (rein) ökonomischen Anspruch erscheinen. Dies ist zumeist bei Büchern, die von Privatpressen herausgegeben werden, der Fall. *S. Rühr*

Presserecht, Teilgebiet des Medienrechts, das sich explizit mit den rechtlichen Rahmenbedingungen der Presse befasst. Durch das P. soll sowohl die ↗ Pressefreiheit (nach Artikel 5 GG) als auch die Pressetätigkeit gesichert werden. Gegenstand des P.s sind alle gedruckten und elektronisch bzw. über das Internet verbreiteten periodischen Medien (wie Zeitungen und Zeitschriften) und deren verbreiteten Nachrichten wie Mitteilungen in Schrift, Ton und Bild. Ferner gehört dazu der gesamte Tätigkeitsbereich von der Informationsbeschaffung bis zum Verkauf und der Bewerbung der fertigen Artikel. In der Bundesrepublik Deutschland ist das Pressewesen der Gesetzgebungskompetenz der Länder vorbehalten. Somit ergibt sich das P. für jedes Bundesland aus dem jeweiligen ↗ Landespressegesetz. *T. Keiderling*

Presserechtliche Gegendarstellung
↗ Gegendarstellung

Pressespiegel, Informationsdienst, der Zeitungsartikel, z. T. auch verschriftlichte Sendungen, unter Auswahlkriterien zusammenstellt und meist periodisch verbreitet oder laufend aktualisiert. Daneben dokumentieren P. das Presseecho auf einzelne Ereignisse, wie Jubiläen oder Ausstellungen, dann auch Pressedokumentation genannt. P. werden teils veröffentlicht, jedoch überwiegend für die interne Unterrichtung von Entscheidungsträgern in Unternehmen, Behörden, Parteien, Verbänden usw. hergestellt. Elektronische P. werden meist automatisch erzeugt. Zwecke von P.n sind: Beobachtung der öffentlichen Meinung und Berichterstattung über das eigene Unternehmen usw., Erfolgskontrolle der eigenen Pressearbeit, ggf. auch interne Öffentlichkeitsarbeit. P. unterliegen in Deutschland § 49 UrhG. Auf Papier verbreitete P., soweit sie einzelne Artikel und Kommentare aus Funk, Zeitungen und Informationsblättern enthalten, die politische, wirtschaftliche oder religiöse Tagesfragen betreffen, bedürfen keiner Zustimmung der Urheber der Artikel, unterliegen aber einer Vergütungspflicht gegenüber der VG Wort (www.vgwort.de). Elektronische P. bedürfen i. d. R. einer verlegerischen Lizenz. Praktisch wird dies abgewickelt, indem die enthaltenen Artikel dem kommerziellen Pressearchiv PMG (www.pressemonitor.de) gemeldet und darüber vergütet werden; die PMG nimmt bei elektronischen P. auch das Inkasso für die VG Wort wahr. *K. Umlauf*

Pressestelle ↗ Presseabteilung

Pressevertrieb. Die Verlage haben die Absatzkanäle der Presseerzeugnisse durch eine Vertriebs- und Verwendungsbindung streng voneinander getrennt: 1. Einzelverkauf über das ↗ Presse-Grosso an alle Sparten des Sortimentsbuchhandels mit Ausnahme des Bahnhofs- und Flughafenbuchhandels, der von den Verlagen oder den National Distributors (ND) direkt beliefert wird. 2. Abonnement als Direktlieferung des Verlags oder seines ND oder über Unternehmen des ↗ Werbenden Buch- und Zeitschriftenhandels, die im BMD (Bundesverband der Medien- und Dienstleistungshändler e. V.; www.bmd-verband.de) organisiert sind. 3. Lesezirkel (Mitglieder im Verband Deutscher Lesezirkel; www.lesezirkel.de) mit der wöchentlichen Vermietung von Lesemappen bestehend aus mehreren Titeln (mindestens fünf) in bis zu zwölf aufeinanderfolgenden Phasen/Wochen an gewerbliche Kunden (wie Ärzte, Cafés, Friseure) sowie an private Haushalte. ↗ Vertriebsweg *T. Bez*

Pressewesen («alles, was mit der ↗ Presse zusammenhängt»), zusammenfassende, mittlerweile veraltete Bezeichnung für die 1. mithilfe der Druckerpresse hergestellten periodischen Veröffentlichungen (Zeitungen, Zeitschriften etc.) seit dem 16. Jh, 2. in Erweiterung dessen auch alle Branchen, Branchenzweige und Unternehmen, die für die Herstellung und Verbreitung dieser Medien zuständig sind sowie 3. alle rechtlichen wie organisatorischen Strukturen und Rahmenbedingungen, welche dieses Arbeitsgebiet im Allgemeinen betreffen. *T. Keiderling*

Pressezensur ↗ Zensur

Pressvergoldung nannte man die Übertragung von echtem oder unechtem Blattmetall auf Einbanddecken mittels einer Platte als Druck- oder Prägeform auf einer Presse oder Maschine. Im Unterschied dazu bezeichnet man mit Handvergoldung die vollständige oder wenigstens überwiegende manuelle Vergoldung mithilfe von Stempeln. ↗ Vergoldetechnik *C. W. Gerhardt*

Preußische Instruktionen (PI), (Instruktionen für die alphabetischen Kataloge der preußischen Bibliotheken). Historisches bibliothekarisches Regelwerk zur Formalerschließung. Vorbild waren die «Instruktion für die Ordnung der Titel im alphabetischen Zettelkatalog der Königlichen und Universitäts-Bibliothek zu Breslau» 1886 von K. Dziatzko (1842–1903) sowie die «Instruction für die Herstellung der Zettel des Alphabetischen Kataloges» 1892 und die «Instruction für die Aufnahme der Titel» 1892 der Berliner Königlichen Bibliothek (heute Staatsbibliothek zu Berlin – Preußischer Kulturbesitz). Auf Betreiben von F. Milkau (1859–1934) erstmals 1899 veröffentlicht, in zweiter Fassung 1908 mehrfach nachgedruckt, fanden die PI nicht nur in Preußen Anwendung für die Titelaufnahmen und die Ordnung in Zettelkatalogen Wissenschaftlicher Bibliotheken, Bibliografien und gedruckten Verzeichnissen (z. B. «Gesamtverzeichnis des deutschsprachigen Schrifttums» 1700–1965) und waren die Grundlage für den Preußischen Gesamtkatalog (ab 1936 ↗ Deutscher Gesamtkatalog). Nach den Regeln wird für jedes Werk sowie i. d. R. für jede seiner Auflagen ein eigenes Katalogisat angelegt. Von Herausgebern, Bearbeitern, Mitarbeitern, Übersetzern, Verfassern eines Kommentars etc., aber auch von Sondertiteln wird ggf. auf den Hauptzettel verwiesen. Die PI erlaubten erstmals eine bibliotheksübergreifende Erschließung (Althoffsche Reformen). Ab Mitte der 1970er Jahre erfolgte mit dem Übergang zu elektronischen Bibliotheksverwaltungssystemen die sukzessive Ablösung der PI zunächst durch die Regeln für die Alphabetische Katalogisierung (RAK); durch die unterschiedlichen, unvereinbaren Ansetzungs- und Ordnungsprinzipien bedeutete diese Umstellung in jedem Fall einen Katalogabbruch und den Beginn eines neuen Zettelkatalogs respektive OPACs. 2015 erfolgte der Umstieg auf den internationalen Katalogisierungsstandard Resource Description and Access (RDA). *P. Hauke*

Preußischer Gesamtkatalog. Bezeichnung für den Gesamtkatalog der Preußischen Bibliotheken mit Nachweis des identischen Besitzes der Bayerischen Staatsbibliothek in München und der Nationalbibliothek in Wien. Bd. 1–8, hrsg. von der Preußischen Staatsbibliothek, Berlin 1931–1935. Der P. G. umfasst nur den Buchstaben A mit den Beständen von 11 preußischen wissenschaftlichen Bibliotheken, sowie der Bayerischen Staatsbibliothek und der Nationalbibliothek in Wien. Mit dem Buchstaben B wurde der P. zum ↗ Deutschen Gesamtkatalog erweitert. *W. Grebe*

Primärbibliografie bezeichnet eine Bibliografie, die aufgrund von ↗ Autopsie des verzeichneten Materials erstellt wurde. Die bibliografische Beschreibung wird an den Büchern, Aufsätzen usw. direkt vorgenommen. Gegensatz: ↗ Sekundärbibliografie

Primärdaten (Forschungsdaten) sind Daten, die für einen bestimmten Zweck, i. d. R. im Rahmen einer empirischen Untersuchung, erhoben werden. In den Sozialwissenschaften kommen zu deren Gewinnung insbesondere die Methoden der empirischen Sozialforschung zum Einsatz (↗ Empirische Methode). Denkbar ist z. B. auch die Aufzeichnung von P. durch Messgeräte. Im Gegensatz zu Sekundärdaten haben P. den Vorteil, dass sie dem Untersuchungskontext gut entsprechen (extra für eine Fragestellung erhoben wurden), aktuell sind und umfangreiche Auswertungsmöglichkeiten zulassen. Aufgrund deren Bedeutung in der Wissenschaft gibt es zunehmend Bemühungen, den Zugang zu P. zu erleichtern und auf ihnen beruhende Publikationen mit ihnen zu verlinken. Dies erfolgt, um eine Wiederverwen-

dung als Sekundärdaten in anderen Studien zu ermöglichen. Zum Teil wird zwischen Rohdaten (Daten in der Form, in der sie erhoben wurden, z. B. die Audiodatei eines Interviews) und P. (Daten, die bereits in eine auswertbare Form gebracht wurden, z. B. das Transkript des Interviews) unterschieden.
↗ Sekundärdaten *C. Schlögl/K. Umlauf*

Primäres Medium ↗ Medium

Primärliteratur. Es handelt sich zumeist um gedruckte Werke, die entweder selbst Untersuchungsgegenstand einer wissenschaftlichen Arbeit sind (u. a. Werke eines bestimmten Autors, die analysiert werden sollen) oder Publikationen, die oftmals im Untersuchungszeitraum oder zeitnah entstanden sind, «nur» beschreiben, und ohne die reflektierende Stufe einer Analyse, Auswertung, Zusammenfassung oder Bewertung (↗ Sekundärliteratur) in die Untersuchung mit einfließen. Mitunter spricht man auch von gedruckten Quellen im Unterschied zu archivalischen Quellen. P. kann somit auch Primärquelle sein. *T. Keiderling*

Primärquelle. In der Forschung, im Journalismus und der Informationsbeschaffung generell sind P.n all jene Informationen (etwa handschriftliche oder gedruckte originale Zeugnisse oder durch Befragung und Beobachtung erhobene Bild-, Ton-, Videomedien usw.), die einen ersten, unmittelbaren, möglicherweise «unverfälschten» Zugang zu einer Thematik, einem Geschehen, Ereignis oder einer Person ermöglichen. Eine P. wurde also von jemandem erstellt, der direkt von einem Ereignis betroffen war und darüber berichtete. P.n befinden sich i. d. R. in Archiven, privaten Nachlässen etc. Da P.n durch Personen absichtsvoll angelegt bzw. arrangiert, auch verfälscht werden können, um ein bestimmtes Ziel zu erreichen (Tagebücher, Briefe etc.), ist eine entsprechende Quellenkritik vonnöten, d. h. man sollte die Möglichkeit der Verfälschung, Inszenierung etc. beachten und in eine Beurteilung einfließen lassen. Im Unterschied dazu sind Sekundärquellen Informationen aus «zweiter Hand», die ihrerseits Primärquellen verwenden zitieren und bereits Reflektionen,
Zusammenfassungen, Bewertungen und dgl. mehr enthalten können. Von den P.en unterscheiden sich Sekundärquellen durch einen zeitlichen, personellen und räumlichen Abstand zu einem bestimmten historischen Ereignis. Sekundärquellen finden sich als später angefertigte unikale Dokumente sowohl in Archiven; sie können jedoch auch als Druckschriften und Literatur in Bibliotheken überliefert sein. Nochmals zu unterscheiden ist zwischen den eben beschriebenen Sekundärquellen und der wissenschaftlichen ↗ Sekundärliteratur, die ihrerseits bereits eine Dokumentenauswahl, Zusammenstellung von Informationen, Auswertung und Beurteilung enthält. *T. Keiderling*

Prime, Bogenkennzeichnung am Fuß der Seite in kleiner Schrift, meist im Beschnitt. Die P. besteht i. d. R. aus Bogennorm und ↗ Bogensignatur. Als Norm bezeichnet man den Kurztitel des Buches, ggf. ergänzt durch den Nachnamen des Verfassers. Die Signatur ist eine Zahl, die angibt, um welchen Bogen es sich handelt. Aufgabe der P. ist es, Verwechslungen von Bogen bei der buchbinderischen Weiterverarbeitung zu vermeiden. Nur noch selten findet sich auf der dritten Seite des Bogens am Fuß im Beschnitt die sogenannte Sekunde; das ist die Bogensignatur mit einem Sternchen. *R. Golpon*

Print on Demand (PoD), zu Deutsch «Drucken auf Bestellung»; d. h. das Herstellen von Verlagserzeugnissen auf der Basis digital gespeicherter Inhalte (Druckvorlagen) in Klein- und Kleinstauflagen bis zu einem Exemplar. Der Druck erfolgt sequenziell (Seite für Seite) und ist deshalb (noch) deutlich teurer als der serielle Druck einer Auflage im konventionellen Verfahren, aber kein Titel geht mehr «out of print/stock», d. h. ist «vergriffen». Neue Auflagen sind einfach zu produzieren und kostengünstig herstell- und aktualisierbar. Es wird unterschieden zwischen «Print to Order» – dem Druck eines Exemplars auf Bestellung und «Print to Stock» – dem Druck einer Kleinauflage von zwei bis zu 200 Exemplaren zur Lagerung. Für die Barsortimente ist v. a. das Print to Order-Verfahren interessant, weil dort i. d. R. Einzelexemplare bestellt werden und die Bücher am selben Tag verschickt werden können. Die Zahl der in den Barsortimenten geführten Titel kann durch die Aufnahme solcher Titel ohne kostspielige Lagerung deutlich erhöht werden. Für Verlagsauslieferungen und Verlage als Kunden der Verlagsauslieferungen sind neben den Print to Order-Einzelaufträgen auch die Print to Stock-Möglichkeiten interessant, wenn Kleinauflagen bedarfsgerecht gedruckt werden können und dadurch Überbestände und Lagerhaltungskosten reduziert werden. Daher bieten einige Verlagsauslieferungen sowie der Aggregator Bookwire ihren Verlagen immer häufiger PoD als Dienstleistung an, i. d. R. in Kooperation mit entsprechenden Druckereien, u. U. auch im eigenen Haus. Mit der Tochter BoD (↗ Books on Demand) bietet das Barsortiment Libri seit 1998 PoD als Alternative zu seriell hergestellten Auflagen an. 2011 haben auch das Barsortiment KNV und die KNO VA direkt an ihrem damaligen Logistikstandort Stuttgart mit der Produktion von Büchern im PoD-Verfahren begonnen, seit 2015 ist die PoD-Druckerei der KNV Gruppe am Logistikstandort in Erfurt. Im Übrigen führen Barsortimente die BoD- und PoD-Titel bei zu erwartender Nachfrage in ihren Titeldatenbanken, nehmen sie kurzfristig auf Lager oder besorgen sie auf Bestellung aus dem Sortimentsbuchhandel. *T. Bez*

Print to Order (PTO). Damit halten Verlage ihre Titel permanent verfügbar, ohne dass Lagerkosten oder Kosten für die Auflagenvorfinanzierung entstehen. Idealerweise wird ein Einzeldruck angestoßen, wenn die Bestellung vom Handel oder von deren Online-Kunden (im Großhandel) eintrifft. Dies gilt für Hard- und Softcover. Die Lieferzeit liegt für Softcover bei 1 bis 2 Tagen, bei Hardcover dauert es 5 bis 7 Tage. ↗ Print on Demand *T. Bez*

Print to Stock (PTS) ist eine Produktionsweise bei geringen Auflagen, für die ein konventioneller Offsetdruck nicht wirtschaftlich ist. Die Produktionskosten sind geringer und die Kapital bindende, hohe Vorratshaltung entfällt. PTS wird eingesetzt bei Auflagen von zwei bis 200 Exemplaren. ↗ Print on Demand *T. Bez*

Printer ↗ Drucker.

Printmedium (auch Druckmedium) ist ein von der Kommunikations- und Medienwissenschaft in der zweiten Hälfte des 20. Jh.s geprägter Begriff, mit dem sie den Mediencharakter aller über Druckverfahren hergestellten Veröffentlichungen (vom Einblattdruck, über Zeitungen und Zeitschriften bis hin zu Büchern) herausstellen und sie u. a. gegen die elektronischen Medien (Hörfunk, Fernsehen, Internet, auch E-Books) abgrenzen will. *T. Keiderling*

Privatbibliothek, Bibliothek im Besitz von Privatpersonen im Gegensatz zu jenen in öffentlicher Hand. Sie ist i. d. R. von einem einzelnen Besitzer (oder wenigen Besitzern) geprägt und kann der Öffentlichkeit zugänglich sein. Als frühe Bibliotheksform in der Antike entstanden, unterschieden sich P.en bis ins 19. Jh. im Hinblick auf Zugänglichkeit und universalen Anspruch kaum markant von Bibliotheken in öffentlicher Trägerschaft. Im Mittelalter traten geistliche und weltliche Privatpersonen als Bestandsbildner hervor, im Humanismus stieg die Zahl der Gelehrtenbibliotheken und mit dem Literaturbedarf der Aufklärung die der P.en insgesamt; Fürsten- und Adelsbibliotheken bildeten sich als repräsentative P.en aus. Änderungen der Lesegewohnheiten führten Ende des 18. Jh.s zu einem Rückgang privaten Buchbesitzes zugunsten von Lesegesellschaften und Leihbüchereien. Historische P.en gingen oft in öffentliches Eigentum über. *S. Alker-Windbichler*

Privatdruck, nicht über den Buchhandel vertriebener Druck eines Manuskripts, häufig von Privatpersonen in kleiner Auflage für den privaten Gebrauch und ohne kommerzielle Absicht veranlasst oder von einer Institution als ↗ Graue Literatur herausgegeben. Oft mit der Kennzeichnung «Als Manuskript gedruckt». *P. Hauke*

Privatdruckerei ↗ Privatpresse

Private Web, jener Teil des Invisible Web, der zwar im WWW bereitgestellt wird, dessen Inhalte aber nur für einen eingeschränkten Benutzerkreis zugänglich sind. Beispiele dafür sind passwortgeschützte oder mit einem speziellen Metatag (noindex) gekennzeichnete Webseiten, ↗ Intranetseiten von privatrechtlichen Institutionen sowie Einträge in die robots.txt-Datei, die einen Zugriff auf eine Webseite verbieten. ↗ Deep Web ↗ Opaque Web ↗ Surface Web

C. Schlögl

Privatpresse ist ursprünglich eine Werkstatt für Satz und Druck, deren Eigentümer selbstständig oder mithilfe von Fachkräften Druckerzeugnisse außerhalb der gewerblichen Produktion für selbstbestimmte eigene Absichten und für einen speziellen oder eingeschränkten Empfängerkreis herstellt, oft auch auf direktem Wege verteilt oder vertreibt. Im erweiterten Verständnis werden nach dem übernommenen englischen Gattungsbegriff «private press» auch die seit Ende des 19. Jh.s von Künstlern oder Werkgemeinschaften betriebenen Unternehmungen einbezogen, die mit hohem ideellen und materiellen Aufwand buchkünstlerisch wie kunsthandwerklich qualitätsvoll gestaltete Bücher anfertigen. Jedoch bleibt die editorische, technische und wirtschaftliche Abgrenzung zwischen P. und Künstler- oder Meisterpressen ebenso unscharf wie die zwischen amateurhafter und professioneller Tätigkeit.

P. Neumann

Privileg ist das Vor- oder Sonderrecht, das bestimmten Personen oder Gruppen von zuständigen Stellen, meist staatlichen Organen, eingeräumt wird. 1. In der Urkundenlehre nennt man P. diejenige Urkunde, die ein Recht oder Vorrecht für (un)begrenzte Zeit verleiht. Die P.ien bilden auch nach Ausstattung und Besiegelung die oberste Stufe in der Hierarchie der Urkunden. Bei Kaiser- und Königsurkunden spricht man gewöhnlich von ↗ Diplomen.

2. Auf den Buchdruck und Buchhandel bezogen gab es vier Varianten: a) Das Drucker-Gewerbemonopol war ein befristetes P., das einem Drucker gewährt wurde, der den Buchdruck neu in eine Region brachte. Solange das P. galt, brauchte er keine Konkurrenz zu fürchten (seit dem ausgehenden 15. Jh. in Italien belegt). b) Das Druck- oder Bücherp. sollte den Absatz der Druckauflage sichern. Es wurde jeweils nur einem Drucker-Verleger für ein bestimmtes Werk eingeräumt. Dadurch waren Nachdrucke im Gültigkeitsbereich des P.s verboten. Als Gegenleistung musste der P.ierte i. d. R. Freiexemplare abliefern und/oder Gebühren zahlen (seit dem ausgehenden 15. Jh. in Deutschland belegt). c) Das Autorenp., das häufig mit dem Druckp. verbunden war, verschaffte dem Urheber rechtlichen Schutz bei unberechtigtem Nachdruck und Veränderungen an seinem Werk. Hier liegen die Anfänge des Urheberrechts (seit dem frühen 16. Jh. in Deutschland belegt). d) Schließlich gab es noch das ↗ Messprivileg, das die Ausrichtung einer Buchmesse und das zeitgleiche regionale Konkurrenzverbot ähnlicher Messen regelte.

Pro novitate, aus dem Lateinischen «als Neuigkeit». Ausdruck für die Versendungsweise neuer Bücher. Es handelt sich um eine i. d. R. unverlangt vom Verleger an den Sortimenter zugesandte Novität (↗ Unverlangtsendung), die nach Verkauf abgerechnet, jedoch bei Nichtveräußerung wieder bis zum nächsten zentralen Abrechnungstermin (im 19. Jh. die Leipziger Ostermesse) zurückgeschickt werden musste (Remission). Der bereits für das 17. Jh. belegte Begriff (Ersterwähnung 1697) wurde nach 1788 (↗ Nürnberger Schlussnahme) fester Bestandteil des nun dominierenden ↗ Konditionshandels im deutschen Buchhandel.

T. Keiderling

Probeabdruck, Probeabzug, Probeandruck ↗ Andruck

Probeband, auch Musterband oder Prüfstück genannt, wird vor Beginn der Produktion als Muster für die buchbinderische Ausführung eines Buches angefertigt und dem Auftraggeber zur Prüfung und Genehmigung vorgelegt. ↗ Blindband

Probebogen ↗ Aushängebogen

Probedruck wird meist auf einer Handpresse angefertigt, um bei originalgrafischen Arbeiten das gewünschte Ergebnis kontrollieren und den Druckausfall auf dem gewählten Papier oder auf verschiedenen Papiersorten begutachten zu können. Möglich sind dann Korrekturen der Druckplatten oder Reproduktionen, auch Änderungen der Farbgebung sowie des Papiereinsatzes. *P. Neumann*

Probeexemplar ↗ Leseexemplar

Produktlebenszyklus, Bezeichnung für die zeitlichen Verläufe von Absatz, Umsatz und/oder Gewinn bei einem Gut (in Anlehnung an den Lebensverlauf). Mithilfe dieses heuristischen Konzepts versucht man in den Wirtschaftswissenschaften, Regelmäßigkeiten bezüglich des Absatz-, Umsatz- bzw. Gewinnverlaufs während einer als endlich angenommenen Lebensdauer eines Produkts darzustellen. Idealtypisch wird i. d. R. von einem Kurvenverlauf ausgegangen, der für jedes Produkt, in 4 oder auch 5 Phasen dargestellt wird und der beim Buch bezogen auf ein Produkt mit dem Verkauf an den Endkunden endet und nicht den antiquarischen Wiederverkauf einbezieht: 1. Einführungsphase: Markteinführung eines Produkts mit ersten geringen Umsätzen. Wegen der üblicherweise hohen Einführungskosten entsteht noch kein Gewinn. 2. Wachstumsphase: Überproportionales Umsatzwachstum eines gut platzierten Produkts und Erreichen der Gewinnschwelle. 3. Reifephase: Übergang zu abnehmenden Umsatzzuwächsen und Erreichen des Gewinnmaximums. 4. Sättigungsphase: Beginnende Marktsättigung mit deutlich abnehmenden Umsätzen bis hin zum Grenzumsatz (= Umsatz für eine zusätzlich verkaufte Produkteinheit) von Null und abnehmenden Gewinnen. 5. Degenerationsphase: Letzte Lebensphase mit stark abnehmenden Umsätzen und Gewinnen bis hin zur Markerschöpfung. Bei ↗ Bestsellern ist der P. besonders kurz und die Wachstumsphase wie der Gewinn stark ausgeprägt, während sich Long- und Steadyseller über einen längeren Zeitraum u. U. wellenförmig (Anzug des Absatzes in bestimmten Monaten, u. a. bei Schulbüchern) entwickelt. Der P. eines Buches ist nicht zu verwechseln mit der ↗ Lebensdauer desselben. *T. Keiderling / F. Linde*

Produktplatzierung (Englisch: Product Placement) ist ein Marketing- und Werbemittel. Durch gezieltes Platzieren von Markenprodukten in Medien, vorrangig Kino- und TV-Filmen, aber auch im Radio, in Videos, Zeitschriften und Zeitungen etc. wird Werbung betrieben. P. ist im Kern rechtlich verboten, denn es handelt sich um getarnte Werbung (sog. Schleichwerbung). Um sie legal anzuwenden, ist es notwendig, bestimmte Richtlinien einzuhalten, die u. a. nach dem Rundfunkstaatsvertrag der Bundesrepublik Deutschland (Staatsvertrag für Rundfunk und Telemedien; RStV) von 2010 geregelt

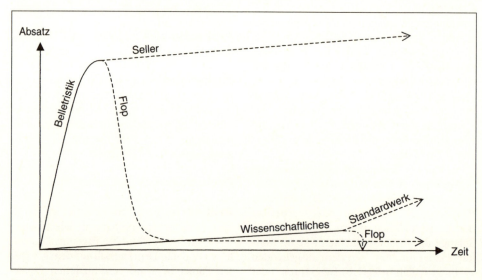

Produktlebenszyklen unterschiedlicher Buchtypen. In: D. Kerlen: Der Verlag, Stuttgart 2006, S. 139.

sind (§§ 7, 15 – 16, 44, 63). So darf bei einer P. im Fernsehen die redaktionelle Verantwortung und Unabhängigkeit hinsichtlich Inhalt und Sendeplatz nicht beeinträchtigt werden. Die P. darf nicht unmittelbar zum Kauf, zur Miete oder Pacht von Waren oder Dienstleistungen auffordern. Das Produkt darf nicht zu stark herausgestellt werden und schließlich muss auf die P. aufmerksam gemacht werden. Dies geschieht im TV z. B. durch Einblenden eines «P» oder «unterstützt durch Produktplatzierung» von mindestens drei Sekunden auf dem Bildschirm. Für die Platzierung von Produkten werden i. d. R. Geld- oder Sachzuwendungen geleistet. Die P. wurde im 20. Jh. in der US-amerikanischen Filmindustrie entwickelt (Anfänge in den 1930er Jahren) und seit den 1980er Jahren verstärkt auch in Europa eingesetzt. Das Messen der konkreten Wirkung einer P. ist Aufgabe der Werbeforschung. *T. Keiderling*

Professionalisierung meint generell eine bestimmte Form der Organisiertheit von Unternehmen bzw. Unternehmern wie Angestellten, die es ihnen ermöglicht, sich optimal an wirtschaftliche Rahmenbedingungen anzupassen. Häufig werden vorherige privat, ehrenamtlich oder nur «nebenbei betriebene» Tätigkeiten zu einem festen Berufsbild- und -typus geformt und somit berufstypische Merkmale sukzessive ausdifferenziert. Dies führt zu Aufgaben-, Kompetenz- und Qualitätserweiterungen sowie Standardisierungen bei gleichzeitiger Spezialisierung auf einen bestimmten Arbeitsbereich. Der P.-Prozess geht oft mit einer Effizienzsteigerung einher. Schließlich kommt es zur Ausprägung eines berufsspezifischen Know-hows (Qualifikationsstufen, Akademisierung, Begleitung des Berufs und der Berufsausbildung durch eine entsprechende Fachliteratur) und zur Herausbildung einer Fachkommunikation. Im Ergebnis der Professionalisierung erhält der Berufsausübende (Unternehmer wie Angestellte) oftmals einen Bedeutungs- und Prestigegewinn. Bei den sog. freien Berufen (Ärzte, Rechtsanwälte, Architekten, aber auch Journalisten, Schriftsteller, Lektoren etc.) ist dies besonders untersucht worden, u. a. durch H. Siegrist (geb. 1947), 1988 und U. Schneider (geb. 1960)

2005. Bei ihnen spielen Kriterien eine Rolle, wie kollektive Autonomie und Kontrolle der Ehre, Herauslösung aus alten Formen der Patronage durch Kirche und Staat etc.

T. Keiderling

Professorenbibliothekar ↗ Dichterbibliothekar

Programm (Computerprogramm) ist eine den Regeln einer P.iersprache genügende Folge von Anweisungen (bestehend aus Deklarationen und Instruktionen), um bestimmte Funktionen bzw. Aufgaben oder Probleme mithilfe eines PCs bearbeiten oder lösen zu können. Ein Computerp. gehört zur Software. Es genießt nach §§ 2 und 69 UrhG dann einen Urheberrechtsschutz, wenn es ein individuelles Werk und das Ergebnis einer geistigen Urheberschöpfung ist. Mit Umsetzung der Urheberrechtsrichtlinie von 2001 wurde die Schutzschwelle für Computerp.e in der Europäischen Gemeinschaft harmonisiert. Wie beim sonstigen Urheberrecht beginnt der Schutz bereits mit der Erstellungsphase; einer Registrierung oder Einhaltung eines formellen Meldeverfahrens bedarf es nicht. Geschützt sind z. B. Maschinen-, Objekt- und Quellcodes inklusive Entwurfsmaterial wie Ablaufpläne oder Struktogramme; nicht geschützt sind hingegen grafische Benutzeroberflächen eines Computerp.s und alle diesen P.en zugrunde liegenden Ideen und Grundsätze. ↗ Computerspiel

T. Keiderling

Programmanalyse (Rundfunk), systematische und möglichst vergleichende Untersuchung von Fernseh- und Hörfunkprogrammen. Oftmals wird hierzu die empirische Methode der ↗ Inhaltsanalyse genutzt. Sender beauftragen i. d. R. Institute mit derartigen Studien, um ihre Marktpositionierung einzuschätzen und ihre weitere Programmplanung festzulegen (Trendermittlung). Für die universitäre Forschung ist eher die Medienwirkungsforschung von größerem Interesse. ↗ Kultivierungshypothese *T. Keiderling*

Programmpapier, stark beschwertes, d. h. mit Füllstoffen versehenes, weiches und schwach geleimtes Papier mit matter Oberfläche, das für Theater- und Konzertprogramme verwendet wird. Es verursacht beim Umblättern keine störenden Geräusche. Aufgrund der nicht reflektierenden Oberfläche ist die Schrift auch bei Dämmerlicht gut lesbar. *G. Brinkhus*

Programmvorschau ↗ Vorschau

Programmzeitschrift. Mit der allgemeinen Einführung des Hörfunks (in Deutschland ab 1923) und später des Fernsehens (in Deutschland ab 1952) ergab sich der Wunsch nach laufender Information über deren Programm. Deshalb informierten die Rundfunkanstalten die Tageszeitungen, gaben aber auch regelmäßig erscheinende illustrierte P.en heraus. Nach dem Zweiten Weltkrieg beherrschen den Markt der P.en in Deutschland fast ausschließlich private Verlage, die Anstalten sind nur noch Zulieferer der Programminformation (u. a. «Hörzu» seit 1946, verkaufte Auflage 2018: 960.800). *H. Bohrmann*

Prohibitivzensur ↗ Präventivzensur

Prolog, aus dem Griechischen «Einleitung», «Vorrede»; ist ursprünglich eine einem Schauspiel vorgeschobene Einführung oder einleitende Erklärung, die später auch in der Literatur angewendet wurde, etwa um eine Einleitung, Vorrede oder ein Vorwort in einem Buch zu bezeichnen. Nach Aristoteles (384 – 322 v. Chr.) soll der P. auf den Begründer des griechischen Theaters, Thespis (6. Jh. v. Chr.) zurückgehen. Der erste erhaltene P. leitet «Die Perser» von Aischylos (525 v. Chr. - 456 v. Chr.) ein. Der Begriff tritt zuerst in den «Fröschen» des Aristophanes (444 v. Chr. – 380 v. Chr.) auf. Die Einleitung eines Schauspiels durch einen P. hat sich in allen Jh.en erhalten, z. B. «P. im Himmel» zum «Faust» 1808 veröffentlicht, 1829 uraufgeführt von J. W. Goethe (1749 – 1832). *G. Pflug*

Promemoria, aus dem Lateinischen «zur Erinnerung»; heißt eine Denkschrift oder Eingabe, die einer vorgesetzten Stelle oder einer Behörde vorgelegt wird. In diesem Sinn wird auch gelegentlich das Wort Memorial gebraucht.

Proof (Probeabzug) ↗ Andruck

Propaganda, aus dem Lateinischen «ausbreiten», «verbreiten»; steht heute meist abwertend für eine intensive Beeinflussung der «Massen» für bestimmte geistige, politische, religiöse, wirtschaftliche usw. Ideen und Ziele. Diese Form der Manipulation ist im Prinzip seit der Antike bekannt und wurde u. a. in der 1622 durch Papst Gregor XV. (1554 – 1623) gegr. Papst-Kongregation («Congregatio de p. fide») zur missionarischen Ausbreitung des christlichen Glaubens im Zuge der Gegenreformation verwendet. Seit der Französischen Revolution wird der Begriff im heutigen Sinn verwendet. In totalitären, Regimen – u. a. im Nationalsozialismus (Reichsministerium für Volksaufklärung und Propaganda 1933 – 1945), in der UdSSR, DDR oder aktuell in Nordkorea – jedoch positiv konnotiert, da durch sie die politischen Ziele der herrschenden Staatspartei besser erreicht werden können. Die P. verwendet Techniken der Manipulation: Ereignisse und Themen werden gezielt aufgegriffen, einseitig dargestellt, um die öffentliche Meinung in gewünschter Weise zu verändern. Als P.medien dienen u. a. Flugschriften, Transparente, Plakate, Broschüren, Bücher, Radio, Fernsehen, Film, Internet etc., darüber hinaus jedoch auch Uniformen, öffentliche (Führer-)Reden, Rituale und symbolische Handlungen. Im 20. Jh. setzte nach dem Ersten Weltkrieg mit zunehmender internationaler P.tätigkeit innerhalb der psychologischen Kriegsführung und von Diktaturen die P.forschung ein, u. a. H. D. Lasswell (1902 – 1978) 1927 und E. L. Bernays (1891 – 1995) 1928. ↗ Agitation ↗ Medienkontrolle in Diktaturen *T. Keiderling*

Propagandaforschung ↗ Propaganda ↗ Medienkontrolle in Diktaturen ↗ Medienwirkungsforschung

Proprietäre Software, Software, die rechtlich davor geschützt wird, dass Benutzer sie an Dritte weitergeben. Ihr Urheber bzw. Rechteinhaber behält sich weitgehende Rechte vor und lizenziert ausschließlich die Benutzung durch einzelne Benutzer oder Benutzergruppen. Insbesondere verwehrt er die Weitergabe in veränderter Form, oft durch zusätzliche technische Schutzmaßnahmen wie die Geheimhaltung des Quelltexts. Auf P. S. beruhende Geschäftsmodelle waren erstmals im Kontext der Popularisierung des PC erfolgreich. In Abgrenzung zur P. S. entstand die ↗ Open-Source-Software. *L. Heller*

Proprietary Web, jener Teil des Invisible Web, bei dem der Zugriff an bestimmte Bedingungen (z. B. kostenlose Registrierung oder kostenpflichtige Nutzung) geknüpft ist. ↗ Deep Web *C. Schlögl*

Prospekt, aus dem Lateinischen «vorausschauen». 1. Zur Verkaufsförderung (als Werbemittel) angefertigte, zumeist gedruckte, neuerdings auch elektronisch/online als PDF bzw. blätterbare E-Paper nutzbare Übersicht über alle Produkte, Dienstleistungen oder Teile des Produktionsangebots eines Herstellers. Gelegentlich finden sich auch mehrere Hersteller zu einer gemeinsamen Produktinformation in einer Werbeschrift zusammen (↗ Gemeinschaftswerbung). 2. In der Kunst wird mit P. die wirklichkeitsgetreue Wiedergabe einer Landschaft oder Stadt von einem festen Standpunkt aus bezeichnet. 3. Im Theater bezeichnet P. den meist auf Leinwand gemalten Hintergrund der Bühne. Er kann i. d. R. hochgezogen oder versenkt werden. Bei der Drehbühne wird er durch den Rundhorizont und Projektionen ersetzt.

Prosumer (eingedeutscht: Prosument), Kofferwort aus «Producer»/«Produzent» und «Consumer»/«Konsument»; kennzeichnet einen Verbraucher, der auch Produzent einer Ware oder Dienstleistung ist. Ein Beispiel ist die aktive und zugleich passive Teilnahme am WWW (Internet), insbesondere bei interaktiv und kollaborativ erstellten Webinhalten. ↗ Web 2.0.

Protokoll, aus dem Griechischen «das zuerst angeklebte».1. P. hieß ursprünglich das erste Blatt einer Papyrusrolle, das in Ägypten häufig einen amtlichen Stempel der Steuerverwaltung trug. Später ging der Ausdruck auf formelhafte Eingangssätze der Urkunden über. Entsprechend heißen die Schlussfloskeln Eschatokoll («der letzte»); statt beider Ausdrücke wird auch von Eingangsp. und Schlussp. gesprochen. Das P. der Urkunden umfasst die Invocatio (Anrufung Gottes), Intitulatio (Nennung des Ausstellers), Inscriptio (Adresse) und Salutatio (Grußformel) und/oder Verewigungsformel. 2. P. ist auch die förmliche Niederschrift der wesentlichen Punkte einer Sitzung, Versammlung, Verhandlung oder Vernehmung. Es ist als Begriff in Deutschland seit 1475 nachweisbar und tritt als Titelbegriff von Veröffentlichungen seit dem 17. Jh. häufig auf. 3. Regelsatz für den Austausch von Nachrichten in der Telekommunikation und Informatik. Mit P. sind meist ein Netzwerk-P. gemeint, das die Kommunikation zweier Systeme über ein Netzwerk regelt. Ein P. enthält zum einen syntaktische Regeln (wie Formate) und semantische Beschreibungen des Inhalts, der Bedeutung und Reihenfolge der Nachrichten, so dass ein Kommunikationsverhalten der Systeme beschrieben und kontrolliert werden kann. Die Kommunikation ist in der Praxis meist über verschiedene Abstraktionsschichten abgebildet, die je unterschiedliche Aufgaben übernehmen. Die einzelnen Schichten bauen aufeinander auf und bilden gemeinsam einen P.stapel (Beispiele sind das OSI-Schichtenmodell und die Internetp.familie). Ein Beispiel für ein P. ist der Handshake, der regelt, wie eine TCP-Verbindung sicher und zuverlässig aufgebaut wird (TCP/IP). Bekannte P.e sind u. a. Hypertext Transfer Protocol (HTTP) zur Kommunikation mit Webservern, File Transfer Protocol für den Dateitransfer oder Simple Object Access Protocol (SOAP) zum Aufruf von Webservices *T. Frenz / G. Pflug / P. Schaer*

Provenienzeintragung ↗ Besitzervermerk

Provenienzprinzip (Herkunftsprinzip), archivisches Ordnungsprinzip zur Bildung und Abgrenzung von Archivbeständen, das die Bewahrung der vom Registraturbildner geschaffenen Entstehungs- und Ordnungszusammenhänge von Unterlagen auch nach ihrem Transfer in die Archive gewährleistet, so dass sie in ihrem Ursprungskontext recherchiert, ausgewertet und interpretiert werden können. Ungeachtet seiner verschiedenen Ausprägungen in Einzelaspekten (z. B.

Entstehungs-/Ablieferungsprovenienz) unterscheidet sich das P. grundlegend von den am ↗ Pertinenzprinzip orientierten sachthematischen und systematischen Ordnungsmerkmalen der Bibliotheken. Vereinzelt bereits im 18. Jh. propagiert, setzte sich das P. als Ordnungsgrundsatz im Archivwesen im 19. Jh. durch, in Frankreich 1841 («respect des fonds»), in Preußen 1881 und in den Niederlanden 1897. *F. M. Bischoff*

Provider ↗ Internet Service Provider ↗ Content Provider

Provinzialbibliothek, Bibliothek, die funktionell zum Bibliothekstyp der Regionalbibliothek zu zählen ist. «Provinzial-» entspricht der (historischen) Bezeichnung der regionalen Verwaltungseinheiten zum Entstehungszeitpunkt der jeweiligen dort angesiedelten Bibliothek. Die P. Amberg und die Staatliche Bibliothek Neuburg an der Donau sind zwei Beispiele für P.en, die in Bayern im Zug der Säkularisation um 1800 als Regionalbibliotheken eingerichtet und mit Beständen von Klosterbibliotheken ausgestattet wurden. ↗ Landesbibliothek *W. N. Rappert*

Provision ist die für die Vermittlung eines Geschäfts oder anderweitige Dienstleistungen übliche Vergütung in Form einer prozentualen Beteiligung am Umsatz und entspricht somit einem erfolgsabhängigen Entgelt. Verlagsvertreter erhalten eine mit dem Verlag vereinbarte P.

Prozessionale. Liturgisches Buch der katholischen Kirche mit Gesängen für die Prozessionen (Mariae Lichtmess, Palmsonntag, Bittage, Christi Himmelfahrt, Fronleichnam etc.). Aus dem Mittelalter mit seiner reich entwickelten Prozessionskultur sind viele, nach Orden bzw. Diözesen differenzierte Handschriften überliefert, häufig auch – wie später bei vielen gedruckten Ausgaben – gekoppelt mit den Texten des ↗ Rituale bzw. als Teil desselben (so auch im «Rituale Romanum» von 1614). *F. Heinzer*

Prozessor (auch CPU = Central Processing Unit) ist ein Hauptelement einer elektronischen Datenverarbeitungsanlage (Computer). Es handelt sich um ein zumeist stark miniaturisiertes, i. d. R. frei programmierbares Rechenwerk bzw. eine elektronische Schaltung, die gemäß der übergebenen Befehle andere Maschinen oder elektrische Schaltungen steuert und dabei einen Algorithmus (Prozess) vorantreibt. Jeder P. hat eine Taktfrequenz (Rhythmus, Takt pro Sekunde). Je schneller diese ist, desto rascher kann der P. Befehle verarbeiten. Maß für die Geschwindigkeit der Rhythmen ist Hertz. Hohe Taktfrequenzen verursachen große Wärmeentstehung. Um die Wärme abzuleiten, werden Lüfter oder Wasserkühlungen eingesetzt. Bekannte P.hersteller sind Intel oder AMD. *T. Keiderling*

Prüfstück ↗ Lehrerfreistück ↗ Leseexemplar ↗ Probeband

Prüfung von Papier ↗ Papierprüfung

Prüfziffer, einfache Form einer Prüfsumme. Die P. einer mehrstelligen Zahl wird nach einer bestimmten Rechenvorschrift aus den übrigen Ziffern berechnet. Durch Berechnung und Vergleich der Prüfziffer können Eingabefehler erkannt werden; Einsatzmöglichkeiten in der EDV sind vielfältig, u. a. bei Banknoten, Kreditkarten, Identcodes von Logistikunternehmen. Prüfziffern können sowohl bei manueller Eingabe über Tastatur als auch bei automatischer Datenerfassung, z. B. OCR oder Barcodelesern verwendet werden. In einem Datenerfassungsgerät kann bei einer abweichenden Prüfziffer die Eingabe verworfen werden. ↗ Hash-Wert ↗ ISBN

Prunkwerk ↗ Prachtausgabe

Psalter ↗ Psalterium

Psalter-Handschrift. Die außergewöhnliche Wertschätzung des ↗ Psalteriums im christlichen Mittelalter spiegelt sich in der breiten handschriftlichen, eigenständigen Überlieferung dieses Buchs außerhalb des biblischen Gesamttextes wider. Die Funktion der P.-H. als privates Gebetbuch hochgestellter Persönlichkeiten führte vielfach zu besonderer buchkünstlerischer Ausstattung.

Beispiele aus frühmittelalterlicher Zeit sind der Vespasian-Psalter, der kleinformatige Dagulf-Psalter (für Karl den Großen, um 747 – 814), der Stuttgarter Psalter und der Utrecht-Psalter. Eine Blüte erlebte die P.-H. im 12. und 13. Jh. *F. Heinzer*

Psalterium (Psalter), Buch des Alten Testaments, enthält die 150 Psalmen. Im P. ist eine Vielzahl von Gattungen der religiösen Dichtung vertreten: Lob- und Dankgesänge, Klage- und Bußlieder, prophetische Texte, Lehrdichtungen. Buchgeschichtlich interessant ist die Funktion des P.s als Gebetbuch des christlichen Mittelalters und die damit verbundene privilegierte Position in der Buchmalerei. *F. Heinzer*

Pseudoandronym, aus dem Griechischen «Täuschung», «Mann», «Name»; die v. a. im 19. und 20. Jh. vorkommene Bildung einer männlichen Namensform für eine Verfasserin, z. B. George Sand für Aurore Dudevant (1804 – 1876), George Eliot für Mary Ann Evans (1819 – 1880). *R. Jung*

Pseudogynym, aus dem Griechischen «Täuschung», «Frau», «Name»; die seltene Bildung einer weiblichen Namensform für einen männlichen Verfasser, z. B. Clara Gazul für Prosper Mérimée (1803 – 1870), Elisabeth Seeger für Peter de Mendelssohn (1908 – 1982; bei Übersetzungen). Heute gelegentlich bei Verfassern sog. Frauenromane in Heftreihen. *R. Jung*

Pseudonym, aus dem Griechischen «falscher Name»; der von einem Verfasser selbst gewählte, erfundene oder veränderte Name (Schein-, Deckname). Die Gründe für die Wahl eines P.s sind verschieden: nötige Vorsicht, v. a. bei Schriften politischen, religiösen, satirischen oder erotischen Inhalts, Rücksicht auf die (gehobene) gesellschaftliche Stellung (der Autoren-Beruf war bis ins 19. Jh. nicht hoch angesehen), Vermeidung eines häufig vorkommenden (Edschmidt für Eduard Schmidt) oder schwierig auszusprechenden Namens (Conrad für Korzeniowski), Wahl eines wohlklingenden (Adels-)Namens, aber auch Lust an der Verkleidung. Formen der Bildung sind vielfältig, u. a. Anagramm, Ananym, Kryptonym, Traduktionym etc. Die Enthüllung von P.en ist ebenso wie die Aufdeckung der Verfasserschaft anonymer Werke seit dem 17. Jh. das Ziel vieler Bibliografien.

Das deutsche Urheberrecht (UrhG von 1965) unterscheidet bei Urheberbezeichnungen zwischen bürgerlichen Namen, Decknamen und Künstlerzeichen (§ 10, I); bei anonymen und p.en Werken erlischt das Urheberrecht 70 Jahre nach der Veröffentlichung, im Gegensatz zum allgemeinen Urheberrecht, das 70 Jahre nach dem Tod des Verfassers endet (§§ 64, 65). Diese Schutzfrist gilt jedoch auch dann, wenn der Deckname des Verfassers bekannt oder in das Register anonymer und pseudonymer Werke beim Deutschen Patent- und Markenamt (DPMA) in München eingetragen wird. *R. Jung*

PTO ↗ Print to Order

PTS ↗ Print to Stock

Public Library. In englischsprachigen Ländern Bezeichnung für denjenigen Bibliothekstyp, dem in Deutschland die ↗ Öffentlichen Bibliothek entspricht.

Public Relations ↗ Öffentlichkeitsarbeit

Publikation, aus dem Lateinischen «Veröffentlichung»; meint das An-die-Öffentlichkeit-Bringen (Erscheinen) eines i. d. R. urheberrechtlich geschützten Werks. P.en sind somit alle Medienwerke und Medienformen, die auch von Bibliotheken angekauft, erfasst, gesammelt, aufbewahrt und bereitgestellt werden. Traditionell und im engeren Sinne sind damit Druckwerke aller Art wie Bücher, Zeitungen, Zeitschriften, Flugblätter, Plakate; konkreter noch: Abhandlungen, Artikel/Beiträge, Aufsätze etc. gemeint, die Texte und Abbildungen (Grafiken, Fotos, Zeichnungen etc.) enthalten. In Erweiterung dessen sind auch digitale bzw. elektronische Veröffentlichungen (elektronische Publikationen wie E-Books, Veröffentlichung im Internet etc.) P.en sowie weitere Formen auditiver und audiovisueller Medien (Ton- und Musikmedien, Hörbücher, Filme, Videos etc.) zu nennen. P.en werden für die Öffentlichkeit, ggf.

für eine Teilöffentlichkeit (Graue Literatur, Samisdat), zugänglich gemacht. Hierzu ist es notwendig, eine entsprechende Anzahl von Vervielfältigungsstücken bzw. Trägermedien anzufertigen (↗ Auflage) oder bei digitalen Medien eine Verbreitung mittels Ansicht (im Internet), Kopie bzw. Download zu ermöglichen. Ein Kunstwerk als Unikat wird hingegen nicht als P. aufgefasst. Es erreicht erst durch das Aufstellen in einem öffentlichen Raum (Galerie, Museum) die Öffentlichkeit. Auch ist der Rundfunk keine P., sondern ein Übertragungsmedium, Informationen können jedoch auch über den Rundfunk publiziert werden. *T. Keiderling*

Publikationsform meint die konkrete Form einer Veröffentlichung und lässt sich unterscheiden in verwendete Trägermaterialien bzw. genutzte Übertragungskanäle (Medien). Nicht gemeint ist hingegen die inhaltliche Form, die sich im Genre bzw. in der gewählten journalistischen Darstellungsform ausdrückt. Als Träger eignen sich alle historisch und gegenwärtig bekannten Materialien, u. a. Papyrus, Pergament und Papier für Handschriften und alle Formen der ↗ Printmedien zumeist auf Papier, hier u. a. nach den Kriterien der Periodizität/Nichtperiodizität, Abgeschlossenheit, Selbstständigkeit/Unselbstständigkeit (etwa bei Lieferungen und Fortsetzungen), der Professionalität/Nichtprofessionalität (offiziell im Buchhandel erschienen oder Graue Literatur), ferner der Bindung (Broschüre, Hard-/Softcover, Heft, Loseblattsammlung) sowie visuelle Mikroformen (Microfiche/Mikroplanfilm, Mikrofilm/Mikrorollfilm), auditive Medien (analog: Vinyl-Schallplatte, Musikkassette; digital: MiniDisc, Compact Disc, Hörbuch, digitale Audiobänder DAT und DCC) bzw. audiovisuelle Medien und den in diesem Bereich verwendeten Datenträgern für analoge und digitale Informationen (16-Millimeter-Film, VHS, DVD, Blu-ray Disc, HD DVD, VMD). Nicht zu vergessen sind nicht-physische PC-gestützte Formen wie Internetmedien: Offline-P.en auf unterschiedlichen Speichermedien wie Diskette, CD-ROM, DVD; Online-P.en, die über das Internet oder über ein Intranet verbreitet werden, z. B. Webseiten. Schließlich sind Hybridausgaben und Medienkombinationen der genannten Medien weit verbreitet, u. a. Buch/CD-ROM, Buch/Audiokassette, Audio-CD/Booklet etc. Der ↗ Rundfunk ist für sich genommen keine P., sondern ein ↗ Übertragungsmedium, Informationen können jedoch auch über den Rundfunk publiziert werden. *T. Keiderling*

Publikationsfreiheit. Teil des Grundrechts, die Meinung in Wort, Schrift und Bild frei zu äußern und (in einer Publikation) zu verbreiten. ↗ Meinungsfreiheit ↗ Pressefreiheit *L. Delp*

Publikum, Gesamtheit aller Rezipienten bzw. Nutzer von Aufführungen und Medienangeboten (Zuhörer, Zuschauer), u. a. von Theateraufführungen, Kinoveranstaltungen, Radio- und Fernsehsendungen, Vorträgen, Reden, Konzerten, Festivals und weiterer Bühnenshows. Das P. nimmt an diesen Events entweder als Personenkollektiv direkt vor Ort teil oder rezipiert durch Weiterleitungen via Rundfunk oder Internet bzw. durch mediale Mittschnitte (DVD, CD, Hörbuch etc.). Nach G. Schulze (geb. 1944) 1997 handelt es sich beim ersteren um ein lokales P., beim letzteren um ein (massenmedial) individualisiertes P. Das P. einer Einzelveranstaltung ist quantitativ eng begrenzt (im Sinne einer Teilöffentlichkeit). Hinzu kommt, dass einzelne Teilnehmer miteinander kommunizieren können (gegenseitige Wahrnehmung und Interaktion beim Applaudieren oder Buhrufen). Bei massenmedial vermittelten Veranstaltungen wird ein disperses P. erreicht. «Dispers» bedeutet, das P. ist zerstreut, räumlich voneinander getrennt und kann die Veranstaltung durch die modernen Medien auch zeitlich versetzt und wiederholt rezipieren. Eine interne Kommunikation kann nur indirekt über andere (Medien-)Kanäle, z. B. via Fanclubs oder Chats im Internet, erfolgen. *T. Keiderling*

Publikumsforschung. Die P. ist ein Anwendungsgebiet der Kommunikations- und Medienwissenschaft, das sich dem Mediennutzungsverhalten zuwendet. Von Interesse sind, welche und wie viele Personen sich (Medien-)Angeboten in welchem zeitlichen Umfang (Nutzungsdauer), über welchen

Medienkanal zuwenden. Somit kann die Reichweite von bestimmten Medienangeboten analysiert und eine Typologie der Mediennutzer vorgenommen werden. Die Daten werden i. d. R. durch Umfrageinstitute via Rezipientenbefragung ermittelt, statistisch ausgewertet und Medienbetreibern oder der Öffentlichkeit zur Verfügung gestellt. Durch Auswertung der P. kann das Programmangebot stärker auf das Zielpublikum ausgerichtet oder dieses durch eine gezielte Werbung besser erreicht werden. Deutschlandweite Untersuchungen werden u. a. durch die ↗ Media-Analyse (MA), Allensbacher Markt- und Werbeträgeranalyse (AWA) oder Gesellschaft für Konsumforschung (GfK) regelmäßig durchgeführt. *T. Keiderling*

Publikumsverlag, unscharfer Begriff zur Typologisierung von Verlagen. P.e wenden sich mit ihrer Produktion an ein breites, heterogenes, eben allgemeines Publikum. Sie publizieren für ein allgemeines Interesse (General-Interest- oder Gesamt-Verlage) und bieten somit eine breite Produktpalette über zahlreiche Warengruppen mit fiktionalen (Belletristik) und non-fiktionalen (Sachbuch) Inhalten an. Die oft populären Inhalte können so in vergleichsweise hohen Auflagen und zu vergleichsweise niedrigen Ladenpreisen angeboten werden. ↗ Fachverlag *K. Emrich*

Publikumszeitschrift. Presseerzeugnis mit populären Inhalten an eine breite Zielgruppe. Die P. hat i. d. R. eine hohe Auflage und Reichweite. Sie wird in der Freizeit zur Unterhaltung und Orientierung gelesen und enthält keine unmittelbar berufsbezogenen Inhalte. Es besteht eine höhere Abhängigkeit von Bild und Layout als bei einer Zeitung. In einer erweiterten Definition wird auch ein journalistischer Gratistitel zur Gattung gezählt. Die P. kann grundsätzlich in a) General-Interest-Zeitschrift, b) Zielgruppenzeitschrift, c) Special-Interest-Zeitschrift unterteilt werden. Zu a): die General-Interest-Zeitschrift versorgt ein breites Publikum mit allgemeinen, universellen Informationen. Beispiele: Nachrichten- und Wochenmagazin, Illustrierte, Familienzeitschrift, Fernsehzeitschrift/Programmzeitschrift, Gesundheitszeitschrift. Zu b): Die Zielgruppenzeitschrift spricht eine spezielle Zielgruppe an. Beispiele: Frauenzeitschrift, Männermagazin, Jugendzeitschrift. Zu c): Die Special-Interest-Zeitschrift liefert spezielle Informationen für den allgemeinen Leser in seiner Rolle als Konsument. Dies ist eine inhaltlich sachbezogene Zeitschrift, zumeist wird nur ein Themen- oder Sachgebiet behandelt. Beispiele sind Zeitschriften für Sport, Reise, Auto, Kultur, Wohnen, Technik, Lifestyle. *T. Keiderling*

Publishing on Demand, zu Deutsch «Publizieren auf Bestellung»; bezeichnet ein Publikationsverfahren, bei dem ein Dokument in digitaler Form vorliegt und bei Bedarf gedruckt wird. ↗ Books on Demand ↗ Print on Demand

Publizist, ursprünglich Bezeichnung des Staatsrechtslehrers, der sich um die «Res Publica» bemühte. Davon abgeleitet ist P. aus dem Französischen «publiciste» die Bezeichnung für Zeitungs- oder Tagesschriftsteller. E. Dovifat (1890–1969) knüpfte an diesen Sprachgebrauch an, als er nach dem Zweiten Weltkrieg das wissenschaftliche Fach, das sich in Fortsetzung der Zeitungswissenschaft der 1920er und 1930er Jahre nun auch den neuen p.ischen Medien, Hörfunk und Fernsehen sowie Film, gleichermaßen zuwandte, als P. bezeichnete. Heute werden mit P. alle Autoren, Schriftsteller und Wissenschaftler bezeichnet, die mit Spezial- und Fachinformationen – z. B. in Form von publizierten Analysen, Kommentaren, Büchern, Aufsätzen, Beiträgen, Interviews, Reden oder Aufrufen – an der öffentlichen Meinungsbildung zu aktuellen Themen partizipieren.
H. Bohrmann / T. Keiderling

Publizistik, aus dem Lateinischen «von Staats wegen», «öffentlich». 1. Im 17. und 18. Jh. in der Bedeutung von Staatsrechtslehre und Staatswissenschaft abgeleitet und in diesem Sinne auch im 19. Jh. geläufig. 2. Inbegriff der öffentlichen (mediengebundenen) Kommunikation von Publizisten, die sich zunächst des Drucks (Zeitung, Zeitschrift, Buch) bedienten, Ende des 19. Jh.s durch den Film, seit den 1920er Jahren durch den Hörfunk (Radio) und seit den 1950er Jahren durch das Fernsehen wirksam wurde. 3. Hochschuldisziplin, die sich der Forschung und Lehre auf dem Gebiet der öffentlichen Kommunikation widmet und v. a. Presse, Hörfunk und Fernsehen thematisiert. Siehe auch ↗ Publizistikwissenschaft.

H. Bohrmann / T. Keiderling

Publizistikwissenschaft. Nachfolgedisziplin der ↗ Zeitungswissenschaft, die sich mit öffentlicher Publizistik befasst. Begriffsbildung erfolgte 1926 durch den Journalisten K. Jaeger (1897–1927). Methodisch arbeitet die P. historisch-hermeneutisch, dies gilt als ein Abgrenzungskriterium zur stärker sozialwissenschaftlich und empirisch orientierten ↗ Kommunikationswissenschaft. Seit den 1980er Jahren nannten sich mehrere Institute für P. aufgrund der geänderten Aufgabenstellung des Fachs in Kommunikationswissenschaft um. Die Deutsche Gesellschaft für Publizistik- und Kommunikationswissenschaft (DGPuK), die Fachgesellschaft der Institute für Publizistik- und Kommunikationswissenschaft verwendet hingegen beide Bezeichnungen nach wie vor synonym.

T. Keiderling

Publizistische Grundsätze ↗ Pressekodex

Publizität. 1. Öffentliche Darlegung über Geschäftsvorgänge einer Firma, entweder freiwillig oder bei Aktiengesellschaft in Deutschland pflichtmäßig, in der öffentlichen Jahresbilanz, die u. a. die Namen von Vorstand und Aufsichtsrat vollständig enthalten muss. 2. Gemeinsames Merkmal von Zeitungen und Zeitschriften: die Periodika werden einem großen, anonymen Leserkreis angeboten und dienen so der Konstituierung von Öffentlichkeit. Durch die P. unterscheidet sich die gedruckte Zeitung von der handgeschriebenen, die nur bestimmten Auftraggebern zugestellt wurde, sowie der wissenschaftlichen Zeitschrift vom Gelehrten-(Rund)Brief der Humanistenzeit.

H. Bohrmann

Pull-Marketing, ↗ Marketing, bei dem die Erzeugung eines Nachfragesogs im Vordergrund steht: Bei mehrstufigen Vertriebsketten umwirbt der Hersteller die Endverbraucher (typisch für Fachverlage und den Fachinformationsmarkt). Beim Push-Marketing erzeugt der Hersteller einen Angebotsdruck. Bei mehrstufigen Vertriebsketten motiviert hier der Hersteller die Absatzmittler durch Konditionengestaltung, sich stärker für den Verkauf seiner Produkte an die Endverbraucher zu engagieren. Im Buchmarkt ist der Sortimentsbuchhandel der Absatzmittler; das Push-Marketing ist verbreitet bei Publikumsverlagen. Die Kombination von Pull- und Push-Marketing ist aufwendig und typisch für Markenartikelhersteller, auch für die führenden Publikumsverlage. Auf elektronischen Märkten herrscht beim Business to Customer (B2C) P.-M. vor, bei dem die Initiative für die Informationsbeschaffung über das Produkt vom Endverbraucher ausgeht; aber auch allgemein sieht man auf dem Hintergrund wachsender Segmentierung von Kundengruppen einen Trend zum Pull-Marketing.

K. Umlauf

Pull-Medium, aus dem Englischen «Zug-Medium»; der Empfänger eines medialen Informationsflusses bestimmt und steuert diesen. Z. B. entscheidet er, ob er einen Feed erhalten möchte und kann diesen auch wieder abbestellen. Ein weiteres Beispiel ist das Internet, bei dem der Nutzer Websites durch eine Suche selbst konsultiert (oder nicht). Der Begriff wurde aus dem Marketing (Pull-Marketing) übernommen. Gegensatz ist ein ↗ Push-Medium. Es liegen jedoch, genauer betrachtet, bei vielen P.-Medien und Push-Medien auch Mischformen vor, zu denen neben dem zuvor genannten Feed u. a. auch ein Podcast bzw. Vodcast gehört. Der Empfänger sucht diese aktiv im Internet aus und entscheidet sich für ein Abonnement (= P.-M.). Danach bekommt er automatisch Podcast bzw. Vodcast-Folgen, was der Funktion eines Push-Mediums entspricht.

T. Keiderling

Pultbibliothek (Pultsystem), vorherrschender Bibliothekstyp im Spätmittelalter und in der Renaissance, sowohl in Kirchen und Klöstern als auch in Profanbauten. Es handelt sich um Räume, in denen die Bücher – überwiegend angekettet – flach auf geneigten Pulten oder «Buchbänken» (pulpita, lectrina) zur Benutzung bereitlagen. Es existierten sowohl einreihige als auch zweireihige Pultanordnungen. Als gegen Ende des 16. Jh.s die Buchproduktion weiter anschwoll, so dass die Pulte die Büchermengen nicht mehr aufnehmen konnten, setzte der Übergang von der P. zur moderneren Saalbibliothek ein. Einige P.en blieben länger bestehen, z. B. die in Leiden oder in Trier. Nur wenige P.en haben sich bis heute erhalten. so u. a. in Cesena und Florenz (Italien), Zutphen (Niederlande).

W. Milde

Punkt, aus dem Lateinischen «Einstich»; grafisch für «kleinste diskrete Einheit» in Schrift und Abbildung, daneben auch Maßeinheit in der Typografie. ↗ Punktsystem ↗ Typografischer Punkt

Punktdruck nennt man eine bestimmte Prägetechnik zur Erzeugung der Brailleschen ↗ Blindenschrift mittels Farblosprägung; dabei werden tastbare Punkte dauerhaft in festes Blindenschrift-Papier (ca. 150 – 180 g/m²) erhaben geprägt (insofern ist die Bezeichnung «Druck» irreführend, da Drucken durch Farbübertragung ohne Verformung des Papiers gekennzeichnet ist). Der P. löste den nur einseitig möglichen Linien-(Press-, Perl- und Stacheltypen-)Druck ab und wurde 1884 zuerst für die «Revue Braille» benutzt. Anfänglich gab es nur den einseitigen, später den zweiseitigen (= Zwischen-)P., bei dem die tastbaren Erhebungen von zwei Seiten so ineinander geprägt werden, dass sich die Punkte der Vorder- und Rückseite für den fühlenden Finger nicht auslöschen (dies ist durch Versetzen des Punktrasters der Braille-Schrift auf Vor- und Rückseite möglich). Für größere Auflagen hat sich das 1895 entwickelte Punzieren (d. h. Prägen) von gefalteten Zinkplatten gehalten. Dabei werden 0,25 mm dicke Zinkblechplatten (z. B. 285 × 680 cm) über die Schmalseite auf das gewünschte Format (z. B. 27 × 34 cm) gefaltet und in speziell dafür konstruierten Punziermaschinen, horizontal von zwei Seiten von links nach rechts schreibend, nacheinander positiv von unten nach oben geprägt. Seit ca. 1980 gibt es EDV-gesteuerte Schnelldrucker, die als Ausgabe-Einheiten an Computer-Arbeitsplätzen und für den Einzeldruck («publishing on demand») Papier direkt prägen. *R. F. V. Witte*

Punktiermanier ist eine Technik des manuellen Tiefdrucks, bei der sich die Darstellung überwiegend aus Punkten zusammensetzt. Die ersten Arbeiten dieser Art hat J. C. François (1717 – 1769) um 1740 vorgestellt. Ihre Blütezeit hatte die P. gegen Ende des 18. Jh.s in Großbritannien. Die P wird mit Nadeln, mehrzahnigen Roulettes, Moulettes und dem pilzförmigen Mattoir in den Ätzgrund einer Kupferplatte radiert. Erst durch die nachfolgende Ätzung wird die Platte druckreif. Sie eignet sich zur Wiedergabe von Kreide- und Pastellzeichnungen und Gemälden. Es kann mit einer oder mehreren Farben gedruckt werden. *B. Schulz*

Punktschrift bezeichnet eine bestimmte Art von tastbarer, erhaben geprägter ↗ Blindenschrift, bei der eine definierte Anzahl von systematisch, innerhalb eines festen Rasters angeordneten Punkten einem normalen, dieser Punktkombination zugeordneten (Schrift-)Zeichen entspricht. Sie kann zum Schreiben und Drucken verwendet werden. Schon 1670 hat F. L. Terzi (1631 – 1687) vorgeschlagen, tastbare Punkte für eine Blindenschrift zu nutzen. Sein Werk wurde 1803 ins Französische übersetzt und kann so C. B. de la Serre (1767 – 1841) bekannt geworden sein. Dieser entwickelte 1821 eine aus bis zu 11 tastbaren Punkten (in zwei parallelen Reihen untereinander angeordnet) bestehende fühlbare militärische Geheimschrift. Sie basierte auf den 36 Grundlauten der französischen Sprache (↗ Sonografie) und war nach mathematischen Grundsätzen aufgebaut. Barbiers P. fand zwar Eingang in das Pariser Blindeninstitut, konnte sich aber nicht durchsetzen. Die Größe der Schriftzeichen verhinderte das simultane Erfassen der Punkte durch den lesenden Finger; außerdem konnte sie weder Rechtschreibung noch Interpunktion vermitteln; es gab keine Darstellung der Ziffern und die P. erforderte viel Platz. Diese Vorlage regte den blinden Lehrer L. Braille (1809 – 1852) an, seine Blindenschrift zu entwickeln. Er reduzierte die Punktzahl auf 6 und ordnete diese zunächst den Buchstaben der Schriftsprache zu. Das Grundraster entsprach der 6 eines Spielwürfels (hochkant). Später codierte er Ziffern und Musiknoten in seinem System. 1850 wurde die Braillesche

P. offiziell im Pariser Blindeninstitut eingeführt. Zehn Jahre später kam sie in die USA, 1869 erschien in Großbritannien das erste P.buch. Nach langen Diskussionen nahm in Deutschland 1879 der dritte Blindenlehrerkongress zu Berlin die Braillesche P. an. Inzwischen wurde diese Verkehrsschrift der Blinden für viele buchstabenbezogenen Sprachen entwickelt. Im Deutschen ist die Zuordnung von P. und Schwarzschrift-Zeichen in Normen – auch für den Gebrauch mit Computern – festgelegt. Zwar gab es Versuche, die Anzahl, Anordnung und Stellung der Punkte zu ändern, die Braillesche P. konnte sich aber behaupten. Fast alle tastbaren Blindenbücher weltweit, sei der Text gedruckt oder elektronisch gespeichert, bedienen sich heute der Braille'schen P. oder werden durch entsprechende Lesegeräte in diese umgesetzt. Die P. ermöglicht so (prinzipiell) den Blinden den Zugang zu «elektronischen Bibliotheken».

R.F.V. Witte

Punktsystem, neuerdings häufig verwendete Bezeichnung für ↗ typografische Maße. ↗ Didotsystem ↗ Typografischer Punkt

Purgierte Ausgabe ↗ Editio expurgata

Purpur ist ein aus verschiedenen Meeresschnecken gewonnener blauroter Farbstoff.

Push-Mail ↗ Push-Medium

Push-Marketing ↗ Pull-Marketing

Push-Medium, aus dem Englischen «Drück-Medium»; der Sender eines medialen Informationsflusses bestimmt und steuert diesen. Z. B. legt er bei einem Werbe-Mailverteiler/Newsletter fest, wer die Nachricht erhält (ohne die Empfänger zu fragen). Es muss allerdings die Möglichkeit geben, dass der Empfänger die Mail abbestellen kann. Üblicherweise findet sich der Abmeldelink («unsubscribe») im Kopfbereich oder Footer der E-Mail. Ist dieser nicht vorhanden oder funktioniert er nicht, drohen dem Versender nach § 7 des Gesetzes gegen den unlauteren Wettbewerb (UWG) bzw. §§ 1004, 823 BGB eine Unterlassungsklage und ggf. Schadensersatz. Ein weiteres Beispiel ist der Rundfunk, der vom Sender aus unidirektional verläuft. Der Begriff wurde aus dem Marketing (Push-Marketing) übernommen. Gegensatz ist ein ↗ Pull-Medium, siehe dort auch ein Beispiel für Mischformen.

T. Keiderling

Q

Qualitätsmanagement (QM) bezeichnet alle organisatorischen Maßnahmen, die der Verbesserung der Prozessqualität, der Leistungen und damit den Produkten und Dienstleistungen sowie innerorganisatorischen Leistungen dienen. Qualitätsmanagement ist eine Kernaufgabe des Managements und sollte als ↗ Total Quality Management (TQM) am besten fortlaufend durchgeführt werden. Siehe auch ↗ Balanced Scorecard, ↗ Interne Organisationskommunikation, ↗ Medienmanagement

Quart, Quarto (Abkürzung 4°), aus dem Lateinischen «der Vierte»; ist ein Papier- und ↗ Buchformat, bei dem der Bogen zweimal gefalzt wird und vier Blatt (= 8 Seiten) entstehen. Die Rückenhöhe beträgt heute zwischen 25 und 35 cm. Der Name bezieht sich demnach auf die Anzahl Blätter (Doppelseiten), die pro Falzbogen entstehen. Die Größe eines Papierbogens änderte sich im Laufe der Geschichte und hing von derjenigen des Pergaments bzw. später der Schöpfform ab. Erst 1883 wurden die Bogenmaße erstmals in Deutschland vereinheitlicht. *T. Keiderling*

Quelle (Informationsquelle), Entität, aus der man Informationen bezieht. Dabei kann es sich z. B. um Publikationen, Primärdaten, Fotografien, Tagebüchern, Sachverhalte oder Personen handeln, wobei die Relevanz einzelner Q.n in verschiedenen Wissenschaftsdisziplinen stark variieren kann. Am elaboriertesten ist der Begriff in den Geschichtswissenschaften, in denen man darunter historisches Material subsumiert, aus dem Kenntnisse über geschichtliche Sachverhalte gewonnen werden können. Einen entsprechend hohen Stellenwert hat hier auch die Q.nkunde, die sich u. a. mit der Systematisierung von Q. und der Q.nkritik beschäftigt, sowie die Publikation historischer Q.n. Je nach der Nähe zum untersuchten Gegenstand kann man zwischen Primärq., Sekundärq. und Tertiärq. unterscheiden, wobei die Grenzen teilweise verschwimmen und je nach Forschungsfrage und ggf. auch Disziplin unterschiedliche Zuordnungen möglich sind. Für alle Disziplinen gilt jedoch, dass im Sinne guter wissenschaftlicher Praxis alle in einer wissenschaftlichen Arbeit verwendeten Q.n nachzuweisen sind. *C. Schlögl*

Quellenkritik, in den historischen Wissenschaften die Prüfung der Quellen (insbesondere der schriftlichen) auf Glaubwürdigkeit und Wahrheitsgehalt hin. Es geht dabei um Fragen wie: Welcher Abstand trennt den Urheber der Quelle von den Ereignissen? Aus welchen Informationsquellen schöpfte er? Welche Absichten verfolgte er? Gibt es Blickwinkel, Inszenierungstechniken oder Verfälschungen bei der Darstellung von Personen und Ereignissen? Inwieweit und auf welche Weise hat sein politischer und ideologischer Standort die Quelle beeinflusst? ↗ Primärquelle *B. Bader*

Quellenkunde ist die Lehre von der Typologie der historischen Quellen. Man unterscheidet zum einen zwischen schriftlichen und nicht schriftlichen Quellen. Zu den schriftlichen Quellen gehören die dokumentarischen (Urkunden, Akten, Register, Amtsbücher, Landkarten) und die erzählenden Quellen (Chroniken, Annalen, Viten usw.), zu den nicht schriftlichen neben der mündlichen Überlieferung die Sachquellen (Bauwerke, archäologische Funde, Kunstgegenstände, Hausrat usw.) und die strukturellen Quellen (Rechtsnormen, Gewohnheiten, Bräuche usw.). Zum anderen unterscheidet man zwischen Überresten (Quellen, die unabsichtlich aus der Vergangenheit überliefert sind) und Tradition (Quellen, die absichtlich zur Information der Nachwelt hergestellt wurden), jedoch ist diese Unterscheidung oft nicht eindeutig und in der Praxis nur von geringer Bedeutung. In einer zweiten Verwendung des Wortes nennt man Q. jene Werke der Sekundärliteratur, die Quellen zusammenstellen und erschließen. *T. Frenz*

Quelltext (Quellcode), menschenlesbarer in einer Programmiersprache geschriebener Text, der ein Programm beschreibt. Ein Q. muss zunächst in Maschinensprache übersetzt werden, um vom Computer ausgeführt werden zu können. Dieser Schritt kann von einem Compiler (= PC-Progamm, das Quellcodes einer bestimmten Programmiersprache in eine Form übersetzt) vor Programmausführung oder direkt zur Laufzeit durch einen Interpreter (= PC-Programm, das einen Quellcode einliest, analysiert und ausführt) durchgeführt werden. Gebräuchlich ist auch der Weg über Zwischencode, der nicht nativ auf der Hardware arbeitet, sondern innerhalb einer virtuellen Maschine abgearbeitet wird. Dieses in Java gebräuchliche Prinzip erleichtert den plattformunabhängigen Einsatz der aus dem Q. erzeugten Programme. Q.e unterliegen dem Urheberrecht, wobei zwischen proprietärer Software und Open-Source-Software unterschieden wird. Proprietäre Software erlaubt meist keinen Zugriff auf den Q. und schließt so Anpassungen durch den Anwender aus. Bei Open-Source-Software ist der Q. offengelegt und erlaubt so Einblick in die Funktionsweise der Software und Änderungen. *P. Schaer*

Querformat ist ein Papierformat, bei dem die waagerechte Ausdehnung länger ist als die senkrechte; ein Bildformat, bei dem der Bildhorizont entlang der längeren Bildkante verläuft; ein Bogen- oder Buchformat, bei dem die Druckzeilen parallel zur längeren Kante ausgerichtet sind. Um Broschüren oder Bücher einwandfrei so verarbeiten zu können, muss die ↗ Laufrichtung des Papiers entsprechend gewählt werden. *P. Neumann*

Querheftung ist als seitliche Blockheftung mit Draht heute nicht mehr gebräuchlich, sondern durch die Klebebindung abgelöst. Sie wird jedoch als seitliche Heftung mit Faden, Kordel oder Lederstreifen noch bei bibliophilen Drucken als Blockbuch angewendet. *P. Neumann*

Querlaufendes Papier ↗ Laufrichtung des Papiers

Querlesen, selten gebrauchter, sinnverwandter Ausdruck zu den geläufigeren Begriffen Diagonallesen, Anlesen oder kursorisches Lesen. Gemeint ist ein grobes Abtasten des Textes zum Zwecke einer ersten Information bzw. dem Entscheid für die weitere Lesearbeit. ↗ Lesetechnik *W. Zielke*

Quertitel, der quer zum Rücken aufgedruckte, geprägte oder mit einem Rückenschild aufgebrachte Titel eines Buches. Dabei werden die Titelangaben häufig in verkürzter Form wiedergegeben. Das Anbringen eines Q. setzt eine Breite des Rückens von mindestens 2 cm voraus. *E.-P. Biesalski*

QWERTZ-Tastatur, QWERTY-Tastatur ↗ Tastatur

Queue, aus dem Französischen «Schwanz». 1. Im Buch wird als Q. die leere Seite bezeichnet, die zwischen dem Ende eines Kapitels und dem Anfang des nächsten Kapitels eingeschoben wird. 2. Beim Bucheinband ist Q. eine auch in Deutschland gelegentlich gebräuchliche Bezeichnung für den Tief- oder Unterschnitt (↗ Schnitt). 3. Schließlich werden bei den mittelalterlichen ↗ Beutelbüchern die Beutel cuir à q. genannt, da der Beutel über den Unterschnitt hinausragt.

Quintern(io), auch Quinio, aus dem Lateinischen «Heft aus fünf Blatt»; ist die Bezeichnung für eine Lage von fünf in der Mitte gefalteten Doppelblättern (= 10 Blatt). Die meisten irischen und viele angelsächsischen Handschriften weisen solche Lagen auf. Der auch von Frühdruckern verwendete Ausdruck konnte allgemein eine Lage von beliebigem Umfang bezeichnen.

Quipu ↗ Knotenschrift

Quotaverfahren ↗ Einschaltquote

R

Rabatt ↗ Autorenrabatt ↗ Bibliotheksrabatt ↗ Funktionsrabatt (des Buchhandels) ↗ Vertreterrabatt

Rabattfalle (im Buchhandel). Bei der Abwägung, ob ein Titel beim Verlag, dessen Auslieferung oder beim Barsortiment bestellt werden soll (↗ Vertriebsweg), wird vom Sortimenter nicht selten lediglich der Rabatt als Entscheidungsgrundlage herangezogen. Dabei wird übersehen, dass die Direktbestellung zwar mit höheren Rabatten (und i. d. R. längeren Zahlungszielen) verbunden ist, aber auch mit (deutlich) höheren Kosten bei der Beschaffung und im Handling (Lagerhaltung, Rechnungsgeschäft, Versand, Remission etc.) verbunden sein kann. *T. Bez*

Rack-Jobber. Als R.-J. bezeichnete man ursprünglich den Verkaufsfahrer eines Regalgroßhändlers, der vor Ort Ware anliefert, einsortiert und dort nicht (mehr) verkäufliche Ware zurücknimmt. In der Zwischenzeit wird der Begriff auch für den Regalgroßhändler (das Unternehmen) selbst verwendet. Regalgroßhändler mieten nicht selten Flächen beim Bucheinzelhandel, die sie auf eigenes Risiko – nicht aber auf eigene Rechnung – bewirtschaften. In der Zwischenzeit nutzen auch einige Verlage dieses Modell für ihre Produktion. Sie mieten Flächen in (Bahnhofs-)Buchhandlungen und Buchkaufhäusern an gut frequentierten Stellen, um ihre Produktion vollständig oder in einer Auswahl nach ihren Gesichtspunkten optimal zu präsentieren und verkaufen zu lassen. *T. Bez*

Rack-Jobbing. Allgemein: Regalpflege, d. h., dass der Lieferant die ihm zugewiesenen Regale im SB-Markt, Kaufhaus oder in einem Fachgeschäft (dort für Artikel im Bedarfszusammenhang, z. B. Tierbücher bzw. Ratgeber in einer Zoohandlung) pflegt, mit anderen Worten dafür sorgt, dass die genannten Geschäfte mit diesen Zusatzartikeln ohne eigenes Risiko eine optimale Flächenrendite erwirtschaften. R.-J. im Buchhandel betreiben sowohl einzelne Verlage und spezialisierte Großhändler im Fachhandel (anderer Branchen) als auch Regalgroßhändler in SB-Märkten und Kaufhäusern. *T. Bez*

Radiertechnik ↗ Radierung ↗ Aquatintaverfahren ↗ Kupferdruck ↗ Punktiermanier ↗ Tiefdruck ↗ Vernis mou

Radierung, originalgrafisches Tiefdruckverfahren, bei dem die Zeichnung nicht wie beim Kupferstich mechanisch direkt in die Druckplatte (meist aus Kupfer) gestochen wird, sondern chemisch mittels Ätzverfahren. Dazu wird die Metallplatte zunächst mit einem säureresistenten Überzug, dem Ätzgrund, meist Asphalt, versehen, in den mit der Radiernadel das Bild geritzt wird. An den geritzten Stellen entsteht im Säurebad die Zeichnung. Durch Variation der Verbleibzeit im Säurebad sowie mehrfache Wiederholung von Abdecken, weiterem Ritzen mit der Radiernadel und erneutem Ätzvorgang kann die R. einen großen Tonreichtum von zartesten Linien bis zu tiefem Schwarz erreichen. Während der Kupferstich i. d. R. von Handwerkern ausgeführt wurde, ermöglicht es die Leichtigkeit der Arbeit mit der Radiernadel im Asphaltgrund, dass der Künstler selbst die Druckplatte schafft. Auch das gedruckte Produkt heißt R. und ist im Gegensatz zum Kupferstich meist Originalgrafik. Häufig trifft man auch die Kombination von R. mit Kupferstich bzw. Kaltnadel an. Durch die diversen Ätzvorgänge und eventuell Nachbearbeitungen mit dem Stichel existieren von R.en oft verschiedene Zustandsdrucke, von reinem Ätzdruck bis zum tonwertreichen Endzustand. Die Qualität der Druckabzüge wird von der Feinheit und Saugfähigkeit des

Papiers beeinflusst. Besonders gute Ergebnisse ergeben dünne Japan- oder Chinapapiere. Die Technik der R. entstand im frühen 16. Jh. und wird bis heute weithin bei Künstlergrafik und Künstlerbüchern eingesetzt.

W. D. v. Lucius

Radio ↗ Hörfunk

RAK ↗ Regeln für die alphabetische Katalogisierung

Rakeltiefdruck, ein industrielles Tiefdruckverfahren zur Herstellung hochwertiger Drucksachen in hohen Auflagen, v. a. für Presse, Werbung, Verpackung und Kunst. Nur Großauflagen sind wirtschaftlich, weil für R. heute ausschließlich schnelllaufende, großformatige Rotationsdruckmaschinen zur Verfügung stehen. Die Druckformen sind große Zylinder (je einer pro Farbe), in deren Oberfläche das Druckbild durch elektronisches Gravieren eingetieft wird. Dabei wird ein bildfremder Raster ausgespart, welcher der Rakel (= Vorrichtung zum schonenden Abstreifen von Druckform von der Oberfläche einer Druckform) als Auflage dient. Die Druckzylinder tauchen zunächst in die entsprechenden Farbbecken ein. Dann werden sie abgerakelt, so dass die Farbe nur in den zum Druckbild gehörenden Vertiefungen (Näpfchen) bleibt, von wo sie beim Druckvorgang unter hohem Anpressdruck, den der Gegendruckzylinder erzeugt, auf das zwischen beiden Zylindern laufende Papier übertragen wird. Bei keinem anderen industriellen Druckverfahren wird so viel Farbe übertragen, wie aus den Tiefdrucknäpfchen. Das ist der Grund für die hohe Farbdruckqualität des Verfahrens. Auch Metallpigmentfarben (Gold, Silber) lassen sich im R. drucken. Deshalb gibt es speziell hierfür seit 1992 Bogentiefdruckwerke in Ergänzung zu Offsetdruckmaschinen.

C. W. Gerhardt

RAM ↗ Random Access Memory

Ramsch, umgangssprachliche Bezeichnung für minderwertige Ware, die «verramscht», d. h. zu Schleuderpreisen verkauft wird. Im Buchhandel ist R. eine gebräuchliche, nicht unbedingt abwertende Bezeichnung für Restauflagen, Mängelexemplare etc., die heute verbilligt im ↗ Modernen Antiquariat angeboten werden.

K. Gutzmer

Ramschbuchhandel, veraltete Bezeichnung für ↗ Modernes Antiquariat.

Randbemerkung, Randglosse ↗ Marginalie

Rändeln oder einfassen bezeichnet in der Buchbinderei das Umkleben von Papier- und Pappkanten mit Papier- oder Gewebestreifen, um sie gegen Einreißen und Zerfasern zu schützen.

G. Brinkhus

Randlochkarten ↗ Lochkartenverfahren

Random Access Memory (RAM), zu Deutsch «Speicher mit direktem Zugriff» ist ein Direktzugriffsspeicher bzw. Arbeitsspeicher. Im Gegensatz zur Festplatte ist der RAM ein nicht permanenter Speicher, d. h. die Daten werden nur so lange gespeichert, bis die Stromzufuhr unterbrochen wird (= Leerung beim Ausschalten). Je größer der RAM-Arbeitsspeicher (häufig angegeben in Gigabyte), um so mehr Operationen bzw. Prozesse kann ein Computer gleichzeitig durchführen. RAM wird als integrierter Schaltkreis hauptsächlich in Silizium-Technologie (Halbleitertechnik) realisiert und in allen Arten von elektronischen Geräten eingesetzt. ↗ Read Only Memory (ROM)

T. Keiderling

Randsteg ↗ Steg

Randvermerk ↗ Marginalie

Ranke (Rankenwerk), in der Buchmalerei beliebte wellen- bzw. spiralförmige pflanzliche Schmuckform, verwandt mit dem Fries, in Federzeichnung oder gemalt. R.n werden verwendet als Füllung von Initialen («R. ninitiale») oder als Blattrandschmuck. Bestimmte Formen (z. B. Akanthus, Dornblatt) sind zeitliche oder regionale Stilmerkmale. ↗ Bordüre

Rara, aus dem Lateinischen «selten»; ist eine Klassifizierung von Büchern nach ihrem Seltenheitsgrad mit den Steigerungsformen «Rariora», «Rarissima» und schließlich «Unica». Damit werden Bücher bezeichnet, von denen nur wenige Exemplare angefertigt wurden, z. B. limitierte Ausgaben oder von denen sich nur einzelne Vervielfältigungsstücke erhalten haben, die jedoch wegen ihrer wissenschaftlichen, literarischen, historischen oder technischen Bedeutung einen besonderen Wert besitzen. R. haben seit der Renaissance ein lebhaftes Sammlerinteresse gefunden. Oft wurden sie in fürstlichen Raritätenkabinetten aufgenommen. Auch für die Bibliophilie stellen R. bevorzugte Sammelobjekte dar. In den Bibliotheken werden die R. seit Beginn des 19. Jh.s in besonderen Sammlungen zusammengefasst bzw. in speziellen Lesesälen aufgestellt. *G. Pflug*

Raritätenkabinett (auch Raritätenkammer). Seit der Renaissance wurden an Fürstenhöfen Gegenstände gesammelt, die als Raritäten galten. Die Sammlungen wurden in entsprechenden Räumen aufbewahrt und seit dem 17. Jh. oft prunkvoll ausgestellt, um sie Besuchern vorzuführen. Zu den Raritäten zählten neben alten Münzen, Medaillen, Gemälden oder Porträtsammlungen v. a. sog. Naturalien, zu denen Mineralien, Versteinerungen, Skelette u. ä. zählten, aber auch mathematische und astronomische Instrumente, Erd- und Himmelsgloben. Bücher wurden in diese Sammlungen i. d. R. nur unter dem Gesichtspunkt ihrer Sonderbarkeit eingereiht. Gewöhnlich wurde das R. als ein Gegenstück zur Bibliothek betrachtet, da es reale Objekte enthielt. *G. Pflug*

Raster. Ordnungssystem, das die Möglichkeit der Strukturierung von Informationen definiert. Während in der Computergrafik das R. ein Punktmuster zur Darstellung von grafischen Primitiven (geometrische Formen wie z. B. Linien) beschreibt, versteht man in der Druckindustrie unter R. die Zerlegung der Halbtoninformationen der Farbauszüge von Bildvorlagen in Punkte unterschiedlicher Größe und Anzahl zur Vorbereitung der Herstellung der Druckvorlagen und Druckformen für den Mehrfarbendruck. Auch beim Layout kann ein R. die Anordnung der Elemente steuern (Text, Bild, Überschriften u. a. m.). *U. Herzau-Gerhardt*

Rasterätzung Autotypie

Rasterdruck, älterer Begriff für den Druck von ein- und mehrfarbigen Halbton-Abbildungen. Heute kann man Halbton-Abbildungen auch und viel besser von rasterlosen Druckformen drucken.

Rastergrafik (Pixel-Grafik), computerlesbare Beschreibung eines Bildes durch einzelne Bildpunkte (↗ Pixel) mit jeweils einer zugeordneten Farbe. Die Höhe und Breite eines Bildes, die in Pixel gemessen wird, beschreibt die Auflösung, die Farbtiefe sowie die Differenzierung der Farb- und Helligkeitswerte. R.en eignen sich für Fotos u. a. komplexe Bilder. Die Erzeugung kann z. B. durch eine Digitalkamera, einen Scanner oder mittels einer Bildbearbeitungssoftware geschehen. Auch als ↗ Vektorgrafik vorliegende Bilder müssen vor einer Darstellung auf einem heutigen Bildschirm zunächst in eine R. umgewandelt werden; man spricht von Rasterung. Im Gegensatz zu Vektorgrafiken, die Bilder mittels Vektoren, d. h. anhand der mathematischen Eigenschaften der Positionen, Richtungen, Krümmungen und Entfernungen beschreiben, können R.en nicht beliebig in ihrer Größe oder Ausrichtung transformiert werden, da Bildinformationen verloren gehen können. Des Weiteren neigen R.en bei hohen Bildauflösungen zu hohem Speicherverbrauch. Gebräuchliche Bilddateiformate für R.en sind Joint Photographic Experts Group Format (JPEG), Graphics Interchange Format (GIF), Portable Network Graphics (PNG) und Tagged Image File Format (TIFF), wobei verlustfreie und verlustbehaftete Kompressionsverfahren zum Einsatz kommen, die Auswirkungen auf die Größe und Qualität der Bilddateien haben. *P. Schaer*

Rasterlose Druckform. Ebenso wie die gerasterte Druckform (↗ Autotypie) dient die r. D. der Wiedergabe von Halbtonvorlagen, v. a. von Fotos. Bei ihrer Herstellung in den verschiedenen Techniken (z. B. Aquatintaverfahren, frequenzmodulierte Raster, Granolitho, Lichtdruck, Steindruck etc.) entstehen unregelmäßig über die Druckformoberfläche verteilte, winzigste druckende

Elemente. Da sie den Rasterpunkten vergleichbar sind, bezeichnet man sie auch als Raster.

C.W. Gerhardt

Rasterprojektion ↗ Gigantografie

Ratenzahlung im Buchhandel ↗ Abzahlungsgeschäft im Buchhandel

Ratgeber gehört zum Genre des ↗ Sachbuchs, das sich als Anleitung zur Lösung von praktischen Problemen oder Tätigkeiten anbietet.

Rationalisierung bezeichnet alle Maßnahmen, Verfahren und Methoden, die in der Wirtschaft zur Erhöhung der Arbeitsproduktivität, zur Verringerung der Gesamtkosten und somit zur Gewinnmaximierung beitragen sollen. Eine grobe Einteilung gliedert a) in technische R.en (Einsatz neuer Maschinen, Apparate, Verfahren), b) in wirtschaftlich-organisatorische R.en (Verschlankung von Verwaltung, Optimierung von Tätigkeitsabläufen, Vermeidung von Doppelarbeiten etc.) sowie c) in soziale R.en (Optimierung von Aus- und Fortbildung, Personalführung- Motivation, Mitbestimmung). Ein fortwährender Prozess der Kontrolle und Weiterentwicklung von R.smaßnahmen kann innerhalb des ↗ Qualitätsmanagements stattfinden (↗ Interne Organisationskommunikation, ↗ Total Quality Managements).

Für die deutsche Buchherstellung bedeutsam sind zahlreiche technologische R.en zur vereinfachten Produktion über effektivere und immer leistungsfähigere Druckverfahren, die auch bei Massenauflagen für eine hohe Qualität sorgten. Parallel dazu erfolgte im Bereich der Buchbinderei durch den Einsatz industrieller Verfahren eine beschleunigte Herstellung und – analog zum Druck – eine Abnahme von Handarbeiten hin zur Maschinenfertigung. Im Bereich des Zwischenbuchhandels und der buchhändlerischen Logistik kam es in Deutschland zur Herausbildung weltweit einzigartiger R.en, etwa durch die Zentralisierung der Lagerhaltung, durch Clearing-, Bestell- und Auslieferungssysteme sowie durch das Zusammenfassen der Warenlieferungen in preiswerte Sammelsendungen (siehe ↗ Leipziger Platz; auch Parkmodelle des Zwischenbuchhandels ↗ Parken). Schließlich erfolgte durch den verstärkten EDV- und Computereinsatz eine immer bessere Medienproduktion und Verwaltung von diversen Arbeitsprozessen in zahlreichen Buchhandelsbetrieben.

T. Keiderling

Rationelles Lesen ist seit den 1960er Jahren der zum Fachterminus gewordene Oberbegriff für eine Reihe von ↗ Lesetechniken, mit deren Hilfe Lesende die ihnen vom Text dargebotenen Informationen (vornehmlich im Bereich der Fachlektüre) schneller optisch aufnehmen, sicherer verstehen und dauerhafter im Gedächtnis speichern können, als mit den herkömmlich erworbenen Lesefertigkeiten, wie sie in den Schulen vermittelt und zu Lesegewohnheiten der Erwachsenen werden. Die im R.n L. vermittelten Verfahren beruhen im Wesentlichen darauf, die Redundanz in Lesestoffen zu bewältigen, d. h., allein die Textinformation in den Mittelpunkt der bewussten Lesearbeit zu stellen. Textgestaltung, ästhetische Momente, Beiwerk, alle nichtinformationstragenden Textpartien, ja gelegentlich sogar die Rechtschreibung, rücken in den Hintergrund. Deshalb ist das Verfahren für schöngeistige und erbauliche Literatur weniger geeignet, wenngleich einzelne seiner Vorgehensweisen auch bei derartigen Lesestoffen von Vorteil sind. Beim R. L. wird die Konzentration voll auf die sinntragenden Wörter des Textes gerichtet und angestrebt, breitere Zeilenstücke mit einzelnen Blicken aufzunehmen. Hinzu kommt das Bemühen, die optisch-mechanische Augenarbeit zügig und rhythmisch zu gestalten. Dabei geht das Bestreben dahin, den Blick schneller über die Textzeilen hinweg zu führen, also das Lesetempo zu erhöhen. Um Lesezeit einzusparen, wird im Training des R.n L.s darauf geachtet, dass darunter weder das Verständnis von Textinhalten verloren geht, noch das Behalten des aufgenommenen Inhalts leidet.

W. Zielke

Raubdruck bezeichnet ein unberechtigtes Herstellen eines privilegierten oder urheber- bzw. verlagsrechtlich geschützten Werks. Bereits kurz nach Erfindung des Buchdrucks wurde durch Gewährung von Drucker-,

Bücher-, Autoren- und Territorialprivilegien eingeschränkter rechtlicher Schutz gegen unerlaubten R. angestrebt. Gleichwohl kam es wiederholt zu Verstößen gegen das Nachdruckverbot, die neben Druckern bzw. Verlegern v. a. Autoren beklagten. Zumeist druckte ein Konkurrenzunternehmen, das sich mitunter in einem anderen Staatsterritorium aufhielt (u. a. zutreffend für das zersplitterte Deutschland des 17.–19. Jh.s) bzw. seine Identität verschleierte, ein Werk ohne Erlaubnis des Autors bzw. Originalverlags. Historisch gesehen gab es im Deutschland des 18. und frühen 19. Jhs. eine starke R.bewegung), die erst durch das Engagement der Originalverleger, seit 1825 organisiert im Börsenverein der Deutschen Buchhändler zu Leipzig, sukzessive zurückgedrängt wurde. In den urheberrechtlichen Gesetzgebungen ist seit 1794 (Erste Formulierung im Allgemeinen Landrecht für die Preußischen Staaten) die Forderung für ein Nachdruckverbot aufgenommen worden. Nach §§ 106 ff UrhG ist die unerlaubte Vervielfältigung, Verbreitung oder öffentliche Wiedergabe eines Werks strafbar. Der Begriff ist nicht zu verwechseln mit dem berechtigten ↗ Nachdruck eines vergriffenen Werks durch den Originalverlag bzw. Rechteinhaber. *T. Keiderling/R. Tenberg*

Raubgut ↗ Kriegsbeute

Rauer Schnitt (Rauschnitt), ein ungleichmäßiger Schnitt (1), bei dem die Blattkanten mit hervorstehenden Papierfasern deutlich sichtbar sind. Nachteilig ist, dass der r.e S. durch die offene Schnittfläche schneller verschmutzt als der glatte Schnitt, der durch das Beschneiden des fertig gehefteten oder geklebten Buchblocks erzielt wird. Bibliophile Handeinbände werden dennoch bis heute gern mit r.m S. gefertigt, um eine höhere Papierqualität (Büttenpapier mit Büttenrand) zu imitieren; man rechnet diese zu den naturellen Schnitten. Als Schutz vor Verschmutzung sollten diese Bücher in Schubern oder Kassetten aufbewahrt werden. *E.-P. Biesalski*

Rausatz, Abwandlung des linksbündigen ↗ Flattersatzes, bei dem die Länge der Zeilen durch eine kleine Silbentrennzone angeglichen wird.

Read Only Memory (ROM), aus dem Englischen «Nur-Lese-Speicher»; ist ein Festwertspeicher bzw. nicht flüchtiger Datenspeicher, mit dem man Daten auch ohne Strom speichern kann. Sein Speicherinhalt wird i. d. R. während des Herstellungsprozesses eingespeist. Er konnte ursprünglich weder nachträglich geändert noch gelöscht, sondern wie es der Name besagt «nur gelesen werden». ROMs werden für die Speicherung von Programmen und Daten benutzt, die der Zentraleinheit eines Computers dauernd und unverändert zur Verfügung stehen müssen. Mit diesem Speichertyp können insbesondere Daten gespeichert werden, die zum Hochfahren des Computers nötig sind. Die Technologie findet aber auch bei externer Datenspeicherung auf CD[-ROM] und DVD[-ROM] Verwendung. Anders als beim ↗ Random-Access-Memory (RAM) wird das Schreiben der Daten auf den Chip als Programmieren bezeichnet und nicht als Schreibzugriff.

Es gibt mittlerweile drei Arten des ROM, die z. T. das Wiederbeschreiben ermöglichen: 1. die ursprüngliche Version PROM (Programmable ROMs): mit speziellen Programmiergeräten können Daten auf die Bausteine gespeichert werden, das PROM ist nur einmal beschreibbar und kann nicht gelöscht werden. 2. EPROM (Erasable-Programmable-Read-Only-Memory): funktioniert wie 1., kann aber durch Bestrahlung mit UV-Licht wieder gelöscht und anschließend neu beschrieben werden. 3. EEPROM (Electrically-Erasable-Programmable-ROM; auch Flash-ROM): Er kann mit bestimmten Befehlen gelöscht und neu beschrieben werden. Es ist nicht mehr notwendig, den Chip mit einem speziellen Gerät zu bearbeiten. *T. Keiderling*

Reader, in Großbritannien seit dem 19. Jh. Titelbegriff für ein Schulbuch – im Sinne des deutschen Lesebuches – verwendet, das eine Auswahl von Texten verschiedener Autoren bringt. Eine Begriffserweiterung erfuhr R. durch die 1922 gegr. Zeitschrift «Reader's Digest», die ursprünglich nur Nachdrucke aus Zeitschriften und Büchern, ab 1930 auch Originalbeiträge aufnahm. In der Bundesrepublik Deutschland begegnet der Begriff nach dem Zweiten Weltkrieg zuerst als Titelbegriff englischsprachiger Lehrbücher. Zudem wurde mit R.-Ausgabe eine zusätzliche Verwertungsform bzw. Sonderausgabe eines Werks gemeint, die nach Publikation der Erstausgabe im Niedrigpreissektor angeboten wurde. Ende der 1960er Jahre wurde das Wort in den deutschen Wortschatz übernommen und zur Bezeichnung von Hochschullehrbüchern verwandt, die ursprünglich unabhängig voneinander veröffentlichte Texte oder Textauszüge zu bestimmten Themen zusammenstellte. Heute gibt es R. v. a. in elektronischer Form, die über digitale Lernplattformen Veranstaltungsteilnehmern eine eng begrenzte Seitenauswahl von Grundlagenwerken zur Verfügung stellt. ↗ E-Learning

Realenzyklopädie ↗ Reallexikon

Realienbuch. Der Begriff «Realien» wurde in Deutschland seit dem frühen 17. Jh. zur Bezeichnung von Fakten und Sachkenntnissen benutzt. Als Titelbegriff ist er für Zeitungen und Nachschlagewerke (Reallexikon) seit dem 18. Jh. belegt. Im frühen 19. Jh. wurde der Terminus auf Fachbücher übertragen, zuerst 1803 durch K. F. Burdach (1776–1847) in der «Realbibliothek der Heilkunst». Mit der Schulreform der 1830er Jahre, die neben den auf klassische Bildung ausgerichteten Gymnasien Schulformen förderte (Realschulen), die stärker praktisch verwendbare Kenntnisse lehrten, wurde R. v. a. nach 1850 Titelbegriff für Schulbücher in den mathematisch-naturwissenschaftlichen Unterrichtsfächern.

Realindex ↗ Sachregister

Realkatalog ↗ Systematischer Katalog

Realkonkordanz, aus dem Lateinischen «sachliche», «Übereinstimmung»; ist eine Zusammenstellung (Verzeichnis) der Sachbegriffe oder identischer Textstellen aus einem oder mehreren Werken mit Stellenangaben. ↗ Konkordanz *W. Grebe*

Reallexikon, Realenzyklopädie ist zumeist ein alphabetisch angeordnetes, nur selten systematisch angelegtes ↗ Sachlexikon (auch Biografien enthaltend), das oft – aber nicht immer – auf ein bestimmtes Wissensgebiet beschränkt ist. Ausnahmen: Im 18. und 19. Jh. wurden infolge einer Modeerscheinung auch einige allgemeine Enzyklopädien so bezeichnet. So hieß die Urform des Konversationslexikons in Deutschland, «Reales Staats- Zeitungs- und Conversations-Lexicon» mit einem Vorwort von J. Hübner (1668–1731), mehrere Auflagen zwischen 1704 und 1838. Der «Brockhaus» wurde erst ab der 13. Auflage (1882–1887) so im Sinne eines Markenartikels bezeichnet, vorher lautete der Titel von der 5.–12. Auflage zumeist «Allgemeine deutsche Real-Encyklopädie für die gebildeten Stände» (1819–1879). Ein weiteres Beispiel ist «Paulys R. der classischen Altertumswissenschaft» (6 Bde. 1839–1852, und weitere Auflagen). ↗ Realienbuch
T. Keiderling

Realwörterbuch ist ein Synonym für ↗ Reallexikon und ↗ Sachwörterbuch.

Recall-Verfahren. Nach diesem Verfahren werden innerhalb der Medien- und Werbewirkungsforschung bzw. Werbepsychologie Probanden danach befragt, ob und in welchem Maße sie sich an bestimmte Medien- bzw. Werbebotschaften erinnern. – Dies kann ungestützt oder gestützt (unter Verwendung von Erinnerungshilfen) erfolgen. Mithilfe des R.-V.s kann der Erfolg und die Wiedererkennungsleistung von Medienbotschaften und Werbemitteln gemessen werden, was wiederum Aussagen über deren Reichweite und Potenzial für eine mögliche Einstellungs- oder Verhaltensänderung (Kauf) ermöglicht. *T. Keiderling*

Recherche, journalistische – aus dem Französischen «zurück» und «forschen, suchen»; bezeichnet das nachträgliche Rekonstruieren von Ereignissen und Zusammenhängen durch aktive, systematische und zielgerichtete Sammlung von Informationen. Je nach Schwierigkeitsgrad werden verschiedene Typen der j.n R. unterschieden: 1. die ereignisbezogene R. im tagesaktuellen Journalismus, die meist eine Überprüfung und Vervollständigung von Informationen darstellt, die etwa über Nachrichtenagenturen oder Pressemitteilungen in der Redaktion eingegangen sind, 2. die offene Themenr., die etwa in Wochenblättern eine These belegt oder einen gesellschaftlichen Trend beschreibt, sowie 3. die investigative R. (vgl. ↗ Investigativer Journalismus). Ziel jeder R. ist es, Geschehnisse möglichst genau und umfassend in Erfahrung zu bringen und die gewonnenen Informationen in einen plausiblen Sinnzusammenhang zu stellen. Leitschnur jeder R. sind die klassischen sechs W-Fragen, wobei die Fragen Wer, Was, Wann und Wo die grundlegenden Fragen sind, die auf der Sachverhalts-Ebene angesiedelt sind und faktizierbare bzw. objektivierbaren Aussagen betreffen. Die Fragen Wie und Warum betreffen die Deutungsebene und können oft nicht letztgültig beantwortet werden. Grundlegende R.regel ist daher, zuerst die Sachverhaltsebene zu klären und erst dann die Deutungsebene durch sinnerzeugende Interpretationen. Eine weitere Grundregel der R. betrifft die Reihenfolge, in der Personen befragt werden: im Idealfall zuerst neutrale Experten, dann die Betroffenen eines Geschehens und zuletzt die Verantwortlichen («von außen nach innen»). Zum rechtlichen Rahmen der j.n R. in Deutschland gehört die Auskunftspflicht von Behörden und die Sorgfaltspflicht der Presse (in den Landespressegesetzen) sowie das Zeugnisverweigerungsrecht (in der Strafprozessordnung), das Journalisten den Schutz ihrer Quellen auch vor Gericht erlaubt. Historisch begann die j. R. mit Augenzeugenberichten Mitte des 19. Jh. in Großbritannien wie die von Times-Korrespondent W. H. Russell (1820 – 1907) 1854 aus dem Krimkrieg (1853 – 1856) über das Debakel der britischen Armee, aufgrund derer der Premierminister zurücktreten musste. *U. Krüger*

Rechnungsgeschäft, ist eine Bezugsform, die dem Käufer bzw. Besteller einen Zahlungsaufschub (Kredit; Ziel) einräumt, statt ihn zu sofortiger Gegenleistung «Zug um Zug» wie beim Kassageschäft zu verpflichten. Beim Kassageschäft wird Zug um Zug Ware gegen Geld getauscht. Dies erfolgt durch Barzahlung oder sofort fällige bargeldlose Zahlung (Electronic Cash). Unter Sukzessivgeschäft versteht man Abwicklungen, bei denen Lieferung und Zahlung zeitlich auseinanderfallen (unbar). Erfolgt die Lieferung zeitlich vor der Zahlung, handelt es sich um einen Zielverkauf (Valuta), erfolgt die Lieferung zeitlich nach der Zahlung, um eine Vorauszahlung (Pränumerando). Beim Zielkauf stellt der Verleger dem Sortimenter bzw. allgemein der Buchhändler dem Buchkäufer seine Lieferung förmlich «in Rechnung» mit Angabe der vereinbarten oder vom Lieferanten vorgeschlagenen Modalitäten, z. B. Vorauszahlung oder Zahlung nach Lieferung, sofort oder «Regulierung» der offenen Rechnung innerhalb von Tagen, Wochen, Monaten nach Rechnungsdatum oder bis zu einem fixen Datum, sei es als Gesamtbetrag oder wahlweise in Raten. Häufig wird bei der Fakturierung als Anreiz zu vorfälliger Zahlung ein Nachlass angeboten oder verlangt; dieser «Skonto» (meistens 2 % vom Rechnungsbetrag) gilt als Äquivalent für den Zinsaufwand des Käufers, andererseits als Risikoprämie des Lieferanten für den Fall von Zahlungsverzug bzw. -ausfall. Heute dominiert das R. nach der Usance ↗ fest, Festbestellung. *H. Marre*

Recorder ↗ Rekorder

Recto (Rekto) meint die Vorderseite von unterschiedlichen Beschreibstoffen (Papyrus, Pergament, Papier). Das Gegenteil von Recto ist Verso, die Rückseite. In Archivwesen und Handschriftenkunde werden bei unpaginierten Dokumenten nicht die Seiten, sondern die Blätter durchgezählt und die Vorder- bzw. Rückseiten als r. und verso bezeichnet. ↗ Foliierung

Recyclingpapier, umweltfreundliches Papier, das aus Sekundärfaserstoff hergestellt ist, d. h. aus solchem, der schon einmal zu Papier verarbeitet war, und das auch in seinem Äußeren (graue Farbe, Wolkigkeit, Zweiseitigkeit) den Eindruck eines nicht auf sinnlich wahrnehmbare Qualität zielenden Produktes macht. Vorteilhaft ist neben der Schonung der Holzreserven auf der Welt der im Vergleich zur konventionellen Papierherstellung um zwei Drittel verringerte Energie- und Wasserverbrauch. Die Reißfestigkeit des Papiers lässt sich durch Beimischen neuer Fasern steigern. Im Gegensatz zur Herstellung von Umweltschutzpapier wird das Altpapier bei der Verarbeitung zu R. gebleicht (De-Inking).

Redakteur, für den Inhalt von Massenmedien (Zeitungen, Zeitschriften, Bücher, Rundfunk- oder Fernsehsendungen; offline wie online) zuständiger journalistischer Mitarbeiter, der festangestellt oder freiberuflich Beiträge verantwortlich auswählt, bearbeitet oder selbst schreibt. Verantworten mehrere R.e Publikationen in einem Unternehmen, spricht man von einer ↗ Redaktion. Der Beruf hat sich erst im 18. und 19. Jh. sukzessive herausgebildet und besitzt je nach Spezialisierung und interner Hierarchie unterschiedliche Arbeitsabläufe (Wort- und Bildr.; Chefr. etc.) 2. Im Buchverlag treten neben der Bezeichnung ↗ Lektor auch die Bezeichnung Redakteur für den Verlagsmitarbeiter auf, der die beim Verlag eingehenden Manuskripte prüft und für die Veröffentlichung einrichtet sowie die Kontakte zu den Autoren pflegt.

T. Keiderling

Redaktion, die 1. in den Massenmedien (Zeitungen, Zeitschriften, Rundfunk- oder Fernsehsendungen; offline wie online) als Team, Abteilung bzw. Organisationseinheit zusammengefassten Redakteure oder Journalisten. Durch Abstimmung der Beiträge in R.skonferenzen wird gewährleistet, dass der Stil des Publikationsorgans gewahrt bleibt. Wichtig für die R.sarbeit ist die klare, für den Rezipienten erkennbare Unterscheidung sachlicher Meldungen und Berichte von interpretierenden Meinungsbeiträgen. Die Leitlinien für die Arbeit der R. werden z. T. in Statuten festgelegt. Unter Tendenzschutz versteht man das Recht des Eigentümers bzw. Herausgebers eines Mediums, die allgemeine politische, wirtschaftliche und kulturelle Ausrichtung des Presseorgans zu bestimmen (Weisungsrecht). Demgegenüber besteht die Forderung nach innerer Pressefreiheit, der Unabhängigkeit einer Redaktion gegenüber dem eigenen Verleger. Hier besteht möglicherweise ein Konfliktfeld. R.en bestehen meist aus mehreren Ressorts (Politik, Wirtschaft, Lokales, Literatur, Sport, Wissenschaft u. a.) und werden von einem Chefredakteur geleitet, dem die Ressortleiter unterstehen. Größere R.en haben auch Bildredakteure, Dokumentare und einen Art Director. Die inhaltliche Gesamtverantwortung liegt beim Herausgeber, der oft der Verleger ist. Auch die bloße sprachliche Überarbeitung eines zur Publikation vorgesehenen Werks nennt man R. 2. Auch von Buchverlagen werden für die Herausgabe eigener bzw. eigens konzipierter Werke R.en langfristig oder befristet eingestellt, die Werke redaktionell – z. T. unter Mitarbeit externer (Fach-)Autoren – bearbeiten. Zu nennen sind u. a. die R.en von Lexikon-, Fachbuch- und Datenbankenverlagen.

W. D. v. Lucius

Redaktionssystem, workflow-orientiertes Content Management System (CMS), das speziell für die Zeitungsproduktion entwickelt wurde. Die R.e werden den CMS immer ähnlicher, da die Verlage verstärkt crossmedial produzieren (↗ Cross Media Publishing). R.e sind die häufigsten multifunktionalen Einzelressourcen, die unterschiedliche Tätigkeiten verknüpfen und unterstützen. Sie sind das wichtigste Werkzeug für journalistische Arbeiten (wie z. B. Textverarbeitung, Suche und Datenmanagement). Ein Beispiel eines R. ist das Web-Redaktionssystem. Es kann von Online-Redakteuren benutzt werden, um Webseiten zu erstellen oder zu ändern, ohne dass sie tiefergehende HTML-Kenntnisse haben müssen.

E. W. De Luca

Reduktion ↗ Spezialisierung

Redundanz, aus dem Lateinischen «das Überströmende», «Überflüssige». Mit R. wird ein Überfluss an Signalen oder Zeichen in einer Information verstanden, der zu ihrem Verständnis nicht erforderlich ist. R.en treten auch bei der (massen)medialen Informationsvermittlung auf; sie sind in der journalistischen Arbeit zu vermeiden.

Réemboîtage ↗ Remboîtage

Refiner ↗ Holländer

Reflexkopierverfahren (auch Manuldruck), ein historisches Flachdruckverfahren zur Gewinnung von reproduktionsfähigen

Negativen ohne Kamera-Einsatz. Es wurde früher verwendet, wenn man zweiseitig bedruckte Blätter sauber reproduzieren wollte. Heute geschieht das durch ↗ Scanner. Bis ins 20. Jh. bekannt und angewendet wurden die Techniken unter dem Namen Manuldruck und Playertypie.

Reformation, aus dem Lateinischen «Wiederherstellung», «Erneuerung». Mit dem Begriff R. wird die mit M. Luthers (1483 – 1546) Auftreten beginnende Epoche der deutschen Geschichte zwischen dem Spätmittelalter und dem Zeitalter des Konfessionalismus (2. Hälfte des 16. Jh.s) bezeichnet. 1517 veröffentlichte Luther 95 Thesen u. a. gegen den Ablasshandel der katholischen Kirche im Druck. Es erfolgte in diesem Jahr allerdings kein Thesenanschlag an einer Tür der Wittenberger Schlosskirche. Hierbei handelt es sich um eine erst nach Luthers Tod entstandene Legende, die bis heute immer wieder bemüht wird. Der damit eingeleitete, umfassende theologisch-kirchliche Umbruch veränderte die lateineuropäische Gesellschaft in allen Lebensbereichen nachhaltig. Ein nicht zu unterschätzender Faktor war die (neben Predigt, Vorlesung, Disputation und Briefkultur) neue Bedeutung des gedruckten Buches in Produktion, Vertrieb und Rezeption. Die Erfindung des Buchdrucks war grundlegend für den Erfolg wie die Breitenwirkung der Reformatoren: «Ohne Buchdruck keine R.» (B. Moeller; geb. 1931). Neben dem Druck von Bibeln und Bibelteilen in volkssprachlichen Übersetzungen, Gesangsbüchern, Katechismen, Kirchenordnungen und einer breiten Palette von Erbauungsliteratur wurde besonders das bereits zuvor bekannte Medium ↗ Flugschrift mit hoher Auflage, relativ geringem Umfang, niedrigem Preis, i. d. R. in der Volkssprache und mit allgemein interessierender, oft agitatorisch wirkender Thematik zum unentbehrlichen Mittel der reformationszeitlichen öffentlichen Kommunikation. Schätzungen zufolge erschienen zwischen 1500 und 1530 ca. 10.000 Flugschriftendrucke mit einer durchschnittlichen Auflagenhöhe von ca. 1000 Exemplaren, davon mehr als die Hälfte in den Jahren 1521 bis 1525 zu Hochzeiten der Reformationspublizistik. Druckorte wie Wittenberg und Leipzig wurden zu Zentren der reformatorischen Buchproduktion und verfügten bald über ein gut ausgebautes Buchhandelsnetz (Vertrieb durch Drucker-Verleger, Buchführer, Wanderhändler etc.). Charakteristisch ist das Entstehen zahlreicher kleiner, überwiegend vom Nachdruck lebender Druckereien; 20 und mehr Nachdruckauflagen einer Schrift sind nicht selten. Die neuen Möglichkeiten des Buchdrucks und Buchmarkts im 16. Jh. veränderten das Leseverhalten: neue Schichten begannen zu lesen oder vorzulesen und lernten schreiben, das Analphabetentum ging langsam zurück. Die Reformatoren forderten mehr Bildung. Es entstanden zahlreiche Schulen, es gab erste Ansätze von Schulpflicht, z. T. Abschaffung des Schulgelds, Möglichkeit der Schulbildung für Mädchen, Universitätsreform, Gründung von privaten und öffentlichen Bibliotheken. Insgesamt wurde die R. – besonders in ihrer frühen Form als «Stadtreformation» und in ihrer Verbindung mit dem ↗ Humanismus – durch gedruckte Medien zu einer Bewegung von großem öffentlich-sozialem und geistigem Einfluss. *T. Keiderling / C. Weismann*

Regalfertige Lieferung, Regalgroßhandel ↗ Rack-Jobber ↗ Rack-Jobbing

Regeln für die alphabetische Katalogisierung (RAK). Bibliothekarisches Regelwerk zur Formalerschließung, erarbeitet von Kommissionen der Bundesrepublik Deutschland, der DDR und Österreichs. Es löste ab Mitte der 1970er Jahre im deutschsprachigen Gebiet sukzessive die ↗ Preußischen Instruktionen (PI) ab. Durch unvereinbare Ansetzungs- und Ordnungsprinzipien bedeutete die Umstellung einen Katalogabbruch und den Beginn eines neuen Zettelkatalogs bzw. eines OPACs sowie im Zuge des Katalogmanagements die Retrokonversion der alten Kataloge. Basierend auf den Pariser Prinzipien erschien 1965 zunächst ein Teilentwurf der RAK, der im Unterschied zu den PI Eintragungen unter korporativen Verfassern und die Ordnung der Katalogisate im Zettelkatalog, in Listen und in maschinell erstellten Katalogen nach der gegebenen Wortfolge vorsah. Auf Grundlage der International Standard Bibliographic Description

ISBD) erschienen 1969–1976 RAK-Vorabdrucke, die in entsprechende Druckausgaben mündeten. 1983 bis 1986 folgten die RAK als mehrbändiges Werk, jeweils angepasst für Öffentliche und wissenschaftliche Bibliotheken, Musikalien und Karten, 1986–1996 ergänzt um Sonderregeln für unselbstständige Publikationen, für Parlamentsbibliotheken und Behördenbibliotheken, für audiovisuelle Medien, letztere 1996 erweitert zu Regeln für die Katalogisierung von Nicht-Buch-Materialien unter Einschluss maschinenlesbarer Materialien.

Nach den RAK wurde für jedes Werk, einschließlich fortlaufender Sammelwerke, sowie für jede seiner Auflagen ein eigenes Katalogisat angelegt. Die Grundlage für die Haupt- und Nebeneintragungen bildete die Einheitsaufnahme. Sie bestand aus den für die Ordnung erforderlichen Angaben im Kopf, aus der bibliografischen Beschreibung und ggf. aus Nebeneintragungs- und Verweisungsvermerken. Nebeneintragungen wurden angelegt von Herausgebern, Bearbeitern, Mitarbeitern, Übersetzern, Verfassern eines Kommentars etc., aber auch von Neben- und Paralleltiteln. Im Unterschied zu den entsprechenden Verweisungen nach den PI erhielt der Katalogbenutzer auch bei den Nebeneintragungen die volle Information über das gesuchte Werk ohne einen weiteren Suchvorgang. Daneben gab es pauschale Siehe-auch-Hinweise und Verweisungen, z. B. von abweichenden Namensformen. Den Regeln für die Ansetzung von Personen- und Körperschaftsnamen folgten die Ansetzungsformen in der Personennamendatei und der Gemeinsamen Körperschaftsdatei, später jeweils Teilbestand der Gemeinsamen Normdatei (GND). Die Ordnung im Katalog erfolgte in einem Alphabet nach dem Namen des Verfassers bzw. ggf. des Urhebers, bei anonymen Werken nach dem Sachtitel. Ein definitiver Beschluss zur Ablösung der RAK im deutschsprachigen Raum durch den internationale Standard ↗ Resource Description and Access (RDA) wurde im Mai 2012 getroffen. Die Erfassung nach RAK wurde 2015 eingestellt.

P. Hauke

Regenbogenpresse (auch «Bunte Blätter» genannt). Der Begriff bezieht sich auf illustrierte Zeitschriften (häufig Wochenzeitschriften), die aufgrund ihrer farbigen Aufmachung (nicht nur, aber besonders auf der Titelseite; historisch im Mehrfarben- bzw. ↗ Illustrationsdruck, heute Digitaldruck, häufig auf Hochglanzpapier hergestellt) sich v. a. mit Themen der Unterhaltung befassen und neben «Sensationen» die Intimisierung, Personalisierung und Skandalisierung «prominenter Persönlichkeiten» aus Film, Fernsehen, Musik, Kunst, Literatur, Sport und Politik in den Mittelpunkt rücken. ↗ Boulevardpresse ↗ Frauenzeitschriften (insbesondere nach 1945) ↗ Yellow Press *T. Keiderling*

Regest nennt man eine kurze Inhaltsangabe einer Urkunde. Man unterscheidet zwischen Kopfr.en, die der Edition der Urkunde vorangestellt werden, und Vollr.en, auf die keine Edition des Textes folgt; letztere sind ausführlicher gehalten. Häufig werden die R.en eines Ausstellers etc. zu R.ensammlungen zusammengestellt. In der älteren Literatur werden mitunter die ↗ Register als R.en bezeichnet. *T. Frenz*

Regiebuch. Das R. enthält die äußerlichen Vorgänge einer Theateraufführung, also Auftritte und Abgänge von Figuren, Stellungen dieser, Position der Requisiten, Einsätze für Beleuchtungsänderungen, Verwandlungen, Bühnenmusik und Bühnentechnik. Es wird von den Regieassistenten geführt und dient ihnen als Gedächtnisstütze während der Proben, zur Betreuung einer Aufführungsserie, für Umbesetzungen und Wiederaufnahmen. Ferner enthält es den gedruckten oder vervielfältigten Text des Bühnenstücks, der sich jeweils auf der linken Seite des durchschossenen Exemplars befindet. Die rechte, nicht bedruckte Seite dient den Anweisungen für Licht, Ton und Regie; ein separates weißes Blatt pro Szene den handschriftlichen Eintragungen und Skizzen während der Proben. Im 19. Jahrhundert wurden R.bücher zuweilen auch gedruckt, um den kleineren Theatern ein möglichst genaues Nachstellen der Uraufführung zu ermöglichen.

Regionalbibliothek, Bibliothek mit regionalen Funktionen. Sie dient der Sammlung, Erschließung, Bereitstellung und Bewahrung von Regionalliteratur bzw. der Informations- und Literaturversorgung einer regionalen Einheit. Dabei ist sie auf unterschiedlichen Ebenen situiert, z.B. als Bezirks-, Diözesan-, Kantons-, Kreis-, Landes-, Provinzial-, Staats-, Studien-, Bildungs- oder wissenschaftliche Stadtbibliothek. Die Sammlung regionaler Literatur kann mit einem regionalen ↗ Pflichtexemplarrecht und der Erstellung einer Regionalbibliografie verbunden sein. Innerhalb des Deutschen Bibliotheksverbands ist für diesen Bibliothekstyp die Arbeitsgemeinschaft der R.en eingerichtet. ↗ Provinzialbibliothek *A. Brandtner*

Regionaler Verbundkatalog ↗ Verbundkatalog

Regionalisierung ↗ Globalisierung

Regionalverlag, i.d.R. ein kleiner oder mittelständischer Verlag, der sich mit seinem Programm (Regionalliteratur) an eine räumlich eng begrenzte Zielgruppe wendet. «Region» ist allerdings ein eher schwammiger Begriff. Er kann sowohl eine Stadt und ihr Umland, als auch eine Landschaft, ein Bundesland oder einen größeren Landesteil umfassen (z.B. Mitteldeutschland). In seiner Thematik eher historisch/kulturell, aber auch geografisch wie touristisch geprägt, nutzt dieser Verlagstyp ein intensives Marketing und Vertriebsnetzwerk in der Region, verkauft Bücher über Buchhandlungen, Literaturhäuser oder weitere Kultureinrichtungen des Umlandes. Mitunter ist seine Produktion nicht im Barsortimentskatalog gelistet, da der Absatz außerhalb des Einzugsfeldes nur gering ist. *T. Keiderling*

Regionalzeitung. Periodikum mit einem räumlich eingeschränkten Verbreitungsgebiet, wobei es häufig zu Monopolausgaben kommt (derzeit in 38% aller Landkreise). Die Themenauswahl von R.en legt ein großes Augenmerk auf die Ereignisse und Belange einer Region. Somit führt sie einerseits die lokale Berichterstattung und füllt andererseits eine Lücke hin zur überregionalen Berichterstattung großer Zeitungen und anderer Massenmedien (Rundfunk, Fernsehen). Überwiegend wird die R. im Abonnement vertrieben. Das Verbreitungsgebiet umfasst zumeist Städte und ihr Umland, Kreise und Bundesländer (Überschneidungen möglich). Oftmals befinden sich mehrere R.en in der Hand eines Wirtschaftsunternehmens (sog. Mediengruppe). Die journalistische Arbeit ist durch interne Kooperationen gekennzeichnet. U.a. Verwendung eines Mantels mit überregionaler Berichterstattung aus Politik, Wirtschaft, Kultur und Sport; letzterer wird bei Lokalzeitungen von der regionalen Mediengruppe bezogen (↗ Kopfblatt). 2017 erschienen in Deutschland 318 lokale und regionale Abonnementzeitungen in 11,8 Mio. Exemplaren. – In der Statistik sind beide Zeitungstypen aufgrund inhaltlicher sowie herstellerisch-unternehmerischer Verflechtung oftmals nicht zu trennen. Die größten R.en erreichen ein Millionenpublikum, auf Platz 1 steht in Deutschland die Funke Mediengruppe in Nordrhein-Westfalen (16 Zeitungen, u.a. «Westdeutsche Allgemeine Zeitung», «Neue Ruhr/Rhein Zeitung», «Westfalenpost», «Westfälische Rundschau» und «Ruhr Nachrichten»). Die verkaufte Auflage lag im 4. Quartal 2017 bei rund 501.534 Exemplaren. Das Minus zum Vorjahresquartal betrug 6,1%. Ferner sind beispielgebend für Mediengruppen im Bereich der R. zu nennen: die Madsack Mediengruppe Hannover mit 15 R.en im Kerngeschäft (u.a. «Hannoversche Allgemeine» und «Neue Presse») oder die Südwestdeutsche Medien Holding in Stuttgart mit 16 R.en im Kerngeschäft (u.a. «Stuttgarter Zeitung», «Stuttgarter Nachrichten», «Schwarzwälder Bote»). Der drastische Rückgang im Abonnement – bei einigen R.en beträgt er über 30% in den letzten 20 Jahren – kann derzeit selbst durch den Verkauf von zusätzlichen E-Paper-Abos nicht gebremst werden. Dies führt zu einer fortschreitenden Zusammenlegung gleichartiger Arbeiten, Redaktionen und R.en, bis hin zur Aufgabe von traditionellen Titeln («Zeitungssterben»). *T. Keiderling*

Register, aus dem Lateinischen «Eintragung», «Katalog». 1. Sammlung von Urkundenabschriften, die der Aussteller zurückbehält (Aussteller.) oder des Urkundeneinlaufs (Empfängerr.). Im strengeren Sinn bezeichnet man nur die Aussteller. als R.; für die Empfängerr. bevorzugt man Begriffe wie Kopialbuch, Amtsbuch und dgl. Die R. können als Ersatz für verlorene Originale dienen, enthalten aber selten die vollständige Produktion einer Kanzlei. Der R.eintrag kann vom Wortlaut des Originals abweichen, wenn er anhand des Konzepts erfolgt. Er bietet auch keine Gewähr, dass die betreffende Urkunde ausgestellt wurde (↗ Regest). 2. Das meist alphabetisch geordnete Orts-, Namens-, Sach-, Stichwortverzeichnis in fachbezogenen Büchern (↗ Index), das den Inhalt nach den entsprechenden Begriffen erschließt und damit eine rationale Nutzung des Textes ermöglicht. Heute werden R. oft computergestützt erstellt, was jedoch eine entsprechende Markierung entsprechender Begriffe nötig macht und kritisch überprüft werden muss. 3. Der deckungsgleiche Druck des Satzspiegels bei zweiseitigen Drucken und das genaue Übereinanderpassen mehrerer Druckformen auch auf einseitigen Drucken. Gutenberg bereits erreichte dies durch Aufnadeln der Bogen auf den Buchdeckel. 4. Staffelförmige Einschnitte am Vorderschnitt eines Buchblocks, alphabetisch oder numerisch bezeichnet, zum leichteren Auffinden einer bestimmten Stelle. ↗ Daumenregister

Register anonymer und pseudonymer Werke ↗ Eintragsrolle

Registerband. Band eines mehrbändigen Werks, der ausschließlich die den Text dieses Werks erschließenden (Personen-, Sach-, geografische usw.) Register enthält. *G. Pflug*

Registerhalten bedeutet in der Buch- und Zeitschriftenproduktion, dass die Satzkolumnen oder Bilder auf der Vorder- und Rückseite eines Druckbogens an mindestens zwei Kanten deckungsgleich sein müssen. Beim Werksatz sollen überdies alle Satzzeilen beidseitig deckungsgleich aufeinanderpassen. Auf diese Weise werden beim gefalzten Bogen alle Satzspiegel in ihren Begrenzungen übereinstimmen (sog. Falzregister). Fehlerhafte Abweichungen können bei unsorgfältiger Montage der Einzelseiten und durch falsch eingerichtete oder verrutschte Bogen in der Druck- oder Falzmaschine entstehen. *P. Neumann*

Registratur. Ablage von Schriftstücken einer Kanzlei als Vorstufe eines Archivs. R.en können bei juristischen und physischen Personen als R.bildner entstehen. Neben dem vorherrschenden Typ der Sachaktenr. begegnen für gewisse Schriftguttypen (Serienakten, parallele Sachakten) Serienr.en (z. B. für Prozessakten der Gerichte, Steuerakten der Finanzämter). Eine geordnete Sachaktenr. setzt einen Aktenplan voraus, der in früherer Zeit individuell aus jeder R. erwuchs (nach Stichwortalphabet oder in systematischer Ordnung), in neuerer Zeit aber vorausschauend und einheitlich für ganze Behördengruppen aufgestellt wird (heute meist nach Dezimalsystem); er wird durch R.hilfsmittel (Posteingang, Aktenverzeichnis) erschlossen. Man unterscheidet Zentral-, Abteilungs- und Sachbearbeiterr.en. Nicht mehr laufend benötigtes R.gut wird aus der laufenden in die (meist durch einen Registrator verwaltete) reponierte R. überführt, aus der es später durch Archivierung (Bewertung) in das Archiv gelangt. *W. Leesch*

Regletten, zum Blindmaterial des Bleisatzes gehörende Teile aus Schriftmetall, welche zur Regelung des Zeilenabstandes, den Durchschuss, verwendet werden. Ihre Abmessungen entsprechen den typografischen Maßen.

Reiberdruck. Blockdrucke entstanden durch Nutzung des Holzschnitts als Druckform in einer Druckpresse oder durch Abreiben des Papierbogens auf dem eingefärbten Holzschnitt. Hierfür verwendete man u. a. glatte Steine, Holz, Horn (z. B. Falzbein). Letzteres bewirkte durch die ungleichmäßige Verteilung des Anpressdrucks, dass das Druckbild deutlich sichtbar in den Bedruckstoff eingetieft, d. h. nach hinten herausgedrückt wurde. Deshalb sind R.e meist nur einseitig bedruckt. ↗ Anopistografisch
C.W. Gerhardt

Reiberpresse nannte A. ↗ Senefelder eine der von ihm konstruierten Druckpressen für den Steindruck, weil der Abdruck durch einen Reiber bewirkt wurde.

Reibungskalander ↗ Friktionskalander

Reichsbuchhandelsbewegung. Als sich im ausgehenden 18. Jh. der seit Mitte des 17. Jh.s unter den Drucker-Verlegern (wieder) praktizierte ↗ Tauschhandel nicht mehr zeitgemäß erwies, wäre es im deutschen Buchhandel beinahe zu einer Spaltung gekommen. Der deutsche Buchmarkt separierte sich nämlich, grob betrachtet, in einen nord-/mitteldeutschen Handelsraum mit vorrangig deutschsprachiger Literatur und einen süddeutschen/südwestdeutschen Handelsraum (und in diesem Sinne einen Raum des Reichsbuchhandels), der vorrangig noch lateinische Buchtitel aufwies. Schon allein die Sprachlichkeit und die unterschiedliche Absetzbarkeit der Buchware (in Leipzig wurden im Unterschied zu süddeutschen Handelsplätzen zahlreiche gut verkäufliche Titel als «Bestseller» angeboten), sorgten für ein Missverhältnis beim Tauschgeschäft. Leipziger Buchhändler unter ihrem Wortführer P. E. Reich (1717–1787) und seiner Buchhandelsgesellschaft von 1765 favorisierten anstatt des Tausches den ↗ Nettohandel (Barzahlung bei vermindertem Rabatt ohne Remissionsrecht) und wollten diesen den süddeutschen (Reichs-)Buchhändlern quasi aufzwingen. Diese akzeptierten nicht und organisierten sich in der sog. R. Zunächst forcierten sie einen flächendeckenden Boykott, indem sie die begehrte norddeutsche und insbesondere Leipziger Produktion nachdruckten. Es kam zu einer, z. T. regionalstaatlich geförderten Raubdruckbewegung. Der Hanauer Bücherumschlag war kurzzeitig die wichtigste Raubdruckermesse 1775–1778, aber letztlich nicht erfolgreich. Solche Aktivitäten schlossen aber die Reihen der Reichsbuchhändler stärker zusammen. Zudem blieben einige süddeutsche Berufskollegen den Leipziger Buchmessen fern. 1788 (kurz nach P. E. Reichs Tod) trafen sich in Nürnberg wichtige Reichsbuchhändler und stellten in einer ↗ Nürnberger Schlussnahme Forderungen gegenüber dem Norden auf, der schließlich zu einer historischen Reform der Handelsbräuche und einem Kompromiss führte. Insofern stellte die Nürnberger Schlussnahme das wichtigste Dokument der R. dar. Es besagte, dass weder Tausch- noch Nettohandel künftig die zentrale Handelsart werden sollte, sondern der bereits aus früheren Jh.en bekannte ↗ Konditionshandel. Tatsächlich setzte sich dieser innerhalb weniger Jahre allgemein durch und führte zu einem Bedeutungsaufschwung des Kommissionsbuchhandels sowie des nun immer mehr logistisch vermittelnden Kommissionsplatzes Leipzig. ↗ Leipziger Platz ↗ Buchstadt Leipzig

T. Keiderling

Reichsbuchhändler nannte man im 18. und 19. Jh. die Buchhändler – vorwiegend aus Südwest- und Westdeutschland, Österreich und der Schweiz, die sich gegen die Leipziger Reformbestrebungen unter P. E. Reich (1717–1787) und seiner 1765 initiierten Buchhandelsgesellschaft organisierten. Die R. forderten einen Kompromiss zwischen dem früher üblichen Tauschhandel und dem Leipziger Nettohandel – den ↗ Konditionshandel, der neben dem Festbezug bis in die neueste Zeit als Verkehrsform im Buchhandel üblich blieb.

K. Gutzmer

Reichsformat. Vor Einführung der DIN-Formate mussten behördliche Papiere 33 × 42 cm groß, gefalzt und beschnitten (34 × 43 cm unbeschnitten) sein. Diese Blattgröße nannte man R. An ihre Stelle trat das ↗ DIN-Format A3, 297 × 420 mm.

Reichweitenanalyse, empirisch-sozialwissenschaftliches Verfahren zur Bestimmung der Leserschaft einer Zeitung oder Zeitschrift, die oft ein Mehrfaches der Auflagenhöhe beträgt, weil i. d. R. mehrere Personen (z. B. Familienmitglieder) eine Käufer- bzw. Abonnenten-Ausgabe nutzen. Die Anzahl der Nutzer kann durch Befragung einer Stichprobe von Abonnenten oder durch eine repräsentative Bevölkerungsumfrage erhoben werden. ↗ Media-Analyse ↗ Mediaforschung

H. Bohrmann

Reihe, Reihenwerk ↗ Schriftenreihe

Reinzeichnung. Für eine Abbildung, die durch ein Druckverfahren reproduziert werden soll, wird eine sauber gezeichnete, genau ausgeführte, reproduktionsfähige Druckvorlage benötigt, die R., die von einem Künstler, Grafiker oder technischen Zeichner angefertigt wird.

H. Wendland

Reisebuchhandel, ist eine in der zweiten Hälfte des 19. Jh.s entstandene Form des Buchvertriebs durch einen auf Provisionsbasis tätigen Vertreter (Reisenden), der seine Kunden mit Musterbänden und Katalogen besucht und Bestellungen aufnimmt; Lieferung und Inkasso erfolgen durch die Reisebuchhandlungen. Gegenstand des R.s sind meist Werke in höherer Preislage wie Lexika, Klassikerausgaben, medizinische Ratgeber, Fortbildungsliteratur, auch große Geschichtswerke oder Atlanten; seine Zielgruppe findet er in den zahlungskräftigeren bürgerlichen Schichten, aber auch Institutionen wie Unternehmen oder öffentliche Einrichtungen. Er unterscheidet sich durch Handlungsart, Publikum und Ware vom Kolportagebuchhandel, der auf den dinglichen Verkauf von preisgünstigen, populären Lesestoffen, oft auch in Lieferungen, gerichtet ist, sowie dem auf Zeitschriftenabonnements spezialisierten ↗ Werbenden Buch- und Zeitschriftenhandel, ebenso von bestimmten Formen des Direktvertriebs von Verlagen. Dagegen tritt er häufig mit dem Versandbuchhandel gekoppelt auf, der das Publikum über Prospekte und Kataloge anzusprechen sucht. Heute spielt der R. kaum noch eine Rolle. Selbst im Bereich des Lexikons gilt er seit dem Ende des Direktvertriebs für Brockhaus-Lexika bei Bertelsmann 2013 in Deutschland als eingestellt. ↗ Verlagsvertreter *E. Fischer*

Reisebuchhändler ist der seit der zweiten Hälfte des 19. Jh.s entstandene Beruf eines spezialisierten Vertreters (Reisenden), der im Auftrag von Spezialverlagen den Reisebuchhandel zumeist auf Provisionsbasis durchführt.

Reiseführer, Buch, das über ein Reisegebiet, seine Sehenswürdigkeiten und Infrastruktureinrichtungen für Freizeit und Reise, über Klima und Natur sowie Land und Leute unter touristischen Gesichtspunkten informiert. Ebenso gehören hierzu Bildbände und Sport-/Aktivr., etwa zum Wandern, Radfahren oder Klettern in touristischer Umgebung. R. sind überwiegend illustrierte, z. T. mit Karten angereicherte Softcover. Gewicht und Handlichkeit sind im Sortimentsbuchhandel Verkaufsargumente. Die Mehrzahl der Titel kommt in R.-Reihen heraus; die Reihe wird in der Werbung als Markenzeichen etabliert. Vorläufer der R. gehen auf die Itinerarien (verbale Darstellungen des Straßennetzes mit Entfernungsangaben) der römischen Antike zurück. Im 15. Jh. wurden Pilgerführer verbreitet, seit 1495 auch gedruckt. Den modernen R.-Typ schuf in Deutschland der Verleger K. Baedeker (1801–1859) seit 1828 im Zusammenhang des entstehenden Tourismus. Der Umsatz mit R.n ist in Deutschland allerdings seit Jahren rückläufig, weil vielen Touristen die kostenlose touristische Information im Internet genügt. Die Warengruppen-Systematik enthält für R. eine eigene Warengruppe. Sie gehören zu den Warengruppen, die die Verlage seit den 1990er Jahren zunehmend auch über buchhandelsuntypische Vertriebskanäle (Reisebüros, Raststätten u. a. m.) an die Kunden bringen sowie mit ergänzender Information im Internet verknüpfen. *K. Umlauf*

Reiseliteratur, Buch (auch Zeitschriften- oder Zeitungsartikel), in dem fiktive oder tatsächlich erfolgte Reisen dargestellt werden. Das Spektrum reicht von faktengetreuen bis zu belletristischen Darstellungen (Reiseroman) meist in Prosa, selten als Lyrik. Verbreitet sind Mischungen mit Genres wie Autobiografie oder Tagebuch. R. ist einerseits Projektionsfläche für Vorstellungen anderer Kulturen, vermittelt andererseits den Kulturkontakt und reflektiert auch die eigene Kultur. R. wird stärker rezipiert, wenn Reisen – wie bis zum Aufkommen des Massentourismus im 20. Jh. – weniger verbreitet ist oder – wie vor dem Mauerfall in den Ostblockländern – politisch eingeschränkt wird. R. lässt sich bis an die Anfänge der Literaturgeschichte zurückverfolgen (Homers «Odyssee»), wurde zu allen Epochen in allen Kulturen lebhaft produziert und ist ergiebiger Gegenstand der Literaturwissenschaft. *K. Umlauf*

Reiserabatt ↗ Vertreterrabatt

Reispapier, irreführende Bezeichnung für das aus dem Mark des Tung-Tsau Baumes gewonnene Tsuso-Papier. Aus ca. 5–11 cm starken Markstangen wird durch spiralförmiges Schälen ein Blatt erzeugt, das eine weiße samtartige Oberfläche hat und v. a. im 18. und 19. Jh. in der chinesischen (Miniatur)malerei verwendet wurde. *G. Brinkhus*

Reißwolf ↗ Papierwolf

Reizpartie. Mit R. wird eine dem Sortimenter vom Verleger angebotene Bestellung eines Werks bezeichnet, die über das Übliche (7/6, 11/10, 13/12 und ein Mehrfaches davon) hinausgeht, wenn der Buchhändler eine hohe Exemplarzahl des Werks bestellt. Sie soll den Sortimenter «reizen», für ein Buch ein höheres Risiko einzugehen und ihm dafür eine höhere Gewinnchance bieten (Risikoprämie). Aber auch hier gilt: für den Händler macht die R. nur dann Sinn, wenn er alle, auch die kostenfreien Zusatz-Exemplare verkauft. ↗ Staffelrabatt

Reiz-Organismus-Reaktions-Modell (auch Reiz-Reaktions-Modell) ↗ Stimulus-Organism-Response-Modell

Rekatalogisierung ↗ Retrokatalogisierung

Reklamante. Um die Reihenfolge der Blätter in der Lage und die der Lagen selbst festzulegen, verwendeten die mittelalterlichen Schreiber i. d. R. aus Buchstaben und Ziffern zusammengesetzte Signaturen oder zählten die Doppelblätter durch. Zusätzlich traten in manchen Handschriften durchweg oder nur an einzelnen Stellen R.n hinzu; d. h. am Ende einer Lage wurde(n) ein oder mehrere Wort(e) vom Anfang der folgenden Lage vorweggenommen und unter den Schriftspiegel gesetzt. R.n treten in den Handschriften nur selten allein auf, so dass ihre eigentliche Bedeutung unklar ist. Das gilt auch von den ↗ Kustoden, in denen die R.n nach der Erfindung des Buchdrucks noch lange weiterlebten. *S. Corsten*

Reklame ↗ Werbung

Rekorder, aus dem Englischen «Aufzeichner»; ist ein Gerät zur elektronischen Aufzeichnung und oft auch zur Wiedergabe von Sprache, Musik und Bild unter Verwendung verschiedener Aufnahmesysteme. Die Signalaufzeichnung durch einen R. kann grundlegend analog oder digital erfolgen. Folgende Gerätetypen sind zu unterscheiden: 1. Audiorekorder unter Verwendung magnetisierter Platten- oder Bandspeicher wie Tonbandgeräte, Kassettenr. (↗ MC, Diktiergeräte für reine Sprachaufzeichnungen). Digitale Audior. sind hochwertiger und können aufgrund des größeren Frequenzbereichs auch für Musikaufnahmen genutzt werden. Ferner gibt es Anrufbeantworter im Mobilfunk, Voice Recorder zur Registrierung von Geräuschen und Gesprächen im Flugverkehr, Digitale R., die alle Tonsignale digital auf Speicherkarten aufzeichnen. 2. Audiovisuelle R.: Videor., DVD-R. oder CD-Brenner. 3. Kombinationen unterschiedlicher Geräte (z. B. Radiorekorder). Eine weitere Unterscheidung erfolgt hinsichtlich der verwendeten Aufnahmesysteme, u. a. analoge magnetische Aufzeichnung durch eine Spule auf magnetisierbaren Kunststoffbändern, die mithilfe eines R.s analoge Aufnahmen via MC, VHS oder Video 8 ermöglichen. Für digitale Aufnahmen existieren die z. T. historischen Formate Digital Compact Cassette, Digital Audio Tape und Digital Video sowie für Laseraufzeichnung Laserdisc, CD, MiniDisc, DVD sowie die digitale magnetische Aufzeichnung auf Festplatten (Harddisk Recording, Microdrive), Speicherung auf Speicherchips wie Compact Flash, Smart Media, MultiMediaCard, SD-Card/xD-Card, Memory Stick etc. *T. Keiderling*

Rekordpreise bzw. -erlöse für Drucke ↗ Bibel mit 42 Zeilen (Gutenbergbibel) ↗ Buchseltsamkeit ↗ Briefmarke

Rekto ↗ Aviso ↗ Recto

Relation ↗ Messrelation

Relief wird im Druck- und Buchwesen traditionell im Präge- und Pressdruck (Prägedruckverfahren) erzeugt. Es handelt sich um erhabene, mithin tast- und fühlbare Abbildungen, die Formate sind buchbezogen handlich. Hersteller waren vornehmlich Buchdrucker und Buchbinder. Später auch Anwendungen im Blindenbuchdruck v. a. durch Blindeninstitute. Hierbei ist die Tastqualität von besonderer Bedeutung, denn R.s sollen den Ausfall der visuellen Wahrnehmung bis zu einem gewissen Grade durch haptisches Erkennen kompensieren. R.s werden von der ↗ Typhlografie und ihren taktilen Medien unterschieden wegen der differenzierten Behandlung der Perspektive.

R.F.V. Witte

Reliefbuch ist ein thematisch einheitlich gestaltetes Abbildungswerk mit tastbaren, erhabenen, nicht textlich orientierten, bildlichen Inhalten bzw. Darstellungen, das verlagsmäßig in bestimmter Stückzahl in identischer Form vornehmlich zum Gebrauch durch Blinde hergestellt wird. Es gibt fließende Übergänge zu und Mischformen mit Tastbilder-, Material- und Spielzeugbüchern sowie den individuell hergestellten Unikaten (Bastelbuch). Nicht zu den R.büchern zählt man Titel, die in den tastbaren Blindenschriften gedruckt werden oder künstlerische Werke der darstellenden Kunst für Sehende. *R.F.V. Witte*

Reliefdruck, eine Technik im Wertdruck, welche eine reliefartige Wirkung des Drucks erzeugt, der aber normal im Hoch- oder Tiefdruck hergestellt wird. Die reliefartige Wirkung entsteht durch besondere lineare Schraffierungen, die mit einer speziellen Reliefiermaschine auf die Vorlage übertragen werden. *C.W. Gerhardt*

Reliefprägung. 1. In der Drucktechnik: Andere Bezeichnung für Farblos- oder ↗ Blindprägung, wenn das Ergebnis ein Relief ist. 2. In der Buchbinderei: Farblose Verformung eines Teils einer Buchdecke mittels reliefartig gravierter Matrize und manuell oder mechanisch hergestellter Patrize auf einer Spezialmaschine. 3. In der Stereotypie und der Galvanoplastik das Verarbeiten von Rückengravuren oder -ätzungen.

C.W. Gerhardt

Remainder, aus dem Englischen «Rest», «Restposten» des Ramschbuchhandels bzw. Antiquariats. In Großbritannien war es bereits im 18. Jh. üblich (vor 1800 durch J. Lackington; 1746–1815), Restauflagen auf Buchhändlerauktionen aufzukaufen, um sie direkt an das Publikum stark verbilligt weiter zu veräußern. Obwohl der Verkaufspreis pro Exemplar extrem niedrig lag, konnte der Händler aufgrund der verramschten Mengen einen guten Gewinn erzielen. Vom etablierten Verlagsbuchhandel wurden Bücheraktionen in vielen Ländern bekämpft und als unredliches Verkaufsgebaren stigmatisiert, so in Deutschland lange Zeit durch den Börsenverein. ↗ Auktion ↗ Incanto-Verkauf *T. Keiderling*

Remake. 1. Neufassung bzw. Neuinterpretation einer künstlerischen Produktion, insbesondere eines Films. 2. In der Musik sind mit einem R. die Interpretation eines klassischen Werks mit neuer künstlerischer Besetzung und Instrumentalisierung gemeint. 3. In der Literatur ist der Begriff nur sporadisch anzutreffen für die Neuvariante eines alten Texts oder Stoffes. Umgangssprachlich schwingt bei allen Anwendungsfeldern Abfälliges, im Sinne von «recycelt», mit.

Remarke, Remarquedruck ↗ Epreuves de remarque

Remboîtage. Als R. wird hauptsächlich von Bibliophilen die Übertragung einer älteren Einbanddecke auf einen nicht zu ihr gehörenden Buchblock bezeichnet. Das geschieht, um nachträglich ein Werk mit einem Einband der Entstehungszeit auszustatten oder um es durch einen historischen oder kostbaren Einband aufzuwerten. Die R. sollte nur bei einer glaubwürdigen Übereinstimmung geschehen und ausdrücklich deklariert werden. Abzulehnen ist sie dann, wenn eine bestimmte Provenienz vorgetäuscht werden soll. *P. Neumann*

Remission, aus dem Lateinischen «Zurücksenden»; ist ein Begriff des buchhändlerischen Verkehrs für die Rücksendung von Büchern oder Zeitschriften des Einzelhändlers an den Verlag oder das Barsortiment. Gründe für die R. können sein: 1. dass der Verlag dem Sortimenter ein ↗ Remissionsrecht eingeräumt hat; 2. dass der Verlag die Rückgabe gelieferter Exemplare nachträglich gestattet, soweit hier nicht nur ein Umtausch erfolgt; 3. dass es sich um eine Falschlieferung, eine verspätete Lieferung oder die Lieferung eines defekten Stücks handelt; 4. dass der Verlag den Titel zurückruft. Remittenden können vom Verlag bei entsprechender Kennzeichnung zu einem ermäßigten Preis wieder in den Verkehr gebracht werden, was v. a. bei Taschenbüchern üblich ist.

Die Verlagsauslieferungen bearbeiten die R.en nach den Richtlinien ihrer Verlags-Kommittenten und berechnen dafür (gesondert) Gebühren. Ob und in welcher Höhe die Gutschrift an den Buchhandel erfolgt, hängt von den Regelungen in der Verkehrsordnung für den Buchhandel (§§ 3, 5, 6, 8, 9, 11–14) und den Richtlinien der Verlage ab. Die Barsortimente verkaufen grundsätzlich in fester Rechnung. R.en sind deshalb nur im Rahmen der in der Verkehrsordnung geregelten Fälle zulässig. Sog. Kulanzr.en in kleinem Rahmen sind aber möglich. Es gibt dafür je nach Barsortiment unterschiedliche Regelungen: Teils sind R.en vorher vom Barsortiment zu genehmigen, teils werden den Buchhandlungen bestimmte R.squoten (vom Umsatz) eingeräumt, die unabhängig von den verschiedenen R.sgründen eingehalten werden müssen, teils wird eine Bearbeitungsgebühr für Remittenden (u. U. nur bei Überschreitung der vereinbarten R.squote) erhoben. *T. Bez / W. Braun-Elwert*

Remissionsrecht. I. d. R. wird heute im Buchhandel in fester Rechnung geliefert. Aufgrund einer Vereinbarung oder nach dem Handelsbrauch, wie er in der Verkehrsordnung niedergelegt ist (Remission), besteht in bestimmten Fällen ein Rückgaberecht (Remissionsrecht), d. h. die Artikel (Bücher u. a.) können vom Händler gegen Gutschrift zurückgeschickt oder auf Geheiß des Verlags makuliert werden. *T. Bez*

Remittende, aus dem Lateinischen «Zurückzusendendes»; ist im Buchhandel diejenige Ware, die aus besonderen Gründen, etwa weil es nach den Bezugsbedingungen möglich oder die Publikation beschädigt ist (↗ Remission), an den Hersteller oder Zwischenbuchhändler zurückgeschickt wird.

Renaissance, aus dem Französischen «Wiedergeburt»; ist die Standardbezeichnung für eine der großen historischen Perioden der europäischen Geschichte. Eine exakte zeitliche Bestimmung ist – wie bei allen historischen Periodenbegriffen – nicht möglich. Als Hauptzeit der R. wird allgemein das 15. und 16. Jh. angesehen. Doch lassen sich erste Ansätze einer Wandlung des mittelalterlichen Weltbildes – v. a. in Italien – bereits seit dem 13. Jh. beobachten, so bei D. Alighieri (1265–1321), F. Petrarca (1304–1374) und G. Boccaccio (1313–1375). Erwähnt wurde der Epochen-Begriff erstmals 1550 von G. Vasari (1511–1574), historiografisch geprägt wurde er durch J. Michelet (1798–1874) und J. Burckhardt (1818–1897).

Die R. wird von zwei wesentlichen geistigen Impulsen bestimmt, einerseits der Wiederbelebung der antiken Literatur, die ihren Ausdruck im ↗ Humanismus fand, andererseits einer neuen Einstellung zu den beobachtbaren Phänomenen der Welt, die eine Fülle von Entdeckungen und Erfindungen zur Folge hatte, z. B. des Umlaufs der Erde um die Sonne durch N. Kopernikus (1473–1543) und der Fallgesetze durch G. Galilei (1564–1642), aber auch der Entdeckung Amerikas durch C. Kolumbus (um 1451–1506) und des Seewegs nach Indien durch V. da Gama (um 1469–1524) sowie zahlreiche Erfindungen, für die paradigmatisch L. da Vinci (1452–1519) und J. ↗ Gutenberg genannt seien. Das hatte wesentlichen Einfluss auf die Wissenschaftsorganisation. Neben die Universitäten traten Akademien, welche die eigentlichen Träger der humanistischen Bewegung wurden, zuerst in Florenz 1438 und Rom 1440, denen sich zahlreiche Einrichtungen in allen west- und mitteleuropäischen Ländern anschlossen. Doch auch auf die allgemeine Bildung des Bürgertums hatte die R. wesentlichen Einfluss. Ausgangspunkt ist der Wandel in der Wirtschaftsstruktur vom Tauschhandel zum Geldverkehr, der zur Gründung der ersten Banken führte, z. B. in Florenz durch die Familie der Medici und in Augsburg durch die Fugger. Als soziale Folge dieser Entwicklung entstand eine wohlhabende Bürgerschicht, welche die Schrift nicht nur für ihre geschäftlichen Transaktionen beherrschte, sondern auch ein privates Leseinteresse entwickelte. *G. Pflug*

Renaissance-Einband. Er führte unter dem Einfluss der orientalischen Buchbindekunst zu einer neuen Auffassung der Buchgestaltung: neue Schmucktechniken (Golddruck, Lacküberzug, Malerei), neue Komposition des Dekors, die Anwendung von Ornamenten (Arabesken, Mauresken). Der R. entstand im 15. Jh. in Italien und verbreitete sich über Mitteleuropa. Besonders in Deutschland blieb auch bei Anwendung der (neuen) Renaissance-Ornamentik die bisher übliche Methode der Blindpressung und des Blinddrucks mittels Rollen- und Plattenstempeln bestehen. Letztere ermöglichten eine schnelle Verzierung des Einbandes und trugen so – nach Entstehung und Verbreitung der Buchdruckerkunst – zur Verbilligung der Buchherstellung bei. Der R. behauptete sich bis in die Spätrenaissance Anfang des 17. Jh.s. *B. Nuska*

Rendering, aus dem Englischen «wiedergeben»; die Erstellung einer Grafik aus einer Skizze oder einem Modell. Z. B. verwenden Browser spezielle R.- bzw. Layout-Algorithmen, um die HTML-Inhalte visuell darzustellen. Der Begriff R. kann auch die Qualität der Ausführung dieses Erstellungsprozesses meinen. *P. Mayr*

Repertorium, aus dem Lateinischen «wiederfinden», «ausfindig machen»; ist seit dem 16. Jh. ein Terminus für ein Register, seit dem 17. Jh. auch für ein wissenschaftliches ↗ Kompendium, das den Stoff einer Disziplin in konzentrierter systematischer oder alphabetischer Anordnung wiedergibt und sich besonders zum Nachschlagen eignet. Gegen Ende des 18. Jh.s tritt R. auch als Titelbegriff für Zeitschriften auf, die über neue wissenschaftliche Erkenntnisse berichten. Heute taucht er noch bei systematisch angelegten Bibliografien auf. *G. Pflug*

Reportage, aus dem Französischen «Berichterstattung»; ist eine im ausgehenden 19. Jh. etablierte, eher subjektive journalistische Darstellungsform bzw. ein journalistisches Genre, das von einem Ereignis berichtet, indem es vor Ort die unmittelbare Situation, die Atmosphäre und «Originaltöne» in der Form von kurzen Augenzeugenberichten, Kommentaren bzw. Interviews verwendet. R.n finden sowohl in der Presse als auch im Rundfunk Anwendung, wobei ergänzend zum Text bzw. gesprochenen Wort auch Bilder und Filmaufnahmen bedeutsam sind. *T. Keiderling*

Reporter, aus dem Englischen «berichten»; der Verfasser von Reportagen für audiovisuelle und Printmedien, z. T. gleichbedeutend mit Journalist. Der Begriff bezeichnete zu Beginn des 19. Jh.s in Großbritannien den Protokollführer in Parlamentssitzungen. Seit den 1830er Jahren wurde er – auch in Deutschland – auf Journalisten angewandt, die aktuelle Berichte für Tageszeitungen verfassten. Nachdem seit Beginn des 20. Jh.s der weitaus überwiegende Teil der Texte in den Massenmedien durch Nachrichtenagenturen und Pressedienste geliefert werden, berichten R. nur noch in Sonderfällen wie z. B. über Kriegs- oder Sportereignisse aus Gründen der Aktualität am Ort des Geschehens. Von ihnen wird eine persönlich gefärbte Berichterstattung erwartet. Der Lokalteil der Zeitungen wird zu großen Teilen von R.n gestaltet.

Repositorium, aus dem Lateinischen «Ablage»; wird 1. ein Ablageort für geordnete Dokumente genannt, die öffentlich oder einem beschränkten Nutzerkreis zugänglich sind. In Archiven handelt es sich z. B. um Aktenschränke, in Bibliotheken (bis in die Mitte des 20. Jh.s) um Regale für abholbereite, bestellte Medien. In diesem Sinne ist R. heute veraltet. 2. Bezeichnung für eine Datenbank oder digitale Bibliothek, die Netzpublikationen speichert, verwaltet, für die weitere Benutzung zur Verfügung stellt und kompatiblen Konzepten für das Information Retrieval, Leitlinien für das Elektronische Publizieren und Standards für die digitale Langzeitarchivierung mehr oder minder streng Rechnung trägt. In Deutschland werden R.ien meist in Verbindung mit Publikationen im ↗ Open Access gebracht, obwohl es auch geschlossene R.ien (dark archive) gibt. Gebräuchlich sind R.ien für die Selbstarchivierung von wissenschaftlichen Publikationen durch deren Autoren, der Begriff wird allerdings auch im Zusammenhang mit anderen digitalen Objekten (z. B. Primärdaten) gebraucht. Man unterscheidet zwischen institutionellen R.ien, die hauptsächlich für die digitalen Dokumente einer Organisation gedacht sind (z. B. digitale Dissertationen einer Universität) und fachlichen R.ien, die Dokumente eines Fachgebiets gebündelt anbieten sollen. Die wichtigsten Funktionen von R.en sind die Unterstützung der Autoren beim Erstellen und Publizieren von Dokumenten, die Anreicherung mit Metadaten, Authentifizierung der Dokumente durch digitale Signaturen und Zeitstempel, gesicherte Speicherung der digitalen Dokumente, die Recherche und Verfügbarmachung der Dokumente über ein Webportal sowie standardisierte Schnittstellen für den automatisierten Datenaustausch. Die Deutsche Initiative für Netzwerkinformation hat Standards entwickelt, um R.ien zu zertifizieren, und führt eine Liste von zertifizierten R.ien in Deutschland. Zu diesen Standards gehören: Sicherung des Zugangs zum Server; Gewährleistung der Authentizität und Integrität der Dokumente; Festlegungen zu den Kriterien der digitalen Langzeitarchivierung; Festlegungen der zugelassenen Dateiformate und ihrer Konvertierungstools, wobei langfristig stabile Standards wie XML oder SGML bevorzugt werden sollen; Festlegungen zu den Metadaten, wobei diese nach dem Dublin Core Metadata Element Set bevorzugt werden sollen; Auswahl der Suchmaschine und damit der Retrievalmöglichkeiten. Der Workflow umfasst folgende Schritte: 1. Der Autor erlernt die Verwendung geeigneter Dokumentvorlagen, erstellt 2. das digitale Dokument unter Verwendung einer Dokumentvorlage, fügt 3. die Metadaten anhand eines WWW-Formulars hinzu und übergibt 4. Dokument und Metadaten an das R. Dieses kontrolliert 5. das Dokument auf Lesbarkeit sowie Dokument und Metadaten auf Einhaltung der Publikationsrichtlinien, ergänzt bzw. korrigiert 6. die Metadaten, erstellt 7. eine digitale Signatur, generiert 8. die Adressen für die WWW-Publikation und die Archivierung (↗ Persistent Identifier), gibt 9. die Publikation im WWW frei und teilt dies dem Autor mit, erstellt 10. ggf. Printexemplare und versendet sie, erzeugt 11. ein Archiv-Dokument in einem archivierungsfähigen Dateiformat (bevorzugt XML), integriert 12. die Metadaten in Nachweissysteme, u. a. bei Bibliotheksverbünden, und teilt schließlich 13. der zuständigen Pflichtexemplarbibliothek die erfolgte Netzpublikation mit. *V. Petras/K. Umlauf*

Reprint, aus dem Englischen «nachdrucken»; reprografischer Nachdruck oder Neudruck eines urheberrechtsfreien oder durch die Rechtsinhaber lizenzierten Druckwerks vom ursprünglichen Druckbild (also ohne Neusatz/ohne neue Layout-Gestaltung) in zumeist geringer Auflage. Die Bezeichnung wurde nach 1945 aus dem Englischen übernommen. Waren bereits zu Beginn des 19. Jh.s durch den Steindruck von A. ↗ Senefelder die technischen Voraussetzungen für die Herstellung von R.s geschaffen, ab ca. 1850 durch anastatische Drucke realisiert und durch den Manuldruck 1913 verfeinert, erbrachte erst eine hochentwickelte Repro- und Offsetechnik seit Mitte der 1920er Jahre die Druckqualität heutiger R.s. Der R. sollte weitgehend dem Format des Originals entsprechen, musste seitenidentisch sein. Unberechtigte R.s bezeichnet man als Raubdrucke. *H. Buske*

Reproduktion mit umfassender Bedeutung, z. B. Nachbildung, Wiederherstellung, Wiedergabe, aber auch: Neu-Hervorbringung, Vervielfältigung. R. bezieht sich auf eine «Vorlage» wie auch auf einen «Vorgang» und dies nicht allein im Bereich von Druck und Grafik. Die R.sverfahren sind folglich nur als Teilbereiche anzusehen. Begriffe wie Reprotechnik, Reproverfahren, Reprokamera, Reprofotografie etc. sind Verkürzungen. *C. W. Gerhardt*

Reproduktionsverfahren nennt man die innerhalb der Reproduktionstechnik angewendeten zahlreichen Techniken und Verfahren der Druckformherstellung für die verschiedenen Druckverfahren. Von der Vorgehensweise gesehen unterscheiden sich direkte von indirekten Verfahren. Direkt meint, dass unmittelbar von der Vorlage ein Rasterfilm hergestellt wird. Bei den indirekten R. muss zunächst ein Halbtonfilm angefertigt und nach dessen entsprechender Bearbeitung in einen Rasterfilm umgewandelt werden. Geht man vom Instrumentarium aus, so gibt es zurzeit drei Gruppen von R.: die fotomechanische (mit Reproduktionsfotografie, samt Reprokameras, im Verschwinden begriffen), die elektromechanische (z. B. Helio-Klischograf) und die rein elektronische

Gruppe (z. B. ton- und farbwertkorrigierte Kopiervorlagen aus dem Scanner). ↗ Reproduktion
C.W. Gerhardt

Reprografie, Sammelbegriff für alle Verfahren, mit denen materielle und dauerhafte Bilder von flächigen Objekten (Dokumente, Bilder) durch Strahlung in ein- oder mehrfacher Ausfertigung, insbesondere zum Zweck der direkten Information, erzeugt werden. Es handelt sich im Wesentlichen um Kopierverfahren (Lichtpausen, Xerokopien, Plotter) und um fotografische Verfahren (analoge oder Digitalfotografie), nicht jedoch um Druckverfahren. Die Produktion von r.fähigen Vorlagen gehört als Vorstufe nicht zur engeren Definition, ebenso wenig die Weiter- und Endverarbeitung des r.ischen Produkts. Die R. ermöglicht neben der direkten Abbildung auch Vergrößerungen und Verkleinerungen.
U. Naumann

Resource Description and Access (RDA). Regelwerk zur Erschließung aller Typen von analogen und digitalen Ressourcen in Bibliotheken, Archiven, Museen und verwandten Institutionen wie z. B. Verlagen. Zur Ablösung der Anglo-American Cataloguing Rules (AACR2) entwickelt vom anglo-amerikanisch besetzten Joint Steering Committee for the Development of RDA (JSC) in Zusammenarbeit mit der American Library Association, der Canadian Library Association und dem Chartered Institute of Library and Information Professionals als Herausgeber und Inhaber des Urheberrechts, seit November 2011 unter Beteiligung der Deutschen Nationalbibliothek. Internationalität wird u. a. durch die Möglichkeit angestrebt, verschiedene Sprachen, Zählsysteme, Kalender und Maßeinheiten in nach RDA erstellten Daten einzusetzen. Die Regeln definieren die für die Beschreibung und Erfassung erforderlichen Datenelemente mit dem Ziel der Benutzerfreundlichkeit hinsichtlich des Informationsretrievals und des Zugriffs auf die Daten sowie der Förderung der maschinellen Erfassung und Bearbeitung von Metadaten. Die Regeln betreffen die Erfassung der Daten nach dem Entity-Relationship-Datenmodell, nicht jedoch das Ausgabeformat, Fragen der Indexierung oder eine Verbindung zu internationalen Normdateien wie z. B. dem Virtual International Authority File. Struktur und Terminologie basieren auf den Funktionellen Anforderungen an bibliografische Datensätze (FRBR), den Functional Requirements for Authority Data (FRAD) und dem Statement of International Cataloguing Principles. Das Herstellen von Beziehungen zwischen Werken und ihren geistigen Schöpfern sowie definierte Entitäten, Merkmale und Beziehungen sollen das Gruppieren von Datensätzen und damit den strukturierten Überblick über unterschiedliche Ausgaben (1) oder physische Formate eines Werks ermöglichen. Einem Beschluss des Standardisierungsausschusses folgend wurde 2015 im deutschsprachigen Raum in Ablösung der bisherigen Regeln für die alphabetische Katalogisierung (RAK) RDA als neuer Katalogisierungsstandard implementiert.
P. Hauke

Responsoriale, aus dem Lateinischen «Antwort»; seit dem 8. Jh. Bezeichnung des liturgischen Buchs, das zur Hauptsache die Antwortgesänge auf die Lesungen der Matutin im kirchlichen Stundengebet enthält. Es ist i. d. R. kaum selbstständig, sondern meist Teil des ↗ Antiphonars.
F. Heinzer

Ressort (im Zeitungsbereich, auch Sparte genannt) ist Teil einer Vollredaktion, der eigenverantwortlich, jedoch unter Anleitung der Chefredaktion ein bestimmtes Thema – u. a. Politik (Innen- wie Außenpolitik), Lokales, Kultur/Feuilleton, Sport, Wirtschaft, Wissenschaft – bearbeitet. Die Beiträge bzw. Artikel eines R.s werden in einer bestimmten Beilage einer Zeitung veröffentlicht, der umgangssprachlich als «Teil» (z. B. «Wirtschaftsteil») bezeichnet wird, in der Fachsprache jedoch «Buch» heißt und somit die Gliederung und thematische Abfolge des Mediums bestimmt.
T. Keiderling

Ressource, die in einem jeweiligen Kontext zur Verfügung stehende Entität. a) In Bezug auf Medien und Information werden als R. v. a. angesprochen: Bestand, Dokument, elektronische R., Informationsr., Informationsobjekt, multimediales Objekt, Netzpublikation, Quelle. b) In Bezug auf Organisationen sind R.n die materiellen und immateriellen Vermögenswerte (Bilanz), aber auch individuelle und organisatorische Wissensbestände, Kompetenzen und Fähigkeiten sowie deren Träger, die Mitarbeiter (Wissensbilanz). c) In Bezug auf Indexierungssprachen in der Museumsdokumentation: Terminologier. d) In Bezug auf Computersysteme die zur Verfügung stehenden Hard- und Software-Elemente sowie deren Leistung; in einem Netzwerk die allen Benutzern zur Verfügung stehenden Hard- und Software-Elemente sowie Daten. *K. Umlauf*

Rest ↗ Als Rest

Restauflage, nicht mehr verkäuflicher Teil einer gedruckten Auflage, der nach Aufhebung des gebundenen Ladenpreises über das Moderne Antiquariat verkauft und in diesem Sinne verramscht werden kann. Hierzu wird in Absprache mit dem Autor der Verlagsvertrag aufgehoben. Nur unter bestimmten Bedingungen lohnt ein Verramschen, und zwar dann, wenn allein der bisherige, zu hohe Preis die Anschaffung an sich attraktiver Publikationen verhinderte. Verspricht der Titel auch bei deutlichem Preisnachlass keinen weiteren Absatz, bleibt in Absprache mit dem Autor (der ggf. noch einige Exemplare zu günstigen Konditionen selbst bezieht) nur die ↗ Makulierung. *T. Keiderling*

Restaurierung ↗ Buchrestaurierung

Restbuchhandel ↗ Modernes Antiquariat ↗ Verramschung

Restbuchhandelsordnung von 1897. Sie regelte den geschäftlichen Verkehr der deutschen Buchhändler untereinander über den Ein- und Verkauf von Büchern, Bilderwerken, Musikalien und Karten, deren Ladenpreis vom Verleger dauernd oder zeitweise aufgehoben war (Restbuchhandel). Gültigkeit hatte die R. auch für Nichtmitglieder des Börsenvereins, sofern diese sie durch eine schriftliche Erklärung anerkannt hatten. Vorangegangen waren jahrzehntelange Auseinandersetzungen über Preisschleuderei von Kaufhäusern und Firmen des Ramschbuchhandels, die den Provinzbuchhandlungen zu schaffen machten. Die Bestimmungen der R. wurden 1909 in die Verkaufsordnung § 16 und 1910 in die Verkehrsordnung § 4C integriert. *H. Buske*

Restexemplar, gehört zum Restposten einer Auflage, für welche die Ladenpreisbindung von Verlagserzeugnissen aufgehoben worden ist. Im buchhändlerischen Verkehr sind sie wie ↗ Mängelexemplare zu behandeln.

Restoration Bindings ↗ All-over-Stil

Restschreiben, buchhändlerischer Ausdruck aus dem ↗ Tauschhandel des 16.–18. Jh.s, der zur Anwendung kam, wenn auf den Messen unfertige Bücher angeboten, verkauft und damit zur Abrechnung fällig wurden, deren noch ausstehende Teile dem Käufer «als Rest» nachgeliefert werden mussten.

Retrieval, aus dem Englischen «Abrufen»; meint allgemein ein gezieltes Suchen oder Wiederauffinden von Daten nach einer Fragestellung in gedruckten wie digitalen Informationsmitteln aller Art. Im Besonderen ist die Datensuche in digitalen Datenbanken gemeint. ↗ Information Retrieval

Retrodigitalisierung (Retrospektive Digitalisierung), Digitalisierung älterer analoger Publikationen (u. a. Printmedien, Filme, Tonbänder) mit dem Ziel, Bestände in Verlagen, Archiven und Bibliotheken in digitalen Daten für eine wissenschaftliche Nutzung bereitzustellen, um damit einen weltweiten Zugang zu ermöglichen (Ubiquität) und gefährdete Werke für die Nachwelt zu erhalten (Bestandserhaltung). Der Begriff R. ist inhaltlich nicht korrekt, wird aber zur Unterscheidung von der Direktdigitalisierung benutzt. Als Verfahren werden das Bilderzeugen (Imaging durch Scannen oder Digitalfotografie) oder das Volltexterzeugen (durch optische Zeichenerkennung oder durch Abschreiben) eingesetzt. Bei der Volltexterzeugung kann die R. als reiner Text oder als Text mit Auszeichnungen (mit Formatierungen und Hypertextstrukturen) erfolgen. Die R. kann auch in einer hybriden Struktur erfolgen, indem neben dem Digitalisat auch eine Archivierung in Mikroform vorgenommen wird, um jederzeit das Digitalisat reproduzieren zu können. Hiermit werden die Probleme der digitalen Langzeitarchivierung von Digitalisaten (Erhaltungs- und Wiedererkennungsstrategien bei künftigen Änderungen der Hard- und Software) zwar nicht gelöst, aber eine einfach zu handhabende weitere technologische Basis geschaffen, um die Reproduzierbarkeit zu sichern. Die Digitalisierung von Metadaten (z. B. Bibliothekskatalogen) wird als Retrokonversion bezeichnet.

U. Naumann

Retrokatalogisierung (Rekatalogisierung), im Unterschied zur Retrokonversion die erneute Katalogisierung eines vorhandenen Bestands in den OPAC anhand der zu diesem Zweck original herangezogenen Medien, im Wesentlichen ohne Weiterverwendung vorhandener analoger Katalogisate. Es ist dies die aufwendigste, jedoch zugleich zuverlässigste Methode zur Gewährleistung möglichst vollständiger und korrekter Daten, die zugleich eine Bestandsrevision erlaubt. Die Methode ist kombinierbar z. B. mit der Nutzung von Fremddaten eines Bibliotheksverbundes, indem an den dort vorhandenen Datensatz das eigene Sigel sowie weitere Lokaldaten angehängt werden.

P. Hauke

Retrokonversation, im Unterschied zur Retrodigitalisierung werden bei der R. analog vorliegende Metadaten, wie z. B. Katalogisate aus Zettelkatalogen oder archivische Findmittel, in digitale Formate überführt und mit Mitteln der Indexierung in Datenbanken, wie z. B. dem OPAC, nutzbar gemacht. Methodisch kann dies über eine Verfilmung vorhandener Katalogisate für einen (mit reduzierten Recherchemöglichkeiten nutzbaren) Imagekatalog erfolgen oder über einen Scanner mit optischer Zeichenerkennung, der die Daten vom Katalogisat einliest, was jedoch personalintensive Nacharbeiten bezüglich Korrekturen und Strukturierung der Daten erfordert; ggf. erfolgen der gleichzeitige Abgleich und die Datenverknüpfung mit den Normdaten entsprechender Normdateien. Weitere Möglichkeiten sind die (ggf. automatische) Fremddatenübernahme anhand eines Abgleichs der Internationalen Standard-Buchnummer (ISBN) mit anschließender Hinzufügung der Lokaldaten oder die Übernahme der Daten aus einem Bibliotheksverbund durch Anhängen des eigenen Sigels an den im Verbundkatalog vorhandenen Datensatz.

P. Hauke

Retrospektive Bibliografie, Synonym für eine ↗ Abgeschlossene Bibliografie.

Retusche. Korrektur der Vorlage, Reproduktion oder Druckform, um a) Mängel der Vorlage zu beseitigen, b) durch den Reproduktionsweg verursachte Fehler zu kompensieren oder c) das Bild in der gewünschten Weise zu manipulieren. Je nachdem, auf welchem Medium die R. erfolgt, spricht man von Positivr. (Vorlage, Diapositiv), Negativr., digitaler R. (Bildschirm) oder Metallr. (Druckform). Manuell wird mit Pinsel, Airbrush und wasserverdünnbaren Farben retuschiert. Die fotomechanische Korrektur mit speziellen Filmen wird auch Maskierung genannt. Der heute gebräuchliche Weg ist aber die elektronische Korrektur, die bei reprotechnisch bedingten Mängeln, z. B. Absorptions- und Remissionsmängeln der Druckfarben, weitgehend automatisch abläuft. Alle Bildmanipulationen erfolgen auf dem Bildschirm in WYSIWYG mithilfe von Tools, die das Programm dem Nutzer zur Verfügung stellt. Damit ist jede beliebige Bildveränderung schnell, präzise und preisgünstig zu erzielen.

R. Golpon

Revidierte Auflage (mitunter auch revidierte Neuauflage) wird i. d. R. von einem Verleger auf den Markt gebracht, um nötige Korrekturen, Ergänzungen oder Aktualisierungen von Druckwerken vorzunehmen. Revisionen stammen von den Autoren oder werden – wenn möglich – mit ihnen abgesprochen; Textänderungen oder -ergänzungen können in den Ausgangstext integriert oder als separater Anhang beigefügt werden. Besonders die wissenschaftliche Leserschaft empfindet den detaillierten Nachweis und/oder die Erklärung der vorgenommenen Veränderungen von Textstellen im Vorwort oder in einer gesonderten Einleitung als hilfreich und benutzerfreundlich. Die r. A. ist nicht zu verwechseln mit der «durchgesehenen Auflage», da in dieser neben der Korrektur von Satz- und Druckfehlern Änderungen im Textkorpus nur äußerst selten ausgeführt werden. *D. Kranz*

Revidierte Berner Übereinkunft (RBÜ). 1887 wurde die ↗ Berner Übereinkunft zum Schutze von Werken der Literatur und Kunst, zunächst von acht Staaten (Belgien, Deutschland, Frankreich, Großbritannien, Italien, Schweiz, Spanien und Tunesien) begründet. In der Folge kam es zu mehreren Revisionen dieser internationalen Urheberrechtsvereinigung. Daher spricht man seit 1908 von der RBÜ. Die Revisionen fanden im ersten Jahr in Berlin, 1914 in Bern, 1928 in Rom, 1948 in Brüssel, 1967 in Stockholm und 1971 in Paris statt. Den revidierten Fassungen konnten die Mitgliedsländer gesondert beitreten; 2017 zählte die RBÜ 174 Verbandsländer. Die USA weigerten sich ursprünglich, der Berner Übereinkunft beizutreten, da dies größere Änderungen in ihrem Urheberrecht vorausgesetzt hätte. Deshalb wurde 1952 das ↗ Welturheberrechtsabkommen (Universal Copyright Convention, UCC) der UNESCO angenommen, welches diese Bedenken minderte. Seit 1989 gilt die Berner Übereinkunft aber auch dort. *T. Keiderling*

Revolverpresse ↗ Sensationspresse

Rezension ↗ Buchbesprechung

Rezensionsexemplar wird vom Verleger auf Anforderung oder unverlangt an eine Zeitungs- bzw. Zeitschriftenredaktion versandt, um eine Veröffentlichung rezensieren zu lassen. Der Versand von R.en ist Teil der Verbreitungspflicht des Verlegers nach § 14 VerlG. Bei unverlangt versandten R.en besteht kein Anspruch auf Rückgabe. Verlangte R.e können hingegen bei Nichtbesprechung zurückgefordert werden, worauf aber Verlage zumeist verzichten.

Rezeption, aus dem Lateinischen «Aufnahme», «Übernahme» fremder Botschaften oder allgemein fremden Gedanken- bzw. Kulturguts durch einen Rezipienten. R. meint in der Kommunikations- und Medienwissenschaft einen Prozess des Empfangs, der Aufnahme bzw. Aneignung von Inhalten. In diesem Sinne ist R. Teil des menschlichen, medialen Kommunikationsprozesses. Die R. kann direkt erfolgen (durch primäre bzw. «Menschenmedien», z. B. durch die unmittelbare Rede, Musik innerhalb von Vorträgen, Konzerten oder weiteren Bühnenaufführungen vor Publikum); sie kann jedoch – und das ist in der Gegenwart häufig der Fall – medial durch alle Formen der technischen ↗ Medien (sekundäre bis tertiäre Medien, z. B. Printmedien, Rundfunk, Fernsehen, Internet etc.) vermittelt werden. Während früher die Medienforschung von einem einfachen Sender-Empfänger-Modell der Kommunikation ausging, bei dem der Empfänger (Rezipient) passiv war, dominieren heute Medientheorien, die eine wechselseitige Kommunikation mit zahlreichen Rückkopplungseffekten beschreiben (↗ Dynamisch-transaktionaler Ansatz, ↗ Uses-and-Gratifications-Ansatz). Der Rezipient ist nach heutigen Auffassungen zudem ein eher aktiver Teilnehmer des Kommunikationsvorgangs. Er kann durch sein Wissen, seine Einstellungen zum Sender von Botschaften, Erwartungshaltungen und eigenen Interessen etc. die R. bewusst beeinflussen und sogar aktiv verweigern. Natürlich laufen beim R.svorgang auch einige Prozesse unbewusst ab. Die R. einer Medienbotschaft erfolgt bezogen auf Gruppen nach typischen Mustern, jedoch bei jedem Individuum in einer spezifischen Ausprägung. So können z. B. politische Reden, Parteiprogramme oder literarische Werke mehrheitlich eine Zustimmung oder Ablehnung bei Zielgruppen erfahren, dies wird jedoch jeder einzelne für sich anders interpretieren. *T. Keiderling*

Rezeptionsforschung. Forschungsfeld der Kommunikations- und Medienwissenschaft und weiterer Disziplinen wie der Literaturwissenschaft, Werbeforschung etc., das zentrale Aspekte der ↗ Rezeption empirisch-theoretisch ergründen will. Es besteht ein überschneidendes Forschungsinteresse zu den Feldern Mediennutzungsforschung (↗ Mediennutzung, ↗ Publikumsforschung). Zunächst will die kommunikations- und medienwissenschaftliche R. ergründen, über welche Medienkanäle ein Rezeptionsvorgang hergestellt wird, in welchen Lebenssituationen und mit welcher Zeitdauer dies geschieht und was wir über den oder die Mediennutzer (Rezipienten) erfahren (im demografischen Sinn und in Anbetracht einer Persönlichkeits- und Lebensstilanalyse, u. a. nach kategorialen Merkmalen wie Geschlecht, Alter, Bildung, Beruf etc.). Sodann soll der psychische Prozess der passiven (↗ Perzeption) wie aktiven Aufnahme untersucht werden, ebenso wie die weitere Verarbeitung von Informationen und Botschaften sowie der Vorgang des Verstehens und der sozialen Bedeutungszuschreibung von Medienrezeption. Werden fremde Botschaften und Inhalte nicht nur zur Kenntnis genommen – «rezipiert», sondern führen zu Einstellungs- und Verhaltensänderungen sowie konkreten Handlungen, so ist das bereits Gegenstand der ↗ Medienwirkungsforschung.

Theoretisch wird in der R. der Rezeptionsvorgang in drei Phasen eingeteilt: 1. Die Präkommunikative Phase. Hier findet eine Auswahl der Medien bzw. Medienkanäle statt, wobei auch die Verfügbarkeit und das situative Umfeld eine Rolle spielen. Weiterhin sind die Motive der Mediennutzung zu beachten: Erfolgt sie etwa aus einem Informationsbedürfnis heraus, einem Bedürfnis nach Integration und Gruppenzugehörigkeit (Rollenmodell) oder zur Unterhaltung, Ablenkung und Entspannung. Sodann kommt es 2. in der Kommunikativen Phase zur eigentlichen Rezeption. In der 3. Postkommunikativen Phase findet die Aneignung und Verarbeitung statt. Empirisch lassen sich die drei Phasen durch quantitative (wann und wie oft?) und qualitative (warum und in welchem Maße?) Befragungen, aber auch Beobachtungen von Rezipienten erfassen. Zur theoretischen Ableitung siehe auch die Modelle mit Relevanz zur R.: ↗ Dynamisch-transaktionaler Ansatz, ↗ Two-Step-Flow (Modell der Kommunikation), ↗ Uses-and-Gratifications-Ansatz, ↗ Wissenskluft-Hypothese   *T. Keiderling*

Rezipient, aus dem Lateinischen «Aufnehmender», «Übernehmender»; ist ein Nutzer bzw. Empfänger von medialen Botschaften bzw. Angeboten. ↗ Rezeption

RFID-Technologie (Radio Frequency Identification). Funkerkennung ist eine Methode, Daten berührungslos und ohne Sichtkontakt zu lesen und zu speichern. RFID wird als Oberbegriff für die komplette technische Infrastruktur verwendet. Sie umfasst den Transponder (auch RFID-Etikett, -Chip, -Tag, -Label, Funketikett genannt), die Sende-Empfangs-Einheit (auch Reader genannt) und die Integration mit Servern, Diensten und sonstigen Systemen, wie z. B. Kassensystemen oder Warenwirtschaftssystemen. Die Daten werden auf dem RFID-Transponder gespeichert. Das Auslesen bzw. Schreiben der Informationen wird per Radiowellen vorgenommen. Bei niedrigen Frequenzen geschieht dies induktiv über ein Nahfeld, bei höheren über ein elektromagnetisches Fernfeld. Die Entfernung, über die ein RFID-Transponder ausgelesen werden kann, schwankt aufgrund der Ausführungen (aktiv: Transponder sendet Daten/passiv: Transponder wird nur vom Reader gelesen), des benutzten Frequenzbands, der Sendestärke und Umwelteinflüssen zwischen wenigen Zentimetern und max. 1.000 Metern. In Bibliotheken wird RFID benutzt, um die Ausleihe und Rückgabe von Büchern den Benutzer selber durchführen zu lassen, falsch einsortierte Bücher schnell zu finden usw. RFID-Chips sind noch zu teuer, um sie schon bei der Herstellung in alle Bücher einzuarbeiten. Dies kann in Zukunft interessant werden, weil damit die gesamte Lieferkette vom Verlag über Auslieferung und Barsortiment bis zur Buchhandlung wesentlich rationeller gestaltet werden kann (ECR) sowie Inventur, Warensicherung (gegen Diebstahl) u. a. bedeutend vereinfacht werden können. ↗ Buchsicherungsanlage   *T. Bez*

RGB-Farbmodell, hierbei werden die drei Grundfarben Rot, Grün und Blau gemischt. Es handelt sich um ein additives Dreifarbenmodell, d. h. die Farben werden zueinander addiert: je höher die Farbwerte, desto heller. Der Einsatz erfolgt v. a. bei selbstleuchtenden Geräten, z. B. Computer-Monitoren oder Handy-Displays, aber auch bei Scannern und Digitalkameras. ↗ CMYK-Farbmodell ↗ Farbseparation ↗ Farbmodell
   T. Keiderling

Rheinisches Format wird die bei Zeitungen verwendete Seitengröße von 315 mm

Breite und 470 mm Höhe genannt. Von diesem Grundmaß gibt es auch Abweichungen in beiden Richtungen. ↗ Berliner Format
P. Neumann

Rich Media, zu Deutsch «reiche», «angereicherte Medien». V. a. in der Onlinewerbung werden damit Werbemittel (im Internet) bezeichnet, die nicht nur Text und Bilder, sondern auch Audio- und Videoelemente enthalten. Aufgrund ihrer Multimedialität können R. M. eine Steigerung der Aufmerksamkeit und Interaktionsbereitschaft beim Rezipienten erreichen, so kann z. B. ein einfliegender Werbebanner mit Flash-Anwendungen den Nutzer dazu anregen, auf eines der Angebote zu klicken.
T. Keiderling

Richtungsstreit, Bezeichnung für eine grundsätzliche, die Entwicklung der deutschen Öffentlichen Bibliotheken in der ersten Hälfte des 20. Jh.s nachhaltig prägende Kontroverse über Ziele, Rolle und Methoden derselben als Instrument der Volksbildung sowie über das Verhältnis der Öffentlichen Bibliothek als «Bildungsbücherei» zu anderen Bildungseinrichtungen und zu den wissenschaftlichen Bibliotheken. Die Diskussion über divergierende Positionen zur bibliothekarischen Praxis v. a. bei Bestandsauswahl und Ausleihorganisation sowie über die gesellschaftliche Wirksamkeit der im Kontext der ↗ Bücherhallenbewegung entstandenen Bibliotheken, die nach 1900 von Vertretern der «freien Volksbildung» zunehmend kritisch betrachtet wurden, eskalierte zum R., als W. Hofmann (1879–1952) das 1912 von P. Ladewig (1858–1940) publizierte Buch «Politik der Bücherei» in einer ausführlichen Rezension scharf kritisierte. 1913 reagierten hierauf zahlreiche Repräsentanten der Bücherhallenbewegung in einem offenen Brief an Hofmann und verteidigten ihre gemeinsamen Positionen, die sich von der um Hofmann entstehenden «Leipziger Richtung» durch ihre liberalere Haltung bei der Literaturauswahl für den Bestand und dessen Vermittlung an die Leser unterschieden. Die daraus resultierende Spaltung des Öffentlichen Bibliothekswesens in gegensätzliche Lager von Anhängern der «Leipziger» und «Stettiner Richtung» (nach deren in Stettin arbeitendem Wortführer E. Ackerknecht, 1880–1960) prägte lange Jahre den fachlichen wie den bibliotheks- und bildungspolitischen Diskurs um strittige Themen wie Schalter- versus Freihandausleihe, Unterhaltungsliteratur («Kitsch») im Bestand, Benutzerberatung und Leserforschung u. a. m. Beide Richtungen schufen sich jeweils eigene Strukturen für zentrale Dienstleistungen, Fachkommunikation und Ausbildung. Zugleich führten der R. und besonders Hofmanns These von der «Autonomie der volkstümlichen Bücherei» gegenüber anderen Bildungseinrichtungen sowie die Ablehnung der ↗ Einheitsbücherei auch zu einer weiteren Abgrenzung zwischen Öffentlichen und wissenschaftlichen Bibliotheken. Die Gleichschaltungspolitik des NS-Regimes ließ die öffentlichen Debatten des R.s verstummen. Gegensätzliche Positionen zur Rolle der Öffentlichen Bibliothek in der Volksbildung prägten jedoch auch nach 1945 noch lange den allmählichen Anschluss der deutschen Praxis an internationale Entwicklungen.
G. Hacker

Riechbuch ist ein Werk, das neben dem Schriftdruck olfaktorische Elemente enthält. Die Duftstoffe sind flächig im Papierblatt bzw. an bestimmten Stellen eingekapselt oder werden als selbstklebende Aroma-Etiketten zwischen dem Text eingefügt. Durch Kratzen (Rubbeln) der präparierten Flächen tritt der Duft aus; er verliert sich im Laufe der Zeit von allein. R.bücher finden sich bei der Kinderliteratur, bei Comics und Kochbüchern, haben aber schon immer eine besondere Bedeutung im Blindenbuchdruck, v. a. bei den Tastbüchern aufgrund der zusätzlichen blindengerechten Information.
R. F. V. Witte

Rieplsches Gesetz der Medien, formuliert durch den Altphilologen und Journalisten W. Riepl (1864–1938) 1913, besagt, dass kein gesellschaftlich etabliertes «Instrument» des Informations- und Gedankenaustausches von anderen «Instrumenten», die im Laufe der Zeit hinzutraten, vollkommen ersetzt oder verdrängt wurde. Somit stellte Riepl ein Gesetz der Komplementarität der Medien auf. Im Allgemeinen ist diese Beobachtung v. a. in Bezug auf die etablierten Massenmedien zutreffend. So haben etwa der Rundfunk nicht die früheren Druckmedien (Buch, Zeitung, Zeitschriften) vollständig verdrängt. In einigen Fällen werden ältere Medien auch in neuere aufgenommen (Internetzeitung, -radio, -fernsehen). Es gibt jedoch auch Beispiele einer (fast) vollständigen Verdrängung: Buchrolle, Nachrichtenbote, optische Fernmelder wie Rauchzeichen oder Telegrafen. Aus diesem Grund ist nicht von einer Gesetzmäßigkeit auszugehen. Es gibt jedoch einen ursächlichen Zusammenhang: Ältere Medien bleiben demnach dann erhalten, wenn sie sich in bestimmter Weise, partiell immer noch als nützlich und leistungsfähig erweisen bzw. wenn spezielle Anwendungsfelder existieren. *T. Keiderling*

Ries, aus dem Arabischen «Bündel», «Ballen»; Mengeneinheit für sortengleiches Bogenpapier. Der Begriff sagt weder etwas über das Format noch über die Anzahl der Bogen aus. Historisch enthielt ein R. 480 Bogen Schreib- bzw. 500 Bogen Druckpapier. Heute kann ein R. 100, 250, 500 oder auch 1.000 Bogen Papier enthalten, abhängig vom Papiergewicht. *E.-P. Biesalski*

Riesenbibel, vom Kunsthistoriker G. Swarzenski (1876–1957) eingeführte Bezeichnung eines Typus von Bibeln im Großfolioformat, die mit Initialen, Figuren und szenischen Darstellungen geschmückt sind. Die romanischen R.n, die unter den illuminierten Handschriften des Mittelalters eine Gruppe für sich bilden, finden sich zuerst um 1100 in Ober- bzw. Mittelitalien. Von ihnen angeregt, wurden R. besonders in der Salzburger Schule hergestellt (12. und 13. Jh.) später auch anderenorts. Herausragende R.n: «Gumpertsbibel» vor 1195 (Erlangen) oder die illuminierte Mainzer Riesenbibel 1453 (Washington, Library of Congress). *W. Milde*

Rindleder, als Einbandbezugstoff eines der stärksten Materialien und deshalb v.a. für schwere und große Bände und für Gebrauchseinbände verwendet, besonders im 15. bis 16. Jh. Wegen seiner Dicke kommt es meist gespalten zur Verarbeitung (die Narbenseite ist vorzuziehen, Rindspalt genannt; die Fleischseite sollte vermieden werden), ist aber auch ein geeignetes Material für Lederschnitt und Lederplastik. ↗ Leder (als Einbandstoff)

Ringheftung (Ringbindung), Bindeverfahren für Einzelblätter, das ein manuelles Auswechseln der Blätter ermöglicht. Dazu können geschlossene Kunststoffringe verwendet werden, wobei die Blätter mit Spezialstanzungen zu versehen sind, die zum Rücken hin eine Öffnung aufweisen. Aufgrund der komplizierten Handhabung dieser Bindung wird heute jedoch fast ausschließlich mit Ringmechaniken gearbeitet, wie man sie aus Aktenordnern kennt. Diese mit mindestens zwei Ringen ausgestatteten Mechaniken verfügen über einen Kipphebelmechanismus; die Blätter müssen lediglich über eine entsprechende Lochung verfügen, um in die geöffnete Mechanik eingelegt werden zu können. Fälschlicherweise wird der Begriff R. auch häufig für die ↗ Spiralbindung verwendet. *E.-P. Biesalski*

Rituale (Ritualbuch). Im Mittelalter auch Agenda, Obsequiale u.a., enthält die Rubriken und Texte für liturgische Funktionen außerhalb von Messe und Stundengebet, insbesondere Weihen, Segnungen, Saktramentenspendungen und im klösterlichen Bereich auch für die Novizenaufnahme und Professfeier. Meist handelt es sich um liturgische Handlungen, die nicht speziell dem Bischof vorbehalten sind (Pontifikale), sondern in den Zuständigkeitsbereich des Priesters fallen. Die erste offizielle römische Druckausgabe datiert von 1614. *F. Heinzer*

Rohbogen, der noch unbeschnittene und ungefalzte Druckbogen, wie er von der Druckerei an die Buchbinderei zur Weiterverarbeitung geliefert wird. *E.-P. Biesalski*

Rohexemplar, Vorstufe des fertigen Buches. Das R. besteht aus den gefalzten und zusammengetragenen, aber noch nicht geh̀efteten, gebundenen und nicht beschnittenen Rohbogen eines Buches. Bei bibliophilen Drucken wird es ggf. mit einem Interimseinband oder einem (individuellen) Handeinband versehen. *H. Kieser*

Rohling (Leermedium), (wieder)beschreibbarer optischer Datenträger für CD-R, CD-

RW, DVD-R, DVD-RW, BD-R und BD-RE. Bei der industriellen Fertigung werden die Datenträger im Spritzgussverfahren hergestellt, ein rein mechanischer Prägevorgang. Bei einmalig beschreibbaren R.en erfolgt die Datenspeicherung durch einen Laserstrahl des Brenners, der das Trägermaterial erhitzt und Vertiefungen (Pits) in eine Schicht aus organischem Farbstoff brennt. Das Auslesen erfolgt durch die Reflexion eines Laserstrahls, je nach Typ mit unterschiedlicher Wellenlänge. Die Lebensdauer soll bei optimaler Lagerung ca. 75 – 100 Jahre betragen (hierzu liegen keine Erfahrungen vor). Bei mehrmalig beschreibbaren R.en (bis 1.000 mal) besteht die reflektierende Schicht aus einer Metalllegierung, die durch Erwärmung mittels Laserstrahl von einer polykristallinen Struktur in einen amorphen, nicht reflektierenden Zustand verändert wird. Der polykristalline Zustand des Datenträgers bildet die Pits, der amorphe die Lands. Zum Löschen der Daten wird die Aufzeichnungsschicht erwärmt, es erfolgt eine Phasenumwandlung zurück in den polykristallinen Zustand. *S. Büttner*

Rohrpostanlage dient dem materiellen Transport, in Bibliotheken früher meist von Leihscheinen, seltener von Büchern. Man unterscheidet Fallrohrpostanlagen, in denen das zu transportierende Gut der Schwerkraft folgend in einem Rohr nach unten fällt, Büchsenrohrpostanlagen, in denen das Fördergut in einer Büchse mittels Saug- oder Druckluft durch ein Rohrnetz transportiert wird, und schließlich die Zettelrohrpost, bei der gefalzte Zettel direkt, ohne Büchsen, durch die Anlage befördert werden.
R. Fuhlrott

Rohsatz ist der spaltenweise hergestellte sog. glatte Satz (im traditionellen Druckzeitalter), dem erst danach ergänzende Teile wie Rubriken, Formen, Tabellen usw. zugefügt wurden.

Rolle (als Buchform) ↗ Buchrolle

Rollendruck. Beim R. wird der Bedruckstoff der Druckmaschine als eine von der Rolle ablaufende Papierbahn zugeführt. Der bedruckte Bogen kann plano oder gefalzt aus der Maschine kommen. Der Falzapparat ist der Seitenhöhe angepasst. Die Vorteile des R.s wirken sich besonders beim Rotationsoffsetdruck aus, aber auch bei Verwendung einer Tiegeldruckpresse oder Zylinder-/Flachformmaschine. *C. W. Gerhardt*

Rollendruckmaschine ↗ Rollendruck

Rollenfolie ↗ Foliendruck ↗ Prägefolie ↗ Trocken-Prägedruck(verfahren)

Rollenkasten. Buchrollen wurden in der Antike, wenn man sie nicht in Regalen oder Schränken stapelte, in kasten- oder truhenförmigen Behältnissen, den R.kästen, aufbewahrt (meistens zu mehreren), besonders zum Zweck des Transports. Solche R.kästen sind uns durch bildliche Darstellungen bekannt. Bei den Römern nahmen sie meist eine zylindrische Gestalt an (capsa oder scrinium) und begegnen bei Statuen, wobei sie neben den Füßen oft auf dem Boden stehen – einerseits als Attribut der Gelehrsamkeit und Belesenheit, andererseits als technische Stütze. In Ägypten sind auch Krüge, Töpfe und Körbe mit darin enthaltenen Papyrusrollen gefunden worden. *B. Bader*

Rollenoffsetdruck ↗ Offsetdruck

Rollenpapier ist Papier für den Rollendruck. Qualitativ unterscheidet man zahlreiche Sorten sowohl für den Offset- als auch für den Tiefdruck.

Rollenrotationsbuchdruckmaschine ↗ Rollendruck ↗ Rotationsdruckprinzip

Rollfilm, im Unterschied zum ↗ Planfilm ein Film, der ohne Perforation auf Spulen konfektioniert wird. Der R. wurde professionell in Mittelformat-Kameras (6 × 6 cm Negativformat) verwendet. Die gängigsten Formate sind 60 × 60 mm und 60 × 70 mm in Längenvarianten mit den Typbezeichnungen 120 und 220 (8 bis 24 Bilder pro Filmstreifen). Das Material besteht heute aus dem schwer entflammbaren Celluloseacetat (Sicherheitsfilm). Für Archivzwecke wird ein 35-mm-Film (Kleinbildfilm) eingesetzt (Mikrorollfilm). *U. Naumann*

Abdruck eines Serpentin-**Rollsiegels** aus Mesopotamien, ca. 2400 v. Chr. Staatl. Museen zu Berlin.

Rollregal ↗ Kompaktmagazinierung

Rollsiegel ist ein kleiner Zylinder aus Stein oder Halbedelstein, dessen Außenseite mit bildlicher Darstellung oder Schrift meist negativ eingeschnitten, selten erhaben gearbeitet ist und welche beim Abrollen einen fortlaufenden Abdruck ergibt. Das R. lässt sich vom 4. Jahrtausend bis zum 8. Jh. v. Chr. in Mesopotamien nachweisen, veränderte sich in dieser Zeit, so dass R. Datierungshilfen für die Archäologie sind. Von Sumer und Elam wurde das R. auch nach Syrien und Kleinasien übernommen. Es fand Verwendung als Erkennungszeichen, Besitzermarke sowie zum Verschluss von Gefäßen. *U.-B. Kuechen*

ROM ↗ Read Only Memory

Romanheft ↗ Heftroman

Romanpapier ↗ Werkdruckpapier

Röntgenfluoreszenzanalyse (Röntgen-UV-Analyse). Verfahren zur zerstörungsfreien Materialanalyse von Oberflächen, das in der Buchrestaurierung u. a. zur Bestimmung von Pigmenten in der Buchmalerei angewendet wird.

rororo ↗ Rotationsroman

Rösch: Rösche Mahlung ↗ Mahlgrad

Rostflecken ↗ Stockfleck(en)

Rotationsdruckmaschine ist gemäß dem Rotationsdruckprinzip so konstruiert, dass der Druckvorgang zwischen zwei Zylindern erfolgt, ganz gleich, ob es sich um eine Bogen-R. oder Rollen-R. handelt. Im Detail unterscheiden sich die R.n für die einzelnen Druckverfahren erheblich, primär im direkten und indirekten Druck (↗ Druckverfahren). Direkter Druck/Buchdruck auf R. wird nur noch vereinzelt eingesetzt, häufiger dagegen ist der Flexodruck. Im Tiefdruck dominiert der (direkte) ↗ Rakeltiefdruck. Im Flachdruck besitzt von den direkten Verfahren nur der Laserdruck eine Bedeutung, im ↗ Prägedruckverfahren ist es der Trockenprägedruck. Der indirekte Rotationsdruck hatte im ausgehenden 20. Jh. die größte Bedeutung im ↗ Offsetdruck; das Letterset-Verfahren spielt unverändert eine Rolle im Wertdruck (= Wertpapiere aller Art). Weitere Unterschiede liegen in der Arbeitsbreite, in der Zahl der Zylinder (für den indirekten Druck müssen es mindestens drei sein, weil der Gummizylinder hinzukommt) und in Art und Umfang der Farbwerke. *C. W. Gerhardt*

Rotationsdruckprinzip. Im Druckmaschinenbau unterscheidet man Konstruktionen für drei Druckprinzipien: das Tiegeldruckprinzip mit flachem Fundament und flacher Druckform (flach/flach), das Zylinder-/Flachformdruckprinzip mit Druckzylinder und flacher Druckform (rund/flach), und den Rotationsdruck mit Druckzylinder und Formzylinder (rund/rund). In jedem Fall befindet sich der Bedruckstoff im Augenblick des Druckvorgangs zwischen den beiden Elementen. Jedes der drei Druckprinzipien lässt mehrere Varianten zu, v. a. bei Rotationsdruckmaschinen. *C. W. Gerhardt*

Rotationsfalz ist der Falzbruch jedes Erzeugnisses, das auf Rollenrotationsdruckmaschinen hergestellt wird. Erst die Erfindung des Falztrichters Ende des 19. Jh.s machte die komplette Inline-Produktion von Zeitungen und Zeitschriften, aber auch anderer Produkte wie Endlosvordrucke möglich. *C. W. Gerhardt*

Rotationsroman. Nach dem Zweiten Weltkrieg erließ das Westalliierte Hauptquartier SHAEF (= Oberstes Hauptquartier der Alliierten Expeditionsstreitkräfte, 1943–1945) ein (Medien-)Gesetz Nr. 191 für die westlichen Besatzungszonen. Es verbot u. a. jegliches «Drucken, Erzeugen, Veröffentlichen, Vertreiben, Verkaufen und gewerbliche Verleihen von Zeitungen, Magazinen, Zeitschriften, Büchern, Broschüren, Plakaten, Musikalien und sonstigen gedruckten oder mechanisch vervielfältigten Veröffentlichungen». Erst nach Überprüfung der Produzenten und Verlage sollte auf Lizenzbasis ein Neuanfang der medialen Produktion möglich sein. H. M. Ledig-Rowohlt (1908–1992) erhielt für seinen Verlag zunächst in Stuttgart am 9. November 1945 eine amerikanische, sein Vater E. Rowohlt (1887–1960) am 27. März 1946 in Hamburg eine britische Verlagslizenz; beide Unternehmen wurden wenig später in Hamburg zusammengelegt. Um den allgemeinen Lesehunger nach bislang im NS-Regime verbotener Roman-Literatur trotz des Papiermangels befriedigen zu können, kam Ledig-Rowohlt 1946 auf die Idee, einen sog. R. in Zeitungsformat, gedruckt auf preiswertem Zeitungspapier über den Rotationsdruck (also den Zeitungsdruck), herzustellen. Seine Rowohlts R.e (später rororo-Taschenbücher) wurden zu einem enormen Verkaufsschlager und konnten in extrem hohen Auflagen verbreitet werden. Für die Ausprägung des modernen Taschenbuches setzte diese Neuerung v.a. quantitativ neue Maßstäbe. Allerdings waren Taschenbuchreihen bereits im 19. Jh. durch Verlage wie B. Tauchnitz (Leipzig, seit 1841), Bibliographisches Institut (Hildburghausen – später Leipzig, seit 1850) oder Ph. Reclam jun. (Leipzig, seit 1867) weitgehend etabliert und somit das Genre längst eingeführt. *T. Keiderling*

Rotbuch ↗ Buntbuch

Rote Farbe ↗ Rubrica

Roter Verfall, Schaden aufgrund falscher Gerb- und Färbemethoden, der bei Ledereinbänden auftritt, die ab etwa 1830 bis zum Beginn des 20. Jh.s entstanden sind. Dabei zersetzt sich das Leder an der Oberfläche, sondert rotbraunen Staub ab und wird brüchig. Der Schaden entsteht durch chemische Reaktionen zwischen bestimmten Substanzen der Gerbstoffe und dem Schwefeldioxid der Luft. Konservierungsmaßnahmen müssen von Fall zu Fall entschieden werden. Es bieten sich eine Nachgerbung an und die Fixierung mit einem Klebstoff. Von der Verwendung eines speziellen Lederbalsams ist man mittlerweile abgekommen. Bücher mit r.m V. können durch Schutzumschläge geschützt werden, bereits aufgetretene Schäden sind jedoch irreversibel. *C. Köstner-Pemsel*

Rotschnitt, ein roter Farbschnitt zur Verzierung der Schnittfläche (↗ Schnittverzierung) bei gebundenen Büchern. Insbesondere bei Barockeinbänden wurde der R. auch zur Unterfärbung von Goldschnitten benutzt. *E.-P. Biesalski*

Rotulus ↗ Bilderrolle ↗ Buchrolle

Router, Hardware, die auf der dritten Schicht des OSI-Schichtenmodells arbeitet und die Aufgabe hat, mehrere Rechnernetze miteinander zu verbinden bzw. Datenpakete zwischen ihnen auszutauschen. Im Unternehmensbereich kann ein R. z. B. die unterschiedlichen internen Netzwerke einzelner Abteilungen verbinden und diese auch an größere externe Netzwerke wie das Internet anbinden. Vom Backbone bis zum DSL-R und für den Heimbereich sind alle Größenausprägungen erhältlich. *P. Schaer*

Royal. Papierformat (↗ Format), 54 × 58 cm, das v.a. für Geschäftspapiere üblich war. Das Klein R. hatte das Format 48 × 64 cm beziehungsweise 50 × 65 cm.

Rubrica, aus dem Lateinischen «rote Erde», «rote Farbe», «Rötel»; einfache Strichelung in Rot beziehungsweise Rotschreibung, als Mittel, um in Handschriften Überschriften, wichtige Wörter, Zeilen (Incipit, Explicit), Textabschnitte bzw. Texteinschnitte hervorzuheben, eine Arbeit, die im Allgemeinen dem Rubrikator (oftmals identisch mit dem Schreiber) zukam. Meist finden sich rote oder rot gestrichelte Zeilen am Anfang oder Schluss von Handschriften; innerhalb eines Textes sollte Rot die Gliederung und Übersichtlichkeit fördern. Im ausgehenden Mittelalter wurden auch im laufenden Text wichtige Stellen oder Wörter (Namen, Daten, Zitate, Paragrafenzeichen u. dgl.) rot hervorgehoben: durch Rotschreibung oder durch rotes Unterstreichen bzw. Durchstreichen oder durch Strichelung (indem an dem hervorzuhebenden Wort ein kleiner roter Strich neben oder durch den Schaft des Anfangsbuchstabens gezogen wurde). Gelegentlich wurde auch der eigentliche Text in Rot geschrieben, etwa gegenüber schwarzem Kommentar (oder umgekehrt). Im Spätmittelalter wurde zunehmend der Anfangsbuchstabe eines Textes oder Kapitels in Rot gegeben: Die Rubrizierung war dann zu einem Element der Ausstattung von Handschriften bzw. von Inkunabeln geworden. Von der Verwendung der roten Farbe für Gliederungszwecke zeugt heute noch die moderne Bedeutung des Wortes ↗ Rubrik = Spalte, Fach, Abteilung (da zumeist mit roten Strichen abgeteilt); ebenso rubrizieren = in eine Spalte oder Abteilung aufnehmen oder einordnen. W. Milde

Rubrik, aus dem Lateinischen «rot»; wird die Überschrift eines Kapitels, einer Spalte oder eines Abschnitts, auch eines Artikels in Zeitschriften genannt. Unterschieden werden Haupt-, Neben- und Unterr.en, die sich äußerlich durch Schriftgröße und Schriftart voneinander abheben sollen, damit die rangmäßige Gleich- oder Unterordnung erkannt wird. Das kann mit vielerlei typografischen Mitteln geschehen. Bei Zeitungen bezeichnet man als R.en die unter einer Sammelüberschrift zusammengefassten, thematisch zusammengehörigen Einheiten von Nachrichten und Berichten. P. Neumann

Rubrizieren ↗ Rubrica

Rücken (Buchrücken), der Teil des gedruckten Buches oder der Broschur, an den die einzelnen Blätter geheftet, geklebt oder anderweitig befestigt sind. Er trägt außen i. d. R. den Verfassernamen und den Titel der Publikation. Während der R. bei Büchern häufig gerundet ist, trifft dies auf Broschuren nicht zu. In der Buchbinderei unterscheidet man zusätzlich zwischen festem Rücken und hohlem Rücken. E.-P. Biesalski

Rückenfalz ↗ Falz

Rückenschrenz ↗ Schrenz

Rückentitel gibt es erst seit dem 16. Jh., als es üblich wurde, Bücher mit dem Rücken zum Betrachter hin ins Regal zu stellen. Bei Kunst- und Verlegerbänden wird ein häufig stark verkürzter Titel (mit oder ohne Angabe des Verfassers) auf den Rücken aufgepresst, bei Broschüren meist gedruckt, was besondere Vorkehrungen in der Druckerei erforderlich macht. Es hängt von dem benötigten Platz ab, ob der R. als Längs- oder Quertitel angebracht wird. Der Längstitel läuft im deutschen Sprachgebiet meist von unten nach oben, im englischen von oben nach unten. S. Corsten

Rückgaberecht ↗ Remissionsrecht

Rückkanal (back channel), meint innerhalb eines bestimmten Kommunikationsweges bzw. Mediums, die Möglichkeit für den oder die Empfänger bzw. Rezipienten, auf eine empfangene Medienbotschaft zu reagieren. Ist diese Möglichkeit vorhanden, wird auch von einem interaktiven Medium gesprochen. Als Unterscheidungsmerkmal gibt es einen echten R., d. h. der Empfänger nutzt denselben Kanal, um zu Antworten bzw. eine eigene Botschaft auszugeben (z. B. Telefon, Chat im Internet etc.). Bei einem unrechten R. können Rezipienten zwar prinzipiell antworten, jedoch über andere Kanäle, oftmals auch zeitversetzt und nicht mit demselben Wirkungsgrad. Z. B. wäre es möglich, Publikationen (Bücher, Filme, Musik etc.) auf Internetportalen, in Zeitschriften etc. zu rezensieren oder Leserbriefe zu schreiben, die entsprechend veröffentlicht werden. Ein wesentliches Kriterium der ↗ Massenmedien besteht darin, dass Medienbotschaften von Einzelindividuen oder kleinen Gruppen an eine Masse von Rezipienten geschickt werden, ohne dass es einen R. gibt. Somit wird die Medienbotschaft als solche nicht in der breiten Öffentlichkeit in Frage gestellt, was deren Wirkung vergrößern kann. T. Keiderling

Rückrufsrecht, im Urheberrechtsgesetz (UrhG) von 1965 eingefügte Befugnis des Urhebers zur Sicherung schutzwürdiger Belange (§§ 41, 42 UrhG). Das R. wegen Nichtausübung (§ 41 UrhG) kann geltend gemacht werden, wenn der Inhaber eines ausschließlichen Nutzungsrechts dieses Recht nicht oder nur unzureichend ausübt, und dadurch berechtigte Interessen des Urhebers erheblich verletzt werden. Dies gilt jedoch nicht, wenn die fehlende oder mangelhafte Ausübung überwiegend auf Umständen beruht, deren Behebung dem Urheber zuzumuten ist. Der Urheber muss jedoch bestimmte Fristen seit Einräumung bzw. Übertragung des Nutzungsrechts bzw. seit der Manuskriptablieferung beachten. Der wirksame Rückruf beendet das Nutzungsrecht. Das R. wegen gewandelter Überzeugung (§ 42 UrhG) kann vom Urheber geltend gemacht werden, wenn das Werk seiner Überzeugung nicht mehr entspricht und ihm deshalb dessen Verwertung nicht mehr zugemutet werden kann. Der Urheber muss den Rechtsinhaber angemessen entschädigen. Das R. kann vertraglich nicht ausgeschlossen werden, auch ist es unverzichtbar. ↗ Rücktrittsrecht L. Delp

Rückseite ↗ Recto

Rücktrittsrecht, Befugnis zur Auflösung eines Vertragsverhältnisses durch Erklärung eines Vertragspartners zur Wiederherstellung des Zustandes vor Vertragsabschluss. Gegensatz zur ↗ Kündigung (des Verlagsvertrags), die den Vertrag nur für die Zukunft beendet. Wirksame Ausübung des R.s lässt das Verlagsrecht erlöschen. Der Vertrag tritt in ein Abwicklungsverhältnis über. Wird das R. vor Ablieferung des Manuskripts ausgeübt, sind die empfangenen Leistungen gegenseitig zurückzugewähren. War das Manuskript bereits an den Verlag abgeliefert, kann die Interessenlage eine teilweise Aufrechterhaltung des Verlagsvertrags notwendig machen, so dass insoweit Kündigungsrecht zur Anwendung kommt. Wurden Werkexemplare bereits verbreitet, bleibt die Abrechnungs- und Honorierungsverpflichtung des Verlags auch bei Ausübung des R.s erhalten. Maßgebend sind hier die Verhältnisse des Einzelfalles.
L. Delp

Rundfunk, im Englischen Broadcasting; bezeichnet eine Medientechnologie, die v.a. Bild-, Ton- und Text-Informationen über elektromagnetische Wellen mittels spezieller R.technik (Programm- und Studiotechnik, Sende-, Übertragungs- und Empfangsanlagen bzw. Empfängergeräte) an die Öffentlichkeit aussendet. Somit gehören zum R. der Hörfunk (auch nach dem Empfängergerät ↗ Radio genannt) und das Fernsehen. Im R.staatsvertrag (RStV von 1991, letzte Änderung 2016) wird im § 2 Absatz 1 definiert: «R. ist ein linearer Informations- und Kommunikationsdienst; er ist die für die Allgemeinheit und zum zeitgleichen Empfang bestimmte Veranstaltung und Verbreitung von Angeboten in Bewegtbild oder Ton entlang eines Sendeplans unter Benutzung elektromagnetischer Schwingungen. Der Begriff schließt Angebote ein, die verschlüsselt verbreitet werden oder gegen besonderes Entgelt empfangbar sind.»

Von seiner Anlage her handelt es sich beim R. um ein Massenmedium bzw. Massenkommunikationsmittel. Es war durch den R. historisch erstmals möglich, eine Vielzahl von Rezipienten (fast) zeitgleich zu erreichen. Der R. entwickelte daher sein besonderes Wirkungspotenzial für die ↗ Propaganda, etwa durch die Weiterleitung von Führerreden im Dritten Reich. Voraussetzung war und ist, dass das Publikum ein Empfangsgerät besitzt oder ihm ein Zugang zum R. ermöglicht wird («Gemeinschaftsempfang» in öffentlichen Räumen in der Frühzeit des R.s). Durch neuere Technologien ist es möglich, R.sendungen zu einem selbstgewählten Zeitpunkt zu rezipieren (↗ Podcast, ↗ Vodcast), was auch aufgrund der Vervielfältigung des R.angebots seit der Privatisierung des Radios und Fernsehens im ausgehenden 20. Jh. (auch im Internet) dazu führt, dass heute R.sendungen im Durchschnitt von einem immer kleineren Publikum genutzt werden. Somit nimmt der R. Eigenschaften an, die man einem ↗ Individualmedium zurechnet.

Die technischen Grundlagen des R.s gehen zurück auf die Erfindung der drahtlosen elektromagnetische Telegrafie im ausgehenden 19. Jh., v.a. durch die Forscher H. Hertz (1857–1894) 1886, G. Marconi (1874–1937) 1895/1896 bzw. K. F. Braun (1850–1918) 1897. Die Entwicklung der eigentlichen, funktionstüchtigen Rundfunktechnik setzte vor dem Ersten Weltkrieg mit Rasanz ein und führte in den 1920er Jahren zu ersten Rundfunksendern. 1923 nahm die Funk-Stunde

AG in Berlin ihren regelmäßigen Sendebetrieb in Deutschland auf. Bald folgten Einrichtungen in weiteren deutschen Städten. In der NS-Zeit wurde der Rundfunk zu einem kontrollierten Massenmedium ausgebaut. In der Bundesrepublik Deutschland regelt heute der bereits erwähnte R.staatsvertrag die rechtlichen Belange des R.s. Neben den öffentlich-rechtlichen Sendern gibt es zahlreiche private R.anstalten. ↗ Fernsehen ↗ Internet-Radio ↗ Internet-Fernsehen

T. Keiderling

Rundfunk, Öffentlich-rechtlicher
↗ Öffentlich-rechtlicher Rundfunk (ÖRR)

Rundfunkarchiv ↗ Medienarchiv

Rundfunkfinanzierung setzt sich beim ↗ Öffentlich-rechtlichen Rundfunk mehrheitlich aus der Rundfunkgebühr, zu einem geringeren Teil aus Werbeeinnahmen zusammen. Beim privaten Rundfunk kommt der Werbefinanzierung eine zentrale Bedeutung zu (z. B. Barter- und Spotwerbung, Product-Placement und Teleshopping). Daneben spielen Sponsoring, Merchandising, Kapitalbeschaffungen durch Investoren, Banken und Versicherungen sowie Gebührenerhebungen über Bezahlmodelle (↗ Pay-TV) eine Rolle.

T. Keiderling

Rundfunkgebühr ↗ ARD ZDF Deutschlandradio Beitragsservice

Rundfunkordnung ↗ Rundfunkrecht

Rundfunkrecht, Teilbereich des ↗ Medienrechts, der sich mit den rechtlichen Rahmenbedingungen des Rundfunks befasst. Verfassungsrechtliche Grundlage ist das Grundrecht der Rundfunkfreiheit in Artikel 5 Grundgesetz (GG). Einfachgesetzliche Regelungen finden sich u. a. im Rundfunkstaatsvertrag (RStV), den Landesrundfunkgesetzen und den Landesmediengesetzen der Bundesländer. Die Gesetzgebungskompetenz für den Rundfunk liegt in Artikel 70 GG bei den Ländern. Die Zuständigkeit des Bundes für die Telekommunikation aus Artikel 73 GG betrifft nur die Übertragungstechnik ab Studioausgang. In Deutschland unterscheiden sich die Bedingungen des öffentlich-rechtlichen Rundfunks und des privaten Rundfunks. Gemeinsam bilden sie das sog. duale Rundfunksystem. Nach diesem besitzt der öffentlich-rechtliche Rundfunk (ÖRR) eine besondere Bedeutung für die Sicherstellung der Grundversorgung hinsichtlich der Information, Bildung, Beratung, Kultur und Unterhaltung. Der ÖRR leistet zudem einen Beitrag zur Sicherung der Meinungsvielfalt und somit zur öffentlichen Meinungsbildung. Grundversorgung meint, dass ein flächendeckender Rundfunkempfang für die Allgemeinheit ebenso gewährleistet sein muss wie ein vielfältiges Programmangebot. Aus dieser besonderen Bedeutung leitet sich eine staatliche Finanzierungsgarantie ab. Von den privaten Rundfunkveranstaltern wird nur ein abgesenkter Grundstandard verlangt, der sich in der dualen Rundfunkordnung dadurch rechtfertigt, dass die Grundversorgung durch den ÖRR sichergestellt ist. Allerdings haben nach der Rechtsprechung des Bundesverfassungsgerichts auch die Privaten in gewissem Umfang für Vielfalt Sorge zu tragen. ↗ Senderecht

T. Keiderling

Rundfunktechnik ↗ Rundfunk

Rundfunkzeitschrift ↗ Programmzeitschrift

Rundschau. Seit Mitte des 19. Jh.s ersetzte R. im Rahmen der Eindeutschungsbestrebungen den Titelbegriff «Revue», der zur Charakterisierung von periodischen – und gelegentlich auch monografischen – Veröffentlichungen benutzt wurde, die über aktuelle Ereignisse im politischen, technischen, wissenschaftlichen oder literarischen Leben berichteten. Seit Ende des 19. Jh.s ist R. ein häufig benutzter Titelbegriff für Zeitschriften.

G. Pflug

Rundschreiben (auch Rundbrief, Zirkular) bezeichnete früher ein handschriftliches Schriftstück (Original), das mehrere Adressaten besaß und in einer bezeichneten Reihenfolge unter ihnen kursierte. Später, insbesondere seit Einführung der Schreibmaschine sowie Druck- und Vervielfältigungstechnik, wird als R. die inhaltsgleiche Übermittlung eines Schriftstücks an zahlreiche Adressaten bezeichnet.   *H. Bohrmann*

Rundsiebmaschine. Die Industrialisierung der Papierherstellung durch die Erfindung der Langsiebmaschine durch N.-L. Robert (1761–1828) 1798 brachte insofern eine grundsätzliche Abkehr von der herkömmlichen Herstellungsweise, als der Stoff jetzt nicht mehr mit einem Sieb aus der Bütte geschöpft, sondern aus einer Schlitzdüse auf das Sieb geschüttet wurde. R.n arbeiten im Gegensatz zu Langsiebmaschinen nicht mit flachen Siebbahnen, sondern mit Siebzylindern. R.n haben den Vorteil, dass sich mehrere Zylinder so hintereinander aufstellen lassen, dass mehrere Papierbahnen nass zusammengeführt und zu einer stärkeren Bahn vereinigt werden können. Deshalb setzt man sie vorwiegend zur Herstellung von Karton oder Pappen ein.

Runen sind alte Schriftzeichen der Germanen, die vom 2. bis teilweise ins 14. Jh. (Schonen) überwiegend für geritzte und gravierte Inschriften auf (Holz- und Metall-)Gegenständen und auf Steindenkmalen verwendet wurden. Der Sammelbegriff umfasst Zeichen griechisch-etruskisch-lateinischen Typs unterschiedlicher Alphabete in zeitlich und regional abweichender Verwendung. Die R. sind demnach von den Germanen nach Vorbildern südeuropäischer Schriften als fertiges Schriftsystem übernommen und abgewandelt worden. Der älteste Typ besteht aus 24 Zeichen für Vokale und Konsonanten, deren Reihe in einer von den antiken Alphabeten abweichenden Form überliefert ist. Hauptverbreitungsgebiet war Nord-, Mittel- und Mittelosteuropa. R. konnten Lautzeichen (Alphabet- oder Buchstabenschrift), Begriffszeichen, Zahlen oder magische Zeichen darstellen. Die Entwicklung der Zeichenformen zielte nicht auf eine flüssige Gebrauchsschrift ab. Abgesehen von einer kurzen Phase im hochmittelalterlichen Skandinavien wurden die R. nicht als Buchschrift verwendet.

T. Keiderling

Runeninschriften. Der Stein von Rök (Schweden) mit dem längsten bekannten Text in Runenschrift. 9. Jh.

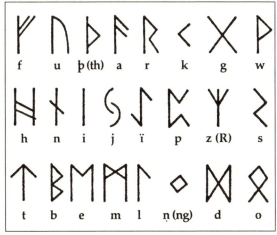

Runen. Die 24 Zeichen der älteren Reihe. Frühes Mittelalter.

Runzelkorn. Als R. wird eine für den ↗ Lichtdruck erforderliche Struktur der Chromatgelatine auf der Druckformplatte bezeichnet. Sie besteht aus winzigsten Erhebungen, Vertiefungen, Rissen und Körnern. Derartige rasterlose Druckformen sind auch ↗ Granolitho und die sog. frequenzmodulierten ↗ Raster. *C.W. Gerhardt*

Ruß, aus dem Althochdeutschen «dunkel», «Schmutzfarbe». Die technische Herstellung von R. für Druckfarben geschieht heute durch (unvollständige) Verbrennung und/oder thermische Spaltung von Kohlenwasserstoffen. Das wichtigste Verfahren, nach dem heute über 95 % der Produktion ungiftiger R.e hergestellt werden, ist das Furnace-R.-Verfahren, bei dem in einem geschlossenen Ofen aromatenreiche Öle durch Kracken in der Flamme bei 1.350 – 1.700 °C. in R. umgesetzt werden. In ihrer feinteiligen Form setzt man sie zur Herstellung von schwarzen Druckfarben ein, und zwar für praktisch alle Verfahren der Gruppen Hoch-, Tief-, Flach-, Präge- und Siebdruck. Bereits Vitruv (1. Jh. v. Chr.) gab um 30 v. Chr. eine eingehende Beschreibung der Flammr.-Herstellung. Auch Plinius d.Ä. (23 – 79) erwähnte die Verwendung von R. zu Tinten und Farben. Die mit R. geschriebenen ägyptischen Hieroglyphen haben Jahrtausende überstanden. Bereits Gutenberg stellte die schwarze Druckfarbe unter der Verwendung von R. her. *C.W. Gerhardt*

S

Sachbuch, im Gegensatz zum ↗ Fachbuch und zum wissenschaftlichen Buch ein allgemeinverständliches, jedoch inhaltlich geprüftes Buch, in dem ein Sachverhalt (= thematisch eingeschränktes Wissensgebiet) für einen breiten Leserkreis behandelt wird. Zum S. im weiteren Sinn zählen Buchkategorien wie (Sach-)Lexikon, Wörterbuch oder Ratgeber und in zunehmendem Maße – entsprechend der englischen Bezeichnung nonfiction (im Gegensatz zu fiction) – auch unter dem Oberbegriff Sachliteratur alle Veröffentlichungen, die nicht zur Belletristik gerechnet werden, also auch das Fach- und das wissenschaftliche Buch. Der Begriff S. erfuhr eine Erweiterung, so dass es heute üblich geworden ist, alle nichtbelletristischen Titel unter S. bzw. Sachliteratur zusammenzufassen. In den Bestsellerlisten vieler Zeitschriften werden Sachbücher und Belletristik getrennt.
A. Klotzbücher

Sachindex ↗ Sachregister

Sachkatalog, Katalog, der der Inhaltserschließung des Bestands einer Bibliothek dient. Bei Zettelkatalogen unterschied man traditionell nach den möglichen Typen von Sucheinstiegen Schlagwortkatalog und systematischen Katalog. Die Unterscheidung ist bei OPACs obsolet. *K. Umlauf*

Sachliteratur meint ein Teilgebiet der Literatur (im Englischen: ↗ Nonfiction), das sich von der Belletristik (Fiction) durch seinen auf die Realität bezogenen Inhalt auszeichnet. Dieser wird mitgeteilt, es wird informiert, analysiert und reflektiert. Die Abgrenzung zur Fachliteratur ist fließend, wobei diese z. B. auch populärwissenschaftliche Texte umfasst. Zur S. zählen u. a. das ↗ Sachbuch selbst, autobiografische Schriften, Reiseliteratur, Briefeditionen, historische Beschreibungen etc. Es handelt sich nicht nur um monografische Darstellungen, sondern auch um Artikel, Aufsätze und Beiträge für Sammelbände und periodische Schriften wie Zeitungen und Zeitschriften mit sachbezogenen Inhalten. *T. Keiderling*

Sachregister, alphabetisch geordnetes Verzeichnis der sinntragenden Wörter (↗ Lemma) oder Sachbegriffe, die in einem Werk verwendet werden, unter Angabe der Fundstellen (meist Seitenangaben). Für ein sorgfältig angelegtes S. müssen die vorgefundenen Stichwörter in gewissem Grad vereinheitlicht werden, wobei Verweisungen eine benutzerfreundliche Hilfe darstellen. Das Prinzip rein alphabetisch geordneter S. wird durchbrochen, wenn bei den Registerwörtern zusätzlich Unterbegriffe aufgenommen werden. S. sind i. d. R. am Schluss eines Werks zu finden; zu umfangreichen Werken und Zeitschriften erscheinen mitunter gesonderte Registerbände, die u. a. ein S. enthalten. S. können getrennt von Registern anderer Art (Personenregister, Register geografischer Namen usw.) angelegt werden oder gemeinsam mit diesen zu einem Gesamtregister vereinigt sein. *G. Wiegand*

Sachtitel ist ein Begriff der bibliothekarischen Formalerschließung, die nach den jeweils geltenden Regelwerken (aktuell ↗ Resource Description and Access) die korrekte bibliographische Bezeichnung eines urheberrechtlich geschützten Werks meint. Je nach Vorlage wird zunächst ein Haupttitel bzw. Einheitss. bibliografiert, darüber hinaus werden zumeist auch Paralleltitel erfasst, etwa wenn ein Werk in einer Übersetzung erschien oder einen Nebentitel (u. a. Reihentitel) besitzt.

Sachwörterbuch, Sonderform des Lexikons bzw. Wörterbuchs. Es führt Sachbegriffe (in früheren Jh.en als «Realien» bezeichnet) in alphabetischer Ordnung meist für ein bestimmtes Wissensgebiet auf. Synonyma sind Fachwörterbuch, Reallexikon und Realwörterbuch im Gegensatz zu Sprachlexikon und Sprachwörterbuch. Als Titelwort seit 1824 («Allgemeines deutsches Sach-Wörterbuch aller menschlichen Kenntnisse und Fertigkeiten», hrsg. von J. von Liechtenstern; 1765–1828) belegt, wird S. auch gegenwärtig noch für Nachschlagewerke verwendet.

T. Keiderling / H. Kieser

Sacramentarium ↗ Sakramentar

Saffian ist feingenarbtes, besonders zähes Ziegenleder. Der Name ist abgeleitet von der marokkanischen Stadt Safi und bezeichnete ursprünglich allgemein die Leder aus diesem Raum. Es wird bevorzugt als Einbandbezugsstoff für Bücher, aber auch zur Anfertigung von Mappen und Taschen verwendet. Das stärkere Bocksaffian wird aus den Häuten ostindischer Ziegen hergestellt. *G. Brinkhus*

Sakkaden, ruckartige Augenbewegungen, die z. B. beim Blickwechsel von einem Objekt auf ein anderes vorkommen. ↗ Lesen ↗ Rationelles Lesen

Sakramentar. Liturgisches Buch der römisch-katholischen Kirche, das zur Hauptsache die dem Vorsteher der Messe (Priester) vorbehaltenen Gebete einschließlich des Hochgebets (Canon missae) enthält. Das S. setzt also eine Rollenverteilung innerhalb der liturgischen Feier voraus und bedarf der Ergänzung durch Graduale und Lektionar, mit denen es im Laufe der Zeit zum (Voll-)Missale verschmolzen wurde. Dieser Prozess, der mit dem Aufkommen der sog. Privatmesse zusammenhängt und das S. als Buch obsolet werden ließ, kam im Wesentlichen um 1200 zum Abschluss. *F. Heinzer*

Salzaquatinta ist ein veraltetes Verfahren zur Herstellung von Kupferdruckplatten, das durch eine Kornrasterstruktur den Druck von Bildern mit halbtonartiger Wirkung ermöglicht. Auf die angewärmte, mit normalem Ätzgrund überzogene Metallplatte siebt man erhitztes Salzpulver. Die Körnchen sinken dank ihrer Schwere auf das Metall. Nach dem Erkalten legt man die Platte in Wasser und löst das Salz heraus. Das freigelegte Metall wird durch Ätzen vertieft. Im Abdruck ist die S. schwarzpunktig im Gegensatz zu der Kolophonium-Aquatinta, die weißpunktig ist. *B. Schulz*

Samizdat, russisches Kurzwort für Selbstverlag, geprägt in den 1940er Jahren. Es fand allgemein Anwendung für die Zensur umgehenden privaten Veröffentlichungen in der Sowjetunion und in weiteren sozialistischen Staaten des sog. Ostblocks. Ab 1959 von immer größerer Bedeutung, auch durch die Entstehung von Zeitschriften in einer Auflagenhöhe zwischen 10 und 1.000, deren Zahl zwischen 1986 und 1989 von 10 auf 323 stieg, veröffentlichte der S. literarische und dokumentarische Werke, die zum bedeutendsten, v. a. zeitgenössischen Teil der russischen gehörten (u. a. O. E. Mandelstam, 1891–1938; B. L. Pasternak 1890–1960 u. a.). Herstellung und Verarbeitung geschahen durch Schreibmaschine, Abschriften, Tonbandaufnahmen oder Kopien. In das westliche Ausland gelangte Werke und von dort in die Sowjetunion zurückwirkende Veröffentlichungen erhielten die Bezeichnung «tamizdat» (Dortverlag). ↗ Alternative Literatur *H. Röhling*

Sammelausgabe ist eine gemeinsame Publikation mehrerer zunächst unabhängig erschienener (literarischer) Werke. Meist handelt es sich um Werke eines Autors, z. B. die Bände eines Romanzyklus.

Sammelband. 1. Buchbinderisches Zusammenführen mehrerer bibliografisch selbstständiger Druckwerke oder Handschriften geringen Umfangs (eines oder mehrerer Autoren) zu einem Band. Dies geschieht rein aus Überlegungen des Besitzers, etwa zum besseren Schutz oder Aufstellen in einer privaten oder öffentlichen Bibliothek. 2. S. meint auch umgangssprachlich ein ↗ Sammelwerk.

T. Keiderling

Sammelbestellung ist eine Bestellung auf mehrere Exemplare eines Buches für eine Personengruppe. Sie hat den Vorteil, dass Angehörige einer Personengruppe (Körperschaft, Schulklasse, Seminargruppe o. ä.) bei geringem Bearbeitungsaufwand mit der benötigten Menge eines Werks beliefert werden. Wenn die Lieferungsbedingungen des Verlags es erlauben, können bei S.en Mengenpreise (Staffelpreise) gewährt werden. Sind Mengenpreise nicht festgelegt, muss der Besteller eine Einzelgenehmigung einholen. Der Verlag hat für Gleichbehandlung der Wiederverkäufer zu sorgen. *K. Gutzmer*

Sammelrevers. Das Buchpreisbindungsgesetz (↗ Preisbindungsgesetz), das in Deutschland 2002 in Kraft trat, hat den Sammelrevers noch nicht ganz außer Kraft gesetzt. Da es kaum Sanktionen bei Verstößen kennt (nur Unterlassung und «Ersatz des durch die Zuwiderhandlung entstandenen Schadens», § 9 Abs. 1 BuchPrG), enthält der Sammelrevers, den das Büro Fuhrmann Wallenfels in Wiesbaden betreut, eine (buchhandelsinterne) Vertragsstrafenregelung. Viele Verlage, die die Preise ihrer Fachzeitschriften nach § 30 GWB binden, haben sich zu einem Fachzeitschriften-Sammelrevers zusammengeschlossen, der Bestandteil des noch bestehenden Sammelreverses 2002 ist. Unter A) findet sich die Vertragsstrafenverpflichtung, unter B) die Preisbindung für Fachzeitschriften. *T. Bez*

Sammelwerk, 1. nach deutschem Recht eine Sammlung von Werken oder anderen Beiträgen, die durch Auslese oder Anordnung eine persönliche geistige Schöpfung ist. Das S. genießt den Schutz des Urheberrechts wie ein selbstständiges Werk, unbeschadet etwaiger Urheberrechte an den in das S. aufgenommenen Werken; denn ein S. kann auch urheberrechtlich nicht geschützte Beiträge enthalten (z. B. amtliche Werke, wie Gesetze oder Gerichtsentscheidungen; § 5 UrhG). ↗ Begrenztes S. ↗ Fortlaufendes S. *L. Delp*

Sammlung. 1. Rechtlich ist S. ein Oberbegriff für das urheberrechtlich schutzfähige ↗ Sammelwerk wie auch für sonstige S.en, die aus mehreren (mindestens drei) Originalbeiträgen aus den Bereichen Literatur, Musik, Wissenschaft, Kunst und Fotografie bestehen, auch wenn diese im Einzelfall nicht urheberrechtlich geschützt sind. Es genügt die äußere Zusammenfassung in verkehrsüblicher Weise, die dem S.szweck dient und dadurch die Selbstständigkeit des Einzelbeitrags zurücktreten lässt. Ein Urheberrecht an der S. ist, im Gegensatz zum Sammelwerk, nicht gegeben. Für einen honorarfreien oder honorarpflichtigen Beitrag für eine S. erwirbt der Verleger oder Herausgeber im Zweifel ein ausschließliches Nutzungsrecht zur Vervielfältigung und Verbreitung; jedoch darf der Urheber nach Ablauf eines Jahres seit Erscheinen über den Beitrag anderweitig verfügen. Wird der Beitrag einer Zeitung überlassen, so erwirbt der Verleger oder Herausgeber ein einfaches Nutzungsrecht, aber auch bei Einräumung eines ausschließlichen Nutzungsrechts kann der Urheber dort gleich nach Erscheinen den Beitrag anderweitig vervielfältigen oder verbreiten. Abweichende Vereinbarungen können getroffen werden (§ 38 UrhG). In einer S., deren Werke eine größere Anzahl von Urhebern vereinigt, welche nach ihrer Beschaffenheit nur für den Kirchen-, Schul- oder Unterrichtsgebrauch bestimmt sind, können zum Zwecke der Vervielfältigung und Verbreitung Teile von Werken, Sprachwerke oder Werke der Musik von geringem Umfang, einzelne Werke der bildenden Künste oder einzelne Lichtbildwerke nach dem Erscheinen aufgenommen werden. Hierfür ist dem Urheber eine angemessene Vergütung zu zahlen (§ 46 UrhG mit weiteren Einzelheiten).

2. S. ist seit der Mitte des 18. Jh.s ein häufig verwandter Titelbegriff für Schriften, die eine Reihe von Beiträgen – von einem oder von mehreren Verfassern – zu einem Thema zusammenfassen. Nach 1850 wird der Begriff S. von Verlegern auch zur Bezeichnung von Reihenwerken verwandt, die zwar als Einzelwerke in sich abgeschlossen sind, aber durch ihr Format, ihre Ausstattung und ihren Preis einen verlegerischen Zusammenhang repräsentieren. I. d. R. werden die einzelnen Titel der S. durchnummeriert (gezählte Reihe).

L. Delp / G. Pflug

Sämtliche Werke, Bezeichnung für die ↗ Gesamtausgabe der Werke eines Autors, wobei deren Vollständigkeit nicht gewährleistet ist.

Samtpapier, auch Velourpapier genannt, wird als Bezugsstoff für Papp- oder Papiereinbände verwendet, wenn eine bessere Qualität vorgetäuscht werden soll. Dazu wird die mit Klebstoff (ursprünglich wurde Mastix oder Firnis verwendet) versehene Oberfläche des Trägerpapiers mit feinen Fasern aus Wolle, Baumwolle oder Tierhaaren beflockt, die auf dem Klebstoff haften bleiben und den Eindruck eines Samteinbandes erwecken.

G. Brinkhus

Sandgussverfahren ist ein Gussverfahren für Metall und andere Werkstoffe, das mit Formen aus speziellem, i. d. R. feinem, klumpfreiem Sand arbeitet. Es funktioniert nach dem «Prinzip der verlorenen Form», d. h., dass die Form nach einmaliger Verwendung beim Herausholen des Gusskörpers zerstört wird. Somit kann mit einem S., etwa in Bezug auf den Guss von Lettern, keine serielle, identische Massenherstellung erfolgen. ↗ Buchdruck-Erfindung, China / Korea und Gutenberg im Vergleich

T. Keiderling

Sandschnitt, in der Buchbinderei heute selten verwendete Technik zur ↗ Schnittverzierung. Dabei wird die Schnittfläche des eingespannten Buchblocks teilweise mit Sand bedeckt und anschließend Farbe aufgesprengt (↗ Sprengschnitt). Die mit dem Sand bedeckten Partien bleiben farbfrei. Durch mehrmaliges Wiederholen mit verschiedenen Farben lassen sich beachtliche Effekte erzielen. Werden andere Materialien, wie z. B. Kreide oder Körner zum Abdecken der Schnittfläche verwendet, spricht man von Kreide- oder Körnerschnitt.

E.-P. Biesalski

Sans Serif («ohne Querstrich», ohne Serifen) ↗ Serif

Satellitenkommunikation (Satellitenübertragung). Verbreitung von Signalen über Satelliten. Diese befinden sich in einem geostationären Orbit (36.000 km) über dem Äquator. S. kann analog oder digital erfolgen. Am 30. April 2012 endete in Europa die analoge S. von TV-Signalen. Für die digitale Übertragung von Videosignalen gibt es den Standard Digital Video Broadcasting (DVB). Für unterschiedliche Übertragungswege haben sich verschiedene Unterstandards herausgebildet. Für die S. von TV-Signalen ist dies DVB-S (Satellit) bzw. dessen Nachfolger DVB-S2. Auch die Übertragung von Videokonferenzen basiert auf dem Standard DVB-S2.

S. Büttner

Satinage ↗ Satiniertes Papier

Satiniertes Papier, ein Papier, dem durch Behandlung in besonderen, aus Walzen bestehenden Glattmaschinen (↗ Kalander) beidseitig höherer Glanz und Glätte gegeben wurde als im Glättwerk der Papiermaschine erreicht werden kann, u. a. um einen feineren Bilddruck zu ermöglichen. S. P. im engeren Sinne ist nicht gestrichen (↗ Gestrichenes Papier), doch wird der Begriff auch für letzteres gebraucht, wenn es im Kalander behandelt wurde. Grad und Art der Satinage werden durch die einstellbaren Parameter Wärme, Feuchtigkeit, Druck und Reibung erzeugt. Man unterscheidet scharf, halbmatt oder matt satiniertes Material. Aufgrund des verdichteten Fasergefüges hat S. bei gleicher Dicke ein höheres Flächengewicht als Naturpapier.

H. Bansa

Satz, die Herstellung einer Textvorlage für den Druck, die historisch im Hands. durch manuelles Zusammensetzen von vorgefertigten Schriftzeichen (Letter im Bleis.), heute im Maschinens. durch die Aneinanderreihung von Schriftzeichen mittels mechanischer (Zeilenguss im Bleis.) oder optischer Verfahren (Fotos., Lichts., S.system) realisiert wird; auch das in den unterschiedlichen Setzverfahren entstandene Produkt (auch Schrift- oder Steh-S. genannt).

U. Herzau-Gerhardt

Satzabteilung (eines Verlags). Im Gutenbergzeitalter musste das handgeschriebene Manuskript bzw. Typoskript (hergestellt durch eine Schreibmaschine) des Autors vom Verlag selbst oder durch eine beauftragte Fremdfirma (Setzerei) gesetzt, d. h. im Satz hergestellt werden, was Voraussetzung für die Drucklegung war. Dies geschah zunächst in der Form einer gesetzten ↗ Fahne (Satz ohne Zeilenumbruch), die dem Autor zur ersten Korrektur vorgelegt wurde (↗ Autorkorrektur, ↗ Fahnenkorrektur). Danach folgte noch eine zweite ↗ Umbruchkorrektur, bei dem das letztendliche Seitenlayout bereits festgelegt war. Durch die computergestützte Erstellung des Manuskripts bzw. Typoskripts wird heute der Satz i. d. R. bereits vom Autor bewerkstelligt und entfällt beim Verlag. Dort wird lediglich das Layout bestimmt und umgesetzt, insofern der Verlag diese Arbeit nicht auch auf den Autor auslagert. Viele sog. S.en im heutigen Verlag tragen diese Bezeichnung zu Unrecht, und müssten eher Gestaltungs- und Layoutabteilungen heißen. Verlage berufen sich jedoch darauf, dass unter Satzherstellung auch die notwendigen Schritte zur Angleichung von Schriftarten, (Sonder-)Zeichen und dgl. mehr zählen. *T. Keiderling*

Satzkosten. 1. Im Gutenbergzeitalter: Kosten, die bei der Erfassung eines Autorenmanuskripts durch einen Mitarbeiter eines technischen Betriebes, den Setzer, entstehen (↗ Satz). Seit Gutenberg bis ins beginnende 20. Jh. handelte es sich um manuelles Setzen: Einzelne Lettern wurden aus dem Setzkasten entnommen und zu Zeilen (aus diesen dann zu Kolumnen) zusammengefügt. Satzerschwernisse wie mathematische oder chemische Formeln, Fremdsprachen- oder Tabellensatz führten wegen des hohen Zeitaufwandes zu erhöhten Satzkosten. Bei relativ niedrigen Lohnkosten waren die S. dennoch nicht der größte Kostenfaktor, sondern i. d. R. das Papier. Mit Erfindung der ↗ Linotype- (1886) und ↗ Monotype-Setzmaschine (1897) wurde der Satz weitestgehend maschinell erzeugt. Das galt auch für den Foto- und Lichtsatz bis in die 1990er Jahre.

2. Im digitalen Zeitalter wird i. d. R. der Autor für den Satz sorgen und somit auch die Kosten tragen, weil er das Manuskript am PC verfasst und diese Daten dem Verlag überspielt werden können. Dennoch ist es heute in vielen Verlagen üblich, die notendigen Schritte der Angleichung von Schriftarten, (Sonder-)Zeichen etc. als Satz zu bezeichnen und entweder im eigenen Haus oder von Dienstleistern ausführen zu lassen. Hierbei kann es auch bereits um die Gestaltung des ↗ Layouts gehen. Generell sind im Vergleich zu früher die S. durch die PC-Arbeit und trotz wesentlich höherer Löhne für die damit befassten Fachkräfte in der Kalkulation des Verlegers deutlich gesunken.
T. Keiderling / W. D. v. Lucius

Satzreif wird ein geprüftes Manuskript bezeichnet, wenn es ohne zusätzliche Kontrollen und Bearbeitungen unmittelbar der Druckvorstufe in einer Satzabteilung eines Verlags oder einer externen Setzerei übergeben werden kann.

Satzschiff ↗ Setzschiff

Satzspiegel, Bezeichnung für die von Text und Abbildung gebildete Fläche einer Zeitungs-, Zeitschrift- oder Buchseite, die aus praktischen und ästhetischen Gründen ein aufeinander abgestimmtes Verhältnis zum Format der Einzelseite und der sich gegenüberliegenden Doppelseiten aufweisen muss, einschließlich der Kolumnentitel und Fußnoten. Als Richtschnur können rechnerisch ermittelte Maßverhältnisse für den S. und die Papierränder herangezogen werden (↗ Goldener typografischer Modul). Für vorbereitende Entwurfsarbeiten oder einen Klebeumbruch nutzt man vorgedruckte S.rahmen als Leermuster. *P. Neumann*

Satzsystem, System, das bei einer Eingabe normalerweise nicht zwischen Markup und inhaltlichem Text unterscheidet (Seitenauszeichnungssprache), sondern alle Zeichen als gleichgestellt behandelt. Dies bedeutet jedoch, dass bei der Editierung strukturierter Objekte diese nicht als Einheit ansprechbar sind, sondern als normale Zeichenketten behandelt werden. Es gibt zwei Möglichkeiten, das in den Text eingefügte Markup zu einem druckfertigen Dokument zu formatieren: Die erste Möglichkeit ist die Kompilierung des Eingabetextes (wie dies beim Satzsystem TeX der Fall ist). Die zweite Möglichkeit der Formatierung des eingegebenen Textes ist, die Eingabedatei zur Laufzeit zu interpretieren.
E. W. De Luca

Satztechnik ↗ Setzen

Satztitel, der Titel eines Buches oder Textbeitrags in Form eines selbstständigen Satzes, oft in der Wiedergabe eines Zitats oder Sprichworts.

Saugpapier, unspezifischer Sammelbegriff für Papiere, die Wasser, Tinte oder andere

Flüssigkeiten in kurzer Zeit und großer Menge aufnehmen. Solche S.e bestehen aus rösch gemahlenem Faserrohstoff und sind nicht oder nur schwach geleimt. *H. Bansa*

Säurefraß, eine i. d. R. von Schwefelsäure (H_2SO_4) herrührende Papierschädigung, häufig hervorgerufen durch Leimungshilfen und Flockungsmittel bei der Papierherstellung, durch Zerfall von verwendeten Tinten (↗ Eisengallustinte, ↗ Tintenfraß) oder Luftverschmutzung. S. zerstört die Molekülketten des Papiers. Es wird dadurch zunächst braun und spröde bis brüchig und kann im fortgeschrittenen Zustand zerfallen. *T. Keiderling*

Säurehaltigkeit, Eigenschaft von Papier, die im Zusammenhang mit seiner Alterungsbeständigkeit eine bedeutende Rolle spielt. Seit dem frühen 19. Jh. bis vor wenigen Jahrzehnten wurde Papier industriell auf der Rohstoffbasis von Holz mit einer Aluminiumsulfat-Harz- Leimung hergestellt. Die infolge der Verwendung des Aluminiumsulfats im Papier verbliebenen Säurereste sowie die Bildung neuer Säuren in Verbindung mit Luftfeuchtigkeit führen zu einer Zerstörung der Cellulose-Moleküle in den Holzfasern. Die Folge ist eine beschleunigte Alterung der Papiere – sie werden vom Rand her gelblichbraun und brüchig und zerfallen teilweise bereits bei Berührung (↗ Säurefraß, ↗ Papierzerfall). Dieser Prozess wird nochmals verstärkt durch zu hohe Temperatur, UV-Licht, aber auch Schadstoffe in der Luft. Der durch die S. verursachte Alterungsprozess kann zwar nicht rückgängig gemacht, jedoch durch Verfahren zur chemischen Neutralisierung der Säure im Papier (↗ Massenentsäuerung) angehalten werden. Das geschieht in speziell dafür konstruierten Anlagen. Für langlebige Produkte werden heute säurefreie Papiere angeboten. *E.-P. Biesalski*

SBVV ↗ Schweizer Buchhändler- und Verleger-Verband

Sc. = sculpsit, aus dem Lateinischen «hat gestochen»; eine unter Kupferstichen häufig verwendete Abkürzung vor dem Namen des Stechers.

Scanner, aus dem Englischen «Abtaster»; ist ein elektronisches optomechanisches Datenerfassungsgerät, das eine Bild- bzw. Objektvorlage punkt- bzw. zeilenweise optisch abtastet oder vermisst. Der S. nimmt die analogen Daten der physikalischen Vorlage mithilfe von Sensoren auf und übersetzt diese mit Analog/Digital-Wandlern in ein digitales, computerkompatibles Format. Somit können die Daten anschließend dargestellt (z. B. für digitale oder Print-Publikationen relevant), gespeichert, versendet oder für weitere Auswertungen, etwa im Bereich der Medizin (u. a. Computertomografie, Röntgenbilds. etc.), genutzt werden. Grundlegend unterscheidet man zwei S.-Typen:

1. Der ältere Trommels., bereits seit den 1950er Jahren entwickelt, bietet sehr gute Scanergebnisse. Hohe und detailgetreue Auflösungen von bis zu 12.000 dpi sind möglich, daher wurden und werden Trommels. im professionellen Bereich, etwa der Druckvorstufe, eingesetzt. Die Vorlage wird, was für

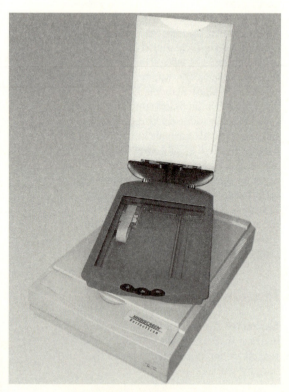

Zwei **Flachbettscanner**. In: Wikipedia, Flachbettscanner, CC BY-SA 3.0.

einen falten- und knickfreien Scan von Vorteil, auf eine Walze montiert und mit einem Lichtpunkt zeilenweise abgetastet. Die je nach Grauwert der Vorlagenstelle veränderte Lichtintensität wird in elektrische Signale umgewandelt und durch Photomultiplier (eine spezielle Elektronenröhre zur intensiveren Lichtdarstellung) verstärkt. Die Daten können gespeichert oder z. B. über fotografisches Material ausgedruckt bzw. dargestellt werden. Bei farbigen Vorlagen erfolgt eine Aufsplittung des Lichts über Interferenzfilter in Rot, Grün und Blau (↗ RGB-Farbmodell). Trommels. werden, trotz ihrer qualitativen Vorteile, heute in vielen Bereichen durch preiswertere Flachbetts. ersetzt.

2. Der jüngere Flachbetts., Entwicklung seit den frühen 1970er Jahren, eignet sich für planliegende Vorlagen. Das zeilenweise Abtasten geschieht durch nebeneinander angeordnete lichtempfindliche elektronische Bauelemente, den sog. Fotodiodenzellen oder CCD-Sensoren (Englisch: «Charge-Coupled Device», zu Deutsch: «ladungsgekoppeltes Bauteil»). Je größer die Anzahl der verbauten Bauelemente, umso höhere Auflösungen lassen sich erzielen. Daneben gibt es viele Spezialanwendungen von S.n, so Hands., Durchlicht-, Dia- bzw. Filmsc., 3D-S., Barcodes. ↗ Buchs., aber auch das ↗ Telefax (Scannen einer Vorlage und Versenden via telefonischen bzw. Funk-Übertragung). ↗ Optischer Leser   *T. Keiderling*

Scenonym, Bezeichnung für den Namen eines Dramatikers oder Schauspielers, der als Pseudonym anstelle eines Verfassernamens gebraucht wird.

Schabeisen, Werkzeug für die Herstellung von Schabkunstplatten. Das S. ist ein Dreikantstahl, seltener ein Flach- oder Schwertschaber, zum Schaben aufgerauter Kupferplatten. Mit seinen scharfen Kanten entfernt es die farbtragende Aufrauung so weit, wie es die Hell-Dunkel-Werte der Bildvorlage erfordern. Weiße Partien werden durch völlige Entfernung der Aufrauung erreicht.   *B. Schulz*

Schabkunst ↗ Schabmanier

Schablonendruck. 1. Ein für die Bürotechnik entwickeltes Verfahren des ↗ Siebdrucks, bei dem mit der Schreibmaschine eine Schablone, die aus feinem Seidenpapier besteht und mit einer Wachsschicht überzogen ist, in einer Form beschrieben wird, in welcher der Text die Schablone durchbricht, so dass sie als Druckvorlage zur siebdruckartigen Vervielfältigung verwendet werden kann. Dieses Verfahren war in der zweiten Hälfte des 20. Jh. bis zur Einführung der EDV an Bibliotheken das bevorzugte Verfahren zur Vervielfältigung von Titelaufnahmen und zur Herstellung von Katalogkarten gewesen. 2. Ein Textildruckverfahren, von Großbritannien im 18. Jh. ausgehend, später mit S.maschinen, so auch bereits in dem berühmten englischen Patent Nr. 1748 für W. Nicholson (1753 – 1815) von 1790 (↗ Buchdruckwalze, F. ↗ Koenig). 3. Die Durchdruckverfahren benutzen als Druckformen spezielle Schablonen (Filmdruck, Siebdruck). Sie gehören nicht zu den S.techniken, sondern zu den Druckverfahren.   *C.W. Gerhardt / G. Pflug*

Schabmanier, älteste Bezeichnung: schwarze Kunst, Mezzotinto. Die S. wurde von L. v. Siegen (1609 – 1680) erfunden. Das erste datierte Blatt von 1642 / 1643 ist noch in einer Mischung von Linien und Schabflächen gearbeitet. Die voll entwickelte S. ist die erste ↗ Tiefdruck-Technik, in der eine Darstellung von Halbtönen ohne Umsetzung in Schraffuren möglich ist. Sie ist reine Stecherarbeit ohne Ätzung. Die blanke Kupferplatte wird mit einem Wiegeeisen, das viele Zähne hat, in Zickzackgängen aufgeraut. Dabei entstehen unzählige Vertiefungen neben pyramidenförmigen Erhebungen. Von der fertig aufgerauten Platte erhält man einen tiefschwarzen Abzug, da die Druckfarbe die Aufrauung bis zu den Pyramidenspitzen füllt. Das eigentliche Bild entsteht in den nächsten Arbeitsgängen, bei denen mit einem Dreikantstahl (Schabeisen) die Spitzen abgeschabt werden; je heller eine Partie werden soll, desto tiefer muss geschabt werden. Nur wo alle Aufrauung entfernt wurde, erhält man im Abzug reines Weiß. Für den Druck ist weiches ungeleimtes Papier erforderlich, um alle Farbe aufnehmen zu können und um die empfindliche Plattenoberfläche zu schonen. Die ersten Abzüge haben in den Schwärzen einen tiefen Samtton, jedoch nutzt sich die Platte schneller ab als bei anderen Tiefdrucktechniken. Die Abzüge werden grau und kontrastlos. Ein Aufarbeiten der abgenutzten Platte ist bei der S. nicht möglich. Sie ist überwiegend für die Reproduktion von Gemälden benutzt worden, sowohl bei einfarbigen Drucken als auch bei den Vierfarben-Vierplattendrucken von J. C. Le Blon (1667–1741). Die Technik wurde bis ins 19. Jh. (besonders in Großbritannien) angewendet.   *B. Schulz*

Schadinsekt ↗ Buchschädling

Schafleder hat eine aufgelockerte bis feste Faserstruktur, was ihm einen weichen Griff verleiht. Der Narben zeigt die in leichtem Bogen angeordneten Haarlöcher. Bei entsprechender Gerbung ist S. haltbar. Im frühen Mittelalter wurde hellrot oder rosagefärbtes S. für einfache, unverziert gelassene Einbände gebraucht. Da es das billigste Leder ist, wurde es für veränderte Oberflächengestaltung eingesetzt: Marmorieren mit Säuren und Beizen oder Aufpressen eines künstlichen Narbenbildes zur Imitation anderer Ledersorten. Als Spaltleder findet es Verwendung beim Ledermosaik oder als Lederschildchen.   *R. Nenno*

Schallfolie ↗ Schallplatte

Schallplatte, ist eine i. d. R. kreisförmige Scheibe, deren beidseitige Rillen als analoge Tonträger für Schallsignale dienen. Ursprünglich erfunden wurde sie als Schellackplatte durch den Deutschamerikaner E. Berliner (1851–1929) 1887; die S. löste die bisherige Walze des Phonographen als Tonträger ab (↗ Phonografie). Zunächst diente die S. zur Fixierung von Tonfolgen, die in der ersten Zeit zur Aufzeichnung von Sprechzeugnissen, jedoch seit dem Ende des 19. Jh.s in zunehmendem Maß für musikalische Darbietungen verwendet wurde. 1930 brachte das Musik Label RCA Victor (RCA = Radio Corporation of America) die erste langspielende Vinylschallplatte unter dem Namen «Program Transcription Discs» heraus. Die neue Art der S. vermied das teure Schellack – eine harzige Substanz, die aus den Ausscheidungen der Lackschildlaus gewonnen wird – durch den Einsatz von Polyvinylchlorid (eigentlich PVC, kurz «Vinyl» genannt), lief mit 33⅓ min^{-1} (Umdrehungen pro Minute) und besaß einen Durchmesser von ca. 30 cm.

Mit der Schellack-Verknappung im Zweiten Weltkrieg wurde die Verwendung von Vinyl forciert. Das Material ermöglichte deutlich schmalere Rillen (Mikroschrift). Es wurden kleinere Abtastnadeln eingesetzt und es kam zu einer Steigerung der Tonqualität und Spieldauer. Man verwendete meist 33⅓ min^{-1}, nur für kürzere Aufnahmen 78 min^{-1}. Später kam noch die Version mit 45 min^{-1} für Singles hinzu. Zunächst wurde die S. im Hörfunk zur Speicherung und zum Abspielen eingesetzt, bevor es einer breiten Öffentlichkeit vorgestellt wurde und sich als wichtiges Musikmedium durchsetzte. Die S. besaß von den 1920er bis in die 1960er Jahre quasi ein Monopol als Tonträger, blieb aber nicht konkurrenzlos. Erstmals kam in den 1920er Jahren das Tonband auf, in den 1960er Jahren die ↗ MC (Kassette/Musikkassette) und in den 1980er Jahren die Compact Disc (CD, CD-ROM), die schließlich die S. weitgehend verdrängte. Heute ist die S. noch als Liebhaberobjekt im Musikbereich (vergleichsweise hoher Anschaffungspreis) und insbesondere bei DJs beliebt. Das Medium wird seit den 1980er Jahren auch für spezielle Vorführ- und Mixtechniken verwendet, so für das Scratchen («Kratzen», Erzeugung von Tönen durch rhythmisches Hin- und Herbewegen einer laufenden Schallplatte auf einem Plattenspieler bei aufgelegter Nadel) im Bereich des Hip-Hop und Breakdance.

Für den Buchbereich hatte die S. – trotz des Vorherrschens der musikalischen Aufzeichnung – eine Bedeutung als Begleitmedium (per Falttasche eingelegte S. oder sog. «Schallfolie» – also eine besonders dünne S. in Büchern), als Medium in der Blindenarbeit, im Sprachunterricht zur Korrektur der Aussprache, in der Ethnologie zur Archivierung von oraler Überlieferung und im Literaturunterricht, jedoch auch als Unterhaltungsmedium. So existieren seit dem ausgehenden 19. Jh. Sprechplatten von bedeutenden Schauspielern bzw. literarischen Werken. Bibliografisch werden S.n seit den 1930er Jahren in laufenden und retrospektiven ↗ Diskografien erschlossen. In Bibliotheken und Archiven sind sie Gegenstand von speziellen S.nsammlungen (Phonothek), in Deutschland z. B. im Deutschen Musikarchiv der Deutschen Nationalbibliothek Leipzig. Im Verlagsbereich löste die S. eine Reihe von Rechtsfragen aus, etwa im Urheberrecht – bei der öffentlichen Wiedergabe im Rundfunk (S.nsendevertrag von 1956) – bei der Preisbindung oder den Vertriebsformen.

T. Keiderling/G. Pflug

Schallplattensammlung ↗ Phonothek

Schallplattenspieler, kurz Plattenspieler (Englisch: Phonograph oder Turntable); ist ein elektrisches Gerät zum Abspielen von ↗ Schallplatten. Der S. stellt ein elektrisches Analogsignal bereit, welches mittels eines Verstärkers und Lautsprechers wiedergegeben wird. Dazu tastet eine Metall-, Saphir- oder Diamantnadel oder seit den 1990er Jahren auch ein Laser (Laserplattenspieler) die Rille der Schallplatte ab. Der mechanische Tonabnehmer wandelt die geringfügigen Schwingungen der Nadel in schwache elektrische Ströme um, die entzerrt und verstärkt werden müssen, um ein Tonsignal wiedergeben zu können. Beim Abtasten mittels Laser wird das gewonnene Signal ebenfalls auf ausschließlich analogem Weg verarbeitet. I. d. R. können S. Schallplatten mit zwei Geschwindigkeiten abspielen: $33\frac{1}{3}$ min^{-1} (Umdrehungen pro Minute) und 45 min^{-1}. Seltener ist auch ein Abspielen von älteren Platten mit 78 min^{-1} oder $16\frac{2}{3}$ min^{-1} möglich. Mit Einführung und Durchsetzung der Compact Disc (CD, CD-ROM) in den 1980er Jahren verlor der S. massiv an Bedeutung. Für den Spezial- und Liebhaberbedarf, u. a. für DJs, werden S. nach wie vor produziert. S. werden mit verschiedenen Antriebstechniken hergestellt, mit denen der Plattenteller in Drehung versetzt wird. Verbreitet sind Direkt-, Riemen- und Reibradantrieb. Vorläufer des S. war der 1877 durch T. A. Edison (1847 – 1931) patentierte Phonograph. Als Erfinder der Schallplatte und des Grammophons gilt E. Berliner (1851 – 1929) 1887. Zur Zeit des Ersten Weltkrieges setzte sich das Grammophon gegen den Phonographen durch. Während man das Grammophon zunächst per Handkurbel aufziehen musste, kamen seit den 1920er Jahren elektrisch angetriebene S. auf.

T. Keiderling

Schandschrift ↗ Pasquill

Scharteke ist ein um 1540 bei M. Luther (1483 – 1546) und anderen belegter Ausdruck für das alte und wertlose Buch. Das Fremdwort stammt aus dem Lateinischen der Schüler und Studenten. Seine Etymologie ist umstritten. Als Erklärung kommen in Betracht u. a. das mittelniederdeutsche «scarteke» (für Urkunde) oder lateinisch «chartae theca» (für Papierumschlag), d. h. die Bezeichnung des Einbandes ging auf das Buch über.

S. Corsten

Schattenbild, Schattenriss ↗ Silhouette

Schattierung. 1. Bezeichnung für die Unterscheidung kräftiger Linien von Haarstrichen, v. a. bei Schriften. 2. Die Markierungen von Schriften und Linien auf der Rückseite von Druckbogen: Die erhaben in der Druckform stehenden starren Druckelemente drucken sich in den Papierbogen ein. Heute kann die S. mit technischen Mitteln weitgehend reduziert werden.

C. W. Gerhardt

Schatzkammer. Seit der Renaissance wird mit S. ein Raum bezeichnet, in dem an Fürstenhöfen wertvolle oder seltene Gegenstände aufbewahrt werden (↗ Raritätenkabinett). Das Wort wird seit dem 17. Jh. auch als Ti-

Stereo-Plattenspieler von Dual mit Tonabnehmer auf einer 12-Zoll-Langspielplatte. In: Wikipedia, Schallplattenspieler CC BY-SA 3.0.

telbegriff benutzt für Beschreibungen oder Inventarverzeichnisse derartiger Sammlungen, für interessante Veröffentlichungen der Naturwissenschaften oder Sammlungen poetischer Redewendungen und allegorischer Figuren.

Schätzpreis ist der in einem ↗ Auktionskatalog angegebene Preis, der als Anhaltspunkt für die Auktion genannt wird. In britischen Auktionskatalogen besteht er gewöhnlich aus der Angabe einer Preisspanne, innerhalb derer der Zuschlag erwartet wird. Bei der Festlegung des S.es richtet sich der Auktionator nach dem Limit oder der Reserve, die ihm vom Einlieferer des Objekts als Preisuntergrenze vorgegeben wird. Der S. wird i. d. R. um 50 % über dem Limit angesetzt. In der Auktion ruft der Auktionator den Gegenstand zum Aufrufpreis auf, der dem Limit entspricht, wenn nicht bereits höhere schriftliche Gebote vorliegen. *G. Pflug*

Schaubuchstabe ↗ Hohlbuchstabe

Schaufenstergestaltung. Schaufenster sind im Buchhandel wie überhaupt im Einzelhandel die wirksamste und kostengünstigste Form der Absatzförderung. Schon beim Ladenbau ist auf zweckentsprechende Anlage und Beleuchtung der Schaufenster zu achten, um günstige Vorbedingungen für die S. zu schaffen. Im Schaufenster kann der Buchhändler sein Profil zeigen sowie Information und Kaufimpulse vermitteln. Die Reizüberflutung der Gegenwart zwingt dazu, in Anbetracht des relativ gleichförmigen Äußeren des Buches bei der S. durch ins Auge fallende Anordnung und geschickte Verwendung adäquater Dekorationselemente die Aufmerksamkeit der Passanten zu wecken und sie in den Laden zu locken. Da die Verlage gern die Sortimenter für ihre Werbeaktionen einspannen, ermuntern sie diese häufig, zu bestimmten Anlässen (Feste, Gedenktage, Preisverleihungen, Reisezeit usw.) Sonderfenster zu gestalten, wobei zusätzliche Rabatte o. ä. als Anreiz dienen. Auch werden Schaufenster-Wettbewerbe ausgeschrieben, bei denen als Preis nicht nur Bücher, sondern auch Geldprämien, Reisen, Gebrauchsgegenstände usw. ausgelobt werden. *K. Gutzmer*

Schaugröße werden Schriftgrößen ab etwa 14 Punkt für Text genannt, der auch aus größerer Entfernung als der Leseabstand von ca. 30 cm gut lesbar sein soll, z. B. für Blickfänge, Überschriften, Buchtitel und Plakate. *R. Golpon*

Scheda, aus dem Griechischen «Abgespaltenes»; ein kleines Stück Beschreibstoff, speziell in der Papyrusherstellung einer der Streifen, die zusammengeklebt ein Papyrusblatt ergaben; dann ein Papyrusblatt. In der Spätantike kommt die Bedeutung Konzept-, Notizzettel auf; auch eine ganze Schrift im Stadium des Konzepts oder Entwurfs oder ein anspruchsloser Codex konnte damit bezeichnet werden. Der Diminutiv ist in mehrere moderne Sprachen eingegangen, z. B. Deutsch «Zettel». *B. Bader*

Schedelsche Weltchronik ↗ Chronik

Scheinbund ↗ Falsche Bünde

Schellackplatte ↗ Schallplatte

Schelmenroman ↗ Narrenliteratur

Schenkung ist juristisch gesehen ein Vertrag, der aus Angebot und Annahme besteht und eine unentgeltliche Eigentumsübertragung bewirkt, wobei zwischen der S. unter Lebenden und der S. von Toten wegen zu unterscheiden ist. Neben Kauf, Tausch und Pflichtablieferung zählt die S. zu den klassischen Erwerbungsarten von bestandsverwahrenden Einrichtungen wie Archiven, Bibliotheken, Museen, Stiftungen etc. Geschenke können von Autoren, von sonstigen Privatleuten, von Verlagen und anderen Institutionen an diese Einrichtungen gelangen oder auch erbeten werden. Von zunehmender Bedeutung sind Geschenke von Fördervereinen, die gezielt Objekte erwerben, für welche die regulären Etats oder vom Unterhaltsträger fallweise bereitgestellte Sondermittel nicht ausreichen. Nicht alle S.en sind willkommen, so dass jeder Einzelfall geprüft werden muss (hinsichtlich der Erwerbungsgrundsätze, Propagandamaterial usw.). I. d. R. sollte sich eine beschenkte Einrichtung ein freies Verfügungsrecht vorbehalten. S.en können nicht nur aus Büchern und anderem Material bestehen, sondern auch Geldspenden umfassen oder Gebäude und Einrichtung betreffen. P. Vodosek

Schere im Kopf ist eine Form der bewussten wie unbewussten Selbstzensur, die bei Autoren durch die (erwünschte) Wirkung der Zensur selbst entsteht. Urheber wissen innerhalb eines Zensursystems, was erlaubt bzw. nicht erlaubt ist. Ihr Denken ist somit nicht frei, sondern schließt – will der Autor eine Bestrafung vermeiden – das Publizieren von Aussagen aus, die dem Zensurstandard widersprechen. Die Schere im Kopf (bildlich bereits im 19. Jh. belegt, siehe Abbildung) kann aber auch Formen einer zu strengen Selbstzensur annehmen, wenn der Autor übervorsichtig wird. Er schöpft in diesem Fall nicht alle Möglichkeiten seiner Berufsausübung aus. ↗ Zensur T. Keiderling

Scherenschnitt ↗ Silhouette

Schiefertafel ist ein ↗ Beschreibstoff, der aus einer flachen, kohlehaltigen Tons. besteht, die mit einem Schiefergriffel oder mit Kreide beschrieben wird. Ihr Vorzug gegenüber anderen Beschreibstoffen liegt darin, dass die Schrift mit einem angefeuchteten Schwamm jederzeit gelöscht werden kann. S.n lassen sich bereits in der minoischen Kultur (16. Jh. v. Chr.) nachweisen. In der klassischen Antike wurden die S.n sowohl in Griechenland als auch in Rom v. a. im Schreibunterricht von Kindern verwandt. Doch trat sie in ihrer Bedeutung hinter der ↗ Cerata tabula – einer mit Wachs oder Gips überzogenen Holztafel – zurück. Erst in der Spätantike fand sie stärkere Verwendung. Noch im 18. Jh. wurden einige Schieferplatten zu einem Satz zusammengefügt und als Notizbuch genutzt. Seit Einführung der allgemeinen Schulpflicht im Deutschland des 18. und 19. Jh.s diente die S. als Grundlage für den Erstklässlerunterricht. Aufgrund der Zerbrechlichkeit des Schiefers verwendete man im ausgehenden 19. Jh. gelegentlich Schieferpapier. Da der Schieferabrieb gesundheitliche Bedenken auslöste, wurde der Naturschiefer in der ersten Hälfte des 20. Jh.s zunehmend durch Kunstschiefer ersetzt, der mit einem weichen Griffel, dem sog. Milchgriffel, beschrieben wurde. Nach dem Zweiten Weltkrieg wurde

Schere im Kopf. «Die gute Presse» – Karikatur in der Zeitschrift «Leuchtthurm» von 1847. Unbekannter Zeichner. In: Wikipedia, Der Leuchtthurm.

jedoch auch in den unteren Klassen die S. durch Papier als Beschreibstoff ersetzt.

G. Pflug

Schießende Lage, am gerundeten Buchvorderschnitt entstandene Stufe, deren Ursache eine zu dicke Lage sein kann, meist aber auf Nachlässigkeiten beim Rückenrunden zurückzuführen ist. Beim klebegebundenen Buch können Blätter schießen, wenn die Klebebindung noch zu frisch ist.

Schiff ↗ Setzschiff

Schiffsbibliothek. Es handelt sich einerseits um Lesezimmer, andererseits um Leihbüchereien der im 19. Jh. aufkommenden Passagier-Dampfschifffahrt auf Flüssen und Weltmeeren. Zum Angebot gehörten Zeitungen, Zeitschriften, Illustrierte, zeitgenössische Unterhaltungsliteratur und maritime Fachliteratur. Während die Lesezimmer ein gemütliches Ambiente für die Lektüre boten, konnten in der Leihbibliothek gegen Hinterlegung einer Kaution Bücher für die Dauer der Schiffspassage entliehen werden. Die Betreiber dieser S. waren aufgrund des begrenzten Raumes an Bord gezwungen, ihre Büchersammlungen nach strengen Auswahlkriterien zusammenzustellen sowie den Buchbestand regelmäßig zu aktualisieren.

C. Haug

Schiffsbuchhandel. Neben dem ↗ Bahnhofsbuchhandel gewann im letzten Drittel des 19. Jh.s der Buchvertrieb an Schiffanlegeplätzen sowie an Bord von transatlantischen Ozeandampfern an Bedeutung. Bereits Ende der 1860er Jahre unterhielten Kolportage- und Eisenbahnbuchhändler zusätzlich einen S. entlang der wichtigsten Anlegestellen der europäischen Binnenschifffahrt sowie in Hafenstädten, hier v.a. Hamburg, Bremen und Triest, und versorgten die Reisenden mit Reiselektüre. Handelte es sich bei der Binnenschifffahrt um stationäre Abverkaufsstellen auf dem Festland, an denen sich die Dampfschiffreisenden vor Abfahrt ihrer Schiffe mit Tagesschrifttum, Illustrierten und Zerstreuungsliteratur versorgen konnten, betrieben Buchhändler an Bord der transatlantischen Ozeanschiffe eigene Buchläden mit einem breiten Angebot an Zeitschriften, Reiseführern, Stadtplänen und Unterhaltungsliteratur. Die Hamburger Aktiengesellschaft Lloyd (HAPAG-Lloyd) gliederte aufgrund der besonderen finanziellen Lukrativität des Geschäfts mit Reiseunterhaltung ihrem Versicherungsunternehmen eine literarische Anstalt an und stellte neben Prospekt- und Werbematerialien auch Reisebeschreibungen, Reisehandbücher und Reisejournale her, die sie auf eigene Rechnung vertrieben; des Weiteren bestückten HAPAG-Lloyd oder von der Gesellschaft beauftragte Buchhändler die Bordbibliotheken. Der Berliner Eisenbahnbuchhändler G. Stilke (1840–1900) erwarb auf den Amerika-Linien das Verkaufsmonopol für den S. und gründete Ende der 1870er Jahre eine weitere Niederlassung in Hamburg. Auch das Versicherungsunternehmen Österreichischer Lloyd mit Sitz in Triest unterhielt seit 1871 einen literarischen Verlag, dessen Programm (Reiseunterhaltung, Reiseführer, ökonomische Fachjournale, Versicherungs- und Unterhaltungszeitschriften) gleichfalls auf den Linien der Donau-Dampfschifffahrts-Gesellschaft, einem Teilunternehmen des Österreichischen Lloyd, vertrieben wurden. In der Habsburger Monarchie bildete sich aufgrund der engen Kooperation zwischen den Eisenbahn- und Dampfschiffgesellschaften das effizienteste literarische Versorgungsnetz für Eisenbahn- und Schiffsreisende innerhalb Europas aus. In Deutschland etablierten sich Eisenbahn- und Sortimentsbuchhändler mit zusätzlichen buchhändlerischen Verkaufsstellen entlang des Rheins, u.a. der Sortimentsbuchhändler R. Hergt (1790–1862) in Koblenz. Entlang der Nordsee- und Ostseeküste installierten die Buchhändler der Küstenstädte auf den Schiffsfähren ein literarisches Versorgungsnetz speziell für Kur- und Badegäste.

C. Haug

Schimmel, eine durch Mikroorganismen (S.pilze, z. B. Aspergilli und Penicilli) entstandene Schädigung an Buchbeständen in Form eines farbigen Belags, der sich aufgrund unzureichender Lagerbedingungen (Feuchtigkeit, Temperatur, Sauerstoffangebot) bis hin zum Papierzerfall entwickeln kann. Vorbeugend muss im Magazin für ausreichend trockene, ständig leicht bewegte Luft gesorgt werden. Dem Befall mit S. kann in der Bestandserhaltung und Buchpflege durch entsprechende Verfahren (z. B. Massenentsäuerung) begegnet werden. Etliche Arten von S.-Pilzen sind hochgiftig. Die Bestimmungen der Biostoffverordnung müssen beachtet werden. ↗ Buchschädling

U. Herzau-Gerhardt/K. Umlauf

Schimmelbogen, nur einseitig bedruckter Bogen, der, wenn er nicht aus dem Stapel entfernt wird, zu leeren Seiten im Druckerzeugnis führt. Ursache ist i. d. R. das Zusammenkleben zweier Druckbogen infolge statischer Elektrizität, so dass nur die Schön- oder Widerdruckseite bedruckt wird.

R. Golpon

Schimmerschnitt wird hergestellt, indem der ↗ Goldschnitt mit roter oder gelber Anilinfarbe unterlegt wird. Beim aufgeschlagenen Band schimmert diese Farbe unter dem Gold durch. Der S. wird gelegentlich bei Gesang- und Gebetbüchern angewendet.

G. Brinkhus

Schirting ist ein appretiertes und kalandertes Gewebe, meist aus Baum- oder Zellwolle. In der Buchbinderei wird es, da leimdicht und robust, zum Fälzeln, Verstärken von Vorsätzen und Lagen, zum Aufziehen von Karten und zu weiteren Arbeiten verwendet.

E.-P. Biesalski

Schlagwort. 1. Politisch. Mit einem S. wird seit dem beginnenden 19. Jh. ein Wort, eine Wortfolge oder ein Satz bezeichnet, welche in prägnanter Form einen aktuellen Sachverhalt – häufig mit dem Ziel der Agitation – wiedergibt. Dabei ist es gewöhnlich Bestandteil der politisch-ideologischen Sprache in Parteiprogrammen und in der politischen Presse. Seine programmatische Formulierung verleiht ihm eine Neigung zum griffigen Allgemeinplatz. 2. Bibliothekarisch. Ein S. ist ein Wort oder eine Wortkombinationen aus einer natürlichen Sprache, mit dessen/deren Hilfe der Inhalt eines Werks zum Zweck der Sacherschließung so knapp, genau und umfassend wie möglich zum Ausdruck gebracht wird. S.wörter können dem Titel der Schrift entnommen (Titelstichwörter) oder unabhängig von der Wortwahl des Titels gebildet werden. Sie können aus einem einzigen Wort oder aus einer bestimmten Regeln folgenden Kombination mehrerer Wörter bestehen. Bezogen auf den Inhalt sind je nach dem Grad der Abstraktion «enge» und «weite» S.wörter zu unterscheiden. Bei «engen» S.wörtern entsprechen sich Inhalt der Schrift und verwendetes Schlagwort genau (Thema einer Schrift: «Die Rauchschwalbe», Schlagwort: «Rauchschwalbe»). Bei «weiten» S.n deckt das Schlagwort ein größeres Begriffsfeld ab als in der Publikation behandelt wird, ist also abstrakter («Schwalbe»).

G. Pflug/G. Wiegand

Schlagwortkatalog verwendet Schlagwörter als Sucheinstiege. Bei Zettelkatalogen werden die Katalogisate nach dem Alphabet der zugeordneten Schlagwörter angeordnet. Der Vorteil gegenüber systematischen Katalogen ist der stärker intuitive Informationszugang; als Nachteil wird angeführt, dass verwandte sowie über- und untergeordnete Themen im Katalog nur zufällig benachbart präsentiert würden. Die Frage, ob ein S. oder ein systematischer Katalog geführt werden sollte, wurde bis zum Aufkommen von OPACs kontrovers erörtert; aus arbeitsökonomischen Gründen kam eine Führung beider Katalogtypen zugleich selten in Frage. Die Unterscheidung des S.s von anderen Katalogtypen ist bei OPACs obsolet. S.e entwickelten sich nach Vorläufern im 15. Jh. seit dem 17. Jh.; v. a. G. W. Leibniz (1646 – 1716) war ein Nestor des Schlagwortkatalogs.

K. Umlauf

Schlagwortregister, als Buchregister Synonym für Sachregister, soweit nicht Stichwortregister. Im Zusammenhang mit Klassifikationen das alphabetische Register der registerfähigen Terme in den Klassenbenennungen sowie weiterer Registerbegriffe, die den Klassenumfang kennzeichnen. Prominent sind besonders die S. der Dewey-Dezimalklassifikation und der Library of Congress Classification.

K. Umlauf

Schlagzeile, Überschrift des ins Auge fallenden Artikels v. a. auf der ersten Seite von Zeitungen (bei Boulevardzeitungen auch zusätzlich auf der letzten Seite [Rücktitel]). Mit meist durch Untertitel, Dachzeilen, weiteren Zusätzen, (farbigen) Balken etc. hervorgehoben und in großen Lettern abgesetzten Überschriften weisen die S.n auf die Leseinhalte hin und laden zum Kauf des Druckmediums ein. Die S. ist ein grafisches Gestaltungsmittel, das erst in der zweiten Hälfte des 19. Jh.s aufkam und besonders charakteristisch bei Boulevardzeitungen und Flugblättern auftritt. *H. Bohrmann*

Schleichwerbung ist im öffentlich-rechtlichen Rundfunk nicht erlaubt und meint generell die Erwähnung oder Darstellung von Waren, eines Herstellers von Waren oder eines Erbringers von Dienstleistungen in Programmen des Rundfunks oder im Film. Unter bestimmten Bedingungen, die im Rundfunkstaatsvertrag der Bundespublik Deutschland genannt werden (Staatsvertrag für Rundfunk und Telemedien; RStV) ist jedoch ↗ Produktplatzierung erlaubt. *T. Keiderling*

Schleuderei bedeutet den Verkauf von Waren deutlich unter dem (empfohlenen oder gebundenen) Ladenpreis, mitunter sogar unter dem Herstellungspreis. Letzteres wurde prinzipiell ermöglicht durch eine massenhafte, preiswerte Industrieproduktion im 19. Jh. (in Bezug auf die Druckmedien charakterisiert u. a. durch die Verwendung billiger holzhaltiger Papiere oder durch die industrielle Einbandherstellung). Auch sorgte ein zunehmender Konkurrenzdruck durch eine steigende Anzahl von Buchfirmen für eine hohe Spekulation (Überproduktion) und damit verbunden für die Auflösung zahlreicher Restlauflagen durch das Mittel des Verramschens. Speziell im deutschen Buchhandel ging die S. nach 1850 vorrangig von Verlagen und Buchhandlungen der damaligen großen Handelszentren wie Leipzig, Berlin, Stuttgart und Wien aus. Über den Versandbuchhandel und unter Verwendung günstiger Posttarife für Buchpakete (↗ Fünf-Kilo-Paket, ab 1873) konnten alle Besteller beliefert werden (auch bekannt unter dem Terminus Ferns.). Dies führte dazu, dass sich die Provinzialbuchhändler (Sortimenter kleinerer Städte) und ihre Vereine zusammenschlossen, um die S.firmen öffentlich im «Börsenblatt» und anderen buchhändlerischen Zeitschriften anzuprangern. Im Zuge der ↗ Krönerschen Reform (1878–1888) drohten sie sogar mit einem Austritt aus dem ↗ Börsenverein der Deutschen Buchhändler, sollte dieses Problem nicht mithilfe der zentralen Handelsplätze und dem Unternehmerverein gelöst werden. Im Ergebnis der Krönerschen Reform wurde 1888 die Ladenpreisbindung in Deutschland eingeführt. Ab diesem Zeitpunkt war der Ladenpreis i. d. R. gebunden, auch wenn sich nach wie vor einige Betriebe an Handelszentren wie Berliner nicht sofort daran hielten. Die 1897 in Kraft getretene Restbuchhandelsordnung regelte den Umgang mit Werken, deren Ladenpreis aufgehoben worden war. In anderen Nationalstaaten gab es zwar ähnliche Regulative, doch hat sich am Ende keiner der Maßnahmen ähnlich wirksam durchgesetzt. *T. Keiderling*

Schließe am Bucheinband ↗ Buchschließe

Schliff ↗ Holzschliff

Schlüsselzahl ist ein Begriff aus den Inflationsjahren in Deutschland. Als sich der Versuch als unzureichend erwies, die fortschreitende Geldentwertung (Inflation) durch Teuerungszuschläge auszugleichen, um die Ladenpreisbindung zu erhalten, wurden durch den Börsenverein 1922 und 1923 offizielle S.en bekanntgegeben, die oft nur wenige Tage ihre Gültigkeit behielten. Mit ihnen musste der aktuelle Ladenpreis der Bücher multipliziert werden, um sie der Geldentwertung anzupassen. Auf diese Weise konnte das deutsche Modell Ladenpreisbindung für Bücher bei wirtschaftlich ungünstigen Rahmenbedingungen aufrechterhalten werden. Die Idee der S. stammte eigentlich vom Verein Leipziger Kommissionäre (gegr. 1884), der bereits im April 1922 eine gleitende Anpassung der Geldentwertung bei ihren Gebühren im sog. Wertindex berechnete. Dieser ergab sich aufgrund durchschnittlicher statistischer Erhebungen des Warenverkehrs über Leipzig. Die Folge der S.en war u. a. die Einstellung von Bedingt- und Remissionslieferungen. Mit Einführung der Rentenmark im November 1923 wurde die Inflation beendet. *T. Keiderling*

Ermittlung des Ladenpreises für Bücher während der «rasenden» Inflation 1922/1923 (Quelle: T. Grieser: Buchhandel und Verlag in der Inflation, 1999, S. 179).

1922 gab der Börsenverein 8, 1923 mindestens 37 Schlüsselzahlen heraus, die ab diesem Tag mit dem Ladenpreis zu multiplizieren waren. *Beispiele:*	
Schlüsselzahl	**gültig ab**
60	13. September 1922
600	27. Dezember 1922
1.400	05. Februar 1923
12.000	05. Juli 1923
120.000	10. August 1923
12.000.000	14. September 1923
60.000.000	05. Oktober 1923
10.000.000.000	23. Oktober 1923
100.000.000.000	05. November 1923

Schlussschrift, Schlusstitel ↗ Druckvermerk ↗ Explicit ↗ Kolophon

Schlussstück, Schlussvignette ↗ Cul-de-lampe ↗ Vignette

Schlusswort ist der einem Text angefügte Nachtrag, der meist erläuternde oder das Zustandekommen des Textes erklärende Bemerkungen enthält, auch Danksagungen an Anreger oder Helfer. Bei Briefen werden angefügte Bemerkungen gewöhnlich «Postscriptum» genannt und mit dem Kürzel P.S. eingeleitet. *G. Pflug*

Schmähschrift (im 16. und 17. Jh. auch Schmachschrift und Schmähbrief), eine wenig sachbezogene, v.a. persönlich attackierende und herabsetzende Einzelpublikation schmaleren Umfangs, in früheren Jh.en vorwiegend anonym. Es gibt formale und funktionale Überschneidungen besonders mit dem Pasquill und der Famosschrift, auch mit (im deutschen Sprachgebrauch) dem Pamphlet, nur in geringerem Maße mit dem breiteren Aufgabengebiet von Flugschriften und Flugblättern. *W. Harms*

Schmalbahn, Bezeichnung für die Laufrichtung der Papierfasern eines Druckbogens, wenn die schmalere Kante aus der Bahnbreite in der Papiermaschine herausgeschnitten wurde und somit die längere Kante parallel zur Laufrichtung liegt. Sie beeinflusst die Verarbeitung der Papierbogen beim Druck und bei der buchbinderischen Verarbeitung. *P. Neumann*

Schmöker. Der seit dem 18. Jh. begegnende Ausdruck der Studenten- und Schülersprache gehört etymologisch zu niederdeutsch «smöken» (= schmauchen) und bezeichnet abschätzig ein altes, minderwertiges Buch. Wie es zu der Benennung gekommen ist, bleibt unklar. Vielleicht wollte man damit sagen, dass man das Papier derartiger Bände allenfalls noch als Fidibus zum Anzünden der Pfeife verwenden konnte. *S. Corsten*

Schmuck (Zierrat) ↗ Buchornamentik

Schmutz und Schund (Schmutz- und Schundliteratur). «Schmutzliteratur» meinte im ausgehenden 19. und frühen 20. Jh. im Sinne ihrer Kritiker v.a. erotische wie pornografische ↗ Trivialliteratur (auch Kolportageliteratur), die nicht in die Hände Jugendlicher gelangen sollte. Im Wesentlichen nahm die deutlich abwertende Kennzeichnung eine Literatur ins Visier, die heute z.T. unter dem Begriff ↗ Jugendgefährdende Schriften zusammengefasst werden kann. «Schundliteratur» hob die Minderwertigkeit der Trivialliteratur bzw. des sog. ↗ Kitsches hervor. Beide Bezeichnungen wurden jedoch nicht scharf voneinander getrennt und während dieser Zeit mal nur Schmutzliteratur, mal nur Schundliteratur bezeichnet oder, noch häufiger, unter dem Kürzel S. u. S. zusammengefasst. Ein Protagonist der S. u. S.-Debatte, E. Schultze, schrieb in seiner Kampfschrift «Die Schundliteratur» 1909: Einerseits handle es sich um literarisch schlechte, aber moralisch ungefährliche Bücher, andererseits um literarisch wertlose, gleichzeitig aber auch moralisch gefährliche Bücher. (vgl. S. 7 f) Und K. Brunner ergänzte in: «Un-

Bücherverbrennung von **Schmutz und Schund** in der DDR 1955. Bundesarchiv, Bild 183-30858-001/ Klein/CC-BY-SA 3.0.

ser Volk in Gefahr!» 1909, sie sei v.a. durch ein «gräuliches Deutsch», einen verhunzten Stil und schmutzigen Inhalt gekennzeichnet. Der S. u. S. wurde von den Kritikern v.a. aus klein- und bildungsbürgerlichen Kreisen vorgeworfen, bestimmte Gruppen «gefährdeter Rezipienten» – Jugendliche, aber auch bildungsferne Unterschichten der Arbeiter- und Bauernschaft – sittlich zu verrohen, zu einer «Entartung» des Trieblebens, zu kriminellen Handlungsweisen und einer erhöhten Gewalt(bereitschaft) zu führen. Die diesbezüglichen Vorbehalte gegen eine neue, im Zuge der zweiten ↗ Leserevolution in Deutschland v.a. durch den Kolportagehandel weit verbreiteten Schriften, wurden ohne empirische Belege ihrer tatsächlichen Medienwirkung in der Schmutz- und Schund-Debatte formuliert. Sie basierte zudem auf einer entsprechenden Gesetzgebung, die im 20. Jh. noch weiter verschärft wurde. *T. Keiderling*

Schmutz- und Schund-Debatte (der Anti-Schmutz- und Schundbewegungen). Ursachen der S. u. S.-D. sind die Auswirkungen der zweiten ↗ Leserevolution in Deutschland. V.a. durch den Kolportagebuchhandel erreichte eine wahre Flut von gedruckten Schriften unterhaltenden Inhalts breite Bevölkerungskreise der städtischen und ländlichen Unterschichten, insbesondere in der Form von Kolportage- und sog. Hintertreppenromanen. Diese erschienen sehr preiswert in Heften bzw. Lieferungen und wurden durch Kolporteure dem Zielpublikum an der Haustür bzw. im Wohngebiet unter Anwendung aggressiver Verkaufsmethoden veräußert. Besonders im deutschen Klein- und Bildungsbürgertum (u.a. Lehrer, Pastoren oder Bibliothekare) regte sich heftiger Widerstand gegen diese Art der Literatur. Der genannte Personenkreis vermutete, ohne die Medienwirkung der kritisierten Literatur empirisch untersucht zu haben, durch sie würden unerfahrene Leserschichten Schaden nehmen (zu den vermuteten Wirkungen ↗ Schmutz und Schund). Zudem warf die Anti-Schmutz- und Schundbewegung der Medienzensur und Gesetzgebung in Deutschland vor, sie würde zu wenig gegen den sog. Schmutz und Schund unternehmen. Sie rief zu Bürgerprotesten auf, organisierte öffentliche Kundgebungen, Vortragsreihen, vereinsmäßige Zusammenkünfte u. a. rund um die Volksbildungs- und Sittlichkeitsvereine sowie Ausstellungen, die Schmutz und Schundliteratur zeigten und geißelten. Zugleich wurde die Verbreitung erwünschter Literatur, des sog. «guten Buches», propagiert. Im Januar 1922 fand auf Einladung des Berliner Magistrats sogar eine öffentliche ↗ Bücherverbrennung wider Schmutz und Schund auf dem Tempelhofer Feld (Berlin) statt, bei dem 40.000 Schriften den Flammen übergeben wurden. In der Gesellschaft wurde das Autodafé trotz Kritik vergleichsweise positiv aufgenommen. Es gibt direkte Entwicklungslinien von der S. u. S.-D. zu den NS-Bücherverbrennungen von 1933. Auch innerhalb der Gesetzgebung spiegelte sich die Kritik an Schmutz und Schund wider. Nicht die Herstellung, sondern die Verbreitung unterlag in Deutschland der Strafverfolgung gemäß § 184 des Strafgesetzbuches von 1871 (zeitweilig verschärft durch § 184a, die sog. ↗ Lex Heinze). Das 1926 erlassene Gesetz zur Bewahrung der Jugend vor Schund- und Schmutzschriften, die sog. Lex Külz, wurde 1935 wieder aufgehoben. 1953 wurde das Gesetz über die Verbreitung jugendgefährdender Schriften verabschiedet. Auch in anderen Ländern (z. B. DDR, Frankreich) gab es ähnliche gesetzliche Maßnahmen, die z. T. einen entsprechenden Widerspruch unter Berufung auf die Freiheit der Literatur und Kunst hervorriefen. ↗ Erotische Literatur ↗ Jugendgefährdende Schriften

G. Gutzmer / T. Keiderling

Schmutztitel, auch Vortitel, seltener Bastard-, Halb- oder Schutztitel genannt. Der S. steht auf dem Blatt vor dem Haupttitel und enthält meist nur den Buchtitel, gelegentlich auch den Namen des Verfassers oder das Verlagssignet. Die Bezeichnung stammt aus der Frühgeschichte des Buchdrucks, als die Bücher zumeist noch ungebunden in bedruckten Rohbogen (↗ In albis) gehandelt wurden. Um die ungefalzten und unbeschnittenen Bogen vor Schmutz und Beschädigung zu schützen, wurden sie mit einem Papierblatt bedeckt, das zur Kennzeichnung mit dem S. versehen war.

W. Grebe

Schneidemaschine wird in Druckereien, Buchbindereien, Papierfabriken und weiteren Unternehmen zum Schneiden von Papier, Karton und anderen Materialien eingesetzt. Das auf dem Tisch der Maschine liegende Schneidgut wird mittels eines Pressbalkens fixiert und mit dem an einem Messerträger befestigten Messer im Schrägschnitt durchtrennt. Die ersten S.n wurden ab ca. 1850 gebaut; etwa ab 1860 gab es ganzeiserne Konstruktionen. Bei den sog. Hebels.n wurde das Messer durch Herunterdrücken eines Hebels bewegt, während bei Rads.n der Antrieb des Messers über ein Schwungrad erfolgte. Aus diesen Maschinen entwickelten sich später S.n für Kraftantrieb und automatischer Pressung (Schnellschneider), sowie der Dreischneider für den dreiseitigen Beschnitt von Büchern. Ab Mitte der 1890er Jahre wurden S. mit elektrischem Antrieb gebaut, Mitte der 1950er Jahre kam die Magnetbandsteuerung für festlegbare Schnittfolgen hinzu. Die modernen S. mit Computersteuerung verfügen über vielfältige Programmiermöglichkeiten. Sie werden in großen Ausführungen auch als Plan- oder Stapelschneider bezeichnet, da sie planliegendes Schneidgut, z. B. Druckbogen durchtrennen.

E.-P. Biesalski

Schnelldreher, aus der Wirtschafts- und Werbesprache übernommene Bezeichnung für Einzeltitel oder Warengruppen, die sich schnell umschlagen (↗ Bestseller). Der Begriff entstand in den 1970er Jahren. Analog dazu bezeichnet man in der Buchbranche Langsamdreher als Titel, die sich nur über einen längeren Zeitraum absetzen lassen. Sie werden in der Lagerhaltung beim Verleger, Zwischenbuchhändler oder Sortimenter mitunter extra (ggf. in Außenlagern) verwaltet, weil ein Zugang zu diesen Titeln nur in größeren Abständen nötig ist.

H. Buske / T. Keiderling

Schnelllesen ↗ Rationelles Lesen

Schnellpresse. Diesen Begriff prägte Anfang der 1820er Jahre der Stuttgarter Verleger J. F. Cotta (1764–1832) bei seinen Verhandlungen mit F. ↗ Koenig bei dem Erwerb seiner ersten Zylinder/Flachform-Druckmaschine. Fortan wurden im deutschen Sprachraum alle Druckmaschinen dieses Prinzips in allen Druckverfahren S.n genannt, weil sie viel schneller druckten als die bis dahin benutzten Druckpressen (z. B. 1.000 und mehr statt 300–500 Bogen pro Stunde).

C.W. Gerhardt

Schnellschiene (Beschleunigte Bestellerfüllung des Zwischenbuchhändlers). Verlagsauslieferungen bieten ganzjährig oder saisonal begrenzt (z. B. vor Weihnachten) die Auslieferung (bis zur Bereitstellung der Sendung auf der Rampe) noch am Tag des Bestelleingangs an. Die S. ist meist an die Nutzung eines bestimmten Transportführers (überwiegend Post/DHL und Paketdienste) gebunden. Die Buchhändler können so eilige Bestellungen i. d. R. am Folgetag zu Original-Verlagskonditionen erhalten. Die S.n werden in dem Maße an Bedeutung verlieren, wie die großen Kunden (Buchkaufhäuser, Filialisten, Internet- und Versandbuchhändler) bei den Verlagen das ganze Jahr über auf schnelle und gebündelte Belieferung durch deren Auslieferungen drängen, um die Original-Verlagskonditionen zu erhalten, weil sie sonst über die Barsortimente (mit geringeren Rabatten) bestellen müssten. Um im Geschäft zu bleiben, drängen die Verlage ihre Auslieferungen, schneller zu werden und/oder schnellere Transportführer zu wählen, eventuell auch Großkunden bevorzugt zu behandeln und nehmen dafür ggf. höhere Auslieferungskosten in Kauf. ↗ Empfohlene Bestellung

T. Bez

Schnell-Umfrage. Der Verleger-Ausschuss des Börsenvereins führt seit 1977 jährlich eine S. zur wirtschaftlichen Entwicklung im Verlagsbuchhandel des Vorjahres durch, die über die Umsatz- und Kostenentwicklung in den Verlagen Auskunft gibt. 2017 beteiligten sich an dieser Umfrage rund 300 Verlage. Sie stehen für einen Gesamtumsatz von circa 1,81 Mrd. Euro und damit für 35 % des Branchenumsatzes. Die Teilnehmer erhalten ein kostenloses Berichtsheft sowie einen individuellen Auswertungsbogen, der den Verlagen die Möglichkeit gibt, sich innerhalb der Umsatzgrößenklasse und der Sachgruppe mit anderen Unternehmen zu vergleichen. Allgemeine Kennzahlen aus der S. (u. a. Umsätze zu verschiedenen Genres und Medienformen) fließen in die Statistik «Buch und Buchhandel in Zahlen» mit ein. Das jährlich erscheinende Zahlenkompendium gibt einen aktuellen und umfassenden Überblick über die wirtschaftliche Lage im Buchhandel und Verlagswesen.

T. Keiderling

Schnitt werden die drei Randflächen des Buchblocks genannt, die durch die Blattkanten gebildet werden. Der Heftung gegenüber liegt der Vorders., der oberhalb des Schriftspiegels befindliche S. wird als Kopfs. (gelegentlich auch als Quers.) bezeichnet, während der untere S. Fuß- oder Schwanzs. genannt wird. Ein glatter Bes. des Buchblocks, der Voraussetzung für eine S.verzierung ist, war erst mit dem Beschneidehobel seit der Mitte des 16. Jh.s möglich, ab der Mitte des 19. Jh.s durch Beschneidemaschinen noch verfeinert. Ein glatter S. erleichtert das Blättern und verhindert bei richtiger Aufstellung des Buches das Eindringen von Staub und Schmutz. Der S. diente bis ins 16. Jh. auch gelegentlich zur Aufnahme des Titels (S.titel), einer Signatur oder eines Bucheignerzeichens. Besondere Gestaltungen sind u. a. der ↗ Golds., ↗ Metalls., ↗ Schimmers. Zum Schrifts. ↗ Schriftfamilie.

G. Brinkhus

Schnittstelle, eine auf Standards beruhende Kommunikationsbeschreibung, welche den Austausch von Daten zwischen Systemkomponenten beschreibt. Jede S. besitzt eine Reihe Regeln, die die Datenein- und -ausgänge und deren Übergabe beschreiben. Dadurch ist es Entwicklern möglich, Systeme zu entwerfen, die miteinander kommunizieren können, ohne das jeweils andere System genauer zu kennen.

H. Heuser

Schnitttitel. Bedingt durch die zunächst liegende Aufbewahrung der Bücher wurden die hellen und glatten Flächen der Schnitte für Hinweise auf den Inhalt des Buches genutzt, bei der im 16. Jh. aufkommenden vertikalen Aufstellung mit dem Rücken zur Wand bot sich der Vorderschnitt als Träger für den Titel an, gelegentlich kommen sogar geprägte S. vor.

G. Brinkhus

Schnittverzierung (Buchschnittverzierung), Verzierung der Schnittflächen am Buchblock mit Farbe (Farbschnitt), Metall (Goldschnitt, Silberschnitt etc.) oder durch eine Oberflächenbehandlung ohne zusätzlichen Materialauftrag (natureller Schnitt). Eine Kombination der Verfahren ist möglich. Historisch hat sich die S. aus dem Schnitttitel entwickelt, sie hat überwiegend dekorativen Charakter, schützt das Buch aber auch vor eindringendem Schmutz bzw. Feuchtigkeit.

E.-P. Biesalski

Schöffer, Peter [d. Ä.], (um 1425 – um 1503), Miterfinder des Buchdrucks. Er vervollkommnete die Erfindung des Buchdrucks mit beweglichen Lettern von J. ↗ Gutenberg und hatte bedeutenden Anteil an ihrem ökonomischen und technologischen Siegeszug. U. a. gehen auf ihn die Druckermarken zurück, die auf die Herkunft der Druckwerke hinwiesen. In Gernsheim am Rhein geboren, war er nach dem Schulbesuch in der Heimat zwischen 1444 und 1448 an der Universität Erfurt immatrikuliert. In Paris studierte er entweder Rechtswissenschaft oder Theologie. Durch eine heute verschollene Handschrift ist belegt, dass S. 1449 in Paris als Schreiber tätig war. Seit 1452 war er zusammen mit J. Gutenberg und J. ↗ Fust mit dem Druck der ↗ Bibel mit 42 Zeilen befasst. Über seinen genauen Beitrag zur Buchdruck-Erfindung sind wir aufgrund fehlender Quellen nicht unterrichtet. Seine Stellung im Unternehmen war vermutlich höher als die eines Gehilfen – sie entsprach eher einem «Juniorpartner», so dass er wahrscheinlich verschiedene Details der komplexen Technologie mit entwarf oder beeinflusste. S. hielt zu Fust, als das ursprüngliche Gemeinschaftsunternehmen 1455 auseinanderbrach. Die beiden Männer brachten 1457 den bedeutenden Druck des Mainzer Psalters heraus, der zum ersten Mal in der Druckgeschichte die Namen der Urheber und den Tag der Fertigstellung in der Schlussschrift nennt. S. druckte in Gemeinschaft mit Fust u. a. Liturgica, Messbücher, theologische und juristische Gebrauchshandschriften (u. a. Ablassbriefe). In einer 48zeiligen Bibel von 1462 verwendete die Firma Fust & Schöffer zum ersten Mal ihr Druckersignet: Von einem Ast hängen zwei Schilde mit den Handelsmarken der Gesellschafter. Durch Eheschließung mit Christine Fust, der Tochter des Teilhabers (nicht vor 1462), wurde die geschäftliche Beziehung auch eine familiäre. Aus der Ehe gingen vier Söhne und eine Tochter hervor, drei Söhne wurden auch Buchdrucker. Als Fust 1466 starb, führte S. die Druckerei allein weiter. Seiner Offizin werden mehr als 250 Einblattdrucke und Bücher zugeschrieben. Mit Buchanzeigen warb er zudem für seine Produktion. Um 1470 kaufte S. den Hof zum Humbrecht in Mainz, der später S.hof genannt wurde. S. starb in Mainz.

S. Corsten / T. Keiderling

Schöndruck. Unter S. versteht man das erstmalige Bedrucken des Bedruckstoffs (gewöhnlich Papier) bei zweiseitigem Druck. Die Bezeichnung beruht vermutlich darauf, das früher zuerst die «schönere», d. h. die gleichmäßigere Filzseite des Papiers bedruckt wurde. Die Siebseite war nicht so schön, weil auf ihr die Siebstruktur der Papiermaschine mehr oder weniger stark zu sehen war. Nach dem S. erfolgt, nach dem Wenden der Papierbogen, in einem zweiten Durchgang der sog. Widerdruck. Darunter ist das Bedrucken der zweiten, rückwärtigen Seite der Auflage zu verstehen.

C. W. Gerhardt

Schöngeistige Literatur ↗ Belletristik

Schönschrift ↗ Kalligrafie

Schönseite ↗ Oberseite

Schönste Bücher ↗ Beste Bücher

Schön- und Widerdruck ↗ Schöndruck ↗ Widerdruck

Schöpfbütte, Behälter, aus dem heraus das Papier mit der Form geschöpft wurde. Die meist kreisrunde S. bestand gewöhnlich aus mit Eisenbändern zusammengehaltenen hölzernen Dauben und fasste etwa 1 – 1,5 m³ Papier-Stoff. In die S. war seitlich eine kupferne Heizblase eingebaut, wodurch eine Stoffzirkulation entstand, die das Absetzen der Fasern verhinderte. Durch das Erwärmen floss das Wasser rascher aus der Form ab, gleichzeitig war den Papiermachern längeres Arbeiten möglich. Der obere Rand der S. war mit Büttbrettern (Traufe) eingefasst, die das von den auf dem querliegenden Steg aufgestellten Formen ablaufende Wasser wieder in dieselbe zurückleiteten. *F. Schmidt*

Schöpfpapier ↗ Handpapier

Schöpfung ↗ Geistige Schöpfung

Schöpfungshöhe ↗ Werk (Urheberrecht)

Scholastische Schrift ↗ Gotische Schrift

Schreiben. Unter S. wird traditionell die Tätigkeit verstanden, mit der Hand einen Text in dauerhafter Form mittels eines Schreibgeräts auf einen Beschreibstoff zu übertragen. Jh.lang wurde der Begriff mit dem bloßen Abschreiben einer Vorlage gleichgesetzt. Seit dem 17. Jh. tritt jedoch das Verständnis einer selbstständigen Tätigkeit in den Vordergrund, bei dem der Schreiber einen eigenen Text konzipiert und durch die Schrift festhält. In diesem Sinn wird der Schreiber zum Autor mit den sich daraus ergebenden kulturellen und urheberrechtlichen Folgen. S. wird seit der zweiten Hälfte des 19. Jh.s in der Ethnologie und Kultursoziologie als Kriterium für die Kulturstufe einer Gesellschaft angesehen, wobei lange Zeit die Völker ohne Schriftkultur als «primitiv» eingestuft wurden, eine Wertung, die heute nicht mehr allgemein akzeptiert wird [↗ Literalität (Schriftlichkeit) – Oralität (Mündlichkeit)]. Doch hat sich – zuerst für den abendländischen Kulturkreis, weltweit – die Schriftbeherrschung als ein wichtiges soziales Element entwickelt. Das Nichtbeherrschen des S.s gilt als Bildungsmangel (↗ Analphabetentum). Daher bildet seit der Einführung der allgemeinen Schulpflicht seit dem 18. und 19. Jh. in Deutschland der Schreibunterricht – neben dem Rechenunterricht – die Grundlage der schulischen Erziehung. Die technische Entwicklung im 20. Jh. hat durch die Erfindung technischer Schreibgeräte (zuerst die Schreibmaschine, seit Mitte des Jh.s der Computer) die Vorstellung vom S. ausgeweitet. Neben dem S. entstand für die Schreibmaschine der Terminus «Tippen», der dem ursprünglichen Begriffsinhalt des Abschreibens entspricht. Mit der EDV umfasst der Begriff S. auch Formen der Textfixierung auf elektronische Datenträger. *G. Pflug*

Schreiber (Lateinisch: scriba, scriptor, librarius, antiquarius u. a.). Die Arbeit eines S.s (Buchschreibers) bestand darin, Abschriften von Texten nach Vorlagen oder seltener nach Diktat anzufertigen. Bis ins Hochmittelalter waren in Europa die S. fast ausschließlich Mönche. Seit dem Spätmittelalter und dem Aufkommen der Universitäten gewannen die Lohnschreiber an Bedeutung (↗ Pecia/Peciensystem). Die Aufgabe des S.s war es, eine bestimmte Vorlage getreu zu kopieren. Beim Abschreiben unterliefen ihm jedoch häufig bewusst (Korrekturversuche) oder unbewusst (Lese- oder Hörfehler) Fehler. Der S. war i. d. R. nur für die Wiedergabe des Textes verantwortlich; für weitere Aufgaben waren Rubrikatoren und Illuminatoren zuständig. Die sichere Beherrschung der gültigen Schrift und der souveräne Umgang mit den Schreibgeräten und Tinten waren unabdingbare Voraussetzungen für den Beruf des Schreibers. *W. Grebe*

Schreibersklave ↗ Schreibsklave

Schreibfeder. Das Instrument für das Schreiben mit Tinte war in der Antike das Schreibrohr (calamus), das im Mittelalter die Feder (penna). Das Rohr – gewonnen aus Schilfrohr – wurde zunächst auch noch im Mittelalter benutzt; frühe Spuren der Feder sind bereits im 5. Jh. nachweisbar. Im mittelalterlichen Abendland wurde fast ausschließlich mit der Gänsefeder (Schwanz- wie Flügelfeder) geschrieben, gelegentlich auch mit einer Schwanenfeder. Anweisungen für das Schneiden von Federn (temperieren) gibt es aus dem Spätmittelalter. Nur vereinzelt finden sich im Mittelalter Angaben über Metallfedern (z. B. aus Silber). Nach 1850 wurde die Gänsefeder durch die Stahlfeder verdrängt. Für das Schreiben auf Wachstafeln (für Notizen aller Art) diente der Griffel. *W. Milde*

Schreiblesekopf, auch Magnetkopf genannt, ist bei Magnetspeichern die technische Einrichtung, mit der die einzelne Spur eines Magnetspeichers (Magnetband, Kassette, Diskette) beschrieben oder gelesen werden kann.

Schreibmaschine, mechanisches Gerät für Schreibarbeiten, mit dem man durch Tastendruck unter Verwendung eines Farbbandes Schrifttypen auf über eine Walze laufendes Papier abdrucken kann. Die S. ermöglicht – je nach Fertigkeit des Ausübenden – ein schnelles Schreiben und liefert ein sauberes Schriftbild. Die gleichzeitige Erstellung mehrerer Kopien aus Durchschlagpapier mit einer entsprechenden Anzahl dazwischen gelegter Kohlebogen war bis zum Aufkommen von Kopiergeräten und der PC-Technik (Dokumentenausdruck) eine weit verbreitete Möglichkeit der (begrenzten) Vervielfältigung. Im Laufe ihrer Entwicklung gab es unterschiedliche Typen der S., so unterschied man u. a. nach dem Gewicht (Standard und Büro-S. über 10 kg, darunter Reise-S.), nach der Art des Antriebs in mechanische, elektromechanische und elektronische S.n, ferner nach Schreibwerk: Stoßstangens. (mechanisch), Zeigers. (Index-S.), Pneumatische-, Typenhebel-, Schreibkopf- und Typenrad-S. Alle verfügen über eine genormte ↗ Tastatur von 44–48 Tasten mit je zwei Schriftzeichen, seltener drei, und etwa zehn zusätzlichen Funktionstasten. Diese wurde später für die Computertechnik übernommen. Mechanische und elektrische Typenhebelmaschinen haben einen nach rechts und links beweglichen Wagen (Schreibwalze). Bei den platzsparenden Schreibkopf- oder Kugelkopfmaschinen dreht sich die Schreibwalze nur radial. Der Kugelkopf enthält 88 Schriftzeichen. Er wird elektrisch durch einen Kipp- und Drehmechanismus in die richtige Schreibposition gebracht. Die in den 1970er Jahren propagierte Thermo-S. mit einem Druckkopf aus Thermoelementen konnte sich nicht durchsetzen, obwohl sie fast geräuschlos arbeitet und durch Tastendruck die Bildung beliebiger Schriftformen ermöglicht. Spezial-S.n sind Buch- und Pass-S.n zum Schreiben in gebundene Bücher und Pässe, Flachplatten-S.n für technische Zeichnungen, Noten-S.n, Stenografie-S.n und Buchungsmaschinen mit paralleler Schreib- und Rechenfunktion. Neben der einfachen Blinden-S. oder Punktschriftbogenmaschine gibt es Blindenstenografie-S.n und solche zum Notensetzen. Die Geschichte der S. geht auf erste Patente des frühen 18. Jh.s zurück – erstes Patent von H. Mill (um 1683–1771) 1714 – Modell bzw. Zeichnung sind allerdings nicht überliefert. Die erste marktfähige Produktion erfolgte erst in der zweiten Hälfte des 19. Jh.s. So die Schreibkugel (Dänisch: «Skrivekugle»). Sie war die erste in Serie hergestellte Schreibmaschine der Welt, wurde 1865 von H. R. Malling-Hansen (1835–1890) entwickelt und 1870 patentiert. Die Schreibmaschine zog kurz vor der Wende zum 20. Jh. in die Büroarbeit ein und dominierte diese bis in die beginnenden 1990er Jahre, als die neue Computertechnologie die S. in kürzester Zeit vollständig ablöste. *H. Buske/T. Keiderling*

Schreibmaterial, Überbegriff für drei Bezeichnungen: 1. ↗ Beschreibstoff, 2. Schreibwerkzeug (u. a. [chronologisch] Ritzgriffel für Wachs- und Tontafeln, Schiefergriffel für Schiefertafeln, antikes Schreibrohr [Calamos] für Papyrus, zugespitzte Vogelfeder, Stahlschreibfeder, Bleistift und Kugelschreiber) und 3. Schreibfarbstoff (u. a. Grafit, Schreibkreide, Tinte, Farbpaste) *T. Keiderling*

Schreibmeister sind Lehrer der Schreibkunst in der Frühen Neuzeit, die insbesondere in den Handelsstädten entweder im öffentlichen Auftrag oder privat Söhne des Bürgertums unterrichteten (oft auch zusammen mit der Rechenkunst). Ein bedeutender S. war der Nürnberger J. Neudörffer d. Ä. (1497–1563), der 1519 das erste deutsche Schreibbuch herausbrachte. Diese S.bücher demonstrierten anhand von in Druckgrafik (Holzschnitt oder Kupferstich) gezeigten Beispielen die verschiedenen Schreibformen und Ausformungen kalligrafischer Schriften, die Modi, nach denen die S. auch Modista oder Modisten genannt wurden. ↗ Kalligrafie *T. Keiderling*

Schreibpapier, generell jedes von der Herstellung her zum beidseitigen Beschreiben bestimmte Papier. Beim S. kommt es primär auf die angemessene Wasserfestigkeit und Glätte an. Das Schreibmittel soll auf dem S. haften, aber nicht auslaufen oder durchschlagen. Das Schreibgerät soll keinen Widerstand finden, die Schrift aber nicht verwischbar sein. Zur Bestimmung der Beschreibbarkeit gibt es eine Norm von 1974 (DIN 53126), welche das Verhalten beim Ziehen von Strichen aus definierter Tinte mit einer definierten Ziehfeder festlegt. *H. Bansa*

Schreibrohr ↗ Kalamos

Schreibsand ↗ Streusand

Schreibschrift. 1. Im Schriftwesen Bezeichnung für eine Handschrift, in der die einzelnen Buchstaben eines Wortes in einem Zuge, ohne abzusetzen, geschrieben werden. 2. Im Druckwesen wird als S. die Schriftgattung der runden Schriften bezeichnet, deren Buchstaben denen von Handschriften nachgeahmt sind. Nach DIN 16518 Schriftenklassifikation Gruppe VIII sind S.en zur Drucktype gewordene lateinische Schul- und Kurrentschriften. Fast alle S.en lassen das verwendete Schreibwerkzeug erkennen, z. B. Spitz- oder Breitfeder, Graviernadel oder Haarpinsel. Im Gegensatz zu anderen Druckschriften müssen die Buchstaben der S.en so miteinander verbunden werden, dass der Charakter der Handschrift erhalten bleibt. Durch den Einfluss der Werbung und durch die Entwicklung der Computertechnik ist die Zahl der S.-Fonts mittlerweile unüberschaubar geworden. *H. Buske*

Schreibsklave, manuelles Abschreiben war in der Antike Aufgabe von Sklaven; v. a. an den großen Bibliotheken waren zur Bestandserhaltung und -vermehrung zahlreiche S.n tätig. Viele von ihnen stammten ursprünglich aus gehobenen Gesellschaftsschichten von Kriegsgegnern, die in Gefangenschaft gerieten. ↗ Anagnost

Schreibstoff ist 1. Flüssigkeit wie Farbe, Tinte, Tusche und festes Material wie Grafit, Holzkohle, Kreide oder Schiefer, die entweder von Hand oder mittels Schreibwerkzeug auf ↗ Beschreibstoff und Schriftträger aufgetragen wird. Roter und gelber aus Mineralien gewonnener Farbstoff kommt schon in den Felsmalereien des Paläolithikums vor, weit über 30.000 Jahre früher als die in den ägyptischen Wandmalereien. Reste antiker Rußtinten sind auf alten ägyptischen Schreibzeugen nachweisbar. Man benutzte daneben andere farbige Tinten, die über das Mittelalter hinaus als Haupts. dienen. Alle oben angeführten Materialien werden bis heute in zahllosen Varianten in Kindergärten, Schulen und in der Kunst verwendet bis hin zum modernsten S., der Sprayfarbe. 2. Gelegentlich in der Fachliteratur fälschlich verwendete Bezeichnung für einen ↗ Beschreibstoff; letzter Begriff geht bereits auf H. Wuttke (1818–1876) 1877 zurück.
H. Buske

Schreibstörung (Agrafie) ist eine pathologische Störung der Fähigkeit zu schreiben. Sie wird durch zerebrale Gefäßstörungen, Hirntumoren oder Läsionen des linken Vorderlappens des Großhirns verursacht. Häufig geht sie mit Lesestörung (Aphasie) überein. Ihre ersten Beschreibungen im 19. Jh. lösten Diskussionen über das Verhältnis von Denken und Gehirn aus, da mit ihr der erste anatomische Nachweis der Lokalisation einer geistigen Leistung erbracht werden konnte.
G. Pflug

Schreibstube ↗ Scriptorium

Schreibtafel. Neben Papyrus und Pergament waren rechteckige Tafeln aus hartem Material, i. d. R. Holz, der häufigste Beschreibstoff der Antike. Die einfachste Form bestand aus blanken Holzbrettern, auf die man mit Tinte schrieb. Um die Schrift besser hervortreten zu lassen, konnten Holztafeln geweißt werden (Album). Im Allgemeinen überzog man sie mit einer Wachsschicht, in die man die Beschriftung mit einem Griffel einritzte (Cerata tabula). Zwei oder mehr Tafeln verband man zu einem Diptychon oder Polyptychon, der Vorstufe des Codex. Aufwendiger waren Elfenbeintafeln, die auch als wertvolle Geschenke dienen konnten. Auch Gold, Silber, Bronze (Militärdiplome) und Zinn wurden verwendet, v. a. für religiöse und magische Texte. Eine spätere Art von S.n ist diejenige für den Schulunterricht (bis weit ins 20. Jh.).

Schreibtelegraf ↗ Telegraf

Schreibwarenhandel ↗ PBS für «Papier, Büro, Schreibwaren»

Schreibzeug ↗ Schreibmaterial

Schrenz, biegsame und zähe graue Pappe, die meist aus Altpapier hergestellt wird. S. wird in der Buchbinderei u.a. für Rückeneinlagen und Umschläge von Broschuren verwendet.

Schrift, aus dem Lateinischen «das Geschriebene»; grafisches Zeichensystem zur unmittelbaren Fixierung (Festhalten z.B. von Sprache), Langzeitspeicherung und Weitergabe von gesprochener oder anders kodierter Information. Vormals per Hand geschrieben und nur (visuell) lesbar bzw. (haptisch durch Blindens.) erfassbar, können heutige Niederschriften oder Schriftstücke auch in für Menschen nicht unmittelbar nutzbarer Form vorliegen, um nur über elektronische Geräte (Computer) lesbar gemacht zu werden. Generell wird Schrift auf einem Träger (z.B. Papier, digitaler Speicher) notiert (geschrieben oder auf eine andere Weise wie z.B. Kerben, Ritzen, Meißeln, Malen, digital Speichern auf den Träger gebracht) und zur Nutzung dekodiert. Somit ermöglicht ein S.medium die ursprüngliche Direktkommunikation zwischen den Menschen räumlich (durch den Transport und ggf. die Vervielfältigung des Schriftstücks, ↗ Buchdruck) bzw. zeitlich (durch ein zeitlich versetztes Lesen) zu erweitern.
T. Keiderling

Schriftart meint eine namentlich gekennzeichnete, u.U. auch urheberrechtlich geschützte Hand-, Druck- (d.h. Satz-) oder Computerschrift (↗ Font) mit konkret festgelegten stilistischen Merkmalen. Je nach spezifischen Anforderungen wurden im Verlauf der Geschichte verschiedene S.en entwickelt. So gibt es solche für das fließende Handschreiben (Currentschriften), zum Bedrucken unterschiedlicher Printmedien (Buch, Zeitung, Plakat etc.) oder für das Anzeigen auf einem nicht- oder selbstleuchtenden (E-Reader, Computer- oder Fernseh-) Bildschirm. Unterscheidungskriterien sind u.a. das Vorhandensein von Serifen, Groß- oder Kleinbuchstaben; ferner die Verwendung einer bestimmten Schrifthöhe, die Ober- und Unterlänge, die Proportionen der Buchstaben, die Laufweite usw.

Wichtige Kriterien für die Auswahl einer bestimmten S. sind: 1. Die empfundene Ästhetik: ob die Schriftart gefällt, weit verbreitet oder ungewöhnlich ist, eine gewisse und beabsichtigte Anmutung besitzt. 2. Die Lesbarkeit: Antiqua-S.en gelten aufgrund ihrer vereinfachten, schnörkellosen Form i.d.R. als besser lesbar im Vergleich zur Fraktur-S.en. Aber auch die Schriftgröße kann die Lesbarkeit stark beeinflussen. So ist die Verwendung von größeren Schriftarten (14 Punkt und mehr) für Kinder- und Jugendliche sowie sehbehinderte Menschen von Vorteil. Ist wiederum beabsichtigt, dass Inhalte nicht die volle Aufmerksamkeit bekommen, kann man sie mit kleineren S.en darstellen (z.B. das Kleingedruckte bei Verträgen). 3. Die Verfügbarkeit: Relevant für verwendete Fonts auf Computern, zahlreiche PC-S.en sind kostenpflichtig und können, wenn sie auf einem Rechner nicht vorinstalliert sind, auch nicht auf dem Bildschirm angezeigt werden. Zum Klassifizierungssystem der ↗ Schriftgattungen und Schriftgruppen siehe die DIN-Norm 16518 des Deutschen Instituts für Normung von 1964.
T. Keiderling

Schriftbild. 1. In der Psychiatrie und Grafologie wird darunter die handschriftliche Äußerung einer Person bezeichnet, die man hinsichtlich einer Persönlichkeitsanalyse nutzen kann. 2. In der Typografie wird mit S. die gestaltende Darstellung einer Textseite bezeichnet, wie sie sich im ↗ Layout, der Makro- und Mikrotypografie oder in der Abfolge der Zeichen (Scriptura continua) ausdrückt.

Schriftblock ↗ Blocksatz

Schriftcharakter ↗ Schriftgattung

Schriftenreihe. Eine S. (Synonyma: Bibliothek, Reihe, Reihenwerk, Sammlung, fortlaufendes Sammelwerk, Serie[nwerk]) ist die Gesamtheit der unter einem Reihentitel erscheinenden Monografien. Man kann von einer periodischen Publikationsform sprechen, auch wenn die Teile einer S. nur in unregelmäßigen Abständen erscheinen. I.d.R.

gleichen sich die Bände in Aufmachung und Ausstattung, werden durch den Titel der Reihe und eine Zählung miteinander (Bezug als Fortsetzung) verbunden und zum selben Preis verkauft. Auch die inhaltliche Konzeption zieht sich meist durch alle Bände, d.h. sie bieten die gleiche Anlage der Information, sind auf eine Zielgruppe ausgerichtet und einheitlich gegliedert. Neben sachbezogenen S.n gibt es Verlegerserien (z.B. «Collection of British Authors» des Verlags B. Tauchnitz 1841 ff oder «Reclams Universal-Bibliothek» des gleichnamigen Verlags 1867 ff als frühe Taschenbuchreihen in Deutschland), die heterogene Titel durch den Namen des Verlags verbinden. Durch das Prinzip der Reihung versucht ein Verleger oder eine Institution, den Leser an die Schriftenreihe zu binden und über den Reihentitel zu werben. Heute werden die meisten Taschenbücher innerhalb von Reihen herausgebracht.

K.-M. Grutschnig-Kieser/T. Keiderling

Schriftentausch ↗ Tausch (in Bibliotheken)

Schriftfälschung ↗ Fälschung

Schriftfamilie, vereinzelt auch Schriftenfamilie, bezeichnet alle von einer Druckschrift selben Namens mit gleichen Formelementen hergestellten Garnituren bzw. die Gesamtheit der Schnitte einer ↗ Schriftart. Die vier gebräuchlichsten mit Normal, Kursiv, Halbfett und Kapitälchen bilden eine kleine S. Große S.en, die besonders in der Werbung eingesetzt werden, bestehen z.T. aus über 20 verschiedenen Garnituren wie die Akzidenz-Grotesk, Akzidenz-Grotesk Buch, Benguiat, Century, Cheltenham, Futura, Helvetica oder Univers, die Garamond sogar aus 35. Ihre Anzahl ist Gradmesser für den wirtschaftlichen Erfolg einer Schrift. Nicht weniger erfolgreich sind die kleineren S.en, die stärker im Buchdruck eingesetzt werden, wie die Aldus, Baskerville, Bembo, Bodoni, Caslon, Palatino, Sabon, Trum-Mediäval oder Walbaum-Standard mit drei bis acht Schnitten. Die Benutzung von Schriften aus den einzelnen S.en wird von Zeitströmungen beeinflusst. Der moderne Fotosatz erlaubt gegenüber den oben angeführten Schriftschnitten herkömmlicher Art zahlreiche digitalisierte Varianten. ↗ Schriftart ↗ Schriftgattung

H. Buske

Schriftfont. Gesamtheit aller in einem Rechner verfügbaren Schriften. ↗ Font

Schriftgarnitur ↗ Garnitur

Schriftgattung. Zu einer S. zählen ↗ Schriftarten, die im Sinne der Typisierung in ihrer Gesamtheit über wesentliche kulturelle und typometrische Gemeinsamkeiten verfügen. Die Druckschriften sind nach ihren jeweiligen Merkmalen seit 1964 durch die Norm DIN 16518 klassifiziert und nach ihrem Schriftcharakter sowie nach den formalen und kulturgeschichtlichen Gemeinsamkeiten in elf Gruppen eingeteilt. Hauptkriterien für die Unterscheidung sind: Das Vorhandensein von Serifen, die Form der Serifen, die Winkel oder auch Strichstärke des k-Schenkels, die Symmetrie der Rundungsachse und der Verlauf des Querstrichs des e. Die Gruppen lauten: 1. Venezianische Renaissance-Antiqua, 2. Französische Renaissance-Antiqua, 3. Barock-Antiqua, 4. Klassizistische Antiqua, 5. Serifenbetonte Linear-Antiqua, 6. Serifenlose Linear-Antiqua, 7. Antiqua-Varianten, 8. Schreibschriften, 9. Handschriftliche Antiqua, 10. Gebrochene Schriften und 11. Fremde Schriften (z.B. Chinesisch, Hebräisch). Trotz dieser als verbindlich geltenden Ordnung werden auch abweichende Einteilungen und Benennungen benutzt. An der genannten Klassifizierung ist aus Fachkreisen immer wieder Kritik geübt worden. In Reaktion darauf legte das Deutsche Institut für Normung 1998 ein überarbeitetes Schema im Entwurf vor, das nur noch fünf Gattungen lateinischer Schriften umfasst: 1. Gebrochene Schriften, 2. Römische Serifen-Schriften, 3. Lineare Schriften, 4. Serifenbetonte Schriften und 5. Geschriebene Schriften. ↗ Schriftart

T. Keiderling

Schriftgießerei. Spezialunternehmen des grafischen Gewerbes, das sich im Gutenberg-Zeitalter mit der massenhaften Herstellung von Typen bzw. Lettern für den Hochdruck (Buchdruck) befasste. Oft wurde diese Spezialisierung auch von Druckereien nebenbei betrieben.

T. Keiderling

Schriftgießmaschine ↗ Gießmaschine

Schriftgrad, Bezeichnung für eine zahlenmäßig festgelegte ↗ Schriftgröße, für die auch ein fachsprachlicher Terminus besteht, z. B. Petit für 8 Punkt. Als Maßeinheit dient im deutschsprachigen Raum der ↗ Typografische Punkt. Gemessen wird der S. zumeist von der obersten Begrenzung der Oberlängen bis zur untersten Begrenzung der Unterlängen von Kleinbuchstaben (Vertikalhöhe). Die S.e nach dem Normalsystem haben mit Ausnahme der englisch-amerikanischen und der romanischen Länder heute überall folgende Einteilung und Namen: 4 Punkt Diamant, 5 Punkt Perl, 6 Punkt Nonpareille, 7 Punkt Kolonel, 8 Punkt Petit, 9 Punkt Borgis (Bourgeois), 10 Punkt Korpus (in Süddeutschland und Osterreich Garmond), 11 Punkt Rheinländer (Brevier), 12 Punkt Cicero, 14 Punkt Mittel, 16 Punkt Tertia, 20 Punkt Text, 24 Punkt Doppelcicero, 28 Punkt Doppelmittel, 32 Punkt Kleine Kanon (Doppeltertia), 36 Punkt Kanon, 40 Punkt Grobe Kanon (Doppeltext), 48 Punkt Kleine Missal, 60 Punkt Grobe Missal, 72 Punkt Kleine Sabon, 84 Punkt Grobe Sabon, 96 Punkt Real, 108 Punkt Imperial. Die Namen für die größeren S.e ab Kanon waren allerdings auch im Bleisatz nur wenig gebräuchlich. Im Fotosatz und erst recht in der heutigen Satzherstellung mit dem PC sind die S.namen nicht mehr üblich. Man gibt statt dessen die Schriftgröße in Point (pt), Punkt (p) oder Millimeter (mm) an. *R. Golpon*

Schriftgröße, zahlenmäßige Angabe der Höhe für alphanumerische Zeichen. Je nach Definition der Höhe, z. B. Vertikal- oder Versalhöhe sind geringe Abweichungen möglich. Die S. wird im deutschsprachigen Raum traditionell in Punkt (Typografischer Punkt, Didot-Punkt), neuerdings aber meist in Point (anglo-amerikanischer Punkt, pt) oder in Millimeter angegeben. Während zu Zeiten des Bleisatzes und auch noch im Fotosatz die S. mit dem Schriftgradnamen bezeichnet wurde, ist heute die zahlenmäßige Angabe üblich, wobei man sich nicht mehr auf die begrenzte Anzahl der Schriftgrade beschränkt, sondern alle denkbaren Zwischengrößen in Zehntel- oder gar in Hundertstel-Einheiten angibt, z. B. die Schriftgröße 11,9 pt für eine Leseschrift. *R. Golpon*

Schriftgut. Mit S. werden diejenigen Schriftstücke bezeichnet, die in Behörden und wirtschaftlichen Unternehmen für aufbewahrenswert empfunden werden oder deren wenigstens zeitweise Aufbewahrung durch Handels- und Steuerrecht vorgeschrieben sind. I. d. R. wird das S. eine bestimmte Zeit in Ablagen oder Registraturen nach einem vorgegebenen Akten- oder Ablageplan geordnet aufbewahrt. Nicht mehr aktuell benötigtes S. wird – nach einer weiteren Selektion – in Archive verbracht. *G. Pflug*

Schriftgutablage ↗ Registratur

Schrifthöhe, Länge der Schrifttype, gemessen vom Fuß bis zur Schriftbildebene des Kopfes. In den ersten Jh.en nach Erfindung des Buchdrucks war die S. von Druckerei zu Druckerei meist unterschiedlich. Erst im 18. Jh. hatten Bestrebungen zur Vereinheitlichung Erfolg. Am weitesten verbreitet war die «Leipziger Schrifthöhe» mit 66 typografischen Punkten. 1898 einigten sich die deutschen Schriftgießer auf die französisch-deutsche Normalschrifthöhe von 62⅔ p. Allerdings gab es noch bis zum Ende der «Bleizeit» im ausgehenden 20. Jh. Druckereien, die ihre Schriften von der Lagerhöhe («Hohe Höhe») auf eine spezielle Haushöhe abhobeln oder abfräsen ließen. *R. Golpon*

Schriftkasten ↗ Setzkasten

Schriftkegel, rechteckiger Grundkörper (Schaft) der Type, der sich vom Fuß bis zur Achselfläche erstreckt. Auf der Achselfläche befindet sich der Bildkörper mit dem seitenverkehrt druckenden Buchstabenbild. Die Ausdehnung von der Signatur bis zur gegenüberliegenden Kante heißt Kegelstärke, die Ausdehnung parallel zur Signatur wird als Dickte (Breite) der Type bezeichnet. Der S. bestimmt im Bleisatz die Größe des Schriftbildes, den Zeilenabstand und den ↗ Schriftgrad. *R. Golpon*

Schriftlegierung ↗ Schriftmetall

Schriftleiter, verdeutschter Ausdruck für ↗ Redakteur, d. h. den Journalisten, der für Zeitungen, Zeitschriften und andere Schrift-

medien Artikel verfasst und/oder für eine Ausgabe oder Teile davon verantwortlich zeichnet, die er redigiert. Der Ausdruck S. gewann im Gefolge der Eindeutschungskampagnen während des Ersten Weltkriegs an Bedeutung und wurde in der Zeit des Nationalsozialismus planmäßig für die aus dem Französischen stammenden Ausdrücke Redakteur und Journalist verwendet. Deshalb wurde ein 1933 in Kraft gesetztes Gesetz, das im Kern die Rechtsbeziehungen zwischen Verlag und Redaktion regelt, aber auch die Aufgaben dieser Berufsgruppe den Interessen des NS-Staates unterordnete, Schriftleitergesetz genannt.
H. Bohrmann

Schriftlesegerät ↗ Lesegerät

Schriftlichkeit (Schriftliche Kommunikation). Meint die Informationsübertragung bzw. Kommunikation über alle möglichen Formen der ↗ Schriftmedien. Im erweiterten Sinne wird eine Gesellschaft dann als literal (s.sbezogen) bezeichnet, wenn sie der S. und s.n K. eine zentrale Funktion innerhalb der Kommunikation zuweist. Schlüsselkompetenzen stellen in diesen Gesellschaftsformen die Lese- und Schreibfähigkeit dar (↗ Lesen, ↗ Alphabetisierung). Im Allgemeinen geht die Forschung davon aus, dass die S. der Mündlichkeit überlegen ist, denn durch sie kann man Informationen langzeitlich, z. T. auch «sicher» speichern, weiterreichen (zeitlich und räumlich versetzt nutzen) sowie medial multiplizieren. Aus diesem Grund spielt die S. auch im juristischen Sinn als Verfahrensgrundsatz eine besondere Rolle. Durch die Computertechnik haben jedoch auch die auditiven und audiovisuellen Medien derzeit wieder an Bedeutung gewonnen. Computerprogramme und Apps werden u. a. eingesetzt, um Sprachinformationen zu speichern, weiterzuleiten, in digitale Texte umzuwandeln oder digitale Texte vorlesen zu lassen; hierbei wird S. sozusagen übersprungen. ↗ Literalität (Schriftlichkeit) – Oralität (Mündlichkeit)
T. Keiderling

Schriftmedium ist ein sekundäres bzw. tertiäres ↗ Medium, das die Kommunikation bzw. die Informationsübertragung über eine ↗ Schrift bzw. entsprechende Zeichensysteme ermöglicht. Im Verlauf der Geschichte wurden sowohl die Schreibgeräte und -werkzeuge (Feder, Pinsel, Bleistift, Füller, Schreibmaschine, PC etc.), Schreibstoffe (u. a. Flüssigkeiten wie Farbe, Tinte, Tusche und festes Material wie Grafit, Holzkohle, Kreide, Schiefer, Farbbänder, Toner etc.), Schreibtechniken als auch die verwendeten Beschreibstoffe (u. a. Stein, Ton, Schiefer, Papyrus, Pergament, Papier, Magnetbänder, im übertragenen Sinne elektronische Medien etc.) immer leistungsfähiger. Generell kann man unterscheiden in 1. handschriftliche Medien der Schriftkommunikation (angefangen von Höhlenzeichnungen, über Tonscherben, Buchrollen bis hin zum Codex-Buch), 2. alle Formen der schriftbezogenen ↗ Druckmedien und 3. alle computerbasierten Schreib- und Lesemedien bzw. -systeme, die eine Schrifteingabe und deren Anzeige via Monitore wie Handy-, Fernseh- oder PC-Bildschirme erlauben.
T. Keiderling

Schriftmetall, die zum Guss von Handsatz- und Maschinensatztypen oder -zeilen verwendeten Bleilegierungen aus den Schwermetallen Blei, Antimon und Zinn. Die genormte Legierung 5/28 für den Komplettguss von Handsatzschriften besteht aus 5 % Zinn, 28 % Antimon, Rest (67 %) Blei. Setzmaschinenmetall enthält einen höheren Blei- und geringeren Antimonanteil, z. B. 5 % Zinn, 12 % Antimon, Rest (83 %) Blei. Durch den Antimonzusatz wird die Bleilegierung gehärtet, Zinn reduziert den Schmelzpunkt, mildert die vom Antimon hervorgerufene Sprödigkeit und macht die Legierung fließfähiger.
R. Golpon

Schriftmuseum, enthält Sammlungen von Schriften in Form von Designentwürfen, Schriftvorlagen für die Herstellung der Schriftträger und Schriftfonts für unterschiedliche Satztechniken wie den Bleisatz, den optomechanischen Fotosatz und den heute üblichen digitalen Satz. Dazu Schriftproben in gedruckter Form als oft umfangreiche Kataloge und Anwendungsmuster. Heute nur noch in wenigen Sammlungen von ehemaligen Schriftgießereien (Klingspor-Museum, Offenbach; Museum für Druckkunst, Leipzig), als Teil von grafischen Abteilungen in Museen (Gutenberg-Museum, Mainz; Haus für Industriekultur, Darmstadt; Deutsches Museum, München) und bei Schriftherstellern (Linotype Library GmbH, Frankfurt). *A. Ihlenfeldt*

Schriftrichtung bezeichnet die Laufrichtung einer Schrift. Sie wird oft verwechselt mit der Schriftanordnung wie z. B. bei Münzen, die kreis-, kreuz- oder spiralförmig verlaufen kann. Die S. der lebenden Schriftsprachen umfasst drei große Gruppen: die rechtsläufige S. (lateinisch, kyrillisch, griechisch etc.), die linksläufige S. (arabisch, hebräisch, persisch etc.) sowie die vertikale S. (chinesisch, japanisch, koreanisch), deren senkrechte Zeilen im letzten Fall von rechts nach links oder von links nach rechts laufen können. *H. Buske*

Schriftrolle ↗ Buchrolle

Schriftsatz ↗ Satz

Schriftschnitt, Variation einer ↗ Schriftart. ↗ Schriftfamilie

Schriftsetzer, Berufsausübender (Beruf), verantwortlich für das ↗ Setzen, tätig in einer ↗ Setzerei.

Schriftspiegel. Beim Seitenlayout von Büchern mit gemischtem Text und Bild unterscheidet man oft zwischen dem S. und dem Abbildungsspiegel. Während der S. die beschriebene bzw. bedruckte Fläche einer Buchseite meint, nutzt der Abbildungsspiegel das Seitenformat bis dicht an die Seitenkante aus, damit eine ausreichende Größe von Tafeln und Abbildungen erreicht wird. Beim gedruckten Buch spricht man eher von ↗ Satzspiegel.

Schriftsprache. Mit S. wird diejenige Sprachausprägung bezeichnet, der sich die Mitglieder einer Sprachgemeinschaft i. d. R. bei der schriftlichen Fixierung ihrer Sprachäußerungen bedienen. Sie unterscheidet sich von den mündlichen Sprachäußerungen gewöhnlich durch den Verzicht auf dialektale Sprachformen, aber auch auf zeitabhängige lexikalische und grammatische Eigenheiten. Damit wird durch sie eine Einheitlichkeit des Sprachgebrauchs innerhalb einer Sprachgemeinschaft angestrebt. Sie schließt über die Sprachnormierung der mündlichen Sprache auch die Festlegung der Rechtschreibung ein. *G. Pflug*

Schriftsteller, Synonym für Autor, Verfasser, Urheber eines urheberrechtlich geschützten Werks. Begriffliche Herkunft: Seit dem beginnenden 17. Jh. nachgewiesene Bezeichnung für eine Person, die für andere rechtliche Schreiben aufsetzt. Seit dem beginnenden 18. Jh. bezeichnet S. auch jemand, der sich mit der Erstellung erzählender Literatur befasst. J. C. Adelung (1732–1806) verwendete in seinem Wörterbuch 1779–1786 den Begriff 1723 zum ersten Mal. Gegen Ende des 18. Jh.s verdrängte die zweite Bedeutung die erste. Dabei wurde der S. gewöhnlich vom Dichter, im beruflichen Ansehen und Status zunächst als geringwertig, unterschieden. Das Entstehen des Berufs S. führte im 19. Jh. zur Entwicklung von Rechts- und Standesordnungen, z. B. zur Ausbildung des Urheberrechts, um die berufliche Existenz des S.s abzusichern. Zugleich bildeten sich in zahlreichen Ländern organisierte Interessenvertretungen heraus, z. B. in Deutschland der Deutsche ↗ Schriftstellerverband, nachdem sich bereits 1878 die Verbände einiger Länder zur Association Littéraire et Artistique Internationale in Paris zusammengeschlossen hatten. Nach dem Ersten Weltkrieg wurde die internationale Zusammenarbeit seit 1921 auf dem Gebiet der Kulturpolitik im P. E. N. (Abkürzung für Poets, Essayists, Novelists) und seit 1926 auf dem Gebiet der Autorenrechte in der Confédération Internationale des Sociétés d'Auteurs et Compositeurs (CISAC) als internationaler Dachverband der ↗ Verwertungsgesellschaften mit Sitz in Neuilly-sur-Seine (Frankreich) fortgesetzt. *G. Pflug*

Schriftsteller als Bibliothekar ↗ Dichterbibliothekar

Schriftstellerverband. Im Unterschied zu informellen Vereinigungen wie Dichterbünden und Manifest-Gruppierungen sind seit Mitte des 19. Jh.s schriftstellerische Ver-

einigungen mit pragmatischen Zielsetzungen entstanden: Nach dem Leipziger Literatenverein (1842), der sich vorrangig den Kampf gegen die vormärzliche Zensur zur Aufgabe gemacht hatte, entstanden im Zuge einer fortschreitenden Professionalisierung mit dem Deutschen S. (gegr. 1887) – Ergebnis einer Fusion des Allgemeinen Deutschen Schriftsteller-Verbands (1878) und des Deutschen Schriftsteller-Vereins (1885) –, dem Allgemeinen Schriftstellerverein (1901), dem Kartell lyrischer Autoren (1902) und v.a. mit dem Schutzverband deutscher Schriftsteller (SDS, 1909) Zusammenschlüsse, die auf eine Vertretung der beruflichen, rechtlichen und sozialen Interessen der Autoren gerichtet waren. Nach den Jahren der NS-Herrschaft, in denen nach Gleichschaltung und Auflösung bestehender Verbände die Schriftsteller zur Zwangsmitgliedschaft in der Reichsschrifttumskammer verpflichtet waren, sind nach Ende des Zweiten Weltkriegs zunächst regionale Vereinigungen wie der Schutzverband deutscher Autoren (1945) oder der Schutzverband deutscher Schriftsteller (1946) errichtet worden. Die Gründung von Dachverbänden oder überregionalen Zusammenschlüssen scheiterte, bis 1969 mit dem Verband deutscher Schriftsteller (VS) die repräsentative Vertretung der Schriftsteller in der Bundesrepublik Deutschland entstand. Nach Eintritt der VS in die Industriegewerkschaft Druck und Papier (gegr. 1948, heutige Nachfolgeinstitution seit 2001 Vereinte Dienstleistungsgewerkschaft e.V., kurz: ver.di) hat sich in Opposition gegen diesen gewerkschaftlichen Kurs 1973 ein Freier Deutscher Autorenverband gebildet, der aber keine besondere Bedeutung erlangte. Der VS konnte – nach dem 1969 von H. Böll (1917–1985) proklamierten «Ende der Bescheidenheit» – auf verschiedenen Gebieten berufspolitische Erfolge erzielen, etwa durch Einführung eines «Bibliotheksgroschens» (↗ Bibliothekstantieme) und weitere Vergütungen durch die Verwertungsgesellschaft der Autoren, die ↗ VG WORT.
E. Fischer

Schriftstempel sind Stahlpunzen mit einem seitenverkehrt erhaben gearbeiteten Buchstabenbild auf der Spitze. Goldschmiede, Gürtler und andere Metallhandwerker stellten S. bereits seit der Antike her, um z.B. Wörter oder kurze Texte in Metall einzuschlagen. Buchbinder benutzten S. seit dem 13. Jh. zum Betexten von Einbänden. J. ↗ Gutenberg benutzte S. als erste Produktionsstufe bei der Herstellung von Schrifttypen. Zur Herstellung des S.s gab es verschiedene handwerkliche Techniken, z.B. das Gravieren (mit dem Stichel), das Feilen, das Einschlagen (mit Punzen/Kontrapunzen), die auch kombiniert wurden. Eine maschinelle Methode erfand L. Boyd Benton (1844–1932) vor 1895 mit seiner Stempel- und Matrizengraviermaschine. Erst diese ermöglichte die wirtschaftliche Herstellung der für die Zeilensetz- und Gießmaschinen benötigten größeren Mengen von Matrizen.
C. W. Gerhardt

Schriftträger. 1. Synonym für ↗ Beschreibstoff, ↗ Schriftmedium oder ↗ Trägermedium, also alle analogen Stoffe oder digitalen Medien, die Schrift aufnehmen, anzeigen, speichern, weiterleiten etc.

Schrifttum. Im umfassenden Sinn werden unter S. alle Formen von geschriebenen, gedruckten oder digitalen Texten verstanden. Meist wird der Begriff jedoch auf die publizierte Literatur eingeschränkt gebraucht, auch dann jedoch in einem umfassenden Sinn. V.a. in Bibliografien tritt S. auch als Titelbegriff auf.
G. Pflug

Schrifttype nennt man eine ↗ Drucktype oder auch ↗ Letter mit einem Buchstabenbild; gelegentlich wird auch eine ↗ Schriftart so bezeichnet.

Schriftverfälschung ↗ Fälschung

Schriftwechsel. 1. Mit S. oder Schriftverkehr wird der Briefwechsel im geschäftlichen und behördlichen Bereich bezeichnet. 2. Unter S. wird auch der vollständige Wechsel der Schrift für die Darstellung einer Sprache verstanden. Er ist die radikalste Form der Schriftänderung. Als Gründe lassen sich sowohl religiöse wie politische Faktoren feststellen. Als klassisches Beispiel für einen S. dient der Übergang von der arabischen zur lateinischen Schrift, die der türkische Staatspräsident M. K. Atatürk (1881–1938) 1928 gesetzlich vorschrieb, um damit einen vom religiösen Einfluss befreiten, weltlichen Staat zu gründen. Doch gibt es auch schon früher Fälle von S. aus religiösen Gründen. So setzte sich z. B. seit dem 17. Jh. in Vietnam unter dem Einfluss christlicher Missionare die lateinische Schrift gegenüber dem Sino-Vietnamesischen durch. *G. Pflug*

Schriftwerk ist der juristische Begriff für ein ↗ Schriftmedium, bei dem der sprachliche Gedankeninhalt durch Schriftzeichen oder andere Zeichen äußerlich erkennbar gemacht wird. Ein S. genießt in fast allen Ländern den Schutz des Urheberrechts, sofern es eine persönliche geistige Schöpfung ist, also «Schöpfungshöhe» besitzt (§ 2 Abs. 1 Ziff. 2, Abs. 2 UrhG). Reden und Computerprogramme sind einem S. als Sprachwerk urheberrechtlich gleichgestellt. *L. Delp*

Schriftzeichen. 1. In der Schriftgeschichte selbstständiges ↗ Zeichen mit Lautwert in einem ausgebildeten Schriftsystem. Jedes S. kann, je nach Form, dem Typ einer Alphabetschrift, phonetischen Schrift, der Piktografie oder Pasigrafie zugeordnet werden. Das Problem der Verbindung von S. mit Sprachelementen ist in allen Kulturen unterschiedlich betrachtet und gelöst worden. Definitionen einzelner Termini aus dem Gesamtgebiet Schrift weichen oft stark voneinander ab, je nachdem, ob ein Linguist, Archäologe, Paläograf oder Sprachphilosoph sie vornimmt. 2. S. ist im Buchdruck eine allgemeine Bezeichnung für alle Zeichen, die der schriftlichen Mitteilung dienen. Der Setzer versteht darunter alle zu einer Schrift gehörenden Versalien, Gemeinen, Ziffern und Interpunktionszeichen. *H. Buske*

Schrotschnitt, Variante des ↗ Metallschnitts.

Schrumpf(folien)verpackung. Wenn in der industriellen Großbuchbinderei das Buch die Buchfertigungsstraße verlassen hat, wird es auf einem Folienpackautomaten mit Thermoschrumpfer einzeln mit Flach- oder Halbschlauchfolie eingepackt. Die S. hat gegenüber dem traditionellen Einschlagen in ggf. mit dem Kurztitel gestempeltes Packpapier den Vorteil, dass die transparente S. den Blick auf den werbenden Schutzumschlag freigibt und das Buch vom Sortimentsbuchhändler in der S. dem Kunden präsentiert werden kann. Postalisch ist die S. seit 1978 für die preiswertere Versendungsform «Büchersendung» zugelassen. Die S. wird darüber hinaus auch zur Ladungssicherung ganzer Paletten benutzt, wobei der Bücherstapel samt Palette mit Stretch- oder Schrumpffolie umwickelt wird. *R. Busch*

Schuber ist ein Schutzbehältnis für ein- oder mehrbändige Werke, bei dem eine Schmalseite offen ist (im Unterschied zur ↗ Kassette, 1.), so dass der Buchrücken sichtbar ist. S. können aus Pappe oder Karton maschinell durch Rillen, Stanzen und Drahtheften oder manuell durch Ritzen oder Zusammensetzen angefertigt werden. Handgemachte S. werden je nach Auftrag unterschiedlich aufwendig innen mit Papier oder Molton ausgeklebt, entlang der offenen Seite mit Leder oder Pergament eingefasst und mit (Bunt-)Papieren oder Gewebe überzogen. Als konservatorische Maßnahme können S. heute aus säurefreiem Material (Wellpappe oder Karton) maschinell, aber individuell zur Größe des Buches in Auftrag gegeben werden. S. schützen den Inhalt wirkungsvoll vor Staub, Stoß und Klimaschwankungen, vorausgesetzt, sie passen exakt. ↗ Froschschuber *D. E. Petersen*

Schulausgabe ist eine preiswerte, einfach gebundene Ausgabe von literarischen oder wissenschaftlichen Texten für den Unterrichtsgebrauch. S.n können im Text gekürzt sein, Erläuterungen und Einführungen enthalten, jedoch i. d. R. keinen kritischen Apparat. S.n erschienen früher in fast allen Schulbuchverlagen. Seit der Mitte des 20. Jh.s werden häufig Taschenbücher als S. verwendet. S.n fallen in Deutschland nicht grundsätzlich unter die Lehrmittelfreiheit. ↗ Studienausgabe *K. Gutzmer*

Schulbuch. Ist ein Bildungsmedium bzw. Lehrmittel, das an Schulen unterschiedlicher Spezialisierung eingesetzt wird. Voraussetzung für diesen Gebrauch ist, dass ein S. relevant für die aktuellen Lehrpläne eines Bundeslandes ist und vom zuständigen Kultusministerium zugelassen wurde. Zulassungsvoraussetzungen sind u. a. die Übereinstimmung mit dem Grundgesetz und den in den Landesschulgesetzen festgelegten Erziehungszielen sowie mit den Lehrplänen und mit den Erkenntnissen der Wissenschaft, auch sprachliche Kriterien und die Preiswürdigkeit. In den meisten Bundesländern werden die S.bücher für alle Fächer und Jahrgangsstufen der allgemeinbildenden Schulen geprüft; in einigen Bundesländern werden die Bücher für bestimmte Fächer oder für die Sekundarstufe II nicht geprüft. Von den S.büchern für berufsbildende Schulen prüfen die Kultusministerien in den meisten Bundesländern nur diejenigen für die allgemein bildenden Fächer, nicht die Bücher für die berufsbezogenen Fächer. Ganzschriften, Wörterbücher, Aufgabensammlungen u. ä. müssen nicht zugelassen werden. Die Kultusministerien veröffentlichen in ihren Amtsblättern jährlich eine Liste der zugelassenen Schulbücher (Schulbuchkatalog). S. werden von ↗ S.verlagen produziert. Für S.bücher gilt die Ladenpreisbindung, allerdings sind nach § 7 des Buchpreisbindungsgesetzes (BuchPrG) gestaffelte Rabatte möglich und üblich. S.titel sind oft kompliziert zusammengesetzte mehrbändige Werke und erscheinen in vielerlei verschiedenen Ausgaben, u. a. für verschiedene Bundesländer und Schultypen. Der Zusammenhang der Teile und Merkmale der Ausgaben sind im ↗ Verzeichnis Lieferbarer Bücher nur mangelhaft erschlossen. Besser lassen sich S.bücher im Online-S.-Katalog des Barsortiments Umbreit recherchieren. In Bibliotheken der Hochschulen mit Lehramtsstudiengängen werden S. exemplarisch als Quelle für die didaktische Ausbildung gesammelt. Bedeutende, auch internationale Sammlungen von S.büchern besitzen das Georg-Eckert-Institut für internationale Schulbuchforschung Braunschweig sowie die UB Augsburg (historische Schulbücher 1500–1920).   *K. Umlauf*

Schulbuchhandel meint einen Bereich des Buchhandels, der sich mit der Herstellung und Verbreitung im engeren Sinne von ↗ Schulbüchern, im erweiterten Sinne von allen Bildungsmedien befasst, die von ↗ Schulbuchverlagen hergestellt werden.

Schulbuchverlag (Bildungsmedienverlag) ist mit der Herstellung und dem Vertrieb von Schulbüchern, Unterrichtsmaterialien, Studienbüchern, Literatur für die berufliche Bildung und dgl. mehr befasst. Das Gesamtangebot dieser Verlagssparte umfasst auch digitale Angebote – von Lernsoftware über Downloads bis zu Online-Portalen für das Lehren und Lernen. Der Oberbegriff lautet: Bildungsmedien. Gemäß Artikel 7 des deutschen Grundgesetzes steht das gesamte Schulwesen unter der Aufsicht des Staates. Bevor ein S. ein Unterrichtswerk veröffentlichen kann, bedarf es der Zulassung durch die staatlichen Aufsichtsbehörden (Kultusministerkonferenz und Landesschulbuchkommissionen). Im Vergleich zu anderen Buchprodukten durchläuft daher ein Schulbuch eine lange Planungsphase und bedarf hoher Vorinvestitionen. Unter Anleitung des Verlags werden erfahrene Lehrer und wissenschaftliche Pädagogen als Mitautoren gewonnen. Rund 80 Schulbuch- und Bildungsverlage versorgen in Deutschland derzeit rund 12 Mio. Schüler und etwa 700.000 Lehrer. Der Vertrieb von Bildungsmedien ist so organisiert, dass der direkte Kontakt zu Schulen und Lehrern (= ↗ Multiplikatoren) sowie z. T. auch über eigene Verkaufsstellen und mobile Treffpunkte eine hohe Bedeutung besitzen. Darüber hinaus werden Bildungsmedien auch indirekt über den Sortimentsbuchhandel verkauft. Das Gesamttitelangebot von S.en liegt derzeit bei rund 45.000; 2017 erschienen knapp 5.000 Neuerscheinungen. Damit gehören Angebote für den Bildungsbereich zu den vier umsatzstärksten Genres des deutschen Buchhandels. S.e gehören zu den umsatzstärksten Unternehmen des deutschen Buchhandels. 2016 wurden im Ranking «Die 100 größten Verlage» (buchreport) drei S.e unter den ersten fünf Plätzen gelistet: Georg Westermann Verlag Braunschweig (Platz 3, Umsatz 300 Mio. €), Klett Gruppe Stuttgart (4, 284 Mio. €), Franz Cornelsen Bildungsmedien GmbH Berlin (5, 260 Mio. €). Deutsche S.verlage sind im Verband Bildungsmedien e. V. organisiert (2001 umbenannt aus der Vorgängerorganisation Verband der Schulbuchverlage, gegr. 1957).

T. Keiderling

Schundliteratur ↗ Schmutz und Schund

Schusterjunge (sprichwörtlich: «Er weiß nicht, wo er hingeht.») nennt man in der Setzer- und Druckersprache die letzte Zeile einer Textseite oder -spalte, wenn diese Zeile mit Einzug beginnt, weil sie die erste Zeile eines neuen Absatzes ist. Das ist nicht fachgerecht. ↗ Hurenkind

Schutzblatt, 1. jedes Blatt mit dem Zweck, ein Objekt (Buchblock, Abbildung) vor Beschädigung beim Benutzen und/oder bei der Aufbewahrung zu schützen, also etwa ein abhäsives Zwischenlagenpapier vor einer abrieb- oder abklatschgefährdeten Abbildung. 2. In der buchbinderischen Fachsprache ein interimistisch eingesetztes Blatt, das ein in Bearbeitung befindliches Objekt vor negativen Nebeneffekten eines Arbeitsgangs (Anreiben, Ableimen) oder vor Beschädigung, Verschmutzung usw. während der Bearbeitung und während der zugehörigen Trocken- und Wartezeiten schützen soll. *H. Bansa*

Schutzfrist, die durch Gesetz festgelegte Zeitspanne des Urheberrechts eines Werks. In Deutschland besteht eine S. bis 70 Jahre nach dem Tod des Urhebers (§ 64 UrhG). Bei Miturhebern erlischt sie 70 Jahre nach dem Tod des Längstlebenden; für Filmwerke und Werke, die ähnlich wie Filmwerke hergestellt werden, endet die S. 70 Jahre nach dem Tod des Längstlebenden der beteiligten Personen (z. B. Hauptregisseur, Urheber des Drehbuchs, Urheber der Dialoge, Komponist der für das betreffende Filmwerk komponierten Musik – § 65 UrhG). Anonyme und pseudonyme Werke haben eine S. von 70 Jahren nach Veröffentlichung, jedoch nur 70 Jahre nach der Schaffung des Werks, wenn es innerhalb dieser Frist nicht veröffentlicht worden ist. Macht sein Urheber aber seinen wirklichen Namen bekannt, so berechnet sich die S. ebenfalls nach §§ 64, 65 Urheberrechtsgesetz (§ 66 UrhG). Erscheint ein Werk in Lieferungen, so berechnet sich die S. für anonyme und pseudonyme Werke ab dem Zeitpunkt der Veröffentlichung jeder einzelnen Lieferung (§ 67 UrhG). Die S. beginnt mit dem Ablauf des Kalenderjahres, in dem das für den Beginn der Frist maßgebende Ereignis (z. B. Tod des Urhebers, erste Veröffentlichung des Werks) eingetreten ist (§ 69 UrhG). Aufgrund unterschiedlicher S.en in anderen Ländern bestehen langfristige internationale Bestrebungen zur Vereinheitlichung. Die ↗ Berner Übereinkunft zum Schutz von Werken der Literatur und Kunst in der für Deutschland derzeit gültigen Fassung von 1971 schreibt für die Verbandsmitglieder eine Mindestfrist von 50 Jahren nach dem Tod des Urhebers vor. Für die nur durch das Welturheberrechtsabkommen gebundenen Staaten soll eine S. von 25 Jahren nach dem Tod des Urhebers gelten. Weitere Abkommen, insbesondere auf der Grundlage des EG-Vertrags, sehen eine einheitliche 70jährige S. vor. *L. Delp*

Schutzhülle, Schutzkarton ↗ Buchfutteral ↗ Schuber

Schutztitel ↗ Schmutztitel

Schutzumschlag ↗ Buchumschlag

Schwabacher, aus der Rotunda hervorgegangene, vorherrschende Druckschrift der Spätrenaissance und Reformationszeit. Sie gehört mit der ↗ Textura und der späteren ↗ Fraktur zur Gruppe der gebrochenen Schriften. Die erste voll ausgebildete S. findet sich 1485 in Nürnberg und breitete sich über Deutschland und die Nachbarländer aus. Der Name ist seit 1553 belegt; eine Verbindung zur Stadt Schwabach bei Nürnberg kann nicht ausgeschlossen werden. Die S. verlor seit dem 17. Jh. an Bedeutung. Erst mit der neuen deutschen Buchkunstbewegung im ausgehenden 19. Jh. wendete man sich künstlerisch gestalteten Schriften zu und besann sich auf die S. Der Erlass der NSDAP vom 03.01.1941, in dem behauptet wurde, die sog. gotische Schrift bestehe in Wirklichkeit aus «S. Judenlettern» und sei künftig durch die Antiqua-Schrift zu ersetzen, führte zum Untergang der S. und anderer gebrochener Schriften. Erneuerungsversuche nach 1945 scheiterten. *H. Buske*

Schwanz ist die Bezeichnung der Buchbinder für den unteren Teil des Buchrückens. Der obere Teil wird demgegenüber als Kopf bezeichnet. *E.-P. Biesalski*

Schwarte als abwertend gemeinte Bezeichnung für ein altes Buch kam im 17. Jh. auf. Die eigentliche Bedeutung des Worts («menschliche und tierische Haut», «Speckhaut») legt die Vermutung nahe, dass v. a. in Schweinsleder gebundene Bücher gemeint waren. Im Laufe der Zeit verlor S. dann diese besondere Bedeutung. *S. Corsten*

Schwarzbuch ↗ Buntbuch

Schwarzdruck ↗ Schwarzschrift

Schwarze Kunst. Begriff in S. Brants (1457–1521) 1494 in Basel erschienenem «Narrenschiff». Hier ist die neue «Kunst» der mechanischen Übertragung der schwarzen «Tinte» gemeint, also das Drucken. Lange Zeit wurde irrtümlich J. ↗ Fust (Faust) als Begriffsschöpfer vermutet. So noch 1840 in einem Lobgedicht des F. Grillparzer (1791–1872) zur 400-Jahrfeier der Erfindung. *C. W. Gerhardt*

Schwarze Liste (auch Schwarz-, Negativ- oder Sperrliste; Index) ist ein Begriff der ↗ Zensur. Es handelt sich im engeren Sinne um eine Zusammenstellung bereits erschienener Veröffentlichungen, deren Besitz und Nutzung untersagt oder nur einem eingeschränkten Nutzerkreis zugänglich gemacht werden soll (letzteres: z. B. den Zensoren selbst oder Wissenschaftlern). Üblich sind im erweiterten Sinne s. L.n, über andere Warengruppen (z. B. Medikamente), Personen (politische Gegner), Firmen/Institutionen (Fluggesellschaften) und sogar Staaten (S. L. der «Steueroasen», beschlossen durch die G20, 2009 ff). Diese Listen markieren zu «Schwärzendes», also unkenntlich zu Machendes. Sie dienen Zensoren, um öffentliche wie private Bereiche wie Personen danach zu überprüfen (↗ Indizierung).

S. L.n sind seit der Antike nachgewiesen, auch der ↗ Index librorum prohibitorum ist eine solche. Der Begriff wurde aber erst im 20. Jh. populär, v. a. in der NS-Zeit. Seit der «Machtergreifung» der NSDAP wurden von verschiedenen gesellschaftlichen Kräften s. L.n zusammengestellt, auch die studentischen ↗ Bücherverbrennungen von 1933 führten solche. 1935 wurden diese zur offiziellen ↗ Liste (1) des schädlichen und unerwünschten Schrifttums (mit Nachträgen) vereint. Das Gegenstück zur s.n L. ist eine Weiße Liste oder Positivliste, die Literatur empfiehlt. Je nach Betrachtung können sich Vorzeichen auch umkehren: In der SBZ und frühen DDR wurde eine (s.) «L. der auszusondernden Literatur», 4 Bde., 1946–1953 – also nationalsozialistische, revanchistische, rassistische und militaristische Literatur – für Bibliotheken, Schulen und weitere Einrichtungen verwendet, die sich auf eine Positivliste des nationalsozialistischen Schrifttums stützte, die zuvor in der Deutschen Bücherei Leipzig im Auftrag der NSDAP durch die Parteiamtliche Prüfungskommission zum Schutze des nationalsozialistischen Schrifttums erstellt worden war. *T. Keiderling*

Schwarzschrift (oder Flachschrift) nennt man im Blindendruck und in der Blindenbibliothek, im Gegensatz zur tastbaren Blindenschrift, die in grafischen Zeichen (i. d. R. schwarz) dargestellte Schrift der Sehenden. Sie kann nur optisch erfasst werden, sei es mit dem Auge oder mittels Lesegeräten bzw. Scannern. In tastbarer Reliefdarstellung ist sie Blinden zugänglich. Die Moon'sche Blindenschrift fußt ebenso auf der S. des lateinischen Alphabets wie die Perl- oder die Stacheltypenschrift. *R. F. V. Witte*

Schweigespirale ist eine Theorie über die Funktionsweise der Massenmedien und insbesondere öffentlichen Meinung, die E. Noelle-Neumann (1916–2010) erstmals 1974 in einem Aufsatz formulierte und 1980 in einer Monografie vorlegte. Die zentralen Aussagen lauten: Die meisten Menschen fürchten soziale Isolation und streben nach Übereinstimmung mit ihrer Umwelt. Sie beobachten daher das Verhalten anderer in ihrer sozialen Umgebung und der Medienberichterstattung, um einschätzen zu können, welche Meinungen und Verhaltensweisen Zustimmung oder Ablehnung erfahren. Aus Isolationsfurcht und dem Konformitätsdruck mit der öffentlichen Meinung entstehen beim Menschen zwei unterschiedliche Redebereitschaften: A) Ist er der Meinung, dass seine Meinung in der Öffentlichkeit breite Akzeptanz findet, formuliert er sie (öffentlich) mit Überzeugung und Nachdruck. B) Sollte seine Meinung eine Stimme der Minderheit darstellen, verfällt er unbewusst in ein Schweigen. Aufgrund dieser beiden Haltungen wird ein Prozess der S. in Gang gesetzt, der dazu führt, dass Minderheitsmeinungen zunehmend verschwiegen werden. Abweichend von dieser Aussage kann es aber auch vorkommen, dass die Meinung einer tatsächlichen Minderheit in der Öffentlichkeit als «Mehrheit» erscheint, wenn ihre Anhänger nur selbstbewusst genug auftreten. Die Massenmedien üben einen maßgeblichen Einfluss auf die Prozesse der öffentlichen Meinung aus. Durch ihre Berichterstattung, durch Wiederholung, Übereinstimmung und auch Agenda-Setting kann sie ein bestimmtes Meinungslager unterstützen. Typischerweise entsteht dieses Phänomen bei emotional aufgeladenen Themen. Ein jüngstes Beispiel wäre die sog. Flüchtlingskrise in Deutschland seit 2015. Einerseits erfolgte eine breite mediale Darstellung der Willkommenskultur in Deutschland, andererseits wurden kritische Stimmen, Ängste und Befürchtungen aus der Bevölkerung über die Medien deutlich weniger transportiert/ausgeblendet bzw. deren Vertreter stigmatisiert. Erst die Bundestagswahl von 2017 zeigte durch einen massiven Wählerwechsel von den regierenden Parteien zu oppositionellen bis hin zu radikalen Parteien das tatsächliche Meinungsbild der Bevölkerung u. a. in dieser zentralen Frage. Des Weiteren lassen sich Phänomene der S. auch und gerade bei der öffentlichen Kommunikation über soziale Netzwerke beobachten. Das Theorem S. von Noelle-Neumann wurde von der internationalen Forschung intensiv rezipiert, aber auch sehr kontrovers diskutiert. Hauptkritikpunkte sind die mangelnde empirische Fundierung (durch die Autorin selbst), der Rückgriff auf eine Theorie starker Medienwirkungen, die für die Frühphase der Kommunikations- und Medienwissenschaft typisch war und die theoretisch starken Vereinfachungen sehr komplexer Vorgänge rund um die öffentliche Meinungsbildung. ↗ Kultivierungshypothese ↗ Third-Person-Effekt *T. Keiderling*

Schweinsleder war das charakteristische Überzugsmaterial der Einbände im Reformationsstil des 16. Jh.s in Deutschland. Das weiße, alaun-behandelte (nicht gegerbte) S. ist ein festes, dauerhaftes Material, das sich mit Rollen, Platten und Einzelstempeln gut dekorieren lässt (Blinddruck, Vergoldung). S. ist leicht an den in Dreiergruppen zusammenstehenden Poren zu erkennen, und ist darin der menschlichen Haut ähnlich. Das weiße S. wird durch natürliche Alterung und intensive Nutzung (z. B. bei Bibeln) gelb, braun-gelb oder schwarz-braun, deshalb wird es oft fälschlich als vegetabil gegerbt oder gefärbt beschrieben. Braunes, gegerbtes S. wurde häufig im 19. Jh. verwendet und ist nicht haltbar. Weißes S. wurde aufgrund seiner Steifheit vor der Bearbeitung stark gefeuchtet oder sogar nass gemacht, im 19. Jh. sprach man deshalb vom Nassledereinband.
D. E. Petersen

Schweizer Broschur. Hierbei wird ein fadengehefteter Buchblock geringeren Umfangs durch Verkleben auf der dritten Seite des Umschlags befestigt und zusätzlich am Rücken mit Gewebeband gefälzelt bzw. umklebt. Der Vorderdeckel lässt sich so zusammen mit dem Umschlagrücken wegschlagen und gibt die Sicht auf den gesamten Inhaltblock frei.

Schweizer Buchhändler- und Verleger-Verband (SBVV). Der SBVV ging 1949 als Schweizerischer Buchhändler- und Verleger-Verein aus der Fusion des 1849 gegründeten Schweizerischen Buchhändlervereins (SBV) und des 1918 gegründeten Vereins Schweizerischer Verlagsbuchhändler (VSV) hervor. 1976 wurde er in Schweizerischer Buchhändler- und Verleger-Verein umbenannt, seit 2002 trägt er den heutigen Namen. Der SBVV bietet seinen ca. 500 Mitgliedern aus dem Buchhandel zahlreiche Dienstleistungen, zu denen u. a. die einheitliche Regelung von Ausbildungsfragen und des Arbeitsrechts («Gesamtarbeitsvertrag»), Kursangebote für die Weiterbildung und die Herausgabe der Monatsschrift «Schweizer Buchhandel» gehört. Er engagiert sich zudem auf dem Gebiet der Leseförderung und unterstützt die Buchmessen. Früher überwachte der SBVV auch die Einhaltung der ↗ Ladenpreisbindung für Bücher in der Schweiz, die allerdings 2007 aufgehoben wurde.

Schwellenpreis im Buchhandel ↗ Ladenpreis ↗ Ladenpreispolitik

Schwer entflammbares Papier
↗ Flammhemmendes Papier

Science Fiction (SF) ist ein narratives Genre in Literatur (Prosa, Comic), Film, Hörspiel, Videospiel und Kunst. Charakteristisch sind wissenschaftlich-technische Spekulationen, Raumfahrtthemen, ferne Zukunft, fremde Zivilisationen und meist zukünftige Entwicklungen. Mit wachsender Bedeutung der Naturwissenschaften und Technik im Zuge der Industriellen Revolution entstand in der Mitte des 19. Jh.s eine Form der utopischen Belletristik (Utopische Literatur), die Perspektiven der Zukunft in romanhafter Form behandelt. Eine frühe Begriffserwähnung erfolgte 1851 durch W. Wilson (1826–1886). SF greift traditionelle Formen der utopischen Literatur auf, z. B. Ballonfahrten um die Welt, Tiefseeexpeditionen, Weltraumausflüge, verbindet sie jedoch mit wissenschaftlichen Erkenntnissen. Der Anfang der SF-Literatur liegt sowohl in Frankreich (J. Verne, 1828–1905) als auch in den USA (E. A. Poe, 1809–1849). In Deutschland entstanden erste SF-Romane im frühen 20. Jh. (K. Laßwitz, 1848–1910; B. Kellermann, 1879–1951). Nachdem die SF-Literatur zuerst deutlich technikfreundlich war, nahm sie nach 1930 auch eine kritische Haltung zur technischen Entwicklung ein (Überwachungsstaat), z. B. bei A. Huxley (1894–1963), F. Werfel (1890–1945) oder G. Orwell (1903–1950). I. d. R. gehört die SF-Literatur zur Unterhaltungsliteratur, die auch in Heftform (seit 1908) und die SF-Zeitschriften (z. B. «Extrapolation» (1959ff) oder «Quarber Merkur» 1963 ff) erscheint. Eine eigene Bezeichnung für diese Literaturform hat es lange Zeit nicht gegeben. Erst 1929 schuf Hugo Gernsback, der Herausgeber des ersten SF-Magazins «Amazing Stories» (1926ff), den Begriff SF, der sich jedoch erst nach dem Zweiten Weltkrieg weltweit durchsetzte. In der DDR wurde der Begriff «wissenschaftlich-fantastischer Roman» stilisiert, wobei häufig Probleme der Zeitgeschichte, so das Gegensätzliche von Sozialismus und Kapitalismus auf ferne Welten projiziert wurde.

Meilensteine des SF-Films sind Klassiker wie «Metropolis» 1926, SF-Fernsehserien wie «Raumpatrouille Orion» 1966, «Raumschiff Enterprise» (im Original «Star Trek» 1966–1969; seit 1979 auch Kinofilme unter diesem Namen) oder die Animationsserie «Captain Future» 1978–1979. Ausnahmeproduktion und Megaseller ist die «Star Wars» Saga (seit 1977 bislang 9 Filme und mehrere geplante Spin-offs wie «Rogue One» 2016). Moderne Filmproduktionen profitieren von den Möglichkeiten computergestützter Animation, u. a. «Avatar – Aufbruch nach Pandora» 2009. In Erinnerung an Hugo Gernsback wird seit 1953 jährlich der «Hugo» als Literaturpreis für SF verliehen.

T. Keiderling / G. Pflug

Scout, zu Deutsch «Pfadfinder»; ist eine zumeist frei- oder nebenberuflich arbeitende Person, die im Medienbereich für entsprechende Produktionsfirmen oder Label neue Talente aufspürt, seien es Autoren, Drehbuchschreiber, Schauspieler, Gesangstalente, Musiker und dgl. mehr. Sie erhalten bei erfolgreicher Verpflichtung eines Talents eine Prämie. Trends.s suchen nach neuen vermarktungsfähigen Themenbereichen, die bislang nicht erreichte Zielgruppen ansprechen. Im Verlagsbereich gibt es den sog. Literaturs., der im Auftrag von (oftmals mehreren) Verlagen u. a. die Kultur- und Literaturszene eines anderen Landes auskundschaftet, um Interessantes für Übersetzungen oder Lizenzproduktionen herauszufiltern. Schließlich suchen Locations.s nach geeigneten Drehorten für Kino- und Fernsehproduktionen, die nicht nur im öffentlichen Bereich liegen, sondern auch private Villen, Wohnungen etc. umfassen, die gemäß eines Drehbuchs eine ideale und realistische Kulisse darstellen.

T. Keiderling

Scriba, aus dem Lateinischen «Schreiber»; bezeichnete bei den Römern nicht den bloßen Abschreiber oder Kopisten, sondern einen Sekretär, Buch- und Rechnungsführer. S.e bekleideten hohe Funktionen sowohl im

Privathaushalt als auch in der Staatsverwaltung. *B. Bader*

Scrinium ↗ Buchkasten

Scriptorium bezeichnet die Schreibstube, in der v. a. im lateinischen Mittelalter Handschriften entstanden. Hier wurde die für die Liturgie und theologische Studien benötigte Literatur handschriftlich vervielfältigt, um verschlissene Exemplare auszutauschen oder diese Schriften anderen Klöstern und Kirchen zugänglich zu machen. Dokumente und Urkunden wurden in ähnlichen Einrichtungen, den Kanzleien, gefertigt, die meist der weltlichen Obrigkeit unterstanden. Bis ins 13. Jh. blieb das S. weitgehend den Schreibermönchen vorbehalten. Als die Stadtkultur allmählich wieder erstarkte und sich die frühen Universitäten ausbildeten, ging die Buchproduktion in laikale Hände über. Man beschäftigte zunehmend Lohnschreiber, die auf Bestellung Kopien lieferten. Reguliert wurde diese Schreibtätigkeit durch die S.organisation. Im ausgehenden 15. Jh., nach Erfindung des Buchdrucks, kam die handschriftliche Buchproduktion fast zum Erliegen, an ihre Stelle traten Druckereien und Verlage.

I. d. R. waren die Arbeiten in den S.ien spezialisiert. Das Pergament wurde meist vom Permenter geliefert. Die Texte fertigten Schreiber, die für die Anfangsbuchstaben und für die Initialen entsprechenden Platz aussparten. Ein Korrektor überprüfte den Text, der Rubrikator brachte die Initialen und Rubriken meist in roter, aber auch in blauer, grüner und gelber Tusche an. Der Maler (Pictor, Miniator, Illuminator) entwarf die Zierbuchstaben oder Bilder und führte die Buchmalerei aus. Geheizt wurden die S.ien aus Sicherheitsgründen nur mit offenen Kohlebecken. Von manchen S.ien dieser Zeit, wie z. B. von Fulda und Hirsau (heute Stadtteil von Calw), kennen wir die Zahl der Schreibermönche, die sich auf zwölf belief. Der im 12. Jh. steigende Bedarf an Büchern erforderte Maßnahmen, um Texte in kürzester Zeit vervielfältigen zu können. Ein altes, schon in der Antike ausgeübtes Verfahren war das an mehrere Schreiber gerichtete Diktat, das jedoch nicht auf die Schreibgeschwindigkeit des einzelnen Schreibers Rücksicht nahm. Seit dem 13. Jh. ließen die Universitäten wegen des erhöhten Bedarfs an einwandfreien Kopien von jedem Text ein korrigiertes und geprüftes Exemplar herstellen, das bei einem vereidigten Stationarius hinterlegt und bei Bedarf von ihm lagenweise an Kopisten ausgeliehen wurde. ↗ Pecia (Peciensystem) *R. Fuchs*

SD-Papier, SD = «Selbst-Durchschreibend»; bezeichnet ein Spezialpapier, das ohne den Gebrauch von klassischem Kohlepapier auf mehreren Lagen durchschreibt. ↗ NCR-Papier ↗ CFB-Papier ↗ CF-Papier

Sechsunddreißigzeilige Bibel ↗ Bibel mit 36 Zeilen (B36)

Sédanoise heißt im ↗ Didotsystem die zweitkleinste Schrift von 4 Punkt. Sie wurde später mit der nächstgrößeren Schrift, der Parisienne von 5 Punkt, zusammengefasst. Der Name erinnert an den Schriftgießer J. Jeannon (1580–1658) in Sedan, der die aufgrund ihrer Feinheit geschätzte Schrift 1623 schuf. *S. Corsten*

Sedez (geschrieben 16°) ist ein ↗ Buchformat, bei dem durch viermaliges Brechen (Falzen) des Bogens 16 Blatt (= 32 S.) entstehen. Häufig angewendet wird auch das Verfahren, zwei Halbbogen je drei Mal zu brechen (falzen) und zusammenzulegen. *S. Corsten*

Seide, Beschreib- und Einbandstoff; Maulbeers. oder echte S. ist die fadenförmige Ausscheidung der Raupe des S.nspinners beim Verpuppen. Die S.ngewinnung geht in China bis in das 3. Jahrtausend v. Chr. zurück. Früheste Funde für S. als Schriftträger stammen aus der Zeit 475–221 v. Chr. In Europa gab Aristoteles (384–322 v. Chr.) die erste Beschreibung der S.ngewinnung. Sizilien in normannischer Zeit, später Italien und Frankreich wurden die bedeutendsten Länder der S.nherstellung und Verarbeitung. S. ist der edelste Beschreib- und Einbandstoff. Als Vorläufer der heute üblichen Gewebebände gelten die mit S. überzogenen ostasiatischen Blockbücher. Im 17. Jh. wurde Samt als Einbandstoff immer mehr von S. verdrängt, häufig waren die Einbände mit Silberplatten, Filigran und metallenen Schließen verziert oder mit Goldfadenstickereien gestaltet. Diese Mode hat sich weit bis ins 19. Jh. v. a. bei Gesangbüchern und Almanachen gehalten. Bei dieser Literaturgattung wurde oft bei Ledereinbänden Moirés. als Spiegel verwendet. Für besondere Anlässe wird auch heute noch S. bemalt, beschrieben oder bedruckt. Besonders die S.nmalerei erfreut sich großer Beliebtheit. S. wird auch für die Druckformen der Serigrafie und des Siebdrucks verwendet. *G. Engelsing-Schick*

Seidenpapier ist dünnes, holzfreies Papier mit einem Flächengewicht unter 25 Gramm pro m², Japan-S. mit 6–8 Gramm pro m². Verwendung findet S. beim Verpacken empfindlicher Gegenstände, als Futterseide für Briefumschläge, als Carbonrohseide für Kohlepapier. *G. Engelsing-Schick*

Seidenrasterdruck ↗ Siebdruck

Seite. 1. Eine Fläche eines Beschreibstoffs aus Papier, Pergament, Papyrus und anderen Materialien, die bei einem ↗ Buch (Unterform a) (siehe auch ↗ Codex) i. d. R. nummeriert sind (↗ Paginierung). Dies geschieht beim gedruckten Buch automatisch während der Layout-Gestaltung und wird beim Herstellungsprozess aufgebracht. Beim handgeschriebenen Buch kann dies einerseits während des (Ab-)Schreibens oder im Nachhinein geschehen. Bei unpaginierten Schriften erfolgt dies häufig erst im Zuge der archivalischen Erschließung, wobei die Vorders. recto bzw. a und die Rückseite verso bzw. b bezeichnet werden. 2. Der Begriff S. wird auch auf digitale Lesemedien übertragen, die Anmutungen des Buches, einer Zeitung oder eines weiteren Druckmediums imitieren, so z. B. die Darstellung eines E-Books (↗ Buch, Unterform b) im Format PDF oder vergleichbaren Formaten. Auch eine Hompage bzw. deren Unters.n werden als Internets. bezeichnet, wobei man sich hier häufig per Mausklick auf einer solchen herunterscrollen kann. 3. S. bezeichnet bei der Schallplatte bzw. Musikkassette (MC) die beiden abspielbaren S. – Vorders. A oder 1 bzw. Rücks. B. oder 2. *T. Keiderling*

Seitenformat, Breite und Höhe der Seite eines aus mehreren Blättern bestehenden Druckprodukts. Grundsätzlich wird zuerst die Breite und dann die Höhe angegeben. 17 × 24 cm ist ein Hochformat, 24 × 17 cm ein Querformat. Unterschieden wird zwischen unbeschnittenem und beschnittenem Format. Letzteres wird auch als Endformat bezeichnet. ↗ DIN-Format (Papier) *R. Golpon*

Seitenschnitt ↗ Vorderschnitt

Seitensteg ↗ Steg

Sekretiertes Buch ist eines, das aus moralischen, politischen oder ideologischen Gründen der allgemeinen Benutzung in Bibliotheken entweder ganz oder mit Einschränkungen entzogen wird. Es hängt vom Nachweis des wissenschaftlichen Zwecks ab, ob und wie ein s. B. benutzt werden darf, wobei etwaige Einsichtnahme i. d. R. nur im Lesesaal gestattet wird. Zu den s.n Büchern können gehören: erotisch anstößige (pornografische) Literatur, jugendgefährdende Schriften (↗ Schmutz- und Schund), ferner gerichtlich verbotene, gewaltverherrlichende, rassistische und nationalsozialistische Schriften bzw. auf staatliche Anordnung hin beschlagnahmte Druckschriften strafbaren Inhalts, politisch und weltanschaulich unerwünschte Literatur und schließlich geheim zu haltende, als «Nur für den Dienstgebrauch» (NfD) bzw. als «Vertrauliche Dienstsache» (VD) eingestufte Publikationen und Dokumente. S. Literatur wird in nur von befugten Bibliotheksmitarbeitern zugänglichen Sondermagazinen aufbewahrt, früher auch in verschließbaren Schränken, die auch als «Giftschrank» bezeichnet wurden. Sie werden im Katalog und auf dem Exemplar besonders gekennzeichnet und unterliegen Benutzungseinschränkungen. *H.-J. Genge*

Sekundärbibliografie (oder sekundäre Bibliografie) ist eine Bibliografie, die ihr Titelmaterial nicht durch ↗ Autopsie gewonnen hat, sondern aus «zweiter Hand», d. h. aus anderen selbstständig oder unselbstständig erschienenen Bibliografien. *W. Grebe*

Sekundärdaten, in der Statistik jene Daten, die aus der unmittelbar erhobenen Daten (↗ Primärdaten) durch Verarbeitungsschritte wie Anonymisierung, Zusammenfassung, Aggregierung oder Klasseneinteilung abgeleitet wurden und bei denen daher Berechnungen wie Mittelwert, Korrelation etc. oft nicht mehr möglich sind; in der empirischen Sozialforschung jene Daten, die bereits in einer anderen Untersuchung erhoben wurden. S. können aus internen (z.B. Buchhaltungsunterlagen, Ausleihdaten) oder externen Datenquellen (öffentliche Institutionen wie Eurostat oder GESIS sowie kommerzielle Unternehmen wie z.B. Marktforschungsinstitute) bezogen werden. S. sind schnell verfügbar und meist kostengünstig, oft aber nicht aktuell und inhaltlich nicht völlig für die zu untersuchende Fragestellung passend. Oft fehlt auch die genaue Kenntnis über die Art der Datengewinnung. *C. Schlögl*

Sekundäres Medium ↗ Medium

Sekundärliteratur. Es handelt sich zumeist um gedruckte, neuerdings auch elektronische Schriftwerke, die über einen Untersuchungsgegenstand in der Form einer wissenschaftlichen Abhandlung (Monografie, Sammelband, Aufsatz, Dokumentation, kritische Edition etc.) oder in populärer Weise (Sachbuch, Zeitungs-, Zeitschriftenartikel etc.) reflektiert. Typisch ist ein gewisser Abstand und Unabhängigkeit zum Untersuchungsgegenstand, der eine ausgewogene, sachliche Darstellungsweise ermöglicht. Zudem sind wissenschaftliche Darstellungstechniken enthalten wie Analyse, Argumentation, Auswertung, Zusammenfassung von Daten, Bewertung etc. Bei einer wissenschaftlichen Arbeit kann es sich um Vorgänger- bzw. direkte Konkurrenzforschung handeln, die unbedingt zur Kenntnis und genommen werden muss und mit denen sich die eigene Arbeit bei genauem Nachweis verwendeter direkter oder indirekter Zitate auseinandersetzt. Es gibt zuweilen Mischformen von Primärliteratur und S., etwa wenn ein Auftragsschreiber ein Werk verfasst, das nur vorgibt einen Untersuchungsgegenstand wissenschaftlich-ausgewogen zu behandeln (Biografie, [Firmen-]Festschrift etc.). *T. Keiderling*

Sekundärquelle ↗ Primärquelle

Sekunde, Hilfszeichen für den Buchbinder am Fuß oder im Beschnitt auf der dritten Seite eines Druckbogens, bestehend aus der ↗ Bogensignatur und einem hochstehenden Sternchen. Die S. ist zusätzlich zur Prime nur erforderlich, wenn innere und äußere Form des Druckbogens getrennt zusammengetragen werden. *R. Golpon*

Selbstauslieferung. Der Verlag übernimmt die wesentlichen Aufgaben der Logistik und Auslieferung seiner Titel wie Lagerung, Bestandskontrolle, Bestellwesen, Fakturierung, Versand, Remissionsbearbeitung sowie die Buchhaltung mit dem Inkasso (verlagseigene Auslieferung). Das Gegenteil ist die Fremdauslieferung, d.h. die Beauftragung einer selbstständigen ↗ Verlagsauslieferung. Die S. wird z.B. von Großverlagen wahrgenommen, die über ein entsprechendes Auftragsvolumen verfügen, um eine eigene Verlagsauslieferung ganzjährig auszulasten. Auf der anderen Seite lohnt es sich für kleinere Verlage mit einer begrenzten Zielgruppe die S., zumal Verlagsauslieferungen unter einem Jahresumsatz von 350.000 Euro kaum bereit sind, die Fremdauslieferung zu übernehmen. Die Vor- und Nachteile der S. sind durch den Verlag zu kalkulieren, um eine diesbezügliche betriebswirtschaftliche Entscheidung zu treffen. *M. Döbert / T. Keiderling*

Selbstbinder ↗ Einbandtechnik

Selbstdurchschreibepapier ↗ NCR-Papier ↗ CFB-Papier ↗ CF-Papier

Selbstkontrolle der Presse ↗ Medienselbstkontrolle

Selbstkostenverlag (auch Bezahl-, Druckkosten-, Herstellkosten- oder Selbstzahlverlag; kritisch «Pseudoverlag»). Im Unterschied zum ↗ Selbstverlag ist der S. ein Unternehmer, der Herstellung und Vertrieb von Werken übernimmt, deren Urheber keinen nach herkömmlicher Weise tätigen Verlag gefunden haben, ihr Werk aber dennoch gedruckt sehen wollen und bereit sind, die Kosten zu übernehmen. S.e bieten unterschiedliche Modelle an und lassen alle anfallenden Kosten vom Auftraggeber bezahlen. So können nach einem bestimmten Layout angefertigte PDFs direkt übernommen, hergestellt, auf Lager genommen und Bestellungen erfüllt werden (Auslieferung). Es gibt aber auch zusätzliche Bezahlleistungen wie Lektorat, Buchgestaltung oder Werbung. Oftmals wird heute in diesem Bereich, um Kosten zu sparen, keine reguläre Auflage bestimmt, sondern die Publikation als ↗ Books on Demand oder ↗ Print on Demand-Angebot zur Verfügung gestellt. Entweder werden kleinere Teilmengen immer wieder hergestellt oder der digitale Druck erfolgt nach der Bestellung, so dass es stets lieferbar ist (Print to Order/Print to Stock). Ein regelrechter Verlagsvertrag kommt bei dieser Auftragsarbeit nicht zustande, weil der Verleger kein eigenes Risiko übernimmt und somit dem Autor als eigene Instanz nicht gegenübersteht. Häufig wird der S. mit einem Druckkostenzuschuss-Verlag gleichgestellt, was so nicht richtig ist. Letzterer lässt sich nur einen Teil der Produktion «bezuschussen», trägt auf der anderen Seite ein eigenes verlegerisches Risiko. Es gibt jedoch bei weniger rentierlichen Titeln, die Wissenschafts- und Spezialverlagen angeboten werden, immer wieder Versuche, den ↗ Druckkostenzuschuss in einer Höhe zu verlangen, der die gesamte Herstellung und den Vertrieb deckt. In diesem Falle ist der Übergang zum S. fließend. *T. Keiderling*

Selbstplagiat, meint umgangssprachlich, d. h. nicht im juristischen Sinne, das erneute Veröffentlichen eines urheberrechtlich geschützten, bereits zuvor erschienenen Werks bzw. Texts eines Autors durch diesen selbst. Im übertragenen Sinne kann dies z. B. auch das erneute Einreichen einer Beleg-, Haus- oder sogar Qualifikationsarbeit sein. Das S. gilt u. U. als Verstoß gegen eine Prüfungsordnung oder den wissenschaftlichen Kodex. So wird es in der Scientific community nicht gern gesehen, wenn (fast) identische Texte ohne Hinweis auf Erstveröffentlichungen wiederholt, nur unter anderer Überschrift erscheinen.

Allerdings ist der hier verwendete ↗ Plagiat-Begriff widersprüchlich. Denn der Autor ist der Inhaber seiner Urheberpersönlichkeitsrechte und kann diese selbst nicht verletzen. (Ebenso wenig gibt es einen «Selbsteinbruch» in die eigene Wohnung. Gemeint ist nicht ein möglicher Versicherungsbetrug, sondern die Tatsache, dass man Dinge, die man selbst besitzt, sich nicht stehlen kann.) Beim erneuten Publizieren eigener Veröffentlichungen sind jedoch Besonderheiten zu berücksichtigen. So kann es sein, dass sich der Verlag ein Exklusivrecht (anderweitiges Publikationsverbot) vertraglich gesichert und dies gegen ein Sonderhonorar abgegolten hat. Bei Werken, deren ausschließliche Nutzungsrechte an einen Verlag übergeben wurden, darf der Autor keine Konkurrenzwerke herausgeben (↗ Konkurrenzklausel, ↗ Konkurrenzverbot). Andernfalls ist er zum Schadensersatz gegenüber dem Verlag verpflichtet. Bei Beiträgen für Sammlungen, u. a. Zeitungs- und Zeitschriftenbeiträge sowie Artikel für Sammel- und Nachschlagewerke, ist nach § 38 UrhG der konkrete Verlagsvertrag zu konsultieren und ggf. eine Sperrfrist von einem Jahr für ein erneutes Publizieren durch den Autor einzuhalten. *T. Keiderling*

Selbstständige Publikation, ↗ Publikation, die als körperliche Einheit im Medienmarkt verbreitet wird, z. B. ein gedrucktes Buch, ein Einblattdruck oder ein Film auf DVD, im Unterschied zu einer ↗ unselbstständigen Publikation, die körperlich Element einer s. P. ist. Eine s. P. kann ein Einzelwerk, ein Sammelwerk oder eine Sammlung darstellen und körperlich aus mehreren Teilen (z. B. Buch und Beilage) bestehen; entscheidend ist, dass diese Teile nur gemeinsam verbreitet werden. Der Begriff s. P. geht auf die traditionelle Bibliothekspraxis und den traditionellen Buchhandel zurück und wird bei Netzpublikationen unscharf, da deren Teile (z. B. Aufsätze in elektronischen Zeitschriften, Kapitel elektronischer Bücher, Bilder und Tabellen) oft in Datenbanken oder als einzelne Dateien gespeichert sind und ebenso als eigenständiges Element wie als Teil einer größeren Einheit verbreitet werden können. Für s. P.en wurden Nummerungssysteme entwickelt (ISSN, ISBN, Internationale Standardnummer für Forschungsberichte, Internationale Standardnummer für Musikalien). Bis ins 19. Jh. vereinigten Bibliotheken nicht selten s. P.en geringen Umfangs buchbinderisch (↗ Adligat). Bis in

die 1990er Jahre waren fast ausschließlich s. P.en Gegenstand der Formalerschließung; seitdem enthalten OPACs zunehmend auch Katalogisate von unselbstständigen Publikationen.
K. Umlauf

Selbstverlag, die Vervielfältigung und Verbreitung eines Werks durch seinen Verfasser oder eine Institution (Unternehmen, Verein, Partei etc.) auf eigene Rechnung und unter eigenem Namen. Gemeint ist damit i. d. R. kein eigenes (Verlags-)Unternehmen, sondern die Tatsache, dass ein o. g. Auftraggeber keinen traditionellen Verlag aufgesucht bzw. gefunden hat und die Drucklegung selbstständig organisiert, allerdings auch ohne einen externen und im Impressum ausgewiesenen Dienstleister als «Verlag» hinzuzuziehen (↗ Kommissionsverlagsvertrag, ↗ Selbstkostenverlag). Quasi wird damit der Auftraggeber sein eigener Verleger. Unter dem Eindruck, dass die Verlage aus der Verbreitung ihrer Bücher ungerechtfertigt hohe Gewinne erzielten, die Autoren dagegen mit spärlichen Honoraren abgespeist wurden, entwickelte sich seit dem 18. Jh. das Verfahren, Bücher im S. zu veröffentlichen. Viele selbstverlegerisch tätige Autoren unterschätzen jedoch die Leistungen des Verlags hinsichtlich der Bewerbung (Herstellung von Werbemitteln, Messepräsenz), Lagerhaltung, Auslieferung etc. und sind ökonomisch nicht erfolgreich. ↗ Autorenverlag
K. Gutzmer / T. Keiderling

Selbstzensur ↗ Schere im Kopf ↗ Zensur

Selbstzitat ↗ Selbstplagiat

Selektives Lesen ↗ Lesetechniken

Selektivität meint im Medienbereich einen Auswahlprozess sowohl der Journalisten als auch des massenmedialen Publikums. Auf der einen Seite nehmen Journalisten bei der Auswahl der zu verbreitenden Nachrichten und Informationen eine Selektion vor, indem sie z. B. deren Informationswert beachten (↗ Nachrichtenwerttheorie), aber auch politische und ökonomische Überlegungen einfließen lassen, etwa bei der Übernahme unterhaltender Formate und Medienangebote. Auf der anderen Seite trifft jeder Rezipient bewusste wie unbewusste Auswahl-Entscheidungen, was er aus der Fülle der massenmedial vermittelten Informationen erfasst, verarbeitet und verinnerlicht (und was nicht). Die S.sforschung ist somit auch ein Teilgebiet der Rezeptions- und Medienwirkungsforschung. ↗ Aufmerksamkeit
T. Keiderling

Semantic Web (Semantisches Web, auch Web 3.0 – nach einem Vorschlag von J. Markoff, geb. 1949; Linked Open Data oder Web der Daten), eine Erweiterung des ↗ Internets, bei der Inhalte im WWW um Metadaten semantisch angereichert werden, die nicht nur für Menschen verständlich sind, sondern auch von Maschinen so weit erfasst werden können, dass eine automatische Verarbeitung auf der Ebene der Bedeutung möglich ist. Damit sollen die Einschränkungen des bestehenden WWW (z. B. lange Suchzeiten, viele irrelevante Treffer, Datenüberflutung) beseitigt werden. Neu am s. W. ist, dass Methoden und Techniken der Künstlichen-Intelligenz-Forschung, insbesondere im Bereich von Wissensrepräsentation und automatischer Informationsextraktion, auf die im WWW in verteilter Form in riesigen Mengen vorliegenden Informationen angewandt werden. Da auch das s. W. einen dezentralen Ansatz verfolgt, sind zur Sicherstellung von Interoperabilität einige Standards erforderlich. Deren Entwicklung erfolgt unter Federführung des World Wide Web Consortiums (W3C). Die für das s. W. bedeutendsten Standards sind URI (Universal Resource Identifier) – eine URL-Erweiterung (Universal Resource Locator) zur Vergabe von weltweit eindeutigen Namen für jegliche Web-Ressource. Zur Beschreibung der Metadaten werden XML (Extensible Markup Language) und RDF (Resource Description Framework) verwendet. XML ist eine Erweiterung von HTML. Hiermit lassen sich Dokumente mit frei wählbaren Tagnamen (Auszeichnungsnamen) logisch strukturieren. Eine vom Dokumenttext losgelöste Beschreibung ist mit RDF möglich. Damit kann man den Dokumentinhalt in der Form von Subjekt-Prädikat-Objekt-Aussagen (Tripel) mit Daten selbst anreichern oder auf andere

Web-Ressourcen verweisen. Mit RDF wird also die Bedeutung von Dokumentinhalten maschinenlesbar definiert. Ein alternativer Ansatz sind Topic Maps. Gleichgültig, welcher Ansatz zur Repräsentation der Dokumentinhalte bevorzugt wird, in jedem Fall sind Ontologien, die Struktur und Zusammenhang von Metadaten beschreiben und ebenfalls über das Internet angeboten werden, eine unabdingbare Voraussetzung. Eine Beschreibungssprache dafür ist OWL (Web Ontology Language). Unter Verwendung der mit obigen Verfahren bereitgestellten Metadaten stellen autonome Software-Agenten (Semantic Web Services) unterschiedliche Dienste zur Verfügung. Diese reichen von der Kombination von Informationen aus verschiedenen Informationsquellen, der Ableitung von neuem Wissen, der Suche nach anderen Agenten bis zur automatischen Aushandlung der Bedingungen, unter denen ein Agent seine Dienste anbietet. Viele Unternehmen setzen S.-W.-Technologien als Intranet-Anwendung im Wissensmanagement ein. Diese ermöglichen u. a. bessere Suchfunktionalitäten und ein automatisches Ableiten von impliziten Informationen. Insgesamt befindet sich das s. W. in einer Ausbaustufe und es bleibt abzuwarten, ob es eine ähnliche Entwicklung nehmen wird wie das herkömmliche WWW. Die Vorteile des s. W. erfordern zunächst eine aufwendigere semantische Beschreibung. Ein weiterer kritischer Aspekt sind die Entwicklung, Bereitstellung und kontinuierliche Pflege von qualitativ hochwertigen Ontologien. Schließlich stellt sich noch die grundsätzliche Frage, inwieweit überhaupt die Bereitschaft besteht, bisher primär dem Menschen vorbehaltene Prozesse auf Bedeutungsebene der Automatisierung zu überantworten. *C. Schlögl*

Semantik ↗ Semiotik

Semantisches Tagging ↗ Social Tagging

Semantisches Web ↗ Semantic Web

Semiotik (auch Semiologie und Sematologie), aus dem Griechischen «Zeichenlehre», ist die Lehre von den Gegenständen oder Zuständen, die als Zeichen auf ein anderes verweisen. Namhafte Wegbereiter der modernen, strukturalistischen S. sind F. de Saussure (1857–1913), C. Pierce (1839–1914) und C. W. Morris (1903–1979). Sie umfasst sowohl die Theorie der natürlichen Zeichen (Anzeichen, z. B. in der Medizin, Biologie, Astronomie, Meteorologie) als auch die künstlich geschaffenen Zeichen (Ikone) und die arbiträren Zeichen (Signale und Symbole). Die S. gliedert sich in drei Bereiche: 1. Die Semantik, die sich mit dem Verhältnis der Zeichen zu den von ihnen bezeichneten Gegenständen und Sachverhalten befasst. 2. Die Pragmatik, die das Verhältnis zwischen Zeichen und ihrer Interpretation behandelt (Anwendungsbereiche in der Literaturwissenschaft: Hermeneutik und Textkritik). 3. Die Syntaktik, die das Verhältnis der Zeichen untereinander behandelt und Fragen über ihre Beziehung zueinander untersucht. *G. Pflug*

Sender. 1. In der klassischen Informationstheorie ist der S. der Urheber bzw. die Quelle eines Signals. Beim ↗ Sender-Empfänger-Modell ist der S. analog dazu Ausgangspunkt von Informationen, Botschaften bzw. Signalen. Diese können unverschlüsselt oder für die technische Übertragung encodiert (verschlüsselt) sein und müssen im letzteren Fall vom Empfänger (Receiver) decodiert (entschlüsselt) werden. 2. Im engeren Sinne ist ein S. eine technische Einrichtung zur Sendung von Rundfunkwellen (Hörfunk und Fernsehen). *T. Keiderling*

Senderecht, nach § 20 UrhG das Recht, ein Werk durch Funk, wie Ton- und Fernsehrundfunk, Drahtfunk oder ähnliche Einrichtungen der Öffentlichkeit zugänglich zu machen. Die Praxis bezeichnet als großes S. die Befugnis zur Sendung vollständig dramatisch-musikalischer Werke oder Sprachwerke, auch als Querschnitt oder in größeren Teilen, das i. d. R. vom Urheber bzw. Urheberberechtigten wahrgenommen wird. Das kleine S. wird aufgrund von Wahrnehmungsträgern zwischen Urheber und Urheberrechtigten und ↗ Verwertungsgesellschaften wahrgenommen; im Musikbereich sind das z. B. Aufführungsrechte an Werken der Tonkunst mit oder ohne Text sowie Rechte der

Hörfunksendung, jedoch unter Ausschluss vollständiger Wiedergaben oder als Querschnitt oder in größeren Teilen (vgl. § 1 des GEMA-Berechtigungsvertrags in der Fassung von 2013); im Wortbereich beinhaltet das kleine S. das Recht zur Sendung von Texten aus einem verlegten Werk, die im Fernsehen die Dauer von zehn Minuten, im Hörfunk von 15 Minuten nicht überschreiten dürfen, nicht jedoch szenische oder bildliche Darstellungen und/oder Dramatisierungen sowie Lesungen aus dramatischen Werken u. a. (vgl. Wahrnehmungsvertrag zwischen Urheber und Urheberberechtigtem und der VG WORT in der Fassung von 2016, §§ 1 – 2). Die Grenzen zwischen großem und kleinem S. sind in der Praxis allerdings fließend. Merkblätter der Verwertungsgesellschaften nennen weitere Einzelheiten. *L. Delp*

Sender-Empfänger-Modell der Kommunikation ist ein einfaches, klassisches Kommunikationsmodell, das in den 1940er Jahren durch C. E. Shannon (1916 – 2001) und W. Weaver (1894 – 1978) entwickelt und nach ihnen auch Shannon-Weaver-Modell genannt wurde. Gedacht war es ursprünglich als mathematisches Modell zur Erklärung der Telefon-Kommunikation: Ein Sender (eine Person als Informationsquelle bzw. Kommunikator) besitzt ein Sendegerät (Telefon, Kodierer) und schickt über einen technischen Kanal (Kabelnetz oder Funkwellen) ein Signal aus, das der Empfänger (eine Person als Adressat bzw. Rezipient) über ein Empfangsgerät (Telefon, Dekodierer) erhält. Bedingung für die erfolgreiche Kommunikation ist die Einrichtung eines geeigneten Kommunikationskanals sowie einer entsprechenden Sende- und Empfangstechnik, so dass die gesendete Nachricht mit der empfangenen identisch ist. Unter dem Blickwinkel des Telefons wurde nicht nur die erfolgreiche Vermittlung von Kommunikation betrachtet, sondern auch die Stör- und Fehleranfälligkeit dieses Vorgangs. Ausgehend davon entwickelten beide eine Informationstheorie, die den Transfervorgang beschreibt, u. a. unter Verwendung von Begrifflichkeiten wie Entropie (Maß für den mittleren Informationsgehalt einer Nachricht), Datenübertragung, Datenkompression und das Signal-Rausch-Verhältnis. Das S.-E.-M. findet seitdem vielfache Anwendung in der Kommunikationstheorie, allerdings geht man heute bei Kommunikationsprozessen eher von wechselseitigen Beziehungen zwischen dem Sender und Empfänger aus, wie sie u. a. vom ↗ Dynamisch-transaktionalen Modell formuliert wird. *T. Keiderling*

Sendung bezeichnet 1. ursprünglich einen Ausstrahlungs- bzw. Übertragungsvorgang des Rundfunks; heute wird damit ein zeitlich wie thematisch abgeschlossener Bestandteil des Rundfunkprogramms (Hörfunk und Fernsehen) gekennzeichnet. 2. S. ist eine Post. bzw. Frachts., ein Schriftstück oder Gegenstand, der physisch verschickt wird.

Senefelder, Alois (1771 – 1834), eigentlich ein Schauspieler, der auch Theaterstücke schrieb. Um sie billig zu drucken, begann er mit bekannten Techniken zu experimentieren, u. a. mit Solnhofer Schieferplatten. Um sie als Druckplatten verwenden zu können, probierte er Ätzvorgänge aus und kam 1796 zur Erkenntnis des (heute sog.) Flachdruckprinzips. Er forschte weiter, so dass ihm 1799 ein bayerisches Privileg zur Errichtung einer eigenen Firma erteilt wurde. Bis zu seinem Lebensende hatte S. beinahe sämtliche Techniken der Druckformherstellung (↗ Lithografie) für den ↗ Steindruck erfunden, erprobt und veröffentlicht. Er nannte sie «Manieren». Zudem erprobte er die Eignung verschiedener Materialien, z. B. Solnhofer Stein, Zinn, Zink sowie verschiedene Arten von Druckpressen. Rückblickend besitzt S. für den Bilddruck dieselbe überragende Bedeutung wie J. ↗ Gutenberg für den Hoch- bzw. Buchdruck. *C. W. Gerhardt*

Sensationspresse, Massen- bzw. Publikumszeitung, die durch eine spezifische Nachrichtenauswahl (z. B. «Sex and Crime») und den Fokus auf «prominente Persönlichkeiten» aus Film, Fernsehen, Musik, Kunst, Literatur charakterisiert ist. Auffällig sind reißerische Überschriften und eine ins Auge springende Seitengestaltung durch farbige Bilder und Schrift sowie auffallend große Lettern der Überschriften. Die S. hat sich in den westlichen Industriestaaten im letzten

Drittel des 19. Jh.s herausgebildet und ist heute nahezu weltweit verbreitet. Sie gilt als Gegentyp zur seriösen Presse. Zugleich gibt es viele Überschneidungen beider Typen. Was im Einzelfall als sensationell empfunden wird, variiert nach historischer Epoche und gesellschaftlicher Situation. Durch die verstärkte Wahrnehmung von Gewalt und Verbrechen wird die politische und gesellschaftliche Realität medial verzerrt (↗ Gewaltdarstellungen in Medien, ↗ Kultivierungshypothese [in Bezug auf eine intensive Fernsehnutzung]) ↗ Boulevardisierung ↗ Boulevardpresse   H. Bohrmann/T. Keiderling

Separatdruck ↗ Sonderdruck

Sepia, aus dem Griechischen «Tintenfisch»; bezeichnet ein braun- bis grauschwarzes Pigment, das aus dem getrockneten Sekret des Tintenbeutels einiger Tintenfischarten angefertigt wird. Bereits in der Antike wurde die S. von Plinius d. Ä. (23–79) als Schreibflüssigkeit genannt. Seit ca. 1775 ist sie für die Herstellung von Tuschen für Feder- und Pinselzeichnungen benutzt worden. Wegen ihrer geringen Lichtbeständigkeit ersetzte man die S. später durch Teerfarben.   S. Wilhelms

Septuaginta, aus dem Lateinischen «siebzig»; heilige Schrift des Griechisch-sprechenden Diasporajudentums und der frühen Christen; Altes Testament der griechischen Kirche. Die Übersetzung entstand ca. zwischen 250 v. Chr. bis 100 im hellenistischen Judentum, vorwiegend in Alexandria. Einige Schriften der S. sind keine Übersetzung, sondern wurden von vornherein griechisch abgefasst (z. T. erst im 1. Jh.). Ursprünglich bezog sich die Bezeichnung S. auf die Übersetzung der ↗ Tora (der fünf Bücher Mose). Später wurde der Begriff auf alle Versionen des Griechischen Alten Testaments ausgeweitet. Die Druckgeschichte der S. beginnt mit einer Ausgabe des Psalters (Mailand 1481). Die erste vollständige Ausgabe ist die 1514–1517 gedruckte, aber erst 1522 veröffentlichte Complutenser Polyglottenbibel. Seit 1931 erscheint die vielbändige kritische Ausgabe «S. Vetus Testamentum Graecum», hrsg. von der Göttinger Akademie der Wissenschaften.

Serienwerk ↗ Schriftenreihe

Serif, aus dem Arabischen «Füßchen»; ist die Bezeichnung für die mehr oder minder stark ausgeprägten oberen und unteren Begrenzungen der Grundstriche bei den nach DIN 16518 (Klassifikation von Schrift) in den Gruppen 1–5 definierten Drucktypen. Die S.en werden auf die babylonische Keilschrift zurückgeführt.   A. Ihlenfeldt

Serigrafie, aus dem Griechischen «seiden», «Schreiben»; druckgrafisches Verfahren nach dem Durchdruck. Das Druckbild wird auf einem straff über einen rechteckigen Rahmen gespanntes feines Gewebe (z. B. Seide) dadurch dargestellt, dass alle Partien, die nicht drucken sollen, verschlossen werden. Dann presst man die Farbe durch die offen gebliebenen Gewebepartien (das Druckbild) auf den darunterliegenden Bedruckstoff, z. B. Papier, Karton, Textil, Kunststoff. US-amerikanische Schildermaler sollen diese Technik ab 1903 zuerst angewendet haben. In den 1930er Jahren entstand in den Künstlerateliers von Philadelphia ein erstes Zentrum der S. und breitete sich von dort zunächst in den USA, nach 1945 auch in Europa und Japan aus.   C. W. Gerhardt

Server, aus dem Englischen «Diener»; ist sowohl ein Computerprogramm als auch ein i. d. R. hochleistungsfähiger Zentral-Computer (auch mit der Bezeichnung ↗ Host), der Computeranwendungen wie Dienstprogramme, Daten oder andere Ressourcen be-

Server der Wikimedia Foundation. In: gleichnamigen Wikipedia-Artikel, CC BY-SA 3.0.

reitstellt, damit andere PCs oder Programme, sog. «Clients» (Kunden) darauf zugreifen können. Meist geschieht dies über ein Netzwerk (Internet, Intranet).

Setzen (beim Schriftsatz) bezeichnet eine Tätigkeit im Gutenberg-Zeitalter, auf manuelle (Handsatz) oder maschinelle Weise ↗ Satz herzustellen, der zur Wiedergabe von Texten benötigt wird. Die Texterfassung erfolgt gegenwärtig jedoch zumeist digital am PC des Autors, die Layoutierung und Typografie wird auch z. T. von diesem, z. T. vom Verlag oder anderen Dienstleistern der Druckvorstufe vorgenommen, so dass es die spezialisierte Tätigkeit des S.s und der Setzerei so nicht mehr gibt. *T. Keiderling*

Setzerei, ursprünglich die Bezeichnung für eine Werkstatt des Gutenberg-Zeitalters oder auch für den Betriebsteil einer Druckerei, in dem von ausgebildeten Fachkräften der Satz in den jeweiligen Verfahren hergestellt wurde. Die älteste Methode ist der im Handsatzverfahren hergestellte Bleisatz. Dem Setzer wurde ein Manuskript geliefert, aus dem durch einen Setzvorgang über entsprechende Korrekturvorgänge (Fahnenkorrektur, Umbruchkorrektur) die fertige Vorlage für den Druckvorgang entstand. Für den ↗ Maschinensatz waren weniger Regale zur Lagerung von Schriften nötig, da die Maschinen den Satz von wiederverwendbaren Matrizen gießen konnten (Linotype-Setzmaschine, Monotype). Im ausgehenden 20. Jh. wurde der ↗ Fotosatz mit einer vollständig veränderten Arbeitsweise eingesetzt, bevor sich mit Einführung des ↗ Desktop-Publishings diese Art des Herstellungsprozesses tiefgreifend wandelte und seitdem hauptsächlich in der Konvertierung von PC-Textverarbeitungsdaten in Werksatz- und Layoutprogrammen sowie der weiteren Nachbearbeitung besteht. *T. Keiderling*

Setzfehler ↗ Druckfehler

Setzkasten. Der auch als Schriftkasten bezeichnete S. aus Holz, später auch aus Metall, nahm in seinen Fächern die Typen für den Bleisatz in einer genormten Anordnung auf, die von der Häufigkeit der in der jeweiligen Sprache vorkommenden Buchstaben bestimmt wurde. In den größeren Fächern und dem Zugriff der Hand des Setzers am nächsten waren i. d. R. die Kleinbuchstaben untergebracht. Einzelne Fächer enthielten die Sonderzeichen und das Blindmaterial, gesonderte Kästen gab es für zusätzliches Ausschlussmaterial, Regletten und Linien. Unterschiede bestanden etwa in der Belegung mit Antiqua- oder Frakturschriften. Schilder an der Stirnseite ermöglichten die Orientierung, wenn der S. nach Abschluss der Arbeit wieder in das Setzregal geschoben wurde. *P. Neumann*

Setzmaschine. Um die Handarbeit im Bleisatz zu vereinfachen und zu beschleunigen, wurden seit dem frühen 19. Jh. v. a. in Großbritannien und USA zahlreiche S.n konstruiert und ausprobiert, meist als getrennte Vorrichtungen für das Setzen und Ablegen. Den Durchbruch schaffte 1884 die Zeilensetz- und Gießmaschine ↗ Linotype von O. ↗ Mergenthaler mit einem Kreislaufsystem für die Matrizen. Sie setzte sich nach 1900 auch in Deutschland schnell durch. Einfacher konstruiert mit an Gleitdrähten aufgehängten Matrizen war die Zeilens. Typograph von J. R. Rogers (1856–1934) 1890, die von kleineren Betrieben genutzt wurde. Für anspruchsvollen, v. a. wissenschaftlichen Werksatz diente gleichzeitig die Einzelbuchstaben-Setz- und Gießmaschine ↗ Monotype von T. Lanston (1844–1913) 1890, die nach 1900 bei größeren deutschen Druckereien Eingang fand. Erste Fotos.n wurden schon in den 1920er Jahren vorgestellt (Uhertype). Nach Einführung der elektronischen Arbeitsweise mit digitalisierten Schriften als Kompakt- und Verbundsysteme wurde die Blei-S. vollständig abgelöst. *P. Neumann*

Setzschiff, zur Aufnahme des gerade in Arbeit befindlichen Bleisatzes bestimmtes Gerät aus Holz, Zink oder Eisen. Es besteht aus einer an zwei oder drei Seiten mit einer Leiste eingefassten Platte, deren Maße von dem für den Druck gewählten Format bestimmt ist. Das Ausschießen großer Kolumnen wird durch eine zusätzliche Platte (Zunge) erleichtert, die in Nuten der Begrenzungsleisten läuft. *S. Corsten*

Sextern(io) ist die Bezeichnung für eine aus sechs in der Mitte gefalteten Doppelblättern (= zwölf Blätter oder 24 S.) gebildeten Lage. S.en sind v. a. in Handschriften des späten Mittelalters anzutreffen. *O. Mazal*

SGML (Standard Generalized Markup Language) ist eine genormte verallgemeinerte Auszeichnungssprache (Metasprache) mit deren Hilfe man verschiedene Auszeichnungssprachen (Englisch «markup languages») für digitale Dokumente definieren kann. Eine Auszeichnungssprache besteht aus Tags (Markierungen), mit denen man Strukturelemente eines Dokuments, z. B. Formatierungen, unabhängig vom eingesetzten Rechnertyp und der Software definieren kann. SGML wurde zeitlich vor XML entwickelt und 1986 durch ISO 8879 standardisiert. Die bekanntesten auf SGML basierenden Sprachentwicklungen sind HTML und XML.

Shannon-Weaver-Modell ↗ Sender-Empfänger-Modell der Kommunikation

Shareware, aus dem Englischen «teilen», «Ware»; ist eine Vertriebsform für neue Software (Betriebssysteme und Anwenderprogramme), die vor dem Kauf eine Zeit lang, i. d. R. 30 Tage, kostenfrei getestet werden kann. Der Nutzer installiert eine Testversion, die eine vollständige oder möglicherweise eingeschränkte Funktionalität aufweist. Nach Ablauf der Probezeit muss sich der Nutzer registrieren und die Software bezahlen. ↗ Open-Source-Software *T. Keiderling*

Shitstorm aus dem Englischen «Scheiße», «Sturm», deutlich abgeschwächt übertragen: «Sturm der Entrüstung»; ist eine plötzliche aufkommende Hass- und Verleumdungskampagne gegenüber Personen oder Institutionen (wie Unternehmen, Parteien, Vereine etc.) im Internet, v. a. auf Social-Media-Plattformen und in Blogs. Der Begriff wurde in Deutschland zum Anglizismus des Jahres 2011 und in der Schweiz zum Wort des Jahres 2012 gewählt. Kennzeichnend sind verbale Entgleisungen, persönliche bzw. gruppenbezogene Beleidigungen oder institutionsbezogene Schmähkritiken, u. U. verbunden mit Gewaltandrohungen. Zugleich werden derartige Hassbotschaften von einer größeren Gruppe innerhalb kürzester Zeit gepostet (im Internet veröffentlicht) und sorgen für negative Aufmerksamkeit/Öffentlichkeit. Hieraus kann sich ein entsprechender Imageschaden erwachsen, wie Beispiele von S.-Kampagnen gegen zahlreiche Firmen in den vergangenen Jahren bewiesen (↗ Krisen-PR). Einige Portale und Social-Media-Plattformen gehen offensiv gegen S.-Kampagnen vor und löschen derartige Beiträge bzw. sperren deren Urheber. Dabei berufen sie sich auf erwünschte Verhaltensregeln im Internet, wie sie etwa in ↗ Netiketten beschrieben sind. *T. Keiderling*

Short Message Service (SMS), Englisch für «Kurznachrichtendienst»; ist ein Telekommunikationsdienst zur Übertragung von kurzen Textnachrichten. Er wurde zuerst für den GSM-Mobilfunk entwickelt und ist in verschiedenen Ländern auch als Festnetz-SMS verfügbar. Die Tätigkeit, eine SMS zu verschicken, wird im Deutschen auch als «simsen» oder «es-em-es-en» bezeichnet. Frühe Überlegungen hierzu gab es seit 1984 bei europäischen Telekommunikationsgesellschaften. 1992 wurde die erste SMS im britischen Vodafone-Netz, ein Jahr nach der Einführung des GSM-Standards, gesendet. Der Dienst – ursprünglich Teil des Signalisierungskanals zum Rufaufbau, um Informationen über Störungen im GSM-Netz an die Teilnehmer zu senden – ist ein reines Nebenprodukt. Bald entwickelte er sich aufgrund moderater Tarife pro Versendungseinheit zu einem großen Ertragsbringer der Netzbetreiber. Allein in Deutschland wurden 1996 0,1 Mrd. SMS verschickt, diese Zahl steigerte sich bis 2012 auf 59 Mrd. und ist seitdem aufgrund des Booms von Smartphones und zumeist kostenfreien Instant-Messaging-Apps wie WeChat, WhatsApp, Facebook Messenger, Line, Viber oder Snapchat stark rückläufig (2016 = 12,7 Mrd.). Verglichen mit einem normalen Telefongespräch haben Kurzmitteilungen einen niedrigen Bandbreitenbedarf. Die Begrenzung einer Kurznachricht auf 160 Satzzeichen geschah einmal aufgrund technischer Rahmenbedingungen – so ergibt sich die Zahl aus der maximalen Nutzdatenlänge des MAP (Mobile

Application Part) des Signalisierungssystems Nummer 7 – aber auch aufgrund der Beobachtung, dass fast alle zuvor für Kurzmitteilungen genutzten Postkarten und Fernschreiben mit ≤ 160 Zeichen auskamen. Allerdings bürgerte sich bald, um die Zeichenvorgabe auch einzuhalten, eine entsprechende Abkürzungskultur (↗ Netzjargon) und die Verwendung von Emoticons ein. Der Nachfolger von SMS ist einmal die MMS ↗ Multimedia Messaging Service und der Dienst Rich Communication Services (RCS). *T. Keiderling*

Short runs (printing), kurzfristig hergestellte komplette Auflage durch Computerdruck-Verfahren im Rahmen des Print on Demand mithilfe von Laserdruckern oder Ink-Jet-Verfahren. *G. Pflug*

Sichtkartei, besondere Form der Flachkartei, bei der die Karten schuppenartig übereinanderliegen, so dass der vorstehende Rand sichtbar bleibt und beschriftet werden kann. Die S. wird bzw. wurde in Bibliotheken v.a. für die Kontrolle von Lieferungen von Zeitschriften und Fortsetzungswerken eingesetzt. *R. Jung*

Siderografie, erfunden um 1810 von J. Perkins (1766–1849) 1819. Die Technik besteht darin, dass eine gehärtete Stahlstichgravur (z. B. ein Briefmarkenbild) in einen weichgemachten Stahlzylinder eingepresst wird, so dass von diesem – nach erfolgter Härtung – beliebig viele, mit dem Original und untereinander völlig identische Duplikate hergestellt werden können. Zusammen eingespannt und abgedruckt ergibt sich z. B. ein ganzer Markenbogen. Ähnliches gilt auch für Banknoten und andere Wertpapiere. Erste Anwendungen der S. in großem Stil geschah bei der Herstellung der ersten Briefmarken der Welt, der englischen «One-Penny-Black» von 1840. *C.W. Gerhardt*

Sideronym ist ein ↗ Pseudonym, das von einem Namen eines Sterns oder Sternbildes abgeleitet wird, z. B. Arkturus, Nordstern, Orion etc. *G. Pflug*

Siebdruck, ein Druckverfahren, das – wie auch Filmdruck und Serigrafie – zur Gruppe der Durchdruckverfahren gehört. Der S. ist im Prinzip ein ↗ Schablonendruck, d. h. dass durch die Öffnungen einer Schablone (hier ein Siebgewebe) Farbe auf einen Bedruckstoff «durchgedrückt» wird und so das Druckbild erzeugt. Die Verwendung von Schablonen für formtreue, beliebig zahlreiche Vervielfältigung eines Motivs findet sich bereits in vorgeschichtlichen Kulturen. Im 19. Jh. verwendete man in Großbritannien Schablonendruckmaschinen in der Textilindustrie. Das moderne S.verfahren jedoch, früher auch Seidendruck genannt, geht auf die Tätigkeit des Designers S. Simon in Manchester und sein Patent von 1907 zurück. Erste Druckgeräte waren mit sog. Müller-Seide bespannte Holzrahmen; 1924 ist die erste Druckmaschine nachzuweisen, seit den 1960er Jahren gibt es für den Textildruck auch Rollenrotationssiebdruckmaschinen. Die einfache, aber vielseitige Technik des S.s gestattet es, verschiedenste Bedruckstoffe wie Papier, Karton, Pappe, Metall, Leder, Gummi, Holz, Glas, Filz, Jute, Textilien, Porzellan, Kork, Hartfaser, Leinen, Blech und sämtliche Arten von Kunststoffen zu bedrucken. *C.W. Gerhardt*

Siebmaschine ↗ Rundsiebmaschine

Siebseite, nach DIN 6730 diejenige Seite des Papiers, die während der Herstellung mit dem Sieb, auf dem sich das Papier gebildet hat, in Berührung war. Die Gegenseite ist die Ober- oder die Filzseite, da hier der erste Berührungspartner des frisch gebildeten Blatts der Abgautschfilz war. Bei historischen handgefertigten Papieren ist die S. an der Siebmarkierung, d. h. der plastischen Einprägung der Siebstruktur (und des Wasserzeichens) in die Papieroberfläche erkennbar. Auch moderne Maschinenpapiere können eine deutliche S. aufweisen, was bei ihnen jedoch ein Zeichen minderer Qualität ist. *H. Bansa*

Siegel waren das wichtigste Beglaubigungsmittel mittelalterlicher und neuzeitlicher Urkunden. Sie wurden in Wachs oder Metall (Blei, selten Gold; oft «Bulle» genannt) ein- oder doppelseitig geprägt und der Urkunde aufgedrückt (teils als Verschlussmittel) oder mithilfe von Fäden oder Pergamentstreifen angehängt. Das Siegelbild (Personen- oder Wappendarstellung) ist gewöhnlich von einer Inschrift (Siegellegende) umgeben. Außer den Siegelabdrücken sind gelegentlich auch Siegelstempel erhalten.

T. Frenz

Sigel (Sigelung). 1. Bibliotheken. S. sind aus Buchstaben und/oder arabischen Ziffern bestehende Kennzeichen, die einzelnen Bibliotheken zugewiesen werden, um die Wiederholung umständlicher Bibliotheksbezeichnungen zu vermeiden. Universalbibliotheken erhalten Zahlens. S. finden insbesondere im Leihverkehr der deutschen Bibliotheken, in Zentral- und Regionalkatalogen, in Bibliografien und Bestandsverzeichnissen Anwendung.

2. Buchhandel. Im Verzeichnis Lieferbarer Bücher (VLB) s.n die Barsortimente Buchzentrum (Hägendorf, Schweiz) und Umbreit ihre Lagertitel. Umbreit s.t seine Lagertitel auch im KNV-Katalog (Titel-Datenbank). Mithilfe der S. ist es den Buchhändlern möglich, in einem bibliografischen Werk mehrere Lieferquellen nachzuschlagen. Im VLB kennzeichnen in derselben Zeile wie die Barsortimente auch österreichische und Schweizer Auslieferer nach dem Länderkennzeichen («A-» für Österreich bzw. «CH-» für die Schweiz) die Titel, die sie in ihrem Land ausliefern. Die Sigelung findet sich sowohl auf der DVD- als auch in der Online-Version.

T. Bez / H.-J. Genge

Signal ist ein Zeichen, dem eine bestimmte Bedeutung zugeordnet ist. Somit kann ein S. entweder ohne technische Hilfsmittel (z. B. ein Handzeichen) oder mit (Rauchzeichen mittels Feuer und Decke, Funk- oder Lichts.) Informationen und somit menschliche Kommunikation transportieren. ↗ Sender-Empfänger-Modell

T. Keiderling

Signatur. 1. Standortsignatur: Standortmerkmal an körperlichen Medieneinheiten und im Exemplardatensatz. Die S. ist so an der Medieneinheit angebracht, dass sie ohne Ausheben erkennbar ist (bei gedruckten Büchern klebt das S.-Schild i. d. R. unten auf dem Rücken) und soll Ordnung und Auffinden auf rationale Weise ermöglichen, ferner die Verknüpfung zwischen Katalogisat und Standort herstellen. Verbreitet als S. sind bei Numerus-Currens-Aufstellung eine Laufnummer in der Reihenfolge der Erwerbungen, meist mit vorangestelltem Erscheinungsjahr; bei systematischer Aufstellung die Notation, meist ergänzt um Ordnungselemente, wie z. B. Cutter-Nummern; bei Interessenkreiserschließung die Benennung des Interessenkreises. In großen (wissenschaftlichen) Bibliotheken sind Individuals.en üblich: Die S. wird um Merkmale ergänzt, die das individuelle Exemplar kennzeichnen, z. B. Zahlen für Auflage und Exemplar zusätzlich zur Cutter-Nummer. S. sollen kurz, unkompliziert, leicht merkbar und auch bei beschränktem Zeichensatz EDV-gängig sein. Bei Netzpublikationen verknüpft ein Link das Katalogisat mit dem digitalen Dokument. 2. Einkerbung an der ↗ Drucktype: Sie dient dem Handsetzer als Zeichen für die richtige Lage des Buchstabens im Winkelhaken. 3. ↗ Bogensignatur, 4. ↗ Digitale Signatur

K. Umlauf

Signet ↗ Buchdruckersignete

Silbenschrift ist ein Schrifttyp, in dem die Schriftzeichen Sprachsilben abbilden. Es handelt sich bei ihr zwar um eine phonographische Schrift, doch werden in ihr nicht die einzelnen Laute der Sprache wiedergegeben, sondern nur Silben, wobei häufig die Vokale unausgedrückt bleiben. Bei S.en mit lautbezeichnenden Grundzeichen, d. h. wenn ein Konsonant durch ein diakritisches Zeichen eine Vokalfunktion übernimmt – wie bei den indischen Schriften – spricht man von Pseudo-Syllabogrammen. Die älteste S. ist die akkadische Keilschrift (2500 v. Chr. – 2. Jh. n. Chr.). V. a. im vorderen Orient war diese Schriftform in der Frühantike verbreitet. Auch im außereuropäischen Raum haben sich S.en entwickelt, z. B. die beiden japanischen Syllabare Hiragana und Katagana, die im 19. und 20. Jh. für afrikanische Völker Vai und Mende entwickelten Schriften, die Schriften einiger Indianerstämme (Cree, Chipewyan, Dene), wie verschiedene Eskimostämme. Daneben gibt es zahlreiche Mischformen und Wort-S.en wie das Sumerische u. a. Keilschriften, das Chinesische und Koreanische.

H. Buske / G. Pflug

Silbenzeichen ↗ Logotype

Silberfischchen ↗ Buchschädling

Silberschnitt ↗ Grafitschnitt

Silhouette, auch Schattenriss oder Schattenbild genannt, ist eine grafische Darstellungsform, die vom Scheren- oder Papierschnitt abgeleitet ist: ein Abbild von Menschen, Figuren, Gegenständen ohne Binnenzeichnung nach ihrem Schatten. Die S.nkunst entstand mit den im 17. Jh. erstmalig in Europa auftretenden ostasiatischen Schattenspielen. Den Namen S. erhielt das Schattenbild nach É. de Silhouette (1709–1767), dem Finanzminister Ludwigs XV. (1710–1774), der sich durch Sparmaßnahmen seit 1759 unbeliebt gemacht hatte und durch Schattenbilder karikiert wurde. Seitdem wurde die S. als erschwingliche Form der Bildminiatur gepflegt. In der Übergangszeit vom Rokoko zum Zopfstil hatte sie ihre Blütezeit, war aber noch bis ins 19. Jh.s üblich. Für die S.-Technik wird eine besonders charakteristische Kopfstellung ausgewählt, wobei der zu Porträtierende zwischen eine Lichtquelle und einen aufgespannten Papierbogen gebracht wird. Auf dem Bogen erscheint das Schattenbild, das nachgezeichnet wird. Mithilfe eines Quadratnetzes oder ↗ Pantografen (1) wird das Bild verkleinert auf schwarzes Papier übertragen, ausgeschnitten und auf weißes Papier geklebt.
H. Wendland

Sillybos wurde in der klassischen Antike das kleine Schild genannt, das am Omphalos einer Buchrolle befestigt war und den Titel des Werks anzeigte. Es wurde i. d. R. vom Besitzer der Rolle und nicht bereits von ihrem Schreiber angebracht.
G. Pflug

Single-Schallplatte ↗ Schallplatte

Skandal, aus dem Griechischen «Fallstrick», «Anstoß», «Ärgernis», als Wort im Deutschen seit ca. 1600 belegt; bezeichnet ein Aufsehen erregendes öffentliches Ereignis bzw. Ärgernis, das durch gesellschaftlich nicht konforme Verhaltensweisen von bekannten Persönlichkeiten aus Politik, Wirtschaft Medien, Kunst usw., z. B. die S.e um K.-T. zu Guttenberg, geb. 1971 (Plagiatsaffäre 2011) oder T. Sarrazin, geb 1945 (S.-Bestseller «Deutschland schafft sich ab» 2010 ff), aber auch von Institutionen (u. a. der internationale Diesel-Abgass. 2015 ff) verursacht wird. S.e werden im Bereich der Politik oder Wirtschaft oftmals instrumentalisiert (paradigmatisch die Watergate-Affäre in den USA 1972–1974). Das Aufgreifen von S.en sorgt im medialen Bereich – auf dem Buch- und Zeitschriftenmarkt, beim Hör- und Fernsehfunk sowie Internetmedien – für eine gesteigerte Aufmerksamkeit beim Publikum, was sich in höheren Verkaufszahlen, Einschaltquoten oder Internetaufrufen widerspiegeln kann. Somit ist die Berichterstattung rund um S.e ein lukratives Geschäft. Der journalistische Umgang mit derartigen Themen gebietet eine Sorgfaltspflicht, die aber oftmals durch Techniken der S.isierung durchbrochen wird, um eine noch höhere mediale Wirkung zu erzielen. Ziele der medialen Auseinandersetzung sollten neben der reinen Berichterstattung sein, eine öffentliche Debatte über begangene Norm- und Regelverstöße zu führen und gerechte Konsequenzen für deren Verursacher zu fordern bzw. zu thematisieren, was auch einer möglichen Vertuschung von Straftaten entgegenwirken kann. S.e sind seit längerem Gegenstand der Journalistik, Kommunikations- und Medien(wirkungs)forschung.
T. Keiderling

Skelettschrift, Bezeichnung für eine Schrift mit dünnen Strichstärken.

Skizzenbuch dient dem Künstler als ein Hilfsmittel, seine Ideen sofort zu Papier zu bringen. Besonders unterwegs können Eindrücke schnell im S. fixiert werden. Außerdem dient es dazu einen Formen- und Ideenvorrat anzusammeln, aus dem der Künstler jederzeit schöpfen kann. Aus diesem Grund ist ein S. ein begehrtes Sammler- und Archivierungsobjekt.

Skonto, Zahlungsbedingung; Preisnachlass von üblicherweise 2 % oder 3 % bei kurzfristiger (sofort bis binnen 14 Tagen) Rechnungsbegleichung, der im Buchhandel kraft ↗ Preisbindungsgesetz nur dem Groß- und Einzelhandel, nicht dem Endkunden gewährt werden darf. S. stellt einen Anreiz für den Debitor dar, schnell bzw. vor Ablauf der Zahlungsfrist zu bezahlen. Seitens des liefernden Verlags häufig als Alternative zum Zahlungsziel, d. h. Fälligkeit zu einem späteren Zeitpunkt, angeboten, die dem Lieferanten Liquidität sichert. *K. Emrich*

Skript. 1. Als Kurzform für ↗ Manuskript. Bezeichnung für ein mit der Hand, ggf. auch mit Schreibmaschine oder PC als ↗ Typoskript geschriebenes Schriftstück, als Entwurf, oft in Abgrenzung zur gedruckten Fassung eines literarischen Textes. 2. In der Filmproduktion bezeichnet es sowohl das Drehbuch oder seine Vorstufen, als auch eine bestimmte Funktion bei der Herstellung eines Spielfilms. *G. Giesenfeld*

Skriptorium ↗ Scriptorium

Skriptum, aus dem Lateinischen «das Geschriebene»; seit Mitte des 16. Jh.s dient S. zur Bezeichnung von Schriftstücken aller Art. Davon leitet sich der Begriff Posts. für eine an einen Text angefügte Nachschrift ab, die u. a. in Briefen und E-Mails mit der Abkürzung P.S. eingeleitet wird.

Skurriles Buch ↗ Buchseltsamkeit

Sleeper-Effekt (Medienpsychologie) geht auf C. I. Hovland (1912–1961) zurück, der innerhalb seiner Yale-Studien nachwies, dass bei beeinflussender (persuasiver) Kommunikation sowohl 1) die Attraktivität und Glaubwürdigkeit des Senders als auch 2) der Inhalt der Mitteilung bedeutsam sind. Jedoch wird vom Rezipienten 1) deutlich schneller vergessen als 2). Dies führt dazu, dass die Effektivität der Inhalte von einem sehr glaubwürdigen Sender im Zeitverlauf abnimmt und jene eines unglaubwürdigen Kommunikators zunimmt. Nach mehreren Wochen hat sich die Mitteilungs-Effektivität von glaubwürdigem und unglaubwürdigem Sender sogar angeglichen. Kritisiert wird an diesem Modell der Rezeption und Medienwirkung u. a. die empirische Quellengrundlage. *T. Keiderling*

Slogan, englisch für Schlagwort oder Werbespruch, meint die knappe und treffende sprachliche Charakterisierung eines Sachverhaltes, die z. B. durch die Schlagzeile einer Zeitung oder für deren Reklame geprägt wurde. *H. Bohrmann*

Smartphone ↗ Endgerät, mobiles ↗ Handy

Smartmob ↗ Flashmob

SMS ↗ Short Message Service

Social Commerce (Empfehlungshandel, Social-Shopping), Fortentwicklung des E-Commerce zum Community-orientierten Dialoghandel, bei der es zur Verschmelzung von sozialen Netzwerken und E-Commerce kommt. Der Begriff wurde 2005 durch den Blogger S. Rubel geprägt. Im Mittelpunkt von S. C. stehen die persönlichen Beziehungen des Anbieters zum Kunden, die Kommunikation der Kunden untereinander sowie die aktive Beteiligung des Kunden durch Bewertungen, Empfehlungen, Erstellen öffentlicher Wunschlisten sowie Design- und Innovationsvorschläge in Shops sozialer Netzwerke, was zu interaktiver Wertschöpfung bei Anbietern und Kunden führen kann. Anbieter in sozialen Netzwerken nutzen die Beziehungsgeflechte ihrer Nutzer bzw. Kunden für Echtzeitinteraktionen, die zum Kauf der Produkte führen sollen. Facebook gilt als primärer Treiber des S. C., wodurch bereits der Begriff F-Commerce (F für Facebook) als Synonym s. C. entstanden ist. *U. Georgy*

Social Media, zu Deutsch «soziale Medien» (Pluralwort); meint digitale Medien und Netzwerke, die in der Lage sind, über eine entsprechende ↗ Social Software die Internetnutzer technisch miteinander zu vernetzen. Die Besonderheit der S. M. besteht darin, wechselseitige ↗ One-to-Many- bzw. Many-to-Many-Kommunikation zu aktuellen Themen in kürzester bzw. «Echtzeit» zu realisieren. Informationen und v. a. Meinungen können auf diese Weise rasch vermittelt werden. Es besteht ein geringes bzw. kein soziales Gefälle zwischen Sender und Rezipienten (↗ Sender-Empfänger-Modell). Als Kommunikationsmittel werden dabei Text, Bild, Audio oder Video verwendet. Das gemeinsame Erstellen, Bearbeiten und Verteilen von Inhalt, unterstützt von interaktiven Anwendungen, bis hin zum Ansehen, Lesen und Verstehen betont auch der Begriff ↗ Web 2.0. T. Keiderling

Social-Media-Marketing. Teilbereich des ↗ Marketing, der sich der Technologie der Social Media bzw. Social Software bedient um über entsprechende Plattformen wie Facebook, Twitter, Youtube etc., aber auch mithilfe von Influencern, neue Zielgruppen, Kunden bzw. andere Interessengruppen (Stakeholder) anzusprechen, die man über traditionelle Marketing-Strategien nicht erreichen würde. Zu den neuen Gruppen gehört i. d. R. ein (eher) jüngeres und im Internet über Social Media stark vernetztes Publikum. Da die Verbreitung von Informationen mitunter sehr schnell vor sich gehen kann, wird auch das Bild einer Virus-Verbreitung (Epidemie) bemüht. ↗ Virales Marketing T. Keiderling

Social Software, unscharfer Sammelbegriff für Anwendungsprogramme, die sich zur Unterstützung interaktiver oder gemeinschaftlicher Aktivitäten im Internet oder Intranet (Kollaboration, rechnergestützte Gruppenarbeit) eignen. Der Begriff fand mit der zweiten Welle der Popularisierung des WWW nach 2001 Verbreitung und kennzeichnet Anwendungen wie Auskunfts- und Bewertungsportale, (Micro-/Web-)Blogs, E-Learning-Programme, Instant Messaging, Foto-/Video-Sharing, Livecastings, Newsgruppen/-foren, Mobile Apps (u. a. für interpersonelle Internetspiele), Podcasts/Vodcasts, Social Bookmarks, Social Tagging, Wikis, Webinare, soziale Netzwerkdienste etc. als Werkzeuge aktiven Benutzerverhaltens innerhalb des WWW als ein gemeinschaftlicher Informationsraum. Diesen Werkzeugcharakter in Bezug auf die Fähigkeiten und den Handlungsspielraum des Einzelnen hebt T. Coates (geb. 1972) 2002 in Anlehnung an den Computer-Pionier D. C. Engelbart (1925 – 2013) 1962 hervor. Coates zufolge hilft s. S. die Überlastung zu kompensieren, mit der die Menschen durch die zeitliche und örtliche Entgrenzung des Potenzials ihrer Kooperationen infolge der digitalen Medienrevolution konfrontiert seien. Sie mache die Mechanismen sozialer Interaktion sichtbar und eröffne Optionen ihrer Verbesserung bis hin zu ihrer teilweisen Ersetzung durch Automatismen. ↗ Social Media L. Heller

Social Tagging (auch Collaborative Tagging) bezeichnet die gemeinschaftliche Verschlagwortung (Indexierung), bei der Nutzer Inhalten mit sozialer Software ohne vorgegebene Regeln Deskriptoren (Schlagwörter, Tags) zuordnen. Eine so erstellte Sammlung von Schlagwörtern wird auch als Folksonomie (Kofferwort aus «folk» und «taxonomies», also Laien-Klassifizierung) oder Tag Cloud (Schlagwortwolke) bezeichnet. ↗ Social Software

Softcover (Paperback), im engeren Sinn eine ↗ Broschur, also ein klebegebundener oder gehefteter Buchblock, der mit einem flexiblen Umschlag fest am Rücken verklebt ist. Der Begriff S. hat sich seit Anfang der 1990er Jahre analog zum ↗ Hardcover (Buch mit fester Einbanddecke) eingebürgert und ist gleichbedeutend mit der aus dem englischen Sprachraum übernommenen Bezeichnung Paperback. Im Unterschied zum ↗ Taschenbuch haben S. ein größeres Format und sind nicht selten besser ausgestattet, was einen höheren Preis rechtfertigt. Fachbücher und wissenschaftliche Publikationen werden häufig als S. angeboten, zunehmend auch belletristische Titel. E.-P. Biesalski

Software, Oberbegriff für «weiche», d. h. leicht veränderbare Komponenten eines Computers, wie PC-Programme und abgespeicherte digitale Daten im Unterschied zur mechanischen Ausrüstung eines PC, der sog. Hardware.

Solnhofer Schieferplatten, kohlensaurer Kalkschiefer, aus dem oberen Malm im Süden der Fränkischen Alb bei Kehlheim, war das am besten geeignete Druckformmaterial für den Steindruck. Schon der Erfinder A. ↗ Senefelder experimentierte mit anderen Steinen (ebenso wie dies andere Steindrucker bis ins 20. Jh. hinein versuchten), jedoch ohne Erfolg. Fortschritte wurden später durch Verwendung von Metall, v. a. Zink, erzielt, was ebenfalls Senefelder bereits erprobt hatte. C. W. Gerhardt

Sonderausgabe. Um dem Absatz eines Buches nach einer gewissen Laufzeit, etwa vor Vergabe einer Taschenbuchlizenz, erneute Impulse zu geben, kann der Verlag eine S. auf den Markt bringen. Sie unterscheidet sich i. d. R. nur in Ausstattung und Preis von der Originalausgabe, erhält eine neue ISBN und ist in Deutschland preisgebunden. Weitere Anlässe für S.n sind Verlagsjubiläen, Autorengeburtstage, runde Auflagenziffern u. ä. Die wirksame Kalkulation von S.n (früher auch Volksausgabe oder «wohlfeile Ausgabe» genannt) kann zustande kommen durch höhere Auflage, ggf. Einsparungen an Honorar, Papier, Einband. Die Vorschriften für die Veröffentlichung und den Vertrieb von S.n sind in den «Wettbewerbsregeln des Börsenvereins» in der Fassung von 2006 festgelegt. Auch für Sonderabdrucke kommt die Bezeichnung S. vor. ↗ Parallelausgabe *K. Gutzmer*

Sonderausstattung wird vom Verleger gewählt, wenn er im Rahmen seiner Buchausgabenstrategie Kundenkreise unterschiedlicher Zahlungsbereitschaft ansprechen will. Die Volks-, Studien-, Taschenbuch- oder (früher) Leseringausgabe in bescheidener S. erscheint meist, wenn der Absatz der Normalausgabe seinen Zenit überschritten hat. Sie richtet sich an Interessenten, die zugunsten eines niedrigeren Ladenpreises geringere Aktualität in Kauf nehmen. Die Vorzugs-, Pracht- oder Luxusausgabe hingegen erscheint gleichzeitig mit der Normalausgabe und wendet sich an den bibliophilen Sammler. Mittel der S. sind z. B. der Einband (Broschur, Ganzgewebeband, Lederband), das Papier (holzhaltiges oder holzfreies Werkdruckpapier, Hadern Hadernpapier), das Format (breitrandige Vorzugsausgabe auf «großem» Papier) und die Beilagen. *R. Busch*

Sonderdruck (Separatum). 1. Separater Abdruck eines Artikels, einer Rede und dgl. mehr als Broschüre, um sie zu einer besonderen Gelegenheit (etwa zu einem Festakt) zu verteilen. 2. Gedrucktes Belegexemplar für den Beitrag zu einer Zeitung, Zeitschrift, Sammlung oder einem Sammelwerk, das der Autor üblicherweise kostenlos, z. T. aber auch kostenpflichtig in einer bestimmten Stückzahl erhält, um seinen Beitrag an Fachkollegen und weitere Interessenten weiterzugeben und somit sowohl Werbung in eigener Sache als auch für das Werk zu machen. In bestimmten Fällen gelangen S.e in Bibliotheken und werden in den Bestand aufgenommen. Heute werden S.e als Zusatzleistungen der Verlage i. d. R. nicht mehr im Druck hergestellt, sondern nur noch als elektronische Beleg-PDF verschickt, wobei man hierfür eine neue, zutreffende Fachbezeichnung finden müsste. *T. Keiderling*

Sonderheft ↗ Sondernummer

Sondernummer ist eine außerhalb des Erscheinungsrhythmus von Periodika herausgegebene Extraausgabe, die entweder kostenlos geliefert wird oder als kostenpflichtiges Zusatzangebot auf den Markt kommt. Anlässe können beim Medium liegen (Jubiläumsausgabe) oder auf andere Ereignisse reagieren (Olympia-Ausgabe, Stadtjubiläum, Tod bedeutender Persönlichkeiten u. ä.). Die S. folgt i. d. R. der Aufmachung des Blatts, dessen Titel sie trägt, ist aber häufig mit einem zusätzlichen Titel versehen, der auf die Thematik hinweist. *H. Bohrmann*

Sonderpreis im Buchhandel ↗ Vorzugspreis im Buchhandel

Sondersammlung, nach Inhalt, Material, Provenienz oder einem anderen Kriterium (z. B. Benutzungsfrequenz) abgegrenzter Teil des Bestandes einer Bibliothek, dem hinsichtlich Bestandsaufbau, Bestandserschließung, Buchaufstellung und Benutzung (bzw. nach einzelnen dieser Gesichtspunkte) eine besondere Behandlung zukommt. In vielen Fällen wird eine S. getrennt vom übrigen Bibliotheksbestand aufgestellt. Häufig bilden die Bestände an Handschriften, Autografen, Inkunabeln u. a. alten Drucken, Karten, Zeitungen, Musikalien, Tonträgern, Diapositiven u. a. m. eine S. Aber auch viel benutzte Studienliteratur, die aus dem übrigen Bestand herausgehalten und in einer Lehrbuchsammlung zusammengeführt wird, kann als S. gelten. In der Benutzung unterliegen S.en oftmals Einschränkungen, die der Sicherung vor Verlust oder Beschädigung dienen oder von der Materialart bestimmt sind. *G. Wiegand*

Sonntagszeitung (Sonntagblatt). 1. Ausschließlich sonntags oder zum Sonntag (d. h. Samstagabend) erscheinendes, i. d. R. besonders umfangreiches Periodikum. In ihrem Profil liegt sie zwischen einer Tages- und Wochenzeitung und kann aufgrund ihres Erscheinens während einer eigentlichen «Publikationslücke» des allgemeinen Zeitungsmarktes ein besonders breites Publikum anziehen. Beispiele in Deutschland: «Welt am Sonntag» (1948 ff) und «Bild am Sonntag» (1956 ff) (beide von Axel Springer SE) sowie die «Frankfurter Allgemeine Sonntagszeitung» (2001 ff). *T. Keiderling*

Sonografie verbindet man im deutschen Sprachgebrauch mit der medizinischen Technik des Ultraschalls. S. (Lautschrift) bezeichnet jedoch im Zusammenhang mit der Informationsvermittlung im (französischen) Sprachgebrauch des frühen 19. Jh.s Schriftsysteme, die nicht von Buchstaben sondern den Lauten einer Sprache ausgehen. Sie sollten für die Blindenschrift des L. Braille (1809–1852) von Bedeutung werden. Um 1800 entwickelte der (nicht blinde) C. Barbier (1767–1841) verschiedene «Nacht»- bzw. Geheimschriften auf phonetischer Grundlage. Nach Verfahren für Sehende ersann er, auch im Hinblick auf Blinde, ein s.isches Alphabet, bei dem 12 Punkte in zwei 6er-Reihen senkrecht nebeneinander in einem festen Raster angeordnet waren. Die Anzahl der Punkte und ihre Stellung zueinander gaben die 36 Laute der französischen Sprache wieder. Die Vielzahl der Punkte erschwerte allerdings das Schreiben und war schwer für den tastenden Finger zu erkennen; sie wurde von Braille auf sechs reduziert. Die Braille'sche Punktschrift, mit ihrem Buchstabensystem, setzte sich für das Schreiben und Drucken weltweit durch. Nur bei Schriften mit großer Zeichenzahl hat sich das s.ische Prinzip erhalten (z. B. im Chinesischen, Japanischen). *R. F. V. Witte*

Sortiment heißt das gesamte Angebot eines (Einzel-)Händlers und stellt im Verständnis des Marktes einen spezifischen ↗ Point of Sale dar. ↗ Sortimentsbuchhandel

Sortimenter, im historischen Sprachgebrauch nur der Inhaber einer Sortimentsbuchhandlung, seit dem 20. Jh. werden zunehmend auch Mitarbeiter einer solchen als S. bezeichnet. Im Sprachgebrauch der Branche wird auch gern nur Buchhändler gesagt, das ist zutreffend – jedoch sind auch Verleger und Zwischenbuchhändler «Buchhändler». ↗ Buchhandel *T. Keiderling*

Sortimenterkommissionär (auch Sortiments-Kommissionär). «Der S. fasst Dienstleistungen im Rahmen des buchhändlerischen Bestell- und Lieferverkehrs zusammen. Als Bücherwagendienst übernimmt der S. im Auftrag des Sortiments-Kommittenten […] die Zustellung von Gegenständen des Buchhandels von Verlagen bzw. deren Auslieferung (Beischlüsse) und fasst sie ggf. mit Sendungen der Barsortimente gleichrangig zusammen. Er übernimmt die Abholung von Remittenden bei den Sortiments-Kommittenten und deren Zustellung an die Verlage bzw. deren Auslieferungen entsprechend der Versandanweisung des Sortiments-Kommittenten. Als Bestellanstalt leitet er im Auftrag des Sortiments-Kommittenten dessen Bestellungen an die Verlage bzw. deren Auslieferungen weiter.» (§ 1 Ziff. 3c der Verkehrsordnung) *T. Bez*

Sortimenterverleger (auch Verlegersortimenter). Vom 16. bis zum ausgehenden 18. Jh. war der ↗ Tauschhandel die vorherrschende Geschäftsform im deutschen Buchhandel und der S.-V. die hauptsächlich anzutreffende Doppel-Spezialisierung. Erst nachdem andere Bezugsarten wichtiger wurden, zunächst der Nettohandel, infolge der Nürnberger Schlussnahme von 1788 der Konditionshandel und seit den 1840er Jahren der Barhandel, nahm die Spezialisierung im deutschen Buchhandel in sog. reine Verleger und Sortimenter spürbar zu. ↗ Druckerverleger *T. Keiderling*

Sortimentsbuchhandel (auch Bucheinzelhandel) ist ein Branchenzweig des ↗ Buchhandels (siehe Grafik Bd. 1, S. 129), der den Branchenzweigen Verlags- und Zwischenbuchhandel gegenübersteht und mit dem Absatz branchenspezifischer Waren (↗ Gegenstände des Buchhandels: neben Büchern und Zeitungen/Zeitschriften auch

Nonbooks) befasst ist. Er wählt aus einer Vielzahl von (derzeit über 2,5 Mio. lieferbaren) Titeln des Buchhandels diejenigen aus, die er anbieten bzw. vermitteln möchte, bestellt diese, nimmt diese auf Lager, präsentiert sie in Verkaufsräumen oder virtuell über das Internet und ermöglicht so den Verkauf an das Publikum. Dabei hat er in Deutschland die ↗ Ladenpreisbindung zu beachten. Zu seinen Dienstleistungen gehört ferner die Kaufberatung – in diesem Sinne leistet der S. einen wertvollen Beitrag zur Bewerbung und Verbreitung von Lesemedien –, organisiert Autorenlesungen und weitere Verkaufsevents und ist für die Bestellerfüllung zuständig, wenn sich ein Kunde mit einem konkreten Besorgungswunsch an ihn wendet. Sowohl bei der Bereitstellung der Ware als auch der Bestellerfüllung wird der S. durch den Zwischenbuchhandel, insbesondere durch das ↗ Barsortiment (dem sog. Hintergrundlager des S.s), umfangreich logistisch und inhaltlich unterstützt.

Der S. gliedert sich in verschieden spezialisierte Geschäfte und Verlaufsmodelle. Derzeit vom Umsatz her dominierend, aber seit Jahren auf dem Rückzug ist der stationäre S. (laut «Buch und Buchhandel in Zahlen» besaß er 2012 einen Anteil am Absatz des gesamten S.s von 49,7 %; 2017 waren es 47,3 %). Der stationäre S. gliedert sich einerseits in Buchhandlungen mit einem sehr breiten Sortiment (auch als Vollbuchhandlungen bezeichnet, heute sind v. a. größere Geschäfte und ↗ Filialisten damit gemeint) und andererseits in Buchhandlungen mit einem tiefen, d. h. spezialisierten Angebot (u. a. Fach-, Kinder- und Jugend-, Schulbuch-, Universitätsbuchhandlung). Daneben gibt es den Versand- und Internetbuchhandel, der v. a. aufgrund weniger, dominanter Anbieter, vorrangig Amazon, an Umsatz gewinnt (2012: 17,8; 2017 19,9 %). Ferner existieren: Verkaufsstellen für Waren des Buchhandels (u. a. Bahnhofsbuchhandel), Reisebuchhandel (für hochpreise Werke wie Enzyklopädien früher sehr lukrativ, heute kaum noch praktiziert), Warenhausbuchhandel (durch Rack-Jobber organisiert) und Buchgemeinschaften (derzeit kaum noch nennenswerte Umsätze). In der Branche werden heute mitunter nur stationäre Vollbuchhandlungen als S.lungen bezeichnet, was nicht richtig ist. Die Interessen des S.s werden im deutschsprachigen Raum vom Börsenverein des Deutschen Buchhandels (hier besonders vom Sortimenter-Ausschuss), dem Schweizer Buchhändler- und Verleger-Verband (SBVV) und dem Hauptverband des österreichischen Buchhandels wahrgenommen. Der ↗ Antiquariatsbuchhandel gehört, weil er nicht den primären, sondern sekundären Handel betrifft, nicht zum S.

T. Keiderling

Sortimentskatalog ↗ Buchhandelskatalog

Sortiments-Kommissionär ↗ Sortimenterkommissionär

Sortiments-Kommittent, Sortimenter, der einen ↗ Sortimenterkommissionär beauftragt

Soziale Kontrolle, der erstmals von E. A. Ross (1866–1951) 1896 erwähnte Begriff weist zwei Dimensionen auf. Einerseits bezieht er sich auf eine innere s. K., die im Laufe der ↗ Sozialisation, durch verinnerlichte soziale Werte und Normen des Individuum selbst erfolgt. Andererseits ist damit die äußere, gruppenbezogene wie gesellschaftliche s. K. (bzw. der soziale Druck) gemeint, die (der) auf das Individuum hinsichtlich der Einhaltung geltender Standards und Normen durch Familie, Verwandtschaft, Peergroup, Schule, Kirche, Betrieb, Verein, Justiz etc. wirkt. ↗ Schweigespirale

T. Keiderling

Soziale Medien ↗ Social Media

Soziale Software ↗ Social Software

Soziales Handeln, ein Begriff, der nach M. Weber (1864–1920) einen besonderen Typ des Handels meint. S. H. ist zwingend an soziale Situationen gebunden, bezieht sich stets auf das Verhalten anderer bzw. ist daran orientiert. Das s. H. ist gegenseitig beobachtbar; sein Sinn kann durch andere Individuen erschlossen werden. Kommunikation wird hinsichtlich des Konzepts des s.n H.s als interaktiver Austausch von Informationen gesehen. Nach Webers Typenbildung zum s.n H. gibt es: 1. zweckrationales Handeln (rationales Abwägen zwischen Zweck, Zielen, Mitteln und Folgen); 2. wertrationales Handeln (bewusster Glauben an den ethischen, ästhetischen oder religiösen Eigenwert einer Handlung); 3. affektuelles, d. i. emotionales Handeln und 4. traditionales bzw. gewohnheitsorientiertes Handeln. *T. Keiderling*

Soziales Netzwerk ist ein Online-Dienst, der eine wechselseitige Kommunikation der Teilnehmer ermöglicht. ↗ Social Media

Sozialisation meint einen individuellen bzw. individualpsychologischen Anpassungsprozess während der Persönlichkeitsentwicklung, bei dem ein Individuum aus seinem gesellschaftlichen und kulturellen Umfeld (wichtige Instanzen: Familie, Verwandtschaft, Peergroup, Kindergarten, Schule, Sport- und Freizeitverein, Kirche etc.) gesellschaftliche Denk- und Gefühlsmuster durch Verinnerlichung von sozialen Normen, Wertvorstellungen, Repräsentationen, aber auch von erwünschtem (sozialem) Rollenverhalten erwirbt. Tendenziell streben Individuen danach, sich ihrer Umwelt anzupassen, die S. wäre in diesem Fall erfolgreich. Die S. umfasst sowohl absichts- und planvolle Maßnahmen (Erziehung), als auch die unabsichtlichen Einwirkungen auf die Persönlichkeit. Individuen werden durch ihre Umwelt während der S. aber nicht nur geprägt, sondern beeinflussen diesen Prozess aktiv. Ein wichtiger Bestandteil der S. ist die ↗ Mediensozialisation, der in unserer modernen Gesellschaft eine zentrale Bedeutung zukommt. ↗ Lesesozialisation ↗ Medienkompetenz *T. Keiderling*

Soziologie des Lesens ↗ Lesersoziologie

Soziologische Methode ↗ Empirische Methode

Spalte, die säulenartige Anordnung von Text auf der Seite (Text-S., ↗ Kolumne) bei Lesemedien. Der Text kann dabei ein- oder mehrspaltig gesetzt sein. Die S. zählt zur Makrotypografie und dient als typografisches Gliederungselement der Buch- oder Broschüren-Einheit. Die S. ist typisch für größere Seitenformate, u. a. Lexika, Zeitungen und Zeitschriften. Höhe und Breite der S. sind abhängig vom Satzspiegel. Werden lebende ↗ Kolumnentitel eingesetzt, muss die Grund-S. niedriger sein. Die Breite der S. variiert je nach Schriftart und -größe und beeinflusst die Lesbarkeit des Texts. Bei mehrspaltigem Satz/Layout ist darauf zu achten, dass der S.-Abstand angemessen ist. Bei Text- und Bildkombinationen orientieren sich die Abbildungen nicht zwangsläufig an der S.-Breite, sondern am zugrunde gelegten Raster. In Tabellen bezeichnet S. die vertikale Gliederung. *S. Rühr*

Spam (auch bezeichnet als Junk-Mail für «Müll-Mail») ist eine elektronische Nachricht (E-Mail), die dem Empfänger unverlangt zugesandt wird. Dieser Vorgang wird auch als S.ing bezeichnet. Der Name rührt von einem minderwertigen Dosenfleisch, dass während des Zweiten Weltkriegs in ganz Großbritannien erhältlich war. I. d. R. handelt es sich um an sich ungefährliche, aber durch ihr massenhaftes Auftreten lästige Werbung. Es kann aber auch vorkommen, dass S.s mit Computerviren verseucht oder für ↗ Phishing eingesetzt werden. Es ist ratsam, sich gegen S.ing mit entsprechenden Filtern zu schützen. *T. Keiderling*

Spange ↗ Buchschließe

Sparte (im Zeitungsbereich) ↗ Ressort

Spartenpapier (des deutschen Buchhandels). Am Ende eines langjährigen Streits um Rabatte zwischen einzelnen Verlagen und den Barsortimenten (Verteilungskonflikt) gelang es dem Börsenverein 1984 durch das S. («Verhaltensgrundsätze des Buchhandels») einen Grundkonsens der Sparten zu erzielen, der Regeln für die Beziehungen zwischen Verlags-, Zwischen- und Sortimentsbuchhändlern enthält. Die endgültige, mit dem Bundeskartellamt abgestimmte Fassung, erschien als redaktionelle Beilage im «Börsenblatt» Nr. 7/1985. Inzwischen ist das S. (leider) in Vergessenheit geraten, aber manche seiner Regeln haben Eingang in das Buchpreisbindungsgesetz von 2002 gefunden.

T. Bez

Spartenprogramm (Spartenkanal), Rundfunksender (Hör- und Fernsehfunk) mit einem thematisch eingeschränkten Programm, u. a. Nachrichten, Sport, Musik. Sie sprechen genau definierte Zielgruppen an.

Spaßgesellschaft, in den 1990er Jahren in Deutschland entstandener, meist abwertender Begriff für die ↗ Erlebnisgesellschaft. Oft wurde S. in Zusammenhang gebracht mit Gewinnlern des New-Economy-Hypes und ihrer Lebensführung, die auf Hedonismus und Konsumlust ausgerichtet ist. *T. Keiderling*

Spatium, Begriff aus dem Bleisatz, der für die schmalen Ausschussstücke von ½, 1 und 1½ Punkt Breite üblich ist, die zum Ausschließen der Zeile, zum Sperren (Spationieren) und zum optischen Ausgleichen der Buchstabenabstände verwendet werden.
R. Golpon

Speckschnitt wird ein ↗ Goldschnitt genannt, der statt eines reinen Hochglanzes einen schillernden Glanz aufweist. Der S. ist auf fehlerhafte Bearbeitung zurückzuführen.
G. Brinkhus

Speicher, im analogen Bereich physischer Vorratsbehälter jeder Art für die längere Aufbewahrung von unterschiedlichen Materialen (fest, flüssig, gasförmig), von Waren etc.; auch Bezeichnung für ein Lager oder Depot. Im Vor-Computerzeitalter verschiedene Systeme zur Datens.ung auf der Basis von Lochkarten, Magnetbändern und dgl. mehr. Im digitalen Bereich ist S. die Bezeichnung für elektronische Elemente eines Computers, die als Arbeits- oder Datens. Informationen aufnehmen, kürzere oder längere Zeit vorhalten und jeder Zeit abrufbar machen können. Während die Datens.ung auf einem einzelnen PC bei technischem Ausfall desselben zu Verlusten führt, ist die S.ung auf einem ↗ Server oder auf mehreren Servern (↗ Cloud) sicherer. *T. Keiderling*

Speichermedium meint alle ↗ Medien, die in der Lage sind, Informationen (Daten, Schrift, Sprache, Bilder, Ton etc.) über einen «gewissen Zeitraum» zu speichern. Die Speicherfähigkeit ist von S. zu S. unterschiedlich. Sie kann nur einen Sekundenbruchteil betragen und maximal bis zu mehreren tausenden Jahren gehen; wobei das Kriterium eines S.s im engeren Sinne eine mittlere bis hohe Speicherfähigkeit sein sollte. Beispiele für kurze Speicherung: Feuer (Rauchzeichen), Funkübertragung eines Ausgangssignals; Arbeitsspeicher eines PCs; mittlerer Zeitraum: Diskette, CD/DVD, MC, Schallplatte, Computerdatei; langer Zeitraum: Bücher (geschrieben oder gedruckt auf Pergament oder säurefreies Papier), Tontafeln, Steine etc. ↗ Trägermedium
T. Keiderling

Spezialbarsortiment. Anders als die allgemeinen ↗ Barsortimente führen die Spezialbarsortimente ein tiefes Lager ausgewählter Gebiete, z. B. Esoterik, Evangelika, Landkarten, Ökologie, Schulbücher oder Bücher in (bestimmten) Fremdsprachen (Import). Ihre Kataloge sind wichtige bibliografische Hilfsmittel für diese Spezialgebiete. Eine Liste von Im- und Exporteuren, von Buchgroßhandlungen mit Spezialgebieten, insbesondere mit Landkarten und Musikalien, sowie Informationen zu Zwischenbuchhandel/Verlagsauslieferungen Deutschlands, zum österreichischen und Schweizer Buchhandel findet sich im «Adressbuch für den deutschsprachigen Buchhandel» und auf der Homepage des Börsenvereins (www.adb-online.de, www.boersenverein.de/zwischenbuchhandel)
T. Bez

Spezialbibliografie, weit gefasster Begriff, der alle Formen von thematisch begrenzten Bibliografien umfassen kann, sie mögen inhaltlicher oder formaler Art sein. Mit dem Terminus S. können sowohl die Fachbibliografie als auch Sonderformen der Allgemeinbibliografie (z. B. Inkunabel- und Erstausgabenverzeichnisse) bezeichnet werden. *W. Grebe*

Spezialbibliothek (auch Fachbibliothek) ist eine Bibliothek, deren Sammel- und Versorgungsaufgabe auf ein einziges oder mehrere nahe verwandte Sachgebiete begrenzt ist. Der gedachte Gegensatz ist die ↗ Universalbibliothek. Die Spannweite bei S.en reicht von eng begrenzten Spezialsammlungen bis zu zentralen Fachbibliotheken.

S.en sind nicht nur inhaltlich definiert, sondern können auch nach Benutzergruppen und/oder Materialarten, betrieben werden. So sind z. B. Bibliotheken für Sehbehinderte thematisch nicht notwendig eingeschränkt, wohl aber nach der Form des Sammelguts und der Benutzerschaft. Auch Privatpersonen oder Familien können Begründer oder Träger bedeutender S.en sein (z. B. Kulturwissenschaftliche Bibliothek Warburg, Hamburg). S.en gibt es in öffentlicher und nicht öffentlicher Trägerschaft jeweils mit öffentlicher oder nichtöffentlicher Nutzungsberechtigung. Häufig werden S.en von Firmen (Werksbibliotheken) und Vereinigungen unterhalten, aber auch von Parlamenten, Gerichten, Behörden und Religionsgemeinschaften. Einen besonderer Typ der S. stellt die Fachbibliothek (Instituts-, Seminarbibliothek) der Hochschule dar. ↗ One Person Library G. Wiegand

Spezialisierung ist eine Unternehmensstrategie, innerhalb eines gesättigten und hart umkämpften Marktes bzw. Marktsegments (mit vielen gleichartigen Wettbewerbern) ein besonderes Merkmal oder sogar eine Alleinstellung dadurch zu erhalten, dass ein Betrieb nur ein eingeschränktes Sortiment von Waren und Dienstleistungen anbietet, die jedoch eine hohe Qualität und Funktionalität aufweisen. Dadurch kann ein Betrieb Wettbewerbsvorteile erhalten und sogar zum Marktführer werden. Innerbetrieblich findet eine Neuausrichtung der Produktion auf einen bestimmten Bereich statt, die Berufs- und Facharbeiterausbildung wie -weiterbildung wird fokussiert, Spezialmaschinen werden angekauft oder weiterentwickelt. Das Unternehmen kann durch eine Konzentration auf Kernkompetenzen und eine bestimmte Kundschaft seine Produktivität steigern. Zugleich sind spezialisierte Betriebe in besonderer Weise in der Lage, Innovationen umzusetzen (Angliederung einer Forschungsabteilung, Weiterentwicklung von Produkten und Dienstleistungen, Erwerb von Patenten). Angebote außerhalb der S. werden i. d. R. eingestellt. Im deutschen Buchhandel stieg die Firmenanzahl (gemeint sind alle Verlags-, Zwischen- und Sortimentsbuchhandlungen laut Adressbuch) von 1800 mit 470 bis 1900 mit 9.360 fast um das Zwanzigfache. Zahlreiche, zuvor universell aufgestellte oder mehrfach spezialisierte Firmen beschränkten sich zunehmend auf ein Arbeitsfeld, u. a. Lexikon, Kinder- und Schulbuch, Banknotendruck oder Fachsortiment und konnten auf dieser Weise trotz einer zunehmend schwierigeren Konkurrenzsituation Marktanteile behaupten oder sogar zugewinnen. Das Gegenteil von S. ist die ↗ Diversifikation. T. Keiderling

Spezialsortiment, Sortimentsbuchhandlung mit einem hoch spezialisierten Sortiment von Büchern und Non-Books und damit Spezialgeschäft für Bücher eines Segments. In Abgrenzung zur Fachbuchhandlung ist das Sortiment auf ein nicht wissenschaftliches Gebiet ausgerichtet; z. B. handelt es sich um Comics, Kinder- und Jugendbücher, Krimis oder Kochbücher. Ein S. bedarf aus Rentabilitätsgründen eines am Schwerpunkt ausgerichteten Kundenpotenzials und somit häufig eines urbanen Umfelds und Standorts. K. Emrich

Spezialverlag. Bis in das 19. Jh. dominierte im deutschen Buchhandel der Typ des ↗ Universalverlags. Eine lang anhaltende Konjunktur nach 1819 sorgte im Verbund mit der Einführung und Durchsetzung der allgemeinen Schulpflicht (↗ Alphabetisierung) und einem zunehmenden Kaufinteresse wie einer gestiegenen Kaufkraft breiter Bevölkerungskreise infolge der Hochindustrialisierung dafür, dass sich die Anzahl der Verlagsfirmen auf dem deutschsprachigen Gebiet zwischen 1800 und 1900 verzwanzigfachte. Somit standen nun immer mehr gleichartige Verlage nebeneinander, die für die Kunden voneinander kaum zu unterscheiden waren. Durch die zunehmende Konkurrenz sank die Rendite vieler Verlagsprodukte. Ein Ausweg wurde darin gesehen, sich auf ein Kerngeschäft zu spezialisieren (↗ Spezialisierung). Es entstanden sukzessive S.e (Lexikon-, Musik-, Wissenschafts-, Zeitungs-, Zeitschriften-, Musikverlage, später Belletristikverlage etc.). Sie entwickelten sich aufgrund ihres Know-hows innerhalb eines Literaturbereichs z. T. zu Marktführern und wussten ihre Nische, durch Innovationen zu bestimmen. Das Verlagsprogramm wurde durch S.e planmäßig aufgebaut, Autoren gezielt angesprochen, u. a. wird dies deutlich bei der Autorenpolitik des bereits um 1900 führenden Schulbuchverlags B. G. Teubner in Leipzig; dem Vorgänger des heutigen Klett-Verlags in Stuttgart. Weil auch diese Unternehmenspolitik nicht immer aufging, nutzten einige der größeren Firmen zugleich die Strategie der ↗ Diversifikation. *T. Keiderling*

Sphragistik, aus dem Griechischen «zum Siegel gehörig» = Siegelkunde. Die S. untersucht – früher als historische Hilfswissenschaft bezeichnet – Vorkommen, Echtheit und rechtliche Bedeutung von Siegeln in ihrer historischen Entwicklung in enger Verbindung zu den Nachbarwissenschaften Heraldik und Epigrafik. Ihre Aufgabe ist es, die Siegel nach formalen Kriterien wie Gestalt, Form, Stoff, Be- und Umschriften, Bild und Anbringung zu beschreiben, zu datieren und zu interpretieren. Dazu werden die Siegel typisiert, ihre ikonografische Bedeutung und spezifische Funktion ermittelt. *H. Stunz*

Spiegel. 1. In der Buchbinderei wird das auf die Innenseite der Buchdeckel geklebte Vorsatzpapier oder ein anderes Material, das die Deckelpappe und Einschläge des Einbandmaterials bedeckt, als S. bezeichnet. Da das Vorsatz heute i. d. R. aus einem Doppelblatt besteht, befindet sich gegenüber dem S. das sog. fliegende Blatt. Sind die Innendeckel mit Material wie Leder oder Seide kaschiert (Lederspiegel, Seidenspiegel) und zusätzlich mit Golddruck verziert, so spricht man von einer ↗ Dublüre. 2. In der kunsthistorischen Einbandbestimmung bezeichnet man mit dem Begriff S. die umrahmten Schmuckflächen der Einbanddeckel. *E.-P. Biesalski*

Spielfilm ↗ Film

Spielkarte ist ein ↗ Druckerzeugnis und zugleich ein weltweit verbreitetes Spielinstrument mit Zahlen, Farbzeichen und Figuren auf der Vorderseite und einheitlicher Rückseite. Eine gewisse Anzahl von S.n ergibt ein Kartenspiel. Sein Ablauf erfolgt nach bestimmten reich variierten Spielregeln, von denen laufend neue entwickelt werden. Mit Expansion der europäischen Kultur setzten sich die westlichen S. in aller Welt durch. Die gebräuchlichsten Kartenspiele sind u. a. Bridge, Black Jack, Canasta, Patience, Poker, Rommé, Skat, Tarock. Außer als Spielinstrument können die S. auch zum Lehren, Werben, Wahrsagen, Zaubern und Sammeln verwendet werden. Die ältesten Erwähnungen der S. weisen nach China ins 7. Jh., wo seit dem 1. Jh. die Papierherstellung bekannt war. Neuere Funde belegen die Existenz des Papiers bereits im 2. Jh. v. Chr. In Europa finden sich die ersten Erwähnungen, meist als Verbot in der jeweiligen Stadt, Karten zu spielen: Florenz und Basel (1377), Regensburg (1378), Brabant (1379). Die nachweislich ältesten S.n Europas sind das «Stuttgarter Kartenspiel» um 1427–1431 (Landesmuseum Württemberg). *A. Köger*

Spiel(o)thek ↗ Lusothek

Spindel, Spindelpresse ↗ Druckpresse

Spiralbindung, eigentlich Drahtkammbindung; es handelt sich um eine Bindung über eine Metall- oder Kunststoffspirale (eigentlich Draht- oder Plastikkämme), die über eine einfache mechanische Vorrichtung in zuvor eingestanzte Löcher der zu bindenden Einzelseiten eingebracht werden. Häufige Verwendung für Wandkalender, Broschüren, Werbemappen, Schulungsunterlagen und dgl. mehr. Der Vorteil liegt in einer guten Handhabbarkeit von Gebrauchsdruckschriften, nicht in einem dauerhaften Schutz dieser Medien: Die Seiten können nicht nur planliegend aufgeschlagen (180°), sondern auch komplett umgeschlagen werden (fast 360°). *T. Keiderling*

Spoiler, aus dem Englischen «verderben»; ist eine Information, die wesentliche Handlungselemente (Höhepunkte, überraschende Wendungen oder sogar den Ausgang) eines belletristischen Werks, Hörbuchs, Radiobeitrags, Films, Videospiels, eines Sportereignisses oder Folgen einer Fernsehserie verrät und dadurch geeignet ist, den Genuss am vollständigen Werk bzw. dessen Ausgang zu verderben. Bei Kriminalromanen oder -filmen wäre dies z. B. die Nennung des gesuchten

Täters in einer Ankündigung, Besprechung oder während eines Interviews mit Autoren, Künstlern und Produzenten. Gerade im Fernsehbereich ist durch die veränderte, d. i. zeitversetzte Rezeption via Streaming-Verfahren und Vodcasts die Möglichkeit für das S.n gegeben bzw. hat zugenommen. Obwohl s.n wirtschaftlichen Schaden zufügen kann, indem z. B. zahlende Rezipienten ausbleiben könnten, ist es kein Straftatbestand. Allerdings wird in einigen Medien, z. B. in Blogs oder anderen Social Media, vor S.n gewarnt, so dass man die Rezeption eines Beitrags abbrechen kann. ↗ Trailer *T. Keiderling*

Sponsoring, zumeist vertraglich geregelte Zuwendung von Finanzmitteln, Sach- oder Dienstleistungen durch einen Geber, den Sponsor (oft einem Unternehmen), an Einzelpersonen, Personengruppen, Organisationen oder Institutionen. Im Gegenzug wird der Name des Sponsors genannt, ggf. sein Logo auf Werbeträgern gezeigt, so dass der Sponsor eine öffentlichkeitswirksame Aufmerksamkeit erfährt. Aufgrund des vorhandenen geschäftlichen Interesses weicht das S. vom ↗ Mäzenatentum ab. *T. Keiderling*

Spottschrift ↗ Schmähschrift ↗ Famosschrift ↗ Pasquill

Sprache, allgemein ein Kommunikationssystem von Lebewesen (Tier- und Menschensprache), im engeren Sinne ein Kommunikationssystem des Menschen oder durch ihn geschaffene Maschinen (Computers., ↗ Mensch-Computer-Interaktion), das dem Austausch symbolischer Zeichen dient und unter Fragestellungen der Semiotik, Syntax, Semantik und Pragmatik untersucht werden kann. Grundlegend ist die Unterscheidung in natürliche und künstliche S.n (Plans., Welthilfss.) bzw. in lebende S.n (Volks- und Nationals.n) und tote bzw. ausgestorbene, aber in Fachkreisen noch bekannte bzw. praktizierte S.n (u. a. Latein, Altkirchenslawisch). S. kann sich auf unterschiedliche Weise konstituieren, u. a. mittels der Lauts., Körpers. (Mimik, Gestik), Bilds. etc. *T. Keiderling*

Sprechendes Buch ↗ Buch, Unterform c (Hörbuch)

Sprechplatte, Sammelbegriff für eine ↗ Schallplatte mit gesprochenem Text wie Rezitationen und Lesungen von Gedichten und Prosa, Mitschnitte von Theateraufführungen und Kabarettprogrammen, mundartliche Aufnahmen sowie Unterrichtsmaterial zur Jugend- sowie Erwachsenenbildung. Nach Ablösung der Schallplatte durch ↗ MCs und später digitale CD-ROMS wird seit dem ausgehenden 20. Jh. der Begriff Hörbuch (↗ Buch, Unterform c) verwendet.

Sprengpapier ↗ Spritzpapier

Sprengschnitt, Verzierungstechnik in der handwerklichen Buchbinderei zur Dekoration des Buchschnitts. Dabei werden eine Farbe oder mehrere Farben mit dem Pinsel oder einer Bürste und dem Sprenggitter auf die Schnittfläche des eingespannten Buchblocks gesprengt. Der S., seit Ende des 18. Jh.s gebräuchlich, gilt als die einfachste Form der Schnittverzierung. *E.-P. Biesalski*

Spritzkorn. 1. Mehr oder weniger großes, unregelmäßiges Korn, das beim Anlegen von Tonflächen mit dem Spritzapparat oder mittels einer farbgetränkten Bürste entsteht, wenn sie über ein Sieb gestrichen wird. 2. Halbtonsimulation auf Strichätzungen, die durch Aufspritzen von Buchdruckfarbe, anschließendes Bestäuben mit Asphaltpuder und abschließendes Einbrennen erzielt wurde. *R. Golpon*

Spritzpapier. Als S. kann man ein Buntpapier bezeichnen, dessen Farbe im wesentlichen Umfang aufgespritzt statt aufgestrichen, aufgedruckt, aufgesaugt usw. wurde, sei es von Hand oder mithilfe eines Spritzwerks. *H. Bansa*

Sprungrückenbuch, heute kaum mehr gefertigte Einbandform für Bücher, die besonders flach aufliegen sollen, insbesondere Geschäftsbücher. Der stark gerundete Rücken des S.s besteht aus mehreren zusammengeklebten Lagen Karton. Beim Aufschlagen des Buches bewirkt die Federkraft dieses Sprungrückens, dass der Falz weit nach oben gedrückt wird und die Seiten somit flach aufliegen. Beim Schließen des Buches schnellt der Rücken des Buchblocks wieder in seine Rundung zurück. *E.-P. Biesalski*

Staatsbibliothek, eine von einem Staat oder Teilstaat betriebene und heute gewöhnlich für jedermann zugängliche Bibliothekseinrichtung, oft mit ↗ Pflichtexemplarrecht ausgestattet und neben der Funktion als Hauptbibliothek eines Territoriums zur möglichst vollständigen Sammlung von Publikationen über das eigene Land (Verwaltungsgebict) verpflichtet. Der Begriff S. bezeichnet in Deutschland unterschiedliche Einrichtungen (z. B. Bamberg, Berlin, München), wie andererseits typologisch verwandte Bibliotheken verschiedene, von S. abweichende Namen tragen (z. B. Landesbibliotheken in Hannover, Karlsruhe, Stuttgart). Hinzu tritt die Doppelbezeichnung Staats- und Universitätsbibliothek (Bremen, Dresden, Göttingen, Hamburg). Der Begriff S. entstand mit dem Aufstieg des modernen Staatsgedankens um 1800. Häufig führten S.en die historischen Hofbibliotheken fort. In der Frühzeit dienten sie vornehmlich den Hof- und Staatsbeamten, heute den Bewohnern der jeweiligen Gebietskörperschaften (Ausnahme S. Berlin). Geschichte und Funktion entsprechen weitgehend den ↗ Landesbibliotheken. *H. Leskien*

Staatsdruckerei, eine ausschließlich und unmittelbar der Kontrolle der politischen Zentralgewalt unterstellte Druckerei. Die erste S. entstand unter den revolutionären Regierungen Frankreichs mit dem Ziel, unverzüglich zu befolgende Vorschriften allgemein bekannt zu machen. Die Einrichtung der S. setzte sich überall durch. Zu ihrer Hauptaufgabe gehört die Bekanntmachung authentischer Gesetzestexte, der Druck von Formularen, Reisepässen, Postwertzeichen, Ausweisen, Steuerzeichen und Banknoten. Häufig drucken S.en aber auch repräsentative und bibliophile Werke in der Absicht, nationale Vorbilder höchster Qualität zu schaffen oder teure Werke herauszubringen, die sonst keinen Markt finden könnten.
G. Engelsing-Schick

Staffelexemplar, zusätzliches Exemplar einer Ausgabe im Bibliotheksbestand, das häufig genutzt wird. Beim Bezug einer größeren Anzahl von Exemplaren wird i. d. R. ein höherer Buchhändlerrabatt eingeräumt.

Staffelrabatt. Viele Verlage gewähren neben dem ↗ Grundrabatt Staffelrabatte, d. h., der Rabatt(satz) erhöht sich, wenn mehrere Exemplare pro Titel oder auch mehrere Exemplare einer Reihe bestellt werden, z. B. 30 % für ein oder zwei Exemplare, 33 % für drei und vier Exemplare, 35 % ab fünf Exemplaren. Damit verbunden ist die Hoffnung (der Anreiz), mehr als nur ein oder zwei Exemplare eines Titels (fürs Lager) zu bestellen. Zum Staffelrabatt zählt auch die buchhändlerische ↗ Partie, ein Naturalrabatt, der über Freiexemplare abgegolten wird. Sog. Reizpartien (23/20 oder 115/100) gewähren gegenüber der Standardpartie (11/10) mehr Freiexemplare im Verhältnis zu den bezahlten Exemplaren. Wie beim normalen Staffelrabatt gibt es diesen Naturalrabatt nicht nur titelbezogen, sondern auch reihenbezogen. «Gemischte Partie»: Wer aus einer Reihe mindestens 11 Exemplare (verschiedener Titel) bestellt, erhält das elfte Exemplar kostenlos. Beide Formen des Staffelrabattes sind in Zeiten der Jahreskonditionen eher selten geworden. ↗ Jahresabschlussrabatt *T. Bez*

Stahlätzung wird meist mit Stahlstich kombiniert ↗ Siderografie genannt. Die Darstellung wird auf grundierter Stahlplatte eingeritzt und geätzt. Ätzflüssigkeiten sind Salpetersäure oder Eisenchlorid. Eine schnellangreifende Mischung besteht aus fünf Teilen Essigsäure und einem Teil rauchende Salpetersäure. Die S., im 19. Jh. angewendet, erlaubt hohe Auflagen z. B. für Buchillustrationen. *B. Schulz*

Stahlplattendruck ↗ Linien-Prägedruck ↗ Stahlstich

Stahlstich. Der S. ist ein Tiefdruckverfahren, bei dem von einer Stahlplatte gedruckt wird, die durch Ausglühen weich gemacht und mit einem Stichel/Meißel bearbeitet wird. Die Bezeichnung ist jedoch ungenau, da fast alle S.platten auch geätzte Partien enthalten. Die ältere Bezeichnung ↗ Siderografie umfasst Stahlstich und Stahlätzung. Der S. ermöglicht gegenüber dem ↗ Kupferstich wegen der Härte des Materials eine feinere Linienführung und höhere Zahl der Drucke und eignet sich v.a. für die Herstellung von Banknoten, Briefmarken und für den Druck von Illustrationen (und wird für Banknoten noch heute verwendet). Die Erfindung geht auf J. Perkins (1766–1849) 1819 zurück. In dieser Technik wurde die erste Briefmarke der Welt, die «One Penny-Black», seit 1840 hergestellt.

Stahlstich-Prägedruck ↗ Linien-Prägedruck

Stakeholder (Shareholder), zu Deutsch «Anspruchsberechtigte(r)»; Individuum oder Gruppe, das/die vom Erfolg oder Misserfolg einer Organisation betroffen ist und somit ein berechtigtes Interesse an ihr hat, einen Anspruch besitzt bzw. die Organisation beeinflussen möchte. Man unterscheidet in interne S. wie Eigentümer, Manager und Mitarbeiter und externe S. wie Lieferanten, Gesellschaft, Staat, Gläubiger und Kunden. Der von R. E. Freemann (geb. 1951) 1984 entwickelte Ansatz des strategischen Managements betont die Notwendigkeit einer umfassenden Sichtweise auf ein Unternehmen als Organisation bzw. als System innerhalb einer definierten Umwelt. In der Wirtschaft und in weiteren gesellschaftlichen Bereichen wie Politik und Kultur findet der S.-Ansatz u.a. Anwendung beim Marketing- und Kommunikationsmanagement. *T. Keiderling*

Stammbuch, ursprünglich ein Verzeichnis von Familienangehörigen (Stammtafel, Geschlechterbuch), später ein Erinnerungsbuch, in das Freunde des Besitzers ihre Namen, Wappen, Wahlsprüche, guten Wünsche und Zeichnungen eintrugen. Als Gästebuch oder Poesiealbum lebt das S. fort. Die anfangs in den Einträgen vorherrschenden gelehrten Sprachen wurden in diesem Buchtyp ab dem 17. Jh. von den Volkssprachen verdrängt. Träger waren neben Gelehrten auch adelige Kreise, ab dem 17. Jh. auch fahrende Handwerker, später das Bürgertum allgemein. *W. Harms*

Stammleser, regelmäßiger Leser eines Periodikums, sei es, dass er, wie in Deutschland v.a. bei Zeitungen und Fachzeitschriften üblich, ein Abonnement eingegangen ist oder, wie im Ausland überwiegend, am Kiosk jede Nummer kauft. Die Größe der S.schaft ist direkt proportional zur gesicherten ökonomischen Basis einer Zeitung oder Zeitschrift. *H. Bohrmann*

Standard Generalized Markup Language ↗ SGML

Standing Order. 1. Synonym für Dauerauftrag (↗ Abonnement). Im Sortimentsbuchhandel der Bezug aller Neuerscheinungen eines Verlags ohne Einzelbestellung mit Remissions- oder Umtauschrecht oder als Kommissionslieferung. Vorteil ist die Rationalisierung des Bestellgeschäfts, Nachteil ggf. ein unwirtschaftlich großes Warenlager. 2. In deutschen Öffentlichen Bibliotheken im Sinn von ↗ Approval Plan verwendet. *K. Umlauf*

Stanhope-Presse, eine von C. Earl of Stanhope (1753–1816) um 1800 ganz aus Eisen konstruierte, wegweisende Buchdruckpresse. ↗ Eiserne Presse

Statarische Lektüre, im Gegensatz zur kursorischen Lektüre das auf Textverständnis und -durchdringung ausgerichtete, langsame, eingehende Lesen. Es erfordert das Verstehen aller Textteile, ggf. auch durch wiederholte Lektüre, sowie die Erarbeitung eines eigenen Standpunkts zum Gelesenen, die sich auch in ausführlicher Markier- und Exzerpierarbeit manifestiert. *N. Groeben / U. Christmann*

Stationarius (oft Plural Stationarii), aus dem Lateinischen «Schreiberwerkstatt»; war ein Bediensteter der mittelalterlichen Universität, der von approbierten Fassungen wichtiger Lehrtexte Abschriften herstellte bzw. herstellen ließ und an Studenten verkauften oder die Vorlagen gegen Gebühren zum Kopieren verliehen (↗ Pecia [Peciensystem]). Die Tätigkeit des S. wurde seitens der Universität reglementiert. Aus den Statuten der Universität Bologna (1259–1334) geht hervor, dass der S. als Berufsvoraussetzung einem gewissen Bildungsstandard genügen musste und durch Eid verpflichtet wurde, die philologische Richtigkeit der Textvorlage sicherzustellen. Die Texttreue wurde durch einen, dem Lehrpersonal angehörenden Peciarius überprüft. Kopien der ungebunden verwahrten Texte wurden lagenweise (Pecia) angefertigt und nach festgesetzten Gepflogenheiten der Universität abgerechnet. Der Verkauf war nur an Universitätsangehörige gestattet. Der S. stellte somit nicht nur philologische Texttreue sicher, sondern förderte zugleich die Monopolisierung der Lehrtexte. Übertretungen der Arbeitsauflagen wurden von der Universität bestraft. Mit der Erfindung des Buchdrucks ging die Bedeutung des S. rasch zurück. Die Berufsbezeichnung lebt im Englischen bis heute im Wort «stationer» für einen Schreibwarenhändler fort.

C. Hust

Steadyseller ist ein Produkt, zumeist ein Printmedium, das «stetig», d. h. über einen längeren Zeitraum, kontinuierliche, möglicherweise in zyklischer Weise (im Weihnachtsgeschäft, Schulbuchgeschäft etc.) wiederkehrende hohe Verkäufe generiert. Vergleichbar ist ein S. mit einem ↗ Longseller.

T. Keiderling

Stechen (Verstechen) ↗ Tauschhandel

Steg ist die nicht bedruckte Randfläche einer Druckseite, die oben als Kopfs. (z. B. 15 – 20 mm), im Buchinnern als Bunds. (9 – 16 mm), an der Buchaußenseite als Außens. (15 – 20 mm) sowie im unteren Bereich als Fußs. (25 – 35 mm) erscheint.

Stehsatz. Während des Druckzeitalters war es üblich, den gesamten Bleisatz für ein Werk, das voraussichtlich in absehbarer Zeit neu aufgelegt werden würde, im S. – also fertig gesetzt – aufzubewahren. Selbst mehrjähriges Aufbewahren einschließlich Kosten für erneutes Fertigmachen zum Druck samt Änderungen war kostengünstiger als der Neusatz. Allerdings belastete der Ausfall von Blei und Typen die Druckerei, so dass der S. auf wirkliche Bestseller begrenzt werden musste.

T. Keiderling

Steifbroschur, Einbandart, die im Gegensatz zur weichen Broschur feste Deckelpappen besitzt. Diese werden auf die einfachen oder doppelten Vorsätze des vorgerichteten Buchblocks geklebt. Der Rücken wird mit einem Fälzelstreifen, i. d. R. aus Einbandgewebe, überzogen, der auf die Deckel übergreift. Diese können mit Papier kaschiert werden, bevor die S. dreiseitig beschnitten wird. Sollen die Deckel an der Vorderseite überstehen, so muss diese bereits vor dem Ansetzen der Deckel beschnitten werden. S. wird heute weit überwiegend handwerklich gefertigt, z. B. für Zeitschriftenbände.

E.-P. Biesalski

Steindruck ist eines der direkten Druckverfahren der Gruppe Flachdruck. Er ist dadurch gekennzeichnet, dass auf der Oberfläche der Druckform (Solnhofer Schieferplatten oder Metall) die druckenden und nichtdruckenden Elemente fast in einer Ebene liegen (↗ Lithografie). Das Verfahren beruht auf dem gegensätzlichen physikalisch-chemischen Verhalten bestimmter Substanzen, mit denen man das Druckbild druckfarbannehmend (fetthaltig und wasserabstoßend) oder nichtdruckend (gefeuchtet und farbabstoßend) macht. Daher ist der benötigte Anpressdruck, verglichen mit Hoch- und Tiefdruck, relativ gering. Die Pressen und Maschinen können leichter gebaut sein, die Zurichtung ist einfacher und schneller. Dieser Umstand trug zur raschen und weiten Verbreitung sogleich nach Erfindung um 1798 bei. Bereits der Erfinder A. ↗ Senefelder entwickelte beinahe sämtliche bekannten Methoden der Druckformherstellung, die er Manieren nannte. Auf diese Weise hatte er die Möglichkeit, das Verfahren zu verschiedenen Zwecken einzusetzen, z. B. für den Musiknoten-, Karten-, Bilder-, Wert- oder Akzidenzdruck. Senefelder erprobte auch verschiedene Pressen: die Tiegel-, Reiber-, Stangen- oder Galgenpresse mit beweglichem Reiber. In den 1820er Jahren entstanden in Großbritannien erste eiserne Pressen. 1851 wurde für die Maschinenfabrik G. Sigl, Wien und Berlin, die Steindruck-Schnellpresse (Zylinder-/Flachformsteindruckmaschine) patentiert. Am Ende des 19. Jh.s wurde aus dem S. zunächst der indirekte Steindruck mit Zinkplatten entwickelt und aus diesem Anfang des 20. Jh.s der ↗ Offsetdruck.

C. W. Gerhardt

Steinhochätzung (auch «erhobener Steindruck») ist ein Verfahren zur lithografischen Druckformherstellung. Die Zeichnung wird im Gegensatz zu den sonstigen Verfahren so kräftig geätzt, dass ein deutliches Relief entsteht; sie kann dann ohne Feuchten gedruckt werden. Diese Technik diente nur zur Herstellung einfacher und preiswerter Drucke.

C.W. Gerhardt

Steinradierung ↗ Lithografische Radierung

Steinzeichnung heißt die direkte Zeichnung auf den Stein für den ↗ Steindruck, die eigentliche ↗ Lithografie. Es wird entweder mit fettiger Tusche, mit Pinsel oder Feder auf den mehr oder weniger fein geschliffenen Stein oder mit Fettkreide auf den gekörnten Stein gezeichnet. Als Künstler-S. gilt im Allgemeinen die Steinkreidezeichnung. Vor der Fotografie galt die Herstellung von Porträts mittels dieser Technik als ein besonderes Arbeitsgebiet. Neben einfarbigen sind auch farbige Lithografien hergestellt worden.

C.W. Gerhardt

Stempel. 1. Druck. S. sind a) der Schrifts., der seit J. ↗ Gutenberg zur Herstellung der Matrizen zum Gießen der Bleitypen gebraucht wird und b) der S. als Druckstock (Druckplatte, Prägeplatte, Gravur u.ä.) im Prägedruck. Abgesehen von a) dienen S. zur farbigen oder farblosen Übertragung eines Schrift- oder figürlichen Bildes. Dieses kann erhaben oder vertieft in das S.material (z.B. Ton, Holz, Metall) eingearbeitet sein. Auf dem Abdruck erscheint es entsprechend positiv oder negativ. S. tragen Schrift/Bild stets seitenverkehrt. S.abdrücke als Eignerzeichen sind seit dem Altertum bekannt. 2. Einband. Der S. ist neben dem Streicheisen das älteste Werkzeug der Buchbinder für den Blinddruck bzw. die Handvergoldung. Er besteht aus einem Metallteil aus Messing oder Bronze, in dessen Kopf ein Schmuckmotiv graviert ist, und einem hölzernen Griff. 3. Bibliothek. S. mit dem Namen der Bibliothek ist die bei deutschen Bibliotheken heute allgemein übliche Form der Besitzkennzeichnung. Der S. wurde seit Ende des 18. Jh.s gebräuchlich. Der S. wird i.d.R. auf der Rückseite des Titelblatts angebracht, ein kleinerer (sog. Geheims.) am unteren Rand bestimmter, stets gleich bleibender Seiten im Innern des Buches, gelegentlich auch am Ende der letzten Textseite. Wird ein Buch aus dem Bestand ausgeschieden, erhält es einen Abgabes. Auch Dubletten werden durch einen eigenen S. als solche gekennzeichnet.

Stempelschnitt ↗ Schriftstempel

Stenografie, aus dem Griechischen «Kurzschrift». Aus speziellen Zeichen und nach bestimmten Regeln konstruierte Schrift, die aufgrund ihrer Wortbilder («Steneme») schneller als sonstige Schriften geschrieben werden kann. Die moderne S. ist eine Buchstabenschrift, verwendet aber auch Elemente der Silben- und Wortschrift (sog. standardisierte Kürzel). Es werden geometrische und kursive S.systeme unterschieden. Geometrische Systeme reihen Geraden und Kreisbögen in unterschiedlicher Größe und Lage aneinander; bei kursiven Systemen haben die Ab- und Haarstriche im Allgemeinen eine einheitliche Schreibrichtung.

S. gab es schon in der Antike, z.B. die Tachygrafie bei den Griechen oder die Tironischen Noten bei den Römern. Im byzantinischen Kulturraum wurde die Tachygrafie bis ins 15. Jh. verwendet, während die Kenntnis dieser Schrift im Abendland verloren ging. T. Bright (1551–1615) schuf 1588 das erste neuzeitliche S.system, J. Willis (um 1575–1625) veröffentlichte 1602 die erste Buchstabenkurzschrift. Er prägte auch die Bezeichnung S. Erst mit F.X. Gabelsberger (1789–1849) wurde die S. in Deutschland durchgesetzt. Es folgten weitere Systeme, z.B. das von W. Stolze (1798–1867) und F. Schrey (1850–1938). In den Jahren 1906–1924 wurde die Deutschland Einheitskurzschrift (DEK) entwickelt. Sie stellt einen Kompromiss dar mit vornehmlich Gabelsbergerschem Konsonantengerüst und überwiegend Stolze-Schreyschen Systemvorteilen. Die DEK wurde 1936 und 1968 durch Systemrevisionen den modernen Entwicklungen angepasst.

H. Kieser

Stenotypie ↗ Stenografie

Sterbebüchlein ↗ Ars moriendi

Stereo, aus dem Griechischen «hart», «haltbar», Druckplatte für den Buchdruck, die vom Satz oder einem Vorlagendruckstock abgeformt wird. Formal wird zwischen Flach- und Rund-S., nach dem Material zwischen Blei (Bleis.) und Kunststoff (Gummis., Plasts.) unterschieden. *F. Lühmann*

Stereografisches Buch, eine Publikation, die Abbildungen enthält, die nach dem Prinzip der Stereoskopie räumlich auf den Betrachter wirken.

Stereoskopie, aus dem Griechischen «räumlich», «betrachten»; ist die Wiedergabe von Bildern mit einem räumlichen Eindruck von Tiefe, der physikalisch nicht vorhanden ist. Es handelt sich um zweidimensionale Abbildungen, die lediglich einen räumlichen Eindruck vermitteln. Das Prinzip beruht aus der Betrachtung z. B. eines Gegenstandes aus den leicht verschiedenen Blickwinkeln zweier Augen. Anwendung u. a. durch die im 19. Jh. aufkommende Stereofotografie und dem ↗ Anaglyphendruck. *T. Keiderling*

Stereotyp ist eine im Alltagswissen (↗ Alltagstheorie) sich ausformende, prägnante, d. h. auf wesentliche Merkmale verkürzte Vorstellung über andere Personengruppen und ihrem typischen Aussehen, Denken und Verhalten. S.en bezeichnen somit relativ starr gefügte, überindividuell gültige Vorstellungsbilder z. B. über andere Volksgruppen, ethnische Minderheiten, Intellektuelle, Emanzipierte etc., die oftmals durch Medien aufgegriffen und sogar verstärkt werden können. S.en dienen der Abgrenzung (Ingroup versus Outgroup) und besitzen eine entscheidungserleichternde Funktion. Im Gegensatz zum eher negativen Vorurteil kann ein S. auch positiv besetzt sein. Der Begriff wurde von W. Lippmann (1889–1974) 1922 in seiner Publikation «Die öffentliche Meinung» eingeführt. Während Lippmann den Begriff eher mit einer sachlich unbegründeten und sozial schädlichen Vorstellung über andere verband, betont die heutige S.enforschung, dass die Übereinstimmung von S. und Wirklichkeit auf Gruppenebene tendenziell hoch ist. *T. Keiderling*

Stereotypie, Verfahren zur Erzeugung eines Abdrucks der erhabenen Struktur einer Buchdruckform (früher auch Klischee genannt) mit dem Ziel, die manuell oder maschinell hergestellte Druckform (Satz) zu ersetzen. Eine aus angefeuchteter Pappe hergestellte Mater (Matrize) wird mit einer Bleilegierung in speziellen Gießinstrumenten ausgegossen, die auch die Fertigung von Rundformen für den Zeitungsdruck in Rotationsbuchdruckmaschinen ermöglichen. Wegen des Zeit- und Materialaufwandes wird die S. im modernen Druck nicht mehr angewandt. *U. Herzau-Gerhardt*

Stich. Mit S. bezeichnet man den Abdruck einer Metallplatte, in welche die gewünschte Darstellung mittels Stichel eingraviert ist. Somit gehört der S. zu den Tiefdrucktechniken. Im ersten Drittel des 15. Jh.s erschienen erste selbstständige Stiche, deren Meister meist anonym waren. Der Begriff S. wird im 19. Jh. auch für ein Hochdruckverfahren verwendet, den ↗ Holzstich. *B. Schulz*

Stichel, Stahlwerkzeug zur Herstellung von Metall- und Holzschnitten. Seine Spitze ist schräg angeschliffen, der Holzgriff pilzförmig. Es gibt Spitz-, Linsen-, Flach- und Runds. Für den Stahlstich wurde ein Mehrliniens. entwickelt, mit dem man tonige Flächen, z. B. Himmel, einritzen konnte. Klischees werden mit S. geputzt. *B. Schulz*

Stichprobenverfahren, Teilverfahren der empirischen Forschung (↗ Empirischen Methode), um aus einer zu untersuchenden Grundgesamtheit (z. B. einer Landesbevölkerung, Wählerschaft, Altersgruppe oder Gruppe bestimmter Mediennutzer) eine Teilmenge auszuwählen, die allein bei einer (wissenschaftlichen) Untersuchung berücksichtigt wird. Es gibt zwei grundlegende Unterscheidungen: 1. Das repräsentative S. erlaubt für die Grundgesamtheit gültige Aussagen. Dieses Verfahren ist für soziologische Untersuchungen von besonderem Interesse, weil sich so z. B. der Ausgang eines politischen Wahlgangs auf der Grundlage einer Stichprobe relativ exakt, d. h. innerhalb eines zu tolerierenden Fehlerbereichs, vorhersagen lässt. Das repräsentative S. wird wiederum differenziert: a) in die Zufallsauswahl – jedes Element einer Grundgesamtheit besitzt dieselbe Wahrscheinlichkeit, in die Stichprobe zu gelangen: z.B. als einfache, geschichtete (die Grundgesamtheit wird nach verschiedenen Submerkmalen in relativ «homogene» Schichten aufgeteilt und für jede Schicht eine Zufallsauswahl vorgenommen) oder Klumpen-Auswahl. Beim b) systematischen, d.h. bewussten und nicht-zufallsgesteuerten S. erfolgt die Auswahl nach zuvor festgelegten Regeln unter Berücksichtigung sachbezogener Merkmale. Sie ist möglich, wenn die Zusammensetzung der Grundgesamtheit bekannt ist und kann repräsentative Aussagen ermöglichen: Quotenauswahl, Schneeballverfahren oder typische Auswahl. 2. Bei einer willkürlichen Auswahl ist die Repräsentativität nicht gegeben, weil die Wahrscheinlichkeit, mit der ein Element in die Stichprobe gelangt, nicht berücksichtigt wird. Dies ist z.B. bei der Befragung in einer Fußgängerzone oder im Bekanntenkreis der Fall. Somit lassen sich daraus keine für eine Grundgesamtheit gültigen Aussagen formulieren. ↗ Datenerhebungsmethode   *T. Keiderling*

Stichtiefdruck. Der S. entwickelte sich Anfang des 20. Jh.s aus den ↗ Stahlstich-Erfindungen von J. Perkins (1766–1849). Seit den Anfängen 1909 für eine Druckmaschine mit zylindrischen Druckformen und Wischvorrichtungen entwickelte sich der moderne ↗ Wertpapierdruck mit Stichtiefdruckwerken, Druckeinheiten für Rakeltiefdruck und Rotationsprägung.   *C.W. Gerhardt*

Stichwort ↗ Lemma

Stigmonym, aus dem Griechischen «Stich», «Punkt»; eine Sonderform des ↗ Pseudonyms, bei der der Name des Verfassers durch Punkte angedeutet wird.

Stil, aus dem Lateinischen «Schreibgriffel», aber auch schon «Schreibart»; die charakteristische Gestaltung und Prägung kultureller, besonders künstlerischer und literarischer Ausdrucksformen, die geprägt sind durch den Formwillen, die Vorlieben und Eigenarten des Autors, durch seine Standes-, Klassen-, Kultur- und Volkszugehörigkeit, seine Zeit und Epoche, die von ihm gewählten Medien und Formen mit ihren Gesetzen und Traditionen sowie die jeweiligen Verwendungs- und Wirkungsabsichten und -zusammenhänge, so dass man Individual-, National-, Epochen-, Gattungs-, Funktionss.e u.a. S.e unterscheiden kann.   *H.-G. Schmitz*

Stilles Lesen ↗ Stummes Lesen

Stilografie ↗ Stylografie

Stilus, lateinische Bezeichnung des antiken Schreibgriffels. Er bestand i.d.R. aus Bronze, sonst aus Elfenbein, Knochen oder Edelmetall, und diente v.a. zum Ritzen in Wachs (↗ Cerata tabula). Durch viele Funde von Originalen und durch bildliche Darstellungen sind wir über seine Form und Verwendung gut unterrichtet.   *B. Bader*

Stimulationstheorie ist ein Modell der Kommunikations- und Medienwissenschaft, das aufgrund der zahlreichen ↗ Gewaltdarstellungen in den Medien eine Abstumpfung des Rezipienten (↗ Habitualisierung) und ein erhöhtes Gewalt- und Aggressionspotenzial desselben nach der Medienrezeption unterstellt. Entsprechende Experimente wurden von L. Berkowitz (1926–2016) und D. Zillmann (geb. 1935, ↗ Mood Management) durchgeführt. Allerdings wird dieser Ansatz von der Fachwelt in seiner monokausalen Wirkungskonstruktion kritisiert. Der Rezeptionsvorgang sei vielmehr komplexer und wird von weiteren Faktoren wie die Bildung und Emotionalität des Rezipienten oder weitere Rahmenbedingungen der konkreten Rezeptionssituation beeinflusst. Zudem kann eine Verhaltens- und Einstellungsänderung nach medialer Gewaltdarstellung nur bei einem vergleichsweise geringen Prozentsatz der Rezipienten nachgewiesen werden. Siehe auch die Gegenthese der ↗ Karthasis.   *T. Keiderling*

Stimulus-Organism-Response-Modell (S-O-R-Modell, auch Reiz-Organismus-Reaktions-Modell) ist ein kommunikations- und medienwissenschaftliches Wirkungsmodell. Die Grundannahme lautet, dass ein Stimulus/Reiz des Senders (z.B. ein politischer Aufruf oder eine Werbeaussage) vom

Organismus (Empfänger, Rezipient) jeweils unterschiedlich interpretiert und verarbeitet wird und eine entsprechende Wirkung zeitigt (in Form einer Zustimmung/eines Kaufs oder einer Ablehnung). Das Konzept wurde von R. S. Woodworth (1869–1962) 1929 entwickelt. Es steht damit im Unterschied zum älteren, u. a. von I. P. Pawlow (1849–1936), E. L. Thorndike (1874–1949) und B. F. Skinner (1904–1990) ursprünglich über Tierversuche entwickelten und mittlerweile im Medienbereich falsifizierten Stimulus-Response-Modell (S-R-Modell, auch Reiz-Reaktions-Modell), das eine ungebrochen starke und gleiche Wirkung eines Stimulus unterstellt (alle Rezipienten reagieren in gleicher Weise auf einen politischen Aufruf oder eine Werbeaussage; ↗ Hypodermic-Needle-Modell). Beim S-O-R-Paradigma werden demnach zusätzlich interne Prozesse des Organismus in Rechnung gestellt, welche die Medienwirkung abschwächen. Kritiker des S-O-R-Modells wenden gleichwohl ein, dass Gruppenprozesse in diesem Modell keine angemessene Beachtung finden und dass nur der Reiz-Aussender eine aktive Rolle zugeschrieben bekommt, während sich der Reiz-Empfänger passiv verhält. ↗ Dynamisch-transaktionales Modell   *T. Keiderling*

Stimulus-Response-Modell ↗ Stimulus-Organism-Response-Modell

Stockfleck(en), Flecken von in Braun und Grau spielender Färbung in Druckmedien. Als deren, bis heute nicht ganz geklärten Hauptursachen gelten verschiedene Faktoren: mikrobiologische (mykotische) Vorgänge, das Vorhandensein von Spuren von Eisen und ein zu feuchtes Aufbewahrungsklima. Die restauratorischen Techniken zu ihrer Beseitigung oder Milderung bestehen in oxidativem, manchmal auch reduktivem Bleichen.   *H. Bansa*

Stoff, in der Papiermacherei Bezeichnung für Fasern und sonstige Zutaten (Hilfsstoffe wie Füll-, Farb- und Leimungsstoffe), die mit Flüssigkeit vermischt sind. Je nach Bearbeitungszustand unterscheidet man Rohstoff, Halbzeug (Halbstoff) und Ganzzeug (Ganzstoff).   *F. Schmidt*

Stoffdruck ↗ Textildruck

Stoffleimung des Papiers ↗ Leimung des Papiers

Stoppzylindermaschine ist eine Variante der Zylinder-/Flachformdruckmaschine. Dabei ist der Umfang des Druckzylinders gleich der Hälfte des Weges des Karrens mit der Druckform. Sie geht zurück auf den Erfinder F. ↗ Koenig.

Storyboard, visuelles Planungsinstrument, das bei der Filmproduktion in Ergänzung zum ↗ Drehbuch eingesetzt wird, auch bei der Planung von Rundfunksendungen, Websites, Software-Entwicklung, umfangreichen Präsentationen u. a. m. Die Abfolge der geplanten Szenen, Einstellungen, Handlungen usw. wird narrativ in skizzenhaften grafischen Darstellungen (ggf. als Scribble) entworfen. Ein S. wird heute digital, i. d. R. mittels spezieller Software (z. B. Board-Master) erstellt.   *K. Umlauf*

Straßenhandel, Bezeichnung für die Gewohnheit, Zeitungs- und Zeitschriftennummern durch Einzelhändler (Kioske) oder fliegende Zeitungshändler (Zeitungsjungen) dem Leser v. a. an Verkehrsknotenpunkten anzubieten. Bis zur Märzrevolution 1848 besaß die Post in Deutschland ein Vertriebsmonopol für die Presse und bot ausschließlich Abonnements an. Eine Errungenschaft der Märzrevolution war das Angebot von Einzelnummern an den Brennpunkten des revolutionären Geschehens. Die Presse konnte dadurch ihr Publikum zumindest punktuell ausweiten, da Zeitungslektüre nicht mehr an die vorherige Bezahlung von Abonnementsperioden geknüpft war. Durch den S. wurden Boulevardblätter, aber auch Mittags- und Abendzeitungen erst möglich, die häufig auf dem Weg ins Büro, während der Mittagspause und auf dem Heimweg von der Arbeit zusätzlich zur Abonnementszeitung erworben werden.   *H. Bohrmann*

Streaming ↗ Streaming-Medium

Streaming-Medium ermöglicht die gleichzeitige Übertragung und Wiedergabe von Video- und Audiodaten über ein Rechnernetz (Internet). Den Vorgang der Datenübertragung selbst nennt man Streaming und übertragene Programme werden als Livestream oder kurz Stream bezeichnet. Es ist heute technisch möglich, das Streaming über eine Pausentaste kurzzeitig zu stoppen («Pufferung», d.h. die Zwischenspeicherung der Daten ist je nach Software bis zu ca. 30 Min. möglich), um somit die Sendung zeitversetzt anzusehen. Damit gehört der Vorgang nicht zum Rundfunk, sondern entspricht dem Pod- bzw. Vodcast, denn hier wird jedem Nutzer gesondert, auf dessen Anforderung hin eine Punkt-zu-Punkt-Verbindung zwischen dem Medienserver des Senders und dem eigenen Rechner hergestellt. Im Unterschied zum Herunterladen wird beim Streaming keine Medienkopie beim Nutzer angelegt, sondern der Inhalt direkt ausgegeben und anschließend gelöscht bzw. verworfen. *T. Keiderling*

Streichmittel oder Streichmasse zur Herstellung gestrichener Papiere; es besteht aus einem Bindemittel (früher Kasein, heute Kunststoffdispersion, auch Stärke, Leim, Cellulosederivate) und einem Pigment (Kreide, Kaolin u. a.).

Streifband (auch Kreuzband) ist eine offene Verpackungsform für Druckmedien wie z. B. zu versendende (Teil-)Auflagen von Broschüren, Drucksachen oder Zeitungen von definierter Größe (z. B. mindestens 9 cm × 14 cm, maximal 25 cm × 35,3 cm [= DIN B4], Sendungsdicke bis zu 5 cm) sowie geringem Gewicht (bis zu 100 g). Dabei wird ein Streifen haltbaren Papiers mit der Anschrift des Empfängers um die Sendung gelegt, der breiter als die halbe Länge der Sendung sein muss. *T. Keiderling*

Streitschrift, eine kämpferische literarische Auseinandersetzung mit bestimmten weltanschaulichen, politischen, moralischen oder kulturellen Standpunkten oder Gegebenheiten. Die Übergänge zu bedeutungsähnlichen Begriffen sind fließend. Wird der Gegner bzw. seine Auffassung oder sein Werk besonders scharf angegriffen, spricht man eher von einer Schmähschrift (Pamphlet, Pasquill, Libell, Invektive); werden Mittel der Komik bevorzugt eingesetzt, eher von einer Spottschrift oder Satire. *H.-G. Schmitz*

Streusand. Seit Beginn des 17. Jh.s bis zur Mitte des 19. Jh.s wurde S. zum Trocknen der Tintenschrift bei Briefen und Aktenstücken neben dem ebenfalls im 17. Jh. bereits bekannten Löschpapier (↗ Saugpapier) verwendet. Die erste Erwähnung findet sich bei J. A. Comenius (1592–1670) 1658, wo auch das Löschblatt bereits genannt wird. Der S. besteht meist aus Natursand, der aus dem Meer oder, v.a. als Nebenprodukt bei der Goldwäsche, aus Flüssen gewonnen wurde. Doch hat man ihn auch durch Zerschlagen und Mahlen von Sandstein und anderen Gesteinen erzeugt. Daneben waren Metallspäne, v.a. Eisenspäne, in Gebrauch, die jedoch den Nachteil besitzen, dass sie als Reste, in Akten verblieben, die Oxydation und damit den Papierverfall befördern. Der S. war häufig mit Lackfarbstoffen eingefärbt. Zu seiner Verwendung wurde er in eine oft kunstvoll gestaltete Streusandbüchse aus Holz, Glas oder Metall gefüllt, die oben einen siebartigen Verschluss trug. *G. Pflug*

Strich ist in der Papierherstellung die Bezeichnung für die aufgebrachte Streichmasse (auch Streichfarbe), die der Papieroberfläche für den Illustrationsdruck und Mehrfarbendruck die nötige Glätte verleiht. ↗ Gestrichenes Papier *G. Brinkhus*

Strichätzung. Seit Ende des 19. Jh.s wurden für Illustrationen in den Hochdruckverfahren Metallklischees eingesetzt. Nach Strichvorlagen, die nur aus gleichmäßig gedeckten schwarzen oder farbigen und weißen Flächen oder Strichen bestanden, ätzte man S.en; nach Halbtonvorlagen (Autotypien). Beide Arten konnten durch Galvanoplastik und Stereotypie vervielfältigt werden. Für die S. benutzte man Zink und Magnesium, das zunächst säurefest beschichtet, sodann unter dem Negativ belichtet und schließlich geätzt wurde. Alle nichtdruckenden Partien wurden tiefgelegt. Die ersten in der Praxis brauchbaren S.en stammen von F. Gillot (1820–1872) um 1850. Er nannte sie Fotozinkogravuren. *C. W. Gerhardt*

Strichcode ↗ Barcode ↗ EAN-Strichcode

Strichzeichnung ist ein Begriff aus der Reproduktionstechnik und kennzeichnet Bildvorlagen, die aus voll gedeckten schwarzen Linien und Details auf weißem Untergrund bestehen. Ein Zeichner führt die S. in einem gleichmäßig gedeckten Strich mit Zeichenfeder, Pinsel, Filzstift oder Ähnlichem aus. Viele Buchillustrationen wurden als S.en (ohne Halbtöne) angelegt. Ebenso gelten Holz- und Linolschnitte ohne Graudetails als Strichvorlagen, die als Strichätzungen (für den Hochdruck) oder als Strichfilme für den Offsetdruck (Flachdruck) reproduziert werden. Schließlich werden flächige Vollfarbvorlagen ohne Halbtöne (für Plakate mit Negativdetails, z. B. Schrift), mehrfarbige Zeichnungen in Vollfarben, als Mehrfarben-Strichätzungen bzw. Mehrfarben-Strichfilme reproduziert. *H. Wendland*

Stückkostenrechnung, Kennzahl aus der Kosten- und Leistungsrechnung, bei der die z. B. im Zeitungsverlag für die Produktion eines bestimmten Zeitungs- und Zeitschriftentitels die Einnahmen (Abonnement, Einzelverkauf, Anzeigeneinnahmen) und die Kosten (Redaktion, Verlag, Druck, Vertrieb) so aufgeteilt werden, dass sie für einzelne Exemplare ermittelt und über die Zeit verglichen werden können. Auch durch den Vergleich der Stückkosten mit anderen Blättern des eigenen Verlags und, so weit erreichbar, von Konkurrenten lassen sich wachsende oder fallende Rentabilität von Titeln grob ermitteln. Die S. ist ein Instrument betriebswirtschaftlicher Betrachtung, dessen Ergebnisse mit anderen Kennzahlen verglichen werden müssen, um zu gesicherten Aussagen zu gelangen. *H. Bohrmann*

Studie, aus dem Lateinischen «Werke der Literatur». Seit dem ausgehenden 18. Jh. wird das Wort S. in der bildenden Kunst für einen Vorentwurf, eine Skizze verwandt, wenig später in dieser Bedeutung auch in der Literatur. In der Musik bezeichnet es, als Eindeutschung des Terminus «Etude», eine Komposition zur Übung an einem Instrument. Im 19. Jh. wurde es zu einem beliebten Titelbegriff für wissenschaftliche oder fachliche Einzeluntersuchungen. *G. Pflug*

Studienausgabe nennt man die Textausgabe eines Werks der Literatur und Wissenschaft in einfacher Form, also ohne kritischen Apparat, für Studium und Unterricht (Leseausgaben). Die Bezeichnung S. wird aber benutzt für eine gekürzte Ausgabe (Kompendium, Grundriss) eines Wissensgebiets. Einige Verlage verwenden für ihre Reihen von S.n auch die Bezeichnung «Studientexte» oder «Studienhefte». ↗ Schulausgabe

Stummes Lesen. Während im Altertum das ↗ laute Lesen die Norm darstellte – nicht nur durch die Praxis des Vorlesens durch Lese- und Schreibsklaven, sondern auch bei der Individuallektüre – setzte sich seit dem Mittelalter sukzessive das s.e L. durch. Dieser Übergang wurde wesentlich durch die Änderung eines Schriftbildes im Übergang von der Scriptura continua zu einer durch Spatien und Satzzeichen gegliederten Schrift beeinflusst. Doch hat auch eine Änderung der Lesegewohnheiten auf diesen Vorgang eingewirkt. An die Stelle des rhetorischen Interesses am Text trat die logische Struktur der Information, wie sie sich in der Scholastik ausbreitete. ↗ Leserevolution *G. Pflug*

Stummfilm, frühe Entwicklungsstufe des ↗ Films vom ausgehenden 19. Jh. bis zur Einführung des ↗ Tonfilms in den 1920er Jahren; zugleich in dieser Periode die übliche Medienform in den frühen ↗ Kinos. Der S. musste die noch nicht vorhandene technische Möglichkeit der synchronen Sprachübertragung durch Gestik und Mimik sowie eingeblendete, erklärende Schrifttafeln (Zwischentitel) ausgleichen. Die unterschiedlichen künstlerischen und schauspielerischen Anforderungen von Stumm- und Tonfilm sorgten dafür, dass viele Stummfilmstars nach Durchsetzung des neuen Mediums ihre Karriere nicht fortsetzen konnten. Es war üblich, in den Kinos eine musikalische Untermalung durch Orchester, Klavier bzw. Pianola oder Grammophon darzubieten. Vor Einführung des Tonfilms gab es mit dem Chronophon bzw. Biophon zwischen 1901 und 1912 erste Versuche, durch zeitgleiches Abspielen von Schellack- bzw. Grammophonplatten einen begleitenden Ton zu erhalten. Allerdings eignete sich diese Technik nur für kleinere Kinos. *T. Keiderling*

Stundenbuch (Livre d'heures), Hauptform des mittelalterlichen Gebetbuches für Laien, benannt nach den in Stundengebete aufgeteilten Offizien und Horen. Zum Grundbestand gehören Kalender, Marien- und Toten-Offizium sowie Bußpsalmen mit Litanei. Zwar gehen die Anfänge des S.s wie die des ↗ Breviers bis ins 11. Jh. zurück, lange Zeit stand diese Form des Gebetbuchs für Laien jedoch im Schatten des ↗ Psalteriums. Die Mischform Psalter-S. war im 13. und frühen 14. Jh. beliebt. Um 1400 kannte man hingegen auch die Verbindung mit dem Missale; von daher rührt die Begriffsverwirrung in älteren Antiquariatskatalogen, v.a. aus England, in denen «Missal» meist ein einfaches S. bezeichnet. Der Buchdruck stellte sich erst in den 1480er Jahren der Aufgabe, Stundenbücher zu drucken. Da Bilder zur geistlichen Betrachtung im Stundenbuch gehören, sind zumindest im erhaltenen Bestand über 90 % mit Bildern versehen, die meist nicht streng textabhängig sind. *E. König*

Stylografie (Stilografie) heißt die Herstellung einer Tiefdruckform nach einer radierten Metallplatte aufgrund einer galvanoplastischen Abformung.

Subscriptio, aus dem Lateinischen «Unterschrift»; wird als Bezeichnung für Schlussschriften in Handschriften verwendet, d. i. für Schlussschriften in profanen und christlichen Handschriften zur Zeit des Übergangs von der Spätantike zum Mittelalter (4.–6. Jh.). Vielfach gibt die S. Anhaltspunkte zur Überlieferungsgeschichte einzelner Texte. Für S. wird auch die Bezeichnung ↗ Kolophon gebraucht, besonders bei Inkunabeln, die zunächst ohne Titelblatt waren. S.nes enthalten zumeist Angaben über das Werk bzw. seinen Inhalt, den Verfasser, den Schreiber oder Korrektor. Die S. vertritt somit den Titel bzw. ist ein Vorläufer des Titelblatts. Sie hat ihren Platz am Schluss des Codex: eine Übernahme aus der Zeit der Rollenform des Buches. Im erweiterten Sinn wird S. auch für die Schlussschriften in späteren Handschriften verwendet. *W. Milde*

Subskription ist eine im Buchhandel seit dem 17. Jh. eingeführte Methode für den Vertrieb teurer, oft mehrbändiger Werke durch Vorbestellung Buchhändler, Verleger, Herausgeber oder beim Autor, besonders für Werke mit hohen Herstellungskosten und begrenztem Interessentenkreis. Die S. soll den Absatz von Nachschlagewerken, Gesamtausgaben, wissenschaftlichen Buchreihen, kostbaren Künstler- oder Faksimileausgaben u. dgl. erleichtern. Außerdem ermöglicht die S., die Deckungsauflage vor Erscheinen abzuschätzen. Die durch Unterschrift (= subscriptio) fixierte Abnahmeverpflichtung trug früher, womöglich in Verbindung mit einer ↗ Pränumeration, auch zur Kostendeckung bei. Ein Anreiz für die Vorbestellung war der Eintrag in das Subskribentenverzeichnis, besonders für Förderer, bei denen die Zahl der geworbenen Subskribenten angegeben wurde. Im 19. Jh. reduzierte sich das S.swesen auf den Vertrieb größerer Nachschlagewerke (Lexikonabsatz), Gesamt- und Liebhaberausgaben u. ä. In der heutigen Praxis gilt ein S.werk gemäß § 8 der buchhändlerischen Verkehrsordnung (Fassung 2006) als Fortsetzungswerk, das zu einem Vorzugspreis (Subskriptionspreis) geliefert wird. *K. Gutzmer*

Subskriptionspreis ist ein vom Verlag festgesetzter, gebundener Vorzugspreis für die Subskription eines ein- oder mehrbändigen Werks. S.e enden gemäß § 3. Abs. 10 der buchhändlerischen Verkehrsordnung (Fassung 2006) sieben Werktage nach Ablauf der Subskriptionsfrist, die häufig auf den Erscheinungstermin oder maximal drei Monate danach festgelegt wird. Der S. wird vom Verlag bei Ankündigung und in der Werbung bekanntgegeben. Er ist gegenüber dem Einzelpreis bzw. endgültigen Ladenpreis um etwa 10–20 % ermäßigt.

Subverleger, Begriff aus dem Musikverlag für denjenigen Verleger, der ein Werk mit Einverständnis des Originalverlegers für ein Land oder mehrere Länder laut Subverlagsvertrag übernimmt, ggf. veröffentlicht und in denjenigen Ländern vertreibt, in denen er zum Vertrieb berechtigt ist. Wesentliche Gegenstände von Subverlagsverträgen sind Nebenrechte. Vertragseinzelheiten regeln die Verteilungspläne der Gesellschaft für musikalische Aufführungs- und mechanische Vervielfältigungsrechte (GEMA). *L. Delp*

Suchmaschine, Suchdienst, der das Internet nach Dokumenten durchsucht, diese indexiert und die Ergebnisse in einer Datenbank speichert. S.n bestehen im Wesentlichen aus drei Hauptmodulen: einem Modul zur Dokumentbeschaffung, dem ↗ Crawler, einem Modul zur Erschließung und Erfassung, dem Indexing Modul, sowie einem Suchmodul, das Suchanfragen mit dem Index abgleicht und mehreren Untermodulen. Der prinzipielle Aufbau von S.n ähnelt sich. Sie können unterschiedlich klassifiziert werden: Universal-S.n (die das gesamte Web durchsuchen, z. B. Google [Marktanteil weltweit 2017: 92,1 %], Bing [2,8 %] oder Yahoo [1,7 %]), Spezial-S.n (die sich z. B. auf eine Region, eine Sprache, ein Themengebiet, z. B. Wissenschaft, beschränken, wie BASE) und Archiv-S.n (welche die Webseiten auch speichern und dauerhaft zur Verfügung stellen, z. B. Internet Archive Wayback Machine). Andere Klassifizierungen orientieren sich z. B. an der Art der Indexierung: Indexbasierte S.n erstellen einen eigenen Index, ↗ Metas.n führen parallele Abfragen in verschiedenen indexbasierten S.n durch. Die Finanzierung der S.n erfolgt über Werbung (z. B. in Form der Bannerwerbung, Paid Inclusion, Paid Listing, Paid Placement etc.). *S. Büttner*

Suchmaschinen-Spamming (auch Index-Spamming, Spamdexing, Linkspamming) versucht, über Einträge in eigenen oder fremden Webseiten die Bewertungs-Algorithmen von Suchmaschinen positiv zu beeinflussen. Das Ziel ist es, beim Suchmaschinenranking einen vorderen Platz zu erhalten. ↗ Cloacking ↗ Spam

Superstitial ist ein komplexes, multimediales ↗ Interstitial bzw. vergrößertes ↗ Pop-Up und somit ein angereichertes Medium (↗ Rich Media), das nicht nur Text und Bilder, sondern auch Audio- und Videoelemente enthält und somit Aufmerksamkeit und einen Werbeeffekt beim Nutzer erzielt. Der Unterschied zwischen S. und Pop-Up besteht darin, dass sich das Pop-Up-Fenster bereits öffnet («aufpoppt»), obwohl die Bilddaten hierfür noch nicht vollständig geladen sind. Beim S. lädt eine spezielle Programmierung die Grafiken oder Flash-Daten im Hintergrund. Erst wenn diese vollständig sind, erscheint das Fenster oftmals großflächig über der Internetseite. ↗ Pop-up-Blocker können S.s oftmals nicht verhindern. *T. Keiderling*

Supplement, aus dem Lateinischen «nachfüllen», «ergänzen»; bei wissenschaftlichen Werken oder Zeitschriften eine Ergänzung bzw. ein Nachtrag zum Hauptwerk oder zum Jahrgang der Zeitschrift. Bei Zeitschriften oft synonym für Beiheft.

Supralibros, auch Superexlibris, aus dem Lateinischen «oben auf dem Buch». Das S. ist eine Form des ↗ Exlibris. Während sich dieses im Inneren des Buches befindet, wird beim S. der Name des Besitzers, sein Wappen, Wahlspruch, Porträt oder Initialen vorn auf den Bucheinband geprägt. Somit ist es Teil der Bucheinbandverzierung. Die Entstehung des S. ist eng mit der Herausbildung von Privatbibliotheken in der Renaissance verknüpft. Neben Privatpersonen schmücken sich auch Bibliotheken ihre Bücher mit einem derartigen Besitzzeichen, so die Kgl. Bibliothek zu Berlin ab ca. 1770. *E.-P. Biesalski*

Surface Web (auch Visible Web), aus dem Englischen Oberflächen Web; ist der Teil des World Wide Web, der allgemein durch Suchmaschinen zugänglich ist. Nicht dazu gehört das ↗ Hidden Web, ↗ Deep Web bzw. Darknet.

Sütterlin-Schrift. Nach dem Schriftkünstler und Pädagogen L. Sütterlin (1865–1917) benannte deutsche und lateinische Schreibschrift, die er unter Mitarbeit anderer Pädagogen ab 1911 entwickelte und an zahlreichen Schulen erprobte. Beide Schriften wurden 1915 in Preußen amtlich eingeführt. Unter S.-S. wird im Allgemeinen die deutsche Version verstanden, die fälschlicherweise als Synonym für deutsche Schrift schlechthin gilt. Wesentlich an der S. war der Übergang von der vorherrschenden Schräg- in die Steillage, wodurch die Formen reicher und differenzierter wurden. Sütterlin forderte von der Schreibschrift Deutlichkeit, Lesbarkeit und harmonische Ausgewogenheit von Buchstaben, Zeilen und Seiten. Sein «Neuer Leitfaden» wurde 1924 als Lehrbuch amtlich empfohlen. Fast alle namhaften Schulbuchverlage boten Fibeln und Lesebücher mit S.-S. an. Für den Schreibunterricht gab es Sütterlin-Material für die deutsche und lateinische Schrift als Anschauungstafeln, Buchstabentäfelchen, Lesekästen, Emailletafeln, Schiefertafeln und Schreibhefte. Die S.-S. war Grundlage der 1935 an allen deutschen Schulen eingeführten deutschen Schrift, bis diese 1941 durch Parteierlass der NSDAP verboten und durch die lateinische Schrift ersetzt wurde. *H. Buske*

Switching ↗ Channel Hopping

Symbol, Zeichen, Geste, Bild oder Wort, das einen Begriff, ein Konzept, eine Beziehung oder eine Bedeutung repräsentiert; im engeren Sinne nur ein grafisches Zeichen bzw. ein Bild. *V. Petras*

Symbolischer Interaktionismus ist ein auf G. H. Mead (1863–1931) und H. Blumer (1900–1987) zurückgehender sozialphysiologischer Forschungsansatz mit weitreichender Bedeutung für die Kommunikations- und Medienwissenschaft. Er geht von der Grundannahme aus, dass der Mensch in einer symbolisch – also wesentlich durch Zeichen, Gesten, Bilder, Wörter etc. – vermittelten Umwelt lebt. Menschen handeln gegenüber «Dingen» (= physische Objekte, Menschen, Institutionen, Leitideale, Situationen, Beziehungen etc.) auf der Grundlage der Bedeutungen, die diese für sie besitzen. Die Bedeutung der Dinge entsteht durch symbolisch vermittelte, gesellschaftliche Interaktion und Kommunikation. Im Rahmen des konkreten ↗ sozialen Handelns bildet sich demnach auch die Identität eines handlungsfähigen Subjekts heraus. *T. Keiderling*

Syntaktik ↗ Semiotik

Systematischer Katalog (SK) verzeichnet im Gegensatz zum Formalkatalog (↗ Alphabetischer Katalog) den Bestand einer Bibliothek geordnet nach einzelnen Wissensgebieten in einer sachlich-logischen Reihenfolge. Innerhalb der Wissensgebiete wird nach dem jeweiligen Klassifikationssystem nochmals differenziert, wobei meist eine hierarchische Ordnung von Haupt- und Unterklassen ent-

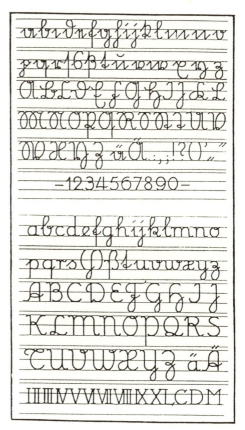

Sütterlin-Schrift. Aus: Neuer Leitfaden für den Schreibunterricht, Berlin 1917.

steht. Die Klassen werden durch eine Notation (meist alphanumerisch) bezeichnet: beim standortgebundenen SK kann die Notation Teil der Signatur werden. Der übersichtlichen Ordnung von in allen Wissensgebieten auftretenden gleichen oder ähnlichen Literaturgruppen dient die Schlüsselung, bei der für dieselben Publikationsformen (Bibliografien, Zeitschriften u. ä.) dieselbe Notation (oder Notationsanhänge) vergeben werden. Der Benutzung des SKs dient die Systemübersicht bzw. die Klassifikation und ein Register aller im SK vorkommender Sachbegriffe (Schlagwortregister). Die Klassifikation, die einem SK zugrunde liegt, muss so gestaltet werden, dass sie durch die Aufnahme neuer oder durch die Aufspaltung bereits bestehender Unterklassen dem Fortschritt in dem jeweiligen Wissensgebiet gerecht wird. International verbreitet ist die Dezimalklassifikation. *R. Jung*

Systemtheorie ist eine transdisziplinäre, universelle Theorie, die zahlreiche Fachdisziplinen – so auch die Kommunikations- und Medienwissenschaft – nachhaltig beflügelt hat. Die moderne S. wurde nach dem Zweiten Weltkrieg v. a. im angelsächsischen und deutschsprachigen Raum theoretisch und methodisch begründet. Ursprünglich orientierte sich dieser Ansatz an der Kybernetik, der aus der Biologie stammenden Lehre der Steuerung von Systemen. Widmeten sich frühe s.etische Modelle dem Verhältnis von Mensch und Maschine oder rein technischen Apparaturen, wurden diese bald auch auf komplexe soziale Systeme ausgeweitet. Theoretiker wie der Biologe L. von Bertalanffy (1901–1972), der Mathematiker N. Wiener (1894–1964) oder die Soziologen T. Parsons (1902–1979) und N. Luhmann (1927–1998) formten in unzähligen Publikationen den Ansatz aus und legten eine auf unterschiedliche gesellschaftliche Bereiche anzuwendende Theorie vor.

Das Besondere der S. besteht darin, gesellschaftliche bzw. soziale Phänomene auf abstrakter Weise über die Beschreibung von sog. Systemen und deren Struktur, Genese, Beziehungen und Wechselwirkungen darzustellen. Systeme werden als höherwertige Einheiten betrachtet. Es kann sich dabei um Organismen (Menschen, Tiere), Maschinen (insbesondere Computer) oder um physikalische, psychische oder soziale Systeme handeln (letzteres z. B.: Politik oder Wirtschaft). Von wissenschaftlichem Interesse sind dabei u. a. folgende Fragestellungen: Analyse von Selbsterschaffung und -erhaltung (Autopoiesis), Gleichgewicht sowie Anpassung von Systemen, Definition der Systemgrenzen, Bezogenheit allen Systemgeschehens auf die Umwelt bzw. andere Systeme sowie Fremd- und Selbststeuerungsprozesse derselben. Im Bereich der Kommunikations- und Medienwissenschaft wird die S. u. a. genutzt, um Kommunikationsvorgänge auf Mikro-, Meso- und Makroebene modellhaft zu erklären, die Funktionalität und Wirkung bestimmter Medien und insbesondere der Massenmedien zu analysieren (u. a. M. Rühl, geb. 1933) oder um den Doppelcharakter von Medien zu begründen. *T. Keiderling*

T

Tabula, aus dem Lateinischen «Brett», «Tafel» oder «Platte» aus Holz; üblicher Ausdruck für die als Schriftträger dienende Holztafel, einen der gebräuchlichsten Beschreibstoffe der Antike (↗ Schreibtafel). Manchmal mit weißer Farbe überzogen, oft mit einer Wachsschicht versehen (↗ Cerata tabula), diente die T. für Aufzeichnungen jeder Art. Speziell kann T. eine Tafel für öffentliche Bekanntmachungen (↗ Album), ein Stimmzettel bei Wahlen sowie (meistens im Plural) Rechnungsbücher, Testamente, Archivalien und Urkunden sein. Auch Täfelchen aus Metall (Militärdiplome) oder Elfenbein wurden T. genannt. Der Diminutiv Tabella begegnet in weitgehend synonymer Verwendung, v.a. für Wachstafeln und Urkunden. Das deutsche Fremdwort Tabelle ist seit dem späten 16. Jh. belegt. *B. Bader*

Tafel, die als Einzelblatt dem Buch eingefügte Bildseite. Mehrere T.n werden als Bogenteil zusammengefasst oder als gesonderter Bogen dem Textteil beigefügt. Für den Druck sind ein gesondertes Reproduktionsverfahren und/oder ein spezielles Papier erforderlich. Die T.n werden deshalb getrennt hergestellt, später als Einzelblätter an einzelne Bogen direkt oder mit Fälzelstreifen angeklebt, als Bogenteile um Bogen gelegt oder als gesonderter Bestandteil des Buches mitgeheftet. Karten und Pläne, die das Buchformat überschreiten und gefaltet werden müssen, werden auch als Anlagen in einer Tasche am hinteren Buchdeckel lose beigelegt. *P. Neumann*

Tafelband ↗ Tafelwerk

Tafeldruck ↗ Holztafeldruck

Tafelwerk, ein überwiegend mit reproduzierten Abbildungen und Bildlegenden ausgestattetes, meist großformatiges Druckwerk, dessen Herstellung höhere Ansprüche an die Druckqualität stellt und ein für die gute Wiedergabe der Vorlagen geeignetes Papier erforderlich macht.

Tag (Informatik), aus dem Englischen «Etikett», «Zeichen», «Auszeichner»; ist die Auszeichnung eines digitalen Datenbestandes (Texts) mit zusätzlichen Informationen, die z. B. ein Wieder-Aufsuchen, Einordnen oder Erklären desselben ermöglicht, häufig werden sie in ↗ Blogs verwendet. Die Zuweisung eines T.s wird als T.ging oder T.gen bezeichnet. Vergleichbar ist dies mit dem Bestichworten bzw. Indexieren eines Datenbestandes. Es können aber auch Meinungen oder Kommentare verknüpft werden. Das T.gen erfolgt in Auszeichnungssprachen wie SGML, XML, XHTML und HTML. ↗ Hashtag ↗ Social Tagging *T. Keiderling*

Tag Cloud ↗ Social Tagging

Tageblatt ↗ Tageszeitung

Tagebuch ist eine persönliche, zumeist chronologische, zeitnahe Aufzeichnung ichbezogener Lebensvorgänge subjektiver wie objektiver Natur. Die intimen T.bücher sind meist handschriftlich in Heftform oder auch als speziell gebundenes Buch, deren Einband mitunter verschließbar ist. Ihrer Motivation und Anwendung nach sind T.bücher oft nicht für die Veröffentlichung bestimmt. Sie dienen psychologisch der Erweiterung oder Stütze und üben somit auch eine therapeutische, analytische Funktion in zahlreichen Anwendungsgebieten der Psychiatrie aus. T.bücher besitzen als autobiografische Quelle generell einen hohen Stellenwert in der Geschichts- wie Literaturforschung. Eine gehobene gesellschaftliche Position im Verbund mit einem persönlichen Interesse, die Erinnerung und Beschäftigung mit der eigenen Person auch nach dem Tod lebendig zu halten, kann auch eine Motivation für das Führen eines T.es sein. Postume kommentierte Veröffentlichungen müssten dabei Inszenierungstechniken der Autoren quellenkritisch beachten. 2. Das T. (auch Memorial oder Journal) bezeichnet im ökonomischen Sinne das Grundbuch der doppelten Buchführung, das die Betriebsvorfälle in chronologischer Reihenfolge und beschreibender Form aufnimmt und für die Übertragung in die weitere Buchführung sammelt.

T. Hilka / T. Keiderling

Tageszeitung. Zeitungen sind in ihrem Entstehen und in ihrer laufenden Produktion von regelmäßig fließenden Nachrichtenquellen abhängig. Diese standen kontinuierlich seit ca. 1600, vermittelt durch den Linienverkehr der Post, zur Verfügung. Dadurch konnten briefliche Nachrichten versandt, aber auch Reisende regelmäßig für das Zeitungsmachen befragt werden. Die ersten seit 1609 überlieferten Zeitungen (↗ Aviso) erschienen wöchentlich. Ab Mitte des 17. Jh.s sind auch Tageszeitungen, die werktäglich – sechs Tage in der Woche – herauskamen, bekannt («Einkommende Zeitungen», Leipzig 1650). Der siebte Wochentag (i. d. R. Sonntag) stellte die Erscheinungslücke als Ruhetag für Redaktion und Druck dar. In Berlin brachten die Zeitungen stets Sonntagsausgaben heraus und ließen den Montag frei. Komplementär haben sich als Lückenzeitungen Sonntags- respektive Montagszeitungen herausgebildet. In die Erscheinungslücke traten auch oft Anzeigenblätter, die dann bessere Beachtung erwarten. In Städten wurden die T.en i. d. R. morgens, auf dem Lande eher mittags publiziert. Inzwischen sind in Deutschland alle T.en Morgenzeitungen. Im 19. und frühen 20. Jh. erschienen in städtischen Ballungsräumen die Zeitungen oft mit zwei (morgens und abends) oder drei (morgens, mittags und abends) werktäglich erscheinenden Ausgaben. Diese Tagesausgaben wurden für auswärtige Leser i. d. R. zu einer Fernausgabe zusammengefasst. An allen sieben Tagen der Woche erscheinende Zeitungen, die im vollen Sinne des Wortes T. genannt werden könnten, sind selten («Tagesspiegel» und «BZ», beide Berlin).

H. Bohrmann

Tagged Image File Format ↗ TIF, TIFF

Taktiles Medium bezeichnet in der Blindenbibliothek die für Sehgeschädigte hergestellte stereoplastische, tastbare grafische Darstellung einer Abbildung, (geografischen) Karte, eines Plans oder Bildes als Hoch- oder Basrelief unterschiedlicher Ausbildung; also ein Modell, nicht jedoch die fühlbare Blindenschrift. Ein t. M. kann zusätzlich farblich gestaltet sein (Siebdruck). Es handelt sich um eine Umsetzung vorhandener Vorlagen, die ein logisches Nachvollziehen des Dargestellten gestatten oder Original eigenen (künstlerischen) Schaffens sind. T.e Medien existieren als physikalische, selbstständige Einheiten oder bilden Teile von Büchern. Es gibt sie als Unikate oder identisch reproduzierbare Stücke. Hergestellt werden sie meist in Blindeneinrichtungen für den von diesen zu betreuenden Personenkreis. Die Bezeichnung ist unabhängig von der Art der Entstehung z. B. Drucken, Prägen, Punzieren, Pressen, Formen, Modellieren, Tiefziehen, Erwärmen, Aufschäumen (Schwellpapier), Ausschneiden oder Nähen (Stoffbilderbücher). Durch die EDV können die t.n Medien digital hergestellt, gespeichert und bei Bedarf durch den Einsatz bestimmter Ausgabemaschinen (Lesegeräte u. a.) als flüchtige, tastbare Abbildungen (Softcopies) dargestellt werden. T.e Medien müssen in ihrer Gestaltung, der Auswahl, Anzahl und dem Einsatz der verwendeten Symbole nach sowie nach dem Umfang der vermittelbaren Information sowohl den haptischen Möglichkeiten der tastenden Hand, als auch dem Vorstellungsvermögen der Nutzer entsprechen (↗ Tastlesen). Sie sind in den wenigsten Fällen selbsterklärend; der stillen Lektüre sollte eine gemeinsam erarbeitete Interpretation vorausgehen. ↗ Medium

R. F. V. Witte

Talkshow, Radio- bzw. Fernsehsendung, die live oder aufgezeichnet ausgestrahlt wird und je nach Sendezeit (Vormittag, Nachmittag, Primetime im Abendprogramm, Late-Night-T.) ein spezifisches Zielpublikum anspricht, das je nach Sender differieren kann (hinsichtlich Alter, Geschlecht, Bildungsanspruch; generell auch zwischen dem öffentlich-rechtlichen Rundfunk und Privatsendern, letztere favorisieren Boulevardthemen, um ein größeres Publikum anzusprechen; ↗ Boulevardisierung). Ein Talk- oder Showmaster empfängt einen Gast oder mehrere Gäste und spricht i. d. R. über ein vorgegebenes Thema, wobei auch Gäste miteinander diskutieren. Man unterscheidet u. a. politische, sachthemenbezogene oder Privat-T. Eingeladen werden prominente Gäste, Experten oder unbekannte Personen («Alltagsmenschen»), letztere berichten z. B. über besondere persönliche Erlebnisse oder Lebenssituationen. Durch die Zunahme privater Rundfunksender in den 1990er Jahren gab es zwischenzeitlich eine regelrechte Schwemme dieses Formats. *T. Keiderling*

Talmud, aus dem Hebräischen «Lernen», «Lehre», Sammelwerk des rabbinischen Judentums. Die jüdische Auslegung der Tora wurde im 2. Jh. kodifiziert (Mischna). In der Mischna ist das Material in sechs Ordnungen nach folgenden Gesichtspunkten zusammengefasst: 1. Saaten (Ackerbaugesetze), 2. Fest (Festzeiten), 3. Frauen (Ehe- und Familienrecht), 4. Beschädigungen (Zivil- und Strafrecht), 5. Opfer (Opferwesen, Kultgesetze) und 6. Reinheit (Reinheitsgesetz). Im 3.–5. Jh. fügten die Rabbiner neue Entscheidungen hinzu. Sie werden Gemara (Zufügung; Diskussion) genannt. Die zuerst mündlich tradierten Diskussionsprotokolle wurden unter dem Druck der Verfolgungen niedergeschrieben. Mischna und Gemara zusammen bilden den Talmud. Es existieren zwei Talmudim, der in Palästina redigierte palästinische T. (Jeruschalmi) und der in Babylonien redigierte babylonische T. (Balvi). Der umfangreichere babylonische T. setzte sich als kanonisch durch und ist bis heute, mit mittelalterlichen Kommentaren angereichert, Grundlage des religiösen jüdischen Lebens. *E. Tönges*

Tantieme, Umsatz- oder Gewinnbeteiligung meist an den Erträgen von Werken, z. B. als Vergütung für den Urheber aus der Veröffentlichung seines Werks durch einen Verlag (↗ Verlagsvertrag), aber auch als Lizenzgebühr zugunsten des Lizenzgebers für die Gewährung einer Lizenz. Die Höhe der T. richtet sich nach der getroffenen Vereinbarung. ↗ Honorar *L. Delp*

Tarnschrift aus dem Jahr 1935. Enthält: VII. Weltkongress der Kommunistischen Internationale.

Tarnschrift gehört zur Gattung der Propagandaschrift im weiteren Sinn. Sie verschleiert ihren Inhalt durch eine irreführende Verfasser- und Titelangabe sowie einen fingierten Erscheinungsvermerk. Gelegentlich werden dem eigentlichen Text Seiten unverfänglichen Inhalts vorangestellt. Eine Spielart der T. ist es, eine existierende Veröffentlichung als Deckmantel zu nutzen und eine bekannte Einbandgestaltung zu übernehmen (z. B. «Reclams Universal-Bibliothek»). Im Allgemeinen haben T.en aufgrund ihrer Verbreitung (z. B. Abwurf durch Flugzeuge, ungelenkte Ballons oder ferngesteuerte Drohnen) einen geringen Umfang und kleines Format. T.en wurden u. a. in der propagandistischen Auseinandersetzung mit NS-Deutschland, besonders von kommunistischer Seite, eingesetzt. *H. Kieser*

Taschenausgabe ist ein Sammelbegriff für Bücher handlichen Formats, der aber nicht Synonym für ↗ Taschenbuch ist. Auf dem Buchmarkt kommen T.n häufig vor bei Kalendern, Andachtsbüchern, Bibeln, Wörterbüchern, Sprach- und Reiseführern, Ratgebern, Bestimmungsbüchern usw., mitunter in flexiblen Ledereinbänden. Bücher im Taschenformat erfreuten sich schon seit dem 16. Jh. großer Beliebtheit. K. Gutzmer

Taschenbuch. Das moderne T. gehört zur Publikumsliteratur (i. d. R. Belletristik, aber auch Fach- und Sachbuch möglich) und wird durch vier grundlegende Eigenschaften gekennzeichnet, die allesamt vorliegen müssen, wenn es sich im engeren Sinne um ein T. handeln soll: 1. Format. Es besitzt ein «kleineres Format», wobei Größen hier nicht standardisiert bzw. festgelegt sind; Orientierung: Buchrückenhöhe 15–18,5 cm (= Kleinoktav). 2. Massenauflage. Das T. wird in hoher Auflage bzw. Massenauflage produziert (auch keine festen Kenngrößen definiert), so dass es sich auch für das ↗ Bestseller-Geschäft eignet und muss demnach entsprechende massenkompatible Themen anbieten und allgemein verständliche Schreibstile aufweisen. Viele T.titel werden zudem über das nationale und internationale Lizenzgeschäft erworben. 3. Industrielle Herstellung. Seit Mitte des 19. Jh.s wird das T. mit einfacher, zumeist industriell gefertigter Ausstattung versehen (Drahtheft-, später Klebebindung), einfaches (minderwertiges), in der Vergangenheit mitunter holzhaltiges Papier, kartonierter und flexibler Einband (Broschur, Softcover). Hergestellt wurde es seit dem 20. Jh. zumeist durch den Offsetdruck, heute Digitaldruck. Dadurch und durch die hohe Auflage (siehe 2.) kann ein T. zu einem sehr niedrigen Stückkostenpreis produziert werden, was an die Kunden durch einen geringen Ladenpreis als Kaufanreiz weitergegeben wird. 4. Reihencharakter. Es erscheint in einer heutzutage oft durch Künstler gleichartig gestalteten, mehr oder wenig rhythmisch erscheinenden Buchreihe (oftmals mehrere Bände pro Monat, auch Verlegerserie genannt) mit einprägsamer, i. d. R. farblicher Umschlaggestaltung und einem bestimmten Seitenlayout (kleine Schrift; kompakter Satzspiegel, d. h. verkleinerte Stege; auch im Seitenumfang angeglichen [Romane werde bei Überlänge ggf. gekürzt oder auf mehrere Teilbände der Reihe untergliedert], was zu Mitnahmeeffekten weiterer Titel und für einen Sammelauftrag beim Publikum, also Kundenbindung, sorgt). Aufgrund des Reihencharakters unterscheidet sich auch die für den Einzeltitel einer T.-Reihe günstige Kalkulation von derjenigen eines sonstigen Einzeltitels im Publikumsbereich.

Geschichte: Es wird wiederholt angeführt, die Vorläufer des heutigen T.es seien kleinformatige Bücher seit dem Mittelalter gewesen (u. a. Breviere, Stunden- und Beutelbücher), doch fehlen dann die wichtigen Eigenschaften 2.–4. Ein weiterer Anhaltspunkt ist die Namensgebung «T.», die in frühen Varianten bereits seit dem 16. Jh. zu verzeichnen ist, so das «Taschenbüchlein» von O. und H. Schönsperger d. J., das zwischen 1510 und 1520 in vier Ausgaben erschien, oder das «Leipziger T. für Frauenzimmer» 1784–1816. Dem lässt sich entgegnen, dass viele T.bücher bis heute nicht im Titel so heißen. Die eigentlichen Vorläufer des modernen T.es sind belletristische Almanache und Klassikerreihen, in Deutschland ab dem ausgehenden 18. Jh., oftmals unter der Bezeichnung «Musen-Almanach» (in Deutschland seit 1770 nach französischem Vorbild 1765), «Sammlung» oder «Bibliothek» erschienen (letzteres z. B. «Sammlung der besten deutschen prosaischen Schriftsteller und Dichter», Schmieder Verlag Karlsruhe, 1774–1793, 180 Bde. oder «Meyer's Groschen-Bibliothek der Deutschen Classiker für alle Stände», Bibliographisches Institut Hildburghausen, 1850–1855, 365 Bde.). Diese Publikationen weisen die T.-Eigenschaften 1. und 4. auf. Der erste moderne T.-Verlag Deutschlands war B. Tauchnitz, der ab 1841 die englischsprachige Belletristikreihe «Collection of British (ab 1914 mit Zusatz: and American) Authors» herausgab. Später folgten weitere Reihen bzw. Serien des Verlags u. a. für den Schulgebrauch, für Jugendliche oder andere Sprachen. Die T.bücher des Tauchnitz Verlags weisen die Eigenschaften 1.–4. auf, somit spricht man auch von einer Tauchnitzschen T.revolution. Die Besonderheit lag auch in einer erstmaligen Vergütung an die ausländischen Autoren, ohne dass es in den Anfangsjahren eine zwischenstaatliche Urheberrechtsregelung hierfür gab, sowie weitere Absprachen mit den Orignalverlegern (u. a. Importverbot nach Großbritannien, USA etc.). Lediglich die Auflagenhöhe (2.) war im Vergleich zur modernen T.produktion mit im Schnitt 7.500 Exemplaren pro Titel noch marktbedingt eingeschränkt. Allerdings kam der Verlag bei insgesamt 5.372 Titeln bis 1943 auf eine Gesamtstückzahl aller in der Tauchnitz-Edition hergestellten Bände von ca. 40 Mio. (siehe 3. zur Besonderheit der Kalkulation eines T.titels).

Im ↗ Klassikerjahr 1867 starteten mehrere deutsche Verlage mit entsprechenden Literaturreihen, von denen v. a. «Reclams Universal-Bibliothek» bis heute erfolgreich ist. Sie alle brauchten das Tauchnitzsche Konzept nur nachzuahmen. Nach 1945 wurde das T. zunächst durch Rowohlts ↗ Rotationsromane (rororo) insofern modernisiert, als die industrielle Massenherstellung (3.) über die Zeitungsherstellung, den Rotationsdruck, quantitativ gesteigert wurde. Zuvor gab es u. a. schon bei den Penguin Books (Großbritannien, 1935 ff) T.bücher mit deutlich erhöhten Auflagenzahlen. Heute gehören die T.verlage zu den führenden Publikumsverlagen in Deutschland, zu nennen sind u. a. Aufbau, Bastei Lübbe, Diogenes, dtv, Insel, Fischer, Goldmann, Reclam, Suhrkamp und Ullstein. Die gemeinsamen Interessen dieser Verlage werden von der 1980 gegr. Arbeitsgruppe T.verlage beim Verleger-Ausschuss des Börsenvereins vertreten. T.bücher besaßen 2017 einen Marktanteil von 21,9 % am deutschen Buchmarkt; ein T. kostete im Schnitt 9,70 €. Mitunter werden heute in Buchhandelsstatistiken auch solche Bücher als T. bezeichnet, die nur von der Herstellungsweise (Klebebindung, flexibler Einband/Softcover, siehe 3.) einem solchen entsprechen. In diesen Fällen handelt es sich nur im erweiterten Sinn um ein T. *T. Keiderling*

Taschenbucheinband, Taschenbuchverlag ↗ Taschenbuch

Tastatur. Mit der Erfindung von Geräten, die mittels manuellem Druck Schriftzeichen auf eine lesbare Unterlage bringen, entstand die T. zur Erzeugung dieser Zeichen. Den Ausgangspunkt bildete die ↗ Schreibmaschine, die seit dem frühen 18. Jh. konzipiert und im ausgehenden 19. Jh. die Serienfähigkeit erreichte. Sie hatte ursprünglich ca. 30, später 50 Tasten für die Darlegung der alphanumerischen Zeichen und einiger Sonderzeichen. Bald traten weitere T.-Geräte hinzu, wie die Setz-, Addier- oder Rechenmaschine im ausgehenden 19. Jh. und der Computer im 20. Jh., die ihrem unterschiedlichen Charakter entsprechend sowohl im Umfang als auch in der Funktion unterschiedliche T.en aufweisen. Die Belegung der Computert. wurde aus dem Schreibmaschinen-Zeitalter übernommen. Dort war für die Anordnung wichtig, dass sich häufig nacheinander bediente Typen nicht verhakten. Auch die statistische Verteilung der Buchstaben in Wörtern der entsprechenden Landessprache spielte eine Rolle. Die Ausweitung des Zeichenvorrats führte zur Einführung von Sondertasten, z. B. Leer-, Umschalt (Shift)-, Steuerungs-, Cursortaste. Die Computert.en besitzen bis zu 1.300 Eingabemöglichkeiten, die nur zum Teil über die T. erfolgen. Die meisten Zeichen wie z. B. nichtlateinische Typen oder mathematische und naturwissenschaftliche Symbole werden über Programmhilfen erzeugt. Die Anordnung der alphabetischen Zeichen weicht – wegen ihrer Häufigkeit in den entsprechenden Sprachen – in den Ländern leicht voneinander ab. So wird die deutsche T. QWERTZ bezeichnet. Die Namensgebung rührt von der Belegung der ersten sechs Tasten der obersten Buchstabenreihe. Von links nach rechts kann man die Buchstaben Q, W, E, R, T, Z lesen. In den USA gibt es die Belegung (und Bezeichnung) QWERTY, in Frankreich AZERTY. *T. Keiderling/G. Pflug*

Tastlesen ersetzt das optische Erkennen eindimensionaler, gegenständlicher grafischer Information durch haptisches Erfassen taktiler Medien mittels Tastsinn. Sein Organ ist die Haut, besonders die der Hände, Füße und Lippen. Das T. ermöglicht es Blinden, Reliefdarstellungen von Schriftzeichen, Symbolen und Grafik zu erkennen. Vibrierende Umrisse (Optacon), thermische und elektrische Informationen (unterschiedliche Wärme- bzw. Strom-Impulse) können ebenso über das T. interpretiert werden, wie verschiedene Oberflächenstrukturen; gescannte, elektronisch gespeicherte Texte, Grafiken und Töne lassen sich mittelbar, mit entsprechenden Geräten, dem T. zugänglich machen. Das Aufnehmen der Empfindungen geschieht immer linear und schrittweise und nicht ganzheitlich wie beim Sehen. Geübte Blinde erreichen dieselbe Lesegeschwindigkeit wie Sehende; sie ist u. a. abhängig von der Tastästhetik.

R. F. V. Witte

Tatsächlich verbreitete Auflage ist bei periodischen Druckmedien eine wichtige Kenngröße, aus der Anzeigenkunden den potenziellen Leserkreis im Vergleich mit konkurrierenden Angeboten abgleichen können. Die t. v. A. ist größer als die verkaufte Auflage, aber kleiner als die Druckauflage. In sie werden die verkauften Stücke (Abonnement- und Einzelverkauf), aber auch die zu Werbezwecken (etwa bei Messen) gratis abgegebenen Exemplare eingerechnet. *H. Bohrmann*

Tauenpapier ↗ Manilapapier

Taufbuch (Taufmatrikel), in der katholischen Kirche seit dem Konzil von Trient (1545 – 1563) verbindlich vorgeschrieben, enthält gemäß 535 § 2 CIC (Corpus Iuris Canonici) alle «den kanonischen Personenstand der Gläubigen» betreffenden Daten, also neben Taufe auch Firmung, Eheschließung, Adoption, Empfang der Weihe, Ablegung der ewigen Gelübde und Rituswechsel. In den Kirchen der Reformation wird die Führung von T.büchern bislang uneinheitlich gehandhabt; jedoch existiert mittlerweile eine entsprechende Richtlinie der EKD (Kirchenbuchordnung von 1999). Das T. zählt zu den wichtigsten Quellen der genealogischen Forschung. *A. Landersdorfer*

Tausch (in Bibliotheken), Erwerbungsart, bei der Bibliotheken, Lehr- und Forschungsinstitute der Hochschulen, wissenschaftliche Bundes- und Landesämter sowie private Forschungseinrichtungen sich (überwiegend wissenschaftliche) Publikationen nach dem Prinzip der Gegenseitigkeit übereignen. Spezielle Geschenk- und T.stellen in den beteiligten Einrichtungen zeigen häufig in Dubletten- und T.listen in Frage kommende T.objekte an. Teilweise achten die T.partner auf einen genauen wertmäßigen Ausgleich. Beim Kauf-T. kauft ein T.partner gezielt für den Zweck des T.es, z. B. weil der andere T.partner keinen Zugang zum einschlägigen Buchmarkt hat. Die Bedeutung des T.es von Dissertationen ist infolge des elektronischen Publizierens von Dissertationen erheblich zurückgegangen. *K. Umlauf*

Tauschhandel (Changeverkehr, Changegeschäft, Tauschen) nannte man auch zeitgenössisch chang(ier)en, (ver)stechen. Der T., als Handelsform bereits aus der Vorzeit bekannt, ist eine buchhändlerische Verkehrssitte des 17. Jh.s (infolge des 30jährigen Kriegs, 1618 – 1648) bis ausgehenden 18. Jh.s, die vorwiegend auf den großen Messeplätzen (Frankfurt am Main und Leipzig) verrichtet wurde. Ursachen des Rückgriffs auf den älteren T. waren unsichere Straßen- und Marktverhältnisse und ein teilweiser Zusammenbruch der Geldwirtschaft in Mitteleuropa. Es kam durch den T. zum Wegfall bisheriger Spezialisierungen im Buchhandel und zum Aufkommen von (Drucker-)Sortimenterverlegern (auch Verlegersortimentern), d. h. der Verleger verkaufte sein eigenes Sortiment selbst. Mitunter konnte er, war er im Besitz eines Druckerprivilegs, auch die Bücher selbst herstellen. Ohne Berücksichtigung inhaltlicher Aspekte von Druckschriften wurde Bogen gegen Bogen – also Gewicht gegen Gewicht – getauscht, «verstochen». Die Verweigerung des Tausches galt im Allgemeinen als «unfair», vier bis sechs Exemplare wurden von jedem Titel blind genommen. Bei der Auswahl der Tauschobjekte bediente man sich der Neuankündigungen von Drucken in den Frankfurter und Leipziger ↗ Messkatalogen. Für die Tauschsendungen (Changen) wurde auch eigens ein Change-Konto, Stich- oder Change-Register genannt, mit Debit und Kredit eingerichtet. Mit der Zeit ließen die stark abweichenden Qualitäten besonders für hochwertige niederländische Drucke einen nach Quantitäten bemessenen T. nur noch bedingt zu, und man begann im Verhältnis 1 : 2 oder 1 : 3 etc. zu tauschen. Zunehmende Missstände und Auswüchse im T. führten dazu, dass er immer mehr durch den Rechnungs- und Barzahlungsverkehr abgelöst wurde (↗ Nettohandel ↗ Konditionshandel, ↗ Barverkehr). *H. Buske / T. Keiderling*

Tausendkontaktpreis (TKP), auch Tausenderpreis, Tausenderkontaktpreis; ist eine Kennzahl aus der Mediaplanung. Er gibt an, welcher Geldbetrag bei einer Werbemaßnahme, etwa für Fernsehspots, Online-Werbung oder Printwerbung, eingesetzt werden muss, um 1.000 Personen einer Zielgruppe per Sichtkontakt (im Radio Hörkontakt) zu erreichen. Im Onlinebereich, z. B. bei ↗ Bannerwerbung, gilt eine Ad-Impression als Kontakt.

TCF (Total chlorfrei) ↗ Chlorfreies Papier

TCP (Transmission Control Protocol), zu Deutsch «Übertragungssteuerungsprotokoll»; ist ein Netzwerkprotokoll, das definiert, auf welche Weise Daten zwischen Netzwerkkomponenten ausgetauscht werden sollen. Fast sämtliche Betriebssysteme moderner Computer nutzen das TCP für den Datenaustausch.

Teaser, aus dem Englischen «reizen», «Anriss»; ist in der Werbesprache ein kurzes Medienelement (Text, Bild oder Video), das zum Weiterlesen, -hören, -sehen, -klicken verleiten soll.

Teil eines Werks genießt nach deutscher Rechtsprechung, wenn er als eigenständige geistige Schöpfung anzusehen ist, Urheberrechtsschutz. Im Rahmen des Zitatrechts kann auch der T. e. W. nach der Veröffentlichung in einem selbstständigen Sprachwerk angeführt werden, soweit dies in einem durch den Zweck gebundenen Umfang erfolgt. Entsprechendes gilt für einzelne Stellen eines erschienenen Werks der Musik bei deren Anführung in einem selbstständigen Werk der Musik (§ 51 UrhG). Der Titel als T. genießt selten (selbstständigen) Urheberrechtsschutz, wird aber ggf. durch die §§ 5, 15 Markengesetz (MarkenG) geschützt. *L. Delp*

Tektur ↗ Deckblatt (5.)

Telefax, Kofferwort aus Telegrafie und Faksimile; auch als Fax, früher Fernkopie, bezeichnet. Verfahrens- wie Gerätebezeichnung für die Faksimileübermittlung von (handschriftlichen) Dokumenten (Texte, Grafiken, Bilder) über das Telefonnetz. Die Vorlagen werden fotoelektronisch abgetastet und die Informationen in Rasterpunkte (Pixel) zerlegt. Nach ihrer analogen oder digitalen Übertragung werden sie im Empfängergerät wieder zusammengesetzt und auf Normal- oder Spezialpapier durch Tintenstrahl, -Thermo- oder Digitaldruck vorlagengetreu ausgegeben. Das Übertragungsverfahren ist international standardisiert. *N. Henrichs*

Telefon (früher auch Fernsprecher, Fernsprechapparat), aus Griechisch «fern», «Stimme»; ist ein technisches Kommunikationsmittel zur Übermittlung von Tönen und speziell von Sprache mittels elektrischer Signale. Frühe Versuche mit einfachen, noch nicht elektrischen Apparaturen reichen bis ins ausgehende 17. Jh. zurück. Wichtige Vorbedingungen wurden durch den ↗ Telegrafen von S. F. B. Morse (1791–1872) geschaffen. Von 1858 bis 1863 arbeitete P. Reis (1834–1874) an ersten Prototypen des T.s, erfand dabei das Kontaktmikrofon und legte den Begriff T. in Anlehnung an den Telegrafen fest. Zunächst ließ sich Musik noch besser als Sprache durch das T. übertragen, so dass es hier eine interessante Verbindung zum später erfundenen ↗ Radio gibt, wobei es sich beim T. um eine One-to-One-Verbindung und nicht um ein Massenmedium handelt. Der Schotte A. G. Bell (1847–1922) verbesserte die Reis'sche Innovation bezüglich der Sprachvermittlung und ihm gelang es als erstem, das T. seit 1877 durch eine eigene T.gesellschaft in einem Land, den USA, erfolgreich zu vermarkten (erfolgreicher Rechtsstreit mit E. Gray [1835–1901], der am 14. Februar 1876 nur zwei Stunden nach B. ein gleichartiges T.patent anmeldete). Es folgte die Einführung in zahlreichen Nationalstaaten. In Deutschland errichtete der damalige Reichspostmeister H. Stephan (1831–1897) 1881 ein erstes öffentliches Fernsprechnetz. Die erste serienmäßige T.zelle der Reichspost wurde 1904 in Berlin aufgestellt. Für den Aufbau von T.verbindungen wurde zunächst ausschließlich eine Vermittlung per Amt eingesetzt. Ein automatisches T.vermittlungssystem als Selbstwähldienst ließ A. Strowger (1839–1901) 1891 in den USA patentieren. Das T. durchlief im Verlauf seiner Geschichte eine

Vielzahl von Entwicklungen, die etwa die Art des Wählens betrifft (vom Kurbelinduktor zur Kontaktierung eines Amtes über die Wählscheibe bis hin zur Tastenwahl), der Übergang vom Kabelt. (via Kabelnetz) zum schnurlosen T. (via Funknetz, Satellitent., ↗ Handy), vom analogen hin zum digitalen T.netz etc. Zur Unterscheidung vom Mobilt. wird heute auch häufig das Retronym Festnetz. verwendet. Im engeren Sinne wird nur ein Endgerät als T. bezeichnet, das akustische in elektrische Signale (Mikrofon) umwandelt oder umgekehrt (T.hörer) sowie den Verbindungsaufbau (Wählen) und das Beenden eines Gesprächs ermöglicht. Im erweiterten Sinne handelt es sich um drei Hauptbestandteile des T.s: die Apparatur, die Fernsprech-Vermittlungsanlage und der Übertragungskanal. *T. Keiderling*

Telefonbefragung ↗ Call-out

Telefonbuch. Seit der Einführung des ↗ Telefons in Deutschland 1881 wurden entsprechende Verzeichnisse angefertigt. Das erste, am 14. Juli 1881 in Berlin erschienene trug den Titel «Verzeichniss der bei der Fernsprecheinrichtung Betheiligten»; es enthielt knapp 200 Einträge zu ca. 100 Personen. Im Berliner Volksmund wurde es «Buch der Narren» genannt; man traute der Erfindung keinen Erfolg zu. Frühe T.bücher enthielten neben den Namen und Rufnummern der Teilnehmer auch allgemeine Informationen, z. B. die Besetzungszeiten der Vermittlungseinrichtungen, seit 1891 ein Buchstabieralphabet oder seit 1922 bei der Umstellung von der Hand- zur automatischen Vermittlung Angaben zur Benutzung der Wählscheibe. Ab 1897 nahmen die örtlichen T.bücher auch Werbeangaben der Kunden auf, seit 1901 wurde eine derartige Werbung auch im amtlichen T. zugelassen. Seit 1883 wurde dem T. ein Branchenbuch, später «Gelbe Seiten» genannt, beigefügt, zuerst in Bayern. T.bücher wurden bis zum beginnenden 21. Jh. verlegerisch sehr aufwendig hergestellt und an ein Millionenpublikum verteilt. Gedruckte T.bücher haben im Zuge der derzeit stattfindenden digitalen Medienrevolution ihren Nutzen und ihre Bedeutung allerdings weitgehend eingebüßt und werden künftig nicht mehr produziert.

Digitale Datenbanken online/offline übernehmen die Funktion. *T. Keiderling/G. Pflug*

Telegraf (Telegrafie), aus Griechisch «fern», «schreiben»; ist ein technisches Kommunikationsmittel zur Übermittlung codierter Nachrichten über eine geografische Distanz. Zu diesem Zweck werden die Bestandteile einer zu übermittelnden Botschaft – bei einem Text etwa Buchstaben, Ziffern und Satz- und Sonderzeichen – als einzelne Zeichen übertragen. Die zu übertragende Nachricht hieß zunächst telegrafische Depesche («Eilnachricht») und ab 1852 Telegramm. Zu unterscheiden sind: frühe optische T.en, bei denen die Codes durch den Menschen erzeugt und ausgewertet werden. Es handelt sich z. B. um Flammen- (Licht-) oder Flaggenzeichen seit dem Altertum, Flügelt.en nach C. Chappe (1763–1805) 1791/1792, bei denen man bewegliche Flügel an einem Mast befestigte, stellten im Bereich der Codierung eine wesentliche Neuerung dar. Bei der deutlich jüngeren elektrischen bzw. elektromagnetischen T.ie werden die Zeichen mithilfe eines T.enalphabets, z. B. dem ↗ Morse-Alphabet, übertragen. Über einen Taster erfolgt die Zerlegung der Zeichen in einen festgelegten Binärcode (bestehend aus «Punkten» = Strom fließt, und «Strichen» = kein Strom fließt). Erst der Zeigert. und später dem Fernschreiber führte die Buchstabenkodierung automatisch d. h. selbsttätig durch. Je nach technischem Entwicklungsstand der verwendeten Geräte wuchsen die überbrückbaren Entfernungen, besonders mit dem Einsatz von Drahtfernkabel (seit 1850 wurden erste Unterseekabel eingesetzt) und der Funkent.ie (seit dem ausgehenden 19. Jh. sukzessive entwickelt). Zu Beginn des 21. Jh.s endete die Verwendung der T.ietechnik in fast allen Bereichen wie kommerziellen Anwendungen (Verkehrswesen, Marine oder im Flugverkehr wie z. B. beim ungerichteten Funkfeuer). Im Amateurfunkdienst und z. T. zur militärischen Nachrichtenübermittlung wird die T.ie bis in die Gegenwart genutzt. *T. Keiderling*

Telegrafenalphabet ist die Gesamtheit der Zeichen, die in einem Telegrafensystem verwendet werden. Dabei werden die

Buchstaben eines Alphabets in verschiedener Weise in Codes umgesetzt. Das älteste ist das ↗ Morse-Alphabet (1838), das aus einer Kombination von Punkten, Strichen und Zwischenräumen besteht. Es wurde durch das Recorderalphabet, das Zählalphabet sowie das Hughes-Alphabet (1855) weiterentwickelt. V. a. mit der Einführung des Fernschreibers hat sich das Lochalphabet mit fünf Lochspuren in der Spezialform des Baudot-Alphabets (1884), das [Baudot-]Murray-Alphabet (1901) und das Siemens-Alphabet (1915) durchgesetzt. Da es jedoch auf die Darstellung von nur 32 Zeichen beschränkt ist, wurde es zum Sechsschrittalphabet erweitert. Durch das Comité Consultatif International Télégraphique et Téléphonique wurde das T. international genormt, zuletzt 1929 mit der Norm Nr. 2. In den 1960er und 1970er Jahren wurden T. für die maschinelle Erfassung von Katalogdaten auch in Bibliotheken eingesetzt, zuerst Fünf-, später Siebenkanallochstreifen. Durch die Weiterentwicklung der EDV kamen diese jedoch außer Gebrauch. *G. Pflug*

Telegramm ↗ Telegraf

Telekommunikation (TK), ursprünglich Fernmelde-, Nachrichtenwesen; ist der Sammelbegriff für alle Formen der Nachrichtenübertragung über räumliche Instanzen, die sich analoger oder digitaler Technik bedienen. Der Terminus wurde 1904 in Frankreich als Oberbegriff der Telegrafie und Telefonie eingeführt und 1987 durch die «T.sordnung» in Deutschland amtlich. Er umfasst Sprachdienste, z. B. das Telefon einschließlich seiner Ansagedienste, den Rundfunk, die Textkommunikation, z. B. Video-, Bildschirmtext oder Fernschreiber, die Bildkommunikation, z. B. das Fernsehen oder das Bildtelefon, und die Datenkommunikation, z. B. die Datenfernverarbeitung. Ebenso gehört die Kommunikation über Rechnernetze (Internet) zur TK. Derartige Dienste steuern die Übertragungs- und Vermittlungsleistungen mit definierten standardisierten Schnittstellen für den Übergang zwischen den Systemen und Geräten, z. B. mittels Modems. Der Bereich der Endgeräte reicht entsprechend der Breite der TK vom Telefonapparat über das Handy, Faxgerät, Bildtelefon, Fernsehen, Radio bis hin zum Computer. Damit wächst das traditionelle Fernmeldewesen, die Rundfunkübertragung und die EDV zu einer einheitlichen Technik zusammen. *G. Pflug*

Telekommunikationsnetz (historisch: Fernmeldenetz) ist die Gesamtheit aller technischen Vermittlungseinrichtungen, welche die Kommunikation, d. i. die Übertragung von Sprache-, Text-, Bild und Bewegtbild-Information, zwischen zwei räumlich getrennten Partnern ermöglicht. Man unterscheidet zwischen T.en der Individualkommunikation (u. a. Mobilfunks, Telefon, Individualkommunikation via Internet per E-Mail) und solchen, die der Massenkommunikation zur Verfügung stehen (u. a. Hör- und Fernsehrundfunknetze, Massenkommunikation via Internet über Social Media-Plattformen). Die T.netze oder Fernmeldenetze vereinen alle Vermittlungsnetze vom Fernsprechnetz bis zu den breitbandigen Netzen für schnelle EDV und Satellitennetze. Weltweit verbreitete Netze für die Kommunikation via Telekommunikation sind ISDN, GSM, UMTS und LTE beim Mobilfunk, sowie IP-Telefonie (VoIP). Daneben existieren innerbetriebliche oder nichtöffentliche Netze oder Corporative networks (CN). ↗ Telekommunikation
T. Keiderling

Telekommunikationsrecht, Gesamtheit der rechtlichen Regelungen der ↗ Telekommunikation. Das Telekommunikationsgesetz (TKG) von 2004 dient der Marktregulierung, um ausreichend Dienstleistungen anbieten zu können. So werden im TKG die Vergabe von Frequenzen, Nummern und Wegerechte, Rundfunkübertragung und Universaldienste sowie der Kundenschutz geregelt. Das Telemediengesetz (TMG) von 2007 (BGBl. I S. 179, 251), zuletzt 2017 geändert, setzt die rechtlichen Rahmenbedingungen für die Tätigkeit der Diensteanbieter, die Telemedien mittels elektronischer Informations- und Kommunikationsdienste bereitstellen. Das TMG enthält die Definition von Telemedien, die Informationspflichten und die Bestimmungen zur Haftung. *G. Beger*

Telemedium ist ein reiner Rechtsbegriff für elektronische Informations- und Kommunikationsdienste, insbesondere von Internetdiensten. Der Terminus wird u. a. im Staatsvertrag für Rundfunk und Telemedien (Rundfunkstaatsvertrag – RStV) von 1991, im Jugendmedienschutz-Staatsvertrag der Länder (JMStV) von 2002 oder im Telemediengesetz des Bundes (TMG) von 2007 verwendet.

Teleskopie, Bezeichnung für Verfahren der Media- und Zuschauerforschung, die auf technischer Basis das Medienverhalten von ausgewählten Zuschauern repräsentativ erfassen. Dies geschieht i. d. R. durch spezielle Geräte, die mit dem Fernsehgerät verbunden werden und das Umschalten statistisch erfassen. Mit den so ermittelten Daten werden die ↗ Einschaltquoten, Reichweiten bzw. Marktanteile der einzelnen Sender ermittelt, was wiederum wichtig für das Anzeigen- und Werbegeschäft im Fernsehfunk ist. T. ist auch der Name eines Gemeinschaftsunternehmens der Marktforschungsinstitute infas, Bad Godesberg, und dem Institut für Demoskopie, Allensbach, das von 1975 bis 1984 die Fernseh-Einschaltquoten im Auftrag von ARD und ZDF erhob. *T. Keiderling*

Teletext wurde in den 1980er Jahren als digitale Zusatzinformation im analogen Fernsehen eingeführt. Dazu wurde die Vertikal-Austastlücke (Weg vom unteren Ende des Bildes zurück nach oben) verwendet. In Deutschland wurde T. 1980 eingeführt und Videotext genannt, um Verwechslungen mit der Weiterentwicklung des Fernschreibers, Teletex, zu vermeiden. Inhalte von T. sind v. a. programmbezogene Zusatzinformationen, wie z. B. Programmvorschau, Nachrichten, Wetterinformationen, aber auch Werbung. Im digitalen Fernsehen DVB wird der T.-Datenstrom in den MPEG-2-Transportstrom eingefügt. Eine Videotextseite setzt sich aus 24 Zeilen mit je 40 Byte zusammen. ↗ Fernsehtext *S. Büttner*

Telonisnym, aus dem Griechischen «Ende»; ist ein Pseudonym, in dem der Autor nur die Endsilben oder Endbuchstaben seines Namens verwendet, z. B. Lenau für N. Strehlenau. Endbuchstaben werden v. a. als Verfasserangaben in Tageszeitungen benutzt. *G. Pflug*

Ternio, aus dem Lateinischen «Dreizahl»; ist eine mittelalterliche Bezeichnung für die aus drei gefalteten Bogen gebildete Lage. Über die Zahl der Faltungen sagt die Bezeichnung nichts aus. In der Frühdruckzeit war der T. meist die Ausnahme und findet sich meist am Ende eines Drucks. *S. Corsten*

Tertia, Schriftgrad nach dem typografischen System im Bleisatz für den 16-Punkt-Kegel (6,017 mm). Bevorzugt wurde dieser Schriftgrad für den Satz der Bibel eingesetzt.

Tertiäres Medium ↗ Medium

Tertiärliteratur, selten gebrauchte Bezeichnung für Forschungsliteratur, die ↗ Sekundärliteratur zusammenfassend auswertet und damit der ersten Orientierung dient, u. a. Handbücher und Einführungen in einzelne Wissenschaftsdisziplinen. *T. Keiderling*

Tête (französisch) bezeichnet den Kopf, d. h. den oberen Teil des Buches. T. dorée meint in der Bibliophilie den vergoldeten Oberschnitt eines Bandes.

Text, aus dem Lateinischen «Gewebe», «Geflecht»; aus Sicht der Linguistik eine abgeschlossene, kohärente Folge von gesprochenen, v. a. aber geschriebenen Sätzen, die in der Länge stark variieren kann. Ein T. kann eine verbale Entsprechung von Gegebenheiten der außersprachlichen Wirklichkeit, aber auch reine Gedankeninhalte darstellen (sowie Mischformen). Er stellt eine kommunikative, sprachliche Einheit dar. Eine wesentliche Eigenschaft eines T.es ist dessen Linearität, die erst in einem ↗ Hypertext aufgebrochen wird. In der Informatik steht der Datentyp T. für alphanumerische Zeichen (die Codierung der Zeichen entspricht üblicherweise dem ASCII-Standard), mit denen keine arithmetischen Rechenoperationen möglich sind, und enthält eine Datei vom Typ T.-Daten, die im Gegensatz zu Binärdateien von einem Menschen gelesen (und verstanden) werden können. *C. Schlögl*

Textausgabe, Bezeichnung einer Ausgabe, die ausschließlich den Text eines Autors bie-

tet, im Unterschied zu anderen Formen von Ausgaben eines Textes, wie z. B. den historisch-kritischen und kommentierten Ausgaben mit ihrem kritischen Apparat, Variantenverzeichnis, Kommentaren und Erläuterungen, die das Textverständnis gewährleisten und sichern sollen.
D. Kranz

Textbuch ↗ Libretto

Textedition ↗ Kritische Ausgabe ↗ Textkritik

Texterfassung ↗ Automatische Texterfassung ↗ Computersatz

Textildruck (früher ungenau auch Stoffdruck oder Zeugdruck) meint den Druck auf Textilien aller Art im Gegensatz zum Papierdruck. Für den T. werden die meisten Papier-Druckverfahren eingesetzt, z. B. Buch- (Hoch-), Flexo-, Rakeltief-, Stein-, Offset- und Trocken-Prägedruck sowie Heliogravure, meist in Verbindung mit speziellen Druckmaschinen. Am Beginn (Ostasien im 5. Jh., in Europa im 15. Jh.) waren es die manuellen Verfahren mit ihren Druckpressen: Block- und Kupferdruck, Anfang des 19. Jh. Steindruck. Seit ca. 1950 gibt es eigens entwickelte T.-Verfahren, wie z. B. den Filmdruck, Transferdruck, Bügeldruck und berührungsloser Druck.
C.W. Gerhardt

Textkritik (auch textkritische Methode) heißt das Bündel an Methoden, das zur Erarbeitung einer ↗ Kritischen Ausgabe mit ↗ Kritischen Apparat angewandt wird. Es wurde seit der Mitte des 19. Jh.s zunächst in der Altphilologie und Bibelwissenschaft entwickelt, insbesondere von K. Lachmann (1793–1851), der mit der Übertragung der T. auf mittelhochdeutsche Texte auch einer der Begründer einer wissenschaftlichen Germanistik wurde. In seinem methodischen Konzept dient die T. der Rekonstruktion einer «ursprünglichen» Textgestalt und eines «Autor-Originals» durch Identifizierung und Ausscheidung von Überlieferungseinflüssen.

Textkritische Ausgabe ↗ Historisch-kritische Ausgabe ↗ Kritische Ausgabe

Textspiegel. Das Layout von Printmedien unterscheidet oft zwischen T. und Bildspiegel. Während T. den üblichen Regeln folgt (↗ Satzspiegel), nutzt der Bildspiegel das Seitenformat bis dicht an die Seitenkante aus.
R. Busch

Textura, eine um 1400 entstandene Buchschrift, entwickelt nach mehreren Übergangsformen aus der karolingischen Minuskel und nach ihrem gitterförmigen Aussehen auch Gitter- oder Missalschrift genannt. Die senkrechten und schräg abwärts tendierenden Striche bestimmen ihren Rhythmus, sie wurde Vorbild für die erste Druckschrift Gutenbergs (↗ Bibel mit 42 Zeilen). Nach der heutigen Schriftklassifikation gehört sie mit der Gotischen zu einer Untergruppe der gebrochenen Schriften. ↗ Bruchschrift
P. Neumann

Theaterverlag (auch Bühnenverlag) ist ein Unternehmen, das sein Programm ganz oder teilweise dem Theater widmet, insbesondere verfügt es über Aufführungsrechte an Bühnenwerken, vermittelt diese an Theater, Rundfunk- und Fernsehanstalten und verteilt die für die Aufführung eingenommene Tantiemen (Bühnenverlage, Theaterabteilungen von Buchverlagen, Musikverlage). Der T. entwickelte sich im 19. Jh. aus der Theateragentur, die eine Mittlerfunktion zwischen Bühnenautoren und Theaterdirektoren besaß. Durch den Bühnenvertriebsvertrag zwischen Autor und Verleger wurde die Höhe der Tantieme festgelegt (häufig 10 % der Brutto-Einnahme einer Aufführung), von welcher der Verleger einen Teil als Provision behielt. Er übernahm dafür die Herstellung von Bühnenmanuskripten, die Werbung und den Vertrieb eines Stücks. Zwischen Verleger und Theaterdirektor wurde ein Vertrag geschlossen, der dem Schauspielunternehmer das Recht verschaffte, gegen Zahlung eines Gewinnanteils an den Autoren ein Bühnenwerk öffentlich aufzuführen. Zur Wahrnehmung urheberrechtlicher und beruflicher Interessen wurden im 20. Jh. gegründet: 1908 die Vertriebsstelle des Verbandes Deutscher Bühnenschriftsteller (ab 1919 Einbeziehung der Bühnenkomponisten), 1919 die Vereinigung der Bühnenverleger und 1926 die Zentralstelle der Bühnenautoren und -verleger. Dem 1956 verabschiedeten Rahmenvertrag zwischen den Organisationen der Bühnenleiter, Bühnenschriftsteller und Bühnenverleger sind allgemeine Bestimmungen angeschlossen, durch die u. a. Übertragung des Aufführungsrechts, Urheberanteil, Abrechnung der Tantieme, Lieferung und Benutzung des Aufführungsmaterials sowie Rechte und Pflichten des Urhebers geregelt werden. Bei musikalischen Werken muss außer der Tantieme zusätzlich für das Notenmaterial eine Leihgebühr entrichtet oder beim Ankauf ein entsprechender Preis bezahlt werden. Berufsorganisation der deutschen Theaterverleger ist seit 1959 der Verband Deutscher Bühnen- und Medienverlage e.V. (Berlin) mit über 60 Mitgliedern im deutschsprachigen Bereich (2018). Reine Bühnenverlage sind z. B. Ahn & Simrock (Hamburg), Felix Bloch Erben (Berlin), Drei Masken (München), Kiepenheuer Bühnenvertrieb (Berlin), Vertriebsstelle und Verlag Deutscher Bühnenschriftsteller und Bühnenkomponisten GmbH (Norderstedt); Buchverlage mit Bühnenvertrieb: Kurt Desch (seit 2014 zu Felix Bloch Erben), S. Fischer (Frankfurt am Main), Henschel (Berlin), Kiepenheuer & Witsch (Köln), Rowohlt (Reinbek), Suhrkamp (Berlin), Verlag der Autoren (Frankfurt am Main). *A. Kersting-Meuleman*

Thermodrucker, ein Drucker, der die Thermografie (2.) nutzt, um mittels punktueller Hitzeeinwirkung Ausdrucke auf einem Thermopapier zu erzeugen. Das Verfahren wird u. a. bei Kassendruckern, für Parktickets und Fahrkarten verwendet.

Thermografie, aus dem Griechischen «Wärme», «schreiben»; 1. Messtechnik: Verfahren zur Anzeige und Aufzeichnung von Temperaturverteilungen und -änderungen an Objekt-Oberflächen. Dabei wird die Intensität der Infrarotstrahlung, die von einem Punkt ausgeht, als Maß für dessen Temperatur gedeutet. 2. Vervielfältigungstechnik (auch Thermokopierverfahren): Kopierverfahren, die das Druckbild über die Erwärmung von wärmeempfindlichen Schichten erzeugen. Mithilfe von Ultrarotstrahlen wird auf einem Spezialpapier eine Kopie erzeugt. Die T. war bis zur zweiten Hälfte des 20. Jh.s ein übliches Bürokopierverfahren (Thermofax, Verifax). *T. Keiderling*

Thermopapier, mehrschichtig aufgebautes Spezialpapier für die Thermografie. Es ist auf der zu bedruckenden Seite mit einer temperaturempfindlichen Schicht versehen, die unter Einwirkung von Wärme einen Farbstoff (i. d. R. Schwarz) ausbildet. Es handelt sich um ein ↗ Non-Impact-[Druck-]verfahren. Einfache Thermodrucker für den Privathaushalt bedrucken das Papier mit mindestens 90 °C. *T. Keiderling*

Thesaurus, aus Lateinisch und Griechisch «Schatz», «Schatzkammer». 1. Alphabetisch und systematisch geordnete Sammlung von Wörtern eines bestimmten (Fach-)Bereichs. 2. In der Dokumentation die geordnete Sammlung von (ein-/mehrsprachigen) Begriffsbenennungen eines bestimmten Fach- oder Gegenstandsbereichs samt der Darstellung der wechselseitigen Beziehungen dieser Begriffe zum Zwecke einer fachsprachlich einheitlichen Dokumentenerschließung (↗ Indexieren) und als standardisierte Suchsprache im Information-Retrieval. Ein T. ist damit eine Dokumentationssprache. 3. Titel wissenschaftlicher Sammelwerke, d. i. umfangreicher Wörterbücher. *N. Henrichs*

Third-Person-Effect, zu Deutsch «Dritte-Personen-Effekt»; ist ein Ansatz innerhalb des Konzepts der ↗ Schweigespirale und beschreibt, dass Rezipienten bei Dritten eine stärkere massenmediale Medienwirkung annehmen als bei sich selbst. Die Massenmedienmeinung wird als Mehrheitsmeinung wahrgenommen. Wenn diese Medienmeinung mit der eigenen Meinung nicht übereinstimmt, kann dies nach der Theorie der Schweigespirale eine Schweigetendenz verstärken. Stimmt hingegen die Medienmeinung mit der eigenen Meinung überein, führt dies zu einer erhöhten Rede- bzw. Zeigebereitschaft. Der T.-P.-E. wurde erstmals durch W. P. Davison (geb. 1918) 1983 beschrieben und in zahlreichen Studien empirisch belegt. *T. Keiderling*

Thread (Informatik), aus dem Englischen «Faden», «Strang»; bezeichnet 1. eine Folge von Nachrichten zu einem Thema innerhalb einer ↗ Newsgroup. 2. Im Zusammenhang mit der Programmierung meint T. einen einzelnen, «leichtgewichtigen» Prozess bzw. Ausführungsstrang bzw. eine Reihenfolge in der Abarbeitung eines Computerprogramms. Kernel-T.s werden durch das Betriebssystem gesteuert, während User-T.s die Anwendungsprogramme verwalten. *T. Keiderling*

Thumbnail, kleine Anzeige einer Bilddatei. T.s werden eingesetzt, um z.B. in einer Software zur Bildbearbeitung eine Übersicht über eine große Menge an Bilddateien zu ermöglichen. Hierbei muss die Anwendungssoftware nicht jedes große Bild einzeln laden, sondern kann schneller auf die T.s zugreifen, die meist zusätzlich komprimiert wurden, um Plattenplatz zu sparen. T.s führen so zu einem Gewinn an Benutzerfreundlichkeit. *P. Schaer*

Tiefätzung. Die meisten Druckformen für den Tiefdruck werden in zahlreichen verschiedenen Tiefätztechniken hergestellt. Ausnahmen bilden nur die Stichtechniken. In jedem Fall wird das Druckbild in die Oberfläche der Druckform (Platte, Zylinder) eingetieft. ↗ Tiefdruck ↗ Hochätzung *C.W. Gerhardt*

Tiefdruck, eine Gruppe von grafischen Techniken und ↗ Druckverfahren, bei denen die Druckelemente durch Gravieren, Stechen, Eindrücken oder Ätzen in die Oberfläche der metallenen Druckform vertieft werden. Die Oberfläche wird nach dem Einfärben von der Druckfarbe gereinigt, so dass diese nur in den Vertiefungen zurückbleibt und von dort beim Druckvorgang auf den Bedruckstoff, ein saugfähiges Papier, übertragen wird. Die Herstellung der Druckform erfolgt manuell wie beim Kupferstich, Stahlstich oder Mezzotinto (Schabtechnik), manuell-chemisch durch Ätzung wie bei der Radierung in verschiedener Manier oder der Aquatinta, fotomechanisch wie bei der Heliogravüre und dem Rakel-T., auch maschinell beim Stich-T. oder elektromechanisch oder mittels Laser durch tiefen- oder flächenvariable Gravur. Das Material der Druckform besteht aus Metallplatten und -zylindern, eine auf verkupferte Zylinder übertragene Pigmentkopie bewirkt bei der Ätzung unterschiedliche Tiefen. *P. Neumann*

Tiefdruckpresse. Die einzige Presse für den Tiefdruck ist die Kupferdruckpresse. Sie kam nach der Mitte des 15. Jh.s in Gebrauch. Erfindungsort, -umstände und -namen sind nicht bekannt. Das bei den Kupferdruckpressen angewandte Zylinderflachformdruckprinzip wird – von einigen Kupferdruckpressen abgesehen – bis heute genutzt. ↗ Druckpresse *C.W. Gerhardt*

Tiegeldruck, ältestes Druckprinzip: Eine flache Druckform und eine flache Gegendruckform – der Tiegel – werden gegeneinander gepresst; der Bedruckstoff befindet sich dazwischen. Seit Erfindung des Buchdrucks um 1450 gibt es Druckpressen, seit Anfang des 19. Jh.s auch Druckmaschinen (F. ↗ Koenigs erste T.maschine 1810), die nach dem T.prinzip arbeiten. T.pressen wurden für Buch- (Hoch-), Stein-, Licht-, Präge- und Siebdruck konstruiert. *C.W. Gerhardt*

TIF, TIFF (Tagged Image File Format), Bilddateiformat zur Speicherung von Bilddateien, die als Rastergrafiken vorliegen. TIFF-Dateien können dabei mittels verlustloser Bildkompression wie LZW in hoher Qualität gespeichert werden. TIFF ist neben dem JPG (Joint Photographic Experts Group Format) und PNG (Portable Network Graphics) verbreitet im Bereich der Digitalfotografie und bei Bildern mit hoher Farbtiefe (z.B. im professionellen Druckbereich oder bei Scannern). *P. Schaer*

Tinte, aus dem Lateinischen «benetzt», «getränkt», «gefärbt»; abgeleitetes Lehnwort für farbige Flüssigkeiten, die man zum Schreiben benutzt. T. ist eine Lösung von Farbstoffen, die den Untergrund anfärbt. Sie ist im Gegensatz zu ↗ Tusche nicht deckend und hat keinen Farbkörper. Die braunen Pflanzentinten (Rinden- oder Dornentinten) wurden aus verschiedenen Baumrinden (z.B. Stechdorn Prunus spinosa L., Eiche Quercus ssp.) durch Kochen gewonnen, wobei die Rindenfarbstoffe herausgelöst wurden. Farbige T.n bestehen aus Farbstoffen, die aus den unterschiedlichen Pflanzen und Tieren wie z.B.

Brasilholz, Lac dye, Blauholz oder Cochenille extrahiert werden. Seit dem 19. Jh. kommen auch die künstlichen Anilin- und Triphenylmethanfarbstoffe hinzu, die v. a. in Dochtstiften, Kugelschreibern, Stempelkissen und auch Kopierstiften zur Anwendung kommen. Farbstoff-T.n, die neben dem Farbstoff auch noch Verdickungsmittel (Zucker, Dextrine) und Konservierungsmittel (Formaldehyd oder Phenol) sowie häufig zur Verbesserung der Fließeigenschaften Polyethylenglykole in Wasser gelöst enthalten, geben zwar ein brillanteres Schriftbild, sind aber nur ungenügend dokumentenecht. Deshalb wird für Urkunden (z. B. Staatsverträge) eine ↗ Eisengallustinte oder eine Tusche vorgezogen. Die in der T. je nach Herstellung enthaltenen Schadstoffe erzeugen nach Jahren den gefürchteten ↗ Tintenfraß. ↗ Geheimtinte   R. Fuchs

Tintenfestigkeit, Prüfung eines Papiers nach DIN 5326 auf Saugfähigkeit. Mit einer Schreibfeder werden mehrere sich kreuzende Linien auf das Probeblatt gezogen bzw. mit der Ziehfeder ½ oder 1/1 mm werden mehrere parallele Linien im Abstand von ½ oder 1/1 mm gezogen. Der Grad des Verlaufens der Tinte ist Anhaltspunkt für die Tintenfestigkeit des geprüften Papiers.   G. Brinkhus

Tintenfraß. Die in Eisengallustinte durch die Herstellung enthaltenen Schadstoffe Schwefelsäure (↗ Säurefraß) und Metallkationen (Oxidation der Cellulose) können den Beschreibstoff (z. B. Papier, Pergament) angreifen und nach einiger Zeit regelrecht auffressen, so dass Löcher entstehen. Hierbei spielt die Feuchtigkeit bei der Aufbewahrung eine Rolle. Neben dieser Art von T. gibt es auch Fraßerscheinungen bei braunen Tinten (Bindemittelfraß) und bei der im 19. Jh. bekannten blauen Tinte aus Indigokarmin. Die Restaurierung von mit T. geschädigten Schriftstücken ist ohne die Beseitigung der Schadstoffe auf Dauer nicht sinnvoll.   R. Fuchs

Tintenstrahldrucker ↗ Ink-Jet-Verfahren

Titel, sachliche Benennung eines Werks der Literatur, Musik oder bildenden Kunst, im engeren Sinne die Bezeichnung für den Inhalt eines Buchs (Bucht.) oder einer Kolumne (Kolumnent.). Entsprechend der Stelle im Buch auch T.blatt, Rücken-, Umschlag-, Vor-, Schmutz- oder Zwischent. genannt. Da in der Neuzeit auf dem T.blatt der Name des Autors zusammen mit der sachlichen Benennung erscheint, wird diese Kombination in den bibliothekarischen Katalogisierungsregeln ebenfalls T. genannt. Waren die ersten T. auf den frühen T.blättern meist einem antiken Vorbild verpflichtet, so wurden sie im 16. Jh. z. T. aus Werbegründen so ausführlich, das sie einer Inhaltsangabe gleichkamen. Im 19. und 20. Jh. lassen sich zahlreiche form- und inhaltsbezogene Moden bei der Formulierung eines T. unterscheiden. Gemäß Urheberrecht legt der Autor den T. bei Abgabe des Werks fest, den der Inhaber der Nutzungsrechte, gewöhnlich ein Verlag, ohne Zustimmung des Urhebers nicht ändern darf (§ 39 UrhG).   R. Jung

Titeländerung durch den Erwerber eines urheberrechtlichen Nutzungsrechts, gewöhnlich der Verleger, ist grundsätzlich nicht zulässig, wenn nichts anderes vereinbart ist. Allerdings darf der Urheber seine Einwilligung zur T. nicht treuwidrig versagen, also z. B. dann, wenn die Änderung, ohne die Aussage des Titels zu beeinträchtigen, einen Fehler korrigiert oder der Forderung des Werks durch erhöhte Eindringlichkeit des Titels dient. Im Zweifel sind die beiderseitigen Belange gegeneinander abzuwägen, wobei die des Urhebers größeres Gewicht haben können.   L. Delp

Titelauflage (auch Titelausgabe) nennt man im Buchhandel den Rest einer Auflage, die wegen Unverkäuflichkeit oder Verlagswechsels mit einem neuen Titelblatt oder Titelbogen, oft mit fälschlichen oder irreführenden Angaben wie zweite, dritte usw. Auflage, Neue Ausgabe, Sonderausgabe, einer anderen Jahreszahl oder einem neuen Titel u. a. versehen wird. Solche T.n werden wie neue Auflagen vertrieben. Nach § 39 UrhG darf der Verleger den Titel eines Buches nur mit dem Einverständnis des Autors ändern. T. und Titelausgabe werden im Buchhandel und in der Rechtsprechung oft synonym behandelt.   H. Buske

Titelbibliografie, Bezeichnung für eine Bibliografie, die im Hauptteil (unabhängig von dem Gliederungsprinzip) nach Titeln/Sachtiteln geordnet ist und nicht etwa nach Verfassern, Formeln, Patentnummern u. ä.

Titelbild ↗ Frontispiz

Titelblatt, nach dem Schmutztitel (auch Vortitel) das zweite Blatt vor dem Textbeginn eines Druckwerks, das ausführliche Angaben zum Titel enthält. Gemeint ist i. d. R. die Vorderseite (Titelseite) eines Blatts, auf dessen Rückseite i. d. R. weitere Titelinformationen zu finden sind. Bei Kunstbänden und Ausstellungskatalogen ist gelegentlich auch die der Titelseite gegenüberliegende Seite in die Titelfassung einbezogen. Nach DIN 1429 soll die Titelseite den Verfasser bzw. den Urheber, den Sachtitel, den Zusatz (gelegentlich Untertitel), den Herausgeber, bei Übersetzungen den Übersetzer und die Ausgangssprache enthalten, desgleichen den Erscheinungsvermerk (Ort, Verlag und Jahr). In den letzten Jahrzehnten setzten die Verlage bei Werken der Belletristik nur den Verlagsnamen auf die Titelseite, alle anderen Angaben zum Erscheinungsvermerk auf die Rückseite. Auf der Rückseite stehen regelmäßig das Copyright, Lizenzangaben und die ISBN (Impressum). Zeitschriften erhalten für die einzelnen Hefte provisorische T.blätter, die beim vollständigen Jahrgang durch ein endgültiges T. ersetzt werden. Hier treten zu den o. g. Angaben die Jahrgangszählung und das Erscheinungsjahr, ggf. ein davon abweichendes Berichtsjahr. Für die Katalogisierung stellt das T. die Hauptinformationsquelle dar. Die typografische Gestaltung des T. ist Aufgabe des Verlags. *R. Jung*

Titelbogen, der erste Bogen eines Buches, bevor der eigentliche Text beginnt. Er enthält die sog. Titelei, i. d. R. den Schmutztitel, das Titelbild, das Titelblatt, ggf. den Gesamttitel, das Impressum (auf der Rückseite des Titelblatts) sowie die Widmung, das Inhaltsverzeichnis und das Vorwort. Bei wissenschaftlichen Werken sind die Seiten des T.s meist römisch paginiert. Diese Paginierung wird bei deutschen Verlagen, im Gegensatz zu den angelsächsischen Ländern und Frankreich, immer mehr aufgegeben. *R. Jung*

Titelei, Bezeichnung für die dem Text und den Bildseiten eines Buches vorgeschalteten Bestandteile, bestehend aus Schmutztitel, Titelbild (Frontispiz) oder Gesamttitel, Titelseite mit Haupt- und Untertitel sowie Impressum, ggf. auch Dedikation, Vorwort und Inhaltsverzeichnis. Ein gesondert behandelter Titelbogen ist v. a. bei wissenschaftlichen Büchern üblich. *P. Neumann*

Titeleinfassung (-rahmen, -bordüre) ist die grafische Umrahmung der Titelangaben auf dem ↗ Titelblatt. Mit seinem Aufkommen, um 1463, wurden gelegentlich Abbildungen, die auf den Inhalt verweisen, unter die Titelangaben gesetzt. Ein Rankenornament oder zwei auf der ersten Textseite nach dem Vorbild von Handschriften konnten als Vorstufe der T. angesehen werden. Die T. wurde entweder von einem Holzstock gedruckt oder es wurden mehrere (3–4) Stöcke zusammengesetzt. T.en waren ein typisches Merkmal der Flugschriften der Reformationszeit und wurden bis ca. 1920 in der Buchgestaltung immer wieder aufgegriffen. Dem Rankenornament der Frühdrucke ist die T. der ersten Bände von «Reclams Universal-Bibliothek» (1867 ff) nachgebildet. *R. Jung*

Titelholzschnitt ↗ Titeleinfassung

Titelkupfer ist eine dem typografisch gesetzten Titelblatt hinzugefügte Kupferstich-Abbildung, für die ein besonderer Arbeitsgang erforderlich war. Es kann thematisch auf den Inhalt des Buches abgestimmt sein oder ist als Titelvignette nur ein Zierstück. Das T. hatte seine Hauptblütezeit im 17. und 18. Jh. *S. Corsten*

Titelschutz. 1. Der Werktitel ist im Zweifel Teil eines Werks. Mit dem Nutzungsrechtsvertrag (↗ Verlagsvertrag) erlangt der Erwerber (gewöhnlich der Verleger) die Befugnis zur Nutzung des Werks samt Titel, wobei eine Titeländerung nur in begrenztem Maße zulässig ist. Hat nicht der Urheber, sondern der Werknutzer (z. B. Verleger) mit Einwilligung des Urhebers den Titel geprägt und verwendet, ist auch dieser Titel als Kennzeichnung des Werks anzusehen.

2. Ist der Titel, isoliert für sich betrachtet, eine selbstständige eigentümliche geistige Schöpfung, so genießt er für die Schutzdauer seines Urhebers (nach deutschem Recht im Zweifel bis 70 Jahre nach dem Tode des Urhebers) Urheberrechtsschutz. Dieses gegen jedermann wirksame Recht kann der Verwendung gleicher oder verwechslungsfähiger Titelbezeichnungen durch Dritte entgegengesetzt werden. Dieses Recht am urheberrechtlich geschützten Titel endet mit Ablauf der Urheberschutzfrist. Ein solcher urheberrechtlicher T. kann in äußerst seltenen Fällen Bestand haben, da i. d. R. ein Titel für sich keine eigentümliche geistige Schöpfung darstellt.

3. Dem wettbewerbs- und markenschutzrechtlichen T. kommt nach deutschem Recht die weitaus überwiegende Bedeutung zu. Er gilt für die besonderen Bezeichnungen von Druckschriften, Film-, Ton-, Bühnen- oder sonstigen vergleichbaren Werken. Der T. setzt die Ingebrauchnahme in der Öffentlichkeit voraus. Diese kann antizipiert werden durch Titelschutzanzeigen, wenn die Verwendung des Titels im geschäftlichen Verkehr alsbald (binnen einiger Monate) nachfolgt. Unterbleibt die Veröffentlichung des Werks oder wird diese später aufgegeben, so erlischt der T. Gegenüber konkurrierenden Bezeichnungen setzt der T. Unterscheidungskraft des Titels voraus. Allerdings muss er nicht geeignet sein, auch die Herkunft des Werks aus einem bestimmten Unternehmen (Verlag) zu kennzeichnen. Der T. besteht so lange, wie der Titel als Kennzeichen des Werks im geschäftlichen Verkehr verwendet wird. *L. Delp*

Titelseite ist 1. bei Zeitungen und Zeitschriften die erste Seite. Mit dem Zeitungskopf versehen, ist sie die Visitenkarte und zugleich das Schaufenster der Publikation und ist somit in ihrer Funktion vergleichbar mit der Startseite diverser Formen von Netzpublikationen. 2. T. bei einem Buch ↗ Titelblatt.

Titelvignette ist eine in sich geschlossene grafische Darstellung, die das Titelblatt eines Buches schmückt. Sie hat in der Buchkunst des 18. Jh.s das Drucker-, Verleger- oder Buchhändlersignet weitgehend abgelöst und übernahm dessen Schmuckfunktion. Die Kunst der Vignette erreichte im 18. Jh. v. a. in Frankreich, bald aber auch in Deutschland ihren Höhepunkt. Durch ihre Platzierung auf dem Haupttitel ist die T. besonders hervorgehoben. Ihre Gestaltung und Wirkung im Verhältnis zur Typografie wurde genau abgestimmt. Häufig ist eine Allegorie dargestellt, die in einem Bezug zum Inhalt des Buches steht. *H. Wendland*

Titlonym, aus Lateinisch «Aufschrift» und Griechisch «Name»; meist ein Pseudonym, in dem statt des Autorennamens eine Berufsbezeichnung angegeben oder auf ein anderes Werk des Verfassers hingewiesen wird, etwa «von einem Schauspieler» oder «vom Verfasser des …». *G. Pflug*

Titulus bezeichnet Auf- und Inschriften verschiedener Art ebenso wie die Tafeln, Schildchen u. a., auf denen sie stehen, speziell das an die Buchrolle angehängte Titelschildchen (Rollentitel) und schon bei Ovid den Buchtitel selbst. *B. Bader*

Tod des Verfassers (Urhebers) hat auf den Bestand von dessen Urheberrecht keinen Einfluss. Es erlischt in Deutschland erst 70 Jahre nach dem Tod des Urhebers, wenn er namentlich in Erscheinung getreten ist oder sonst wie bekannt wurde (§§ 64 ff UrhG). Steht das Urheberrecht mehreren Miturhebern zu, erlischt es 70 Jahre nach dem Tod des längstlebenden Miturhebers. Tritt der Tod des Urhebers während eines Kalenderjahres ein, so wird die Frist erst mit dem Ablauf dieses Kalenderjahres berechnet (§ 69 UrhG). *L. Delp*

Tonaufzeichnung ↗ Phonographie

Tonband, Magnetband für analoge und digitale Audiosignale. Als Trägermaterial wurde zunächst Stahldraht verwendet. V. Poulsen (1869–1942) erhielt 1899 für das sog. Telegraphon ein Patent. 1928 meldete F. Pfleumer (1881–1945) ein Patent für ein Magnetbandverfahren an. Das T. bestand aus mit Stahlpulver beschichtetem Papier und ließ sich ohne Informationsverlust schneiden und wieder zusammenkleben. 1935 wurde auf der Berliner Funkausstellung das erste T.-Gerät K1 vorgestellt. Das K1 hatte eine Bandgeschwindigkeit von 77 cm/s. Bei einer Bandlänge von 1.000 m lag die Spielzeit bei ca. 22 Minuten. Ein Manko des T.s bestand zunächst im hohen Rauschen, das erst 1940 durch die Einführung der Hochfrequenzvormagnetisierung gelöst wurde. Weitere Probleme waren die Empfindlichkeit gegenüber Magnetfeldern, Temperaturschwankungen und Feuchtigkeit. Neue Polyester-Trägermaterialien minderten die genannten Nachteile. Der Spulendurchmesser der T.bänder variierte von 6 cm bis 26,5 cm. Die Bandgeschwindigkeit bei Heimgeräten liegt bei 9,5 cm/s, im professionellen Betrieb bei 38 cm/s bzw. 19 cm/s. Die starke Verbreitung der ↗ MC verdrängte T.bänder ab Ende der 1970er Jahre v.a. im Heimanwenderbereich. S. Büttner

Tonbandgerät, Wikipedia.

Tonbandgerät ↗ Tonband

Tonbandkassette, Tonkassette ↗ MC

Toner, meist schwarzes Farbpulver mit hoher Farbkraft und Fixierbarkeit. Der T. wird in Fotokopierern, Tintenstrahl- und Laserdruckern als Druckfarbe verwendet und ist in Behältern, sog. Farbpatronen enthalten, die leicht ausgewechselt werden können.
C. Boßmeyer

Tonfilm, technische Entwicklungsstufe des ↗ Films, die auf die ↗ Stummfilm-Ära folgte. Beim T. wird zusätzlich zur kinematografischen Information (Bildfolge, fotografische Bewegtbilder) eine synchrone und technisch-wiederholbare Schallbegleitung geboten. Erste Versuche hierzu gab es seit 1901 durch eine quasi simultane Grammophon-Begleitung von Musik und gesprochenen Texten. Jedoch war diese Technik weder medial synchronisiert, noch eignete sie sich für größere Kinosäle. 1921 erfolgte die erste öffentliche Vorführung eines lippensynchronen T.s via Lichttonverfahren durch S. Berglund (1881–1937) in Stockholm. Der erste Film mit integrierter Lichttonspur «Der Brandstifter» (Produzent: E. Baron, 1878–1924) wurde ein Jahr später durch H. Vogt (1890–1979) in Berlin uraufgeführt. Der kommerzielle Durchbruch des neuen Mediums gelang 1927 nach der Premiere des ersten T.s in Spielfilmqualität «The Jazz Singer» (Regie: A. Crosland 1894–1936). Der T. löste bis etwa 1936 weltweit den Stummfilm vollständig ab. Durch den T. wurde das Know-how des Filmemachens grundlegend modernisiert. Bisherige, eingeblendete Texttafeln – sog. Zwischentitel – wurden durch gesprochene Dialoge abgelöst, was einen großen Einfluss auf die Filmdramaturgie besaß. Die Filmgesellschaften bauten eigene Musikabteilungen auf. Für jeden neuen Film entstand eine neue Filmmusik. Bild- und Tonaufnahmen (Sprache, Geräusche, Musik) erfolgten getrennt. Der T. sorgte für eine neue Generation von Filmemachern und Schauspielern; viele Karrieren der bisherigen Stummfilmstars endeten abrupt. T. Keiderling

Tontafel. Ton ist – neben Stein – der älteste und dauerhafteste Beschreibstoff; überliefert seit dem 4. Jahrtausend v. Chr. (aus Mesopotamien und Ägypten). Aus dem 7. Jh. stammt die älteste Bibliothek von T.n (über 25.000 Stück) des assyrischen Königs Assurbanipal. Die T.n wurden vor dem Brennen mit einem Keil beschrieben (↗ Keilschrift). Im 1. Jh. v. Chr. treten sie noch vereinzelt auf. Heute befinden sich insgesamt ca. 500.000 T.n in den Museen der Welt. In spä-

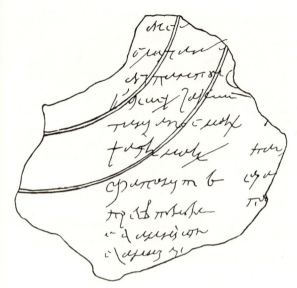

Tontafel. Gardthausen, V.: Das Buchwesen im Altertum und im byzantinischen Mittelalter, Leipzig 1911, S. 29.

terer Zeit wurden Scherben von zerbrochenen Tongefäßen (↗ Ostrakon) als Beschreibstoffe für Notizen, Rechnungen, Briefe und ähnliches verwandt und mit Tinte beschrieben.
G. Pflug

Tonträger (Schallträger), Speichermedium für die Aufzeichnung von Schallschwingungen (Musik, Sprache, Daten), anfangs ausschließlich analoge Verfahren der Speicherung und Wiedergabe (Walzen, Schallplatten, Schallfolien, Tonband, Tonbandkassette, MC), heute vorrangig digitale Verfahren der Aufzeichnung und Ablesung (Laser Disc, Compact Disc, Diskette, CD-ROM, DVD).
H. Heidtmann

Tonwalze, historisches Trägermedium zum Aufzeichnen und Abspielen von Tönen. Die T. oder auch Wachswalze wurde von T.A. Edison (1847–1931) 1877 entwickelt. Mit Erfindung des Phonographen und der T. war erstmals eine Tonaufzeichnung mit Wiedergabe möglich. Die Schallwellen wurden über einen Trichter auf eine Membran geleitet. Die Membran geriet in Schwingung und wandelte die Schallwellen in mechanische Schwingungen um. Mit einer Nadel wurden die Schwingungen auf eine rotierende T. übertragen, indem die Nadel unterschiedlich tiefe, fortlaufende Rillen in die Walze ritzte, die Tiefenschrift. Die Wiedergabe erfolgte über die Umkehrung. Die eingravierten Rillen auf der T. wurden mit einer Nadel abgetastet und in Schallwellen umgewandelt.
S. Büttner

Tonwert ist ein optisch wirkender Grauton einer Fläche zwischen den Extremen Weiß (T. = 0%) und Schwarz (T. = 100%). ↗ Gradation

Tora, aus dem Hebräischen «Lehre», «Unterweisung»; bezeichnet im Alten Testament einzelne Lehrsätze, die Belehrung durch Priester (Priestert.) oder ein Einzelgebot. V. a. wird der Terminus für die fünf Bücher Mose (↗ Pentateuch) gebraucht, kann aber auch auf die ganze Bibel oder das ganze Korpus des traditionellen jüdischen Gesetzes ausgeweitet werden. Die Wiedergabe mit «Gesetz» analog der ersten griechischen und lateinischen Übersetzung «nomos» bzw. «lex» erfasst nur einen Teilaspekt der Bedeutung und gab zu zahlreichen Missverständnissen Anlass. Die Notwendigkeit, die Gebote der T. den Erfordernissen der jeweiligen Zeit anzupassen, führte bei den Rabbinen zur Ausbildung der Lehre von den zwei Torot, der schriftlichen und mündlichen, die untrennbar zusammengehören und beide als von Mose am Sinai geoffenbart gelten.
E. Tönges

Torarolle, ↗ Buchrolle der Tora (biblisch-hebräisch: Sefer Tora), die in Leder- oder Pergamentrollen überliefert ist. Der Toratext wird für die Verwendung im Gottesdienst von speziell ausgebildeten Schreibern (Soferim) angefertigt. Die einzelnen Blätter werden aneinandergeheftet und auf zwei Stäben aufgerollt. Heute besitzt jede Synagoge mindestens eine T. aus Pergament, aus der beim Gottesdienst und bei Festen rezitiert wird. Sie ist mit Krone, Mantel und weiterem Schmuck ausgestattet und wird im Toraschrein aufbewahrt.
E. Tönges

Tornisterschrift (des OKW) ist eine Buchgattung des deutschen Frontbuchhandels und zugleich neben der «Soldatenbücherei» eine Buch- bzw. Broschüren-Reihe des Oberkommandos der Wehrmacht, die im Zeitraum 1939 bis 1943 erschien. Es handelte sich um Literaturwerke, die in kleinen, preiswerten Ausgaben an Soldaten im Feld und in der Heimat zum Versand kamen. Diese Veröffentlichungen erschienen nicht im Buchhandel und missachteten mitunter auch die Urheberrechte. Mit einem Gewicht von 250 – 1.000 Gramm sollten sie in jedem Tornister Platz finden. ↗ Feldbuchhandlung

Tortenbuch ↗ Einbandkuriosität

Total Quality Management (TQM), erweiterte Form des ↗ Qualitätsmanagements mit dem Anspruch auf Ganzheitlichkeit, die sich auf alle Bereiche, Prozesse und Verfahren einer Einrichtung, einer Organisation oder eines Unternehmens bezieht. TQM ist organisationsseitig prozessbezogen, begreift Qualitätsmanagement als Systemziel und hat eine ausdrückliche Kundenorientierung. TQM bietet für Unternehmen und Dienstleistungsorganisationen große Chancen. Allerdings werden TQM-Verfahren bislang nur ansatzweise zum Einsatz gebracht, was nicht zuletzt in den damit verbundenen Kompetenz- und Qualifikationsvoraussetzungen der zu beteiligenden Akteure begründet liegt. *A. Degkwitz*

Totentanz (auch französisch «danse macabre») ist die im 13. Jh., zunächst in Frankreich aufgekommene literarische und allegorische Darstellung (Verse, Texte, Illustrationen, Wandgemälde) des Einflusses und der Macht des Todes auf bzw. über das Leben der Menschen.

Trade Sale, Versteigerung verlagsneuer Bücher durch den Verleger. Ein in Großbritannien geläufiger Buchhandelsterminus für den zum Ende des 17. Jh.s einsetzenden und bis zur Mitte des 19. Jh.s dauernden Brauch der (Londoner) Verleger, sich jährlich von Auflagenresten nicht mehr gängiger Werke oder Überschüssen neuerer Produktion zu trennen, indem man sie unter dem ursprünglichen ↗ Nettopreis meistbietend versteigerte. Angeboten wurden neben Restauflagen auch neue Werke, selbst Titel, die noch nicht erschienen oder im Erscheinen begriffen waren. Konnte der ganze Posten nicht losgeschlagen werden, wurde er, je nach Bedarf, immer wieder in kleineren Mengen angeboten, bis sich ein Käufer fand. Auch taten sich mitunter mehrere Sortimenter zusammen, um einen Posten gemeinsam zu erwerben. Vereinzelt wurden auch die Verlagsrechte mit versteigert. Der Verlegerversteigerer verschickte zuvor einen Katalog. ↗ Modernes Antiquariat *H. Buske*

Traduktionym, auch Traductionym, aus Lateinisch «Übersetzung» und Griechisch «Name»; ist eine allgemeine Namensänderung oder ein Pseudonym, das den Verfassernamen in eine andere Sprache übersetzt. Das T. in eine klassische Sprache war im Humanismus verbreitet, z. B. Melanchthon für Schwarzerd oder Corvinus für Raabe. U. a. bei Emigranten bzw. Künstlern ist eine derartige Namensübersetzung verbreitet, z. B. ins Englische bei Hartfield für Herzfelde.
G. Pflug

Trägermedium sind 1. im engeren Sinne ↗ Medien auf körperlichen Trägern, die unterschiedliche Arten von Informationen (Text, Bild, Ton, Video bzw. deren Kombination) auf gegenständlichen Trägern speichern können – unabhängig davon, ob die Information bereits enthalten ist oder (noch) nicht, wie z. B. bei einem CD/DVD-Rohling. Das T. eignet sich sowohl zur Rezeption/Wahrnehmung als auch zum Transport und zur Weitergabe. T.ien sind i. d. R. Offline-Medien, zum Beispiel Schrift- und Druckmedien, Tonträger, CDs, Video- und Filmträger DVDs, auch USB-Sticks etc. Der Begriff wird in Abgrenzung zum Begriff der ↗ Telemedien verwendet, die Informationen über elektronische Informations- und Kommunikationsdienste, insbesondere von Internetdiensten, aber auch den Rundfunk zusammenfassen (Transport von Informationen über elektromagnetische Wellen). Es gibt jedoch auch Definitionsansätze, die T.ien auf sog. unkörperliche Medien des Rundfunks und Internets erweitern (Rundfunksendung, Streaming, elektronische Netzpublikationen, Download etc.). ↗ Datenträger ↗ Speichermedium *T. Keiderling*

Tragkraft ↗ Deckenbelastung

Trailer, aus dem Englischen «Nachlauf»; ist ein aus wenigen (Schlüssel-)Passagen eines Medienwerks (Kino- oder Fernsehfilm, Computerspiel, Theateraufführung, Musical, Buch etc.) zusammengesetzter, werbender Videoclip von meist ca. 2 Minuten Laufzeit. Er macht auf ein Produkt bzw. Medium aufmerksam, sollte jedoch keine Szenen enthalten, die ↗ spoilern. Während früher T. v. a. im Kino-Vorprogramm liefen, werden sie heute hauptsächlich über das Internet verbreitet. Eine Kurzfassung des T.s ist ein Teaser. ↗ Filmzeitschrift *T. Keiderling*

Traktat, aus dem Lateinischen «Abhandlung». 1. Literarische Gebrauchsform, in der ein religiöses, moralisches oder wissenschaftliches Problem in Prosa abgehandelt wird. Durch populäre christliche Erbauungsschriften mit dem Diminutivum «Traktätchen» im Titel erhielt der Begriff im Deutschen eine pejorative Nebenbedeutung, nicht jedoch in anderen Sprachen. 2. Veraltete Bezeichnung für Verträge und (beim Pluralgebrauch) Vertragsverhandlungen. *F. v. Ammon*

Transkription. 1. Übertragung in eine andere Schrift, besonders aus nichtlateinschreibenden Sprachen, deren Buchstaben mit lautlich ungefähr gleichklingenden Zeichen des lateinischen Alphabets wiedergegeben werden. Im Unterschied zur Transliteration (der buchstabengetreuen Übertragung aus einer Buchstabenschrift in die andere) dürfen einem Zeichen der Vorlage mehrere, verschiedene Zeichen und Zeichenkombinationen der Wiedergabe entsprechen. Um der flüssigeren Lesbarkeit willen wird häufig normalisiert, z. B. bei i/j und u/v/w. Doch müssen die Prinzipien der Normalisierung klargelegt werden. Verbindliche Grundsätze existieren nicht, aber Editionsunternehmen wie die Monumenta Germaniae Historica (gegr. 1819), haben feste Traditionen ausgebildet und für den Archivdienst bestehen Empfehlungen. 2. Übertragung einer handschriftlichen Vorlage oder eines Gesprächs- oder Vortragsmitschnitts – früher zumeist aufgezeichnet auf Kassette (MC), heute auf einem digitalen Diktiergerät – in eine digitale Computer-Reinschrift. Während Handschriften dabei originalgetreu transkribiert werden müssen, ist es bei Gesprächst.en üblich, diese nach bestimmten Regeln zu normieren und zu bereinigen, u. a. keine Wiedergabe von Dialekten, angefangene Sätze werden ebenso wie «ähs» gestrichen, nachgewiesene Fehler in der Namens-, Orts- oder Zeitnennung stillschweigend verbessert etc. ↗ Oral History ↗ Verschriftlichung
K. Borchardt / T. Keiderling

Transliteration ↗ Transkription

Transmission-Belt-Modell ↗ Hypodermic-Needle-Modell

Transmission Control Protocol ↗ TCP

Transparentpapier ist ein Papier mit möglichst klarer und hoher Lichtdurchlässigkeit und ohne Füllstoffe. Es wird auf unterschiedliche Art hergestellt und dient zum fettdichten Verpacken, als Schutzblätter und zum Pausen von Zeichnungen und Skizzen. Die Transparenz wird nach DIN 53147 festgelegt. *R. Fuchs*

Transparenz des Papiers, Bezeichnung für das Maß der Lichtdurchlässigkeit von Papier und Folien. Das Gegenteil ist die ↗ Opazität. Je nach Papiersorte wird eine unterschiedliche T. gefordert. So ist eine geringe T. (hohe Opazität) bei Druck- und Schreibpapieren sinnvoll, um ein Durchschlagen des Druckes oder der Schrift zu verhindern. Umgekehrt sollten Transparentpapiere oder Folien eine möglichst hohe T. besitzen. Die T. wird erreicht durch Satinieren, Pergamentieren und durch hohe Mahlung der Faserstoffe (Transparentpapier). Da die T. von der Wellenlänge des Lichtes abhängt, werden T.messungen nach unterschiedlichen Vorschriften gemessen (DIN 53147, 66243, T. 1 und 2, TAPPI-T 522 om-85). *R. Fuchs*

Transponder, Wortschöpfung aus Transmitter und Responder; Gerät zum Empfangen und Senden von Funksignalen. Es werden unterschieden aktive T., die über eine eigene Energieversorgung, z. B. durch Batterien, verfügen, und passive T., die über keine eigene Stromversorgung verfügen und die Energie aus dem Feld der Leseeinheit beziehen. Bestandteile von T. sind i. d. R. Antenne, ein Schaltkreis zum Empfangen/Senden (analog), ein Schaltkreis (digital) sowie Speicher (permanent). In Bibliotheken haben sich selbstklebende PET- oder Papieretiketten (Tags) zur Radiofrequenzidentifikation durchgesetzt. Der T. wird direkt auf die Folie aufgedruckt und «Smart Label» genannt.

S. Büttner

Trendstudie ↗ Panel-Befragung

Trennungsgebot (im Journalismus) steht für das Gebot der Trennung von Redaktion und Werbung und ist eine zentrale Norm für das Mediensystem und den Journalismus. Im redaktionellen Teil eines Mediums sollen nur unentgeltliche Beiträge veröffentlicht werden, die intellektuelles Produkt der Redaktion sind und das öffentliche bzw. Rezipienteninteresse bedienen; im Anzeigenteil dagegen findet Veröffentlichung gegen Bezahlung statt, die Beiträge sind kein intellektuelles Produkt der Redaktion und die Publikation geschieht im Interesse des Inserenten. Das T. ist in Deutschland in gesetzlichen Regelungen (Landespressegesetze, Landesmediengesetze, Rundfunkstaatsvertrag) und berufsethischen Richtlinien (u. a. im Pressekodex des Deutschen Presserats) festgeschrieben und soll drei Parteien schützen, die an dem Handel mit Journalismus beteiligt sind: 1. die Rezipienten, die nicht irregeführt werden sollen, 2. die Journalisten, die unabhängig von wirtschaftlichen Interessen arbeiten sollen, und 3. die Werbetreibenden, die vor unlauterem Wettbewerb der Konkurrenten geschützt werden sollen. Allerdings haben zumindest Werbekunden und Medienbetriebe auch ein Interesse daran, die Norm zu unterlaufen, da erstere beim Rezipienten kognitive Abwehrreaktionen gegen Werbung vermeiden und letztere zusätzliche Erlöse generieren wollen. Daher sind in der Praxis vielfältige Formen der Verletzung bzw. Aufweichung des Trennungsgebots zu beobachten, z. B. redaktionell gestaltete Anzeigen (Werbeanzeigen werden in Layout, Schriftart und Grafik dem redaktionellen Umfeld angeglichen), Kopplungsgeschäfte (eine Anzeige wird unter der Bedingung geschaltet, dass im redaktionellen Teil positiv über das Unternehmen oder Produkt berichtet wird), Product Placement (ein Produkt wird in einem redaktionellen Beitrag erwähnt oder dargestellt, d. h. in informative oder unterhaltende Medieninhalte eingebettet) oder Sponsoring (eine Institution fördert eine TV-Sendung oder eine Zeitung führt eine Leseraktion mit Hilfe eines Unternehmens durch). Bemerkenswert ist, dass eine Erosion des Trennungsgebots sogar von medienpolitischer Seite unterstützt wird: Seit 2010, als die EU-Richtlinie über audiovisuelle Mediendienste in nationales Recht umgesetzt wurde, ist ↗ Produktplatzierung in Deutschland in bestimmten Sendungen erlaubt (in Spielfilmen, Serien und Unterhaltungsformaten, jedoch nicht in Informationssendungen), sofern vor oder nach der Sendung darauf hingewiesen wird. Diese Liberalisierung von Product Placement kann als nachträgliche Anpassung der Rechtsnorm an die Praxis bzw. als Legalisierung des Status Quo gewertet werden, möglicherweise sogar als Paradigmenwechsel im Rundfunkrecht: weg von der grundsätzlichen Trennung von Programm und Werbung hin zu Transparenz für die Zuschauer, ob und wann sie auf Werbung treffen können. Das Gebot der Trennung von Redaktion und Werbung ist das älteste und bekannteste Trennungsgebot im Journalismus. Zuweilen wird unter Trennungsgebot auch das Gebot der Trennung von Nachricht und Meinung oder das Gebot der Trennung von nicht-fiktionalen, informierenden Texten und fiktional-künstlerischen Texten verstanden.

U. Krüger

Triptychon, römische Notiztafel aus drei miteinander verbundenen Einzeltafeln aus Holz oder Elfenbein, innen mit einer Wachsschicht überzogen, in die mit dem Stilus kurze Aufzeichnungen geschrieben wurden, die leicht wieder getilgt werden konnten. ↗ Diptychon

Trivialliteratur, aus Lateinisch trivium «öffentliche Straße», «Scheideweg»; seit der Antike auch als Schimpfwort für eine banale Formulierung gebraucht. Ende des 17. Jh.s wird «trivial» aus dem Französischen ins Deutsche in der Bedeutung «abgedroschen», «platt» übernommen und dient seit dem 19. Jh. zur abwertenden Bezeichnung bestimmter Formen der ↗ Unterhaltungsliteratur, v. a. unterhaltende fiktionale Texte seit dem 18. Jh. (u. a. Romane über Liebe, Familie, Reisen, Abenteuer, Schauer [Gespenster], Heimat, Geschichte [Ritter], Sensation, Verbrechen [Räuber- und Detektiv-Roman], Mysterien sowie weitere Unterhaltungsstoffe, die später als ↗ Kitsch eingestuft werden etc.), die an ein zunehmendes Massenpublikum in preiswerten Formaten ([Zeitschriften-]Fortsetzung, Heften, [Kolportage-]Lieferung etc.) über entsprechende Vertriebsmethoden (u. a. Kolportagebuchhandel) verbreitet wurden. Der Begriff wurde zum ersten Mal wohl von J. Görres (1776 – 1948) 1807, wenn auch noch wertfrei, verwendet. Popularisiert wurde er infolge der ↗ Schmutz- und Schund-Debatte, als klein- und bildungsbürgerliche Kreise gegen eine – ihrer Meinung nach – minderwertige T. protestierten, die infolge der Zweiten ↗ Leserevolution v. a. durch den Kolportagebuchhandel an sozial ärmere Schichten und insbesondere Jugendliche gelangte.

Die Diskussion um die T. enthält drei Elemente: 1. den Versuch einer (strukturellen) Einteilung von fiktionaler [Massen-]Literatur in «gute» und «schlechte», «hochwertige» und «minderwertige», «ästhetisch anspruchsvolle» und «anspruchslose», wobei die T. deutlich abgewertet wird; 2. die Annahme einer negativen Medienwirkung auf bildungsferne bzw. einkommensschwache Bevölkerungsschichten und insbesondere Jugendliche, ohne die entsprechenden empirischen Beweise hierfür zu besitzen; 3. die Forderung nach einer Zurückdrängung (Verbannung aus Schule, Erziehung und Öffentlichen Bibliotheken) bis hin zur Zensur von T. Im Bereich der Öffentlichen Bibliotheken spielte der Umgang mit der T. innerhalb des sog. ↗ Richtungsstreits seit den 1920er Jahren eine Rolle. Die Diskussion um die T. wurde im 20. Jh. v. a. innerhalb der Literaturwissenschaft fortgesetzt. Letztlich scheiterte der Versuch, eine wissenschaftlich begründete, (be)wertende Einteilung der Literatur in Hoch-, Massenliteratur sowie T. vorzulegen. Es gelang nicht, etwa unter Termini wie «Schemaliteratur», die T. aufgrund ihrer inneren Textstruktur bzw. Organisationsform poetischer Sprache aus dem Gesamtkomplex der Literatur eindeutig auszugrenzen. *T. Keiderling*

Trockengewicht, auch Trockengehalt. Der in der Papierindustrie übliche Ausdruck für die prozentuale Relation zwischen Faserstoff und Wasser eines Halbstoffes. Bei Raumtemperatur gemessenes Gewicht eines Halbstoffes (Zellstoff, Holzstoff): 100 % messtechnisch zu ermittelnder Wassergehalt desselben: x %. 100 % minus x % = T. Das T. spielt v. a. im Rohstoffhandel eine Rolle, wo es gilt, die tatsächlich in einer Lieferung enthaltene Fasermenge festzulegen. Das Gewicht eines Ballens von gleichem T. ist je nach seinem Wassergehalt, der von dem Klima abhängt, bei dem er gelagert wurde, verschieden. Die Ermittlung des T.s erfolgt nach DIN 54351. Sie beruht auf einer Erhitzung der Probe auf eine Temperatur dicht über dem Siedepunkt von Wasser (105 °C) bis zur Gewichtskonstanz und Wägung vor und nach dieser Prozedur. *H. Bansa*

Trockenkopierverfahren. V. a. für die Bürotechnik wurden im 19. und 20. Jh. Verfahren entwickelt, die in einem einfachen Arbeitsablauf Kopien von Vorlagen liefern. Gegenüber der traditionellen fotografischen Technik fallen bei ihnen die Arbeitsschritte des Nassentwickelns und Fixierens fort. Das älteste T. ist die ↗ Thermografie (2.). Sie war bis zur zweiten Hälfte des 20. Jh.s das übliche Bürokopierverfahren (Thermofax, Verifax). Ebenso wurde die Elektrokopie genutzt, auch ↗ Xerografie genannt. Darüber hinaus gibt es für zwei ursprüngliche Nassverfahren Trockenvarianten, so für die konventionelle Fotografie die Reflexkopie (↗ Reflexkopierverfahren) und digitale Fotografie und für die Lichtpause das ↗ Diazo- bzw. Ozalitverfahren (letzteres: Kopien per Lichtpauspapier, nach dem Markennamen des Papiers Ozalid-Kopien genannt). *G. Pflug*

Trockenoffset ist ↗ Offsetdruck ohne Feuchtung, auch wasserloser Offsetdruck genannt. Die richtige Bezeichnung ↗ Letterset.

Trockenpartie wird derjenige Abschnitt der Papiermaschine genannt, in dem der entstandenen Papierbahn das Wasser auf thermischem Wege entzogen wird. Die Bahn wird in slalomartigem Lauf über eine Vielzahl von dampfbeheizten, mit Filztüchern oder Sieben bespannten Zylindern geführt, so dass das Restwasser verdunsten und verdampfen kann. Die T. ist durch eine Trockenhaube gekapselt und wird durch heiße, trockene Luft belüftet.

P. Neumann

Trocken-Prägedruck(verfahren). Im T. druckt oder prägt man Buntfarben und Metallicfarben (früher Blattmetall, jetzt Prägefolie), die im Gegensatz zu den Nassfarben aller übrigen Druckverfahren während der gesamten Verarbeitung trocken sind. Der T. ist ferner das einzige Druckverfahren, in dem man dünne Metallschichten sowie auch Hologramme drucken kann. In der Buchherstellung schon seit dem 16. Jh. als Vergoldetechnik bekannt, wird der T. seit den 1970er Jahren verstärkt für Einbände und Schutzumschläge, Broschüren und Werbemittel eingesetzt. ↗ Golddruck

C.W. Gerhardt

Trommelscanner (oder Walzenscanner) ist der Bautyp eines ↗ Scanners, der in der zweiten Hälfte des 20. Jh.s in der ↗ Druckvorstufe eingesetzt wurde. Ein Farbscanner tastet farbige Vorlagen optisch-elektronisch ab und wandelt Farbwerte in elektrischen Strom um. Mithilfe von Korrektursystemen können diese Werte gezielt verändert, in Licht umgewandelt und auf fotografisches Material aufgezeichnet werden. T. werden mittlerweile kaum noch hergestellt, da Flachbett- und Filmscanner günstiger und zugleich leistungsstärker geworden sind.

Turmbibliothek, Turmmagazin ↗ Bücherturm

Tusche, aus dem Französischen «berühren», «Farbe auflegen»; ist eine seit dem 17. Jh. in Deutschland bezeugte Bezeichnung für eine wässrige Lasurfarbe, die zum Zeichnen oder für Kunstschriften verwendet wird. Bis ins frühe 19. Jh. wurde sie – v.a. auf Reisen – wegen ihrer Konsistenz auch an Stelle von Tinte zum Schreiben genutzt. T. besteht aus Pigmentaufschwemmungen oder Farbstofflösungen, die mit Bindemitteln eingedickt sind und bei Gebrauch durch Wasser flüssig gemacht werden. Die älteste bekannte T. kommt aus China. Sie bestand aus Lampenruß. Heute wird schwarze T. gewöhnlich aus Gasruß hergestellt, der mit Schellack oder Gummi arabicum vermischt wird. Farbige T.n enthalten wasserlösliche Farbpigmente.

G. Pflug

Tuschmanier ↗ Aquatintaverfahren

Tuschzeichnung (auch Pinselzeichnung) wird eine mit Pinsel und schwarzer oder brauner Tusche hergestellte Zeichnung genannt, die in aquarellartiger Manier erzeugte Halbtöne zur Schattierung enthält. Die allein mit der Feder (Rohrfeder oder Federkiel) hergestellte Feder- oder Strichzeichnung enthält dagegen keine Halbtöne. Wenn Feder und Pinsel kombiniert angewendet werden, entsteht eine lavierte Federzeichnung.

H. Wendland

Tweet, Englisch: «zwitschern», «tschilpen»; Begriff und Serviceleistung des Unternehmens ↗ Twitter. Als T. wird eine Nachricht oder Statusmeldung bezeichnet, welche mittels des sozialen Netzwerks bzw. Mikroblogging-Anbieter Twitter gesendet wird. Ein T. ist auf 140 Zeichen begrenzt (Leerzeichen eingerechnet). In einer Testphase wurde 2016 der Nachrichtenumfang auf 280 Zeichen erweitert, wobei es möglich ist, diesen T.s digitale Fotos oder Videos anzuhängen. Durch die Begrenzung erinnern T.s an telegrammartige Kurznachrichten. Sendet ein angemeldeter Nutzer einen T., wird dieser in seinem Profil sichtbar und darüber hinaus den Nutzern angezeigt, die mit ihm als sog. Follower (Anhänger) verbunden sind. Nutzer haben die Möglichkeit, einen T. aufzugreifen und auf ihrem eigenen Profil darzustellen, was als Ret. bezeichnet wird. Beim Verfassen eines T.s können sog. ↗ Hashtags verwendet werden, um die Nachricht zu kategorisieren.

T. Keiderling

Twitter, Englisch: «Gezwitscher»; ein 2006 in San Francisco gegr., börsennotiertes und weltweit auf seinem Gebiet führendes ↗ Mikroblogging-Unternehmen bzw. soziales Medium, das es den Nutzern ermöglicht, kurze Textnachrichten, sog. ↗ Tweets, entweder ohne Einschränkung zu veröffentlichen oder einem ausgewählten Nutzerkreis zugänglich zu machen. Es ist möglich, diesen Tweets digitale Fotos oder Videos anzuhängen. Die Idee für T. stammt ursprünglich von einem Forschungs- und Entwicklungsprojekt zur internen Kommunikation der Podcasting-Firma Odeo (San Francisco). Der Konzern realisierte 2017 einen Umsatz von 2,44 Mrd. US-Dollar und beschäftigt rund 3.300 Mitarbeiter. Finanziert wird er hauptsächlich durch Werbeeinnahmen. T. sammelt wie alle anderen sozialen Medien personenbezogene Daten seiner Benutzer und teilt sie Dritten mit, was, wie auch im Fall von Facebook, wiederholt zu Problemen mit Datenschützern führte. T. wird nicht nur als Kommunikationsmittel von Privatpersonen benutzt, sondern auch von Organisationen, Unternehmen und Massenmedien. Zu einem politischen Kommunikationsmittel ersten Rangs wurde T., u. a. dadurch, dass führende US-Politiker, allen voran D. Trump (geb. 1946), Statements und Nachrichten oftmals zuerst über T. weltweit verbreiten. Sogar Journalisten und Nachrichtenagenturen – früher als Mittler dieser Nachrichten unerlässlich (↗ Pressekonferenz) erfahren heute ebenso wie alle anderen Rezipienten über T., präsidiale Statements und Entscheidungen (der Account von Trump weist 2018 knapp 54 Mio. Follower aus; zum Vergleich: B. Obama, geb. 1961, zeitgleich 102 Mio.). Trump nutzt deshalb diese Plattform, weil er anderen, traditionellen politischen Medien misstraut und T. ihm maßgeblich zu seinem US-Wahlkampfsieg 2016 verhalf. Zuvor war es Obama gelungen, durch Videos, die via YouTube gepostet und verbreitet wurden, deutlich an Popularität zu gewinnen und schließlich den Wahlkampf 2008 für sich zu entscheiden.

T. Keiderling

Two-Step-Flow (Zwei-Stufen-Fluss, Modell der Kommunikation) von P. Lazarsfeld (1901 – 1976) u. a. 1944 erklärt die Informationsverbreitung durch Massenmedien. Im frühen 20. Jh. ging die Kommunikationsforschung noch von einer sehr starken, direkten massenmedialen Wirkung auf alle Rezipienten aus (Stimulus-Response-Modell, Hypodermic-Needle-Modell). Eine Forschergruppe um Lazarsfeld untersuchte die US-Präsidentschaftswahlen 1940 und kam zu dem Ergebnis, dass Meinungsführer (Opinionleader, Multiplikatoren, heute würde man auch Influencer sagen) bei diesen vermittelnd wirkten. Das Modell T.-S.-F. geht davon aus, dass Meinungsführer bei der medialen Informationsvermittlung dazwischengeschaltet sind (Medien-Meinungsführer-Rezipient) und eine selektierende bzw. filternde und verstärkende Rolle spielen; sie geben bestimmte Inhalte an den von ihnen beeinflussten Personenkreis mit Nachdruck weiter, andere nicht. Meinungen und Informationen, die sie verbreiten, werden verstärkt von den Rezipienten aufgenommen. Sie übernehmen damit die Funktion von Gatekeepern. Das Modell wurde als zu schematisch kritisiert. Es konnte nicht bewiesen werden, dass die Opinionfollower ausschließlich ihre Informationen über die Meinungsführer beziehen. Somit wurde das Modell (nach erster Kritik auch schon von Lazarsfeld) abgeschwächt und modifiziert. Insbesondere erreichen viele Massenmedien ohne Meinungsführer das Publikum. In der Folge wurde zudem zwischen «virtuellen Meinungsführern» (die über Medien wirken und somit Bestandteil der medialen Informationsverbreitung sind) und «realen Meinungsführern» (die über den Face-to-Face-Kontakt wirken) unterschieden. Heute geht man statt von starren Rollenzuweisungen eher von einem Netzwerk mit flexibler Rollenzuweisung aus, was einem Multi-Step-Flow entspricht.

T. Keiderling

Type(n), aus dem Griechischen «Abdruck», «Form», «Gestalt». 1. Synonym für Druckform. Im 19. Jh. war es vielfach üblich, Druckformen verkürzt als T. zu bezeichnen, und zwar nicht nur die Schrifttypen, sondern auch Bilddruckstöcke. So hieß die erste fotografisch hergestellte Bilddruckform Fototyp (Phototyp) und die Zinkhochätzungen wurden Zinkotypien benannt. 2. Kurzbezeichnung für Druck- oder Schrifttypen für den Buchdruck. ↗ Drucktype

R. Golpon

Typenforschung ↗ Inkunabelforschung ↗ Typenvergleich

Typengusssetzmaschine ↗ Monotype

Typenkörper ↗ Drucktype

Typensatz ↗ Satz

Typenvergleich. Das Schriftbild eines Drucks (Stil, Formen, Schriftgrad) ist ein Hilfsmittel für die zeitliche und örtliche Herkunftsbestimmung. Hauptziel des T.s ist der Nachweis, dass die Schrift eines unfirmierten Drucks mit der eines firmierten identisch ist. In diesem Fall spricht vieles dafür, dass beide aus derselben Werkstatt stammen. Das gilt v. a. für die Frühdruckzeit, als die Drucker ihre Lettern selbst schufen und sich an den Schreibtraditionen ihres Standortes orientierten. Der T. spielt darum in der Inkunabelforschung eine Rolle, zumal mehr als ein Drittel aller bekannt gewordenen Inkunabeln unfirmiert ist. Auf den Vorarbeiten von H. Bradshaw (1831–1886) und R. Proctor (1868–1903) fußend, schuf K. Haebler (1857–1946) mit dem «Typenrepertorium der Wiegendrucke» (1905–1924) ein Hilfsmittel, den T. als ein überall anwendbares und von größeren einschlägigen Beständen unabhängiges Bestimmungsverfahren anzuwenden. *S. Corsten*

Typhlografie, aus dem Griechischen «blind»; umfasst die Gesamtheit der Techniken zum Umsetzen von grafischen, eigentlich zum optischen Erfassen vorliegenden, gegenständlichen Abbildungen in taktile, erhabene Darstellungen und deren sinnhaltige, haptische Vermittlung mittels fühlbarer Medien für Blinde. *R. F. V. Witte*

Typografie bedeutet die visuelle Darstellung von schriftlicher Sprache im Druck, in der Praxis die Anweisung an die Satztechnik, Texte und Daten in lesegerechter Form zu erzeugen. Mit diesem Fachausdruck wurde bis zum Ende des 19. Jh.s allgemein die Buchdruckkunst und damit das Hochdruckverfahren bezeichnet. Erst danach bezog er sich speziell auf die handwerkliche wie künstlerische Satzgestaltung durch den Schriftsetzer oder den für Schriftentwurf und Schriftkomposition (Layout) zuständigen Grafik-Designer. Die Berufsbezeichnung Typograf für den Schriftsetzer ist inzwischen durch die eines Mediengestalters abgelöst worden, sie wird heute den auf die Anwendungen der Schrift spezialisierten Buchgestaltern und Werbegrafikern zuerkannt. Neue Techniken kennen keinen strengen Unterschied zwischen einer Mikro-T. als handwerklich-technischer Aufgabe und einer Makro-T. als gestalterischer Entwurf, für die Arbeit am Computer werden auch Laien t.ische Regeln und Programmhilfen angeboten. Die ordnende t.ische Tätigkeit sollte mit den Gestaltungselementen Schrift und Bild, Linie und Fläche, Schmuck und Farbe, für ein ästhetisch ansprechendes, lesefreundliches und zugleich funktionales Layout sorgen. *P. Neumann*

Typografische Maße. Das im Bleisatz angewandte Maßsystem baute sich auf den ↗ typografischen Punkt als kleinste Einheit auf und bestimmte die Schriftgrade und -höhen. Es wurde 1764 von P. S. Fournier (1712–1768) auf der Grundlage des französischen Längenmaßes (Fuß) entwickelt und ab 1795 durch F. Didot (1764–1836) verbessert. Dieses System wurde 1870 für Deutschland verbindlich erklärt, wobei 1878 nach Angleichung durch H. Berthold (1831–1904) ein Meter 2.660 typografischen Punkten entsprach. Abweichend davon bezog sich das englisch-amerikanische System auf den Point mit 0,351 mm. 1978 wurde das T. gesetzlich durch das metrische System abgelöst, doch findet man es in der Praxis noch heute bei Angaben der Schriftgröße und Zeilenabstände. Die neue Norm beruht auf dem internationalen Einheitensystem (SI). *P. Neumann*

Typografischer Punkt, die kleinste Maßeinheit des ↗ typografischen Maßes nach dem früheren deutsch-französischem Normalsystem, wobei ein T. abgerundet 0,376 mm entsprach und mit dem im Bleisatz der Schriftkegel und die Schrifthöhe, auch das Blindmaterial und die Linien bemessen wurden. Für größere Maßeinheiten waren auch die Bezeichnungen Cicero (12 Punkt) und Konkordanz (48 Punkt) üblich. *P. Neumann*

Typograph, 1. eine von J. R. Rogers (1856–1934) um 1890 in den USA konstruierte Setzmaschine für den Zeilensatz, seit 1895 und in den ersten Jahrzehnten des 20. Jh.s neben der ↗ Linotype wegen niedrigerer Anschaffungskosten und einfacherer Bedienung weit verbreitet. Die Matrizen für die Schriftbilder hingen in einem korbartigen Magazin als lange Stäbe an gespannten Drähten. Auf Tastendruck wurden die Matrizen gelöst und glitten zum Sammler, wo Füllstücke in die Wortzwischenräume eingefügt wurden und das Ausschließen auf Spaltenbreite erfolgte. Durch eine Gießvorrichtung erfolgte der Zeilenguss, danach wurden durch Hochkippen des Magazinkorbes die Matrizenstäbe an ihren Drähten wieder in die Ausgangsstellung befördert, damit die nächste Zeile gesetzt werden konnte. 2. Veraltete Berufsbezeichnung für den Schriftsetzer. 3. Buch- und Schriftgestalter.

C.W. Gerhardt / R. Golpon / P. Neumann

Typogravure ↗ Autotypie

Typometrisches System. Bis ins 19. Jh. hatten Schriftgießereien für Höhe, Kegel und Dicke der Schriften jeweils ihr eigenes Maßsystem. Nach P.S. Fournier (1712–1768) entwickelten F.-A. Didot (1730–1804) und sein Sohn Firmin (1764–1836) 1784 ein einheitliches t. S., wonach 1 Punkt 0,376 mm entspricht. Von den Ländern der Internationalen Meterkonvention angenommen, gilt es nun auch für den Lichtsatz (mit 0,375 mm). Die angelsächsischen Länder folgen einem eigenen System (1 Point 0,351 mm). ↗ Typografische Maße

R. Frank

Typophilie bezeichnet die Freude am typografisch besonders gestalteten Druck. Der engere Begriff wird für ein Teilgebiet der Bibliophilie verwendet, bei dem sich das Interesse des Sammlers auf die benutzten Typen richtet und das v.a. darauf abzielt, Bücher zusammenzutragen, welche die älteste oder beste Anwendung berühmter Druckschriften zeigen.

K.-M. Grutschnig-Kieser

Typoskript ist ein mit Schreibmaschine geschriebenes oder mit einem Computer(drucker) erzeugtes Manuskript. T.e werden von ihren Autoren oft einem eingeschränkten Leserkreis zugänglich gemacht. Sie gelten urheberrechtlich nicht als veröffentlicht und tragen gewöhnlich den Vermerk «als T. gedr.» (↗ Als Manuskript gedruckt).

G. Pflug

U

Übersetzer. Der Ü. bringt einen schriftlich vorliegenden Text von einer Sprache in eine andere (Sprachmittler). Er unterscheidet sich vom (Konsekutiv-, Simultan- oder Synchron-)Dolmetscher, der mündliche Äußerungen übersetzt. Die Berufsbezeichnung ist nicht geschützt; viele Ü. arbeiten nebenberuflich bei geringen Einkünften. Es existieren national wie international agierende Berufsverbände als Ansprechpartner und Interessenvertreter, z. B. die International Federation of Translators (gegr. 1953) als weltweiter Dachverband, der mehr als 100 nationale Übersetzer-, Dolmetscher- und Terminologenverbände mit über 100.000 Übersetzern in 55 Ländern vertritt. Ferner der Bundesverband der Dolmetscher und Ü. (BDÜ) sowie der Verband deutschsprachiger Ü. literarischer und wissenschaftlicher Werke (VdÜ).

Übersetzervertrag, privatschriftliche Vereinbarung zwischen Auftraggeber (Originalautor, Verlag usw.) und einem Übersetzer über die Anfertigung einer Übersetzung und über die erforderliche Einräumung des Übersetzungsrechts. *L. Delp*

Übersetzung (auch Sprachvermittlung, Translation). 1. Begriffsbestimmung. Ü. ist die Wiedergabe von Wörtern und Sätzen aus einer Sprache (Ausgangs- oder Quellsprache) in eine andere Sprache (Zielsprache). Sie basiert auf zwei Formen, der mündlichen durch Dolmetscher, der schriftlichen durch Übersetzer. Sonderformen stellen die Übertragung einer mündlichen Äußerung in eine Gebärdensprache (z. B. für Hörgeschädigte) sowie die automatische Ü. dar.
2. Theorie. Die Ü.theorie unterscheidet drei Formen, die interlinguale, die infralinguale und die intersemiotische Ü. Die interlinguale Ü. ist die eines Textes von einer Sprache in eine andere. Bei der infralingualen Ü. wird der Text innerhalb einer Sprache von einer Sprachstufe auf eine andere transponiert, z. B. vom Alt- zum Neuhochdeutschen oder von einem Dialekt in die Hochsprache. Die intersemiotische Ü. ändert den Sprachcode, in dem der Originaltext verfasst ist. Sie tritt v. a. dort auf, wo es entweder mehrere Schriftformen gibt wie etwa im Altägyptischen mit dem Hieratischen und dem Demotischen (Stein von Rosette) oder von schriftlicher zu nichtschriftlicher Information etwa auf Wegweisern, Straßenschildern sowie bei der Umsetzung eines Textes in Bildern (Comics).

In der Ü. werden grundsätzlich zwei Formen unterschieden, die Interlinearversion (Metastase) und die Neubearbeitung (Paraphrase). Die erste Version zielt auf die Genauigkeit und Verständlichkeit in der Wiedergabe des Quelltextes. Sie beherrscht v. a. die Ü. wissenschaftlicher Texte sowie etwa von Gebrauchsanweisungen. In der Paraphrase wird der Quelltext, meist aus ästhetischen Gründen, verändert. Es entsteht eine Nachdichtung v. a. bei der Ü. literarischer Texte, die den vorliegenden Text unter Verlust der genauen textlichen Entsprechung in eine eigene literarische Form zu bringen versucht, z. B. bei der Ü. von Lyrik durch Wahrung des Metrums oder des Reims. *G. Pflug*

Übersetzungsrecht, die Befugnis, ein eigenes oder fremdes Werk zu übersetzen, zu übertragen oder (in Abhängigkeit vom Originalwerk) nachzuschöpfen. Der Verfasser eines urheberrechtlich geschützten Werks gewinnt das Ü. mit der Schaffung des Werks. Es handelt sich um eines der im Urheberrecht enthaltenen Nutzungsrechte, über die der Verfasser verfügen kann (§ 31 UrhG). Schließt der Urheber einen Verlagsvertrag mit einem Verleger, so verbleibt das Ü. beim Verfasser, wenn nichts anderes ausdrücklich vereinbart wird. In diesem Fall kann der Verfasser selbstständig über das Ü. verfügen, während der Verleger aufgrund des Verlagsvertrags zur Vervielfältigung und Verbreitung des Werks in der Originalsprache verpflichtet ist. Räumt der Verfasser das Ü. zusätzlich ein, so geht diese Befugnis auf den Verleger über, während der Verfasser sich einer solchen Verwertung seines Werks in fremder Sprache enthalten muss (§ 2 VerlG). Der Verleger kann nun selbst oder durch Dritte über das Ü. verfügen. Die Revidierte Berner Übereinkunft zum Schutze von Werken der Literatur und Kunst (RBÜ) gewährleistet in Artikel 8 ausdrücklich das Ü. für die gesamte Dauer des Urheberschutzes. In ähnlicher Weise gewährt das Welturheberrechtsabkommen in Artikel V Schutz für Übersetzungen. Allerdings bleibt es den Vertragsstaaten vorbehalten, durch ihre innerstaatliche Gesetzgebung das Ü. an Schriftwerken einzuschränken. *L. Delp*

Übertitel. Im Theater, v. a. bei Aufführungen von Opern, die auf ein fremdsprachiges Libretto komponiert wurden, läuft über der Bühne in einem digitalen Schriftband ein deutscher erklärender Text mit, um dem Publikum den Handlungsablauf verständlich zu machen. Bei der Übertragung einer Opernaufführung im Fernsehen wird aus dem Ü. gewöhnlich ein Untertitel am unteren Rand des Bildes. *G. Pflug*

Übertragungsmedium. Generell ist es eine Leistung von Medien, Informationen bzw. Zeichen zu übertragen, somit handelt es sich bei allen Medien um Ü.medien. Insbesondere der Rundfunk wird aufgrund seiner Leistungen hinsichtlich des massenmedialen Weiterleitens von Informationen als Ü. bezeichnet. ↗ Publikationsform *T. Keiderling*

Übertragungstechnik. 1. Ein Verfahren der Nachrichtentechnik, das es ermöglicht, Informationen möglichst unverzerrt zum Empfänger zu transportieren, etwa über Draht (Telefon) oder über Funk/Satelliten (Rundfunk/Fernsehen). 2. Druckverfahren, bei denen die Druckformen durch chemigrafische oder fotografische Übertragung eines bereits vorhandenen Werks hergestellt werden (Reprint). *G. Pflug*

Überzugsmaterial. Zum abschließenden Überziehen der für buchbinderische Arbeiten eingesetzten Pappen wird Ü. unterschiedlicher Art verwendet. Ü. sollte möglichst schmutzabweisend, grifffest und abriebfest sein. Beispiele: edles Ü.: Leder und Pergament, preiswertes Ü.: Gewebe und Papier.; buchkünstlerisches Ü.: Buntpapiere und seltene Materialkombinationen.

Überzugspapier ↗ Bezugspapier

ULWC-Papier (Ultra Light Weight Coated) zeichnet sich durch eine geringe flächenbezogene Masse (< 51 g/m²) und einen beidseitig aufgebrachten Strich aus.

Umbinden ↗ Remboîtage

Umbruch, das Festlegen von Seiten-, Spalten- oder Zeilenenden in einem Text, dabei soll auf ein gefälliges Layout (z. B. keine zu große Differenz beim Spalten- oder Zeilenumbruch eines Abschnitts, etwa durch Einfügungen bewusster oder zusätzlicher Worttrennungen), Bezüge zwischen Textteilen und Text bzw. Bild (illustrierende Abbildungen möglichst direkt neben den Text, nicht nach einem Seitenu., der erst nach dem Umblättern sichtbar wird) sowie Vermeidung von U.fehlern (↗ Hurenkind, ↗ Schusterjunge) geachtet werden. Heute gibt es Layoutprogramme, die den U. selbstständig durchführen und nur noch wenige Eingriffe durch den Gestalter erforderlich machen. *T. Keiderling*

Umbruchkorrektur, nachträgliche Korrektur der nach den Vorgaben umbrochenen Seiten im Blei-, Foto- oder Computersatz (Desktop-Publishing). Geprüft wird die Beachtung der Regeln und der speziellen Anweisungen, die richtige Ausführung der Fahnenkorrekturen oder die fehlerfreie Übernahme von einem Datenträger. ↗ Fahnenloser Umbruch

Umdruck ↗ Hektografie

Umdrucklithografie (auch Transferlithografie). Anstelle einer Stein- oder Zinkplatte wird ein anderer Druckträger genommen, z. B. eine spezielle Kunststoffplatte oder ein schweres glattes Kopierpapier. Das Motiv wird mit Laserdrucker, Lithotusche oder

-kreide auf den Druckträger gedruckt oder gezeichnet, anschließend mit Gummi arabicum bestrichen und schließlich die Farbe mit einer Walze auf die Folie gepresst. Die Farbe bleibt nur am Motiv haften, die Platte (bzw. Folie, Papier) wird auf das Büttenpapier gelegt und mit einer Walze die Farbe durch Umdruck übertragen.

Umdruckverfahren waren bis Anfang des 20. Jh.s ein wichtiges Vervielfältigungsverfahren im Büro. Die Abzüge wurden durch Zwischenschalten von Glas- oder Zinkplatten genommen. Daraus entwickelte sich über das Zinkdruckverfahren (= direkter Flachdruck) der Offsetdruck (= indirekter Flachdruck), der nach 1920 auch für Bürodrucktechniken eingesetzt wurde (z. B. Rotaprint). *C. W. Gerhardt*

Umfangsberechnung des Manuskripts ↗ Abschätzen des Manuskripts

Umkehrverfahren, Verfahren in der Reproduktionstechnik, ebenso wie auch die sog. Umkehrentwicklung eines Films: Die Wandlung einer positiven Vorlage (meist Schwarz auf Weiß) in eine negativ gehaltene Druckform, z. B. ein Klischee. In der modernen Technik handelt es sich bei den U. um Techniken, um ein Positiv direkt von positiven Vorlagen bzw. ein Negativ direkt von negativen Vorlagen herzustellen. *C. W. Gerhardt*

Umrisszeichnung (auch Umrissstich, Konturenstich oder Kartonstich) zeigt die Konturen eines Gegenstandes ohne weitere Binnenzeichnung und Schattierung. Die um 1800 aufkommende und bald beliebte U. diente oft als Vorlage in Musterbüchern oder zur Illustration kunstgeschichtlicher Werke. *H. Wendland*

Umsatzbonus, im allgemeinen Geschäftsverkehr dem Kunden vom Lieferanten eingeräumte Vergütung auf den Gesamtjahresumsatz. Er wird i. d. R. nachträglich als Gutschrift, Barauszahlung oder zusätzliche Warenlieferung erteilt. Die Höhe des U. ist gewöhnlich in den Lieferungs- und Zahlungsbedingungen vereinbart. Innerhalb von Kundenbindungsmodellen im Sortimentsbuchhandel sind bei Bonussystemen lediglich Sachprämien erlaubt, die zudem nur geringwertig sein dürfen (BuchPrG, § 7 Abs. 4 Ziff. 1). Die Geringfügigkeitsgrenze liegt bei ca. 2 % vom getätigten Umsatz. ↗ Jahresabschlussrabatt *H. Buske*

Umsatzsteuer. Die U. ist eine ↗ Mehrwertsteuer, die auf entgeltliche Umsätze mit Lieferungen und sonstigen Leistungen erhoben wird (deutsches UstG).

Umschlag ↗ Buchumschlag

Umschlagseite. Periodika (Zeitungen, Zeitschriften) werden ohne Titelblatt, wie es bei Büchern und Sammelwerken üblich ist, geliefert. Während bei Zeitungen auf der Titelseite ein oft grafisch gestalteter Titelkopf das Produkt ankündigt, werden Zeitschriften oft mit einem Umschlag geliefert, der auf der ersten Seite neben dem Titelkopf nicht nur den Anfang des ersten Artikels oder eine Grafik/Abbildung, sondern oft ein Inhaltsverzeichnis, Impressum, hervorgehobene Anzeigen u. a. enthält. Auch die anderen drei Umschlagseiten können besonders gestaltet sein. Der Umschlag ist oft durch schwereres Papier, teils auch Karton, der auch farbig ausgelegt sein kann, hervorgehoben. *H. Bohrmann*

Umschlagshäufigkeit ↗ Lagerumschlagsgeschwindigkeit

Umschlagtext ↗ Klappentext ↗ Waschzettel

Umschlagtitel heißt der vom Verleger auf dem Originalumschlag oder -einband (daher auch Einbandtitel genannt) angebrachte Titel. In einem erweiterten Sinn ist auch der Rückentitel als U. zu verstehen. *S. Corsten*

Umstochenes Kapital wird ein mit verschiedenfarbigen Fäden verziertes ↗ Kapital (dortige Abbildung) genannt, die Fäden wurden ursprünglich um den Kapitalbund geführt und abwechselnd durch jede Lage gestochen. Das u. e K. beim modernen Handeinband wird um eine Einlage gestochen und zur besseren Befestigung jeweils im Abstand

von ca. 1 cm durch eine Lage geführt. Die verschiedenfarbigen Fäden werden mit je einer eigenen Nadel so um die Einlage geführt, dass eine gleichmäßige Farbenfolge entsteht und die Verkettung der Fäden unmittelbar auf dem Schnitt aufliegt. Bei mittelalterlichen Bänden findet sich auch ein mit Lederstreifen umflochtenes Kapital, das nach dem selben Prinzip der Fadenführung gefertigt wird.
G. Brinkhus

UMTS (Universal Mobile Telecommunications System) ist ein Mobilfunkstandard der dritten Generation (3G), mit deutlich höheren Datenübertragungsraten (bis zu 42 Mbit/s mit HSPA+, sonst max. 384 kbit/s) als mit dem Mobilfunkstandard der zweiten Generation (2G), dem GSM-Standard (bis zu 220 kbit/s bei EDGE, sonst max. 55 kbit/s bei GPRS). ↗ Handy

Umwandlungsverfahren nennt man Techniken, welche (v.a. vor der Erfindung des ↗ Fotosatzes) benötigt wurden, um überwiegend Texte, aber auch Abbildungen von Buchdruckformen (Hochdruck) in Vorlagen zur Herstellung von Druckformen für Flach-, Tief- und Durchdruck zu verwandeln. Diese Umwandlung konnte durch direkten Abdruck der Buchdruckformen mittels Druckfarbe auf gedecktes Material (Baryt- oder Kunstdruckpapier) oder Klarsichtmaterial (Druckfilm, Scotchprint, Zellglas o. ä.) erfolgen. Weitere Möglichkeiten waren die Übertragung auf mechanischem Wege (z. B. Cronapress oder Texoprint) bzw. durch Wärme (Kalvar-Umwandlungsverfahren).
C.W. Gerhardt

Unaufgeschnitten (auch unbeschnitten) ist ein Buch, bei dem die Seiten am oberen und seitlichen Falzbruch nicht geöffnet sind, so dass die einzelnen Blätter vom Leser aufgetrennt werden müssen. Dabei handelt es sich i. d. R. um Interimsbroschuren, d. h. nur einfach zusammengeheftete und mit einem Umschlag versehene Lagen, die unbeschnitten und nicht für den dauerhaften Gebrauch gedacht sind. So ist es dem Käufer möglich, diese nach eigenen Vorstellungen binden zu lassen. Heute nur noch selten anzutreffen.
E.-P. Biesalski

Unbestellte Ware ↗ Unverlangtsendung

Undurchschossener Satz ↗ Kompresser Satz

Unerwünschte Literatur ↗ Aussonderung in Bibliotheken ↗ Bücherverbrennung ↗ Gleichschaltung (der Medien) ↗ Indizierung ↗ Liste der auszusondernden Literatur ↗ Liste (1) des schädlichen und unerwünschten Schrifttums

Ungeleimtes Papier, Papier, bei dem die natürliche Saugfähigkeit seines Faserstoffes nicht durch einen Zusatz (Harzmilch, Alkylketendimer, synthetischer Leimungsstoff) oder durch eine Oberflächenbehandlung (mit tierischem Leim, Stärke, Cellulosederivat) eingeschränkt ist. I. d. R. handelt es sich um technische Papiere (Filtrier-, Isolier-, Hygienepapier).
H. Bansa

Ungestrichenes Papier. Nach der Herstellung ist Papier stets ungestrichen («uncoated»), also noch nicht mit einem sog. Strich (Bindemittelauftrag mittels Streichfarbe) behandelt. Die Oberfläche enthält feine Fasern, ist etwas rauer und offenporiger als gestrichenes Papier. Dadurch nimmt u. P. die Druckfarbe gut an und eignet sich z. B. als Brief-, Kopier- oder Rechnungspapier. Zu den u.n P.en zählen das Offset-, Natur- und Recyclingpapier.

Uniform Resource Identifier ↗ URI

Uniform Resource Locator ↗ URL

Uniform Resource Name ↗ URN

Universal Mobile Telecommunications System ↗ UMTS

Universalbibliografie ist in der Theorie eine Bibliografie, die das gesamte (zumeist jedoch «nur» wissenschaftliche) Schrifttum aus allen Fachgebieten ohne zeitliche, räumliche oder sprachliche Einschränkung nachweist. Versuche dazu gibt es seit dem 16. Jh. wie etwa die «Bibliotheca universalis», Zürich 1545 – 1555 von K. Gesner (1516 – 1565). In der Praxis stößt ein solches Vorhaben aufgrund seines kaum einzulösenden Vollständigkeitsanspruchs auf Probleme. ↗ Universalbibliothek

Universalbibliothek. Die Idee einer U. ist es, Medien (früher nur Literatur, heute weitere und insbesondere digitale Medienformen) aller Wissens- und Fachgebiete zu sammeln. Historische Beispiele: die Bibliothekstheorie von G. Naudé (1600–1653), die Erweiterung der Fürstlichen Bibliothek in Wolfenbüttel durch G. W. Leibniz (1646–1716) 1691 bis 1716 oder der Ansatz der Enzyklopädisten F. Bacon (1561–1626), D. Diderot (1713–1784) oder J.-B. le Rond d'Alembert (1717–1783). Insofern steht dieser Bibliothekstyp im Gegensatz zu thematisch eng begrenzten Spezialbibliotheken. In der Realität erweist es sich als schwierig, wirklich universal zu sein, denn selbst wissenschaftliche Bibliotheken sind räumlich, zeitlich und z. T. fachbezogen eingeschränkt. Für einen Nationalstaat kommt die Nationalbibliothek der U. am nächsten. Aber schon wenn nationalsprachliche Literatur außerhalb des Landes hergestellt wird oder fremdsprachige Literatur über ein Land publiziert wird, kann es Probleme geben, diese bibliografisch vollständig zu erfassen und zu erwerben. Heute ist der ↗ WorldCat (https://www.worldcat.org/) als digitale Bibliothek ein ambitioniertes Projekt, einer weltumfassenden U. der Gegenwartsliteratur. Der Begriff U. findet sich darüber hinaus als Titel für Büchersammlungen, etwa «Reclams U.», seit 1867 als Taschenbuchreihe nach dem Vorbild früherer Taschenbuchverlage in Deutschland wie B. Tauchnitz entwickelt.

T. Keiderling

Universalenzyklopädie ↗ Enzyklopädie

Universalkatalog ↗ Universalbibliografie

Universalsprache ist ein künstlich geschaffenes Kommunikationsmittel, das nach den Plänen der Schöpfer die Nationalsprachen der Welt vollständig ersetzen soll(te). Allein im 17. Jh. sind etwa 40 U.n-Projekte entstanden, im 18. Jh. 50, im 19. Jh. 250 und im 20. Jh. über 500 (grobe Schätzungen). Allerdings erwiesen sich die meisten dieser Versuche als unbrauchbar. ↗ Pasigrafie ↗ Plansprache

H. Buske

Universalverlag. Die Entwicklung der deutschsprachigen Literaturproduktion brachte es mit sich, dass bis ins frühe 19. Jh. nur eine geringe Anzahl von eher kleineren Verlagen tätig war. Das aufgrund der ↗ Alphabetisierung noch vergleichsweise geringe Publikumsinteresse an Druckerzeugnissen und eine geringe Kaufkraft vieler Bevölkerungsschichten zwang die Verlage dazu, universal, d. h. «breit», in ihrem Angebot aufgestellt zu sein. Sie bedienten mehrere Genres und Medienformen nebeneinander, wie Bücher, Zeitungen, Belletristik, Wissenschaftsliteratur, Lyrik, Kalender, Kunstdrucke etc. Viele neue Buchtitel wurden eher sporadisch in das Programm aufgenommen, aufgrund vorhandener Autorenkontakte, ohne auf eine inhaltliche Ausrichtung des Verlags zu achten. Beispiele für U.e: Cotta'sche Verlagsbuchhandlung (gegr. 1659), Nicolaische Verlagsbuchhandlung Berlin (gegr. 1713), F. A. Brockhaus (gegr. 1805, ab 1870 Entwicklung zum Spezialverlag). Mit deutlich zunehmender Firmenzahl und Konkurrenz wurde das Konzept des U.s im Laufe des 19. Jh.s, besonders nach 1860 immer mehr aufgegeben. Es entstanden ↗ Spezialverlage, die innerhalb eines Warengruppensegments zu dominieren wussten.

T. Keiderling

Universitätsbibliothek, Hochschulbibliothek, die als zentrale Dienstleistungseinrichtung den Informationsbedarf einer Universität bedient. Primäre Aufgabe ist die Unterstützung der Universitätsangehörigen (Wissenschaftler, Studierende) in Forschung, Lehre und Studium, wobei die dafür benötigten Informationsquellen analog und digital zur Verfügung gestellt werden. I. d. R. können die Dienstleistungen auch von Personen genutzt werden, die nicht mit der Universität in Verbindung stehen. Das ↗ Bibliothekssystem (1) einer Universität besteht häufig aus einer Zentralbibliothek und weiteren bibliothekarischen Standorten (z. B. Fachbereichs-, Fakultäts-, Instituts-, Spezial- und Zweigbibliotheken). Abhängig vom Integrationsgrad dieser dezentralen Bibliotheken in die Zentralbibliothek liegt organisatorisch ein

ein- oder zweischichtiges Bibliothekssystem oder funktionale Einschichtigkeit vor. U.en stellen strukturell einen homogenen Bibliothekstyp dar, unterscheiden sich aber etwa in Bestand, Nutzerzahl und Etat deutlich. Gelegentlich übernehmen sie zusätzlich Funktionen anderer wissenschaftlicher Bibliotheken, wie Landes-, Staats- und Stadtbibliotheken. Neben ihrer Ausrichtung als Gebrauchsbibliothek können sie abhängig von ihrem Bestand auch Aufgaben einer Archivbibliothek wahrnehmen. *A. Brandtner*

Universitätsbuchhandlung ist 1. die Bezeichnung für eine wissenschaftliche Sortimentsbuchhandlung in einer Universitätsstadt, welcher ursprünglich die Erlaubnis zur Führung dieses Titels vom Senat dieser Universität verliehen worden ist; 2. handelt es sich um eine wissenschaftliche Spezialbuchhandlung (ohne Titel), die vorrangig eine nahegelegene Universität mit Literatur versorgt. Es gibt auch Zusammenschlüsse wie die Schweitzer Fachinformationen München; ein 1868 gegr. Verbund rechtlich unabhängiger Fach- und U.en, die 2018 in 24 deutschen Städten präsent ist. Existieren mehrere U.en im Einzugsgebiet einer Universität, werden sie nach Möglichkeit von dieser bzw. der Universitätsbibliothek nach einem Schlüssel gleichmäßig mit der Bestellerfüllung beauftragt. *T. Keiderling*

Universitätsschrift ↗ Hochschulschrift

Universitätsverlag ist ein Verlag, der von einer Universität als Eigentümer betrieben wird. Daneben gibt es aber auch Privatverlage, die nur das Wort «Universität» im Namen führen, ohne eine organisatorische Beziehung zu einer solchen Einrichtung zu besitzen. Die U.e haben sich in einigen Ländern zu Arbeitsgemeinschaften zusammengeschlossen, zuerst in den USA (Association of American University Presses, gegr. 1937) mit mehr als 140 Mitgliedern (2018), die jährlich ein Directory herausgibt. Die Arbeitsgemeinschaft deutscher Universitätsverlage hat derzeit 24 Mitglieder. *G. Pflug*

Unselbstständige Publikation, Publikation, die körperlich Element einer ↗ selbstständigen Publikation ist und nicht als eigene Einheit im Medienmarkt verbreitet wird. Nur für wenige Typen von u.n P.en wurden Nummerungssysteme entwickelt (z. B. für Musikstücke: Internationaler Standard Ton- und Bildtonaufnahmeschlüssel und Internationale Standard-Werknummer für Musikalien). Verbreitete Typen von u.n P.en sind: Beigabe (z. B. Vor- oder Nachwort, Anhang, Anmerkungen), beigefügtes Werk, Beilage, Einstellung (im Film eine zusammenhängende Sequenz, die ohne Unterbrechung aufgenommen wurde), Absatz und Kapitel in einer selbstständigen Publikation, kürzeres Musikwerk, das typischerweise zusammen mit anderen Musikwerken auf einem Tonträger oder in einer Musikalie veröffentlicht wird, v. a. Beitrag in einem Sammelband, Zeitschriftenaufsatz und Zeitungsartikel. Anders als in der Informationspraxis wurden u. P.en bis in die 1990er Jahre in Bibliotheken kaum erschlossen. Einige Zitationsstile sehen in den Katalogisaten u. P. die Formulierung «In:» vor. Die in der Welt der körperlichen Medien klare Unterscheidung zwischen u. P. und selbstständiger Publikation wird bei Netzpublikationen unscharf, da online beliebige Einheiten, z. B. einzelne Zeitschriftenaufsätze (Pay-per-View) statt des Zeitschriftenhefts oder einzelne Musikstücke statt einer CD mit mehreren Musikstücken vertrieben werden können. *K. Umlauf*

Untergang des Manuskripts ↗ Ablieferung des Manuskripts ↗ Erfüllungsort ↗ Verlust des (originalen) Manuskripts

Untergeschobene Schrift ist ein Werk, das einem Verfasser zugeschrieben wird, aber tatsächlich von einem anderen stammt.

Untergrundliteratur entsteht in Zeiten der Unterdrückung und Verfolgung aus unterschiedlichen Motiven, aber immer mit demselben Ziel: Die von den Machthabern autoritärer Regime verübte Unterdrückung der Informations-, Publikations- und Meinungsfreiheit sowie die Missachtung von Menschen- und Bürgerrechten aufzudecken und zumindest im eigenen Staat anzuprangern. Die U. muss sich deshalb illegaler Publikationsformen bedienen. In der U. bildet sich ein autonomer literarischer Diskurs aus.

Es werden zumeist traditionelle kulturelle Formen genutzt, um Aktionen oppositioneller oder Widerstandsgruppen anzuregen, wofür ein spezieller Sprachcode entwickelt wird. ↗ Gegenöffentlichkeit ↗ Samizdat ↗ Tarnschrift   B. Sösemann

Untergrundpresse umfasst vorwiegend illegale Zeitungen und Zeitschriften geringeren Umfangs, Tarn- und Flugschriften sowie in größerem Umfang Broschüren und Sondertypen wie Stadtteil- oder Betriebszeitungen. Mit ihnen informieren einzelne Personen oder Gruppen von Oppositionellen und Widerständlern versteckt, verdeckt und einfallsreich in Produktion und Vertrieb vorwiegend die inländische Bevölkerung. Die U. benennt nicht nur die Motive, Intentionen und Ziele diktatorialer Politik, sondern auch terroristische Maßnahmen und berichtet über auswärtige Entwicklungen. Außerdem ruft die U. zu Arbeitsverweigerung, Sabotage oder zu direkten Widerstandsaktionen auf. Sie erzielt ihre größte Wirkung durch Netzwerke und im Medienverbund, also zusammen mit konspirativen Versammlungen, Lesungen, Theateraufführungen, Galerie-Zirkeln, Flugschriften, Handzetteln, Graffiti. Die U. verstand sich als ↗ Gegenöffentlichkeit und brachte oftmals neue Schriftsteller und Redakteur hervor. In der NS-Diktatur erschienen im deutschen Untergrund 1934 über 400 Zeitungen, zumeist sozialdemokratische, sozialistische oder kommunistische Blätter, in einer Gesamtauflage von rund 1,5 Mio. Exemplaren. In allen von deutschen Truppen besetzten Staaten etablierte sich die U. als ein unterschiedlich enges Netz des «gedruckten Widerstands». In der DDR-Diktatur konnten sich in innerkirchlichen Schutzräumen von der Staatsmacht anfangs als «Ventile des Volkszorns» geduldete Presseorgane zur U. entwickeln. Sie erschienen in den 1980er Jahren in 58 Ausgaben in rund 300 Exemplaren als Informationsblatt (5 – 17 S.) einer «Arbeitsgruppe Umweltschutz» beim Stadtjugendpfarramt und wurden DDR-weit vertrieben. Das Ministerium für Staatssicherheit ermittelte wegen «politischer Untergrundtätigkeit» und «ideologischer Diversion» gegen den «Anschlag» oder «Grenzfall», die «Umweltbibliothek», «radixblätter», «Arche Nova» oder das «Blattwerk». ↗ Samizdat ↗ Tarnschrift   B. Sösemann

Unterhaltung, allgemein ist damit (1.) die interpersonelle U., d. h. die verbale Kommunikation zwischen Menschen gemeint, die in der Form von zwanglosen, angenehmen Gesprächen (Dialogen, Plaudereien, Diskussionen, Debatten, Konversationen, Tratsch und Klatsch, Chats etc.) tendenziell in der Freizeit, d. h. nicht berufsbezogen, stattfindet und dabei ein natürliches Interesse des Individuums an bestimmten, in diesem Sinne «unterhaltenden» Themen befriedigt (wie die U. über bekannte Persönlichkeiten, Freunde, Bekannte und Verwandte, Skandale, Freizeitbeschäftigungen etc.). Die U. stellt somit einen beliebten, geselligen Zeitvertreib dar, der innerhalb bestimmter Gruppen (Frauen, Männer, Jugendliche) besondere Themenschwerpunkte aufweist.

U. im engeren Sinne ist (2.) medial vermittelt und stellt neben der Information und Orientierung eine wichtige Funktion der

Untergrundpresse. Solidarität. Organ der Internationalen Arbeiter-Hilfe, Berlin 1933–1935.

(Massen-)Medien dar. Sie hat in einzelnen Medienformen seit jeher ihren Niederschlag gefunden, so bei den primären Medien bzw. «Menschenmedien» das interpersonelle Gespräch und z. B. auch das Theaterspiel (Hinweis: primäre Medien überschneiden sich mit 1., werden daher oftmals nicht zu den medial vermittelten U.en gezählt); bei den sekundären Medien Hand- und später Druckschriften; bei den tertiären wie quartären Medien Film, Hör- und Fernsehfunk, Computerspiel sowie die digitalen Medien/Internetmedien). Einen tiefen Einschnitt brachte das Aufkommen der fiktionalen ↗ U.sliteratur im 18. Jh., später auch als Massen- und ↗ Trivialliteratur bezeichnet. (unterhaltende Zeitschriften, ↗ Boulevardpresse, ↗ Familienblätter, ↗ Illustrierten-Romane, ↗ Kinder- und Jugendliteratur, ↗ Kioskliteratur) bis hin zu U.ssendungen der Gegenwart im Kino, Hör- und Fernsehfunk, Computerspiele und Medienangebote via Internet. Die U.sfunktion ist deshalb bei Medien wichtig, weil sie einen emotionalen Ausgleich für Frustrationen des Alltags bieten kann. Nutzer suchen durch U.smedien i. d. R. Zerstreuung, Lustanreicherung, Entspannung, Zerstreuung, Spaß und es wird auch ein natürlicher ↗ Eskapismus (eine Fluchtfunktion) bedient. Viele Literatur-, Film- oder Rundfunkprogramme bedienen daher insbesondere U.sformate, weil sie höhere Einschaltquoten bringen und sich wirtschaftlich besonders gut verwerten lassen (↗ Infotainment).

Die U. ist auch ein Bestandteil der Medientheorie. So lässt sich die U. in ihrer Funktionsweise und Medienwirkung etwa durch die ↗ Mood Management-Theorie, das ↗ Stimulus-Organism-Response-Modell oder den ↗ Uses-and-Gratifications-Ansatz beschreiben. Spätestens seit M. Horkheimers (1895–1973) und T. W. Adornos (1903–1969) Kritik an der Kulturindustrie («Dialektik der Aufklärung») 1944 wird die U.sfunktion der Medien immer wieder kritisch betrachtet; siehe auch N. Postman (1931–2003) in «Wir amüsieren uns zu Tode» 1985. Besonders dem Fernsehen wird vorgeworfen zur ↗ Boulevardisierung, Trivialisierung und Entpolitisierung beizutragen. *T. Keiderling*

Unterhaltungsindustrie ist ein Teilbereich der ↗ Medienwirtschaft, der Produkte herstellt und Dienstleistungen anbietet, die der ↗ Unterhaltung dienen. Darunter fallen nicht erster Linien Unterhaltungsliteratur (Buch), sondern vielmehr die massenmedialen Bereiche Film (Filmwirtschaft), Fernsehen, Musik (Musikindustrie), Videospiele usw. Da es sich um Firmen des Dienstleistungssektors handelt und nicht der Industrie, ist der Begriff eigentlich kritisch zu hinterfragen (↗ Druckindustrie). Vermutlich ist der Terminus Industrie eine Fehlübersetzung des englischen Worts «industry», das neben Industrie auch Branche oder Wirtschaftszweig bedeuten kann. *T. Keiderling*

Unterhaltungsliteratur. Es handelt sich in erster Linie um verschiedene Arten fiktionaler Literatur, die im 18. Jh. aufkamen, im 19. Jh. popularisiert wurden und die generell der medialen ↗ Unterhaltung (2.) dienen. In der Literaturwissenschaft versucht das «Dreischichtenmodell» nach H.-F. Foltin (1937–2013) 1965, die Literatur in sog. Hochliteratur (auch Dichtung), Unterhaltungsliteratur (auch Populärliteratur) sowie Trivialliteratur wertend zu unterscheiden. Allerdings lässt sich dieses Vorhaben nicht konsequent, d. h. mit überzeugender Trennschärfe umsetzen. Insbesondere sind die für Unterhaltung sorgenden Mechanismen in der U. und Trivialliteratur dieselben. Zur U. gehören seit dem 18. Jh. u. a. Robinsonaden, der Brief-, Heft-, Detektiv-, Heimat-, Reise-, Abenteuer, Liebes-, Familien-, Schauer- (Gespenster-), Geheimbund-, Räuber-, Ritter-, Spionage-, Sensations-, Verbrechens-, Mysterien-, Kriminal-, Erotikroman sowie der Feuilleton- und Fortsetzungsroman in Zeitungen und Almanachen. Strukturell wurden seit der zweiten Hälfte des 19. Jhs. diese Lesestoffe besonders durch den Kolportagebuchhandel vertrieben und erreichten ein großes Lesepublikum einkommensschwacher Bevölkerungskreise. Diese Entwicklung konnte im 20. Jh. mit diesen und neuen Formen der unterhaltenden Fortsetzungsliteratur, u. a. dem Comic, wirtschaftlich sehr erfolgreich fortgesetzt werden. *T. Keiderling*

Unterhaltungsmusik (U-Musik) ist dem Namen nach ein Überbegriff für Musik, die der Unterhaltung, Entspannung und Erholung dient. Im Einzelfall kann variieren, ob eine bestimmte Musikrichtung tatsächlich ein positives Empfinden oder ein Missfallen beim Nutzer auslöst. In älterer Zeit wurde populäre Formen wie z. B. Tafelmusik, Promenaden- und Feuerwerksmusik, Singspiele, Musicals, Volks- und Tanzmusik, in jüngerer Zeit Schlager, Pop, Rock, Rhythm and Blues (R&B) etc. darunter gefasst. Der Begriff U. entstand im 19. Jh. (früher Nachweis 1845 bei J. Strauss [Vater], 1804–1849) mit dem Aufkommen moderner Formen der Musikwirtschaft. Er wurde der anspruchsvollen, sog. «ernsten» klassischen Musik (E-Musik) gegenübergestellt. Die Trennung in U- und E-Musik wurde schließlich auch von Musikverlagen und Verwertungsgesellschaften, insbesondere der GEMA, im 20. Jh. übernommen, wenn auch eine eindeutige Definition und Abgrenzung beider Termini nicht möglich ist. In der Trennung verbirgt sich ein kulturbürgerlicher Bewertungsmaßstab in eine höherwertige E-Musik und minderwertige U-Musik (auch «Trivialmusik»), die man als willkürlich bezeichnen kann. Oft wird der U. – nicht vorurteilsfrei – ihr vermeintlich zu starker Warencharakter vorgeworfen, den es allerdings auch bei der E-Musik gibt.

T. Keiderling

Unterlänge heißt in der Epigrafik und Paläografie der Teil von Minuskelbuchstaben, die über die Grundlinie des Vierlinienschemas in den Unterlängenbereich mehr oder weniger weit hineinreicht.

Unternehmenskommunikation (Corporate Communications) umfasst die Gesamtheit aller unternehmensbezogenen (Unternehmen als profitorientierte Organisationsform) Informations- und Kommunikationsprozesse bzw. kommunikativen Handlungen, die sich auf drei Bereiche beziehen: 1. die interne Unternehmenskommunikation (↗ Interne Organisationskommunikation), 2. die Marktkommunikation, bei der es um Organisation und Abstimmungsprozesse zwischen Zulieferbetrieben, Abnehmern und Wettbewerbern geht (↗ Marketing, bei Medienunternehmen insbesondere das beschaffungspolitische und absatzpolitische Marketing) sowie 3. die ↗ Öffentlichkeitsarbeit bzw. Public Relations, die oftmals im engeren Sinn als U. angesehen wird, was in dieser Verkürzung unzutreffend ist. ↗ Corporate Identity

T. Keiderling

Unterredungen ↗ Gespräche

Untertitel bei Filmen, die Dialoge in Textform am meist unteren Rand der Leinwand bzw. des Bildschirms anzeigen. U. dienen der internationalen Verwertung von Tonfilmen in anderen Sprachen als der Sprache der Originalfassung, wenn eine Synchronisation der Dialoge durch Synchronsprecher nicht möglich ist, meist aufgrund der Kosten. In Fernsehfilmen dienen sie auch zur Nutzbarmachung für Hörgeschädigte. Bei Printmedien und textuellen Netzpublikationen Textzeilen zur Erläuterung von Abbildungen. Als Teil von Sachtiteln enthalten U. Erläuterungen, Erweiterungen oder Einschränkungen der charakteristischen Benennung des Werks (Zusatz zum Sachtitel).

P. Hauke

Unverbindliche Preisempfehlung für eine Ware besagt, dass ein Händler sich nicht an diesen vom Verkäufer empfohlenen Ladenpreis zu halten braucht, ihn also überschreiten (selten) oder (häufiger) unterbieten kann im Gegensatz zum «festen» Ladenpreis, dessen Einhaltung durch das seit 2002 geltende Buchpreisbindungsgesetz (BuchPrG) in Deutschland vorgeschrieben ist (§ 3). In Ausnahmefällen können Verlage u. P.en aussprechen, so für Titel, für welche die Preisbindung aufgehoben wurde, was in Deutschland frühestens 18 Monate nach Erscheinen zulässig ist, sowie für fremdsprachige Titel (BuchPrG § 2,2), importierte fremdsprachige Bücher (BuchPrG § 5,2), Kalender, Spiele, nicht preisgebundene CD-ROM oder Hörbücher. Alle diese Preisangaben sind in Gesamtverzeichnis, Verkaufskatalog, Anzeigen und im Verzeichnis Lieferbarer Bücher zwingend als «unverbindlich» zu kennzeichnen.

H. Buske

Unverlangtes Manuskript, aus freier Entschließung des Verfassers an den Verleger in der Erwartung einer Veröffentlichung zugeleitete Schrift. Hierin ist im Zweifel das Angebot des Verfassers an den Verlag zu sehen, einen Verlagsvertrag abzuschließen und die Schrift zu vervielfältigen und zu verbreiten. Verfährt der Verleger in diesem Sinne, so entsteht ohne Weiteres ein Verlagsvertrag über die Schrift. Will der Verleger das Angebot noch nicht annehmen, sondern erst weitere Voraussetzungen mit dem Verfasser klären, entsteht ein Vertrauensverhältnis, für welches bestimmte Verwahrungs- und Sorgfaltspflichten des Verlegers zu beachten sind.

L. Delp

Unverlangtsendung ist eine nicht bestellte Warenlieferung und damit nach geltender deutscher Rechtsprechung sittenwidrig. Der Empfänger muss sie nicht zurücksenden, sondern sie nur eine Zeit lang zur Abholung durch den Sender bereithalten, dann kann er sie entsorgen, soweit es sich nicht um besondere Werte handelt. § 9,2 der ↗ Verkehrsordnung von 2006 lautet: «Neuerscheinungen dürfen unverlangt nur an Abnehmer versandt werden, die solche Sendungen grundsätzlich erbeten haben». Bei unverlangt eingeschickten Rezensionsexemplaren an Zeitungen oder Zeitschriften besteht weder Anspruch auf Rezension noch auf Rückgabe. U.en, die im 17. und 18. Jh. im Rahmen des ↗ Konditionshandels (à Condition) ↗ Pro novitate zugeschickt wurden, sind nach heutigem Verständnis keine solchen. Denn es lag i. d. R. eine generelle Abmachung zwischen dem Verleger und Sortimenter vor.

H. Buske / T. Keiderling

Unveröffentlichtes Werk, eine Schrift, die nicht mit Zustimmung des Berechtigten der Öffentlichkeit zugänglich gemacht worden ist (§ 6 UrhG). Es bestehen graduelle Unterschiede zum ↗ Erscheinen eines Werks. Auch u.e W.e dürfen zur Verwendung für Rechtspflege und öffentliche Sicherheit vervielfältigt, verbreitet, öffentlich ausgestellt und öffentlich wiedergegeben werden (§ 45 UrhG). Ob und wie ein Werk zu veröffentlichen ist, bestimmt allein der Urheber. Ihm ist es vorbehalten, dessen Inhalt öffentlich mitzuteilen oder zu beschreiben, solange weder das Werk noch der wesentliche Inhalt oder eine Beschreibung des Werks mit seiner Zustimmung veröffentlicht ist (§ 12 UrhG).

L. Delp

Unziale, Majuskelschrift, die im 4. Jh. aus der älteren römischen Kursive entstand und bis zum 6. Jh. für Bücher (Codices) und darüber hinaus als Auszeichnungsschrift verwendet wurde. Die Bezeichnung geht auf J. Mabillon (1632–1707) zurück und bezieht sich auf die Höhe der Schrift (ein Zoll = 1/12 Fuß; Lateinisch «unica»).

Unzüchtige Schrift ↗ Pornografie ↗ Erotische Literatur

Urheber, der Schöpfer eines Werks (§ 7 UrhG). Der U. von Werken der Literatur, Wissenschaft und Kunst genießt für seine Werke ↗ Urheberrechtsschutz, sofern es sich um persönliche geistige Schöpfungen handelt (§§ 1, 2 UrhG). Der Schöpfungsakt des U.s setzt keinen rechtsgeschäftlichen Willen, sondern eine Eingebung voraus; auch Geschäftsunfähige oder Unzurechnungsfähige können U. sein.

L. Delp

Urheberbezeichnung, auch Urheberbenennung, Kennzeichnung der Person eines Werkurhebers im Falle seines Einverständnisses. Der Urheber kann bestimmen, ob sein Werk mit einer U. zu versehen und welche Bezeichnung zu verwenden ist; ihm steht das Recht auf Anerkennung seiner Urheberschaft am Werk zu (§ 13 UrhG). Das unzulässige Anbringen der U. auf dem Original eines Werks der bildenden Künste ist strafbar, ebenso das täuschende Anbringen einer Künstlersignatur auf einem Vervielfältigungsstück, einer Bearbeitung oder Umgestaltung eines Werks der bildenden Künste oder die Verbreitung einer derartigen Fassung (§ 107 UrhG). Auch der Inhaber eines Nutzungsrechts, z. B. ein Verleger, darf die ihm vom Urheber übermittelte U. nicht ändern, es sei denn, dass etwas anderes vereinbart ist, etwa im Rahmen eines Arbeits- oder Dienstverhältnisses zwischen Urheber und Verwerter (§ 43 UrhG). Erscheint ein Werk mit der üblichen U., wird bis zum Beweis des Gegenteils der Inhaber dieser Bezeichnung als Urheber des Werks angesehen; gleiches gilt für bekannte Pseudonyme, Decknamen oder Künstlerzeichen des Urhebers. Fehlt eine solche U., wird vermutet, dass derjenige ermächtigt ist, die Rechte des Urhebers geltend zu machen, der auf den Vervielfältigungsstücken des Werks als Herausgeber oder, falls eine solche Angabe fehlt, als Verleger bezeichnet ist (§ 10 UrhG). *L. Delp*

Urhebernutzungsrecht, die vermögensrechtlichen, übertragbaren Bestandteile des Urheberpersönlichkeitsrechts, das grundsätzlich nicht übertragbar, nur vererbbar ist. Zu den U.n zählen das Vervielfältigungs-, Verbreitungs- und Ausstellungsrecht, die öffentliche Wiedergabe eines Werks in unkörperlicher Form wie Vortrags-, Aufführungs- und Vorführungsrecht, Senderecht, Bild- oder Tonträgerrecht, das Recht der Wiedergabe von Funksendungen, auch das Recht zur Bearbeitung, Umgestaltung oder ↗ Übersetzung. U.e können mit oder ohne Ausschließlichkeit übertragen werden. Werden ausschließlich U.e eingeräumt, darf der Erwerber das Werk unter Ausschluss aller anderen Personen einschließlich des Urhebers auf die ihm erlaubte Art nutzen (§ 31 Abs. 3 UrhG). Sind bei der Einräumung von U.en die Nutzungsarten, auf die sich das Recht erstrecken soll, nicht einzeln bezeichnet, so bestimmt sich der Umfang des U.s nach dem mit seiner Einräumung verfolgten Zweck (es gilt die sog. Zweckübertragungstheorie). *L. Delp*

Urheberpersönlichkeitsrecht. Urheber im Sinn des ↗ Urheberrechts kann nur eine natürliche Person sein. Seine materiellen und Persönlichkeitsrechte stellen das Grundanliegen des Urheberrechts dar. Allein dem Urheber stehen demnach die ausschließlichen Rechte zu, zu bestimmen, ob und auf welche Art und Weise sein Werk verwertet werden darf. Die Persönlichkeitsrechte erfahren des Weiteren eine Ausgestaltung durch die Folgerechte: Anspruch auf Nennung des Namens, angemessener Beteiligung bei Zweitverwertung, Rückruf aus gewandelter Überzeugung und das Zugangsrecht zum Werk. *G. Beger*

Urheberrecht, eigentumsähnliches Recht (Art. 14 GG), das durch Urheberrechtsgesetze ausgestaltet wird. Das kontinentale U. schützt die natürliche Person, die eine geistige neue Schöpfung (↗ Werk), wahrnehmbar (körperlich und unkörperlich) für Dritte geschaffen hat, und gewährt dieser kraft Gesetzes – ohne dass es einer Registrierung bedarf – materielle und Persönlichkeitsrechte (↗ Urheberpersönlichkeitsrecht). Den Grundsatz des U.s stellen die ausschließlichen Verwertungsrechte, die dem Urheber zukommen, dar. Der Urheber kann Dritten einfache oder ausschließliche Nutzungsrechte einräumen. In dieses Recht greift der Staat im Wege der Gesetzgebung mit einem Schrankenkatalog ein. Hiernach sind einzelne Nutzungsarten im überwiegenden Allgemeininteresse ohne Zustimmung des Urhebers gestattet, jedoch i. d. R. gegen eine angemessene Vergütung. Der Urheberrechtsschutz gilt 70 Jahre nach dem Tod des Urhebers fort. Danach werden die Werke gemeinfrei und können von jedermann uneingeschränkt genutzt werden. Durch internationale Verträge (↗ Berner Übereinkunft, ↗ Welturheberrechtsabkommen) hat sich die Mehrheit aller Staaten zu Mindeststandards in ihren nationalen Gesetzen verpflichtet. Dieses betrifft auch die Inländerbehandlung, d. h. ausländischen Urhebern werden die gleichen Rechte wie den inländischen Urhebern gewährt. *G. Beger*

Urheberrechtsabkommen, internationale und zwischenstaatliche Verträge über die Regelung urheberrechtlicher Befugnisse im In- und Ausland, meistens auf der Basis der Gegenseitigkeit. 1886 wurde die ↗ Berner Übereinkunft zum Schutz von Werken der Literatur und Kunst abgeschlossen in der Folge mehrfach revidiert. Das aufgrund unterschiedlicher Beitrittsdaten unübersichtliche Rechtssystem und das Fernbleiben von Entwicklungsländern begünstigte 1952 in Genf die Unterzeichnung des ↗ Welturheberrechtsabkommens, das 1971 nebst Zusatzprotokollen in Paris revidiert wurde. Der WIPO-Urheberrechtsvertrag, kurz WCT (von englisch WIPO Copyright Treaty), ist ein 1996 von der Weltorganisation für geistiges Eigentum (WIPO) verabschiedetes Sonderabkommen im Sinne des Artikels 20 der Berner Übereinkunft. Er bildet den Rahmen für die Anpassung der nationalen Urheberrechtsgesetze an die Anforderungen digitaler Netzmedien. *L. Delp*

Urheberrechtsgeschichte. Obwohl entwickelte Schriftkulturen nachweislich ca. 2.500 Jahre alt sind, bildete sich ein modernes kodifiziertes Urheberrecht erst im Verlauf des 19. und frühen 20. Jh.s heraus. Umgerechnet auf den Zeitstrahl eines Jahres würde dies bedeuten, dass der seit Januar literarisch Tätige ab Mitte Dezember eine erste rechtliche Absicherung und zwischen Weihnachten und Neujahr eine Regelung der Verwertungs- und Nutzungsrechte erführe (↗ Verwertungsgesellschaft). Bevor die Idee des Urheber(- und Verlags)rechts ihren Siegeszug antrat, mussten zahlreiche Voraussetzungen erfüllt und Hürden genommen werden.

In der Antike erlebte die Schriftkultur eine erste Blütezeit. Unterschiedliche Textgattungen wurden niedergeschrieben. Ein Urheberrecht war in dieser Periode allerdings nicht bekannt, obwohl der Terminus ↗ Plagiat bereits auftauchte. Es gab damals noch nicht die Idee des «geistigen Eigentums», nur des materiellen. Nach dem Untergang des Römischen Reichs im 5. Jh. gingen Teile der einstmals hohen Schriftkultur verloren. Drei Jh.e später entstand eine neue Schreibkultur im Fränkischen Reich, v. a. in den klösterlichen Schreibstuben (↗ Scriptorium). Mönche retteten durch ihre originalgetreuen Abschriften zahlreiche antike Schriften vor dem altersbedingten Verfall, kopierten jedoch auch andere Schriften. Ebenso sorgten die entstehenden weltlichen Universitäten Europas im 13. und 14. Jh. mit dem ↗ (Pecia) Peciensystem für eigene Formen des massenhaften, geprüften Kopierens. Die Tätigkeit des Kopierens besaß noch keinerlei rechtliche Komponente hinsichtlich der Frage, welche Berechtigung ein Vervielfältiger und Verbreiter gegenüber einem Texturheber besaß. Ersterer konnte seine Tätigkeiten wirtschaftlich ausnutzen.

Die Buchdruck-Erfindung durch J. Gutenberg um 1450 bot völlig neue Möglichkeiten des Kopierens. Nun war es technisch möglich, zahlreiche identische Vervielfältigungsstücke in kürzester Zeit anzufertigen. Allein in der zweiten Hälfte des 15. Jh.s wurden schätzungsweise mehr als 15 Mio. Bücher auf den Markt gebracht, entstanden in etwa 1.100 Druckereien an 255 europäischen Druckorten. Bald schon waren die erhaltenen antiken Texte kopiert und ab ca. 1480 begannen Druckerverleger neue Verlagsvorhaben im heutigen Sinn zu kreieren. Dazu verpflichteten sie u. a. auch Text- und Bildautoren. All jene Berufe, die wir heute unter den Branchen des Buchgewerbes und Buchhandels subsumieren wie Drucker, Verleger, Buchhändler und Buchbinder entstanden innerhalb kürzester Zeit. Die Vermarktung und Verwertung des geistigen Schaffens war ihr Lebensunterhalt. Die Gewerbetreibenden hatten sich – wie zuvor im Manuskriptzeitalter – zuerst etabliert und ihre Rechte eingefordert. Sie waren den Autoren in der Professionalisierung voraus und setzten sich auch als erste für eine Ächtung des «unberechtigten» Kopierens und Verbreitens von Texten ein. Frühe kaiserliche Privilegien und Nachdruckverbote von 1501 und 1518 gegen unerlaubte Vervielfältigung zielten nicht auf den Schutz des Autors, sondern auf den des Herstellers und Vervielfältigers (Druckerverlegers) ab.

Der Nachdruck war seit der Inkunabelzeit eine Art Kavaliersdelikt. Es gab keine wirkliche Handhabe gegen ihn. Zunächst wurden seit Mitte des 16. Jh.s Territorialprivilegien eingeführt, die Nachdruckverbote für bestimmte Schriftwerke, begrenzt auf ein Gebiet und einen Zeitraum, darstellten. Privilegien waren generell übertragbar. War ein Privileg nach wenigen Jahren erloschen, konnte ein anderer ein neues auf ein und dasselbe Werk beantragen. Erst im ausgehenden 18. Jh. traten gesetzliche Nachdruckverbote an ihre Stelle, ohne jedoch den Schutz durch Privilegien sofort zu verdrängen. Nach wie vor war es so, dass die Auffassung von einem «ewigen Verlagsrecht» vorherrschte. Ein Autor übergab dem Verleger ein Manuskript und wurde, wenn überhaupt, mit einem einmaligen Honorar abgefunden. Fortan konnte der Verleger das geistige Schaffen wirtschaftlich nutzen. Selbst wenn sich der Stoff als Bestseller erwies, wurde der Autor bei der Honorierung nicht mehr berücksichtigt. Nachdem sich infolge der ersten ↗ Leserevolution im ausgehenden 18. Jh. auch die Stellung des nun z. T. bereits berufsmäßig arbeitenden Autors gebessert hatte, wurden durch bekannte Bestsellerautoren wie J. W. v. Goethe (1749–1832) die Autorenrechte durch das Aushandeln von Verlagsverträgen und erstmals angemessenen Honoraren im Interesse der Urheber ge-

Schritte zum modernen literarischen Urheber- und Verlagsrecht in Deutschland 1773–1965.

Jahr	Gesetz/Gesetzentwurf	Kurzeinschätzung
1773	Kursächsisches Mandat	Erstmals wurde ein generelles staatliches Schutzversprechen für alle in Sachsen gedruckten Bücher formuliert, das die bisherige Einzelprivilegierung von Büchern ablöste.
1794	Preußisches Allgemeines Landrecht (ALR)	Aufnahme von urheber- und verlagsrechtlichen Paragraphen. Erstmals wurden Festlegungen zum «Verlagsvertrag» getroffen. Ferner gab es Regelungen zum Nachdruckverbot. Mehrere deutsche Bundesstaaten übernahmen die Regelungen.
1815	Deutsche Bundesakte	Wegweisende Absichtserklärung in Artikel 18d) «Die Bundesversammlung wird sich bei ihrer ersten Zusammenkunft mit Abfassung gleichförmiger Verfügungen über die Pressfreiheit und die Sicherstellung der Rechte der Schriftsteller und Verleger gegen Nachdruck beschäftigen» Erst zwischen 1832 und 1837 wurde diese Erklärung durch weitere Bundesbeschlüsse konkretisiert.
1837	Preußisches Gesetz zum Schutze des Eigenthums an Werken der Wissenschaft und Kunst in Nachdruck und Nachbildung	Deutliche Stärkung der Urheberrechte. Das Gesetz führte aus der traditionellen Nachdruckergesetzgebung heraus, indem es den urheberrechtlichen Schutz auf unveröffentlichte und körperlich nicht festgelegte Werke sowie in beschränktem Maße auf Übersetzungen und andere Bearbeitungen erweiterte. Das Preußische Gesetz galt seinerzeit als das modernste Regelwerk auf dem Gebiet des Urheberrechts und diente weiteren Staaten als Vorlage.
1870	Gesetz betreffend das Urheberrecht an Schriftwerken, Abbildungen, musikalischen Kompositionen und dramatischen Werken	Erste gesamtdeutsche Regelung. Der bisherige Begriff des geistigen bzw. literarischen Eigentums wurde durch den des Urheberrechts ersetzt. In seiner Durchführung wurde aber der Wandel vom bisherigen gewerblichen Interesse des Verlegers (Werkschutz) zum umfassenden Schutz des Autors nicht vollzogen. Das Gesetz trat 1870 für die Staaten des Norddeutschen Bundes in Kraft und wurde 1871 auf das Gebiet des Deutschen Kaiserreiches übertragen.
1886	Internationale Berner Übereinkunft zum Schutze von Werken der Literatur und Kunst	Erste multinationale Gesetzgebung zum Schutz des Urheberrechts (zuvor gab es seit 1840 bilaterale internationale Abkommen), die den Erfordernissen des internationalen Austausches und der Übersetzungen gerecht wurde. In mehreren Revisionen ist die Übereinkunft bis heute gültig. Traten 1886 neun Staaten bei, so waren es 1995 106 Staaten.
1891	«Entwurf eines Gesetzes über das Verlagsrecht» vom Deutschen Schriftsteller-Verband (DSV, gegr. 1887)	Entwürfe der Interessenverbände zur Novellierung der bestehenden Urheberrechtsordnung. Geprägt von den Gepflogenheiten der Geschäftsbeziehungen zwischen Autor und Verleger zeigten beide Regelwerke eine weitgehende Übereinstimmung der Rechte und Pflichten beider Vertragspartner. Die Entwürfe erhielten keine Rechtsgültigkeit.

Jahr	Gesetz/Gesetzentwurf	Kurzeinschätzung
1893	«Verlagsordnung» vom Börsenverein der Deutschen Buchhändler zu Leipzig (gegr. 1825)	Siehe Kurzeinschätzung 1891.
1901	Gesetz betreffend das Urheberrecht an Werken der Literatur und Tonkunst (LUG)	Wenngleich das LUG keinen umfassenden Urheberrechtsschutz bot, stellte es eine entscheidende Weichenstellung zum Schutz der Urheberpersönlichkeit dar. Unter anderem erfuhren das Veröffentlichungsrecht und der gegen den Erwerber gerichtete Anspruch auf Achtung der Werkintegrität im Falle von Übertragungen des Urheberrechts gesetzliche Anerkennung.
1965	Gesetz über Urheberrecht und verwandte Schutzrechte (UrhG)	Das UrhG gewährte erstmals ein umfassendes Persönlichkeitsrecht auf nationaler Ebene, welches über die ausdrücklich normierten urheberpersönlichkeitsrechtlich ausgerichteten Vorschriften hinaus dem Urheber stets dann Ansprüche an die Hand gibt, wo dies zum Schutz seiner ideellen Belange und bezogen auf sein Werk erforderlich ist. Damit besitzt das UrhG ein hohes internationales Niveau und ist bis heute in Revisionen gültig. Seit 2003 wurde das Urheberrecht in Deutschland durch sog. Körbe 1 – 3 den digitalen Anforderungen der Informationsgesellschaft angepasst.

Quellen: Delp, Recht am geistigen Schaffen, S. 247 – 250. Eisenlohr, Sammlung der Gesetze, S. 156 – 294. Vogel, Urheberpersönlichkeitsrecht, S. 191 – 196, 204 – 206.

stärkt, wobei auch erstmals Literaturagenten zur Verhandlungsführung eingesetzt wurden. Die Idee des geistigen Eigentums hatte sich immer noch nicht etabliert. Sie wurde u. a. durch J. G. Fichte (1762 – 1814) in seiner Schrift «Beweis der Unrechtmäßigkeit des Büchernachdrucks» 1793 erstmals begründet. Er erkannte darin dem Buch zwei Wesensmerkmale zu. «Das körperliche desselben, das bedruckte Papier und sein geistiges». Somit wurde Fichte neben anderen führenden Autoren seiner Zeit zu einem Vorreiter des Urheberrechts. Im Zeitraum von 1773 bis 1965 wurde schließlich die Verrechtlichung des Urheber- und Verleger-Schaffens in Deutschland in einem zähen Ringen der beteiligten Akteure vollzogen, wobei neu gegründete Autoren- und Verlegervereine die jeweiligen Interessenlagen bündelten und durchsetzten (↗ Schriftstellerverband, ↗ Börsenverein der Deutschen Buchhändler). Wichtige Gesetz(entwürf)e auf deutschem Boden sind der nachfolgenden Tabelle zu entnehmen.
T. Keiderling

Urheberrechtsgesetz, Regelung der Rechtsverhältnisse der Urheber, soweit diese im Inland tätig sind. U. ist zugleich die amtliche Abkürzung für das derzeit in Deutschland geltende «Gesetz über Urheberrecht und verwandte Schutzrechte» von 1965 mit zwischenzeitlichen Änderungen. Das «Gesetz betreffend das Urheberrecht an Werken der bildenden Künste und der Fotografie» von 1907 ist mit dem eigentlichen Urheberrechtsteil außer Kraft getreten und regelt nur noch das Recht am eigenen Bild. Das «Gesetz über die Wahrnehmung von Urheberrechten und verwandten Schutzrechten» (Urheberrechtswahrnehmungsgesetz), ebenfalls von 1965, behandelt Befugnisse und Aufgaben der Verwertungsgesellschaften. ↗ Urheberrecht
L. Delp

Urheberrechtsschutz, der durch das Urheberrechtsgesetz gewährleistete Schutz des Werks und seines Urhebers, sofern das Werk eine eigentümliche geistige Schöpfung darstellt (§ 2 UrhG). Nicht geschützt sind solche Darstellungen, die allein durch technische Vorgänge, Herstellungsart, methodische Ableitungen oder bestimmte Geschmacksrichtungen usw. hervorgebracht werden. Die geschützten Werke der Literatur, Wissenschaft und Kunst sind in § 2 Abs. 1 UrhG beispielhaft, also nicht erschöpfend, weil auch weitere persönliche geistige Schöpfungen entsprechender Art in der Zukunft vorstellbar sind. Der U. schafft die Voraussetzungen zur Verfolgung von Urheberrechtsverletzungen. *L. Delp*

Urheberrechtsverletzung, unzulässiger Eingriff in das Urheberrecht eines Dritten, der zivilrechtlich durch die Geltendmachung des Unterlassungs- und Schadenersatzanspruchs, durch Vernichtung oder Überlassung unzulässiger Vervielfältigungsstücke verfolgt und durch Urteilsbekanntmachung öffentlich mitgeteilt, aber auch strafrechtlich geahndet werden kann (§§ 97 ff UrhG). Es gilt das generelle Verbot, rechtswidrig hergestellte Vervielfältigungsstücke zu verbreiten oder öffentlich wiederzugeben, noch rechtswidrig veranstaltete Funksendungen auf Bild- oder Tonträger aufzunehmen oder öffentlich wiederzugeben (§ 96 UrhG). Unter bestimmten Voraussetzungen können auch rechtswidrig hergestellte oder verbreitete Vervielfältigungsstücke auf Antrag und gegen Sicherheitsleistung des Rechtsinhabers bei ihrer Einfuhr oder Ausfuhr durch die Zollbehörde beschlagnahmt werden, sofern die Rechtsverletzung offensichtlich ist (§ 111 b UrhG). *L. Delp*

Urheberrolle, heute das beim Deutschen Patent- und Markenamt in München gemäß § 138 UrhG geführte Register anonymer und pseudonymer Werke. Ein Eintrag in die U. (bzw. das Register) ist wichtig für die Schutzfrist bei anonymen oder pseudonymen Werken: Für diese gilt gemäß § 66 UrhG statt der generellen 70 Jahre post mortem auctoris eine Schutzfrist von nur 70 Jahren nach der Veröffentlichung bzw. bei nichtveröffentlichten Werken nach deren Schaffung. Durch Eintragung in das Register, durch das der wahre Name des Urhebers angemeldet wird, gilt die volle Schutzfrist. Diese Anmeldung kann auch durch die Erben oder Testamentsvollstrecker erfolgen (§ 66, 3). Einzelheiten des Anmeldeverfahrens regelt § 138 UrhG. Das Register ist jedermann einsehbar (§ 138, 4). ↗ Eintragsrolle *W. D. v. Lucius*

URI (Uniform Resource Identifier), Identifier zur Bezeichnung einer Ressource in einem Netzwerk. Insgesamt sind bei der IANA als zuständige Institution über 70 «Schemes» für Ressourcen wie Webseiten, Dateien oder auch Telefonnummern hinterlegt. URI wurden ursprünglich von Tim Berners-Lee (geb. 1955) als Universal Resource Identifiers eingeführt, später vom W3C allerdings in der jetzigen Form benannt. URI können in 2 Unterarten unterschieden werden: Uniform Resource Locators und Uniform Resource Names. *P. Schaer*

Urkunde. 1. Juristisch ist eine U. im weitesten Sinne ein Beweismittel für Rechtstatsachen; zu U.n können auch nichtschriftliche Gegenstände (z. B. Plomben am Stromzähler, Kfz-Zeichen, Grenzsteine) gehören, aber auch ursprünglich nichturkundliche Schriftstücke (z. B. Briefe in Beleidigungsklagen) nachträglich werden. Nach ihrem Rechtswert unterscheidet man a) rechtbezeugende (Beweis- oder deklaratorische U.n, z. B. Quittungen), b) rechtschaffende (Geschäfts- oder Verfügungsu.n, z. B. Testamente) und c) rechtverkörpernde U.n (Wertpapiere, z. B. Banknoten, Fahrscheine). Rechtlicher Missbrauch der Bezeichnung U. liegt vor, wenn keine Rechtserheblichkeit vorhanden ist (z. B. Bezeichnung der nichtschriftlichen Bodenfunde der Archäologie als U. der Ur- und Frühzeit). 2. Historisch wird der Begriff U. eingeengt auf schriftliche, in bestimmten Formen abgefasste Zeugnisse über Gegenstände und Vorgänge rechtlicher Natur. Ihre Merkmale sind a) Beglaubigung (durch Siegel, Unterschrift, Zeugen Chirografierung usw.) und b) ihr autarker Charakter, d. h. sie sind aus sich heraus verständlich und schließen eine Verhandlungsentwicklung ab. ↗ Diplomatik *W. Leesch*

Urkundenbuch ↗ Kopialbuch

Urkundenlehre ↗ Diplomatik

Urkundenpapier, Sammelbegriff für Papiere, die für Schriftstücke von rechtserheblicher Bedeutung bestimmt sind und die deshalb auf bestimmte, am speziellen Verwendungszweck orientierte Qualitätsmerkmale ausgerichtet sind. Allen U.en eigentümlich ist die Abwesenheit von Holzstoff (Holzschliff), der die Lichtechtheit einschränken würde und ebenso die glatte, durch Oberflächenleimung und Satinage (satiniertes Papier), nicht durch Streichen (gestrichenes Papier) erreichte fein bedruckbare Oberfläche. Ebenso enthalten die meisten U.e ein echtes, schattiertes Wasserzeichen. Für Aktienpapier gelten zusätzlich bestimmte, von den Börsenaufsichtsstellen erlassene Richtlinien hinsichtlich des Faserstoffes (überwiegend Hadern), des Flächengewichts (mindestens 90 g/m²) und der mechanischen Festigkeit (Reißlänge mindestens 4 km, Falzzahl mindestens 80). Für Banknotenpapier gibt es Richtlinien der nationalen Zentralbanken. Es muss extrem hohen Anforderungen hinsichtlich Reiß-, Falz- und Knitterfestigkeit gewachsen sein, was nur durch den Einsatz hochwertiger und langer Fasern (Leinen, Ramie) zu erreichen ist. Eine dem U. eigentümliche Eigenschaft ist die Sicherung gegen Nachahmung (Fälschung). Dazu werden dem Stoff unübliche (synthetische) und besonders gefärbte Fasern zugesetzt. Demselben Zweck dient die Einarbeitung von faserfremdem Material, z. B. Metallstreifen, und von Reagenzien. Die wechselnden Rezepturen unterliegen vielfach der Geheimhaltung. *H. Bansa*

URL (Uniform Resource Locator), Unterart von Uniform Resource Identifier (URI). Mittels URLs kann eine Ressource über die Angabe des Zugriffsmechanismus bzw. des Ortes der Ressource im Netzwerk identifiziert und lokalisiert werden. URI und URL werden häufig synonym verwendet, da URLs die ersten und auch häufigsten Ausprägungen von URIs sind. *P. Schaer*

URN (Uniform Resource Name), Unterart von Uniform Resource Identifier. Im Gegensatz zum Uniform Resource Locator (URL) wird auf eine konkrete Ortsangabe bei der Bezeichnung der Ressource verzichtet, so dass eine URN nicht direkt aufgerufen werden kann. Vielmehr wird ein Resolver benötigt, der die URN in eine URL übersetzt. Eine URN erlaubt es daher, eine Ressource über ihre gesamte Lebensdauer, losgelöst von ihrem Speicherort, identifizieren zu können. *P. Schaer*

Urschrift ↗ Autograf

Usance, Usancen-Codex, der Begriff Usance (aus dem Französischen) meint einen Handelsbrauch, der in der Praxis nach Absprache vieler Branchenteilnehmer geübt und mündlich weitergegeben wird. Der deutsche Buchhandel wurde bis ins 19. Jh. hinein nach Usancen betrieben. Allerdings kam nach 1850 die Forderung nach schriftlich fixierten ↗ buchhändlerischen Handelsbräuchen auf, die man im damaligen Sprachgebrauch mit «Usancen-Codex» bezeichnete. Das Usancenzeitalter des deutschen Buchhandels endete mit der ↗ Krönerschen Reform und der Etablierung einer ersten ↗ buchhändlerischen Verkehrsordnung 1888. *T. Keiderling*

USB-Stick (Universal Serial Bus Stick, auch USB-Massenspeicher), Trägermedium, das die Daten auf einer Flashcard abspeichert. Mit Stick wird die Gerätebauform beschrieben. USB ist ein serielles Bussystem (Universal Serial Bus) zur Verbindung von Computern mit externen Geräten. Die Datentransferraten haben sich schnell entwickelt: Von Version 1.0 mit 12 Mbit/s, über USB 2.0 mit 480 Mbit/s zu USB 3.0 mit 5,0 Gbit/s. Vorteile der Flash-Technologie sind eine hohe Speicherkapazität, kein mechanischer Verschleiß, ein geringer Strombedarf und fehlende Betriebsgeräusche. Nachteil sind die (noch) höheren Kosten pro GByte. *S. Büttner*

User-Generated Content (UGC) steht für Medieninhalte, die nicht vom Anbieter eines Webangebots, sondern von dessen Nutzern erstellt werden (z. B. Social Media wie Facebook und Twitter, Blogs wie Blogger.com, Webforen wie Usenet, Videoportale wie YouTube oder Nachschlagewerke wie ↗ Wikipedia. Somit entspricht die Erscheinungsform dem Crowdsourcing (= Auslagerung einer Aufgabenstellung an eine Menschenmenge). Der Nutzen von UGC besteht in der Möglichkeit, zahlreiche aktuelle Informationen auf Websites in kürzester Zeit zusammenzuführen; der Nachteil darin, dass die Verwaltung und Präsentation dieser Informationen schwierig ist und oftmals nicht umfassend geleistet werden kann. Hierzu gehört z. B. auch, dass Einträge, die z. B. Anstößiges enthalten (↗ Flaming, ↗ Netikette) durch Redaktionen entfernt werden. Generell gibt es Möglichkeiten, UGC z. B. über Online-Werbung als Geschäftsmodell zu nutzen, doch sind viele einschlägige Angebote Zuschussgeschäfte. *T. Keiderling*

User-Tracking (Nutzerverfolgung) ist ein Instrument der Webanalytik im Internet. Nutzerdaten, z. B. die Verwendung konkreter Suchbegriffe, das Aufsuchen von Internetseiten, Verweilzeiten auf diesen, Anklickdaten, Weiterleitungen auf andere Dokumente etc. werden durch eine spezielle Software des U.-T., zumeist ohne Wissen und Einwilligung der Nutzer, gesammelt und ausgewertet. Die gesammelten Daten dienen zur Kundenprofilbildung. Nutzern werden bei der Suche nach bestimmten Waren in Internetshops z. B. Produkte angezeigt, die andere Nutzer aufsuchten oder kauften. Unternehmen haben aufgrund der umfangreichen Verwendungsmöglichkeiten großes Interesse an diesen Daten, sammeln selbst Informationen mittels Webseiten-Plug-Ins oder kaufen Kundendaten bei spezialisierten Firmen ein. *T. Keiderling*

Uses-and-Gratifications-Ansatz (Nutzen- und Belohnungs-Ansatz oder nur Nutzenansatz) ist ein Modell der Mediennutzungsforschung, zurückgehend auf E. Katz (geb. 1926). Die Grundannahme besagt, dass Nutzer (Rezipienten) Medien nicht beliebig, sondern funktional nutzen. Sie besitzen Motive des Rezeptionsverhaltens und möchten in erster Linie eigene Bedürfnisse befriedigen, dazu wählen sie bewusst aus möglichen Alternativen aus. Der theoretische Ansatz stellt eine Abkehr von dem bis dahin vorherrschenden Kommunikationsmodell des Stimulus-Response (↗ Stimulus-Organism-Response-Modell) dar, das dem Nutzer eine rein bzw. mehrheitlich passive Rolle zuschreibt (nach dem Motto: Was machen Medien mit dem Menschen?). Nun nimmt der Nutzer eine aktive Rolle ein (Was machen Menschen mit Medien?). Wesentliche Motive der Mediennutzung sind u. a.: Information und Kontrolle, persönliche Beziehungen (Geselligkeit, Anschlusskommunikation), persönliche Identität (Werteverstärkung, Rollen-Identifikation und -vergleich) sowie Unterhaltung, Ablenkung (Eskapismus) und Zeitvertreib. Der Rezipient möchte sich hinsichtlich dieser Motive «belohnen». Empirisch fußt das Modell auf Rezipientenbefragungen des Hörfunks und Fernsehens. Technische Voraussetzung für das aktive Medienauswahlverhalten war das Vorhandensein zahlreicher Medienkanäle. Dies war noch nicht in den genannten Medien in den 1960er Jahren, dafür in den Jahrzehnten danach der Fall. Die Theorie führte zu weiteren, ähnlich gelagerten Modellen, z. B. dem ↗ dynamisch-transaktionalen Ansatz. *T. Keiderling*

USK (Unterhaltungssoftware Selbstkontrolle) ↗ Freiwillige Selbstkontrolle (zur allgemeinen Arbeit einer solchen Einrichtung).

UV-Reflektografie. Verblasste und radierte Schriften (↗ Palimpsest) können mit der U.-R. (oder auch Infrarot-Reflektografie) wieder optisch sichtbar gemacht werden. Noch heute werden schwer lesbare Archivalien und Urkunden mit der UV-Lampe (Schwarzlichtlampe) betrachtet oder gar mit chemischen Stoffen behandelt. Beides schädigt die Objekte irreversibel. Mithilfe der U.-R. wird die Oberfläche nur kurz mit UV-Licht beleuchtet und die Reflektion mit einer UV-Kamera aufgenommen. Nach der Digitalisierung und Speicherung auf einem Computer kann das schwarz-weiß-Bild jederzeit und so lange wie nötig betrachtet werden, das Objekt wird nicht mehr belastet. Durch die richtige Wahl von Bandpassfiltern und monochromatischer Beleuchtung kann der Bereich eruiert werden, in dem der Kontrast zwischen Hintergrund und Schrift am größten ist und die Schrift deutlich wird. Da der gesamte Aufnahmevorgang höchstens zehn Sekunden benötigt und meistens mit violettem Licht der Wellenlänge um 400 nm gearbeitet wird, ist die Schädigung durch UV-Licht (Ultraviolettes Licht) minimal. *R. Fuchs*

V

Vakat, aus dem Lateinischen «das Freisein»; heißt jede leere, unbedruckte Seite eines Buches. V.seiten sind immer linke Seiten, z. B. vor dem Haupttitelblatt oder einem Kapitelanfang.

VD 16/VD 17/VD 18, Verzeichnisse der im deutschen Sprachbereich erschienenen Drucke des 16., 17. und 18. Jh.s und somit eine retrospektive ↗ Nationalbibliografie für Drucke in diesen Zeiträumen. Die genannten Bibliografien beschreiben alle im historischen deutschen Sprachgebiet gedruckten und verlegten Werke aller Sprachen, die für den jeweiligen Zeitraum überliefert wurden; jedoch keine Noten, Karten und Einblattdrucke. Die Erschließung, finanziert durch die Deutsche Forschungsgemeinschaft, findet seit 1969 statt; die Verzeichnisse erscheinen z. T. im Druck und sind auch im Internet abrufbar. Zur eindeutigen Ausgabendifferenzierung der Werke wurde die Methode des ↗ Fingerprints eingesetzt. *T. Keiderling*

Vektorgrafik ist eine Bilddatei bzw. Computergrafik, die aus grafischen Primitiven wie Linien, Kreisen, Polygonen oder allgemeinen Kurven zusammengesetzt ist. Die Darstellung ist i. d. R. zweidimensional. V.en basieren, anders als Rastergrafiken, nicht auf einem Pixelraster, in dem jedem Bildpunkt ein Farbwert zugeordnet ist, sondern auf einer mathematischen Beschreibung, die die geometrischen Objekte exakt zueinander definiert und vor jeder Darstellung neu berechnet. Im Vergleich zu ↗ Rastergrafiken lassen sich V.en mit deutlich geringerem Platzbedarf speichern und ohne Qualitätsverlust beliebig skalieren. *T. Keiderling*

Vélin, aus dem Lateinischen «Vorhang», «Tuch», «Plane», «Segel»; bedeutet in der Fachsprache der Papierindustrie feines, glattes Pergament, eine Kurzbezeichnung für Vélinpapier.

Vélinpapier, Papier mit glatter Oberfläche und geschlossener Durchsicht. Bis in die Endzeit des Handschöpfens bestand das Sieb der Papiermacher aus dicht nebeneinanderliegenden dünnen Stäben (Europa: Metall; Ostasien: Holz bzw. Bambus; Grashalme), die in gewissen Abständen durch Draht (Europa) oder Faden (Ostasien; Seide) miteinander verbunden waren und die im Blatt eine entsprechende Markierung (Rippung, Sieblinien) als ↗ Wasserzeichen hinterließen. In der Mitte des 18. Jh.s wurde in der europäischen Papiermacherei zuerst ein Sieb aus gewebtem Draht verwendet, wie es heißt von holländischen Papiermachern auf Initiative von J. Baskerville (1707–1775), um auf dem glatteren und gleichmäßigeren Papier den Druck besser zur Geltung zu bringen. Die Bezeichnung V. brachte den Unterschied zum damals «normalen», d. h. gerippten Papier zum Ausdruck. Mit Erfindung der maschinellen Papierherstellung (Langsiebmaschine) wurde der beschriebene Vélin-Charakter zu einer normalen Papiereigenschaft. Papier ohne ihn konnte nur durch Handschöpfen oder auf der später entwickelten Rundsiebmaschine hergestellt werden. Heute ist die Bezeichnung V. nur für Büttenpapier oder sogar nur für Handbütten üblich. *H. Bansa*

Veränderungen im Manuskript ↗ Änderungsrecht

Verbandssortiment ↗ Vereinssortiment

Verbot von Druckerzeugnissen ↗ Index librorum prohibitorum ↗ Indizierung ↗ Zensur

Verbrauchsbibliothek ist eine Bibliothek, die im Unterschied zur Archivbibliothek nicht verpflichtet ist, ihre einmal erworbenen Bestände aufzubewahren. In der

Vergangenheit diente dieses Kriterium, um die Aufgaben wissenschaftlicher und Öffentlicher Bibliotheken auseinanderzuhalten. Inzwischen haben sich die Grenzen verwischt, da große Öffentliche Bibliotheken zumindest teilweise archivwürdige Bestände besitzen, umgekehrt aber auch die Archivfunktion von Universalbibliotheken für die Gesamtheit ihrer Bestände angesichts des wachsenden Magazinsbedarfs hinterfragt wird. Der Gedanke der V. wurde zum ersten Mal von K. B. Preusker (1786–1871) formuliert. Anstelle von V. wird heute auch von Gebrauchsbibliothek gesprochen. *P. Vodosek*

Verbreitender Buchhandel ist ein Klammerbegriff für die Branchenzweige Zwischen- und Sortimentsbuchhandel. Zur Kritik an diesem Terminus siehe ↗ Herstellender Buchhandel.

Verbreitung einer Druckschrift ↗ Veröffentlichung eines Werks

Verbundene Werke, zu gemeinsamer Verwertung miteinander verbundene Urheber, wobei jeder vom anderen die Einwilligung zur Veröffentlichung, Verwertung und Änderung der verbundenen Werke verlangen kann, wenn die Einwilligung dem anderen nach Treu und Glauben zuzumuten ist (§ 9 UrhG; z. B. Schriftwerk mit Illustrationen). Jedes Werk bleibt grundsätzlich selbstständig, wird aber in den Verbund der Werke eingeführt. Im Gegensatz dazu steht die Miturheberschaft: Hier haben mehrere Urheber ein Werk gemeinsam geschaffen, ohne dass sich ihre Anteile gesondert verwerten lassen (§ 8 UrhG). *L. Delp*

Verbundkatalog (Bibliotheksverbundkatalog), durch kollaborative und einheitliche Katalogisierung der Medien einschließlich der Übernahme von Fremd- und Normdaten erwachsener gemeinsamer Katalog eines Bibliotheksverbundes, basierend auf einem gemeinsamen Regelwerk für die Formalerschließung und abgestimmten Anwendungsvereinbarungen, kontrolliert von einer Zentralredaktion. Als OPAC weist der V. die Bestände aller an dem Bibliotheksverbund beteiligten Bibliotheken mit ihren Standorten nach (daher auch die alternative Bezeichnung Bibliotheksverbundkatalog) und umfasst zunehmend auch eine Online-Bestellfunktion für Medien und die Einbindung von Dokumentlieferdiensten. *P. Hauke*

Vereinsbuchhandel nennt man die regionale und überregionale buchhändlerische Vereinsbildung und -tätigkeit, deren Anfänge bis ins 17. Jh. zurückgehen. Sie ist entstanden zur Abwehr von Behördenwillkür, Zensur, Nachdruck, Schleuderei und dem Eindringen fachfremder Kräfte in den Buchhandel, um Branchenusancen zu verbessern und gemeinsame wirtschaftliche Aktivitäten anzuregen oder sie zu verbessern. Standen anfangs wirtschaftliche Interessen im Vordergrund, traten später Sozial- und Bildungseinrichtungen hinzu. Frühes Zeugnis der Tätigkeit eines V.s ist die «Frankfurter Lokalvereinsordnung» von 1669, die fast alle Punkte enthält, die in den Statuten späterer Vereine zu finden sind, wie in dem von P. E. Reich (1717–1787) 1765 vorgelegten «Erstes Grundgesetz der neu errichteten Buchhandlungsgesellschaft in Deutschland». Wurden um 1800 Reformversuche unternommen von T. Enslin (1787–1851), C. C. Horvath (1752–1837) und P. G. Kummer (1750–1835), die schließlich zur Gründung des ↗ Börsenvereins führten (↗ Abrechnung im Buchhandel), bildeten sich in seiner Unterstützung und aus speziellen eigenen Interessen zahlreiche buchhändlerische Vereine, wie 1833 der Verein der Buchhändler zu Leipzig. Es folgten in fast allen Gebieten Kreis- und Regionalvereine, über 100 Gehilfenvereine, davon mehr als 20 im Ausland, u. a. in Wien, Zürich, Budapest, Prag, Kopenhagen, London und New York. Mit dem Beitritt von 31 Landes-, Kreis-, Orts- und Spezialvereinen zum Börsenverein im Jahr 1888 wurden alle Individualinteressen dort gebündelt und vom Gesamtverein wahrgenommen, wie das noch heute der Fall ist. *H. Buske*

Vereinssortiment, genossenschaftlicher Buchgroßhandel als Regiebetrieb eines (Berufs-) Verbandes/Vereines. Seit 1842 (Gründung der Leipziger ↗ Bestellanstalt) erfolgte im deutschen Buchhandel erstmals die Umsetzung der lange zuvor diskutierten ↗ Genossenschaftlichen Idee. Hierzu gehören auch Einkaufsgenossenschaften, die in der Folge als V.e eröffnet wurden: Schlesisches Vereinssortiment in Breslau (1879–1944), Mitteldeutsches Vereinssortiment in Frankfurt am Main (1880–1910), Schweizerisches Vereinssortiment in Olten (1882, heute Buchzentrum in Hägendorf), Berliner Vereinssortiment in Berlin (1884–1887), Verbandssortiment Evangelischer (und Katholischer) Buchhändler in Stuttgart (1949–1974), Buchgenossenschaft in Bielefeld (1952–1955). Lediglich das (Schweizer) Buchzentrum in Hägendorf hat wegen der Lage in der Schweiz und der besonderen Geschichte (Unterbrechung des ↗ Verkehrs über Leipzig im Ersten und Zweiten Weltkrieg) überlebt. Libri ist daran seit 2001 mit 20% beteiligt. *T. Bez*

Vererbung von Verlagsrechten ↗ Tod des Verfassers

Verfasser ist eine allgemeine Bezeichnung für eine Person, die einen Text konzipiert und niederschreibt. Er fasst unterschiedliche Schreibertypen zusammen, z. B. den Autor eines literarischen oder wissenschaftlichen Werks, den V. eines sonstigen Schriftstücks (z. B. einer Erklärung) oder den Schreiber von persönlichen Aufzeichnungen, z. B. eines Briefes oder eines Tagebuchs. In der juristischen Terminologie wird der V. gewöhnlich als Urheber bezeichnet (UrhG § 7). Wirken mehrere V. an einem Werk mit, so werden sie Miturheber genannt. Das Verlagsgesetz (§ 8) bezeichnet jeden Verlagsgeber als Verfasser, selbst wenn er nicht der Autor im eigentlichen Sinn ist. *G. Pflug*

Verfasserkatalog ↗ Alphabetischer Katalog

Verfasserkorrektur ↗ Autorkorrektur

Verfasserrecht ↗ Urheberrecht

Verfilmung von Literatur. 1. Seit dem Entstehen des Kinofilms um 1900 werden literarische Werke verfilmt. Weil damit Urheberrechtsprobleme entstehen können, wurde das deutsche Urheberrecht von 1901 bereits 1910 um entsprechende Bestimmungen erweitert, die dem Produzenten eines auf einer literarischen Vorlage beruhenden Films die Zustimmung des Autors oder Urheberrechtsinhabers auferlegt (UG § 12, Abs. 2, Ziff. 6; Abs. 14, Ziff. 5). 2. Die Verfilmung von Büchern in Bibliotheken meint deren Umspeicherung auf ↗ Mikrofilm zur Langzeitarchivierung. *G. Pflug*

Vergépapier, aus dem Französischen «gerippt». Handgeschöpftes Papier, das auf der Siebseite und bei Durchsicht die Rippung des Schöpfsiebs erkennen lässt (Büttenpapier). Bei maschinell hergestellten Papieren wird dieser Effekt mittels eines Egoutteurs (Wasserzeichenwalze) in der Papiermaschine erzielt. ↗ Vélinpapier *E.-P. Biesalski*

Vergilben, gelbliche bis bräunliche Verfärbung von Papier unter Lichteinfluss. Diese kann auf verschiedene Ursachen zurückgeführt werden. Bei holzhaltigen Papieren ist das im Papier enthaltene Lignin für das V. verantwortlich, das fotochemisch auf den UV-Anteil des Lichts reagiert; d. h. je höher der Holzgehalt, desto stärker ist die Neigung zum V. (z. B. bei Zeitungspapier). Bei holzhaltigen, aber auch bei holzfreien Papieren hat man als weitere Ursache für das V. den Einsatz von optischen Aufhellern ermittelt. Da diese nicht lichtecht sind und relativ schnell ihren Weißmachereffekt verlieren, tragen sie ebenfalls zum V. bei. *E.-P. Biesalski*

Vergoldetechnik. In der Buchherstellung dienen die V.en der Übertragung von dünn geschlagenem echtem und unechtem Gold (auch Silber, Kupfer, Bronze) auf Einband-, Bedruck- und andere Stoffe, und zwar sowohl manuell als auch mit Maschinen. Wie auch bei den Blindverzierungen benutzt man Einzelstempel (Vergoldestempel), Platten und verschiedene Spezialwerkzeuge. Bereits im Mittelalter wurde echtes und unechtes Blattgold und -silber auf Buchdeckeln appliziert. Dieses Blattmetall wurde manuell bis auf ein zehntausendstel Millimeter dünn geschlagen und in Blättern von ca. 8–10 cm im Quadrat hergestellt. Die Übertragung der Muster erfolgte zunächst durch Einzelstempel von Hand (Handvergoldung). Nach Erfindung der Buchbinder- und -druckpresse konnte auch mit Platten, also mit größeren Formaten, gearbeitet werden (Pressvergoldung). Um 1850 kamen sog. Kniehebel-, Präge-, Vergoldepressen und weitere spezielle Buchbindereimaschinen auf. Ende des 19. Jh.s gelang es, die Blattmetallblättchen zu Bändern zusammenzukleben, um von der Rolle arbeiten zu können. 1933 gelang die Erfindung, sowohl echte Metalle als auch Aluminium auf vor- und nachbehandelte Folienbänder aufzudampfen. Dieses nun Prägefolie genannte Farbmedium wird sowohl in der Buchbinderei als auch in der Druckindustrie auf Spezialmaschinen vollautomatisch verarbeitet. ↗ Golddruck   *C. W. Gerhardt*

Vergriffen ist ein Werk, wenn dem Verleger keine Exemplare mehr zum Verkauf zur Verfügung stehen. Ist dies der Fall, können dennoch Exemplare bestellbar und lieferbar sein, die zuvor an Zwischenbuchhändler (Grossisten) oder Sortimentsbuchhändler ausgeliefert wurden und dort lagern. Eine entsprechende Internetrecherche kann hilfreich sein.

Der Zustand des V.seins ist i. d. R. durch den Absatz aller gedruckten Exemplare eingetreten; kann aber auch durch Verramschen zu reduzierten Preisen im Modernen Antiquariat oder durch Makulieren des unverkäuflichen Auflagerestes erreicht worden sein. Nach § 16 (im Zusammenhang mit § 5) des VerlG hat der Verleger rechtzeitig dafür zu sorgen, dass der Bestand innerhalb der im Verlagsvertrag mit dem Verfasser vereinbarten Auflagenhöhe nicht v. wird. Nach § 17 VerlG ist ein Verleger, der das Recht hat, eine neue Auflage zu veranstalten, nicht verpflichtet, von diesem Recht Gebrauch zu machen. Zur Ausübung des Rechts kann ihm der Verfasser eine angemessene Frist bestimmen, nach deren Ablauf der Verfasser vom Verlagsvertrag zurückzutreten berechtigt ist.

R. Busch / T. Keiderling

Verheftet ist die übliche, aber ungenaue Bezeichnung für Fehler, die am fertigen Buchblock festgestellt werden; das sind v. a. Mängel, die beim Zusammentragen auftreten: Fehlende oder doppelte Bogen, kopfstehende Bogen, Schimmelbogen, selten eingerissene oder verquetschte Seiten.   *G. Brinkhus*

Verkäufermarkt ↗ Käufermarkt

Verkaufsordnung ↗ Verkehrsordnung

Verkaufte Auflage, Anteil der tatsächlich durch Abonnement und Einzelverkauf veräußerten Vervielfältigungsstücke eines Druckmediums (Buch, Zeitung, Zeitschrift etc.). Nicht berücksichtigt werden u. a. ↗ Frei-, Ansichts- und Werbeexemplare. ↗ Plusauflage

T. Keiderling

Verkehr über Leipzig wurde bis zum Ende des Zweiten Weltkriegs 1945 der zentrale buchhändlerische Bestell-, Lieferungs- und Zahlungsverkehr genannt, der über den ↗ Leipziger Platz bzw. die ↗ Buchstadt Leipzig lief. Der V. ü. L. ist ein Synonym für den hier ausgeformten Kommissionsbuchhandel und seine vermittelnden Leistungen für den Gesamtbuchhandel. Der Terminus wurde durch zahlreiche werbende Schriften (u. a. «Der buchhändlerische Verkehr über Leipzig», «Weshalb/Wie verkehrt man über Leipzig?») des Vereins Leipziger Kommissionäre (gegr. 1884) stilisiert, die ca. im Zeitraum 1890 bis 1940 erschienen.   *T. Keiderling*

Verkehrsnummer. Alle am buchhändlerischen Verkehr beteiligten Mitglieder der buchhändlerischen Verbände (Börsenverein des Deutschen Buchhandels) erhalten seit 1963 eine debitorische (Kunden-) und/oder eine kreditorische (Lieferanten-)Nummer. Diese V. wird sowohl im buchhändlerischen Verkehr als auch im Zahlungs-Clearing der BAG (Buchhändler-Abrechnungs-Gesellschaft mbH) verwendet und identifiziert Kunden und Lieferanten eindeutig. Während Sortimentsbuchhandlungen i. d. R. nur eine Debitoren-(Kunden-)Nummer haben, führen die Barsortimente und Kommissionäre sowohl eine Kreditoren- als auch eine Debitoren-Nummer. Verlage erhalten eine Kreditoren-(Lieferanten-)Nummer und auch eine Debitoren-Nummer, wenn sie Handelsware (Bücher anderer Verlage) im Rahmen ihres (Internet-)Versandbuchhandels verkaufen oder Bücher für das Haussortiment beziehen. Entsprechendes gilt umgekehrt für Sortimentsbuchhandlungen, die auch verlegerisch tätig sind. Gemäß dem «Merkblatt zur einheitlichen V. im Buchhandel» des Börsenvereins beginnt der Kreditoren-Nummernkreis mit 10.000 und geht bis 18.499. Der Debitoren-Nummernkreis startet mit 18.500 und endet bei 59.999. Ab 60.000 sind die Nummernkreise frei und werden von Verlagen und Zwischenbuchhändlern für den Verkehr mit Kunden verwendet, die keine V. haben. Im Rahmen internationaler Normung wird die V. über kurz oder lang durch die GLN (Global Location Number) ersetzt werden. Der Börsenverein vergibt im Auftrag von GS1 Germany die GLN für Buchhandlungen. Verlage und Zwischenbuchhändler beziehen sie direkt bei GS1 Germany. *T. Bez*

Verkehrsordnung (eigentlich Buchhändlerische V.), 1888 durch den Börsenverein der Deutschen Buchhändler im Zuge der Krönerschen Reform geschaffen. Bis 1989 regelten die buchhändlerischen Verkaufs- und V.en allein die Geschäftsbedingungen der Verlage gegenüber dem Zwischen- und Sortimentsbuchhandel. Seit 1989 wird die V. von allen drei Sparten (Verlags-, Zwischen- und Sortimentsbuchhandel) des Börsenverein des Deutschen Buchhandels gemeinsam verabschiedet, zuletzt in der Fassung von 2006. Die V. beschreibt die Bedingungen, die in der Branche praktiziert werden sollten, so z. B. die Bezugsbedingungen, die Voraussetzungen, unter denen Remissionen zulässig sind, die Folgen der Aufhebung der Preisbindung oder Herabsetzung von Ladenpreisen, die Haftung für Sendungen und das Verhalten bei Abmahnungen, einstweiligen Verfügungen oder sonstigen Entscheidungen im Zusammenhang mit Werken bzw. Gegenständen des Buchhandels. *T. Bez*

Verkehrssitten im Buchhandel
↗ Usancen, Usancen-Codex

Verkleidete Literatur (auch maskierte Literatur) sind Schriften, die ihren Autor, Inhalt, Verlag oder Erscheinungsort verleugnen oder falsch angeben. Für die Herstellung oder Herausgabe von v.r L. gibt es mehrere Gründe. Entweder will der Autor seine Urheberschaft nicht preisgeben. Dabei benutzt er häufig ein Pseudonym, weil ihm das attraktiver erscheint (z. B. Jean Paul statt J. P. Richter, 1763–1825), oder weil er politische Verhältnisse oder Personen angreift, um mit dem pseudonymen oder anonymen Escheinen sich der möglichen Verfolgung zu entziehen (z. B. Voltaire statt F.-M. Arouet, 1694–1778). Für die v. L. gibt es seit dem frühen 18. Jh. Anonymen- und Pseudonymenlexika.

G. Pflug

Verlag, von «verlegen», d. h. Geld bzw. Kapital für eine andere (Wirtschafts-)Person «vorlegen» (vorschießen); im Buchhandel wird dem Autor eine Publikation vorfinanziert. Der Begriff stammt aus dem V.ssystem, das in frühen Formen seit dem 9. Jh. existierte, jedoch erst seit der frühen Neuzeit vollständig ausgeprägt war. Kennzeichnend für das V.ssystem ist die dezentrale Produktion, etwa bei der Textilherstellung. Der Verleger besitzt keine Manufaktur, in der er Arbeitnehmer beschäftigt, sondern stellt dem quasi selbstständigen Handwerker (z. B. Weber) das Arbeitsgerät (Spinnrad, Webstuhl) und Rohstoffe (Rohbaumwolle) zur Verfügung. In Heimarbeit arbeitet der Handwerker für den Verleger. Er ist jedoch verpflichtet, seine fertigen Produkte nur an den Verleger zum Weiterverkauf gegen einen bestimmten Preis abzugeben und zahlt von diesem Betrag auch sukzessive das Arbeitsgerät ab, bis es schließlich in seinen Besitz übergeht. Dieses Modell der Vorleistung und wechselseitigen Abhängigkeit wurde auch vom frühen Druckgewerbe und Verlagsbuchhandel übernommen.

Der V. ist heute ein spezialisiertes Medienunternehmen der Branche ↗ Buchhandel und gehört zur Branchenspezialisierung bzw. zum Branchenzweig V.sbuchhandel, der mit der Auswahl, Herstellung, Vervielfältigung und Verbreitung von V.serzeugnissen (u. a. Büchern, Presseerzeugnissen, Musikalien, Kunst- und Landkartendrucke, aber auch digitalen Buchformen) befasst ist. 2017 gab es laut «Adressbuch für den deutschsprachigen Buchhandel» rund 20.000 Buchhandelsunternehmen, davon rund 14.500 V.e und verlegerisch tätige Institutionen, also fast drei Viertel. Nur ca. 2.100 Unternehmen davon erreichten einen jährlichen Umsatz von über 17.500 Euro und sind im engeren Sinne professionell arbeitende V.e.

Je nach Größe sind V.e unterschiedlich organisiert. Generell gilt: je kleiner, desto mehr Tätigkeiten leistet eine Einzelperson oder leisten mehrere Personen eher unspezialisiert. Mittlere und große Verlage bestehen hingegen aus verschiedenen Abteilungen, die je nach V.sspezialisierung (hinsichtlich des Genres wie Datenbanken-, Schulbuch-, Belletristik-, Wissenschafts-, Sachbuch-, Kinder- und Jugendbuchv. etc.) konkrete Aufgabenkonstellationen zu beachten haben (gemeint ist die Anwendung eines spezifischen V.s-Know-hows). Zunächst ist die Geschäftsführung zu nennen, die bei einem Inhaberverlag aus dem Eigentümer besteht, jedoch in Ermangelung von geeigneten Führungspersönlichkeiten in der Familie durch Manager (leitende Angestellte) besetzt wird. Größere V.e werden i. d. R. durch Manager geführt (z. B. einen inhaltlichen Programmleiter und einen ökonomischen Leiter). Bei V.en mit einem bedeutsamen Lizenzgeschäft kann es auch eine juristische Führung geben. Der Leitung unterstellt sind: Buchhaltung, Lektorat, ggf. Redaktionen (wenn Produkte im Haus hergestellt werden), Herstellung (stellt nicht die Erzeugnisse im Druck her, sondern bereitet die Herstellung durch Satz und Layout vor), Werbung, Öffentlichkeitsarbeit, Vertrieb und Auslieferung (wenn diese Funktion nicht an eine ↗V.sauslieferung ausgegliedert wurde). Ggf. sind einige Aufgabenbereiche gebündelt (z. B. Werbung und Öffentlichkeitsarbeit) oder werden durch dritte Unternehmen oder Einzelpersonen gegen Honorar realisiert (Begutachtung, Lektorat, Redaktion, Werbung).

Ein V. erhält aufgrund eines V.svertrags (↗ Verlagsrecht) das Manuskript eines Autors; er kann jedoch auch eigene V.sideen entwickeln und Autoren bzw. Redakteure hierfür gewinnen. Ferner ist es möglich, gemeinfreie Werke wieder zu veröffentlichen, Lizenzen für vorhandene Produkte zu erwerben oder vorliegende gedruckte Werke oder Datenbanken etc. in digitaler Form herauszubringen. Der V. sorgt durch seine Arbeit für eine dem jeweiligen Markt angemessene Bereitstellung, Vervielfältigung bzw. zur Verfügungsstellung der Verlagsprodukte (↗ Kalkulation). Die V.sleitung steuert alle Arbeitsabläufe in Lektorat, Herstellung und Vertrieb. Das Lektorat prüft eingehende Manuskripte auf Qualität und Marktfähigkeit, retourniert sie oder nimmt sie an, verhandelt mit Autoren über Honorar, Auflagenhöhe, Erscheinungstermin, Werbemaßnahmen und schließt, oft unter Mitwirkung der V.sleitung, i. d. R. genormte V.sverträge ab. Es werden neue Autoren akquiriert, ggf. unter Beteiligung literarischer Agenturen. Wissenschaftliche V.e ohne eigenes Lektorat unterhalten u. U. ein sog. Außenlektorat, indem sie eigene Autoren konsultieren oder bekannte Spezialisten zur Prüfung von Manuskripten heranziehen. Die Buchhaltung als zentrale Finanzstelle untersteht direkt der Geschäftsführung, zeichnet Einnahmen und Ausgaben auf und überprüft die Außenstände. Die Herstellung legt die Ausstattung der Bücher fest, arbeitet mit nahestehenden Satz-, Druck- und Bindereibetrieben zusammen, überwacht den Herstellungsprozess sowie die Ablieferung der Endprodukte. Die Werbung verfügt über Marktkenntnisse, wirbt für einzelne oder alle V.sprodukte, hält Kontakt zum Barsortiment, Sortimentsbuchhandel und sonstigen Verkaufsstellen, zieht verschiedentlich V.svertreter hinzu, lässt Prospekte und Kataloge herstellen, unterhält einen Internetauftritt, organisiert Messen, Ausstellungen und Autorenlesungen. Der Vertrieb kontrolliert die Bonität der Besteller, fakturiert, überprüft den Absatz und hält enge Verbindung zu allen Wiederverkäufern. Die Auslieferung, sofern sie nicht einem Dienstleister übergeben wurde, übernimmt die Neuproduktion und Bindequoten älterer Titel von den Bindereien und sortiert sie ins Lager. Anhand der Rechnungen werden Titel zusammengestellt (ausgelegt), verpackt, versandfertig gemacht und der Post bzw. den Paketdiensten oder dem Büchersammelverkehr übergeben. Da V.e aufgrund des Doppelcharakters ihrer Erzeugnisse eine kulturell bedeutsame Arbeit leisten, ist der Ladenpreis in Deutschland und einigen anderen Staaten gebunden (↗ Ladenpreisbindung, ↗ Buchpolitik). V.e gliedern sich in verschieden spezialisierte Typen, zu denen z. B. Publikumsv.e (Belletristik- und Sachbuchv.e), Spezialv.e (Schulbuch-, Wissenschaft-, Adressbuch- und Datenbanken, Kinder- und Jugendbuchv. etc.) gehören. Firmen werden jedoch auch nach weiteren

Kriterien unterschieden, so nach ihrem Besitz und der Führung (Individual-, Inhaber- und Managerv.), nach ihrem Wirkungskreis (Lokal- und Regionalv., Global Player) oder nach dem besonderen Anspruch ihrer Inhaber (↗ Kulturverleger). *H. Buske / T. Keiderling*

Verlaggeber, derjenige, der ein Werk dem Verlag zur Vervielfältigung und Verbreitung überlässt.

Verlagnehmer, derjenige, der das Werk eines Verfassers zum Zwecke der Vervielfältigung und Verbreitung übernimmt, also gewöhnlich ein Verlag.

Verlagsabgabepreis (VAP) ist der Preis, zu dem ein Verleger seine Ware konkret an Zwischenbuchhändler und Sortimenter (zugleich ↗ buchhändlerische Wiederverkäufer) bzw. dem Publikum abgibt. Er ist im Gegensatz zum Ladenpreis in Deutschland nicht festgeschrieben, sondern verhandelbar; es gibt jedoch Orientierungsgrößen (in Prozenten vom Ladenpreis) für einzelne Genres. So verkauft ein Verleger z. B. ein Buch für 10 € (gebundener) Ladenpreis mit diesem Wert an das Publikum (VAP = 10 €). Der Sortimenter erhält, wenn er vermittelnd eingeschaltet wird, ggf. einen 30 prozentigen Funktionsrabatt (3 €; VAP ist in diesem Fall = 7 €) und wenn zusätzlich ein Barsortimenter eingeschaltet wird, der ein Buch bei Bestellung über Nacht ausliefert, ist ein weiterer ↗ Funktionsrabatt von vielleicht 15 % nötig (1,50 €; VAP = 5,50 €). Es gehört zur ↗ Distributions- und ↗ Konditionenpolitik eines Verlags zunächst den Ladenpreis so zu bestimmen, dass er sich an Branchengepflogenheiten, der Konkurrenz und dem Kaufverhalten innerhalb eines Genres orientiert (z. B. Taschenbuch 9,80 €, 14,80 € oder 19,80 € etc.). Schließlich muss er festlegen, ob er zur Distribution den Direktverkehr favorisiert (Direktverkauf an das Publikum), den einstufigen Absatz (über den Sortimentsbuchhandel) oder den zweistufigen Absatz (über Zwischen- und Sortimentsbuchhandel). Wenn auch der Direktverkauf mit seinem höheren VAP in dieser Rechnung attraktiver erscheinen, ist zu berücksichtigen, dass die kostensenkende und werbende Funktion bzw. Dienstleistung der dazwischengeschalteten Händler sich positiv auf die abgesetzte Exemplarzahl und somit auf das Gesamtergebnis auswirken kann. ↗ Nettopreis ↗ Rabattfalle ↗ Vertriebsweg *T. Keiderling*

Verlagsänderung, Aufhebung eines bestehenden Verwertungsvertrags mit einem Verlag unter gleichzeitigem Abschluss eines neuen Verwertungsvertrags mit einem anderen Verlag. Anlässe für V.en können Zeitabläufe, Kündigung, Rücktritt, sonstige Beendigungsgründe des alten Vertrags, u. U. Insolvenz des alten Verlegers sein, aber auch die Übertragung von Nutzungsrechten mit Zustimmung des Urhebers von einem Verlag auf den anderen (§ 34 UrhG). Eine etwa erforderliche Zustimmung darf der Urheber nicht wider Treu und Glauben verweigern. Eine Ausnahme gilt beim Verlagsrecht an einem Sammelwerk, bei dem die Zustimmung des Sammelwerk-Urhebers (i. d. R. des Herausgebers, Chefredakteurs o. ä.) genügt. *L. Delp*

Verlagsarchiv. Das V. enthält Dokumente aus dem Geschäftsbetrieb des Verlags (Registratur), soweit sie für die Verlagsgeschichte von Bedeutung sind. Je nach Größe des Unternehmens ist eine Gliederung in folgende Unterabteilungen sinnvoll: Urkundenarchiv (Verträge), Manuskriptarchiv (Originalmanuskripte, Autorkorrekturen), Korrespondenzarchiv (mit Autoren und Partnerfirmen), Kalkulationen und Abrechnungen von Einzeltiteln, Gesamtbilanzen oder Teilbilanzen einzelner Abteilungen, Bild-, Rezensions- und Pressearchiv, Dokumente zu Messe- und Medienauftritten etc. Für die Buchhandels- und Verlagsgeschichte sind ferner Aufzeichnungen über die Zusammensetzung und das Anwachsen der Belegschaft, über Kosten- und Preisentwicklungen sowie über Krisen und wirtschaftliche Misserfolge von Bedeutung. Aus Kostengründen wird heute häufig auf die Archivierung auf Dauer verzichtet. Der Wandel in der Buchproduktion hin zur Datenverarbeitung lässt das V. zunehmend lückenhafter werden, weil für die modernen Datenträger eine zuverlässige Langzeitarchivierung aufwendig und kostenintensiv ist. Dies betrifft auch das Archivieren von digitaler Unternehmenskommunikation (E-Mails, Internetauftritte etc.). Einige Institutionen mit historischen Verlagsarchiven (Staatsarchiv Leipzig – Sächsisches Staatsarchiv, Deutsches Literaturarchiv Marbach und buchwissenschaftliche Einrichtungen) beraten z. T. Verlage in ihrer Archivarbeit. Das V. umfasst neben Teilen der Registratur oftmals auch Archivexemplare sämtlicher im Verlag erschienener Veröffentlichungen einschließlich der (Kunden-)Zeitschriften, Verlagskatalogen und Werbebroschüren. In diesen Fällen handelt es sich eigentlich nicht um Archivgut, sondern um Bibliotheksbestände. ↗ Archivexemplar im Verlag *G. Brinkhus / T. Keiderling*

Verlagsauslieferung (VA, auch Verlags-Kommissionär). Neben den klassischen Funktionen – Kundenservice inklusive Bestellannahme, Lagerhaltung, Fakturierung, Buchhaltung, Auslieferung und Remissionsverarbeitung – bieten die VAen heute ein breites Spektrum zusätzlicher Dienstleistungen für ihre Verlage (Kommittenten) an. Moderne Informationssysteme unterstützen die Vertriebsarbeit der Verlage und deren Vertreter. Die Führung der Debitorenkonten wurde um Finanzdienstleistungen (Delcredere, Factoring oder Inkasso) erweitert. Als weitere Dienstleistung sind bei vielen VAen Parkmodelle (↗ Parken) und PoD (↗ Print on Demand) hinzugekommen. Durch die Vielzahl von Dienstleistungen und Vertragsarten (zwischen Auslieferung und Verlag) ist es schwierig, die VAen rechtlich einzuordnen. I. d. R. sind sie keine Kommissionäre nach HGB. Buchhändlerische Kommissionäre im traditionellen Sinn sind sie nur dann, wenn sie nach dem Mandantenprinzip arbeiten, d. h. wenn sie die Sendung eines Verlags auf eine Rechnung setzen und nicht verlagsübergreifend fakturieren. Verlagsübergreifendes Fakturieren wird erst möglich, wenn Verlage sich zu einer Auslieferungs-, Verlags- oder Versandgemeinschaft zusammenschließen, mit der VA Factoring vereinbaren oder eine «juristische Sekunde» vor dem Verkauf die auszuliefernden Bücher beim Verlag kaufen, d. h. die ausgelieferten Exemplare erwerben, um sie auf eigene Rechnung zu veräußern. Im dritten Fall werden diese VAen vom Dienstleister (↗ Absatzhelfer) zum Eigenhändler bzw. Großhändler (↗ Absatzmittler). Der Verlag hat den Vorteil, nur noch einen Debitor (Rechnungskunden – nämlich seine VA) zu haben, aber er begibt sich dadurch in eine gewisse Abhängigkeit, denn er verliert die Risikostreuung seiner Forderungen auf viele Kunden. Für die Dienstleistungen der VA zahlt der (Verlags-)Kommittent Provisionen (variable Kosten in Prozent vom Nettoumsatz) und Spesen (Ersatz für fixe, d. h. vom Umsatz unabhängige Kosten) an seine VA. Die Höhe der Provisionen für das Handling und die Fakturierung richtet sich nach der Auslieferungsstruktur des Verlags (Jahresumsatz, Titelzahl, Lagerumschlag, Bündelung pro Bestellzeile, Anzahl der Rechnungen usw.). Die Spesen hängen von der Inanspruchnahme (Lagerraum, Porto, Einholgebühr, Verpackung, Telefon, Arbeitszeit für Sonderwünsche, wie z. B. Neu-Einschweißung von Remittenden usw.) ab. Provisionen und Spesen zusammen ergeben die Gebühren, die ein Verlag – i. d. R. monatlich – an seine Auslieferung zu zahlen hat. In Deutschland bieten einige VAen ihren Kommittenten weitere Vertriebsdienstleistungen an: gemeinsame Messeauftritte, Key-Account (Betreuung von Großkunden), Außenhandel usw. Mit der Digitalisierung (E-Book, E-Paper) halten die VAen Schritt (Digitale VA) und bieten neue Dienste an wie Hosting, Konvertierung u. a. VAen haben außerdem schon Jahren damit begonnen, ihre Dienstleistung auch Auftraggebern (Mandanten) außerhalb des Buchhandels anzubieten: «Industriegeschäft».

Wenn auch die Vertriebshoheit beim weisungsberechtigten Verlag bleibt, kann er durch das Einschalten einer VA einen Großteil seines Vertriebs ausgliedern, um sich ganz den zentralen Bereichen Lektorat, Herstellung, Marketing und Verkauf (samt Vertretereinsatz und -steuerung) zu widmen. In Österreich und der Schweiz wird u. U. auch die Verlagsvertretung an die dort beauftragten VAen vergeben. Die Vorteile einer Fremdauslieferung gegenüber der Selbstauslieferung liegen in der überwiegend preisgünstigeren Abwicklung (Bündelungs- und Synergieeffekte, bessere Ausnutzung technischer Einrichtungen und Geräte, Mehrfachnutzung von Softwaremodulen usw.) und der Flexibilisierung der Auslieferungskosten (mehr variable, d. h. umsatzabhängige Kosten statt der weitgehend fixen Kosten der eigenen Auslieferung), im detaillierten und tagesaktuellen Berichtswesen (Buchungen, Informationen, Statistiken) sowie in der Vermeidung von Kapazitätsengpässen bzw. Überkapazitäten aufgrund saisonaler oder produktionsbedingter Schwankungen (bezogen auf den jeweiligen Verlag). Durch die Zusammenarbeit mit einer VA nimmt der Verlag automatisch an der Weiterentwicklung der Informationssysteme und Logistikdienstleistungen teil. Dennoch halten manche Verlage an der eigenen Auslieferung fest, weil sie mit einer Druckerei verbunden ist, sehr viele Endkunden/Letztabnehmer) bedient (und gepflegt) werden, die Bücher «im eigenen Haus» bleiben sollen oder die eigene Auslieferung günstiger ist oder erscheint. *T. Bez*

Verlagsbroschur ↗ Verlagseinband

Verlagsbuchhandel ist ein Branchenzweig des ↗ Buchhandels (siehe Grafik Bd. 1, S. 129), der den Branchenzweigen Zwischen- und Sortimentsbuchhandel gegenübersteht und mit der Herstellung, Vervielfältigung und Verbreitung von V.serzeugnissen (↗ Gegenstände des Buchhandels: neben Büchern und Zeitungen/Zeitschriften auch elektronische Medienformen und Nonbooks) befasst ist. In der Branche wird allgemein nur von ↗ Verlag gesprochen, so dass vielen nicht bewusst ist, dass der Verleger ein spezialisierter Buchhändler ist. 2017 produzierten in Deutschland rund 14.500 Verlage ca. 85.500 Neuerscheinungen. Die Zahl der lieferbaren Buchtitel beträgt über 2,5 Mio. In Deutschland und weiteren Nationalstaaten legen Verlage den Ladenpreis für Bücher fest. *T. Keiderling*

Verlagsbuchhandlung ein Unternehmen des ↗ Verlagsbuchhandels (Branchenzweig) zugehörig zur Branche ↗ Buchhandel. Sie wird in der Branche allgemein als ↗ Verlag bezeichnet.

Verlagseinband (Verlegereinband), der im Auftrag und auf Rechnung des Verlags hergestellte Bucheinband. Kennzeichnend für den V. ist, dass der Verlag die gesamte oder einen Teil der Auflage eines Titels gleichartig binden lässt, bevor sie in den Handel kommt. Die Technik der Herstellung – ob von Hand oder maschinell gebunden – ist dabei nicht entscheidend. Streng genommen sind auch die bereits Ende des 15. Jh.s im Auftrag einiger Druckerverleger angefertigten Einbände bereits als V.bände zu bezeichnen, ebenso wie Kalender oder Almanache, die im 17. und 18. Jh. gebunden in den Handel kamen. Dennoch hat sich der Begriff des V.es erst für maschinell gefertigte Einbände seit Mitte des 19. Jh.s eingebürgert, als Technik und Materialien vorhanden waren, um schnell und preiswert uniforme Massenauflagen herstellen zu können. Neuerdings sind auch die maschinell gefertigten V.bände des 19. und frühen 20. Jh.s Gegenstand der Einbandforschung. *E.-P. Biesalski*

Verlagserzeugnisse ↗ Gegenstände des Buchhandels ↗ Ladenpreisbindung ↗ Mehrwertsteuer (MwSt)

Verlagsgemeinkosten ↗ Gemeinkosten ↗ Deckungsauflage ↗ Deckungsbeitragsrechnung

Verlagsgesetz, deutsches Gesetz von 1901, das bis heute in den wesentlichen Regelungen unverändert gültig ist und Kernfragen des ↗ Verlagsvertrags in normierender, aber abdingbarer Weise regelt; d. h. die Regelungen des V.es gelten in allen Fällen, in denen kein Verlagsvertrag besteht bzw. wenn der Verlagsvertrag keine spezifischen abweichenden Regelungen enthält. Im V. sind u. a. geregelt: Auflagenhöhe, Freiexemplare, Änderungsrechte, Befugnisse bei Gestaltung und Preisfestsetzung, Rücktrittsrechte sowie Bestellvertrag. Da die Regelungen des V.es aus gutem Grund zum Schutz der Verfasser restriktiv sind, sind in der Praxis i. d. R. Verlagsverträge für die Verlage unverzichtbar. Weitere für das Verhältnis Verlaggeber/Verlag wichtige Regelungen enthält das Urheberrechtsgesetz. ↗ Urheberrecht ↗ Verlagsrecht *W. D. v. Lucius*

Verlagsgruppe nennt man den Zusammenschluss mehrerer Verlage zu einer Firmengruppe mit dem Ziel, Synergieeffekte zu erzielen, die einer kleineren Verlagseinheit nicht möglich sind. Der Name V. entstand um 1990 als Folge der um 1960 einsetzenden Übernahmen bekannter Wissenschaftsverlage, kleinerer Allgemeinverlage oder auch nur der Verlagsrechte durch ausländische, deutsche aufstrebende Firmen oder Konzerne. Damals noch Firmengruppe oder Verlagsgemeinschaft genannt, waren um 1980 die Bezeichnung Verlagsname + Gruppe wie Springer-Gruppe, Klett-Gruppe, Cornelsen-Gruppe (später Cornelsen Holding) geläufig. 2018 sind in der Statistik «Die 100 größten Buchverlage» (veröffentlicht in «buchreport») alle 20 führenden Unternehmen V.n. ↗ Konzentration im Buchhandel

H. Buske / T. Keiderling

Verlagskalkulation ↗ Kalkulation (im Verlag)

Verlagskatalog ↗ Verlagsverzeichnis

Verlags-Kommissionär ↗ Verlegerkommissionär

Verlags-Kommittent ↗ Verlegerkommittent

Verlagskonzern ↗ Konzentration im Buchhandel

Verlagskürzel ↗ Verlagsnummer

Verlagslektor ↗ Lektor

Verlagslizenz ↗ Lizenz

Verlagsnummer (auch Verlagskürzel) ist Bestandteil der International Standard Book Number (↗ ISBN). Sie folgt auf die Gruppennummer, die das Sprachgebiet kennzeichnet. Für den deutschsprachigen Raum wird sie vom Marketing- und Verlagsservice (MVB) des Buchhandels in Frankfurt am Main vergeben. In Verbindung mit der Gruppennummer lässt sich anhand der Verlagsnummer der publizierende Verlag eines Buches ermitteln. Je kürzer die Verlagsnummer ist, desto größer ist der Verlag bzw. desto höher ist die Anzahl der Publikationen.

Verlagsordnung. Als V. bezeichneten sich einige Ausarbeitungen (u. a. 1893; erste Entwürfe seit 1845), die dem Verlagsrecht von 1901 vorangegangen sind und darauf vorbereitet haben. Sie enthielten grundsätzliche Reformbestimmungen für den Verlagsvertrag. Einiges davon fand sich bereits im Preußischen Landrecht von 1794. ↗ Urheberrechtsgeschichte (Tabelle)

Verlagsort ist der auf der Titelseite und/oder im Impressum angegebene Sitz eines Verlags. Sind bei international tätigen Verlagen zwei oder mehr V.e angegeben, gilt der erste als Hauptsitz.

Verlagsprogramm bedeutet die Gesamtheit der von einem Verlag lieferbaren Buchtitel. Ein Verlag definiert sich im Wesentlichen über sein Programm, d. h. über die Art der von ihm verlegten Bücher: Schwerpunkte der Inhalte, das Genre, die Zielgruppe, die Preis- und Layoutgestaltung und dgl. mehr. Das V. ist i. d. R. historisch gewachsen, unterliegt aber auch Zeitströmungen. Durch Verlagszu- und -verkäufe kann sich das V. ändern. Neben Verlagen mit mehr oder minder streng ausgerichteten Programmen gibt es auch Publikumsverlage mit einer enormen Breite des Programmspektrums.

A. Dornemann

Verlagsrabatt heißt der Abschlag bzw. Funktionsrabatt, den der Verlagsbuchhändler dem Sortiments- oder Zwischenbuchhändler für dessen vermittelnde Dienstleistungen auf den Ladenpreis gewährt, ausgedrückt in Prozenten vom (in Deutschland gebundenen) Ladenpreis (↗ Kalkulation, ↗ Rabatt). Zugleich stellt er die Haupteinnahmequelle für den verbreitenden Buchhandel dar. Über die Höhe des V.s lassen sich keine allgemeinen Richtlinien aufstellen. Sie hängt von der Art des Werks, der Kalkulation, preislichen Gewohnheiten des Marktes (sog. Schwellenpreise ↗ Ladenpreis) und der Bedeutung der buchhändlerischen Vermittlungsleistungen ab (beim Schulbuch weniger bedeutsam als bei Belletristik, daher unterschiedliche Sätze von 5 % und 30 %). ↗ Verlagsabgabepreis

R. Busch / T. Keiderling

Verlagsrecht, subjektiv das ausschließliche, vom ↗ Urheberrecht des Verfassers abgeleitete, gegen jeden Dritten wirkende Recht des Verlegers zur Vervielfältigung und Verbreitung eines Werks der Literatur, Wissenschaft oder Tonkunst; objektiv die gesetzlichen Bestimmungen über das Verlagsvertragsverhältnis. Das Gesetz über das Verlagsrecht von 1901 (VerlG), zuletzt geändert 2002; ebenso durch das Urheberrechtsgesetz von 1965 (UrhG), zuletzt geändert 2017. Das V. des Verlegers beruht auf einen konkreten Verlagsvertrag mit dem Verfasser und enthält Festlegungen zu Rechteeinräumen des Autors an den Verleger (Nutzungsrechte), zur Auflagenhöhe, zu Honoraren, zum Ladenpreis, zur Ausstattung des Werks u. dgl. m.

Verlagsredaktion ↗ Redaktion

Verlagsreihe ↗ Schriftenreihe

Verlagssignet ist Firmenzeichen, Schutzmarke, Warenzeichen und Erkennungssymbol eines Verlags. Es ging aus der Tradition der ↗ Druckermarken hervor. Die Druckerverleger bevorzugten zuerst religiöse Darstellungen, Wappen oder Hausmarken, später auch mythologische und allegorische Motive für ihre V.s. Das moderne und oft durch externe Künstler gestaltete V. steht häufig auf dem Schmutztitel oder dem Titelblatt, oft auch auf dem Buchrücken. Zu den bekanntesten V.s gehören das «Inselschiff» in mehr als 15 Varianten, der «Diederichs-Löwe», die «Ullstein-Eule»; es gibt aber auch zahlreiche Buchstabenverbindungen oder Kurznamen. Oftmals wurden V.formen zunehmend durch Grafiker und Gestalter vereinfacht, um die Wirkung und Prägnanz zu erhöhen. Die modernen V.s sind urheberrechtlich und oft als Warenzeichen geschützt. *H. Wendland*

Verlagsvertrag, stillschweigende, mündliche oder schriftliche Vereinbarung bürgerlichen Rechts zwischen dem Urheber eines Werks der Literatur, der Wissenschaft oder der Musik und einem Verleger mit dem Ziel, dem Verlag das Nutzungsrecht zur Vervielfältigung und Verbreitung an der urheberrechtlich geschützten Schöpfung einzuräumen und sich zu verpflichten, für die Dauer des Vertragsverhältnisses von einer anderweitigen Vervielfältigung und Verbreitung abzusehen, während der Verleger sich verpflichtet, das Werk zu vervielfältigen und zu verbreiten. Der V. ist wesentlicher Teil des Urhebervertragsrechts. Ergänzend gilt das Verlagsgesetz. Hilfestellungen und Auslegungsregeln bilden die zwischen Autoren- und Verlegerverbänden abgeschlossenen Vereinbarungen seit 1977, die in sog. ↗ Normverträgen als «Vertragsnormen für wissenschaftliche Verlagswerke» zwischen dem Deutschen Hochschulverband und Börsenverein ausgehandelt wurden. Die Rechtsbeziehungen zwischen bildenden Künstlern und Verlegern werden heute häufig noch nach den «Richtlinien» von 1926 interpretiert, während Schriftsteller die «Richtlinien» von 1932 heranziehen können. Der Deutsche Musikverleger-Verband e.V. (gegr. 1829) und der Deutsche Komponistenverband e.V. (gegr. 1954) verständigten sich 1998/1999 auf gemeinsame Muster je eines «Musikverlagsvertrags» im U- und E-Bereich (unterhaltende/ernste Musik). Sodann existieren noch Vertragsmuster für Blindenhörbücher (1991, 1998) sowie für Bühnenverlage, Hörfunk und Fernsehen (1996, 1998). Für zahlreiche, durch das Urheberrechtsgesetz verankerte Nebenrechte sind Wahrnehmungsverträge mit Verwertungsgesellschaften bedeutsam. Neben den von Interessenverbänden kodifizierten Hinweisen und Regelungen spielen die Usancen im Verlagsbereich weiterhin eine erhebliche Rolle, die freilich meist nur durch Zuziehung von Sachverständigen in Streitfällen zur Wirkung gebracht werden. *L. Delp*

Verlagsvertreter ist nach dem HGB § 84, 1 Satz 1, ein Handelsvertreter, der als selbstständiger Gewerbetreibender ständig damit betraut ist, für einen anderen Unternehmer (Verlag oder auch mehrere Verlage) Geschäfte zu vermitteln oder in dessen Namen abzuschließen. Vertreter bei gleicher Tätigkeit (HGB § 84, 2) ohne selbstständig zu sein, gelten als Angestellte. I. d. R. reisen für einen Verlag je nach Fachgebiet und Größe mehrere Verlagsvertreter in unterschiedlichen Reisegebieten, darüber hinaus werden von einigen Verlagen V. nur zum Besuch von Barsortimenten, Warenhäusern oder außerbuchhändlerischen Fachgeschäften eingesetzt. Freie V. arbeiten auf Provisionsbasis;

Angestellte V. erhalten meist ein Fixum und eine geringere Provision. *H. Buske*

Verlagsverzeichnis (auch Verlagskatalog). Im V. führt der Verlag alle seine lieferbaren Buchtitel auf, entweder, was die Regel ist, in alphabetischer Reihenfolge der Autoren oder nach einer anderen Systematik, etwa thematisch oder nach Buchreihen. Das V. erscheint zumeist regelmäßig, meist jährlich, im Frühjahr und/oder Herbst (bei Taschenbuchverlagen zweimal im Jahr), und wird an Sortimentsbuchhandlungen, Bibliotheken und andere potentielle Käufergruppen verschickt. Im Unterschied zur ↗ Vorschau enthält das V. keine oder nur wenige inhaltliche und werblich aufbereitete Informationen über die einzelnen Bücher. Das V. dient als Informations- und Arbeitsmittel, auch ist es wichtige Unterlage für bibliografische Daten. Die meisten V.se enthalten Autoren-, Titel- und Sachregister. Aus Kostengründen sind manche Verlage in den letzten Jahren dazu übergegangen, V.se nicht mehr in regelmäßigen Zeitabständen oder gar nicht mehr in gedruckter, sondern elektronischer Form via Internet und Mailverteiler zu produzieren. Ihr Gesamtverzeichnis ist dann zumeist auf der eigenen Internetseite hinterlegt oder es ist auf anderen Datenbanken abrufbar (z. B. auf dem Online-Portal buchhandel.de des Börsenvereins/MVB Marketing- und Verlagsservice des Buchhandels). *A. Dornemann*

Verlagsvorschau ↗ Vorschau

Verlagswerk, im weitesten Sinne jedes von einem Verlag veröffentlichte Produkt. Festgeschrieben in der letzten Fassung der Verkehrsordnung für den Buchhandel von 2006 § 1, 4: «Werke» sind alle Gegenstände des Buchhandels sowie des Zeitschriften- und Kunsthandels, die der Verlag herstellt oder verbreitet. Weiterhin verweist die Verkehrsordnung auch auf alle ↗ Gegenstände des Buchhandels. *T. Keiderling*

Verlagswirtschaft, damit wird die spezielle Betriebswirtschaft von Verlag(sbuchhandlung)en bezeichnet. Sie umfasst u. a. die Bereiche Finanz- und Rechnungswesen, das Controlling, die Bestandsbewertung, die Jahresabschlüsse und die Optimierung der Programmqualität. ↗ Buchwirtschaft ↗ Medienwirtschaft *G. Pflug*

Verleger, Inhaber oder Manager (leitender Angestellter), nicht jedoch ein Mitarbeiter eines Verlags bzw. einer Verlagsbuchhandlung ohne Berechtigung zum Abschluss eines Verlagsvertrags. Zentrale Aufgaben des V.s sind die Auswahl, Herstellung, Vervielfältigung und Verbreitung von Verlagserzeugnissen (u. a. Büchern, Presseerzeugnissen, Musikalien, Kunst- und Landkartendrucke, aber auch digitalen Buchformen). Ihm obliegt die Leitung aller Aufgabenstellungen eines ↗ Verlags. *T. Keiderling*

Verlegerbeischluss ist eine Sendung des Verlags oder dessen Auslieferungen (↗ Verlagsauslieferung), die im Büchersammelverkehr verschickt wird. Im Auftrag des Sortiments-Kommittenten (Sortimenter) transportieren die Bücherwagendienste nicht nur Sendungen des Barsortiments und der Verlagsauslieferung, die zu diesem Zwischenbuchhandelsunternehmen (bzw. seinem Firmenverbund) gehören, sondern auch Sendungen fremder Verlage/Auslieferungen, sofern diese dem Büchersammelverkehr angeschlossen sind. Auf dem Rückweg nehmen die Bücherwagen die Remittenden mit. Mit Ausnahme der Einholgebühren trägt der Sortiments-Kommittent als Auftraggeber die Gebühren für den Transport im Büchersammelverkehr. *T. Bez*

Verlegereinband ↗ Verlagseinband

Verlegerkommissionär, auch Verlags-Kommissionär; durch einen Verleger (Verlag) beauftragter Zwischenbuchhändler. Er liefert aus dem von ihm verwalteten Auslieferungslager im Auftrag, für Rechnung und nach Weisung der Verlags-Kommittenten aus (↗ Verlagsauslieferung).

Verlegerkommittent, auch Verlags-Kommittent ist der Verlag, der in der Rolle eines Kommittenten den Zwischenbuchhändler, d. i. die ↗ Verlagsauslieferung, beauftragt.

Verlegermarke ↗ Verlagssignet

Verlegernachdruck ↗ Neudruck

Verlegerserie ↗ Schriftenreihe ↗ Taschenbuch

Verlegersortimenter ↗ Sortimenterverleger

Verleihrecht ist die Befugnis zu einer zeitlich begrenzten, weder unmittelbar noch mittelbar Erwerbszwecken dienenden Gebrauchsüberlassung. Das Verleihen von Originalen oder Vervielfältigungsstücken ist angemessen gegenüber dem Urheber zu vergüten, wenn diese durch eine der Öffentlichkeit zugängliche Einrichtung (Bibliothek, Sammlung von Bild- oder Tonträgern oder anderer Originale oder Vervielfältigungsstücke) verliehen werden. Solche Vergütungsansprüche können nur durch eine Verwertungsgesellschaft geltend gemacht werden (§ 27 UrhG).
L. Delp

Verlust des (originalen) Manuskripts beim Verlag erhält dem Verfasser den Anspruch auf die Vergütung; im Übrigen werden die Partner von der Verpflichtung zur Leistung frei. Auf Verlangen des Verlegers hat jedoch der Verfasser gegen eine angemessene Vergütung ein anderes im Wesentlichen übereinstimmendes Werk zu liefern, sofern dies aufgrund vorhandener Vorarbeiten oder sonstiger Unterlagen mit geringer Mühe geschehen kann. Erbietet sich der Verfasser, ein solches Werk innerhalb einer angemessenen Frist kostenfrei zu liefern, so ist der Verleger verpflichtet, das Werk anstelle des verlorengegangenen zu vervielfältigen und zu verbreiten (§ 33 VerlG). Im digitalen Zeitalter hat diese Festlegung insofern an Bedeutung verloren, weil das digitale Manuskript zumeist als Kopie (via Ausdruck, oder als Datei via Internet oder Datenträger) dem Verleger zur Verfügung gestellt wird und zugleich beim Verfasser verbleibt. Der Autor besitzt eine Sorgfaltspflicht, den Verlust bzw. Untergang des Manuskripts durch mehrfaches und stets aktualisiertes und vor Datenmissbrauch gesichertes Abspeichern auf verschiedenen Rechnern, Datenträgern an unterschiedlichen Orten und ggf. in der ↗ Cloud zu verhindern.
L. Delp/T. Keiderling

Verlust von Büchern, Schriften und Texten hat vier Ursachen. 1. Er geschieht durch den Verfall des Beschreibstoffes bzw. Speichers (v. a. bei Papyrus, Stein, Ton, Wachs, Pergament oder einem elektronischen Medium). 2. Er wird durch einen Bibliotheksbrand hervorgerufen, bei dem insbesondere Unikate vernichtet werden. 3. Er geschieht infolge und als das gewünschte Ergebnis der Zensur (u. a. bei Bücherverbrennungen). 4. Er realisiert sich durch Unachtsamkeit oder Desinteresse der Zeitgenossen, die Bestände nicht schätzen und sie aus privaten oder öffentlichen Sammlungen (Bibliotheken) wie Archiven entfernen.
T. Keiderling/G. Pflug

Vermietrecht ist die Berechtigung zur zeitlichen, begrenzten, unmittelbar oder mittelbar Erwerbszwecken dienenden Gebrauchsüberlassung, ausgenommen die Überlassung von Originalen oder Vervielfältigungsstücken an Bauwerken, Werken der angewandten Kunst oder im Rahmen eines Arbeits- oder Dienstverhältnisses, wenn Verpflichtungen hieraus zu erfüllen sind (§ 17 UrhG). Der Vermieter hat dem Urheber eine angemessene Vergütung für die Vermietung zu zahlen, auf die nicht verzichtet werden kann. Allerdings kann der Urheber im Voraus das V. an eine Verwertungsgesellschaft abtreten. § 17 UrhG findet entsprechende Anwendung auf das ↗ Verleihrecht.
L. Delp

Vermischte Schriften dient seit dem 18. Jh. als Titel für ein Werk, das verschiedene Abhandlungen eines Verfassers in einem Band zusammenfasst. V. a. in der Gesamtausgabe wird es für diejenigen Bände gebraucht, welche die kleineren Arbeiten enthalten. Der Begriff tritt auch gelegentlich als Titel von Schriftenreihen auf.

Vernichtung von Exemplaren ↗ Makulierung

Vernis mou, aus dem Französischen «weicher Firnis»; ist ein Radierverfahren, mit dem Zeichnungen wiedergegeben werden können. Dazu wird eine Kupfer- oder Zinkplatte mit Weichgrund versehen, mit einer Zeichnung auf Papier bedeckt, die mit einem Blei- oder spitzem Stift nachgezogen und so in den weichen Grund durchgedruckt wird. An den Druckstellen bleibt sie am Papier kleben und wird zusammen mit diesem abgezogen. Die dabei aufgedeckten Stellen der Plattenoberfläche sind nun für die Ätzung offen.

B. Schulz

Veröffentlichung eines Werks liegt vor, wenn es mit Zustimmung des Urheberbeteiligten der Öffentlichkeit zugänglich gemacht worden ist (§ 6 Abs. 1 UrhG). Dadurch wird die öffentliche Mitteilung des Inhalts, die öffentliche Beschreibung und die öffentliche Ausstellung des Werks sowie das Kleinzitat zulässig (§§ 12 Abs. 2, 18, 51 Ziff. 2 UrhG). Die V. setzt nicht voraus, dass Vervielfältigungsstücke öffentlich angeboten oder in Verkehr gebracht werden. Es genügen die öffentliche Zugänglichmachung für eine unbestimmte Mehrzahl von Personen und der hierauf gerichtete Wille des Urheberberechtigten. Mit dem Vermerk «als Manuskript gedruckt» erklärt der Verfasser, eine V. nicht zu wünschen. Gelangen jedoch die Exemplare des Werks mit seiner Zustimmung dennoch in einen größeren Personenkreis, liegt eine V. mit entsprechenden Rechtsfolgen vor. ↗ Erscheinen eines Werks

L. Delp

Verramschung, Verkauf der Restauflage eines Verlagswerks zu stark ermäßigtem Preis an den Restbuchhändler oder sonstige Vertriebsstellen unter gleichzeitiger Aufhebung einer etwaigen Ladenpreisbindung (↗ Modernes Antiquariat). V. ist keine Verbreitung im verlagsrechtlichen Sinn. Sie ist in Deutschland zulässig, wenn die Vorräte des Verlags nahezu unverkäuflich geworden sind; den Verleger trifft die Beweislast. Preisbindungsrechtlich unzulässig ist eine Teilv. Hat sich der Verfasser die Zustimmung zur Festsetzung und Änderung des Ladenpreises vorbehalten, ist eine V. ausgeschlossen. Der Verleger kann dann allenfalls nur den Auflagenrest makulieren. Der Verfasser erhält auch bei der V., reduziert auf den V.serlös, die vertraglich vereinbarte Honorarvergütung, im Gegensatz zur Makulierung. Der Verlagsvertrag muss durch die V. nicht beendet sein, denn der Verkauf der Restauflage kann eine marktgängigere Neuauflage begünstigen. Unterlässt der Verleger nach der V. allerdings innerhalb einer angemessenen Frist die Vorbereitung dieser Neuauflage oder verweigert er sie, kann der Verfasser vom Verlagsvertrag zurücktreten und das Werk anderweitig in Verlag geben.

L. Delp

Verriss ist in der Theatersprache – etwa seit 1880 verwendet – eine deutlich negative bis böswillige Kritik einer Aufführung. Seit ca. 1960 wird der Begriff auch auf die literarische oder wissenschaftliche Kritik (Rezension) angewendet.

Versalien werden die Großbuchstaben des Alphabets nach dem Vorbild der römischen Kapitalbuchstaben (↗ Kapitalis) genannt, eine Majuskelschrift, die zunächst als Auszeichnung, erst im 15. Jh. bei den Antiquaschriften für Groß- und Kleinschreibung eingesetzt wurde, später auch bei den gebrochenen Schriften. Erforderlich ist oft ein besonderer Schriftschnitt für Großbuchstaben und Ziffern in selber Höhe wie die Buchstaben innerhalb einer Schriftfamilie (Versalschrift und -ziffern). Eine Spielart bei der Antiqua sind die Kapitälchen.

P. Neumann

Versandbibliothek, im Gegensatz zur ↗ Präsenzbibliothek mit direkter Orts- sowie institutsvermittelter Fernleihe eine solche, die eine geografisch weit verstreute und oft hausgebundene Leserschaft, der es nicht möglich ist, eine Bibliothek aufzusuchen, in einem geschlossenen Ausleihsystem auf dem Versandweg mit Lesestoff versorgt. Typisches Beispiel ist die ↗ Blindenbibliothek.

Versandbuchhandel. Der V. setzt Prospekte und Kataloge ein, die er nach seiner Kundenkartei verschickt und/oder Zeitungen und Zeitschriften beilegt; ferner inseriert er in der Presse. Es werden teure Objekte bevorzugt, aber auch Titel aus dem ↗ Modernen Antiquariat, wenn möglich exklusiv, um dem gesamten Angebot den Anschein einer einmaligen Gelegenheit zu geben. Versandhäuser ergänzen ihr Warenangebot gern durch gängige Buchtitel (↗ Mail-Order). Interessenvertretungen sind die Fachgemeinschaft buch.netz (2017 hervorgegangen aus dem Bundesverband Deutscher Versandbuchhändler Wiesbaden und dem Bundesverband E-Commerce und Versandhandel in Berlin) und dem Bundesverband des werbenden Buch- und Zeitschriftenhandels in Kerpen. Außerdem besteht im Börsenverein eine Arbeitsgemeinschaft Reise- und Versandbuchhandel. *K. Gutzmer*

Verschlüsselung, 1. Umcodierung von Daten, um deren Inhalt vor Unbefugten zu verbergen. Bereits in der Antike wurde zur V. eine einfache Alphabetverschiebung eingesetzt. Im Mittelalter verschlüsselte man bereits komplexer, mittels alternierender Alphabetverschiebung, z. B. anhand eines Bibeltextes. Aktuelle Umsetzungen für Computersysteme basieren i. d. R. auf asymmetrischer Verschlüsselung (↗ Code ↗ Kryptografie ↗ Kryptogramm ↗ Geheimschrift). 2. Im Kontext der ↗ Inhaltsanalyse meint V. die Codierung von Begriffen durch eindeutige Zuweisung nummerischer Relative. *O. Hopt*

Verschobener Schnitt, Sonderform des bemalten Buchschnitts, bei der die Malerei auf die Ränder des aufgefächerten Vorderschnitts aufgetragen und erst in diesem Zustand auch wieder sichtbar wird (↗ Fore-Edge Painting). *C. Sauer*

Verschriftlichung ist die schriftliche Fixierung eines mündlich überlieferten Textes. Im Prozess des Übergangs von der Oralität zur Literalität (↗ Literalität [Schriftlichkeit] – Oralität [Mündlichkeit]) stellt die V. einen wesentlichen kulturellen Abschnitt dar. Dieser Wandel setzt eine Verschriftung voraus, dehnt jedoch die Schrift über den Verwaltungsgebrauch hinaus auf die literarische Produktion aus. Typisches Beispiel ist die V. der homerischen Texte zwischen dem 6. und 4. Jh. v. Chr. Im Mittelalter war es v. a. die Lyrik, in der sich der Übergang von der oralen zur literalen Überlieferung vollzog. *G. Pflug*

Verso ↗ Recto

Versorgungsbestand ↗ Austauschbestand

Verständigung ist eine wesentliche Zielsetzung der zwischenmenschlichen ↗ Kommunikation. V. setzt codierte und den Kommunikationspartnern bekannte Zeichen voraus (z. B. Sprache, nonverbale Kommunikation) und kann durch Medien vermittelt werden. V. kann drei Sachverhalte ausdrücken: 1. die Weitergabe einer Information an einen anderen Kommunikationspartner, 2. die wechselseitige Kommunikation (Dialog, «sich verständigen») und 3. die erfolgreiche Kommunikation im Sinne einer Einigung mehrerer Kommunikationsteilnehmer. *T. Keiderling*

Verständlichkeit ist eine Eigenschaft von Medieninhalten, die zum Ausdruck bringt, ob z. B. ein Text, ein Redebeitrag (Hörfunk, Fernsehen), ein Bild bzw. Bilderfolgen (Fotografie und Film), Gesten usw. vom Empfänger problemlos, d. h. «schnell», vollständig und richtig verstanden werden (oder nicht). Für den Rezipienten sind bestimmte Voraussetzungen nötig, um Medieninhalte zu verstehen, wie z. B. (Allgemein-)Bildung, Alter, Lese- und Medienkompetenz. Die V. eines Textes hängt so u. a. vom Textaufbau, der Satzgliederung, Textgestaltung (Typografie) und Textpräsentation (Stilistik) ab. Kurze Sätze, die möglichst wenig Fach- oder Fremdwörter enthalten, werden von einer größeren Rezipientengruppe besser verstanden als komplizierte Fachtexte. Die Verständlichkeit von gesprochener Sprache hängt u. a. von der Lautstärke, der akustischen Deutlichkeit der Aussprache, der Sprachgeschwindigkeit, Wortwahl, korrekten Grammatik wie dem Satzaufbau u. dgl. mehr ab. Die V. ist ein wesentliches Ziel medialer und insbesondere journalistischer Kommunikation. Dennoch ist erstaunlich, dass dieses Ziel oftmals nicht erreicht wird. Eine repräsentative Umfrage des Hamburger Gewis-Instituts von 2003 ergab, dass nur 12 % der Zuschauer jedes Wort und jede Meldung der ARD-Nachrichtensendung «Tagesschau» verstehen. Die Ursachen für die Unv. liegen in den verwendeten Fachbegriffen, einem komplizierten Satzbau und zu viel Informationen in kürzester Zeit (u. a. eine hohe Sprachgeschwindigkeit innerhalb von 15 Minuten). *T. Keiderling*

Verstärker-Hypothese ist eine von J. T. Klapper (1917–1984) 1960 entwickelte Theorie zur Wirkung der Massenmedien, untersucht am US-amerikanischen Fernsehen. Demnach rufen Massenmedien keine Veränderung, sondern primär eine Verstärkung bzw. Verfestigung bereits bestehender Einstellungen beim Rezipienten hervor. Dies liege an der selektiven Wahrnehmung der Rezipienten und sog. «mediating factors» (Mittlerfaktoren) wie Alter, Geschlecht, Intelligenz und der konkreten sozialen Situation. In den 1970er und 1980er Jahren wurde die V.-H. nochmals dahingehend modifiziert, dass Massenmedien durchaus Einstellungen prägen können, wenn sie sich auf Themenbereiche außerhalb der individuellen Erfahrung beziehen. *T. Keiderling*

Verstechen ↗ Tauschhandel

Versteigerung von Büchern ↗ Auktion

Versteigerungskatalog ↗ Auktionskatalog

Vertikalhöhe ist die Buchstabenhöhe der Lettern im Bleisatz, die Ober-, Mittel- und Unterlänge einschließt. Im Fotosatz ist es die Versalhöhe, um die Schriftgröße zu bestimmen. *P. Neumann*

Vertragsnormen ↗ Normvertrag

Vertragsverletzung. Eine V. kann dreierlei Art sein: Sie kann eine Urheberrechts-, eine Verlagsrechts- oder lediglich eine Vertragsverletzung sein. Letztere liegt vor, wenn die Handlung sonst erlaubt, durch den Verlagsvertrag aber verboten ist. Beispiele: Aufnahme eines einzeln zu verlegenden Gedichtes in eine Anthologie, Übertragung eines Tonwerks auf einen Tonträger, Verzögerung des Beginns der Herstellung, Druck einer zu geringen Auflage, Nichtbeachtung einer Vereinbarung über die Ausstattung, Veröffentlichung eines Konkurrenzwerks. Eine V. begeht der Verfasser, wenn er z. B. das Werk, das den Vertragsgegenstand bildet, oder ein identisches Werk anderwärts erscheinen lässt, eine Rückübersetzung nach einer Übersetzung veranstaltet, von einem Tonwerk einen Auszug oder eine Bearbeitung herausgibt, das Werk in einem Sammelwerk oder vor Ablauf von 20 Jahren in einer Gesamtausgabe erscheinen lässt. In Fällen solcher Verlagsrechtsverletzungen des Verfasser oder einer Vertragsverletzung, die zugleich Urheberrechtsverletzungen sind, kann nach § 97 UrhG auch Schadenersatz anerkannt, bzw. nach §§ 106 ff UrhG vorgegangen werden.

Vertrauen bezeichnet die subjektive Überzeugung von der Richtigkeit, Wahrhaftigkeit und Redlichkeit von Aussagen und Handlungen einer konkreten Person oder Institution. Nach N. Luhmann (1927–1998) ist V. ein sozialer Mechanismus zur Reduktion von Komplexität. Sie wird freiwillig entgegengebracht und verleiht emotionale Sicherheit. V. ist somit eine wichtige Komponente des Wirtschaftshandelns und spielt auch bei der Mediennutzung eine große Rolle. Viele Rezipienten nutzen bestimmte Medienformate (Buch, Zeitung, Nachrichtensendung) bevorzugt, um an verlässliche Informationen zu gelangen bzw. wenden sich an bestimmte v.svolle Anbieter (Privatunternehmen wie z. B. ↗ Verlage oder den ↗ Öffentlich-rechtlichen Rundfunk). Wird dieses Vertrauen durch Fälle bewusster Falschinformation («Fake News») erschüttert, entsteht Misstrauen, wendet sich ein Teil der Nutzer von dieser Person, Institution bzw. diesem Medium ab. *T. Keiderling*

Vertreter. 1. ↗ Verlagsvertreter. 2. Stellvertreter für ausgeliehene Bücher in Magazinen, meist in Form einer Pappe mit Einstecktasche für einen Abschnitt des Leihscheins oder bei Einsatz eines Bibliotheksinformationssystems des Ausdrucks, mit dem das Ausheben des Buches beim Magazinpersonal angefordert wird. Die Pappe trägt am unteren Ende eine Nase, damit der Vertreter gegenüber den anderen Büchern im Regal hervorsteht. *K. Umlauf*

Vertreterbörse ist eine organisierte Ein- und Verkaufsveranstaltung von Sortimentern und Verlagsvertretern zum Zweck einer beiderseitigen Arbeitsrationalisierung. V.n finden meist an Wochenenden in Hotels statt. Die Vertreter stellen ihre neue Verlagsproduktion vor und weisen auf besondere

Werbemaßnahmen hin. Die Sortimenter bestellen dann anhand ihrer vorbereiteten Lageraufnahmen und können in Einzelgesprächen über den ↗ Vertreterrabatt hinaus Sonderkonditionen aushandeln, sich zusätzliche Leseexemplare oder Werbematerial erbitten. Große Buchhandlungen laden oft zu V.n ins eigene Haus ein, um weitere Rationalisierungseffekte zu erreichen. Die erste V. in Deutschland, ausdrücklich als Versuch bezeichnet, fand 1973 in Hamburg statt. Die durchweg guten Erfahrungen führten zu weiteren V.n in anderen Städten. Über die Rentabilität von V.n wird besonders auf Verlegerseite diskutiert. *H. Buske*

Vertreterrabatt ist eine Bezeichnung für den Reiserabatt und fällt in das Gebiet der buchhändlerischen Konditionen. Der V. liegt gewöhnlich 10 % über dem Normalrabatt und wird i. d. R. beim Vertreterbesuch, auf Vertreterbörsen oder bei schriftlichen Bestellungen an den Vertreter gewährt. Auch spätere Bestellungen können als Ergänzung mit V. geliefert werden. Oft werden an den V. besondere Zahlungswünsche des Sortimenters geknüpft. Je nach Firma und Person haben Vertreter einen Verhandlungsspielraum, der über den reinen V. oft weit hinausgeht. Bestellungen auf den Buchmessen werden von den meist anwesenden Verlagsvertretern aufgenommen und mit V. ausgeführt, der dann Messerabatt genannt wird. *H. Buske*

Vertrieb ist ein Tätigkeitsbereich des ↗ Verlags, der den Verkauf bzw. Absatz der Verlagserzeugnisse betrifft. Bei mittleren und größeren Verlagen ist der V. entweder eine selbstständige Abteilung oder der Tätigkeitsbereich wurde ausgegliedert und eine externe ↗ Verlagsauslieferung mit dem V. beauftragt. Zum Bereich des Vertriebs gehört die Lagerhaltung, die Bestellerfüllung, das Verpacken und Versenden (ggf. unter Mithilfe weiterer privater Logistikfirmen oder der Post), das Rechnungsgeschäft und die Bearbeitung von Remission und Reklamation. V. schließt auch die Nutzung unterschiedlicher ↗ Vertriebswege und die Einschaltung/Ausschaltung vermittelnder Betriebe des Zwischen- und Sortimentsbuchhandels (buchhändlerische Wiederverkäufer) mit ein. *T. Keiderling*

Vertriebsweg (auch Absatz- oder Distributionskanal). 1. Der Buchverlag kann seine Waren über drei V.e verkaufen: a) über den Direktvertrieb – ohne Mittler – an das Publikum, z. B. über eine Homepage, über Telefonmarketing oder eine verlagseigene Verkaufseinrichtung; b) über den einstufigen indirekten Vertriebsweg via Sortimenter oder c) über einen zweistufigen indirekten Vertriebsweg via Zwischenbuchhändler (Barsortiment) und Sortimentsbuchhändler. Die konkrete Entscheidung ist u. a. abhängig von Erfahrungen, die der Verlag in der Vergangenheit mit unterschiedlichen Modellen gemacht hat, von der Preispolitik (ob die Verlagserzeugnisse eher teuer oder preiswert sind und daher eine unterschiedliche Kundenansprache und Bewerbung z. B. durch einen Sortimenter benötigen), von der Produktpolitik des Waren- und Dienstleistungsangebots (Spezial- oder Nischenverlage pflegen oftmals direkte Kontakte zu einem kleineren Zielpublikum; Publikumsverlage können und wollen sich diesen Arbeitsaufwand oft nicht leisten). Bei der Einschaltung des Zwischen- und Sortimentsbuchhandels sind genre- und branchenspezifische Händlerrabatte für beide nötig, die den ↗ Verlagsabgabepreis schmälern. Verlage sind gut beraten, einen Mix aus allen drei Möglichkeiten zu nutzen, um ein optimiertes Ergebnis zu erhalten (↗ Distributionspolitik ↗ Rabattfalle).

2. Beim Zeitungs- und Zeitschriftenverlag wird unterschieden zwischen: a) Abonnement, das bei Zeitschriften durch die Post oder seltener durch die unterschiedlichen Zweige des Buchhandels, bei Zeitungen überwiegend durch verlagseigene Trägerorganisationen, aber auch durch die Post vertrieben wird. Eigene Trägerorganisationen haben auch Gratiszeitungen und Anzeigenblätter; b) Einzelverkauf durch Kioske oder Filialen des Einzelhandels; c) ferner bei Zeitungen durch den sog. Zustellhandel, d. h. Zeitungsträger, die auf eigene Rechnung ohne Abnahmeverpflichtung z. B. Sonntagszeitungen austragen und kassieren; d) bei Zeitschriften durch die Vermietung von Lesemappen, die abonniert und ins Haus getragen werden und e) ebenfalls bei Fachzeitschriften durch die sog. kontrollierte Verbreitung oder

Wechselversand, für den Leser gratis oft unverlangt, meist per Post dem ausgewählten Kundenkreis zugestellt werden.

H. Bohrmann / T. Keiderling

Vervielfältigung, die Herstellung eines Gegenstandes, der das Werk zum Zwecke sinnlicher Wahrnehmungen durch mehrere Personen wiedergibt. Gleichgültig ist das Material, auf dem die V. erfolgt, das Verfahren, durch das die V. bewirkt wird (gegenständliche oder digitale Methode), die Erscheinungsform, in der sie auftritt und durch die sie wahrgenommen wird (Text, Bild, Musik, Rundfunk, Film, sonstige moderne Medien), die Absicht, die der V. zugrunde liegt, die rechtliche Beschaffenheit der Vorlage (Original, Reproduktion o. ä.) und der Umfang der V. Der Begriff umfasst nicht nur verbreitungsfähige Druckformen eines Werks, elektronische Aufzeichnungen o. ä., auch Korrekturabzüge, Probedrucke usw. sind V.en des Werks. Jede V. bedarf der Einwilligung des Berechtigten, also i. d. R. des Urhebers. Eine V. ohne diese Einwilligung ist nach § 15 UrhG unzulässig. Durch den Verlagsvertrag räumt der Urheber i. d. R. dieses Recht dem Verleger ein, der mit dem Verlagsrecht die Pflicht zur V. und Verbreitung übernimmt. Die V. zum privaten und sonstigen Eigengebrauch ist im Rahmen der Schranken des Urheberrechtsgesetzes in bestimmten Fällen zulässig (§§ 53 ff UrhG). § 14 des Verlagsgesetzes verpflichtet den Verleger, das Werk in der zweckentsprechenden üblichen Weise zu vervielfältigen. Soweit die V. im Druckverfahren in Betracht kommt, muss gemäß § 15 VerlG die V. erfolgen, sobald die druckfertige Vorlage zugegangen ist. *L. Delp*

Vervielfältigungsfähiges Werk, in Deutschland Verpflichtung des Verfassers gegenüber dem Verleger gemäß § 10 VerlG, das Werk in einem für die Vervielfältigung geeigneten Zustand abzuliefern, heute i. d. R. als maschinenlesbares Computer-Dokument. Auch die Zusendung des v.n W.s via Mailanhang oder der Upload auf eine geschützte Internetadresse des Verlags wird immer üblicher, oftmals entfällt sogar die früher obligatorische Zusendung eines zusätzlichen Papierausdrucks.

Vervielfältigungsrecht ist das Recht, Vervielfältigungsstücke herzustellen. Im deutschen Urheberrechtsgesetz ist der Begriff in § 16 UrhG definiert. Vom V. umfasst ist jede Form der Vervielfältigung, so z. B. neben Druck auch die Digitalisierung, die Speicherung und das Herunterladen aus dem Internet. Vervielfältigt werden kann auf beliebige Werkträger einschließlich Festplatten und Datenträger. Ein urheberrechtlich geschütztes Werk darf nur mit Zustimmung des Rechteinhabers, also des Urhebers bzw. dessen Verlags, vervielfältigt werden. Wird ein Werk ohne die erforderliche Zustimmung vervielfältigt, und ist die Zustimmung auch nicht ausnahmsweise aufgrund einer der Schrankenregelungen des Urheberrechtsgesetzes zulässig, so kann der Rechteinhaber Unterlassung und bei Kenntnis von der Rechtsverletzung auch Schadensersatz fordern (§ 97 UrhG). Das Urheberrechtsgesetz beschränkt das V. des Urhebers für bestimmte Nutzungen (sog. gesetzliche Lizenz); Beispiele hierfür sind die Privatkopie (§ 53 Abs. 1 UrhG), Pressespiegel (§ 49 UrhG), Zitate (§ 51 UrhG) und der Kirchen-, Schul- oder Unterrichtsgebrauch (§§ 46, 47 UrhG). *C. Ulmer-Eilfort*

Vervielfältigungs- und Verbreitungspflicht ist die Verpflichtung des Verlags bzw. jedes Lizenznehmers, die ihm eingeräumten entsprechenden Rechte auszuüben. Zugrunde liegt die Überlegung, dass der Verfasser, der dem Verlag gewöhnlich das ausschließliche Verlagsrecht einräumt, darauf angewiesen ist, dass der Verlag das Werk vervielfältigt und verbreitet, um so den wirtschaftlichen und ideellen Nutzen aus dem Werk ziehen zu können. Keine V. u. V. besteht im Zweifel (d. h. wenn zwischen Verfasser und Verlag nicht anders vereinbart) in folgenden beiden Fällen: Erstens wenn lediglich nicht-ausschließliche (einfache) Nutzungsrechte eingeräumt werden (der Urheber also dieselben Rechte auch Dritten einräumen darf); und zweitens wenn es sich um einen Bestell- oder sonstigen Werkvertrag handelt und der Verfasser das Werk gemäß detaillierter Vorgaben des Auftraggebers und gegen Zahlung eines Pauschalbetrags erstellt. Verletzt der Verlag seine V.- u. V., so kann der Verfasser nach §§ 32, 30 des deutschen

Gesetzes über das Verlagsrecht vom Verlagsvertrag zurücktreten, nachdem er dem Verlag eine angemessene Nachfrist gesetzt hat. Daneben haben der Urheber bzw. der Rechteinhaber bei Nichtausübung der Vervielfältigungs- und Verbreitungsrechte nach Ablauf einer zweijährigen Wartefrist und gegen Entschädigung ein Rückrufrecht nach § 41 UrhG. C. Ulmer-Eilfort

Verwandte Schutzrechte, besondere Rechte an urheberrechtlich nicht schützbaren wissenschaftlichen, gestalterischen, künstlerischen und technischen Leistungen (Leistungsschutzrechte, §§ 70 ff UrhG). Besonderen Leistungsschutz genießen die Ergebnisse wissenschaftlich sichtender Tätigkeit und die erstmalige öffentliche Wiedergabe eines nicht erschienenen Werks nach Erlöschen des Urheberrechts – hier steht das ausschließliche Recht der Werkverwertung zu. Diese Schutzrechte erlöschen 25 Jahre nach Erscheinen der jeweiligen Ausgabe (§§ 70, 71 UrhG). Lichtbilder und lichtbildähnliche Erzeugnisse werden zwar wie urheberrechtlich geschützte Werke behandelt, der Schutz erlischt allerdings bereits 50 Jahre nach dem Erscheinen oder bei früherer zulässiger öffentlicher Wiedergabe nach dieser, im Falle des Nichterscheinens aber bereits 50 Jahre nach der Herstellung. Ausübende Künstler werden gegen Bildschirm-, Lautsprecher- oder Wiedergaben durch ähnliche technische Einrichtungen außerhalb des Veranstaltungsraums geschützt, ebenso vor unbefugten Bild- oder Tonträgeraufnahmen und Funksendungen; jedenfalls ist für die öffentliche Wahrnehmbarmachung eine angemessene Vergütung zu zahlen. Rechte der ausübenden Künstler erlöschen 50 Jahre, des Veranstalters 25 Jahre nach dem Erscheinen eines Bild- und Tonträgers oder nach Darbietung, wenn der Bild- oder Tonträger innerhalb dieser Frist nicht erschienen oder erlaubterweise zur öffentlichen Wiedergabe benutzt worden ist (§ 82 UrhG). Auch dem Hersteller von Tonträgern stehen v. S. ausschließlich zu, den Tonträger zu vervielfältigen und zu verbreiten, und zwar für die Dauer von 50 Jahren nach Erscheinen oder, wenn dieser erlaubterweise früher öffentlich wiedergegeben wurde, nach dieser Wiedergabe, jedoch bereits 50 Jahre nach der Herstellung, wenn der Tonträger innerhalb dieser Frist nicht erschienen oder erlaubterweise zur öffentlichen Wiedergabe benutzt wurde. Gibt ein ausübender Künstler seine Darbietung auf einem erschienenen Tonträger öffentlich wieder, so hat der Tonträgerhersteller gegen den Künstler einen Anspruch auf angemessene Beteiligung an der Vergütung (§§ 85, 86 UrhG).

Ein Sendeunternehmen darf eine Funksendung weitersenden, sie auf Bild- oder Tonträger aufnehmen, Lichtbilder von der Funksendung herstellen sowie Bild- oder Tonträger oder Lichtbilder vervielfältigen und verbreiten, aber nicht vermieten. Es darf auch seine Funksendung bei Erhebung von Eintrittsgeld öffentlich wahrnehmbar machen. Dieses Recht erlischt 50 Jahre nach der ersten Funksendung (§ 87 UrhG). Der Datenbankhersteller ist ausschließlich berechtigt, die Datenbank insgesamt oder einen wesentlichen Teil der Datenbank zu vervielfältigen, zu verbreiten und öffentlich wiederzugeben. Allerdings darf ein nach Art oder Umfang wesentlicher Teil einer Datenbank zum privaten Gebrauch, zum eigenen wissenschaftlichen Gebrauch und zu Unterrichtszwecken verwendet werden. Entsprechend zulässig ist auch die Verwendung einer Datenbank vor Gericht, Behörden, Polizei. Der Datenbankherstellung ist bis 15 Jahre nach der Veröffentlichung der Datenbank geschützt, jedenfalls bereits 15 Jahre nach der Herstellung, wenn die Datenbank innerhalb dieser Frist nicht veröffentlicht worden ist (§§ 87a ff UrhG). L. Delp

Verwertungsgesellschaft ist eine Organisation, die gesetzlich oder auf Grundlage einer vertraglichen Vereinbarung berechtigt ist, für Rechnung mehrerer Rechtsinhaber Urheberrechte oder verwandte Schutzrechte zu deren kollektivem Nutzen wahrzunehmen, gleichviel, ob in eigenem oder in fremdem Namen. Eine V. muss mindestens eine der folgenden Bedingungen erfüllen: 1. ihre Anteile werden von ihren Mitgliedern gehalten oder sie wird von ihren Mitgliedern beherrscht; 2. sie ist nicht auf Gewinnzielung ausgerichtet (nach § 2 Gesetz über die Wahrnehmung von Urheberrechten und verwandten Schutzrechten durch Verwertungsgesellschaften» Verwertungsgesellschaftengesetz, VGG von 2016). Die Erlaubnis wird unter bestimmten Voraussetzungen vom Deutschen Patent- und Markenamt, München, erteilt, widerrufen oder versagt. In Deutschland sind derzeit 13 V.en tätig (Nennung, absteigend nach den Einnahmen 2016): GEMA – Gesellschaft für musikalische Aufführungs- und mechanische Vervielfältigungsrechte, Berlin und München (gegr. 1903; hier und nachfolgend ggf. Etablierung einer Vorgängerorganisation), VG WORT, München (1958), GVL – Gesellschaft zur Verwertung von Leistungsschutzrechten, Berlin (1959), VG Bild- Kunst, Bonn (1968), VG Media – Gesellschaft zur Verwertung der Urheber- und Leistungsschutzrechte von Medienunternehmen, Berlin (1997), VFF – VG der Film- und Fernsehproduzenten, München (1979), GWFF – Gesellschaft zur Wahrnehmung von Film- und Fernsehrechten, München (1982), AGICOA Urheberrechtsschutz Gesellschaft, München (1981), VGF – VG für Nutzungsrechte an Filmwerken, München und Berlin (1981), VG Musikedition, Kassel (1966), GÜFA – Gesellschaft zur Übernahme und Wahrnehmung von Filmaufführungsrechten, Düsseldorf (1976), VG TWF – VG Treuhandgesellschaft Werbefilm, München (2008), GWVR – Gesellschaft zur Wahrnehmung von Veranstalterrechten, Hamburg (2014). *T. Keiderling*

Verwertungsgesellschaft WORT (VG WORT). Organisation zur kollektiven Wahrnehmung von Urheberverwertungsrechten der Wortwerke. Die VG WORT nimmt die Rechte der Autoren und Verleger aller Wortwerke wahr, u. a. Schriftsteller, Journalisten, wissenschaftliche Autoren und deren Verleger sowie Bühnen-, Rundfunk- und Fernsehautoren. Ihre gesetzliche Grundlage stellt das «Gesetz über die Wahrnehmung von Urheberrechten und verwandten Schutzrechten durch Verwertungsgesellschaften» (Verwertungsgesellschaftengesetz, VGG) von 2016 dar. Da die VG WORT ihre Aufgaben treuhänderisch ausübt und infolgedessen eine Monopolstellung besitzt, unterliegt sie in der Bundesrepublik gleich allen anderen ↗ Verwertungsgesellschaften einer staatlichen Aufsicht. Diese übt das Deutsche Patent- und Markenamt (DPMA) in München aus. Die VG WORT in München ist nach der ↗ GEMA ökonomisch gesehen die zweitbedeutendste Verwertungsgesellschaft der Bundesrepublik. Gegründet wurde sie 1958 auf gemeinsames Betreiben von Autoren und Verlegern in München. Die drei wichtigsten Einzugsgebiete sind derzeit die Kopiergerätevergütung (Zahler sind die Hersteller), die Einnahmen aus dem Hörfunk- und Fernsehbereich für private Überspielungen und öffentliche Wiedergabe sowie die Bibliothekstantiemen (Zahler sind Bund und Länder). Die VG WORT arbeitet seit 1963 (Gründung der Zentrale für private Überspielrechte, ZPÜ) beim Inkasso mit anderen Verwertungsgesellschaften wie der GEMA und GVL zusammen. Die Gesellschaft ist zudem Mitglied internationaler Vereinigungen zum Schutz von Urheberverwertungsrechten, u. a. der Association Internationale des Auteurs de l'Audiovisuel (A.I.D.A.A.) und der International Federation of Reproduction Rights Organisations (IFRRO). *T. Keiderling*

Verwertungsrecht ist die vermögensrechtliche Komponente des Urheberrechts, die neben das Persönlichkeitsrecht tritt. Im deutschen Urheberrecht sind Verwertungs- und Persönlichkeitsrecht untrennbar miteinander verbunden, d. h. dass auch die V.e einen persönlichkeitsrechtlichen Kern besitzen. § 15 UrhG führt die einzelnen V.e auf, nämlich das Vervielfältigung-, Verbreitungs-, Ausstellungs-, Vortrags-, Aufführungs-, Vorführungs- und Senderecht, das Recht der Wiedergabe durch Bild- oder Tonträger und das Recht der Wiedergabe von Funksendungen und von öffentlicher Zugänglichmachung. Die V.e können aufgrund ihres persönlichkeitsrechtlichen Kerns nicht übertragen werden, der Urheber kann aber Dritten an seinen V.en ausschließliche oder einfache sowie inhaltlich, zeitlich und räumlich unbeschränkte oder beschränkte Nutzungsrechte einräumen. Gegenstand der Verwertung ist das Werk in unveränderter sowie in veränderter Form (§ 23 UrhG). Seine Grenze hat das V. in der freien Benutzung, wenn das Werk nur als Anregung für eigenes Werkschaffen genutzt wird. *C. Ulmer-Eilfort*

Verzeichnis der im deutschen Sprachraum erschienenen Drucke des 16./17./18. Jahrhunderts
↗ VD 16/VD 17/VD 18

Verzeichnis Lieferbarer Bücher (VLB), ein Produkt der MVB (Tochter des Börsenvereins) entstand 1972 und beruht auf den Titelmeldungen der Verlage in Deutschland, Österreich und der Schweiz. Es enthält rund 2,5 Mio. Einträge (i. d. R. lieferbare Titel, z. T. als PoD, aber auch Novitäten, die noch nicht erschienen sind. (Stand Juni 2018). Im VLB sigeln die Barsortimente Umbreit, Buchzentrum und einige Auslieferungen aus Deutschland, Österreich und der Schweiz ihre Lagertitel (↗ Sigel/Sigelung). Das VLB in Buchform (zuletzt zwölf Bände) wurde 2004 eingestellt; es erscheint seit 1997 in einer Onlineausgabe und zwölfmal im Jahr als DVD. Neben vollständigen bibliografischen Informationen umfasst das Angebot Coverabbildungen und zusätzliche Metadaten wie Angaben zu Lieferbarkeit, Inhalt und Thema-Klassifikation sowie Hinweise zu den Bezugsquellen. Seit Juni 2011 ist das VLB Referenzdatenbank für die Preisbindung von gedruckten Büchern und E-Books: «Der so gemeldete Ladenpreis gilt als gebundener Buchpreis gemäß § 5 Abs. 1 BuchPrG. Änderungen und Aufhebungen von gebundenen Ladenpreisen, auch der Sonderpreise und der Sonderbedingungen, muss der Verlag bzw. der Importeur mit einer Vorlauffrist von 14 Tagen im VLB [...] anzeigen.» (§ 3 Ziff. 3 der Verkehrsordnung) www.vlb.de, www.info.vlb.de. Für die Öffentlichkeit gibt es eine abgespeckte Recherche-Version (www.buchhandel.de).   *T. Bez*

Vesperale, liturgisches Buch mit den für die Abendhore (Vesper) des kirchlichen Stundengebets bestimmten Gesängen, des Öfteren als Luxushandschrift.

VG Wort ↗ Verwertungsgesellschaft Wort

VHS (Video Home System), analoges Aufzeichnungs- und Wiedergabesystem (↗ Videokassette) für einen Videorekorder. Von der japanischen Firma JVC zuerst 1976 auf den Markt gebracht, setzte sich VHS in den 1980er Jahren weltweit als Standard für private Video-Magnetbandaufzeichnungen gegen die Konkurrenz von Sony (Betamax und VCR/Video 2000), Grundig und Philips durch. Die gleichzeitige Einführung unterschiedlicher Formate in diesem Bereich wurde auch «Formatkrieg» genannt. Eine VHS-Kassette enthält ein Magnetband, das beim Abspielen im Videorekorder von einer Spule auf eine andere gewickelt wird. Dabei läuft es beim Auslesen (Wiedergabe) der Daten langsam an der schnell rotierenden Kopftrommel des Videorekorders vorbei. VHS-Kassetten können im Gegensatz zur ↗ MC nur einseitig eingeführt und abgespielt werden und besitzen Spielzeiten von 1,5 bis 9 Stunden. Bis 2000, der Ablösung der VHS durch das digitale ↗ DVD(-Video), gab es unterschiedliche, immer wieder in Qualität und Quantität (Spieldauer) verbesserte technische Standards. 2008 stellte JVC die Produktion ein.   *T. Keiderling*

VHS-Kassette, Wikipedia.

Vidcast (auch Videocast) ↗ Vodcast

Videoband ↗ Magnetband

Videoblog, auch Vlog für «Video» und ↗ «Blog»; ist ein Blog, der in seinen Einträgen ganz oder überwiegend aus Videos besteht. Vlogger präsentieren periodisch eigene Videos, die z. B. in der Art eines Video-Tagebuchs die eigene Person vorstellt oder andere

Sachthemen aufgreift; diese werden z. B. aus Videoplattformen wie ↗ YouTube hochgeladen. Es werden jedoch nicht nur Videos eingestellt, sondern diese ggf. für Hyperlinks und Web-Feeds zugänglich gemacht und textbasiert dokumentiert. Der Begriff selbst tauchte um 2004 auf. T. Keiderling

Videoclip ↗ Musikvideo

Videodatei, Computerdatei, die in einem bestimmten Videodateiformat abgespeicherte Bewegtbilder enthält. V.en erfreuen sich zunehmender Beliebtheit sowohl im privaten wie im professionellen Bereich. Sie haben die analogen Filmaufnahme- und Übertragungstechniken im Home-, Wissenschafts- und Reportagebereich weitgehend verdrängt oder tun dies bei Kameras für Kinofilme und bei der Kinoprojektion rapide. V.en lassen sich leicht am Computer nachbearbeiten und speichern, aber auch netzbasiert oder über Funk übertragen. A. Sabisch

Videokassette. Eine V. besteht aus einer Plastikkassette als Datenträger für Videos bzw. Filme, in der sich ein aufgerolltes magnetisierbar beschichtetes Kunststoffband (Video- bzw. ↗ Magnetband) befindet. Beim Vorbeiführen des Bandes am Aufnahmekopf des Videorekorders erfolgt die elektromagnetische Speicherung bzw. das Auslesen (Wiedergabe) der Daten. Die Speicherung der Signale erfolgte zunächst in analogen Videoformaten (u. a. ↗ VHS, Betamax, Video 2000), später auch in digitalen Videoformaten (Digital BETACAM, IMX). Die V. ist mittlerweile im Konsumentenmarkt durch die DVD-Video, Blu-Ray Disc und den Download von Videofilmen als Netzpublikationen vollständig ersetzt worden. S. Büttner

Video-on-Demand ↗ Videothek

Videorekorder ↗ Rekorder

Videospiel ↗ Computerspiel

Videotext ↗ Teletext

Videothek, Unternehmen, das Filme an Endkunden vermietet (falscher, aber üblicher Sprachgebrauch: verleiht), auch verkauft. V.en kamen nach Markteinführung der ↗ Videokassette um 1985 auf. Nach Einführung des DVD-Videos trat diese in den V.en rasch an die Stelle der Videokassetten. Seit Anfang der 1990er Jahre geht die Anzahl der V. stark zurück, u. a. infolge der Verbilligung der Kaufvideos und der Deckung von Unterhaltungsbedürfnissen durch private Fernsehkanäle. Die V.en reagierten mit Sortimentserweiterung um Videospiele u. a. 2017 gibt es in Deutschland weniger als 1.000 V.en, ihre Tage sind gezählt. Mehr und mehr verlagert sich das Videogeschäft auf Video-on-Demand, das Ende der 1990er Jahre eingeführt wurde und inzwischen teils über die Kabelfernsehkanäle, teils über schnelle Internetverbindungen angeboten wird, d. h. der Kunde erwirbt kein Trägermedium, sondern das Nutzungsrecht mittels Zugriffs auf einen Videoserver. Eine wachsende Rolle spielen Abonnement-Angebote (der Kunde kann gegen eine konstante Monatsgebühr eine definierte Höchstmenge an Filmen nutzen). Der Begriff V. wird z. T. auch für Abteilungen mit Video-Filmen in Bibliotheken u. ä. verwendet. K. Umlauf

Vielfarbendruck (Vierfarb[en]druck) ↗ Mehrfarbendruck auf der Basis von vier Prozessfarben: Cyan, Magenta, Yellow und Schwarz.

Vielverfasserschrift, nach den §§ 8 und 9 des UrhG werden mehrere Verfasser ohne eine Verwertung ihrer Anteile Miturheber genannt. Die Veröffentlichung ihres Textes erfolgt «zur gemeinsamen Hand».

Viererformat ↗ Quart

Vier-Seiten-Modell (auch Nachrichten- und Kommunikationsquadrat oder Vier-Ohren-Modell) von F. Schulz von Thun (geb. 1944) ist ein Modell der Kommunikationspsychologie. Es besagt, dass eine Nachricht über vier Ebenen (Seiten) beschrieben werden kann: 1. Sachinhalt (Worüber wird informiert?), 2. Selbstoffenbarung (Was verrät der Sender von sich selbst?), 3. Beziehung (Wie steht der Sender zum Empfänger, was hält er von ihm?) und 4. Appell (Was verlangt der Sender vom Empfänger?). Je nachdem, welche Ebene/Seite der Empfänger primär betrachtet, kann er eine gesendete Nachricht unterschiedlich interpretieren. Der theoretische Ansatz dient somit zur Beschreibung von Kommunikation, die durch Missverständnisse gestört ist. Besonders in der Wirtschaft bzw. innerhalb von Unternehmen kann das V.-S.-M. zur Analyse nicht optimal verlaufender ↗ interner Organisationskommunikation herangezogen werden.

T. Keiderling

Viertelbogen bezeichnet ein Doppelblatt, das beim Buchbinden gesondert geheftet wird. Abzuleiten ist die Bezeichnung Viertelbogen (mit vier Seiten) vom Normalbogen, der 16 Seiten umfasst. *G. Brinkhus*

Vignette, aus dem Französischen «Weinrebe» und hat die Bedeutung von Weinblattranke; ist die Bezeichnung für den vorwiegend, aber nicht ausschließlich ornamentalen Buchschmuck, der, im Gegensatz zur ganzseitigen und auf den Inhalt bezogenen Buchillustration, in die gedruckte Buchseite integriert ist. Nach ihrer Position auf dem Titelblatt, am Anfang eines Kapitels und an dessen Ende, unterscheidet man Titel-, Kopf- und Schlussv.n. Eine weitere Form ist die ornamentale Umrahmung einer Druckseite. Sie kommt, meist von einer gemalten Initiale ausgehend, bereits auf den Blatträndern in spätmittelalterlichen Handschriften vor. Frühe Formen der V. sind im Buchdruck des 16. und frühen 17. Jh.s die ↗ Maureske, das einfache Blattornament und das Druckersignet am Ende eines Drucks. *B. Breitenbruch*

Vinylschallplatte ↗ Schallplatte

Virales Marketing ist eine unternehmerische Marketingform, die soziale Netzwerke und Medien nutzt, um auf eigene Produkte oder Dienstleistungen aufmerksam zu machen. Das Adjektiv «viral» («virusbedingt») spielt darauf an, dass sich Informationen blitzschnell – quasi wie eine Virusinfektion – in kürzester Zeit massenhaft verbreiten lassen. Ein Synonym aus dem analogen Zeitalter wäre die ↗ Mund-zu-Mund-Propaganda. V. M. eignet sich v. a. für Unternehmen, die ein jüngeres Publikum erreichen wollen, das wiederum seine Informationen über soziale Netzwerke via Internet und Smartphones bezieht. Die Methoden sind vielfältig, so gibt es passives v. M. (= durch den Nutzer und Käufer selbst initiiertes und daher durch das Unternehmen kaum zu beeinflussendes Marketing) oder aktives, werbendes v. M. (über Einträge in Blogs und Social Media, werbende Videoclips und Banner, E-Mail- bzw. SMS-Weiterleitungen, «Tell-A-Friend-Funktionen» über Formulare auf Webseiten etc.). Um erfolgreich zu sein, benötigt ein Unternehmen mitunter auch externe Vermittler, sog. ↗ Influencer, die gegen Honorar oder Sachleistungen (beworbene Trendprodukte) ihren Followerkreis informieren bzw. zum Kauf animieren. V. M. wird stets durch traditionelles Marketing flankiert und zielt besonders darauf ab, neue Kundenkreise anzusprechen, die man auf anderen Wegen nicht erreicht hätte. ↗ Social-Media-Marketing

T. Keiderling

Virtuelle Bibliothek, uneinheitlich verwendeter Begriff. Sein Bedeutungsspektrum reicht von ↗ digitaler Bibliothek bis Portal. Die in den 1990er Jahren entwickelte Düsseldorfer V. B. war ein Internetkatalog. Auch Angebote der Onleihe nennen sich mitunter v. B. Der Begriff v. B. scheint zunehmend vom Begriff digitale Bibliothek abgelöst zu werden, außer im Zusammenhang mit virtuellen Fachbibliotheken. *K. Umlauf*

Virtuelle Realität ↗ Medienwirklichkeit ↗ Computerspiel ↗ Gewaltdarstellung in Medien

Virtueller Katalog, ein Katalog, der die Titel in elektronischer Form speichert. Seit Anfang der 1970er Jahre wurden in den Bibliotheken die manuell geführten Kataloge auf die EDV umgestellt, die eine leichtere und umfassendere Recherche ermöglichen (↗ OPAC). Auch die Zentralkataloge folgten diesem Trend. Zur selben Zeit wurden zu bestimmten Fachgebieten und Literaturformen (z. B. Dissertationen, Preprints) entsprechende v. e K.e entwickelt. Der umfassendste v. e K. für Deutschland ist seit 1996 der ↗ Karlsruher V.e K. Auch die Arbeitsgemeinschaft katholisch-theologischer Bibliotheken bietet seit 1998 einen V.n K. Theologie und Kirche» (VThK) an. Schließlich geben u. a. auch der Börsenverein (↗ Verzeichnis Lieferbarer Bücher), Versandfirmen und Barsortimente v.e K.e heraus.

Visible Web ↗ Surface Web

Visuelle Kommunikation, Kommunikation bzw. Informationsaustausch über das menschliche Auge. Es handelt sich im engeren Sinne um nonverbale Kommunikation (Zeichen – Mimik, Gestik). In Erweiterung dessen gehört auch die Kommunikation über alle Formen der ↗ visuellen Medien (u. a. auch Schrift- und Druckmedien) dazu. Studiengänge zur v.n K. beschränken sich jedoch zumeist auf Fotografie (Bild) und damit zusammenhängende Fragen des Designs und der Werbung sowie auf bildende Kunst. ↗ Bildkommunikation *T. Keiderling*

Visuelles Medium ist ein ↗ Medium, das Informationen austauscht, die ausschließlich über das menschliche Auge aufgenommen werden können, ohne unterstützend hierzu – im Unterschied zum ↗ audiovisuellen Medium – das Gehör zu benötigen. Hierzu zählen im Bereich der primären Medien («Menschenmedien») alle Zeichen der Gebärdensprachen, die Gestik und Mimik. Im Bereich der sekundären Medien («nur» auf der Senderseite wird ein technisches Hilfsmittel zur Herstellung und Übertragung der Information eingesetzt) sind es u. a. Rauchzeichen, optische Telegrafen, auf unterschiedliche Trägermedien aufgebrachte Bilder, Karikaturen, Zeichnungen und Fotografien etc. und generell alle Formen der Schrift- und Druckmedien. Bei den tertiären bzw. quartären Medien (sowohl auf Sender-, als auch auf Rezipientenseite werden technische Hilfsmittel gebraucht) sind es wiederum Bild- und Schriftmedien, die über das Fernsehen (Video- und Teletext; ↗ Fernsehtext), Computer und Handhelds sichtbare Kommunikation ermöglichen (Kommunikation via E-Mail, SMS und Social Media/Microblogging etc.). *T. Keiderling*

VLB ↗ Verzeichnis Lieferbarer Bücher

Vlog ↗ Videoblog

Vodcast (auch Video-Podcast, seltener: Vidcast oder Videocast), ist ein ↗ Pull-Medium, das ähnlich einem ↗ Podcast funktioniert. Während man sich beim Podcast Audiodateien, die im Internet veröffentlicht werden, zumeist zeitversetzt über RSS-Feeds (Really Simple Syndication-Feeds) auf mobile Endgeräte herunterladen und rezipieren kann, handelt es sich beim V. um das Abonnieren von Videodateien bzw. Videofolgen. Eine weitere Worterklärung ergibt sich aufgrund der Ähnlichkeit zur Technik VOD für «Video On Demand». *T. Keiderling*

VoIP (Voice-over-IP, IP-Telefonie, Internettelefonie), telefonieren über das Internet mittels des (digitalen) Internet Protokolls (IP) anstelle über analoge Telefonleitungen; zugleich Nachfolgetechnologie von ISDN. Seit der Markteinführung um 2002 wird die Technologie zunehmend eingesetzt. Ende 2016 nutzten in Deutschland rund 25,2 Mio. Menschen V. Führende Anbieter wie die Deutsche Telekom (gegr. 1995) wollen in Deutschland bis 2019 komplett auf V. umstellen. *T. Keiderling*

Volksausgabe ist die rechtlich nicht verbindliche Bezeichnung für die Ausgabe eines bereits früher erschienenen Werks, die durch einfachere Ausstattung, höhere Auflage, ggf. durch Vereinigung mehrerer Teilbände zu einem wesentlich geringeren Ladenpreis angeboten wird. V.n unterscheiden sich von diesen nur durch die Ausstattung, nicht durch den Inhalt. Die werbende Bezeichnung wurde v.a. nach dem Ersten Weltkrieg von verschiedenen Verlagen in Deutschland für 2,85 RM erfolgreich angewendet. Heute ist der Begriff ↗ Sonderausgabe gebräuchlich.

Volksbibliothek (früher Volksbücherei). Die Bezeichnung V. findet sich erstmals in einer Rezension in der «Allgemeinen Deutschen Bibliothek», Bd. 56 (1784), S. 444. Damit sollte ein übergreifender Terminus für die bisher üblichen Bezeichnungen Dorf-, Bauern-, Gemeindebibliothek usw. eingeführt werden. Er setzte sich in der ersten Hälfte des 19. Jh.s durch, die Einrichtung aber entwickelte sich nicht zu einer «Bildungsanstalt für alle Schichten des Volkes», sondern stagnierte als «Wohltätigkeitsanstalt für die Unbemittelten und Ungebildeten». In den 1880er Jahren strebte die ↗ Bücherhallenbewegung an, diesen Zustand zu überwinden und zu einer ↗ Öffentlichen Bibliothek nach dem Vorbild der Public Library in Großbritannien und den USA zu gelangen. Ihr Reformprogramm spiegelte sich in der Benennung «Bücher- und Lesehalle» oder nur «Bücherhalle». Diese Namensgebung blieb jedoch Episode. Über die Zwischenstufen Volkstümliche Bücherei, Volksbücherei, Öffentliche Bücherei setzte sich ab Mitte der 1960er Jahre die Bezeichnung Öffentliche Bibliothek durch. *P. Vodosek*

Volksbuch, 1. veraltete Bezeichnung für vermeintlich «populäre» gedruckte Prosaromane der Frühen Neuzeit (u. a. Historien, Aventiure-Reihen, Sagen, Novellensammlungen), die aufgrund des Analphabetentums und relativ hoher Kaufpreise ohnehin kein breites nichtadeliges Laien-Publikum erreichten. 2. V. ist eine durch J. Görres (1776–1848) und J. G. Herder (1744–1803) Ende des 18. Jh.s eingeführte Bezeichnung für volkstümliche Schriften, die später durch entsprechend betitelte Werke und Reihen bis ins 20. Jh. üblich waren (u. a. R. Benz, 1884–1966; «Die deutschen V.bücher», 6 Bde., 1911–1924). *T. Keiderling*

Volksbücherei ↗ Volksbibliothek ↗ Öffentliche Bibliothek

Volkskalender ↗ Kalender ↗ Fest- und Heiligenkalender

Vollbuchhandlung ist eine veraltete Bezeichnung für eine handelsgerichtlich eingetragene Buchhandlung, die ausschließlich ↗ Gegenstände des Buchhandels vertreibt und von einem sog. Vollbuchhändler geführt wird. Entstanden ist der Begriff in den 1930er Jahren. Mit der «Anordnung zum Schutze der Bezeichnung ‹Buchhandlung› und ‹Buchhändler›» von 1935 erfolgte die Trennung der Bezeichnung Buchhändler in Vollbuchhändler und nebenberuflicher Wiederverkäufer. Im «Adressbuch des Deutschen Buchhandels» von 1948 wird die größte Gruppe der Börsenvereinsmitglieder als V. bezeichnet. In Börsenblatt-Anzeigen hieß es «Vollsortiment (ohne Nebenbranchen)» oder «Vollsortimentsbuchhandlung» (1997) zu verkaufen. Die Definition für V. hat sich bis zur 8. Auflage 1992 im «ABC des Buchhandels» von W. Stöckle erhalten, fehlt ab der 9. Auflage 1998. ↗ Auchbuchhandel ↗ Buchverkaufsstelle *H. Buske*

Vollkostenrechnung ist ein in der verlegerischen Praxis, je nach Verlagsausrichtung und Titel, angewandtes Kostenrechnungssystem, in dem sämtliche im Verlag anfallenden Kosten den Einzelkosten eines bestimmten Titels zugeordnet werden, um damit die Preiskalkulation übersichtlicher zu gestalten. Das kann entweder progressiv geschehen, indem ausgehend von den rein technischen Kosten der Herstellung (Einstandspreis), die übrigen auf diese aufgeschlagen werden, einschließlich Vertreterprovision, Händlerrabatt und Gewinn. Danach wird der Ladenpreis, aber nicht ohne Beachtung von sog. Schwellenpreisen, ausgerichtet (↗ Ladenpreispolitik). Die retrograde Kalkulation wird von einem gewünschten Ladenpreis aus vorgenommen, indem alle Kosten von diesem abgezogen werden erhält man einen bestimmten Ausgangspreis. ↗ Kalkulation *H. Buske*

Vollständigkeit des Exemplars bedeutet bei reinen Textausgaben, z. B. Romanen oder Anthologien, dass der Text vollständig ist und die Seitenziffern in der richtigen Reihenfolge stehen. Bei aufwendig hergestellten Büchern müssen alle Tafeln und Beilagen (Plane, Karten, Faltblätter u. ä.) vorhanden sein. V. ist besonders im Antiquariat bei teuren Werken mit losen Beilagen zu beachten. Nicht immer reichen im Buch vorhandene Angaben aus, die V. festzustellen. Zusätzlich müssen Kataloge (auch Auktionskataloge) und Bibliografien herangezogen werden, wobei das Internet diese Arbeit deutlich erleichtert hat.

Volltextsuche beschreibt das automatische Durchsuchen von elektronischen Texten. Die V. kann in einzelnen oder mehreren Dokumenten, Dateien und auf Webseiten durchgeführt werden. Sie führt oft zu hohen

Trefferquoten, die durch eine genauere Definition des Suchbegriffs eingeschränkt werden muss. In der V. besteht ein Vorteil des E-Books im Vergleich zur gedruckten Ausgabe (Codex), was besonders für Nachschlagewerke und Datenbanken eine Rolle spielt.

Vollzeitäquivalent (VZÄ) gibt an, wie viele Vollzeitstellen sich rechnerisch bei einer gemischten Personalbelegung mit Teilzeitbeschäftigten in Unternehmen, Organisationen oder Projekten ergeben. Somit eignet sich die Kennzahl, um z. B. Medienunternehmen oder -organisationen vergleichend hinsichtlich ihrer Kosteneffizienz (Umsatz pro Mitarbeiter) oder der Personalpolitik zu untersuchen. *T. Keiderling*

Volumen, 1. aus dem Lateinischen für «Band», abgekürzt «vol.»; in der Antike, als Papyrus das übliche Material für Bücher, für (Buch)rolle, im Unterschied zum ↗ Codex. 2. In der Fachsprache der Papiermacher ist das spezifische V. das Verhältnis zwischen dem Rauminhalt, d. h. dem V. in Bedeutung und dem Gewicht des Papiers. ↗ Papiervolumen *H. Bansa*

Volumenpapier ↗ Dickdruckpapier

Vor der Schrift ↗ Abdruck vor der Schrift

Vorabdruck, vollständiger oder auszugsweiser Abdruck einer Publikation, meist Roman oder Sachbuch, in einer Zeitung oder Zeitschrift vor deren Erscheinen (Taschen-)Buch. Als V. wird gelegentlich ein Textauszug in einer Anzeige, als Muster in einer Vertretermappe oder als Booklet bezeichnet. Durch den V. gilt das Schriftwerk im urheberrechtlichen Sinne als noch nicht erschienen. Verlage werben in Anzeigen häufig mit einem entsprechenden Hinweis. ↗ Preprints von wissenschaftlichen Arbeiten dienen oft als Grundlage für kritische Anmerkungen und Hinweise auf Mängel, die für die endgültige Fassung berücksichtigt werden können. Die Genehmigung zum V. muss im Verlagsvertrag vereinbart werden. *H. Buske*

Vorakzession ↗ Erwerbung in Bibliotheken

Vorankündigung bedeutet im Buchhandel die Ankündigung eines neuen Buches oder einer neuen Serie einige Monate vor Erscheinen. Sie erfolgt i. d. R. durch den Vertreter oder Anzeigen in Branchen- und Fachzeitschriften (u. a. «Börsenblatt»), als Sonderprospekt bzw. Ankündigung in den üblichen Neuerscheinungsprospekten und -katalogen. Heute vermehrt als Newsletter im Internet. In der DDR war der regelmäßig erscheinende «Vorankündigungsdienst für den Buchhandel (VD)» das entscheidende Informationsmittel für Vorbestellungen des Sortimentsbuchhandels. *H. Buske*

Vordatierung meint Schriftstücke, Schecks, Wechsel u. a. m. mit einem späteren Ausstelldatum zu versehen. Im Buchhandel ist dieser Brauch bereits für das 16. Jh. belegt und geschieht aus zweierlei Gründen: 1. Zahlreiche Druckwerke erscheinen offiziell zu den Buchmessen, werden jedoch schon Monate zuvor fertiggestellt. 2. Die V. sorgt – das gilt v. a. für den wissenschaftlichen Buchhandel – für eine längere ↗ Aktualität des Titels und kann auch aus steuerlichen Gründen geschehen. *T. Keiderling*

Vorderschnitt heißt der seitliche Schnitt des Buchblocks, vereinzelt auch als Längs- oder Seitenschnitt geläufig. Ist der V. nach innen gerundet, bezeichnet man ihn als Hohlschnitt. Bis ins 16. Jh. bewahrte man Bücher wegen des großen Formats liegend (auf Tischen) auf und schrieb den Titel auf den Vorderschnitt, der danach Schnitttitel genannt wurde. Ist der V. in irgendeiner Weise verziert, was bereits bei Handschriften des 13. Jh.s der Fall war, spricht man von ↗ Schnittverzierung. *H. Buske*

Vorderschnittmalerei (↗ Fore-Edge Painting), richtiger Unterschnittmalerei, da nicht die Vorderschnittfläche, sondern ein schmaler Streifen der Blattvorder- oder Blattrückseiten des aufgefächerten Buchblocks mit Aquarellfarben bemalt wird.

Vordruck (auch Formblatt, Formular) ist 1. ein gedrucktes Blatt (↗ Einblattdruck) oder eine Blattfolge, in dem entsprechend bezeichnete Felder vorgegeben sind, die individuell ausgefüllt werden sollen. Er dient unterschiedlichen Zwecken, u. a. als Beleg (↗ Ablassbrief, Mahnbescheid, Quittungsblock etc.), zur Beantragung von Geld- und Sachleistungen, zur Selbstauskunft (Fragebogen zur Entnazifizierung, Steuererklärung etc.) zur Umfrage, die eine standardisierte quantitative bzw. statistische Auswertung ermöglicht und dgl. mehr. ↗ Formularbücher sind seit dem Mittelalter in Gebrauch. In neuerer Zeit wird der Begriff auch auf digitale bzw. digital gespeicherte Dokumente online/offline übertragen, obwohl der V. eigentlich nur nach dem Ausdruck zu einem solchen wird. 2. Im 18. und 19. Jh. bezeichnet V. auch den illegalen Vorabdruck eines Werks vor seiner offiziellen Veröffentlichung durch den Autor. *T. Keiderling / G. Pflug*

Vorkalkulation ↗ Kalkulation

Vorkaufsrecht ist die vertragliche Befugnis, ein bestimmtes Recht vor anderen in Anspruch zu nehmen. Im Urhebervertragsrecht wird das V. als Optionsrecht verstanden. Der Optionsberechtigte erhält die ausschließliche Befugnis, ein Recht des Urhebers innerhalb der sog. Optionsfrist in Anspruch zu nehmen, meist gegen Zahlung einer angemessenen Optionsvergütung. Innerhalb der Optionsfrist kann der Berechtigte Vorbereitungen für die Rechtsnutzung treffen, die Marktchancen überprüfen usw. Wird die Option ausgeübt, tritt i. d. R. der mit der Optionsvereinbarung bereits geschlossene Nutzungsvertrag in Kraft. Die geleistete Optionsvergütung wird üblicherweise auf die dann fällig werdende Werkvergütung angerechnet. Unterbleibt die Optionsausübung, verfällt die Optionsvergütung zugunsten des Urhebers. *L. Delp*

Vorlage ↗ Druckvorlage

Vorlass, archivalische Unterlagen einheitlicher Provenienz, die einer bestandsverwahrenden Einrichtung (Archiv, Bibliothek, Museum, Stiftung etc.) vor dem Tod der bestandsbildenden Person (durch diese) übergeben werden. Dadurch besteht die Chance, einen möglichen Verlust von wertvollen Dokumenten (durch Unachtsamkeit und Desinteresse der Erben) zu verhindern, wie er sich oft postum ereignet. Jedoch gibt es auch Beeinflussungsmöglichkeiten des Bestandsbildners, der auf diese Weise aktiv entscheidet, welche Unterlagen in den V. gelangen und welche nicht. ↗ Nachlass ↗ Quellenkritik
T. Keiderling

Vorleser gibt es für Menschen mit eingeschränkter ↗ Lesefähigkeit (Analphabeten, Kinder, Kranke, Alte) V. vermitteln die ihnen vorliegenden Texte, korrekt und verständlich, durch akustische Sprache. I. d. R. sind es geschulte Sprecher oder fachlich gebildete Personen. Die Kultur des V.ns steht in engem Zusammenhang mit der Kultur des Schreibens. Von der Antike bis zur Erfindung des Buchdrucks um 1450 war nur ein geringer Teil der Gesellschaft lesefähig; der überwiegende Teil bedurfte geschulter Vermittler. V. wurden bereits für das alte Rom nachgewiesen. So ließ z. B. der Politiker, Literat und Geschäftsmann T. P. Atticus (110 v. Chr. – 32 v. Chr.) Sklaven zu V.n und Kopisten ausbilden. Die Kirchen der verschiedenen Religionen bedienen sich seit jeher der V., um Schriftunkundige zu erreichen (auch Vorbeter, Vorsänger). Historisch interessant ist die Rolle der V. in der Zigarrenherstellung, wo traditionell (z. B. in Kuba bis heute) V. die Arbeiter während ihrer eintönigen Tätigkeit aus Büchern und Zeitungen vorlesen. Die Zigarrenmacher gründeten 1865 in der ↗ Buchstadt Leipzig eine der frühesten deutschen Gewerkschaften; als eine ihrer ersten Forderungen setzte sie die Beschäftigung eines V. auf 15 Zigarrenwickler durch. In Allgemein- und Blinden-Bibliotheken wurden schon früh V., Freiwillige oder Angestellte, eingesetzt, um in besonderen Leseräumen zu festgelegten Zeiten Sehgeschädigten Bücher vorzulesen. *R. F. V. Witte*

Vorsatz (sächlich; auch Vorsatzpapier), heute ein meist einmal gefalzter Bogen Papier, der mit einem schmalen Klebstoffstreifen an die erste und letzte Lage des Buchblocks geklebt wird. Damit ist das V. neben dem Rückenmaterial die Verbindung zwischen Buchblock und Buchdecke, denn das äußere Blatt des V.es wird beim Einhängen mit der Innenseite der Buchdeckel vollflächig verklebt. Diese bedeckte innere Seite der Einbanddeckel bezeichnet man als Spiegel, das andere Blatt, das dem Schutz des Titelblatts dient, als fliegendes Blatt. Da das V. im Falz einer starken mechanischen Belastung ausgesetzt ist, werden hierfür besonders haltbare und reißfeste Papiere, häufig auch farbig oder bedruckt, verwendet. Neben dem hier beschriebenen einfachen, «industriellen» V., das hauptsächlich in der Buchproduktion Verwendung findet, gibt es eine Anzahl weiterer V.-Arten. Diese haben jedoch nur noch im Bereich der Handbuchbinderei Bedeutung.

E.-P. Biesalski

Vorsatztitel ↗ Schmutztitel

Vorschau ist ein gedrucktes Werbeinstrument des Verlags, mit dem er zunächst seinen Verlagsvertretern das kommende Halbjahresprogramm – Frühjahrs- und Herbstprogramm – oder Jahresprogramm anzeigt. Adressaten der oft aufwendig, zumeist im Format DIN A4 gedruckten und gehefteten V. sind, wie beim Verlagsverzeichnis, Sortimentsbuchhandlungen, Bibliotheken und andere Interessenten- und Käufergruppen, aber keine Endkunden. Im Unterschied zum Verlagsverzeichnis jedoch wird in der V. jede Neuerscheinung ausführlich vorgestellt. Dazu gehören i. d. R. alle notwendigen bibliografischen Daten (häufig noch mit Zirka-Angaben), inhaltliche Zusammenfassungen in Lang- und Kurzfassung, Anmerkungen zum Autor und Nennung der Zielgruppen. Ergänzt wird die Titelpräsentation meist mit einer Abbildung des Buches oder seines Einbandes, gepaart mit einer Leseprobe oder der Wiedergabe einer Buchseite. ↗ Vorankündigung

A. Dornemann

Vorschlag ↗ Kapitelvorschlag

Vorstufe ↗ Druckvorstufen

Vortitel ↗ Schmutztitel

Vorurteil. Der Begriff stammt ursprünglich aus dem juristischen Sprachgebrauch und bezeichnete ein gerichtliches Urteil, das dem endgültigen vorausgeht. Erst im 18. Jh. bekam es seine heutige Bedeutung. In den Sozialwissenschaften meint V. ein vorgefasstes, emotional gefärbtes, durch neue Erfahrungen oder Informationen nur schwer veränderbares, jedoch subjektiv für gültig erachtetes Urteil über Menschen (Individuen und [andere] Gruppen: u. a. Berufsgruppen, soziale Schichten, Minderheiten, Ausländer, Flüchtlinge), soziale Sachverhalte oder Situationen (Rollenverhalten [der Geschlechter], Religionsgemeinschaften, Ideologien etc.). V.e können sowohl negativ als auch positiv sein, wobei umgangssprachlich erstere überwiegen. V.e resultieren nach G. Allport (1897–1967) «Die Natur des V.s» 1954 nicht aus Ideologie oder Ignoranz, sondern sind neben der Tendenz zur Klischee- und ↗ Stereotypen-Bildung wichtiger und «normaler» Bestandteil der Informationsverarbeitung der menschlichen Psyche. V.e helfen uns, komplexere Sachverhalte einfach und v. a. rasch zu begreifen und einzuordnen. Das Individuum ist ohnehin bei vielen neuen Eindrücken oder Begegnungen mit Menschen sehr schnell bei der Einordnung in sog. Schubladen; was sich nicht immer als falsch und in diesem Sinne als V. herausstellen muss. – Der Mechanismus ist jedoch derselbe. (Massen-)Mediale Darstellungen bedienen nicht immer, aber häufig – bewusst oder unbewusst – V.e und tragen auf ihre Weise dazu bei, vorhandene Ressentiments zu verstärken, indem sie z. B. Minderheiten stereotyp darstellen. Die Wissenschaft kann durch ihre Analysen dazu beitragen, dass unsere Wahrnehmung von V.en geschärft wird und Fehlleistungen vermieden werden – z. B. die journalistische Arbeit sich bei relevanten Themen einer ausgewogenen Berichterstattung explizit verpflichtet. (↗ Pressekodex; insbesondere die neue Richtlinie 12.1 – Berichterstattung über Straftaten, gültig ab 2017: Bei der Berichterstattung über Verdächtige oder Täter, die zu «ethnischen, religiösen oder anderen Minderheiten» gehören, sollen V.e nicht geschürt werden.) Allerdings wird es nicht gelingen, V.e gänzlich zu vermeiden. ↗ Alltagstheorie ↗ Ausgewogenheit

T. Keiderling

Vorvertrag. Im Gegensatz zum ↗ Optionsvertrag, der bereits fixierte, detaillierte Vertragsbedingungen enthält, dazu fast immer auch eine – oft beträchtliche – Vorauszahlung, stellt der V. eine Absichtserklärung

(Letter of Intent) dar. Der V. kann mit unterschiedlich starker Bindungswirkung ausgestaltet werden. Entgelte werden bei Abschluss eines V.s nicht bezahlt. Ein V. zwischen Autor und Verlag ist sinnvoll, wenn beide Seiten die Absicht einer Zusammenarbeit, d. h. die Übertragung von Nutzungsrechten bei einem künftigen Werk bestätigen sowie einige wesentliche Regelungspunkte bereits fixieren wollen, andererseits aber noch zu viele Ungewissheiten über das Projekt bestehen, als dass schon ein definitiver Verlagsvertrag abgeschlossen werden könnte. Die vorzeitige Bindung durch einen V. bedeutet eine Sicherheit für den Autor, wenn auch keine absolute Garantie, ob und unter welchen Bedingungen sein Werk verlegt werden wird. V.träge spielen im Bereich von Literatur und Sachbuch eine Rolle, kaum hingegen im wissenschaftlichen Verlag. Der V. bedarf der Schriftform.
W. D. v. Lucius

Vorwort (auch Vorrede, in früherer Zeit Praefatio und Prolog) ist ein am Beginn eines Buches stehender Text, der den Inhalt und Sinn des Werks erläutert, den Anregern und Helfern dankt und sich, v. a. bei Neuauflagen, mit den Kritikern des Textes auseinandersetzt. Seit dem 16. Jh. wird das V. auch dazu benutzt, das Werk einem Fürsten, Gönner oder Förderer des Autors zu widmen (Widmungs- oder Dedikationsvorwort). Bei Gesetzestexten und Verträgen wird die dem Text vorangestellte Einleitung, die ihre Motive erläutert, Präambel genannt. In der Frühdruckzeit wurde das V. häufig von Druckern und Verlegern verfasst, um die Bedeutung ihrer Produktion herauszustellen.
G. Pflug

Vorzensur ist generell eine Zensur vor der Drucklegung. ↗ Präventivzensur ↗ Zensur ↗ Druckgenehmigungsverfahren (der DDR)

Vorzugsausgabe ist eine Form der Liebhaberausgabe oder Sonderausgabe, die sich gegenüber der Normalausgabe durch die aufwendigere Vorzugsausstattung auszeichnet. Sie wendet sich mit ihrem höheren Ladenpreis an den bibliophilen Sammler.
R. Busch

Vorzugspreis im Buchhandel nennt man einen unter dem Normalpreis liegenden Sonderpreis, der unter bestimmten Voraussetzungen eingeräumt wird, soweit nicht seine Gewährung dem deutschen Gesetz über die Preisbindung für Bücher (Buchpreisbindungsgesetz – BuchPrG) entgegensteht, z. B. «für Institutionen, die bei der Herausgabe einzelner bestimmter Verlagswerke vertraglich in einer für das Zustandekommen des Werks ausschlaggebenden Weise mitgewirkt haben» oder für Abonnenten einer Zeitschrift beim Bezug eines Buches, das die Redaktion dieser Zeitschrift verfasst oder herausgegeben hat (BuchPrG § 5, 4 und 5, dort als Sonderpreis bezeichnet). Auch wird bei Komplettabnahme von Enzyklopädien ein V. gewährt gegenüber dem Einzelpreis. Lehrlinge und Studenten können beim Bezug von Fachzeitschriften V.e erhalten; diese müssen im Impressum ausgewiesen sein. Im eigentlichen Sinn ist bereits der Abonnementspreis einer Zeitschrift oder einer Zeitung ein V. gegenüber dem Einzelbezug.
H. Buske

Vorzugsrabatt ist gegenüber dem Grundrabatt, den der Verleger dem Wiederverkäufer gewährt, ein höherer Rabatt, dessen Umfang von verschiedenen Faktoren abhängig ist, die einzeln oder auch kombiniert bestimmend sein können. Ein V. kann firmen- oder werkbezogen sein. Setzt sich z. B. eine Buchhandlung besonders für die Gesamt- oder Teilproduktion, zeitbegrenzt auch für ein bestimmtes Werk eines Verlags ein, kann sie als Gegenleistung einen V. erhalten. Einen V. gewähren Taschenbuchverlage bei einer besonders hohen, einmaligen Bestellung oder bei entsprechenden Jahresumsätzen. Auch Messe- oder Vertreterbestellungen werden mit einem V. honoriert.
H. Buske

VPN (Virtual Private Network), Technologie, mit der ein Nutzer seinen Rechner mit beliebigem Standort im Netz Teil eines anderen Netzwerks wird, im Weiteren als Hostnetzwerk bezeichnet. Dazu wird auf dem Rechner ein VPN-Client benötigt (Client-Server-Architektur), der mit dem Hostnetzwerk eine meist verschlüsselte Verbindung aufbaut. Dazu ist eine Legitimation notwendig, üblicherweise wird ein Login im Hostnetzwerk verlangt. Obwohl der Rechner an einem beliebigen Standort und über einen beliebigen Provider mit dem Netz verbunden ist, verfügt der Rechner nun über eine IP-Adresse aus dem Hostnetzwerk und kann mit allen innerhalb des Hostnetzwerkes geltenden Rechten agieren.   A. Sabisch

Vulgata, aus dem Lateinischen «(allgemein) verbreitet»: bezeichnet übliche Textfassungen, auch populäre Bearbeitungen literarischer Stoffe; im engeren Sinne die im Mittelalter verbreitete lateinische Fassung der Bibel, die sich gegen verschiedene ältere lateinische Bibelübersetzungen durchsetzte.
↗ Apokryphen ↗ Bibel ↗ Bibel mit 42 Zeilen (Gutenbergbibel B42) ↗ Evangeliar ↗ Historienbibel ↗ Lutherbibel

W

W3C (World Wide Web Consortium), unabhängige internationale Organisation, bestehend aus Mitgliedern, Mitarbeitern und der Öffentlichkeit, die zusammen Standards für das WWW entwickeln. Die Mitgliedschaft im W3C steht allen offen. Das W3C entwickelt händler- und geräteunabhängige Standards mit dem Zweck, einem möglichst breiten Nutzerspektrum Zugang zu Information mittels WWW zu ermöglichen, egal welches System oder welche Software verwendet wird oder welche sensorische Aufnahmefähigkeiten der Nutzer hat. Ziel des Großteils der Arbeit des W3C sind die W3C Recommendations (Empfehlungen), die entweder Anforderungen oder Richtlinien umfassen und die Zustimmung von Mitgliedern und Direktoren erhalten haben. Das Konsortium wurde 1994 von T. Berners-Lee (geb. 1955) beim Massachusetts Institute of Technology, USA, gemeinsam mit dem Physikforschungszentrum CERN gegründet. W3C-standardisierte Technologien betreffen Webgestaltungen bzw. Anwendungen wie HTML, XML und Cascading Style Sheets, die Web-Architektur wie Uniform Resource Identifier/Locator, Hypertext Transfer/Simple Object Access Protocol, ferner das semantische Web mittels Resource Description Framework, SPARQL, Web Ontology Language und SKOS. W3C empfiehlt auch Standards für Barrierefreiheit u. a. durch die W3C Web Accessibility Initiative (WAI) und Web Content Accessibility Guidelines (WCAG), schließlich Standards für Internationalisierung, Privatheit und Sicherheit im WWW.

L. F. Rosenblum

Wachspapier, auch ↗ Ölpapier genannt, ist ein mit Wachs, Paraffin oder einer Wachs-Paraffin-Kunststoff-Mischung getränktes oder beschichtetes holzfreies Papier. W. ist kaum wasserdampfdurchlässig und wasserabweisend. Es wird u. a. als Verpackungsmaterial für Lebensmittel eingesetzt. In der Restaurierung wird W. als Trennpapier beim Kaschieren mit Japanpapier verwendet, um die Japanfasern weitestgehend transparent zu machen.

R. Fuchs

Wachsprägung ↗ Galvano

Wachstafel ↗ Cerata Tabula

Wachswalze ↗ Tonwalze

Wahrnehmung, «einer Sache oder Person ↗ Aufmerksamkeit schenken»; ist Prozess und Ergebnis der Verarbeitung von Reizen aus der Umwelt durch ein Lebewesen. Die Aufnahme geschieht über die Sinnesorgane und wird an das Gehirn weitergeleitet. Dort werden die Reize nach ihrer Relevanz für das Individuum gefiltert (selektiert), verarbeitet (interpretiert) und führen zu ↗ Informationen, die ggf. Handlungen nach sich ziehen können. W. ist somit Bestandteil des aktiven ↗ Kommunikationsprozesses. Für die Kommunikations- und Medienwissenschaft ist z. B. von Bedeutung, wie Medienbotschaften und -reize vom Rezipienten wahrgenommen, verarbeitet und interpretiert werden und welche Wirkungen sie auslösen. U. a. spielt die W. in der ↗ Werbeforschung eine Rolle. ↗ Medienwirklichkeit

T. Keiderling

Wahrnehmungsvertrag wird der Vertrag zwischen Autoren und Verlegern mit ihrer ↗ Verwertungsgesellschaft genannt (nur bei der GEMA heißt er Berechtigungsvertrag). Mit ihm werden der Verwertungsgesellschaft zur treuhänderischen Wahrnehmung Lizenzrechte (zum Zweck der Weiterübertragung an Verwerter sowie des Inkassos der Vergütung hierfür) eingeräumt bzw. im deutschen Urheberrechtsgesetz vorgesehene Vergütungsansprüche (zum Inkasso) abgetreten.

F. Melichar

Wahrsagen aus Büchern ↗ Bibliomantie ↗ Däumeln

Waisenkind ist die aus dem Englischen übernommene Bezeichnung für einen Umbruchfehler, der in der deutschen Fachsprache des Blei- und Fotosatzes ↗ Schusterjunge genannt wurde und auch noch gelegentlich verwendet wird.
R. Golpon

Walze ↗ Buchdruckwalze ↗ Tonwalze

Walzen ↗ Glätten der Bogen

Wanderbibliothek (auch Wanderbücherei) ist dem öffentlichen Bibliothekswesen zuzurechnen; eine Form der mobilen Bibliotheksarbeit. Ausgewählte Bücherbestände werden nach einer festgelegten Zeit von einem Ort zum anderen gebracht. Ursprüngliches Ziel war die Verbesserung der Versorgung ländlicher Regionen mit «nützlichen» Büchern. Als Bahnbrecher der Idee gilt S. Brown (1779–1839), der 1817 in East Lothian (Schottland) «Circulating Libraries» organisierte. In England erfolgte die erste Einführung 1856. In Deutschland gab es um 1840 erste Versuche. Ende des 19. Jh.s wurde die Idee der W. in den USA vorangetrieben. 1898 gab es z. B. im Staat New York bereits 540 Wanderbibliotheken. Hier kamen auch zum ersten Mal spezielle Transportfahrzeuge, zunächst Pferdegespanne, zum Einsatz. In Deutschland setzte man kurz vor Beginn des 20. Jh.s im Rahmen der ↗ Bücherhallenbewegung verstärkt auf W.en. Mit zunehmendem technischen Fortschritt wurden Busse zum Transport eingesetzt; es setzte sich der Begriff ↗ Fahrbibliothek durch.
P. Vodosek

Wanderbuchhandel wird der Buchvertrieb in den ersten Jahrzehnten nach Erfindung des Buchdrucks (um 1450) genannt, bei dem die ↗ Druckerverleger (auch ↗ Wanderdrucker) ihre Erzeugnisse selbst oder durch Buchführer, Agenten bzw. Kolporteure v. a. in Klöstern, auf Märkten und Messen anboten. Da das lesekundige und zahlungskräftige Publikum noch gering an der Zahl war, musste der Hersteller selbst zum aktiven, d. h. mobilen Verkäufer werden. Er zog von Ort zu Ort und errichtete in größeren Handelsstädten sog. Wanderlager, aus denen er das Warenangebot ergänzte. Zugleich wurde das Verkaufsgebiet mithilfe assoziierter Händler deutlich erweitert. Bis Ende des 15. Jh.s gab es schätzungsweise 1.200 Buchführer in 250 Niederlassungen. Der W. bestand bis etwa zum Beginn des 16. Jh.s und existierte in wechselnder Form auch darüber hinaus insbesondere in ländlichen Gebieten als Hausierhandel bis in die neueste Zeit. In der zweiten Hälfte des 19. Jh.s entwickelte sich parallel dazu der ↗ Reisebuchhandel als Sonderform des W.s für hochpreisige und beratungsintensive Produkte.
H. Buske / T. Keiderling

Wanderdrucker. Es handelt sich um einen ambulanten Berufsausüber, der v. a. in der Frühdruckzeit sowie im frühen 16. Jh. häufig anzutreffen war. Diese Form hatte zwei Ursachen: Zunächst war der Druck (Handwerk) innerhalb einer Stadt oftmals mit dem Bürgerrecht verbunden, das Auswärtige nicht so einfach erlangen konnten. Ihnen blieb nur die Möglichkeit, sich zeitweilig und geduldet in Städten aufzuhalten. Ein zweiter Grund liegt in der begrenzten Kundschaft an einem Ort, so dass eine ständige Berufsausübung oftmals nicht lukrativ war. Insofern mussten viele Buchdrucker zu ihrem Publikum «wandern». Dies galt auch für Druckerverleger, die sich durch Buchführer, Agenten bzw. Kolporteure in anderen Städten vertreten ließen (↗ Wanderbuchhandel). Über die konkrete Tätigkeit der W. wissen wir quellenbedingt nur wenig. Sie führten oftmals kleinere Auftragsdrucke aus und boten sie auf Märkten oder an Ständen feil. Zumeist handelte es sich um liturgische Bücher wie Breviere, Missalia und Grammatiken. Ferner sind astrologische und medizinische Bücher, Universitätsreden sowie Einblattdrucke bezeugt.
T. Keiderling

Wappenbuch, Wappenkunde ↗ Heraldik

Wappeneinband ↗ Bemalter Einband

Warengruppe ↗ Warengruppensystematik

Warengruppenabonnement (auch Warengruppenpaket). Alle Barsortimente bieten dem Sortimentsbuchhandel Abonnements bzw. Pakete mit Remissionsrecht an, damit Buchhandlungen ohne Risiko neue Bereiche am Rand ihres Sortiments testen und erweitern können, die bestimmten Warengruppen (der Bücher oder Non-Books wie Spiele, Filme auf DVD, Hörbücher usw.) zugeordnet werden können. Die W.s können einzeln oder im Abonnement (regelmäßig) bezogen werden. Buchhändler profitieren auf diese Weise von der Einkaufskompetenz und der Markteinschätzung der Einkäufer im Barsortiment, die die Pakete i. d. R. in Absprache mit den Verlagen oder anderen Herstellern (DVD, Spiele usw.) bestücken. *T. Bez*

Warengruppensystematik (des deutschen Buchhandels). Immer wieder hat es in der Vergangenheit Bemühungen im Buchhandel gegeben, eine einheitliche W. einzuführen. Die Klassifikation der Deutschen Nationalbibliothek hat sich für betriebswirtschaftliche Auswertungen im Buchhandelsalltag nicht bewährt. 1996 wurde von den großen Barsortimenten in Deutschland eine W. entwickelt, die dem Buchhandel wesentliche Erleichterungen bietet. Sie ist 2006 überarbeitet worden (gültig seit 1. Januar 2007) und kann im Internet beim Börsenverein heruntergeladen werden (https://www.boersenverein.de/sixcms/media.php/976/wgs2012.pdf).

Die hierarchische Gliederung erlaubt unterschiedlich großen wie spezialisierten Buchhandlungen einen sinnvollen Einsatz. Besonders für Buchhandlungen mit Warenwirtschaftssystemen bedeutete die einheitliche Systematik eine wesentliche Arbeitserleichterung, da die Warengruppeneinteilung nicht mehr beim Wareneingang in den Buchhandlungen vorgenommen werden muss. Sie dient dem Sortimenter also dazu, eine Neuerscheinung bzw. einen bestellten Titel einem konkreten Verkaufssegment zuzuordnen, im Laden «an der richtigen Stelle» zu präsentieren und später systematisch abzurechnen, um einen Überblick zu erhalten, welche Warengruppen am besten verkauft wurden. Natürlich sind im Einzelfall auch Überschneidungen möglich, wenn sich z. B. ein Reiseführer an Jugendliche richtet und nur in eine der beiden Warengruppen eingeordnet werden kann. Die Barsortimente wenden auf ihren Gesamtbestand eigene, an die Warengruppensystematik von 1996 angelehnte Warengruppen an. Die Internationalisierung des Buchhandels und die Verlagerung der Recherche in das Internet erfordern die Vergabe weiterer, stärker differenzierter Klassifikationsmerkmale. Auf der Leipziger Buchmesse 2013 wurde (Pan-)Thema vorgestellt. Die Weiterentwicklung der BIC/BISAC (Großbritannien/USA) und ihre weltweite Anwendung ist auch im deutschsprachigen Raum in Arbeit und die Klassifikation Thema ist im Herbst 2016 in Deutschland eingeführt. *T. Bez / T. Keiderling*

Warenhausbuchhandel. Der W. gehört zu den Nebenmärkten des verbreitenden Buchhandels. Seine Merkmale sind der zentrale Einkauf des Grundsortiments, die Lagerhaltung über das Warenwirtschaftssystem, eine werbewirksame Warenpräsentation, Selbstbedienung und Versorgung von Laufkundschaft, d. h. die Ausführung von Kundenbestellungen spielt nur eine geringfügige Rolle. Die ersten W.lungen in Deutschland entstanden am Ende des 19. Jh.s (Wertheim, 1892). Die Buchabteilung ist ein gegenüber anderen Warengruppen gleichrangiges Verkaufssegment des Gesamtkonzepts, d. h. die Buchabteilung musste als Einzelabteilung nicht zwangsläufig rentabel arbeiten. Das Sortiment setzte sich hauptsächlich aus Geschenkbüchern, Koch- und Bilderbüchern sowie belletristischen Buchreihen zusammen; zudem wurden Restauflagen (↗ Modernes Antiquariat) und Sonderausgaben verkauft. Beliefert wird der W. durch spezialisierte Grossisten des Zwischenbuchhandels, sog. ↗ Rack-Jobber, die im Auftrag des Warenhauses i. d. R. selbst die Entscheidung treffen, welche konkreten Titel in das Sortiment gelangen. Ausschlaggebend ist eine gewünschte Spanne des Umsatzes (↗ Lagerumschlagsgeschwindigkeit). *C. Haug / T. Keiderling*

Warenwirtschaftssystem. Um jederzeit einen Überblick über die Warenbestände zu haben, rechtzeitig zu ordern oder Überbestände abzubauen, setzten sich im Zuge der Einführung der Informationstechnologie (EDV) im Buchhandel W.e durch, in denen alle Buchungen von der Bestellung über den Wareneingang, die Lagerung, den Verkauf und die eventuelle Remission festgehalten werden. So kann ausgewertet werden, welche Titel oder Warengruppen am besten verkauft werden, welche Titel zeitweise nicht verfügbar waren, in welchen Warengruppen es Über- oder Altbestände gibt und wann und wie optimal nachbestellt werden muss. W.e werden im Buchhandel sowohl von Softwarehäusern als auch von den Barsortimenten angeboten und im Rahmen weitergehender Dienstleistungen unterstützt, um die Buchungen zu erleichtern, z. B. durch die Sendung elektronischer Lieferscheine zur Wareneingangskontrolle und durch die Etikettierung aller gelieferten Bücher mit entsprechender Codierung von Titelnummer, Bestellzeichen und Lagerort. *T. Bez*

Wärmekopierverfahren ↗ Thermografie

Waschzettel ist ein Werbemittel eines Verlags, das bei der Erstveröffentlichung eines Werks denjenigen Exemplaren beigefügt wird, die als Besprechungsexemplar an Zeitschriften- und Zeitungsredaktionen sowie persönlich an Buchkritiker versandt werden, um sie über Inhalt und Zweck des Buches zu unterrichten. Manche Zeitungen drucken den W. unverändert als Besprechung ab. Gelegentlich wird auch der Klappentext als W. bezeichnet. *G. Pflug*

Wasserdichtes Papier. Grafische Papiere sind durch ihre bei der Herstellung eingebrachte Leimung in je nach intendiertem Verwendungszweck unterschiedlichem, jedoch stets eher geringem Grad wasserfest. Für technische Zwecke kann das Verhalten gegenüber Wasser durch Imprägnieren, Beschichten oder Kaschieren mit geeigneten Substanzen (Kunststoff, Silikon, Paraffin) modifiziert werden: eingeschränkt und nur bei längerem Kontakt wasserdurchlässig bis voll wasserdicht und wasserabweisend. W. P. findet in der Buchrestaurierung Verwendung, sonst auch als Verpackungsmaterial bei Schiffstransporten. *H. Bansa*

Wasserflecken entstehen, wenn gealtertes, d. h. chromophore Abbauprodukte (↗ Vergilben) enthaltendes Papier in Teilen mit flüssigem Wasser in Kontakt kommt. Sie bestehen aus diesen Abbauprodukten, die von dem Wasser gelöst und an den Rand des durchnässten Bereichs geschwemmt wurden. Sie können i. d. R. durch Wässern entfernt werden. Nur bei älteren W., in denen die Abbauprodukte in eine unlösliche Form übergegangen sind, wäre ein Bleichen zu erwägen. ↗ Fleckenentfernung auf Papier *H. Bansa*

Wassermarke ↗ Wasserzeichen

Wasserzeichen. Echte W. entstehen während des europäischen Herstellungsprozesses von Papier, indem sich der noch flüssige Papierbrei in geringfügig unterschiedlicher Dicke auf dem Sieb der Schöpfform anlagert respektive dessen Oberflächenstruktur reliefartig abbildet. Im Durchlicht erscheinen die dünneren Stellen heller. Wird die Schöpfform durch Stege stabilisiert und weist das Schöpfsieb Rippen auf, so verleihen diese Elemente dem Papier die bekannte Vergé-Struktur. Durch metallene Formzeichen, die auf das Sieb aufgenäht oder beim Maschinenpapier durch den Egoutteur (↗ Dandy-roll) übertragen werden, konnten die Papiermacher so die Produkte individualisieren und die Herkunft des Papiers kennzeichnen. Das W. erhielt die Funktion einer Marke oder eines Warenzeichens. Es bestand i. d. R. aus Einzelbuchstaben, Signeten, Schriftzügen oder bildhaften Darstellungen. Verbreitet waren die Bild-W. des Ochsenkopfes, des Baselstabes, der Krone, des Turms, zudem bediente man sich des Formenvorrats der Heraldik. Das älteste W. wurde für 1282 in Bologna nachgewiesen. Ab dem 16. Jh. sind auch Gegenmarken geläufig. In der Neuzeit kam es zur Entwicklung vollflächiger W. oder sog. Schatten-W., welche durch die Formung eines Drahtnetzes verschiedene Graustufen und eine hohe Plastizität der Darstellung ermöglichten. Als unechte W. bezeichnet man alle Versuche, optische Erscheinungen im Papier durch nachträgliche Maßnahmen (Abkratzen, Prägen, farbliches Aufdrucken) herbeizuführen. *H. P. Neuheuser*

Wasserzeichenforschung. Seit dem ausgehenden 18. Jh. erwachte ein antiquarisches Interesse an den Wasserzeichen. G. Fischer von Waldheim (1771–1853) gehörte zu den ersten, die Wasserzeichen in alten Dokumenten und Drucken systematisch beschrieben und dokumentierten. W. L. Sotheby (1805–1861) legte in seinen «Principia typografica» 1858 eine frühe Dokumentation der in Blockbüchern anzutreffenden Wasserzeichen vor. Es folgten zahlreiche Grundlagenarbeiten sowie Wasserzeichenfindbücher im ausgehenden 19. und frühen 20. Jh. G. Piccard (1909–1989) schuf mit dem Aufbau einer schließlich ca. 95.000 Zeichnungen umfassenden Wasserzeichenkartei, ein völlig neues Arbeitsinstrument. Seit den 1980er Jahren wurden Wasserzeichen computergestützt dokumentiert und ausgewertet. Dabei wurden die Höhe und Breite der Wasserzeichen ebenso beachtet wie die Siebbespannung, der Kettlinienabstand und die Dichte der Rippdrähte. Ein von der Internationalen Arbeitsgemeinschaft der Papierhistoriker (IPH) veröffentlichter Standard dient diesem Ansatz. Neben den traditionellen Methoden der Durchlichtpause, der Abreibung und der Durchlichtfotografie im Bereich des sichtbaren Lichts kamen ergänzend bildgebende Verfahren wie die ↗ Elektronenradiografie hinzu. Fortschritte der Computertechnik und internationalen Vernetzung via Internet führten seit ca. 2000 dazu, dass Wasserzeichen zunehmend über Onlinedatenbanken recherchiert werden können. Europaweite Kooperation im Rahmen des Projekts Bernstein (www.memoryofpaper.eu) hat zu einer einheitlichen multilingualen Beschreibung der Wasserzeichen geführt. Der Datenbestand des Portals weist allerdings nur Wasserzeichen des 14. bis 17. Jh.s nach, so dass man gegenwärtig für die nachfolgende Zeit auf gedruckte Verzeichnisse oder auf Sammlungen wie die des Deutschen Buch- und Schriftmuseums der Deutschen Nationalbibliothek in Leipzig angewiesen ist. *F. Schmidt*

Wasserzeichenwalze ↗ Dandy-roll

WCT (WIPO-Urheberrechtsvertrag) ↗ Übersetzungsrecht ↗ Urheberrechtsabkommen

Web 2.0, Bezeichnung für eine Reihe interaktiver und kollaborativer Elemente des Internets, insbesondere des WWW. Zur Etablierung des 1999 erstmals verwendeten Begriffs W. hat ein Artikel «What is Web 2.0» von Tim O'Reilly (geb. 1954) 2005 beigetragen. W. steht für innovative Technologien und für eine veränderte Nutzung und Wahrnehmung des Internets. Die Erstellung und Verbreitung von Inhalten über das Internet liegt nicht mehr nur bei Medienunternehmen u. a. Organisationen, sondern wird auch von einer Vielzahl von Benutzern übernommen, die mittels ↗ sozialer Software miteinander kommunizieren und kooperieren (↗ User-Generated Content). Für die neue Rolle des Benutzers hat sich mittlerweile der Begriff Prosumer etabliert; Benutzer sind nicht mehr nur Konsumenten, sondern auch Produzenten von Inhalten (Customer Created Content). Mit diesem Rollenverständnis steht W. im Gegensatz zu Web 1.0, in dem wenige Bearbeiter vielen passiven Benutzern gegenüberstehen. Die veränderte Nutzung des Internets im W. ging einher mit einer Aufhebung der klaren Trennung zwischen lokal verteilten bzw. zentral gehaltenen Daten sowie lokalen bzw. netzbasierten Anwendungen, der Verlagerung von privaten Daten ins Internet und der Integration von Webinhalten verschiedener Dienste über offene Programmierschnittstellen zu neuen Diensten (Mashups). Charakteristisch für die W.-Ära ist auch ein geändertes Softwarekonzept (Abschaffung von Software Upgrade-Zyklen, Nutzungsmöglichkeit von Software über die Grenzen einzelner Geräte hinaus). Typische W.-Technologien sind Abonnementdienste (↗ Feeds), durch die Benutzern neue Inhalte einer Website automatisch angezeigt werden (RSS, Atom), Web-Anwendungen, die wie Desktop-Anwendungen genutzt werden können (z. B. AJAX), und Webservices, durch die bestehende Dienste verschiedener Anbieter zu einem neuen, leistungsfähigeren oder umfassenderen Dienst zusammengefasst werden. Viele populäre Internet-Anwendungen zählen zum W.: Wiki, Weblog, Podcasting, virtuelle Welt, gemeinschaftliches Indexieren, Social News, Media Sharing-Plattformen, soziale Medien. Besonders bei jungen Benutzern beliebt sind soziale Netzwerke wie Facebook oder YouTube. Für Kritiker ist der Begriff W. eine Marketingblase, weil viele Innovationen, die von anderen Technologien und Zielsetzungen ausgehen, dem W. zugeordnet werden. Für T. Berners-Lee (geb. 1955), den Gründer des WWW, lag das neue Netzverständnis des W. bereits dem Web 1.0 zugrunde; auch sein Konzept des ersten Browsers hatte bereits das Publizieren und Konsumieren von Inhalten ermöglicht. Weil der Begriff W. große Popularität erreicht hat, wurde das Begriffsschema auf viele andere Bereiche übertragen (z. B. Bibliothek 2.0, Fernsehen 2.0, Gesundheit 2.0, Lernen 2.0, Politik 2.0, Unternehmen 2.0, Universität 2.0, Wirtschaft 2.0). In die Diskussion um die Zukunft des WWW wurde mittlerweile der Begriff Web 3.0 eingeführt, für den sich bisher allerdings keine eindeutige Definition etabliert hat. Während manche das ↗ Semantic Web als Web 3.0 bezeichnen, verwenden andere diesen Begriff zur Beschreibung der erwarteten Weiterentwicklung des WWW durch die Verbindung von innovativen W.-Services mit profitablen Geschäftsmodellen. Mittlerweile wird sogar schon der noch weiterführende Begriff Web 4.0 ins Gespräch gebracht, der eine neue Qualität der Wertschöpfungsprozesse durch Kollaboration in Netzwerken und die unterstützende Intelligenz und Automatisierung von Prozessen durch Systeme darstellen soll. Die weitere Entwicklung bleibt abzuwarten.

B. Bauer

Web 3.0 ↗ Semantic Web ↗ Linked Open Data ↗ Web 2.0

Web der Daten ↗ Semantic Web ↗ Linked Open Data

Webcasting ↗ Narrowcasting

Webcrawler ↗ Crawler

Weblog ↗ Blog ↗ Videoblog

Web-Log-File (auch Logdatei, Protokolldatei oder Ereignisprotokoll) eines Servers; sie enthält – automatisch erstellt – alle Informationen über Zugriffe auf Dateien, die auf dem Server liegen, z. B. Zeitpunkt des Zugriffs, Domainadresse, IP-Adresse. Die Daten liefern Informationen über die Interaktionen der Nutzer und lassen darauf schließen, wie die Webseite genutzt wird. ↗ Logfile-Analyse

Web-Log-File-Analyse ↗ Logfile-Analyse

Webradio ↗ Internet-Radio

Web-Roboter ↗ Crawler

Website, Webseite ↗ World Wide Web

Wechselheftung. Im Unterschied zur Durchausheftung (↗ Handheftung) werden beim Buchbinden mit einer Fadenführung zwei Lagen gleichzeitig geheftet, um bei Büchern mit vielen dünnen Lagen eine zu starke Steigung zu vermeiden. Der Heftfaden wird beim Austritt aus der ersten Heftstelle der ersten Lage in die zweite Lage gestochen und aus der zweiten Heftstelle der zweiten Lage zurück in die erste Lage geführt. So wird der Faden wechselweise bis zum Fitzbund in beiden Lagen geführt. Um eine bessere Haltbarkeit des Buchblocks zu erzielen, werden die ersten und letzten Lagen i. d. R. durchaus geheftet. *G. Brinkhus*

Weg, goldener und grüner ↗ Open Access

Wehrmachtausgabe bezeichnet eine Publikation, die speziell für die Soldaten der deutschen Wehrmacht zwischen 1939 und 1945 hergestellt wurde. In der Anfangszeit war diese noch nicht besonders gekennzeichnet, dementsprechend schwierig ist oftmals die Identifizierung. Ab 1942 wurde offiziell die Produktion von ↗ Feldpostausgaben angeordnet. Sie mussten den Eindruck «Feldpostausgabe» tragen und durften bestimmte Gewichtsgrenzen nicht überschreiten. W. wurden von privaten Verlagen (besonders Bertelsmann, Insel, Reclam, Velhagen & Klasing u. a.) produziert, jedoch auch von der Wehrmacht selbst. Inhaltlich dominierte Unterhaltungsliteratur, auch Ausgaben von deutschen Klassikern kamen vor. Ideologisch gefärbte Texte machten nur einen kleinen Teil innerhalb der W. aus. Insgesamt rechnet man mit über 30 Mio. produzierter Exemplare der W.n. *H.-C. Pust*

Weibliche Bibliophilie ↗ Frauen in der Bibliophilie

Weibliche Buchhändler und Buchdrucker ↗ Frauen im Buchhandel und Buchgewerbe

Weichgradierung ↗ Vernis mou

Weißbuch ↗ Buntbuch

Weiße Kunst, poetische, v.a. in werbender Intention eingesetzte Bezeichnung für die Papiermacherei, vorwiegend die handwerkliche. Der Begriff ist ein Pendant zur «Schwarzen Kunst», der entsprechenden Bezeichnung für die (handwerkliche) Buchdruckerei.

Weißgerbung ↗ Alaungerbung

Weißschnitt ist ein Umkehrverfahren. Die Linien werden nicht als Stege ausgespart wie im Holzschnitt, sondern in das Holz eingeschnitten. Sie erscheinen im Druck weiß auf schwarzem Grund. Im 15. Jh. finden sich nur Ansätze zu dieser Technik, versteckt z. B. in A. Dürers (1471–1528) frühesten signierten Holzschnitten. Um 1500 gibt es reine W.e, z. B. die Folge schweizerischer Landsknechte von U. Graf (1495–1529). Im 20. Jh. wurde der W. häufig von den Expressionisten angewandt. Sonderformen des W.s sind die Schrotblätter, die auf weichen Metallplatten ausgeführt wurden. Sie waren in der zweiten Hälfte des 15. Jh.s beliebt. Man erkennt sie an den eingeschlagenen Punzierungen, mit denen der Hintergrund verziert ist. *R. Busch*

Weiterverarbeitung ↗ Druckweiterverarbeitung

Wellpappe, eine aus mehreren Lagen (selten nur einer Lage) gewellten Papiers hergestellte Pappe, die als Verpackungsmaterial und zum Ausstopfen von Hohlräumen in Packstücken verwendet wird.

Welschband, Bezeichnung für einen Halbpergamentband (↗ Halbband) des 18. Jh.s, dessen Deckel mit buntem Kleisterpapier bezogen ist. Im 16. Jh. wurde als «welsche» Einbandart die Schmuckweise des italienischen und französischen Renaissanceeinbandes bezeichnet, die im Gegensatz zum deutschen Renaissanceeinband meist mit reicher Vergoldung versehen war. *G. Brinkhus*

Weltbibliografie ist eine im 19. Jh. aufgekommene Bezeichnung für Projekte zur vollständigen Erfassung der veröffentlichten Schriften (Drucke) aller Länder und Zeiten ggf. unter Einschluss des Inhalts der Periodika. Anregungen und Überlegungen dazu kamen von Bibliothekaren wie M. Schrettinger (1772–1851), J. Petzholdt (1812–1891), W. Erman (1850–1932) u. a. Ein erster praktischer Versuch bestand in dem Brüsseler «Répertoire Bibliographique universel» von 1895, das 1934 aufgegeben wurde. Der Idee einer W. wurde stets mit dem Missverhältnis von Aufwand und Nutzen widersprochen. Heute entspricht der in den USA geführte ↗ Worldcat in der geografischen, nicht jedoch historischen Dimension ansatzweise dieser Idee, der elektronisch die bibliografischen Daten vieler Nationalstaaten übernimmt (https://www.worldcat.org/). *T. Keiderling / F. Nestler*

Weltchronik ist eine seit dem Mittelalter nachgewiesene, universal ausgerichtete Darstellung der Weltgeschichte, die neben der biblischen und kirchlichen Geschichte auch Ereignisse der profan-weltlichen Geschichte berücksichtigt. Sie verfolgt eine grundsätzlich heilsgeschichtliche Konzeption und umfasst meist den Zeitraum von Anbeginn der Schöpfung bis zur Gegenwart des Autors, mitunter ergänzt um einen eschatologischen Ausblick. Insbesondere in hoch- und spätmittelalterlichen W.en überwiegt der Anteil der Zeitgeschichtsdarstellung. Neben der Wissensvermittlung dienten W.en der ethisch-moralischen Belehrung und Erbauung ihrer Leser, einzelne Werke wurden dezidiert für die Prinzenerziehung verfasst. Die Forschung unterscheidet drei Typen von W.en, die oft vermischt auftraten: a) den chronologischen Typ, der aufgrund seiner meist annalistischen Darstellung mit knapp gehaltenen, syntaktisch einfachen Sätzen

«Le Répertoire Bilbiographique Universel» um 1900. Wikipedia (Frankreich) im gleichnamigen Artikel.

leicht fortgesetzt werden konnte; b) den erzählenden Typ, der meist eine in einzelne Bücher gegliederte, didaktisch und geschichtsphilosophisch reflektierte Weltgeschichte präsentierte; c) den enzyklopädischen Typ, der häufig mit umfangreichen Namenslisten von Kaisern und Päpsten aufwartete. ↗ Chronik *A. Kosuch*

Weltformat (Papierformat) ↗ DIN-Format (Papier)

Welthilfssprache ↗ Plansprache ↗ Polygrafie

Welturheberrechtsabkommen (WUA), internationaler Vertrag, der 1952 in Genf beschlossen und 1971 wesentlich ergänzt wurde. Er enthält Mindeststandards, zu denen sich die Unterzeichnerstaaten in ihrer nationalen Gesetzgebung auf dem Gebiet des Urheberrechts verpflichten. Dazu zählen die Inländerbehandlung ausländischer Urheber und eine Mindestschutzdauer. Diese Bestimmungen sind auch Bestandteil des ältesten Urheberrechtsabkommens, der ↗ Berner Übereinkunft (1886; 1908: revidierte Berner Übereinkunft). Da die Berner Übereinkunft einen Schutz kraft Gesetzes vorsieht, wird durch das W. für Nichtmitgliedsstaaten der RBÜ das Copyrightzeichen anerkannt (↗ Copyright). Ergänzende internationale Verträge sind das TRIPS- und GATS-Abkommen, die insbesondere dem freien Warenverkehr geistigen Schaffens dienen. ↗ Urheberrechtsabkommen *G. Beger*

Wendebuch (auch Kehrband), ist ein gebundenes Codex-Buch, das jedoch anders bedruckt bzw. genutzt wird als ein «normales». Von der vorderen Umschlagseite (U1) aus liest oder beschreibt man es ca. bis zur

Mitte des Buchblocks. Die zweite Hälfte des Buches wird von hinten benutzt. Dazu «wendet» man das Buch kopfüber auf die hintere Umschlagseite (U4), die wiederum zur vorderen (U1[2]) wird. Nun kann man es erneut bis ca. zur Mitte des Buchblocks nutzen, wobei die Schrift im Vergleich zur anderen Buchhälfte auf dem Kopf steht. W.bücher werden von Verlagen gern für Kinderbücher und zweisprachige Textausgaben verwendet. Es gibt aber auch ein originelles und doppeldeutiges W., das die deutsche Teilung und «Wende» von 1989/1990 aus ost- und westdeutscher Sicht schildert – J. Schmidt (geb. 1970) und D. Wagner (geb. 1971): «Drüben und drüben. Zwei deutsche Kindheiten» 2014. ↗ Dos à dos *T. Keiderling*

Werbeabteilung (des Verlags) ↗ Verlag

Werbeagentur, Dienstleistungsunternehmen, das die Beratung, Konzeption, Planung, Gestaltung und Realisierung von Werbe- und anderen Kommunikationsmaßnahmen übernimmt. Gerade kleinere Verlage, die keine eigene Werbeabteilung besitzen, lassen sich von W.en beraten und beauftragen sie mit der Realisierung ihrer Werbedrucksachen. Neben der klassischen Werbung in den Massenmedien bedienen sich manche Verlage der Dienste von Agenturen für ganz spezielle, neuere Werbeformen wie Online-Werbung, Corporate Design, Direktmarketing, Eventmarketing u. a. m. *C. Gisevius*

Werbedrucksachen ↗ Buchhändleranzeige

Werbeetat, die Summe aller für einen bestimmten Zeitabschnitt oder für eine bestimmte Werbekampagne vorgesehenen Mittel. Der W. begrenzt die Aufstellung des Werbeplans.

Werbeforschung ist ein Teilgebiet der Marktforschung, die entweder durch ein Unternehmen, einen Branchen-Interessenverband (z. B. Börsenverein), Dienstleister (Umfrageinstitute) oder Hochschulen (nach eigenen Fragestellungen, nicht durch die Wirtschaft beauftragt) geleistet wird. Die W. hat die Aufgabe, die Produktion, den Einsatz und die Verteilung von Werbemitteln aller Art (Distribution), deren Rezeption und Wirkung sowie generell den Kommunikationsprozess rund um den werbenden Vorgang zu analysieren und ggf. zu verbessern. Sie arbeitet v. a. mit ↗ empirischen Methoden, mit Beobachtung und Befragung. ↗ AIDA-Modell ↗ Bannerwerbung ↗ Buchwerbung ↗ Einschaltquote ↗ Media-Analyse ↗ Gemeinschaftswerbung ↗ Recall-Verfahren ↗ Werbeträgeranalyse ↗ Werbung *T. Keiderling*

Werbender Buch- und Zeitschriftenhandel (WBZ) gehört nach der Satzung des Börsenvereins zum Verbreitenden Buchhandel (§ 6 Abs. 3 Ziff. 3 der Satzung). Im Unterschied zum klassischen Reise- und Versandbuchhandel beschränkt sich der WBZ auf die Akquisition und Betreuung von Abonnements für Zeitschriften (selten für Zeitungen) und bis 2015 auch von Mitgliedschaften in Buchgemeinschaften (Buchclub). Z. T. wirbt er noch Kunden für Versicherungen. Er bediente sich bisher sowohl der Reisenden oder Vertreter als auch des klassischen Versandes (Mailings per DFÜ und Post). Die Tür-zu-Tür- und die Telefonwerbung gehen – wie alle Formen der direkten Ansprache – zugunsten der Akquisition im Internet zurück, weil gesetzliche Vorschriften die Akquisition und die Werbung an der Haustür, per Telefon und Mailing im Sinne der Verbraucher einschränken. Der WBZ hat sich in einem eigenen Verband zusammengeschlossen: Bundesverband Abonnement e. V. in Berlin (www.bmd-verband.de). *T. Bez*

Werbeträger werden alle ↗ Medien genannt, die Werbebotschaften transportieren können. Dazu gehören u. a. die Massenmedien Presse, Rundfunk (Hörfunk und Fernsehen), Film/Video, Foto, das Internet (Bannerwerbung), ferner auch Printmedien wie das Plakat, Flugblatt oder Flugschrift, kaum das Buch. Darüber hinaus sind Produktproben und -verpackungen ebenso W. wie Einkaufstüten, Verkaufsraum- und Schaufenstergestaltungen und dgl. mehr. Im übertragenen Sinne können auch bekannte Persönlichkeiten zu W.n werden, indem sie bestimmte Werbebotschaften auf ihrer Kleidung oder innerhalb eines Werbespots präsentieren. Organisationen (u. a. Kultur- und Sportvereine) können ebenso W. sein, indem sie im Rahmen ihrer Veranstaltungen für Sponsoren und deren Produkte/Dienstleistungen werben. *H. Bohrmann / T. Keiderling*

Werbeträgeranalyse. Anwendungsgebiet der Werbewirkungsforschung, insbesondere wird aufgrund empirischer Datenerhebungen untersucht, welchen Erfolg/Nichterfolg bestimmte Werbeträger bei Kampagnen hatten und wie man die Wirkung künftig verbessern kann. In der Mediaplanung werden auf der Grundlage bisheriger Erfahrungen eine Auswahl (Mix, auch Intermediaselektion genannt) unterschiedlicher Werbeträger getroffen, die eine auf das Produkt und Dienstleistung bzw. Zielpublikum optimale Wirkung erzielen. Wichtige Kriterien sind dabei die beanspruchte Reichweite, die zur Verfügung stehende Zeit, das Medienverhalten des Publikums und das zur Verfügung stehende Budget. *T. Keiderling*

Werbewirkungsforschung ↗ Werbeforschung ↗ Medienwirkungsforschung

Werbung, Handlungsfeld der Kommunikationspolitik von Unternehmen und Organisationen. Ziel ist es, die Öffentlichkeit bzw. das Zielpublikum über eigene Produkte und Dienstleistungen zu informieren; diese sollen zum Kauf, zum Konsum bzw. zur Inanspruchnahme angeregt werden. W. gibt es jedoch nicht nur im Profit-, sondern auch Non-Profit-Bereich, wenn beworbene Produkte und Dienstleistungen kostenfrei genutzt werden können (z. B. im öffentlich finanzierten, kulturellen Raum: Museen, Ausstellungen, öffentliche Veranstaltungen). Die W. erfolgt über alle bekannten Arten von ↗ Werbeträgern. Die diesbezüglichen Maßnahmen werden in einer sog. Werbekampagne gebündelt und ggf. in ihrer Wirkung analysiert, um sie fortlaufend zu verbessern. W. grenzt sich von der ↗ Öffentlichkeitsarbeit ab, die einen allgemeinen Dialog eines Unternehmens bzw. einer Organisation mit der Öffentlichkeit herstellt, um den Bekanntheitsgrad und das Image einer Einrichtung mittel- und langfristig zu verbessern. Ebenso ist W. zu unterscheiden von werbenden Aktivitäten, die nicht im Einflussbereich eines Unternehmens oder einer Organisation stehen. ↗ Mund-zu-Mund-Propaganda ↗ Multiplikator *T. Keiderling*

Werk (Urheberrecht), urheberrechtlicher Normbegriff für persönliche geistige Schöpfungen der Literatur, Wissenschaft und Kunst. Hierzu gehören nach § 2 UrhG: «1. Sprachw.e, wie Schriftw.e, Reden und Computerprogramme; 2. W.e der Musik; 3. pantomimische W.e einschließlich der W.e der Tanzkunst; 4. W.e der bildenden Künste einschließlich der W.e der Baukunst und der angewandten Kunst und Entwürfe solcher W.e; 5. Lichtbildw.e einschließlich der W.e, die ähnlich wie Lichtbildw.e geschaffen werden; 6. Filmw.e einschließlich der W.e, die ähnlich wie Filmw.e geschaffen werden; 7. Darstellungen wissenschaftlicher oder technischer Art, wie Zeichnungen, Pläne, Karten, Skizzen, Tabellen und plastische Darstellungen. Bildhauerei, Malerei und Grafik, Baukunst, angewandte Kunst und die Entwürfe solcher W.e.» Des Weiteren sind nach § 3 UrhG Übersetzungen und andere wesentliche Bearbeitungen eines W.s, die persönliche geistige Schöpfungen des Bearbeiters sind, wie selbstständige W.e geschützt. Nach § 4 UrhG gehören auch Sammel- und Datenbankw.e zu schützenswerten W.en. Ausschlaggebend ist hier eine bewusste, systematische bzw. methodische Auswahl oder Anordnung der Elemente als persönliche geistige Schöpfung. W.e müssen, um deutschen Urheberschutz zu genießen, von der Individualität des Künstlers geprägt sein und die erforderliche künstlerische Gestaltungshöhe (auch Schöpfungshöhe oder W.höhe) aufweisen, die im Einzelfall nachzuweisen ist und sich nach dem Recht des Schutzlands bestimmt. ↗ Geistige Schöpfung *T. Keiderling*

Werkbibliothek, Bibliothek, die meist von großen Unternehmen für die Bildung und Unterhaltung der Mitarbeiter betrieben wird. Heute existieren nur noch wenige W.en. 1898 gründete F. A. Krupp (1854–1902) mit der «Kruppschen Bücherhalle» die erste W. im deutschsprachigen Raum. Die W. darf nicht verwechselt werden mit einer Firmenbibliothek, die als Spezialbibliothek wissenschaftlicher Literatur für Forschung und Entwicklung im Unternehmen bereitstellt.

C. Köstner-Pemsel

Werkdruck ist der Druck von Büchern und Broschüren (im Gegensatz zum Akzidenz- und Zeitungsdruck) und erfolgt heute weitgehend im Offset- oder Digitaldruck.

Werkdruckpapier, Bezeichnung für ein geglättetes, jedoch ungestrichenes Papier zum Druck von Büchern, die überwiegend Text und nur wenige Abbildungen enthalten (z. B. Belletristik, Fachbücher). W. wird sowohl holzfrei als auch holzhaltig und heute meist mit Volumen (Dickdruckpapier) angeboten. Es enthält mehr oder weniger Füllstoffe zur Verbesserung der Opazität. *E.-P. Biesalski*

Werkform ↗ Druckform

Werkhöhe ↗ Werk

Werklieferungsvertrag ↗ Druckauftrag

Werksatz ist die Bezeichnung für den ↗ Satz von Büchern, also von literarischen oder sonstigen geistigen Werken eines Autors.

Werkvertrag, Vertrag bürgerlichen Rechts (§§ 631 ff BGB), aufgrund dessen jemand sich zur Herstellung des versprochenen Werks (auch Arbeit oder Dienstleistung), der Besteller zur Entrichtung der vereinbarten Vergütung verpflichtet. Ist die zu erbringende Leistung nur gegen Vergütung zu erwarten, so gilt diese als stillschweigend vereinbart. Die Höhe richtet sich mangels konkreter Absprachen nach dem Üblichen (§ 632 BGB). Häufigste Form des W. ist der Bestellvertrag (§ 47 VerlG). Im Zweifel ist der Bestellvertrag jedoch kein Verlagsvertrag, weil der Besteller nur bei entsprechender Vereinbarung zur Vervielfältigung und Verbreitung verpflichtet ist. Der Abschluss eines W.s ist auch denkbar zwischen Verlag und einem Buchillustrator oder Designer, wobei die Thematik des Buches die Auswahl des Bildsujets im Sinne von § 47 Abs. 1 VerlG genau vorschreiben kann. *L. Delp*

Werkzeitung (Werkzeitschrift) ↗ Betriebszeitung

Wertdruck ↗ Wertpapierdruck

Werther-Effekt, früher Begriff einer vermeintlich starken Rezeptions- und Medienwirkung, hier eines belletristischen Werks des «Sturm und Drang» von J. W. v. Goethe (1749–1832) «Die Leiden des jungen Werthers» 1774. Der Briefroman wurde innerhalb kürzester Zeit zu einem viel gelesenen Bestseller. Zeitgenossen beschrieben eine Art «Fankultur», die sich durch die Nachahmung des Haupthelden Werther in Kleidung, bis hin zum Freitod nach Romanvorlage ausdrückte. Letzterer ist jedoch nur in weniger als einem Dutzend Fällen belegt (in der Forschung unterschiedliche Angaben). Der W.-E. untersucht im erweiterten Sinn den Zusammenhang zwischen einem medial vermittelten Suizid (einer prominenten Persönlichkeit) und Nachahmertaten. ↗ Medienwirkungsforschung *T. Keiderling*

Wertpapier ist eine Urkunde, die ein privates Vermögensrecht dadurch verbrieft, dass jede Ausübung des durch sie bestimmten privaten Vermögens nur dem Besitzer des W.s möglich ist. Im Wirtschaftsleben wird es im Kredit-, Kapital- und Zahlungsverkehr benutzt. Jedes W. besitzt in Deutschland zu seiner eindeutigen Identifizierung eine sechsstellige Wertpapierkennnummer (WKN).

G. Pflug

Wertpapierdruck (Wertdruck) bezeichnet weder ein bestimmtes Druckerzeugnis noch ein besonderes Druckverfahren. Vielmehr werden verschiedene Druckverfahren entsprechend dem Design und Sicherheitsbedürfnis (z. B. Fehldrucke) einzeln und auch kombiniert eingesetzt. Zum Wertdruck zählen Postwertzeichen, sämtliche Ausweise, Pässe, Wertpapiere in börsenmäßiger Ausführung, Steuer- und Gebührenmarken, Post- und Bausparbücher u. a. m. Banknotendruck wurde und wird überwiegend von Staatsdruckereien gesondert behandelt.

C. W. Gerhardt

Wertschöpfungskette ist eine geordnete Reihung von wertschaffenden Tätigkeiten als Analyserahmen, die ein Betrieb oder auch mehrere zusammenarbeitende Betriebe einer Branche oder mehrerer Branchen zur Schaffung von Kundennutzen ausführen. Diese Tätigkeiten schaffen also Werte, verbrauchen Ressourcen und sind in Prozessen miteinander verbunden. Das Konzept wurde von M. E. Porter (geb. 1947) 1985 entwickelt. Nach ihm gibt es fünf Primäraktivitäten: 1. interne bzw. Eingangs-Logistik, 2. Produktion bzw. Operation, 3. Marketing & Vertrieb, 4. externe bzw. Ausgangs-Logistik, 5. Kundendienst/Service. Zu den Unterstützungsaktivitäten gehören Unternehmens-Infrastruktur, Personalmanagement, Technologie-Entwicklung und Beschaffung. Es gibt unterschiedliche Betrachtungsweisen von W.n, so etwa beim Buchhandel und der Buchherstellung: Autor – Verlag – Herstellerbetriebe (Zulieferer Papier und Pappe etc., Druckereien, Bindereien) – Zwischenbuchhandel – Sortimentsbuchhandel (↗ Disintermediation). Bei Filmen werden in zeitlicher Reihung verschiedene Produkte auf den Markt gebracht: Kino, dann Video/DVD, Pay-TV und Free-TV (auch via Internet), jeweils flankiert durch Merchandising. Die W. im Medienbereich ist heute im hohen Maße vom Einsatz unterschiedlicher Technologien geprägt, wie u. a. die Entwicklung von Computerspielen für unterschiedliche Software und Geräte (Computer, Mobilgeräte, Konsolen) zeigt. *T. Keiderling*

Wettbewerbsklausel ↗ Konkurrenzklausel

Wettbewerbsrecht. Allgemein gliedert sich das deutsche W. in zwei Bereiche: in das klassische W. (auch W. im engeren Sinne), mit dem unlautere Wettbewerbshandlungen unterbunden werden sollen (Gesetz gegen den unlauteren Wettbewerb, UWG von 2010), und in das Kartellrecht (Gesetz gegen Wettbewerbsbeschränkungen, GWB von 2013). Von Relevanz für den Buch- und Medienmarkt sind beide Bereiche, wobei der Schwerpunkt in der Praxis in der Bekämpfung unlauteren Wettbewerbs liegt. Handelt es sich beim Kartellrecht um ein Recht, bei dem das Einschreiten gegen Wettbewerbsbeschränkungen dem Staat vorbehalten ist (Kartellbehörden i. S. d. §§ 48 ff GWB), überwachen sich die Akteure am Markt in der Lauterkeit ihrer Wettbewerbshandlungen gegenseitig und verfolgen unlauteres Verhalten des anderen im Wege der Geltendmachung von Unterlassungsansprüchen gegeneinander. Das UWG verfolgt den Schutz der Mitbewerber und sonstiger Marktteilnehmer, der Verbraucher sowie das Interesse der Allgemeinheit an einem unverfälschten Wettbewerb (Schutzzwecktrias) und verbietet unlautere Wettbewerbshandlungen. Dieser in § 3 UWG als Generalklausel aufgestellte Grundsatz wird in §§ 4 ff UWG durch einen nicht abschließenden Katalog von Beispielsfällen ergänzt. So werden die irreführende Werbung, die vergleichende Werbung sowie die unzumutbare Belästigung als weitere Fallgruppen dem Lauterkeitsrecht unterworfen. *A.-D. Al-Jubouri*

Wettbewerbsregeln des Börsenvereins, Vereinbarungen zwischen Unternehmen, Beschlüsse von Unternehmensvereinigungen und aufeinander abgestimmte Verhaltensweisen, die eine Verhinderung, Einschränkung oder Verfälschung des Wettbewerbs bezwecken oder bewirken. Sie sind im Lichte des deutschen Kartellrechts zu sehen und zunächst grundsätzlich unzulässig (vgl. § 1 GWB). Allerdings gestattet es § 24 GWB Wirtschafts- oder Berufsvereinigungen, für ihren Bereich sog. W. aufzustellen. Dabei handelt es sich um Bestimmungen, die das Verhalten von Unternehmen im Wettbewerb mit dem Ziel regeln, den Grundsätzen des lauteren oder der Wirksamkeit eines leistungsgerechten Wettbewerbs zuwiderlaufenden Verhaltensweisen entgegenzuwirken und ein diesen Grundsätzen entsprechendes Verhalten anzuregen. Sie definieren mithin für eine Branche, was als unlauter anzusehen ist, und konkretisieren damit die generell gefassten Regelungen des Gesetzes gegen den unlauteren Wettbewerb (vgl. §§ 3 ff UWG). Der Börsenverein hat solche Regeln unter Beachtung der Usancen der Buchbranche aufgestellt. Auf Antrag des Börsenvereins wurden die W. 1983 vom Bundeskartellamt anerkannt, ebenso wie spätere Änderungen und Ergänzungen (Beschlüsse des Kartellamts von 1994). Die W. werden bei Rechtsstreitigkeiten von den Gerichten berücksichtigt. Darüber hinaus sind die Mitgliedsunternehmen des Börsenvereins nach dessen Satzung verpflichtet, die W. zu beachten.

A.-D. Al-Jubouri

Wettbewerbsverbot ↗ Konkurrenzverbot

WhatsApp, Instant-Messaging-Dienst (↗ Instant Messaging), der 2009 in den USA gegr. wurde und seit 2014 zum Konzern Facebook Inc. (USA, gegr. 2004) gehört. Benutzer können über W. Textnachrichten, Bild-, Video- und Ton-Dateien sowie Standortinformationen, Dokumente und Kontaktdaten zwischen zwei Personen oder in Gruppen austauschen. Im weltweiten Ranking der Instant-Messaging-Dienste befindet sich W. derzeit (2018) auf Platz 1 vor Facebook Messenger und WeChat (China). Immer wieder ist das Unternehmen wegen seiner allgemeinen Geschäftsbedingungen, die Nutzerdaten zu kommerziellen Zwecken nutzen lässt, insbesondere der Weitergabe von Daten an Facebook sowie Sicherheitslücken, in der öffentlichen Kritik.

T. Keiderling

Wickelbroschur, nur noch selten verwendete Broschurenart. Um den mit Vorsätzen versehenen Broschurenblock wird vom hinteren Vorsatzblatt über den Rücken auf den vorderen Vorsatz ein mit Klebstoff versehenes Einbandmaterial «gewickelt». Anschließend wird der Block dreiseitig beschnitten.

G. Brinkhus

Wickelfalzung, Parallelfalzung, bei der jeder Bruch in die gleiche Richtung erfolgt. Der beim ersten Bruch entstehende Papierabschnitt wird bei den folgenden Falzungen «eingewickelt».

G. Brinkhus

Widerdruck heißt der erneute Druckvorgang, der die noch leere Bogenrückseite betrifft. Er soll mit dem Satzspiegel der Vorderseite (↗ Schöndruck) deckungsgleich sein und setzt darum Genauigkeit und Sorgfalt voraus (Registerhalten).

Widget (Applet), Kofferwort vermutlich aus «Window» (Fenster) und «Gadget» (kleines technisches Ding). Sammelbegriff für Anwendungen, die als selbstständige Sets von Bedienelementen innerhalb einer Wirtsanwendung geladen und verwendet werden, oft als Fenster innerhalb der grafischen Benutzeroberfläche des Betriebssystems z. B. eines PCs, Mobiltelefons oder Browsers, aber auch innerhalb serverseitiger Webanwendungen wie sozialen Netzwerkdiensten. W.s, die als interaktive Miniaturanwendungen auch auf Datenquellen jenseits des Wirtssystems zugreifen können (Mashup) gelten als typische Anwendungsvariante des ↗ Web 2.0, da sie – oft unter Verwendung verbreiteter Webtechnologien wie HTML und JavaScript – ein Interagieren mit Daten und Diensten unterschiedlicher Urheber innerhalb einer einheitlichen, vom Endanwender konfigurierbaren Benutzeroberfläche erlauben.

L. Heller

Widmung ↗ Dedikation

Widmungsblatt ↗ Dedikationsblatt

Widmungsexemplar ↗ Dedikationsexemplar

Wiederabdruck ↗ Reprint

Wiederdruck ↗ Nachdruck

Wiederholungslektüre steht in der ↗ Lese(r)forschung zunächst für die Gewohnheit, einen bekannten Text immer wieder zu lesen. Die W. wurde in der zweiten Hälfte des 18. Jh.s abgelöst durch das einmalige Lesen immer neuer Texte. (Zur Kritik an diesem Wandel im Leseverhalten ↗ Leserevolution.) In der neueren Literaturwissenschaft gilt W. auch als Qualitäts- und Differenzierungsmerkmal für anspruchsvolle Literatur. Sog. ↗ Trivialliteratur verbrauche sich demnach – anspruchsvolle Literatur erfordere W.

G. Brinkhus

Wiederverkäufer ↗ Buchhändlerische Wiederverkäufer

Wiederveröffentlichung, erneute Publikation eines Mediums, z. B. eines Buches oder Tonträgers in unveränderter oder wenig veränderter Fassung. Dabei bleibt der ursprüngliche Titel gewöhnlich erhalten. W. ist nicht zu verwechseln mit der Neuauflage eines älteren Werks mit Veränderungen, ebenfalls nicht mit einer ↗ Titelauflage, die zur besseren Verkäuflichkeit mit einem neuen Titelbogen und teilweise fälschlichen Angaben als neue Auflage, Sonderausgabe etc., jedoch in alter Fassung veröffentlicht wird.

G. Hiersemann

Wiegendruck ↗ Inkunabel

Wiki (WikiWeb, WikiWiki), aus Hawaiianisch «schnell»; bezeichnet ein Hypertext-System für Webseiten und verfolgt das Ziel, gemeinschaftliches Arbeiten an Texten zu ermöglichen. Ein W. ist somit eine Anwendung des ↗ Web 2.0, bei der Benutzer Inhalte nicht nur lesen, sondern auch direkt im Browser verändern können. Durch die Einbeziehung möglichst vieler Leser als Autoren soll deren Wissen und Erfahrung bzw. deren kollektive Intelligenz genutzt werden. W.s sind Content Management Systeme (W.-Software oder W.-Engine), die auf einer einfach zu erlernenden Schriftauszeichnung und Verlinkung basieren. Weitere Charakteristika von W.s sind Links zwischen einzelnen Seiten eines W., die Versionsverwaltung sowie die Bereitstellung der meisten W.-Systeme als freie Software. Nachdem die ersten W.s Mitte der 1990er Jahre zur Verwaltung von IT-Projekten entwickelt worden waren, erfuhr das Konzept durch die Online-Enzyklopädie ↗ Wikipedia einen Popularitätsschub. Heute werden W.s in Wirtschaft, Wissenschaft und Kultur genutzt. W.s bieten differenzierte Nutzungsmöglichkeiten: 1. öffentlich zugänglich über das WWW, 2. lokales Netzwerk für abgeschlossene Benutzergruppen (Intranet), 3. persönliche Informationsorganisation auf einem einzelnen Computer (Desktop-W.).

B. Bauer

Wikipedia, Kofferwort aus Hawaiianisch «schnell»; und Englisch «Enzyklopädie»; ist eine 2001 u. a. von J. Wales (geb. 1966) in den USA gegr. Online-Enzyklopädie, die wiederum durch die 2003 gegr. Wikimedia-Foundation (gemeinnützige Gesellschaft nach US-amerikanischem Recht mit zahlreichen nationalen Tochtervereinen) verwaltet wird. Obwohl W. eine nicht kommerzielle, jedermann frei zugängliche Enzyklopädie ist (↗ Open Access), handelt es sich streng genommen um ein Produkt des ↗ Paid Content, da sich W. seit ihrer Gründung über jährliche (freiwillige) Spenden im Mio.-Bereich finanziert. Die Besonderheit von W. ist, dass sie von aktiven, angemeldeten Nutzern geschrieben wird und somit kollaborativ entsteht. Im Frühjahr 2007 wurde der bisherige Höhepunkt der Bearbeitungszahlen erreicht. Seither sind diese Zahlen gesunken, wobei es seit 2012 auch vermehrt automatisierte Skripte gibt. Die Qualität der Artikel ist höchst unterschiedlich und reicht von sog. exzellenten Artikeln (von W. 2002 als höchste «Bewertungsstufe» eingeführt; zweithöchste: «lesenswert»), über durchwachsene Artikel mit einem Mix von richtigen und unzutreffenden Fakten bzw. Aussagen, bis hin zu vorläufigen Aussagen- und Linksammlungen (u. a. bei Städte- und Länderartikeln) und schließlich «Baustellen» (Artikel, bei denen nur der Stichworteintrag angelegt wurde). Dennoch ist festzustellen, dass die Zahl der exzellenten Artikel und somit die Qualität von W. von Jahr zu Jahr gestiegen ist. Im Unterschied zu kostenpflichtigen Enzyklopädien online/offline aus der Feder von professionellen Redaktionen und externen Fachleuten (↗ Lexikonverlag) gibt W. zwar Gestaltungshinweise für Artikel, in der Umsetzung (einschließlich der verwendeten Zitier- und Literaturstandards) besitzen die Autoren jedoch große Freiheiten. Zudem findet – ein wichtiges Kriterium von traditionellen Enzyklopädien – keine Auswahl der als «wissenswert» eingeschätzten Lexikoneinträge statt (Thesaurus). So gibt es zahlreiche, z. T. geschönte Selbsteinträge von unbedeutenden Personen und Institutionen und randständige Begriffserklärungen, die «eigentlich» in einer Enzyklopädie nichts zu suchen haben. Positiv hervorzuheben ist die hohe Aktualität, die durch die zahlreichen Bearbeiter erreicht werden kann. Aktuelle Medienmeldungen finden sich oftmals nur Stunden später in W., etwa die Lebensdaten verstorbener Persönlichkeiten. Seit 2008 findet – ein interner Lernprozess bei W. – eine Sichtung von neuen Artikeln statt, die bei Unzulänglichkeiten wie Verleumdungen, bewussten Falschdarstellungen («Spaßeinträgen»), aber auch Urheberrechtsverletzungen, gelöscht werden. Zudem können die IP-Adressen auffälliger Manipulierer gesperrt werden. Somit gibt es bei W. Ansätze eines Qualitätsmanagements. Mittlerweile existiert W. in ca. 300 Sprachen, wobei die deutsche Ausgabe (seit 2001) neben der englischen mit derzeit ca. 2,2 Mio. Einträgen die viertgrößte ist. Hervorzuheben sind zahlreiche nationale Kooperationen, welche die Bedeutung von W. steigern. So sorgten z. B. in Deutschland Kooperationsverträge zwischen Wikimedia Deutschland, dem Bundesarchiv und der Universitätsbibliothek Dresden für die kostenlose Bereitstellung von Abbildungen. Die tägliche Nachfrage (Internetaufrufe) geht in den Mio.-Bereich und beweist, dass Enzyklopädien im digitalen Zeitalter nach wie vor eine große Rolle spielen; v. a. als Online-Medien. W.-Betreiber bezeichnen die Enzyklopädie daher zurecht als ein ↗ Massenmedium, mit der Besonderheit, dass sich eine Vielzahl von Nutzer-Bearbeitern daran beteiligt.   *T. Keiderling*

Winkeldrucker, abwertende Bezeichnung für einen unbedeutenden, wenig seriösen Drucker. «Winkel» weist auf einen abseitig-geheimen Tätigkeitsort hin; analog zur Bezeichnung «Winkeladvokat». Dieser Drucker produzierte einerseits unwichtige Literatur, oder er vervielfältigte andererseits – v. a. in der Reformationszeit – Kampf- und Schmähschriften (Flugschriften, Pamphlete), die sich gegen politische, religiöse und soziale Zustände der Zeit wendeten und von der Obrigkeit verfolgt wurden. Um dem zu entgehen, verbarg sich der W. oft hinter einer fingierten Firmierung oder verzichtete ganz darauf.   *S. Corsten*

Winkelhaken. Der W. ist ein im 16. Jh. aufgekommenes Gerät aus Holz, Messing oder Eisen für den Handsatz, der die einzelne Zeile aufnimmt, bevor sie auf dem Setzschiff zur Seite zusammengefügt wird. Es ist auf die jeweils benötigte Satzbreite, d. i. Zeilenlänge, zu verstellen. Ein beweglicher Schieber wird durch eine Schraube fixiert. Im 19. Jh. bemühte man sich um eine Verbesserung der Technik.   *S. Corsten*

WIPO-Urheberrechtsvertrag (WCT) ↗ Übersetzungsrecht ↗ Urheberrechtsabkommen

Wireless Local Area Network ↗ WLAN

Wire-O-Bindung, auch Drahtkammbindung ist ein Einzelblattheftverfahren. Dabei wird ein Drahtkamm durch die Löcher der Blätter gesteckt und anschließend zusammengebogen. Bei der Drahtspiralbindung wird hingegen eine Drahtspirale durch die Löcher gedreht und oben und unten verschlossen. Bei W-O gebundenen Produkten (etwa Kalendern) ist es möglich, einzelne Blätter um 360 Grad umzuschlagen.   *E.-P. Biesalski*

Wirklichkeit ↗ Medienwirklichkeit

Wirkungsforschung ↗ Medienwirkungsforschung

Wirtschaftsarchiv ↗ Archiv ↗ Verlagsarchiv

Wissenschaftliche Bibliothek (WB), Bibliothek (2), deren Hauptfunktion in der Informationsversorgung der Wissenschaft in Forschung, Lehre und Studium besteht. Im deutschsprachigen Bibliothekswesen bilden die WBen eine eigene Bibliothekssparte, die von der der Öffentlichen Bibliotheken (ÖB) unterschieden wird. In anderen Ländern weisen größere Public Libraries, die den ÖB vergleichbar sind, häufig auch Merkmale von WBen auf (z. B. New York Public Library). In Deutschland gehören die Stadt- und Lan-

Winkelhaken.

desbibliothek Potsdam und die Zentral- und Landesbibliothek Berlin zu den wenigen Bibliotheken, die zugleich ÖB und WB sind. Je nach Trägerinstitution, Versorgungsbereich (lokal, regional, überregional bzw. national), Zielgruppen und Art der Bestände sind die WBen in verschiedene Bibliothekstypen ausdifferenziert. Die wichtigsten Bibliotheksträger sind Hochschulen (Hochschulbibliothek), Kommunen (Wissenschaftliche Stadtbibliothek), staatliche Gebietskörperschaften mit ihren Einrichtungen (Landesbibliothek, Staatsbibliothek, Nationalbibliothek) und ferner auch Kirchen (z. B. Diözesanbibliothek). Dabei können WBen in wissenschaftliche Einrichtungen integriert sein (z. B. Universitätsbibliothek) oder institutionell eigenständig geführt werden (z. B. Forschungsbibliothek). Primäre Nutzergruppe sind die wissenschaftlich interessierten Teile der Bevölkerung im Gebiet des Bibliotheksträgers (z. B. bei einer Regionalbibliothek die Bevölkerung der jeweiligen Region) bzw. die Angehörigen der Institution, die die WB mit Information versorgt. Zumeist besteht bei Hochschulbibliotheken für wissenschaftliche Zwecke auch eine Benutzungsmöglichkeit für Externe. Je nach Art der Bestände handelt es sich bei einer WB um eine Spezial- oder Universalbibliothek (z. B. Nationalbibliothek). Neben ihrer Ausrichtung als wissenschaftliche Gebrauchsbibliothek nehmen die WBen abhängig von ihrem Bestand häufig Aufgaben als Archivbibliothek wahr. Besonders ausgeprägt ist die Archivfunktion bei National- und Regionalbibliotheken. Zentrale Aufgaben von WBen sind die Sammlung, Erschließung, Bereitstellung und Bewahrung wissenschaftlicher analoger und digitaler Information, die Vermittlung von Informationskompetenz und Medienkompetenz sowie zunehmend mit der Digitalisierung von Wissenschaft auch die Unterstützung der gesamten wissenschaftlichen Wertschöpfungskette, von der Speicherung von Primärdaten über die Organisation virtueller Forschungsumgebungen bis zur Betreuung des elektronischen Publizierens. Je nach Bibliothekstyp wird ein regionales oder nationales Pflichtexemplarrecht wahrgenommen und eine Regionalbibliografie oder Nationalbibliografie erstellt. *A. Brandtner*

Wissenschaftliche Literatur ist eine nicht exakte Bezeichnung für eine Literaturgattung, die im Gegensatz zur Belletristik Fachwissen vermitteln will. Sie gehört zu dem weiteren Begriff ↗ Fachbuch. ↗ Hochschulschrift

Wissenschaftliche Zeitschrift ↗ Fachzeitschrift

Wissenschaftlicher Verlag ↗ Fachverlag

Wissensgesellschaft, der Begriff wurde u. a. von R. E. Lane (1917–2017) 1966 und D. Bell (1919–2010) 1973 verwendet und meint eine westliche Gesellschaft, in der individuelles und kollektives Wissen einen hohen Stellenwert erlangt. Die W. greift demnach die Entwicklungen in modernen Dienstleistungsgesellschaften auf, die ebenso durch die Termini ↗ Informationsgesellschaft oder ↗ Mediengesellschaft erklärt werden können.
T. Keiderling

Wissenskluft-Hypothese (auch Knowledge-Gap-Hypothese), theoretische Annahme einer zunehmenden Kluft des Wissens aufgrund einer wachsenden sozioökonomischen Ungleichverteilung der Bevölkerung in Hochinformierte und Geringinformierte in der massenmedialen Gesellschaft. Erstmals formuliert wurde die Hypothese von P. J. Tichenor, G. A. Donohue und C. N. Olien 1970. Da die Massenmedien lange Zeit als Chance einer weltweiten Demokratisierung angesehen wurden, stellte die Hypothese das demokratische Grundprinzip der freien Information infrage. Die diesbezüglichen Befürchtungen wurden später in der These der ↗ Digitalen Spaltung nochmals konkretisiert, bei der es speziell um Wissen geht, das durch neue digitale Medien verbreitet wird. Allerdings ist es möglich, durch politische Entscheidungen, z. B. dem verfassungsrechtlich gewährleisteten freien Zugang zum Internet sowie durch soziale bzw. medienpädagogische Maßnahmen dieser Kluftbildung erfolgreich entgegenzuwirken. Die Annahme ist auch insofern ahistorisch, weil die Verfechter nicht berücksichtigen, dass es in früheren historischen Zeiträumen viel größere Wissenskluften in den Gesellschaften gegeben hat. ↗ Alphabetisierung ↗ Leserevolution   *T. Keiderling*

Witwe, eine aus dem Englischen übernommene Bezeichnung für einen Umbruchfehler, der in der deutschen Fachsprache ↗ Hurenkind genannt wird.

WLAN (Wireless Local Area Network) ist ein ↗ LAN mit der Besonderheit einer drahtlosen Verbindung.

WMAN (Wireless Metropolitan Area Network) ist ein ↗ MAN mit der Besonderheit einer drahtlosen Verbindung.

Wochenschrift ist ein Periodikum (↗ Presse (5), ↗ Zeitung), das einmal wöchentlich erscheint und somit zwischen einer ↗ Tageszeitung und einer vierzehntäglich oder monatlich erscheinenden Schrift steht. Die ersten nachweisbaren W.en im deutschsprachigen Raum waren die «Relation» und der «Aviso» Anfang des 17. Jh.s. Zu unterscheiden sind grundsätzlich Wochenzeitungen, die in der Aufmachung einer Tageszeitung ähneln und vornehmlich politischen Inhalts sind, sowie farbige Wochenzeitschriften, auch Magazine, zu unterschiedlichen Themenbereichen.   *T. Keiderling*

WorldCat. Aus dem 1971 online gegangenen OCLC Online Union Catalog mit zunächst 54 College- und Universitätsbibliotheken in Ohio hervorgegangener, von OCLC betriebener, inzwischen weltweit größter, über das Internet frei zugänglicher Verbundkatalog mit vielen Mio. Katalogisaten und ca. 422 Mio. bibliografischen Einträgen (Mai 2018) von Büchern, Zeitschriftenaufsätzen, Beiträgen aus Sammelbänden, audiovisuellen Medien, Musiktonträgern, Netzpublikationen, Digitalisaten, Objekten etc. aus weltweit ca. 72.000 (2018) Mitgliedsbibliotheken, -archiven, -museen und Verbünden, darunter zahlreiche deutsche wissenschaftliche Bibliotheken und Spezialbibliotheken. Der Service umfasst u. a. Leihverkehr und Dokumentlieferdienste.   *P. Hauke*

World Wide Web (WWW), das weltweite auf dem ↗ Internet basierende verteilte Hypertext-System. Es wurde Anfang der 1990er Jahre von T. Berners-Lee (geb. 1955) an der Forschungseinrichtung CERN entwickelt und fand schon nach kurzer Zeit explosionsartige Verbreitung. Das WWW ist heute neben E-Mail der mit Abstand am meisten verwendete Internetdienst. Zentrales Element ist die Webpage, die neben Texten auch Bilder, Audio- und Videodaten (Hypermedia) enthalten kann. Das WWW basiert auf der Client-Server-Architektur. Die Aufbereitung der Webpages erfolgt auf dem Client durch Browser (z. B. Firefox oder Microsoft Edge). Die vom Browser aufgerufene Webpage, die Teil einer Website ist (die Einstiegsseite einer Website wird als Homepage bezeichnet), befindet sich auf einem Webserver (z. B. Apache oder Microsoft Internet Information Server). Die Kommunikation zwischen Webclient und Webserver wird durch das Hypertext Transfer Protocol (HTTP) geregelt. Charakteristisch für dieses Protokoll ist, dass die Verbindung zwischen Client und Server nur bis zum Ende der Datenübertragung besteht. Da die Daten bei HTTP nicht verschlüsselt übertragen werden, wurde S-HTTP (Secure HTTP) bzw. später dann HTTPS entwickelt. HTML (Hypertext Markup Language) und URL (Uniform Resource Locator) sind zwei weitere Kernstandards des WWW. Eine URL identifiziert eine Webpage eindeutig. Durch Eingabe der URL in die Adresszeile des Browsers bzw. durch Auswahl eines zuvor gespeicherten Lesezeichens kann eine Webpage direkt aufgerufen werden. Alternativ können Links verfolgt werden. Wenn nicht bekannt ist, auf welchen Webpages sich die gesuchten Informationen befinden, bieten sich Suchmaschinen (z. B. ↗ Google) oder Internetkataloge an. Je nach Zugänglichkeit der Webinhalte unterscheidet man zwischen Surface Web, Deep Web, Invisible Web, Opaque Web, Private Web oder Proprietary Web. Webpages werden mit der plattformunabhängigen Hypertext Markup Language (HTML), die vom World Wide Web Consortium (W3C) entwickelt wurde, beschrieben. Damit werden mithilfe von Markierungen die Inhalte und insbesondere auch die Hyperlinks zu anderen Webpages festgelegt. Die Anordnung und Formatierung der Webinhalte kann auf Grundlage von

Cascading Style Sheets erfolgen. Dadurch kann eine Webpage für verschiedene Ausgabemedien (z. B. Computerbildschirm, Smartphone, Papier) aufbereitet werden. Die Datenerfassung wird durch HTML-Editoren erleichtert. Im Gegensatz zu HTML ermöglicht es die Extensible Markup Language (XML), über selbst definierte Tags eigene Sprachelemente aus vorhandenen zu definieren. Professionelle Web-Anwendungen kommen mittlerweile mit statischen HTML-Seiten nicht mehr aus. Zu diesem Zweck wurden Techniken zur Erzeugung von dynamischen Webpages entwickelt. Diese werden erst zum Zeitpunkt der Benutzeranforderung erzeugt, als Datenquellen dienen oft Datenbanken. Die Realisierung kann entweder durch clientseitige Programme (z. B. JavaScript, Java Applets) oder serverseitige Programme (z. B. Common Gateway Interface (CGI, PHP) erfolgen. Die Entwicklung des WWW ist noch lange nicht abgeschlossen, Schlagwörter wie Web 2.0, Semantic Web und Future Internet dokumentieren dies eindrucksvoll. *C. Schlögl*

Wortbildschrift. Die ältesten Schriftsysteme sind W.en. In ihnen wird die schriftliche Darstellung eines Begriffs durch das Bild des bezeichneten Gegenstandes wiedergegeben. Bei abstrakten Begriffen wird ein lautlich verwandtes Wort benutzt. Diese Schriftform wird Logografie genannt. Die W. ist seit dem 4. Jahrtausend v. Chr. im vorderasiatischen Raum in der Keilschrift nachweisbar, z. B. bei den Sumerern, Babyloniern, Assyrern, seit dem 3. Jahrtausend bei den Ägyptern in den Hieroglyphen. Sie wurde bereits von den Sumerern weiterentwickelt, so dass z. B. Verben oder abstrakte Begriffe wiedergegeben werden konnten. Dadurch wurde sie zur Ideografie. In der Neuzeit findet sich die W. z. B. in der Piktografie sowie v. a. im Chinesischen mit insgesamt 50.000 Zeichen. *G. Pflug*

Wörterbuch ist ein Nachschlagewerk, das über die sprachlichen Eigenschaften von Wörtern (Sprachw.) oder über die durch die Wörter bezeichneten Dinge und Sachverhalte Informationen bereitstellt (Sachw.). Auf die Informationen, die in einem W. stehen, greift der Benutzer über die jeweiligen Stichwörter zu, die entweder alphabetisch (semasiologisches W.) oder nach Sachgruppen (onomasiologisches W., Thesaurus) angeordnet sind. Die Inhalte von W.büchern variieren je nach Konzeption und Anwendungszweck. Ein Sprachw. kann z. B. Angaben zur Schreibung, Aussprache, Grammatik, Bedeutung und Verwendung eines Stichwortes enthalten. W.bücher können ein- oder mehrsprachig sein. Die Informationen, die ein W. bietet, müssen nicht notwendigerweise als Druckwerk präsentiert werden. In früheren Zeiten wurden z. B. Schiefertafeln hierfür verwendet, heutzutage sind viele W. auf CD-ROM oder im World Wide Web verfügbar (elektronisches W., Internetw.). *L. Lemnitzer/C. Kunze*

Wortlautschrift ist die schriftliche Darstellung der Lautung eines Wortes. Sie fand ihre erste Ausprägung im 6. Jh. v. Chr. auf Zypern. Dabei wurden ursprünglich nur Konsonanten wiedergegeben, wie heute noch im Hebräischen. Doch wurden schon bald die Vokale durch entsprechende Charakterisierungen über oder unter den Zeichen angegeben, v. a., wenn eine Konsonantenfolge zu mehreren verschiedenen Begriffen führt. Heute verwenden das Amharische, das Japanische und die 1821 entwickelte Silbenschrift Cherokee noch eine Wortlautschrift. *G. Pflug*

Wortschrift nennt man eine Schrift, die mit ihren Zeichen ganze Wörter abbildet. Die Bilderschriften, die in ihrer Anfangszeit nur allgemeine Begriffe wiedergaben, verbanden das Bild stets mit dem gleichen Begriff und demselben Wort. Da jedoch dieselben Wörter in verschiedenen Abwandlungen vorkommen, war die Folge der Bilderschrift eine starke Vermehrung der Zeichen. Um dies zu vermeiden, wurden Hilfszeichen entwickelt, die bestimmte grammatikalische Funktionen übernahmen. Typische Beispiele für die W. sind im Altertum die ägyptische, babylonische, aztekische, hethitische, die Indus-Schrift sowie die Schrift der Osterinseln, heute das Chinesische wie die Bamum-Schrift. *G. Pflug*

WPAN (Wireless Personal Area Network) ist ein ↗ PAN (Computernetzwerk im kleinen Bereich) mit der Besonderheit einer drahtlosen Verbindung, etwa über Infrared Data Association (IrDA) oder Bluetooth.

WWW ↗ World Wide Web

Wysiwyg, Akronym aus den Anfangsbuchstaben von Englisch «What you see is what you get.» (zu Deutsch: «Was man [auf dem Bildschirm] sieht, erhält man auch [beim Digital- bzw. Offset-Druck].». In den Anfangsjahren des Desktop Publishing stimmten Bildschirmanzeige und Ausgabe nicht überein. Seit Nutzung der Seitenbeschreibungssprache PostScript (1985) und Schriftenverwaltungsprogrammen (Adobe Type Manager) konnte sich W. allmählich durchsetzen. Probleme bereitet aber trotz Farbmanagement und PSO (Prozessstandard Offsetdruck) entsprechend ISO 12847-2 immer noch die Farbwiedergabe. Abweichungen zwischen Bildschirmwiedergabe und Druckausfall konnten zwar weitgehend minimiert werden, völlige Übereinstimmung ist aber nicht immer zu erzielen.

R. Golpon

X

Xerografie (auch Elektrofotografie oder Elektrofaksimileverfahren), aus dem Griechischen «trocken», «schreiben»; bezeichnet ein fotoelektrisches Druckverfahren zum Vervielfältigen von Dokumenten. Dazu wird ein Fotoleiter mit dem optischen Abbild einer Vorlage belichtet, wodurch ein latentes Bild aus elektrischen Ladungen entsteht. An den geladenen Stellen bleibt Farbe in Form eines Toners haften, mit der anschließend eine Kopie der Vorlage gedruckt werden kann. In der Alltagssprache wird der Begriff Kopie gleichbedeutend verwendet, obwohl die Elektrofotografie nicht das einzige fotografische Kopierverfahren ist. Die X. geht auf eine Erfindung von C. F. Carlson (1906–1968) 1937 zurück, erlangte nach dem Zweiten Weltkrieg die Marktreife und wurde seitdem sukzessive verbessert. *T. Keiderling*

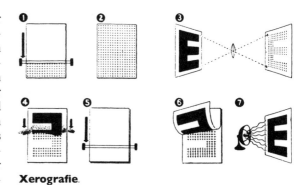

Xerografie.

Xerokopie. Unter X. versteht man eine durch das Verfahren der Xerografie hergestellte Kopie. Technisch basiert die X. auf der Anwendung der fotoelektrischen Aufzeichnung.

Xerox ↗ Elektrografische Aufzeichnung

XHTML ist eine textbasierte Auszeichnungssprache zur Strukturierung und semantischen Auszeichnung von Inhalten wie Texten, Bildern und Hyperlinks in Dokumenten. Es ist eine Neuformulierung von HTML 4.01 in XML. Im Gegensatz zu HTML, welche mittels SGML definiert wurde, verwendet XHTML die strengere und einfacher zu parsende SGML-Teilmenge XML als Sprachgrundlage. XHTML-Dokumente genügen also den Syntaxregeln von XML.

XML ist eine Auszeichnungssprache zur Darstellung hierarchisch strukturierter Daten im Format einer Textdatei, die sowohl von Menschen als auch von Maschinen lesbar ist. XML wird auch für den plattform- und implementationsunabhängigen Austausch von Daten zwischen Computersystemen eingesetzt, insbesondere über das Internet, und wurde vom World Wide Web Consortium (W3C) 1998 veröffentlicht. XML ist zugleich eine Metasprache, auf deren Basis durch strukturelle und inhaltliche Einschränkungen anwendungsspezifische Sprachen definiert werden.

Xylografie ↗ Holzstich

Xylothek. Baumbibliotheken (↗ Holzbibliotheken) sind in Europa im 18. und frühen 19. Jh. Lehrmittel für die botanische Beschreibung von Baumarten.

Y

Yahoo (eigene Schreibweise «YAHOO!») ist ein börsennotiertes, US-amerikanisches Internetunternehmen (gegr. 1994), das mit 700 Mio. Nutzern weltweit deutlich abgeschlagen nach ↗ Google zu den erfolgreichsten Suchmaschinenanbietern und generell Internetanbietern gehört (Ranking 2018: 1. Google 92,1 %, 2. Bing 2,8 %, 3. Y. 1,7 %). Die Dienstleistungen des Unternehmen wie die Y. Startseite, Y. Nachrichten, Y. Suche, Flickr, Y. Mail und Y. Messenger sind derzeit in ca. 70 Ländern und 46 Sprachen verfügbar. *T. Keiderling*

Yellow Press (Yellow Journalism) ist im angloamerikanischen Raum die Bezeichnung für die Sensations-, ↗ Boulevard- bzw. ↗ Regenbogenpresse, die in hohen Auflagen früher v. a. im Straßenverkauf vertrieben wurde. Der Begriff Y. P. rührt von einem Cartoon «The Y. Kid» her, der 1894 zuerst in der Zeitschrift «Truth» und ein Jahr später als eine der ersten Cartoon-Serien überhaupt in der «New York World» erschien. Der Zeichner R. F. Outcault (1863 – 1928) schrieb am Anfang die Äußerungen des glatzköpfigen Straßenjungen auf dessen Nachthemd, später erst führte er die schließlich genretypischen Sprechblasen ein. Auch die gelbe Farbe der Comic-Figur wurde erst später eingeführt und namensgebend für den Comic. Das Neue bestand in einer marktschreierischen, für die Zeitschrift werbenden Aufmachung. Der Begriff Y. P. wurde in den 1890er Jahren zuerst in den USA geläufig und meinte eine bestimmte Art des sensationsheischenden Journalismus («Y. Kid J.»). *T. Keiderling*

YouTube ist ein 2005 gegründetes Videoportal des gleichnamigen US-amerikanischen Unternehmens; seit 2006 zugleich Tochtergesellschaft von ↗ Google LLC (wiederum seit 2015 zur Holding Alphabet Inc. gehörend). Die Benutzer können auf dem Portal kostenlos Videoclips ansehen, bewerten, kommentieren und hochladen. Einnahmen im Mrd.-Bereich erhält das Unternehmen durch das Einblenden von Werbung. Über ein YouTube-Partnerprogramm ist es den Produzenten von Videos seit 2007 möglich, Geld zu verdienen. ↗ User-Generated Content ↗ Videoblog

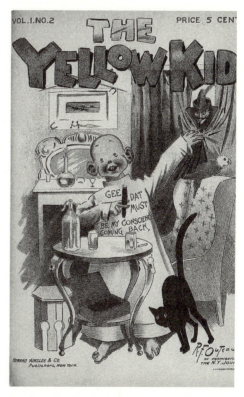

Die Comic-Serie «The Yellow Kid» als Namensgeber für **Yellow Press**. In: Wikipedia.

Z

Zahlungsverkehr (Zahlungs-Clearing, ↗ Clearing). Der buchhändlerische Verkehr verbindet seit Jh.en den Verlags- und Sortimentsbuchhandel oftmals über den ↗ Zwischenbuchhandel miteinander. Im Mittelpunkt stehen dabei der Waren- und der Z.. Beide konzentrierten sich vom Mittelalter bis zur Neuzeit auf die (Buch-)Messeplätze, die nach und nach zu Kommissionsplätzen geworden sind, um ganzjährig den Liefer- und Z. aufrecht zu erhalten. Solange es in den deutschen Ländern verschiedene Währungen gab, wurde i. d. R. auf den Buchmessen abgerechnet. So entstanden in Leipzig 1825 der Börsenverein der Deutschen Buchhändler und 1836 die Buchhändlerbörse nach Vorgängerunternehmen. Die Kommissionäre am Leipziger Platz entwickelten mit der Zalko (1923), ergänzt durch die Gilko (1923), Rationalisierungsinstrumente zur Beschleunigung und Verbesserung des Z.s. Dasselbe Ziel hatte die 1923 gegr. BAG (Buchhändler-Abrechnungs-Genossenschaft, später Buchhändler Abrechnungs-Gesellschaft, bis 2010 mit dem Börsenverein bzw. seinen Wirtschaftsbetrieben verflochten, danach nur noch vertraglich verbunden; die BAG gehört heute der DZB Bank GmbH in Frankfurt am Main). Die Rationalisierungsinstrumente im buchhändlerischen Z. verloren in dem Maße an Bedeutung, wie die Währungen in den deutschsprachigen Ländern vereinheitlicht wurden und der Giralverkehr sich durchsetzte, der nun in den elektronischen Z. übergeht. Kunden (Letztkäufer) zahlen bar oder mit Geld- und Kreditkarten. Der Z. innerhalb des Buchhandels wird überwiegend im Kontokorrent und zunehmend per Datenfernübertragung/Internet erledigt: «just in time», mit vorgegebener Wertstellung ohne Umrechnungs- und Zeitverluste («electronic banking»). Die Volumina, die über die BAG abgerechnet werden, sinken seit Jahren, weil immer mehr Verlagsauslieferungen Versand- und Fakturgemeinschaften bilden, das Factoring (Forderungskauf) anbieten oder die Verlagserzeugnisse eine juristische Sekunde vor dem Verkauf erwerben, um «alles auf eine Rechnung» setzen zu können, d. h. für ihre Kommittenten und deren Kunden einen ähnlichen Effekt zu erzielen, wie ihn die BAG mit der Bündelung des Z.s erreicht. Verlagsauslieferungen und Barsortimente nehmen i. d. R. nicht am Abrechnungsverkehr über die BAG teil. Auf der anderen Seite bietet die BAG neue Dienstleistungen an (z. B. Zentralregulierung) und erweitert die Finanzierungsinstrumente (bisher BKG Buchhändlerische Kredit-Garantiegemeinschaft). Eine weitere Rationalisierung im elektronischen Z. tritt dann ein, wenn die Kunden (Letztkäufer) ihre Bestellungen im Versand- und Internetbuchhandel nicht mehr gegen Vorkasse oder unter Preisgabe der Daten ihrer Kreditkarte bezahlen müssen, sondern sich PayPal (oder andere Zahlungssysteme im Internet) durchgesetzt haben wird; denn der Anteil des direkten und indirekten Absatzes von Verlagserzeugnissen über Versand und Internet an Endkunden (Leser) steigt stetig zu Lasten des stationären Buchhandels. *T. Bez*

Zalko, Abkürzung für den am 28. Mai 1923 eingeführten «Zahlungsverkehr Leipziger Kommissionäre». Der ↗ Zahlungsverkehr zwischen dem Verlags- und Sortimentsbuchhandel hatte sich in Deutschland über Jh.e herausgebildet. Im Zuge der Modernisierung des Kommissionsbuchhandels übernahmen die Leipziger Kommissionäre seit den 1830er Jahren zunehmend die Abrechnungsfunktion, zogen für ihre Verleger- und Sortimenterkommittenten die fälligen Rechnungen ein und führten den Jahreskontenausgleich auf der Leipziger Buchmesse durch. Dieses an sich bewährte System stand in den Krisenzeiten der 1920er Jahre auf dem Prüfstand, als wegen der Inflation zahlreiche Kommittenten ihren Auslieferungsverkehr über Leipzig einstellten. Um den Kommissionsplatz attraktiver zu gestalten und den Zahlungsverkehr zu vereinfachen, rief der Verein Leipziger Kommissionare (VLK, gegr. 1884) 1923 den Ibu-Scheck (Internationaler Buchhandels-Scheck) für internationale Transaktionen, die Z. sowie eine Girokasse (Gilko) als Abrechnungsstelle für solche Firmen ins Leben, die in Leipzig keinen Kommissionär unterhielten. Ab dem 10. Dezember 1923 wurde ein Vertrag zwischen dem VLK und der seit Juni 1923 bestehenden Buchhändler-Abrechnungsgenossenschaft (BAG) abgeschlossen, wonach der Abrechnungsverkehr fortan gemeinsam durchgeführt wurde und zwar in der Weise, dass die Abwicklung des Zahlungsverkehrs ausschließlich durch die Kommissionäre erfolgte. Mit ihren Maßnahmen konnten die Leipziger Kommissionäre die Kommittentenfluktuation insgesamt aufhalten und der Verkehr über Leipzig nahm nach 1924 wieder zu. *T. Keiderling*

Zapping das ständige Wechseln eines Fernsehkanals durch einen Nutzer per Fernbedienung, auch ↗ Channel Hopping genannt.

Zauberbuch sind Sammelwerke mit magischen Ritualanweisungen, Beschwörungen und Rezepten. Ihre Abgrenzung gegenüber den Ritualhandbüchern ist schwierig. Sie sind seit dem 2. Jh. nachgewiesen, u. a. gehören astrologische Bücher und der Fauststoff hierzu.

Zeichen, aus dem Althochdeutschen «anzeigen», «kundtun»; bezeichnet allgemein einen Gegenstand bzw. Vorgang, der zeitlich und räumlich begrenzt sinnlich wahrnehmbar ist (z. B. das Sehen von Symbolen, Ziffern, Buchstaben, Satzzeichen, Mimik, Gestik etc. oder das Hören von akustischen Signalen, gesprochener Sprache etc.) und somit eine Information für einen Wahrnehmenden enthält. Dabei ist das Z. Teil eines Z.systems, das Kommunikationspartnern (einschließlich notwendiger ↗ Codierungen und ↗ Decodierungen) bekannt sein muss und sich natürlicher, analoger wie digitaler Träger(medien) bedient. Z. und Z.systeme werden in der ↗ Semiotik wissenschaftlich untersucht. *T. Keiderling*

Zeichenband ↗ Leseband

Zeichnung (Handzeichnung) ist ein Bild, das in vereinfachender Weise ein Motiv mit wenigen Strichen und Linien, teils auch mit schraffierter Schattierung darstellt. Unter dem Oberbegriff Z. werden viele Arten zusammengefasst, die im künstlerischen, kunsthandwerklichen und technischen Bereich als Vorstufe zur endgültigen Ausführung einer Arbeit dienen. Beginnend mit einer flüchtigen Ideenskizze über Entwurfszeichnungen bis zur endgültigen Vorlagenzeichnung wird ein Kunstwerk oder ein kunsthandwerkliches Arbeitsstück vorgeplant. Inwieweit die Ausführung dann dem Entwurf entspricht oder davon abweicht, unterliegt dem Abwägen und Kontrollieren des ausführenden Künstlers im Schaffensprozess. *H. Wendland*

Zeile ist die Summe der in einer horizontalen Reihe gesetzten Buchstaben, Ziffern, Interpunktionszeichen und Ausschlusselemente. In vertikaler Schreibrichtung wird von einer ↗ Kolumne bzw. ↗ Spalte gesprochen.

Zeilenhonorar ↗ Honorar

Zeilensatz bezeichnet den maschinellen Bleisatz auf der Zeilensetz- und Gießmaschine, bei dem eine in einem Stück gegossene Zeile entsteht (z. B. Linotype). Daneben gibt es den maschinellen Bleisatz auf der Einzelzeichen-Setz- und Gießmaschine, bei dem Zeilen aus einzelnen Lettern entstehen (z. B. Monotype).

Zeilen-Setz- und Gießmaschine, ein Gerät für die Herstellung von aus Schriftmetall gegossenen Schriftzeilen (↗ Zeilensatz) für den Mengensatz im Bleisatz (↗ Maschinensatz). Dabei werden über eine Tastatur die einzelnen Zeichenmatrizen und Wortzwischenräume in eine Reihe gebracht und die so entstandene Zeile ausgeschlossen und als Ganzes mit Schriftmetall ausgegossen. Dadurch erhält man frische, unbeschädigte Schrifttypen. Ein weiterer Vorteil ist die mindestens vierfach höhere Setzleistung gegenüber dem Handsatz; 1950 konnte durch die

Einführung der Lochstreifensteuerung eine mehr als 16fache Leistung erbracht werden. Nachteilig ist, dass bei einer Korrektur i. d. R. die ganze Zeile neu gesetzt werden muss.
↗ Linotype-Setzmaschine ↗ Monotype

C. Reske

Zeitschrift, Gattung der periodisch erscheinenden Druckschriften, die durch große Anzahl und Formenvielfalt gekennzeichnet ist. Die für die Zeitung geltenden Merkmale – Periodizität, Aktualität, Universalität und Publizität – gelten gleichermaßen für die Z., allerdings in jeweils eingeschränkter Weise. So wurde vorgeschlagen, alle periodischen Printmedien gemeinsam zu betrachten und je nach Untersuchungsabsicht in Gruppen zusammenzufassen. Solche Gruppen können z. B. nach Erscheinungshäufigkeit, Auflagenhöhe, Leserstruktur, Inhalten oder nach Ausstattung gebildet werden. Sie dienten zunächst in lateinischer Sprache dem (internationalen) Austausch. Später kamen Z.en in den Landessprachen hinzu. Sie widmeten sich unterschiedlichen Wissensgebieten (Fachz.en als wissenschaftliche Z.en), teils auch in popularisierender Absicht. Im 17. und 18. Jh. entstanden unterhaltende Blätter. Die Z.en wurden zunächst nur durch den zahlenden Leser finanziert. Anzeigen kamen nach 1850 mit der Gewährung der Gewerbefreiheit und der Bildung von Warenmärkten in Gebrauch und schufen schrittweise ein zweites finanzielles Standbein. Ein besonderes Verkaufsmerkmal der Z.en wurde die Illustration, die zunächst schwarz/weiß (Holzschnitt, Kupfer- und Stahlstich) und später farbig wurde (kolorierte Stiche, Lithografie etc.). Seit dem Ende des 19. Jh.s wurde auch mit Fotografien bebildert, die mithilfe chemigrafischer Verfahren gedruckt wurden. Das ermöglichte die Publikation von Illustrierten-Z.en, die hohe Auflagen erzielten. Dann wurde der Mehrfarbdruck v. a. für Rundfunkprogramm-, Frauen- und Modez.en eingeführt.

Z.en lassen sich generell in drei Gruppen unterscheiden: a) Fach-, b) Unterhaltungs- bzw. Publikums- und c) Kundenz.en. Zu a): Die Fachz.en sprechen vornehmlich den beruflich engagierten Leser an. Ihre Auflagen sind vergleichsweise gering, besonders bei einem wissenschaftlichen Anspruch. Zu b): Die Unterhaltungs- bzw. Publikumsz.en wenden sich an den Leser in der Freizeit und erreichen je nach Zielgruppe die höchsten Auflagen, die allerdings durch den derzeitigen Medienwandel, v. a. durch die stärkere Nutzung elektronischer Medien und des Internets, stark eingebrochen sind. Diese Gruppe kann nach ihrer Publikumsreichweite nochmals in General- Interest-Z.en (z. B. Illustrierte, Nachrichten- und Wirtschaftsmagazine, Programmzeitschriften) und Special-Interest-Z.en (Rätsel-, Sport-, Kulturz.en, Reise-, Satire- und Stadtmagazine) untergliedert werden. Zu c): Kunden-Z.en dienen den Interessen der sie herausgebenden Institutionen wie Firmen, Vereine oder Verbände.

H. Bohrmann / T. Keiderling

Zeitschriftenabonnement ↗ Abonnement

Zeitschriftengeschichte ↗ Pressegeschichte

Zeitschriftenhandel ist die Bezeichnung für den Verkauf von Zeitschriften im Einzelhandel. Die Belieferung mit Zeitschriften durch den Großhandel wird Zeitschriftenvertrieb genannt. Bei der Auslieferung einer Zeitschrift ab Druckerei wird unterschieden zwischen Postauflage (der bei der Post angelieferten Exemplare) und der Speditionsauflage (auch LKW-Auflage). Die Postauflage wird über die Pressepost (vormals Postzeitungsdienst) als Postvertriebsstück einzeln an Abonnenten oder mehrfach an Privatfirmen für einzelne Abteilungen und an den Sortimentsbuchhandel für ihre Kunden geliefert. Die Speditionsauflage wird von einigen Großverlagen über firmeneigene Speditionen oder fremde Dienstleistungsunternehmen an regionale Firmen des Nationalvertriebs (Vertriebsdienstleiter für Zeitschriftenverlage; oft Tochterfirmen von Zeitschriftengroßverlagen), Presse-Grosso, Bahnhofsbuchhandels und Airport-Shops «Presse-Bücher» geliefert. Der Zeitschriftenverkauf im Einzelhandel erfolgt vorwiegend im Sortimentsbuchhandel, in Lebensmittelmärkten, an Tankstellen, in Schreib- und Papierwaren-Geschäften (PBS), über Zeitungskioske. Lieferant ist i. d. R. der örtliche Presse-Grossist, der die Zusammensetzung der Lieferungen je nach Verkaufserfahrungen vorgibt. Nicht verkaufte Exemplare können remittiert werden. Viele Zeitschriftenverkaufsstellen mit höheren Umsätzen oder Grosso-Firmen nehmen die Angebote der Dienstleistungsunternehmen im Pressevertrieb an, wie Abonnentenbetreuung/Verwaltung, Airport Press Service, Hotel Press Service, Konfektionierung, Ladenbau, Vertriebs- und Marktforschung, POS-Marketing, Rack-Jobbing, Remissionen, Tourenoptimierung usw. Die wichtigsten am Z. beteiligten Firmen haben sich zu Verbänden zusammengeschlossen: Bundesverband Deutscher Buch-, Zeitungs- und Zeitschriften-Grossisten e. V. Köln (Bundesverband Presse-Grosso), Verband deutscher Bahnhofsbuchhändler e. V. Düsseldorf, Verband Deutscher Lesezirkel e. V. Düsseldorf, Bundesverband der Medien- und Dienstleistungshändler e. V. (BMD) in Berlin, Verband deutscher Lesezirkel. ↗ Werbender Buch- und Zeitschriftenhandel *H. Buske*

Zeitschriftenkrise wird 1. im deutschen Bibliotheksbereich die Auseinandersetzung mit führenden Zeitschriftenverlagen bezeichnet, die seit Mitte der 1990er Jahre ihre Preise für naturwissenschaftliche, technische oder medizinische Zeitschriften enorm erhöhten, um die Rendite zu verbessern. Da die Bibliotheken stagnierende Erwerbungsetats besitzen, bestellten sie viele dieser Abonnements ab. Dies führte wiederum zu weiteren Preiserhöhungen, weil die Verlage die verursachten Einnahmeverluste auszugleichen suchten. Die Bibliotheken propagierten zunehmend das Konzept des ↗ Open Access zur Vermeidung teurer Zeitschriftenabonnements bzw. die gemeinschaftliche Lizenzierung von digitalen Abonnements (Konsortium, ↗ Nationallizenz ↗ Lizenz, 3.). Für die Zeitschriftenverlage stellte sich diese Auseinandersetzung realiter als Krise dar. 2. Generell meint Z. die deutlich gesunkene Nachfrage nach Zeitschriften infolge der derzeit stattfindenden digitalen Medienrevolution. Veränderte Mediengewohnheiten, v. a. das z. T. kostenlose Abrufen von Zeitschriften-Informationen aus dem Internet, hat zu sinkenden Verkaufszahlen bzw. zu einer enormen Reduzierung von Auflagenhöhen und Verkaufszahlen in diesem Bereich geführt; was wiederum die Einnahmen im Anzeigengeschäft verringert. Partiell hat ein «Zeitungssterben» eingesetzt bzw. wurden gleichartige Zeitschriftenausgaben zusammengelegt. Zunehmend verlagert sich das Printgeschäft ins Internet, wobei nicht mehr dieselben Umsätze generiert werden können wie zuvor. *T. Keiderling*

Zeitung, ursprünglich in der Bedeutung von «Nachricht», «Kunde»; ist seit dem Beginn des 17. Jh.s als periodisch erscheinende Druckschrift, seltener als Handschrift (↗ Pressegeschichte), bekannt. Aufgrund technischer Innovationen seit dem 19. Jh. (u. a. Schnellpresse von F. ↗ Koenig) ist die Z. ein ↗ Massenmedium. Konstitutive Merkmale sind (1) Periodizität des Erscheinens, (2) Universalität des gebotenen Inhalts, die kein Thema ausschließt, (3) Aktualität der berichteten Ereignisse, (4) Publizität, d. h. uneingeschränkte öffentliche Zugänglichkeit. Manche Autoren nehmen weitere Merkmale mit auf, z. B. die Möglichkeit, die Z. ohne Gebrauch von Empfangs- oder Auswertgeräten, wie sie für andere Medien erforderlich sind (Radio- oder Fernsehapparat u. a.), zu nutzen und überall mitzunehmen. Viele Z.en erscheinen heute als ↗ Hybridausgaben, d. h. sowohl traditionell gedruckt als auch in moderner digitaler Form, wobei hier die jeweiligen Vorzüge und Nachteile beider Medien (analog/digital) durch den Nutzer erfahren werden können. Gedruckte Z.en besitzen nach wie vor für viele Leser eine ansprechende Haptik, man kann Artikel herausschneiden und nach Schwerpunkten in Ordnern sammeln. Bei digitalen Z.en entfällt das Papier, was umweltfreundlich verstanden werden kann. Ein großer Vorzug ist die Volltextsuche, auch sind Anstreichungen digital möglich. Das Sammeln erfolgt computergestützt, will man nicht doch, ergänzend, einzelne Artikel analog ausdrucken. Es lässt sich auch anhand der Zunahme von digitalen Z.enabonnements prognostizieren, dass der Wandel vom analogen hin zum digitalen Medium bei der Z. kaum aufzuhalten ist. Die Z.en sind die am besten erforschte Gruppe unter den periodischen Schriften. ↗ Tageszeitung ↗ Wochenschrift

H. Bohrmann/T. Keiderling

Zeitungsausschnittbüro ↗ Ausschnittbüro

Zeitungsgeschichte ↗ Pressegeschichte

Zeitungsroman ↗ Fortsetzungsroman

Zeitungssterben ↗ Zeitschriftenkrise

Zeitungswissenschaft, in Deutschland seit 1916 anerkannte universitäre Lehr- und Forschungsdisziplin. Behandelt werden sämtliche Fragen und Bereiche, die mit dem Zeitungswesen im weiteren und mit der Nachricht/Information im engeren Sinne im Zusammenhang stehen; somit ist das Fach ein Vorläufer der Disziplinen Publizistik, Journalistik und Medienwissenschaft. Mit dem Erscheinen der ersten Zeitungen ging auch das Interesse an dem Medium einher. Im Vordergrund der Betrachtungen standen handwerkliche Methoden und Mittel des Journalismus. 1884 begann K. Bücher (1847–1930) in Basel seine Vorlesungen über das Pressewesen, 1895 tat dies auch A. Koch (1855–1922) in Heidelberg. K. Bücher gründete 1916 an der Universität Leipzig das Institut für Zeitungskunde als akademische Lehr- und Forschungseinrichtung. Daran schlossen sich weitere Institutsgründungen an den Universitäten in München, Halle (Saale), Hamburg, Kiel, Münster, Heidelberg, Freiburg i. Br. an. 1924 gründete M. Mohr (1867–1927) in Berlin das Deutsche Institut für Zeitungskunde, das seit 1928 von E. Dovifat (1890–1969) geleitet wurde. Das Institut wurde in der Folgezeit zur Zentralauskunftsstelle für Pressefragen ausgebaut. In der Zeit des Nationalsozialismus stellte sich die Z. vorbehaltlos in den ideologischen Dienst des Regimes. Für die sich nach 1945 entwickelnde neue Z. war dies eine schwere Hypothek. Wissenschaftlich kam es v.a. darauf an, die eng gefasste Disziplinbestimmung durch die Einbeziehungen der Massenmedien Rundfunk und Film zu erweitern und zur Publizistikwissenschaft auszubauen. Dovifat hatte bereits 1933 diesen Gedanken geäußert und den Begriff der Kommunikationswissenschaft anstelle des der Z. in Umlauf gebracht. Heute ist die Z. als Publizistikwissenschaft integraler Bestandteil der Kommunikations- bzw. Medienwissenschaft. Die grundlegenden Forschungsleistungen zur Z. stammen von O. Groth (1875–1965), Dovifat und Karl d' Ester (1881–1960), sie gelten als die Wegbereiter der Z., Publizistik- und der Kommunikationswissenschaft in Deutschland.

H. Bohrmann

Zellophan ↗ Cellophan

Zellophanierung ↗ Glanzfolienkaschierung

Zensur, aus dem Lateinischen «Prüfung», «Beurteilung»; meint 1. im Bildungswesen die innerhalb einer Zahlen- bzw. Punkteskala ausgedrückte Feststellung einer Schüler-, Auszubildenden- oder Studierendenleistung. 2. innerhalb des Medienbereichs bzw. der Publizistik wird damit die offizielle (z. B. staatliche, aber auch in Diktaturen parteiliche oder in der Vergangenheit kirchliche) Überprüfung bzw. Kontrolle von Medien verstanden, um sie entweder ohne oder mit Auflagen zur Verbreitung/Nutzung zuzulassen oder sie zu verbieten (Vernichtung der Medien), wobei i. d. R. die Urheber, Hersteller, Verbreiter – seltener die Besitzer – mit einer entsprechenden Bestrafung rechnen müssen. Die Z. wird in der Forschung mitunter als Kommunikationskontrolle bezeichnet. Es ist jedoch sinnvoller, von Medienkontrolle zu sprechen, weil in erster Linie Medien überwacht und zensiert werden. Die freie, nicht medial weitergeleitete Kommunikation lässt sich kaum systematisch überwachen; auch wird dann nicht in jedem Fall von Z. gesprochen (in Diktaturen wird z. B. gezielt die Denunziation unterstützt, um den privaten bzw. halböffentlichen Kommunikationsbereich zu überwachen).

Es gibt unterschiedliche Arten der Z., so die Präventiv- bzw. Vorz. (vor dem Zeitpunkt der Veröffentlichung; historisch gesehen oft vor und während der Buchmessen [↗ Bücheraufsicht] bei den Verlagen direkt, z. B. beim ↗ Druckgenehmigungsverfahren in der DDR), die Repressiv- bzw. Nachz.

(nach der Veröffentlichung). Zensorische Eingriffe erfolgen v. a. durch sachverständige Zensoren (nicht selten selbst Autoren, Professoren oder «Kulturschaffende»), die gut finanziert werden und eine entsprechende Schulung durchlaufen, um anhand von Präzedenz- und Vergleichsfällen zu entscheiden. Es gibt die Möglichkeit, die Zahl der zu untersuchenden Medien einzuschränken, um die zensorische Aufgabe bei einer Masse von Publikationen bewältigen zu können. Dies kann dadurch geschehen, dass man nur Werke geringen Umfangs (unter 20 Druckbogen; ↗ Zwanzig-Bogen-Klausel) oder periodischer Erscheinungsweise überprüft. Ferner gibt es thematische Einschränkungen (politische Z. und Kirchenz.) oder mediale Einschränkungen (nur Printmedien, Filme, Computerspiele etc.). Es bestehen in unterschiedlichen Z.systemen Globalverbote vom gesamten Schaffen eines unliebsamen Urhebers, oder es werden lediglich einzelne Werke eines Urhebers verboten oder «nur» anstößige Passagen in Druckwerken geschwärzt oder aus Filmen herausgeschnitten. Ferner gibt es Formen der freiwilligen Zensur (↗ Freiwillige Selbstkontrolle [FSK]) und der Selbstzensur (↗ Schere im Kopf).

Die Zensur besaß bis ins ausgehende 18. Jh. eine durchaus positive Konnotation in der Bevölkerung. Dies änderte sich infolge politischer Umbrüche und bürgerlicher Revolutionen in zahlreichen Nationalstaaten, in denen die Presse- und Versammlungsfreiheit als eine Grundforderung aufgestellt und z. T. durchgesetzt werden konnte (USA 1776, 1789; Frankreich 1789; Deutschland 1815, 1830 und 1848/1849 etc.). Nach 1849 erfolgte in Deutschland eine weitgehende Liberalisierung der Z., was wiederum neuen Formen einer «Z. von unten» Vorschub leistete, die durch bestimmte gesellschaftliche Kreise getragen wurde (↗ Schmutz- und Schund-Debatte) und gegen «unerwünschte Literatur» bzw. andere mediale Darstellungsformen wie z. B. Pornografie, aber auch gewaltdarstellende und hetzende Schriften gerichtet war. Zugleich wollten die Verfechter die ihrer Meinung nach zu lasche staatliche Z. anprangern und besondere Bevölkerungsgruppen «schützen» wie Kinder, Jugendliche, soziale Unterschichten in der Stadt und auf dem Land. Später fand dies tatsächlich Eingang in die Z.gesetzgebung (↗ Lex Heinze). In der Bundesrepublik Deutschland ist im Artikel 5 (1) des Grundgesetzes (GG) von 1949 zwar verankert: «Eine Z. findet nicht statt.» Bestimmte Formen der gesellschaftlich erwünschten Z., die sich z. B. gegen rassistische, volksverhetzende, gewaltverherrlichende oder pornografische Medienäußerungen richtet, gibt es dennoch; so z. B. im Jugendmedienschutz, gewährleistet durch die Bundesprüfstelle für jugendgefährdende Medien. Dies wird jedoch nicht – weil dies unpopulär ist – offiziell als Z. bezeichnet, obwohl es sich strukturell um eine solche handelt.

T. Keiderling

Zensus ↗ Census

Zentralbibliothek (früher Zentralbücherei). Dieser Begriff kann zwei Bedeutungen besitzen, je nachdem, ob «zentral» im Kontext der Betriebsorganisation oder des Bestandsprofils benutzt wird. Im ersten Fall handelt es sich um eine zentrale Einrichtung in einem Bibliothekssystem, z. B. eine Universitätsbibliothek, oder die Hauptbibliothek einer großstädtischen Öffentlichen Bibliothek. In diesen Bibliotheken werden zentrale Dienstleistungen wie Anmeldung, Fernleihe, oder Erwerbung für das Gesamtsystem erbracht. Die Z. übernimmt gegebenenfalls auch die Archivierung von Beständen, die in den Außenstellen wie etwa Instituts- bzw. Stadtteilbibliotheken nicht mehr benötigt werden. Im zweiten Fall handelt es sich um eine Bibliothek, die spezialisierte Literatur für einen bestimmten Versorgungsbereich (z. B. ein Staatsgebiet) sammelt. So gibt es in Deutschland drei Zentrale Fachbibliotheken, die einen speziellen Sammelauftrag für bestimmte Fächer haben: die Deutsche Zentralbibliothek für Medizin in Köln, die Technische Informationsbibliothek (TIB) in Hannover und die Deutsche Zentralbibliothek der Wirtschaftswissenschaften in Kiel.

A. Welters

Zentrale Bestellanstalt ↗ Bestellanstalt

Zentralkatalog, zu Zeiten konventionell geführter Zettelkataloge zentral geführtes

Nachweisinstrument mit Bestandsnachweisen mehrerer Bibliotheken eines Ortes, einer Region, eines Landes oder eines Sammelgebiets wie der im Gemeinsamen Bibliotheksverbund aufgegangene Niedersächsische Zentralkatalog, der bis ca. 1990 geführte Gesamtkatalog Ostmitteleuropa oder der als nationales Projekt geplante ↗ Deutsche Gesamtkatalog. Später wurden solche Kataloge z. T. überführt in Mikrofiche-Kataloge und Datenbanken, wie der Zentralkatalog Punktschrift, der Gesamtkatalog der Wiegendrucke und der Zentralkatalog Baden-Württemberg als Nachweisinstrument für Altbestände, bzw. abgelöst vom elektronischen Verbundkatalog und der Zeitschriftendatenbank. Durch die Angabe der Sigel besitzender Bibliotheken ist ein Z. Grundlage für den Leihverkehr. *P. Hauke*

Zentrallager. Um die Vorteile des gemeinsamen bzw. zentralen Einkaufs zu nutzen, haben Genossenschaften (Verbundgruppen) und Buchfilialisten i. d. R. ein eigenes Z. errichtet oder lassen es von einem Zwischenbuchhändler in ihrem Namen führen. Ohne ein Z. wäre ein solcher Einkauf für die Verlage bzw. deren Auslieferungen wenig interessant, da sich die großen Einkaufsmengen pro Titel bei der Lieferung an viele Mitglieder bzw. Filialen splitten und so die Kommissionierung, Verpackung und Zustellung erheblich verteuern würden. Außerdem wären kleinere und mittlere Buchhandlungen (als Mitglieder oder Filialen) überfordert, entsprechende Mengen zu lagern. Deshalb wird ein Z. oder zumindest ein zentraler Wareneingang installiert, aus denen die Sortimentsbuchhandlungen nach Bedarf – wie beim Barsortiment über Nacht – zur Neige gehende Titel beziehen können.

Wenn das Z. von einem Zwischenbuchhändler geführt wird, erfolgt die Lieferung aus dem Z. zusammen mit den bestellten Büchern aus dem Barsortiment («just in time»). Mengenausgleich (Rückführung von Übermengen an das Z.) und Remissionen aus dem Z. an die Verlage bzw. deren Verlagsauslieferung übernimmt der Zwischenbuchhändler genauso wie das Einholen der bestellten Verlagserzeugnisse über seinen Büchersammelverkehr, der gleichzeitig im Filialverkehr für die Genossenschaft bzw. den Buchfilialisten fährt. Im digitalen Zeitalter wird ein Z. von einem Zwischenbuchhändler nur noch virtuell geführt, d. h. die Trennung der Mengen pro Titel geschieht nicht mehr körperlich (räumlich), sondern nur durch Zuordnung der Titel in der Lagerbestandsverwaltung nach Mandanten (Barsortiment und Zentrallager verschiedener Kunden). *T. Bez*

Zettelanstalt ↗ Bestellanstalt

Zettelkatalog, auf C. Gesner (1516 – 1565) zurückgehende Form des ↗ Katalogs, bei der die ursprünglich hand-, später maschinengeschriebenen bzw. gedruckten Katalogisate, im Unterschied zum bis dahin üblichen Bandkatalog, in Form von Haupteintragungen, Nebeneintragungen und Verweisungen auf losen Zetteln oder Karten, seit 1948 im Internationalen Bibliotheksformat, nach bibliografischen Ordnungsregeln (Alphabetischer Katalog) oder nach Systemen der Inhaltserschließung (Sachkatalog) flexibel in einer Kapsel oder in Katalogkästen an- und bei Bedarf umgeordnet werden konnten. Der Untergliederung dienen Leitkarten. Im Zuge technischer Entwicklungen wurde der Z. zunächst teils durch den Mikrofiche- und später Imagekatalog abgelöst bzw. heute vielfach durch Retrokatalogisierung respektive Digitalisierung in den ↗ OPAC überführt. *P. Hauke*

Zeugnisverweigerungsrecht (im Journalismus) ist die Befugnis von Redakteuren, Journalisten, Verlegern, Herausgebern, Druckern u. a. mit der Herstellung oder Veröffentlichung eines periodischen Druckwerks berufsmäßig befassten Personen, über ihnen anvertraute, einer Veröffentlichung zugrundeliegende Tatsache, über die Person des Verfassers, des Einsenders oder des Gewährsmannes das Zeugnis zu verweigern. Dies gilt allerdings nicht bei Veröffentlichung strafbaren Inhalts, wenn anzunehmen ist, dass die der Veröffentlichung zugrundeliegende Schrift unter Verletzung eines Strafgesetzes erlangt oder durch andere verschafft worden ist, oder wenn nach dem Inhalt der Veröffentlichung aufgrund bestimmter Tatsachen anzunehmen ist, dass der Verfasser, der

Einsender oder der Gewährsmann eine mit lebenslanger Freiheitsstrafe oder mit Freiheitsstrafe bis zu 15 Jahren bedrohte Handlung begangen hat. Das Z. ist in den Pressegesetzen der Bundesrepublik Deutschland festgelegt. Zweck des Z.s ist der Schutz des Vertrauensverhältnisses zwischen Presse und Informant und damit ein wesentlicher Träger der Pressefreiheit. L. Delp

Zickzackfalz ↗ Leporello

Ziegenleder wird wegen seiner Festigkeit und des schönen Narben (↗ Narbung) seit der Renaissance für besonders repräsentative Büchereinbände bevorzugt. Die unterschiedlichen Sorten werden nach der Herkunft (Kapz., Oasenz.) oder nach der Art der Bearbeitung (Saffian, Maroquin) benannt. Z. ist zäh und kann in fast allen Farben zubereitet werden. Außerdem eignet es sich für Goldprägungen. G. Brinkhus

Ziehbilderbuch sind Bücher, bei denen aufgrund ihrer technisch-buchbinderisch besonderen Herstellung durch das Herausziehen von frei beweglichen Papier- und Papplaschen ein anderes, vorher verdeckt gehaltenes Bild bzw. eine zweite Textpassage sichtbar wird. Diese Art des Buches wurde im 19. Jh. zunächst in Großbritannien und den USA entwickelt und von deutschen Verlagen rasch übernommen. L. Betten

Zielgruppe, Gesamtheit der Personen bzw. Personengruppen, die hinsichtlich der möglichen Nutzung von Produkten bzw. Dienstleistungen von Unternehmen und Organisationen in Frage kommen und die durch entsprechende Marketing-, PR- bzw. Werbemaßnahmen gezielt angesprochen werden können. Die Betrachtung von Z.n sind zudem Bestandteil der Media-Analyse ↗ Mediaforschung ↗ Medienwirkungs- und ↗ Rezeptionsforschung. T. Keiderling

Zierbuchstabe ↗ Hohlbuchstabe

Zierbünde ↗ Falsche Bünde

Ziermaterial, Zierrat ↗ Buchornamentik

Ziffer, Zeichen zur schriftlichen Darstellung von Zahlen (Zahlzeichen), z.B. die arabischen Z.n des Dezimalsystems, die römischen Z.n oder die Binär-Z.n (Dualsystem).

Zimelie (Plural Zimelien), aus dem Griechischen Kleinod; im allgemeinen Sprachgebrauch Bezeichnung für die kostbarsten Einzelstücke einer Sammlung, welche wegen ihres außergewöhnlichen Alters, historischen oder künstlerischen Rangs, ihrer Seltenheit oder hohen Marktwertes aus dem übrigen Bestand herausragen, so v.a. in Archiven, Bibliotheken, Museen, Kabinetten, Schatzkammern und nicht zuletzt auch im Antiquariatsbuchhandel. In Bibliotheken wird der Begriff Z. teilweise als gleichbedeutend mit ↗ Rara bzw. Rariora verwendet. Zum Schutz werden die Z. (u.a. Papyri, Wachstafeln, Inkunabeln, Blockbücher) oftmals besonders sicher aufbewahrt (u.a. in Tresoren), ggf. verfilmt, faksimiliert oder digitalisiert, damit sie durch die Nutzung keinen Schaden nehmen. W. Müller

Zinkätzung ist eine in Zink hergestellte Ätzung. Beim Hochdruck (↗ Druckverfahren) unterscheidet man zwischen Strichätzung, die nur gedeckte Linien (Striche) wiedergibt, und der Autotypie, die durch fotografierte Zerlegung des Bildes in unterschiedlich große Rasterpunkte abgestufte Grauwerte optisch vortäuscht. Die geätzten Platten werden zusammenfassend Klischees genannt.

Zinkdruck. Ein wenig gebräuchlicher Name für den Flachdruck von Zinkplatten (Zinkografie) anstelle des Drucks vom lithografischen Stein (Steindruck, Lithografie). Z. wurde bis ca. 1970 noch im Offsetdruck praktiziert, dann aber durch Platten aus hochwertigerem Aluminium ersetzt. Erste praktische Anwendung von Aluminiumplatten datieren aus dem Jahr 1892 (J. Scholz in Mainz).

Zinkografie (auch Zinkotypie). Datiert man das Aufkommen der geätzten Buchdruck-Klischees (Strichätzung) in die 1840er Jahre, dann wurde dafür gut 40 Jahre lang ausschließlich Zink verwendet, daher der Name. Mit Einführung fotografischer Übertragungsmethoden kamen auch die Namen Fotozinkografie und Fotozinkotypie auf. Aber auch im Flachdruckverfahren (Lithografie, Offsetdruck) spricht man von Z.; in diesen Fällen ist der Druckträger keine Steinplatte, sondern eine Zinkplatte. Nach 1892 erzielte man nach langjährigen Versuchen auch mit Aluminiumplatten brauchbare Ergebnisse. Nun wurde zwischen Lithografie, Zinkgrafie und Algrafie (Aluminiumdruck) unterschieden.

Als um 1890 für Autotypien mit feinstem Raster (Emailprozess) auch Platten aus Kupfer oder Messing verwendet wurden, die teuer waren, wählte man den Überbegriff ↗ Chemigrafie oder Chemitypie.

Zinkradierung ist eine Radierung (Tiefdruck) auf einer polierten Zinkplatte, die anstelle einer teureren Kupferplatte verwendet wird. Zink ist eine Alternative, weil es sich mit verdünnter Salpetersäure ätzen lässt. Alle Werkzeuge, Gestaltungs- und Ausführungsmethoden wie Kaltnadel, Aquatinta, Vernis Mou und Schabtechnik (Mezzotinto) lassen sich auch in Zink anwenden. Die Auflagenhöhe ist beim manuellen Tiefdruck etwas niedriger als bei den härteren Kupferplatten. Beim Farbdruck besteht die Gefahr, dass bestimmte helle Farben eine chemische Reaktion mit dem Zink eingehen und sich schwärzen oder sich anders farblich verändern. Gleichwohl ist der Name Z. aussagelos, weil nicht das verwendete Metall entscheidend ist, sondern die angewandte Technik.
H. Wendland

ZIP. 1. Speichertechnologie, meist ein externes Laufwerk, die das Dateiformat ZIP (2.) verwendet. 2. Dateiformat zur Komprimierung von Daten und Dateien, das einerseits den Platzbedarf bei der Archivierung reduziert und andererseits als Containerdatei fungiert. In einer Z.-Datei können mehrere zusammengehörige Dateien oder auch ganze Verzeichnisbäume zusammengefasst werden. Die Dateiendung für z.-archivierte Dateien ist «.zip». Es gibt eine Reihe von Softwareprogrammen, die unterschiedliche Komprimierungsalgorithmen implementieren und zur Komprimierung von Daten zur Verfügung stehen.
P. Mayr / K. Umlauf

Zirkular ↗ Rundschreiben

Ziselierschnitt ist eine spezielle Form des Goldschnitts, bei dem in das aufgebrachte Blattgold Verzierungen mittels Goldschmiedewerkzeug (Punzen, Stichel) eingebracht, d. h. eingedrückt werden.
H. Bansa

Zitat (Zitatrecht). 1. Allgemein die Übernahme eines älteren Gestaltungselements in ein neues Werk, z. B. der Architektur. In allen Kunstgattungen gibt es das Z. von der verehrenden Übernahme bedeutender Vorbilder bis hin zum ↗ Plagiat. 2. Mit dem Entstehen des Urheberrechts sind für Text- und Bildzitate gesetzliche Grenzen für die Übernahme von Textzeilen (Z.en) gesetzt. Der § 51 UrhG bestimmt die Zulässigkeit von Z.en. Alles Z.recht hängt an der Voraussetzung des durch den Zweck gebotenen Umfangs. Die Ziffer 2 und 3 gestatten nur die Vervielfältigung usw. von Stellen eines Werks, bei Musikwerken noch verschärft zu einzelnen Stellen. Eine Überschreitung der durch diese Kriterien bezeichneten Grenzen führt zu Unterlassungs- und Schadensersatzansprüchen des Inhabers der Originalrechte. Einen Sonderfall stellt die Regelung § 51 UrhG (1) (sog. Großzitat) dar, demgemäß auch ganze Werke in ein selbstständiges, wissenschaftliches Werk zur Erläuterung des Inhalts aufgenommen werden dürfen, also Bilder oder Gedichte, die ja beide stets ein Werk sind. Entscheidend ist bei Berufung auf das Z.recht, dass das Z. im Verhältnis zum Ganzen des zitierenden Werks eine untergeordnete Rolle spielt und nicht über den gebotenen Umfang hinausgeht. Das Z. muss stets in einen neuen, eigenständigen Gesamtzusammenhang gestellt werden.

Das Bildz. ist gesetzlich nicht ausdrücklich geregelt und zugleich in der modernen, stark bildorientierten Medienwelt von besonderer Bedeutung. Es ist aus doppeltem Grund komplex: Zum einen stellt ein Bild i. d. R. ein selbstständiges Werk dar, das nur als Großzitat in wissenschaftlichen Werken übernommen werden kann. Zum anderen sind die Inhaber von Bildrechten (Fotografen, bildende Künstler, Zeichner) in hohem Maße auf Einkünfte auch aus Zweit- und Nachnutzungen angewiesen. Bei Bildübernahmen ist sorgfältig auf eine rechtliche Basis (Lizenz) zu achten. In vielen Fällen kann dies durch die VG Bild/Kunst geschehen. Alle Zitate bedürfen gemäß § 63 UrhG einer exakten Quellenangabe. Aus Praktikabilitätsgründen haben die führenden wissenschaftlichen Verlage der stm-Gruppe (Internationale Gruppe der wissenschaftlichen, technischen und medizinischen Verleger) ein Gegenseitigkeitsabkommen abgeschlossen, das die Übernahme einer begrenzten Anzahl ohne vorherige Anfrage gestattet. *W. D. v. Lucius*

Zitierregister ↗ Citation Index

Zitiertitel ↗ Kurztitel

Zitierweise (Zitationsstil). Es gibt keine international verbindliche Z., obwohl es mehrere Vorstöße hierzu gab. Wichtig ist, dass bei wissenschaftlichen Arbeiten die verwendeten Quellen und Literaturen so nachgewiesen werden, dass sie problemlos interpersonell überprüfbar bzw. zu konsultieren sind. Hierzu gehört ein Mindestmaß an Angaben, so bei selbstständigen Publikationen der Verfasser, Titel, Erscheinungsort und -jahr, die genutzte Auflage oder Ausgabe (bei mehreren) und die Seitenangaben. Die Nennung des Verlags ist eine Zusatzinformation, auf die verzichtet werden kann. Ebenso ist ein übergeordneter Reihentitel und Bandnummer nicht immer notwendig, um eine Monografie aufzufinden. Bei unselbstständigen Publikationen (Aufsätzen) erfolgt zusätzlich die Angabe, in welchem übergeordneten Titel sie erschienen sind (Titel, ggf. Herausgeber, Jahr, Seitenzahlen des Sammelbandes, Jahrbuchs, der Zeitschrift etc.). Bei Publikationen für eine bestimmte Forschungseinrichtung oder ein Publikationsorgan sind deren Richtlinien einzuhalten. Generell gilt: ein einmal gewählter Standard sollte durchgängig ohne Abweichung verwendet werden (z. B. die Wiederholung einer vorhergehenden Fußnote mit Ebenda [Ebd.] oder einer gleichlautenden Zeile muss einheitlich erfolgen). Es sollte ferner nur ein Z. verwendet werden, nicht zwei – z. B. die amerikanische Kurzzitierweise (= Klammervermerk mit Nennung des Autors, Seitenzahl im Text) und zusätzlichen Fußnoten für weiterführende Literatur. *T. Keiderling*

Zunft, ständische Körperschaft von Handwerkern zur Wahrung gemeinsamer Interessen. Sie bildete sich in den europäischen Städten des Mittelalters heraus und bestand i. d. R. bis ins 19. Jh., bis zur Einführung der Gewerbefreiheit. In einzelnen Regionen gibt es sie heute noch, z. B. in der Schweiz. Zünfte bildeten ein soziales und ökonomisches System einer Berufsgruppe zur internen Regelung von Ausbildungsfragen (Lehrlinge und Gesellen) und Zulassung von Meistern, zu Rohstofflieferungen, Firmen- und Beschäftigungszahlen, Löhnen, Preisen, Absatzmengen, aber auch hinsichtlich gegenseitiger Sozialhilfen wie z. B. Witwenkassen. Zünfte schrieben ihren Mitgliedern zur Qualitätssicherung bestimmte Produktionsmethoden vor. Dadurch wehrten sie zwar Überproduktionen ab, verhinderten jedoch auch die Einführung neuer Produktionstechniken. Äußere Merkmale der Zünfte waren nach mittelalterlicher Tradition Wappen, Z.zeichen und Z.kleidung. Im Buchdruck und in der Buchbinderei entstanden die ersten Zünfte seit dem 16. Jh. in zahlreichen Städten. ↗ Buchbinder ↗ Drucker (1)

Zur Ansicht, 1. bis ca. Ende des 20. Jh.s Anweisung in Bibliotheken, bestimmte Bücher beim Buchhandel zur Ansicht zu bestellen mit dem üblichen Remissionsrecht. Diese Titel wurden in Verlagsprospekten, Vorankündigungen oder anderen Informationsunterlagen mit dem Kürzel z. A. versehen. Heute wird diese Form der Angebote aus Kostengründen nicht mehr praktiziert (↗ Approval Plan, ↗ Bestellverfahren in wissenschaftlichen Bibliotheken). 2. Im Buchhandel verwies der Terminus z. A. auf eine ↗ Ansichtssendung.

Zurichtebogen ↗ Abstimmbogen

Zuschauerbeteiligung ↗ Call in

Zuschauerforschung ↗ Audience Flow ↗ Einschaltquote ↗ Media-Analyse ↗ Mediaforschung ↗ Medienwirkungsforschung ↗ Rezeptionsforschung ↗ Teleskopie

Zuschuss. 1. Papierbedarf. Der Z. musste beim herkömmlichen Auflagendruck über die vom Verlag bestellte Auflagenhöhe hinaus produziert werden, damit der Drucker und Buchbinder beim Drucken, Falzen, Heften und Einhängen des Buchblocks in die Einbanddecke Vorlaufbogen hat, die beim Einstellen der Maschinen verlorengehen. Der Z. beträgt je nach Höhe der Auflage und der Schwierigkeit der Druckform bei einfarbigen Drucksachen 2 – 10 %, während bei mehrfarbigen Drucksachen je Farbe 1 % hinzugerechnet wird. Dieser Z. muss beim Papiereinkauf berücksichtigt werden. ↗ Auflagenpapier. 2. Kalkulation eines Titels: ↗ Druckkostenzuschuss R. Busch

Zwangslizenz, eine auf gesetzlicher Verpflichtung beruhende Vereinbarung, in welcher der Inhaber eines Ausschließlichkeitsrechts verpflichtet wird, unter gewissen Umständen einem Dritten ein Nutzungsrecht einzuräumen. Im deutschen Urheberrecht besteht eine Z. zur Herstellung von Tonträgern (§ 42a UrhG): Wenn einem Tonträger-Hersteller ein Nutzungsrecht an einem Werk der Musik eingeräumt worden ist, um es auf Tonträger zu übertragen und diese zu vervielfältigen und zu verbreiten, muss der Urheber jedem anderen Urheber von Tonträgern im Geltungsbereich des deutschen Gesetzes gleichfalls ein Nutzungsrecht mit diesem Inhalt zu angemessenen Bedingungen einräumen. Ein solches Nutzungsrecht wirkt allerdings nur im Geltungsbereich des deutschen Urheberrechtsgesetzes und für die Ausfuhr nach Staaten, in denen das Werk keinen Schutz gegen die Übertragung auf Tonträger genießt. L. Delp

Zwanzig-Bogen-Klausel ist eine Zensurregelung der Karlsbader Beschlüsse von 1819, den Deutschen Bund (1815 – 1866) betreffend, nur die Schriften unter und gleich zwanzig Bogen (≤ 320 Druckseiten) vor der Drucklegung, also vorzensorisch, zu überprüfen. Dies geschah aus rein pragmatischen Gründen, da man bei der Masse der Neuerscheinungen nicht alles vor der Drucklegung zensieren konnte und wollte. Zugleich handelte es sich bei den Schriften geringeren Umfangs um politisch relevante, periodische und tagesaktuelle Veröffentlichungen (auch Flugschriften). Schriften über 20 Bogen wurden nach der Z.-B.-K. nachzensorisch (nach der Drucklegung) überprüft. In diesen Fällen hofften die Zensoren auch auf eine wirtschaftlich motivierte selbstzensorische «Mithilfe» der Autoren, Verleger und Hersteller (↗ Schere im Kopf), die zu überlegen hatten, ob es sich «lohnt», kostenaufwendig umfangreiche Medien mit anstößigen Inhalten vorzufinanzieren bzw. herzustellen, die man ggf. kurz nach dem Erscheinen konfiszieren und vernichten würde. ↗ Zensur T. Keiderling

Zweifarbendruck, teilweiser Übereinanderdruck von zwei Druckformen mit gegensätzlichen Druckfarben, die mehrfarbig wirkt. Geeignet dafür sind v. a. Komplementärfarbenpaare, z. B. Rot (enthält Magenta plus Gelb), so dass alle drei Grundfarben am Zusammendruck beteiligt sind. R. Golpon

Zweikanalton meint die zeitgleiche Übertragung zweier voneinander unabhängiger Tonkanäle mit unterschiedlichen Inhalten, z. B. eine deutsche und eine fremdsprachige Fassung eines Films, die man wahlweise nutzen kann.

Zwei-Stufen-Fluss der Kommunikation ↗ Two-Step-Flow (Modell der Kommunikation)

Zweiundvierzigzeilige Bibel (B 42) ↗ Bibel mit 42 Zeilen

Zwei-Wege-Kommunikation meint generell diejenigen Kommunikationsvorgänge, bei denen Kommunikator und Rezipient ihre Rollen (wechselseitig) tauschen und somit Rückkopplungen- bzw. Feedbacks entstehen. Konkret in der ↗ internen Organisations- bzw. Unternehmenskommunikation zielt der Begriff auf die Existenz von Top-Down-(Vorgesetzten-Mitarbeiter-) und Bottom-Up-(Mitarbeiter-Vorgesetzten-) Kommunikation ab. T. Keiderling

Zwergbuch ↗ Miniaturausgabe (Miniaturbuch)

Zwiebelfisch nannte der Drucker eine Type im Drucksatz, die versehentlich aus einer anderen als der gerade benutzten Schriftart stammte.

Zwillingsband ↗ Dos à Dos

Zwischenbuchhandel, einer der drei Branchenzweige des deutschen Buchhandels neben dem Verlag(sbuchhandel) und dem Sortimentsbuchhandel. Der Z. umfasst ↗ Kommissionäre und Buchgroßhändler (Satzung des Börsenvereins, § 6 Ziff. 4), die zwischen dem Herstellenden Buchhandel (Verlage) und dem Verbreitenden Buchhandel (Sortiment) tätig sind. Alle Zwischenbuchhändler bündeln Geschäftsvorfälle im buchhändlerischen Verkehr und tragen damit wesentlich zur Rationalisierung in der (Buch-)Branche bei. Kommissionäre sind Absatzhelfer, die Dienstleistungen für Verlage oder/und Sortimentsbuchhandlungen erbringen, für Verlage als Verlagsauslieferungen oder im Vertriebsservice (National Distributors), für Sortimenter als Bestellanstalten oder/und als Bücherwagendienste im Büchersammelverkehr. I. d. R. handelten die Verlagsauslieferungen als buchhändlerische Kommissionäre in fremdem Namen für fremde Rechnung. Mit der Einführung des Factoring bzw. der Rechnungs- und Sendungsbündelung werden immer mehr Verlagsauslieferungen zu Kommissionären nach § 383 HGB (in eigenem Namen auf fremde Rechnung) oder zu Großhändlern (Absatzmittlern) auf eigene Rechnung. Bestellanstalten und Bücherwagendienste sind reine Dienstleister, für die das Recht der Geschäftsbesorgung bzw. des Fracht- und Speditionswesens gilt. Buchgroßhändler arbeiten als Absatzmittler. Sie kaufen und verkaufen Verlagserzeugnisse in eigenem Namen auf eigene Rechnung (und auf eigenes Risiko). Im deutschsprachigen Raum gibt es noch fünf allgemeine Barsortimente (Fachgroßhändler), davon vier in der Bundesrepublik Deutschland und eines in der Schweiz. Zu den übrigen Erscheinungsformen des Buchgroßhandels gehören Spezialbarsortimente (für bestimmte Fachgebiete), Grossisten (Bücher als Nebenbranche), Regalgroßhändler/Rack-Jobber (die Regale der Kaufhäuser, Super- und Verbrauchermärkte mit Büchern bestücken) und Großantiquariate (Großhandel mit Modernem Antiquariat).

Historisch bildete sich die «Urform» des Z.s seit Erfindung des Buchdrucks zunächst unter der Bezeichnung ↗ Kommissionsbuchhandel heraus. Aus der Übertragung von Lager- und Transportaufträgen und der Delegation von Verkaufsrechten vom Messeplatz aus entstand dieser Branchenzweig speziell im deutschsprachigen Wirtschaftsgebiet. Im Zeitraum von 1830 bis 1888 erfolgte seine weitgehende Modernisierung und Professionalisierung vom Leipziger Zentrum (↗ Leipziger Platz) ausgehend über alle bedeutenden deutschen ↗ Kommissionsplätze. Die Begriffe Z. und Kommissionsbuchhandel werden bis etwa 1850 synonymisch verwendet. Für die Zeit danach werden sie mit dem Erscheinen zweier weiterer Spezialisierungen des Z.s – dem ↗ Barsortiment und dem ↗ Gross(o)buchhandel – getrennt.

Das Barsortiment (gegr. 1847/1852) gelangte über mehrere Entwicklungsetappen (Zunahme der Buchbestände und Katalogarbeit, wissenschaftliches Barsortiment seit 1888, moderne Funktion als Hintergrundlager seit ca. 1924, Über-Nacht-Lieferung bestellter Bücher seit den 1960er Jahren) zu seiner heutigen einflussreichen Stellung im Buchhandel.

Der **Zwischenbuchhandel** in der Absatzorganisation des Buchhandels. © T. Bez.

Der Gross(o)buchhandel entwickelte sich um 1900 aus der Vereinigung von Buch- und Pressegroßhandel und war mit dem Barsortiment eng verwandt. Genau wie das Barsortiment arbeitete der Gross(o)buchhandel im eigenen Namen und auf eigene Rechnung. Im Unterschied zu jenem wurden durch den Gross(o)buchhandel besondere Kundenkreise (Handel mit Zeitungen und Zeitschriften, Buchverkaufsstellen, Kaufhausbuchhandel, Schreib- und Spielwarenläden mit Buchangebot etc.) mit einem speziellen Sortiment beliefert. Spätestens nach dem Zweiten Weltkrieg ging die Entwicklung beider Branchen so weit auseinander, dass die früheren Gross(o)buchhandlungen nun eigenständige Barsortimente und Pressegroßhandlungen (Presse-Grosso) betreiben. Die Unterscheidung von Gross(o)buchhandel und Barsortiment hat heute nur noch historische Bedeutung. *T. Bez / T. Keiderling*

Zwischentitel sind Texttafeln eines ↗ Stummfilms, die wie ein roter Faden durch die Handlung führen oder sie kommentieren. Sie erklären entweder Dinge, die der Regisseur bzw. der Drehbuchautor nicht in die Bildsprache umsetzen wollte oder konnte (Erklärungen einer Szene, Zeitsprünge oder übersprungene Szenen) oder sie visualisieren Dialoge der Akteure. Akustisch wurden Z. ebenso wie Stummfilm generell durch Orchester- oder Klaviermusik begleitet. *T. Keiderling*

Zwitterdruck ↗ Doppeldruck

Zylinder, aus dem Griechischen «Walze»; wird seit der Innovation von F. ↗ Koenig für den Buchdruck eingesetzt (u.a. bezeichnet als Schnellpresse, eigentlich: Z.-Flachform-Druckmaschine) und hat die Druckherstellung beschleunigt und automatisiert. *T. Keiderling*

Zylinder-Flachformdruck ist das zweitälteste ↗ Druckprinzip nach dem Tiegeldruck und vor dem Rotationsdruck. Beim Z.-F. ist die Druckform flach, die Gegendruckform zylindrisch; der Bedruckstoff (z.B. Papierbogen oder Rollenpapier) wird dazwischen geführt. *C.W. Gerhardt*

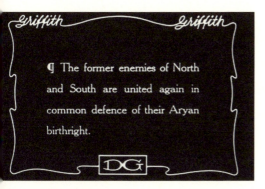

Zwischentitel. Aus: Die Geburt einer Nation (1915) von D.W. Griffith. In: Wikipedia.

Zylinder-Flachformdruck. Einfache Stoppzylinderschnellpresse mit Eisenbahnbewegung und kombiniertem Tisch- und Zylinderfarbwerk.

Auswahlbibliografie

zusammengestellt von Thomas Keiderling

Die Bibliografie enthält eine enge Auswahl an monografischen Darstellungen, Sammelbänden, Handbüchern, Nachschlagewerken sowie Periodika, die zur Erarbeitung der Stichwörter herangezogen wurden. Übergeordnete Reihentitel sind bei Monografien nicht mit erfasst. Aufsätze sind nur in begründeten Ausnahmefällen enthalten, insofern es sich um einschlägige Publikationen handelt. Auch wenn Mehrfachnennungen in einzelnen Teilüberschriften (Forschungs- und Themenfelder) möglich sind, wurde darauf verzichtet. Erschienen identische Ausgaben in einer Druck- und Digital-Version wird nur die erstere gelistet.

I. Grundlagen (verschiedener Forschungsfelder)

Nachschlagewerke

Bates, M. J. (Hg.): Encyclopedia of library and information sciences, 3. Aufl., 7 Bde., Raton Fla. 2010.

Bentele, G.; H.-B. Brosius und O. Jarren (Hg.): Lexikon Kommunikations- und Medienwissenschaft, 2., üb. und erw. Aufl., Wiesbaden 2013.

Bez, T.: ABC des Zwischenbuchhandels, 8., neu bearb. Aufl., Norderstedt 2017.

Biografisches Lexikon der Kommunikationswissenschaft, 2017 ff [Online-Ressource: http://blexkom.halemverlag.de/]

Brauner, D. J.; J. Leitolf, R. Raible-Besten und M. Weigert (Hg.): Lexikon der Presse- und Öffentlichkeitsarbeit, Berlin u. a. 2014 [Online-Ressource].

Brüne, K.: Lexikon Kommunikationspolitik. Werbung, Direktmarketing, integrierte Kommunikation, Frankfurt a. M. 2008.

Corsten, S.; G. Pflug und F. A. Schmidt-Künsemüller (Hg.): Lexikon des gesamten Buchwesens, 2., völlig neubearb. Aufl., 8 Bde. und ein Registerband, Stuttgart 1987–2014.

Feather, J. und R. P. Sturges (Hg.): International encyclopedia of information and library science, 2. Aufl., London 2003.

Gillitzer, S. (Hg.): ABC des Buchhandels, 11., kompl. überarb. und akt. Aufl., Eibelstadt 2009. (Begr. von W. Stöckle).

Gudehus, J.: Das Lesikon der visuellen Kommunikation, 2. Aufl., Mainz 2011.

Hiller, H. und S. Füssel: Wörterbuch des Buches: Mit Online-Aktualisierung, 7., grundl. überarb. Aufl., Frankfurt a. M. 2006.

Kirschner, J.: Fischer Handbuch Theater, Film, Funk und Fernsehen, Frankfurt a. M. 1997.

Kühner, A. und M. Schmuck: Das Medien-Lexikon. Die wichtigsten Fachbegriffe aus Print, Radio, TV und Internet, 3., akt. und bearb. Aufl., Remagen 2008.

Monaco, J.: Film verstehen. Kunst, Technik, Sprache, Geschichte und Theorie des Films und der Neuen Medien, 5. Aufl., Reinbek 2017.

Noelle-Neumann, E.; W. Schulz und J. Wilke (Hg.): Fischer Lexikon Publizistik Massenkommunikation, 2. Aufl., Frankfurt a. M. 2014.

Prokop, D.: Lexikon der Kulturindustrie, Hamburg 2017.

Rautenberg, U. (Hg.): Reclams Sachlexikon des Buches. Von der Handschrift zum E-Book, 3., vollst. überarb. und akt. Aufl., Stuttgart 2015.

Schanze, H. (Hg.): Metzler Lexikon Medientheorie/Medienwissenschaft. Ansätze – Personen – Grundbegriffe, Stuttgart u. a. 2002.

Schütz, E. und S. Bittkow (Hg.): Das BuchMarktBuch. Der Literaturbegriff in Grundbegriffen, 2., durchges. Aufl., Reinbek 2010.

Sjurts, I.: Gabler Lexikon Medienwirtschaft, 2., akt. und erw. Aufl., Wiesbaden 2011.

Strauch, D. und M. Rehm: Lexikon Buch, Bibliothek, Neue Medien. 2., akt. und erw. Aufl., München 2007.

Suarez, M. F. und H. R. Woudhuysen (Hg.): The Oxford companion to the book. A history of the book throughout the ages, 2 Bde., Oxford u. a. 2010.

Trebeß, A. (Hg.): Metzler Lexikon Ästhetik. Kunst, Medien, Design und Alltag, Stuttgart u. a. 2006.

Tsvasman, L. R. (Hg.): Das große Lexikon Medien und Kommunikation. Kompendium interdisziplinärer Konzepte, Würzburg 2007.

Umlauf, K. (Hg.): Grundwissen Medien, Information, Bibliothek, Stuttgart 2016.

Umlauf, K. und S. Gradmann (Hg.): Lexikon der Bibliotheks- und Informationswissenschaft, 2 Bde, Stuttgart 2011 und 2014.

Wörterbücher zur Sprach- und Kommunikationswissenschaft Online, Berlin 2012 [Online-Ressource].

Zender, J. E.: Lexikon Buch, Druck, Papier, Bern u. a. 2008.

Einführungen und Handbücher

Alfter, B.: Grenzüberschreitender Journalismus. Handbuch zum Cross-Border-Journalismus, Köln 2017.
Altendorfer, O. und L. Hilmer: Medienmanagement, 4 Bde., Wiesbaden 2006–2016.
Altmeppen, K.-D. und K. Arnold: Journalistik. Grundlagen eines organisationalen Handlungsfeldes, München 2013.
Averbeck-Lietz, S. und M. Meyen (Hg.): Handbuch nicht standardisierte Methoden in der Kommunikationswissenschaft, Wiesbaden 2016.
Beck, K.: Kommunikationswissenschaft, 5., überarb. Aufl., Konstanz u. a. 2017.
Beyer, A. und C. Petra: Einführung in die Medienökonomie, 3., überarb. Aufl., Konstanz 2012.
Binczek, N.; T. Dembeck und J. Schäfer (Hg.): Handbuch Medien der Literatur, Berlin u. a. 2013.
Bisges, M. (Hg.): Handbuch Urheberrecht, Berlin 2016.
Blana, H. und T. Ott (Hg.): Die Herstellung. Ein Handbuch für die Gestaltung, Technik und Kalkulation von Buch, Zeitschrift und Zeitung, 5., überarb. Aufl., München 2015.
Blanz, M.; A. Florack und U. Piontkowski (Hg.): Kommunikation. Eine interdisziplinäre Einführung, Stuttgart 2014.
Bonfadelli, H.; O. Jarren und G. Siegert (Hg.): Einführung in die Publizistikwissenschaft, 3., vollst. überarb. Aufl., Stuttgart 2010.
Borstnar, N.; E. Pabst und H. J. Wulff: Einführung in die Film- und Fernsehwissenschaft, 2., überarb. Aufl., Konstanz 2008.
Branahl, U.: Medienrecht. Eine Einführung, 7., überarb. und akt. Aufl., Wiesbaden 2013.
Brosius, H.-B.; A. Haas und F. Koschel: Methoden der empirischen Kommunikationsforschung. Eine Einführung, 7., überarb. u. akt. Aufl., Wiesbaden 2016.
Buck, E.: Studienbuch Theater-, Film- und Fernsehwissenschaft. Abhandlungen, Aufsätze, Vorträge aus zwei Jahrzehnten, Düsseldorf 2004.
Burkart, R.: Kommunikationswissenschaft. Grundlagen und Problemfelder. Umrisse einer interdisziplinären Sozialwissenschaft, 4., überarb. und akt. Auf., Wien u. a. 2002.
Burkart, R. und W. Hömberg (Hg.): Kommunikationstheorien. Ein Textbuch zur Einführung, 8., durchges. und akt. Aufl., Wien 2015.
Deg, R.: Basiswissen Public Relations. Professionelle Presse- und Öffentlichkeitsarbeit, 6., überarb. und erw. Aufl., Wiesbaden 2017.
Dittmar, J. F.: Grundlagen der Medienwissenschaft, 2. erw. und korr. Aufl., Berlin 2011.
Donges, P. und O. Jarren: Politische Kommunikation in der Mediengesellschaft. Eine Einführung, 4. Aufl., Wiesbaden 2017.
Ensthaler, J. und S. Weidert (Hg.): Handbuch Urheberrecht und Internet, 3., überarb. und erw. Aufl., Frankfurt a. M. 2017.
Faulstich, W.: Einführung in die Medienwissenschaft. Probleme, Methoden, Domänen, München 2002.
Faulstich, W.: Grundwissen Medien, 5., vollst. überarb. und erheb. erw. Aufl., München 2003.
Fechner, F.: Medienrecht. Lehrbuch des gesamten Medienrechts unter besonderer Berücksichtigung von Presse, Rundfunk und Multimedia, 19., überarb. und erg. Aufl., Tübingen 2018.
Fischer, E.; W. Haefs und Y.-G. Mix (Hg.): Von Almanach bis Zeitung. Ein Handbuch der Medien in Deutschland 1700–1800, München 1999.
Friedrichsen, M. und W. Mühl-Benninghaus: Neue Medienökonomie. Eine Einführung in die neue Medienwirtschaft von 2000 bis heute, Baden-Baden 2012.
Fröhlich, R.; P. Szyszka und G. Bentele (Hg.): Handbuch der Public Relations: Wissenschaftliche Grundlagen und berufliches Handeln. Mit Lexikon, 3., überarb. und erw. Aufl., Wiesbaden 2015.
Funke, F.: Buchkunde. Die historische Entwicklung des Buches von der Keilschrift bis zur Gegenwart, 6., überarb. u. erw. Aufl., Sonderausgabe, Wiesbaden 2006.
Füssel, S. und C. Norrick-Rühl: Einführung in die Buchwissenschaft, Darmstadt 2014.
Grampp, S.: Medienwissenschaft, Konstanz u. a. 2016.
Griebel, R.; H. Schäffler und K. Söllner (Hg.): Praxishandbuch Bibliotheksmanagement, 2 Bde., Berlin u. a. 2016.
Gronau, N. und M. Lindemann: Einführung in das Informationsmanagement, 2., überarb. Aufl., Berlin 2012.
Günther, H. und O. Ludwig (Hg.): Schrift und Schriftlichkeit. Writing and its Use. Ein interdisziplinäres Handbuch internationaler Forschung, 2 Bde., Berlin u. a. 1994–1996.
Hepp, A.; F. Krotz und T. Thomas (Hg.): Schlüsselwerke der Cultural Studies, Wiesbaden 2009.
Hickethier, K.: Einführung in die Medienwissenschaft, 2. Aufl., Stuttgart 2010.
Holtz-Bacha, C. und A. Kutsch (Hg.): Schlüsselwerke für die Kommunikationswissenschaft, Wiesbaden 2002.
Holzer, H.: Medienkommunikation. Einführung in handlungs- und gesellschaftstheoretische Konzeptionen, Opladen 1994.
Hömberg, W. (Hg.): Einführung in die Kommunikationswissenschaft. Der Prozess der politischen Meinungs- und Willensbildung, 3., verb. Aufl., 2 Bde, Berlin 2011–2012.
Hooffacker, G.: Online-Journalismus. Texten und Konzipieren für das Internet. Ein Handbuch für Ausbildung und Praxis, 4. Aufl., Wiesbaden 2016.
Hüffel, C. und A. Reiter (Hg.): Handbuch – Neue Medien, 2. Aufl., Perg 2008.
Jäckel, M.: Medienwirkungen. Ein Studienbuch zur Einführung. 5., vollst. überarb. und erw. Aufl., Wiesbaden 2011.
Jäger, L.; P. Krapp u. a. (Hg.): Sprache – Kultur – Kommunikation. Ein internationales Handbuch zu Linguistik als Kulturwissenschaft, Berlin u. a. 2016.
Janich, N.: Handbuch Werbekommunikation. Sprachwissenschaftliche und interdisziplinäre Zugänge, Tübingen 2012.

Janzin, M. und J. Güntner: Das Buch vom Buch. 5.000 Jahre Buchgeschichte, 3., überarb. und erw. Aufl., Hannover 2007.

Juraschko, B. (Hg.): Praxishandbuch Urheberrecht für Bibliotheken und Informationseinrichtungen, Berlin 2017.

Kerlen, D.: Einführung in die Medienkunde, Stuttgart 2003.

Kiefer, M. L. und C. Steininger: Medienökonomik. Einführung in eine ökonomische Theorie der Medien, 3., akt. und erw. Aufl., München 2014.

Kleinsteuber, H. J.: Radio. Eine Einführung, Wiesbaden 2012.

Kloock, D. und A. Spahr: Medientheorien. Eine Einführung, 4., akt. Aufl., Paderborn 2012.

Kocher, U.: Einführung in die Editionswissenschaft, Berlin u. a. 2018.

Krah, H. und N. Bostnar (Hg.): Medien und Kommunikation. Eine interdisziplinäre Einführung, 3., stark erw. Aufl., Passau 2013.

Krallmann, D. und A. Ziemann: Grundkurs Kommunikationswissenschaft, München 2001.

Kunczik, M. und A. Zipfel: Publizistik. Ein Studienhandbuch, 2. Aufl., Köln 2008.

La Roche, W. und A. Buchholz (Hg.): Radio-Journalismus. Ein Handbuch für Ausbildung und Praxis im Hörfunk, 11. Aufl., Wiesbaden 2017.

Leonhard, J.-F. (Hg.): Medienwissenschaft. Ein Handbuch zur Entwicklung der Medien und Kommunikationsformen. 3 Teilbde., Berlin u. a. 1999–2002.

Leschke, R.: Einführung in die Medienethik, München 2001.

Limper, J. und C. Musiol (Hg.): Handbuch des Fachanwalts Urheber- und Medienrecht, 2. Aufl., Köln 2017.

Löffler, K. und W. Milde: Einführung in die Handschriftenkunde, Stuttgart 1997.

Ludes, P.: Einführung in die Medienwissenschaft. Entwicklungen und Theorien, 2., überarb. Aufl., Berlin 2003.

Luhmann, N.: Soziale Systeme. Grundriss einer allgemeinen Theorie, 16. Aufl., Frankfurt a. M. 2015.

Mehling, G. (Hg.): Propädeutik für Studierende der Kommunikationswissenschaft, Bamberg 2015.

Meier, K.: Journalistik, 4., überarb. Aufl., Konstanz 2018.

Merten, K.: Grundlagen der Kommunikationswissenschaft, 3. Aufl., Münster 2007.

Merten, K.; S. J. Schmidt und S. Weischenberg (Hg.): Die Wirklichkeit der Medien. Eine Einführung in die Kommunikationswissenschaft, Opladen 1994.

Meyen, M.; M. Löblich, S. Pfaff-Rüdiger und C. Riesmeyer: Qualitative Forschung in der Kommunikationswissenschaft. Eine praxisorientierte Einführung, Wiesbaden 2011.

Mikos, L. und C. Wegener (Hg.): Qualitative Medienforschung. Ein Handbuch, 2., völlig überarb. und erw. Aufl., München 2017.

Möhring, W. und D. Schlütz: Die Befragung in der Medien- und Kommunikationswissenschaft. Eine praxisorientierte Einführung, 2., überarb. Aufl., Wiesbaden 2010.

Möhring, W. und D. Schlütz (Hg.): Handbuch standardisierte Erhebungsverfahren in der Kommunikationswissenschaft, Berlin 2013.

Paus-Hasebrink, I.; J. Woelke, M. Bichler und A. Pluschkowitz: Einführung in die Audiovisuelle Kommunikation, München 2006.

Plachta, B.: Editionswissenschaft. Eine Einführung in Methode und Praxis der Edition neuer Texte, 3., erg. und akt. Aufl., Stuttgart 2013.

Plassmann, E.; H. Rösch, J. Seefeldt und K. Umlauf: Bibliotheken und Informationsgesellschaft in Deutschland. Eine Einführung, 2., gründlich überarb. und erw. Aufl., Wiesbaden 2011.

Pürer, H.: Einführung in die Publizistikwissenschaft. Systematik, Fragestellungen, Theorieansätze, Forschungstechniken, 6. Aufl., München 1998.

Pürer, H.: Publizistik- und Kommunikationswissenschaft, 2., völlig überarb. und erw. Aufl., Stuttgart 2014.

Puttenat, D.: Praxishandbuch Presse- und Öffentlichkeitsarbeit. Der kleine PR-Coach, 2. Aufl., Wiesbaden 2012.

Rau, H.: Einladung zur Kommunikationswissenschaft, Baden-Baden 2013.

Rautenberg, U. (Hg.): Buchwissenschaft in Deutschland, 2 Bde., Berlin 2010. [Taschenbuch-Ausgabe 2013]

Rautenberg, U. und U. Schneider (Hg.): Lesen. Ein interdisziplinäres Handbuch, Berlin u. a. 2015.

Rautenberg, U. und D. Wetzel: Buch, Tübingen 2001.

Rimscha, M. B. von und G. Siegert: Medienökonomie. Eine problemorientierte Einführung, Wiesbaden 2015.

Röttger, U.; J. Kobusch und J. Preusse: Grundlagen der Public Relations. Eine kommunikationswissenschaftliche Einführung, 3., akt. und erw. Aufl., Wiesbaden 2018.

Ruder, E.: Typographie. Ein Gestaltungslehrbuch, 8. Aufl., Neuauf. der Original-Aufl., Sulgen 2009.

Rusch, G.: Einführung in die Medienwissenschaft. Konzeptionen, Theorien, Methoden, Anwendungen, Wiesbaden 2002.

Schanze, H. (Hg.): Handbuch der Mediengeschichte, Stuttgart 2001.

Schenk, M.: Medienwirkungsforschung, 3., vollst. überarb. Aufl., Tübingen 2007.

Scherfer, K. (Hg.): Webwissenschaft. Eine Einführung, 2. Aufl., Berlin u. a. 2010.

Schmidt, S. J. und G. Zurstiege: Kommunikationswissenschaft. Systematik und Ziele, Reinbek 2007.

Schmitz, W.: Grundriss der Inkunabelkunde. Das gedruckte Buch im Zeitalter des Medienwechsels, Stuttgart 2018.

Schneider, K.: Paläographie und Handschriftenkunde für Germanisten. Eine Einführung, 3., durchges. Aufl., Berlin u. a. 2014.

Schramm, H.: Empirische Unterhaltungsforschung. Studie zu Rezeption und Wirkung von medialer Unterhaltung, München 2006.

Schröter, J. (Hg.): Handbuch Medienwissenschaft, Stuttgart u. a. 2014.

Schweiger, W.: Theorien der Mediennutzung. Eine Einführung, Wiesbaden 2007.
Schweiger, W. und A. Fahr (Hg.): Handbuch Medienwirkungsforschung, Wiesbaden 2013.
Siegert, G. und D. Brecheis: Werbung in der Medien- und Informationsgesellschaft. Eine kommunikationswissenschaftliche Einführung, 3., vollst. überarb. und erw. Aufl., Wiesbaden 2017.
Stiebner, E. D. (Hg.): Bruckmann's Handbuch der Drucktechnik, 5., vollst. überarb., neu gestaltete und erw. Aufl., München 1992.
Stöber, R.: Kommunikations- und Medienwissenschaften. Eine Einführung, München 2008.
Sucharowski, W.: Kommunikationswissenschaft. Eine Einführung, Tübingen 2018.
Süss, D.; C. Lampert und C. W. Trültzsch-Wijnen: Medienpädagogik. Ein Studienbuch zur Einführung, 3. Aufl., Wiesbaden 2018.
Umlauf, K.; S. Fühles-Ubach und M. Seadle (Hg.): Handbuch Methoden der Bibliotheks- und Informationswissenschaft, Berlin u. a. 2013.
Umlauf, K. und S. Gradmann (Hg.): Handbuch Bibliothek. Geschichte, Aufgaben, Perspektiven, Stuttgart 2012.
Vogelgesang, J.: Kommunikationswissenschaft studieren, Wiesbaden 2012.
Vogtherr, T.: Urkundenlehre. Basiswissen, Hannover 2008.
Wersig, G.; J. Krone und T. Müller-Prothmann: Einführung in die Publizistik- und Kommunikationswissenschaft, Baden-Baden 2009.
Wilke, J.: Grundzüge der Medien- und Kommunikationsgeschichte. Von den Anfängen bis ins 20. Jahrhundert, 2., durchges. und erg. Aufl., Köln u. a. 2008.
Wünsch, C.; H. Schramm, V. Gehrau und H. Bilandzic (Hg.): Handbuch Medienrezeption, Baden-Baden 2008.
Zerfaß, A. und M. Piwinger: Handbuch Unternehmenskommunikation: Strategie – Management – Wertschöpfung, 2., vollst. überarb. Aufl., Wiesbaden 2014.

Klassiker

Bappert, W.: Wege zum Urheberrecht, Frankfurt a. M. 1962.
Barge, H.: Geschichte der Buchdruckerkunst von ihren Anfängen bis zur Gegenwart, Leipzig 1940.
Berelson, B.; P. F. Lazarsfeld und W. N. McPhee: Voting. A study of opinion formation in a presidential campaign, Chicago 1954.
Bogeng, G. A. E.: Geschichte der Buchdruckerkunst, 3 Bde., Hildesheim 1930–1941.
Bücher, K.: Der deutsche Buchhandel und die Wissenschaft, Leipzig 1903.
Bücher, K.: Gesammelte Aufsätze zur Zeitungskunde, Tübingen 1926.
Cantril, H.; H. Koch, H. Gaudet, H. Herzog und H. G. Wells: The invasion from Mars. A study in the psychology of panic. With the complete script of the famous Orson Welles broadcast, Princeton 1940.
DeFleur, M. L. und O. L. Larsen: The flow of information. An experiment in mass communication, New York 1958.
D'Ester, K.: Zeitungswesen, Breslau 1928.
Dovifat, E.: Zeitungswissenschaft, 2 Bde., Berlin 1931.
Eisenstein, E. L.: The Printing Press as an Agent of Change. Communications and Cultural Transformations in Early-Modern Europe, 2 Bde., Cambridge u. a. 1979.
Engelsing, R.: Der Bürger als Leser. Lesergeschichte in Deutschland 1500–1800, Stuttgart 1974.
Engelsing, R.: Die Perioden der Lesegeschichte in der Neuzeit. Das statistische Ausmaß und die soziokulturelle Bedeutung der Lektüre. In: Archiv für Geschichte des Buchwesens 10/1969, Frankfurt a. M., Sp. 945–1002.
Febvre, L. und M. Henri-Jean: L'apparition du livre, Paris 1958.
Groth, O.: Die Geschichte der deutschen Zeitungswissenschaft. Probleme und Methoden, München 1948.
Habermas, J.: Strukturwandel der Öffentlichkeit. Untersuchungen zu einer Kategorie der bürgerlichen Gesellschaft, Neuwied 1962.
Habermas, J.: Theorie des kommunikativen Handelns, 2 Bde., Frankfurt a. M. 1981.
Hadley C.: The Invasion from Mars. A Study in the Psychology of Panic, Princeton 1940.
Horkheimer, M. und T. W. Adorno: Dialektik der Aufklärung. Philosophische Fragmente, Amsterdam 1947.
Hovland, C. I.; I. L. Janis und H. H. Kelley: Communication and persuasion. Psychological studies of opinion change, New Haven 1953.
Hovland, C. I.; A. A. Lumsdaine und F. D. Sheffield: Experiments on mass communication, Princeton 1949.
Kapp, F. und J. Goldfriedrich: Geschichte des Deutschen Buchhandels, 4 Bde., Leipzig 1886–1913, [Reg.- und Tafelbd. 1923].
Katz, E. und P. F. Lazarsfeld: Personal influence. The part played by people in the flow of mass communications, Glencoe Ill. 1955.
Klapper, J. T.: The effects of mass media, New York 1949.
Kraus, S. und D. Davis: The effects of mass communication on political behavior, Pennsylvania 1976.
Kron, F.: Schriftsteller und Schriftstellerverbände. Schriftstellerberuf und Interessenpolitik 1842–1973, Stuttgart 1976.
Lazarsfeld, P. F.; B. Berelson und H. Gaudet: The people's choice. How the voter makes up his mind in a presidential campaign, New York 1944.
Lerg, W. B.: Die Entstehung des Rundfunks in Deutschland. Herkunft und Entwicklung eines publizistischen Mittels, Münster 1964.
Lorck, C. B.: Handbuch der Geschichte der Buchdruckerkunst, 2 Bde., Leipzig 1882–1883.
Maletzke, G: Grundbegriffe der Massenkommunikation unter besonderer Berücksichtigung des Fernsehens, München 1965.

Maletzke, G.: Psychologie der Massenkommunikation. Theorie und Systematik, Hamburg 1963.

McLuhan, H. M.: The Gutenberg Galaxy, London 1962. [Übersetzung: Die Gutenberg-Galaxis. Das Ende des Buchzeitalters, Düsseldorf u. a. 1968].

McLuhan, H. M.: Understandig Media. The Extensions of Man, New York 1964 [Übersetzung: Die magischen Kanäle, Düsseldorf u. a. 1968].

Noelle-Neumann, E.: Die Schweigespirale. Öffentliche Meinung – unsere soziale Haut, München 1980.

Noelle-Neumann, E.: Öffentliche Meinung und Soziale Kontrolle, Tübingen 1966.

Postman, N.: Wir amüsieren uns zu Tode. Urteilsbildung im Zeitalter der Unterhaltungsindustrie, Frankfurt a. M. 1985.

Pross, H.: Medienforschung. Film, Funk, Presse, Fernsehen, Darmstadt 1972.

Prutz, R. E.: Geschichte des deutschen Journalismus. Zum ersten Male vollst. aus den Quellen gearbeitet, Hannover 1845.

Reimann, H.: Kommunikations-Systeme. Umrisse einer Soziologie der Vermittlungs- und Mitteilungsprozesse, Tübingen 1968.

Rogers, E. M.: Diffusion of innovations, New York 1962.

Schottenloher, K.: Flugblatt und Zeitung. Ein Wegweiser durch das gedruckte Tagesschrifttum, Berlin 1922.

Schrettinger, M.: Handbuch der Bibliothek-Wissenschaft, besonders zum Gebrauche der Nicht-Bibliothekare, welche ihre Privat-Büchersammlungen selbst einrichten wollen, Wien 1834.

Shannon, C. E. und W. Weaver: Mathematische Grundlagen der Informationstheorie, München 1976.

Shaw, D. L. und M. E. McCombs (Hg.): The emergence of American political issues. The Agenda-Setting function of the press, St. Paul Minn. 1977.

Tönnies, F.: Kritik der Öffentlichen Meinung, Berlin 1922.

Weber, M.: Wirtschaft und Gesellschaft. Grundriß der verstehenden Soziologie, Tübingen 1956 [postum].

II. Zentrale Forschungsfelder

Journalistik

Degen, M.: Mut zur Meinung. Genres und Selbstsichten von Meinungsjournalisten, Wiesbaden 2004.

Dernbach, B. und W. Loosen (Hg.): Didaktik der Journalistik. Konzepte, Methoden und Beispiele aus der Journalistenausbildung, Wiesbaden 2012.

Eilders, C.: Nachrichtenfaktoren und Rezeption. Eine empirische Analyse zur Auswahl und Verarbeitung politischer Information, Opladen 1997.

Jacobs, O. und T. Großpietsch: Journalismus fürs Fernsehen. Dramaturgie – Gestaltung – Genres, Wiesbaden 2015.

Kiefer, M. L.: Journalismus und Medien als Institutionen, Konstanz 2010.

Lünenborg, M. und S. Sell (Hg.): Politischer Journalismus im Fokus der Journalistik, Wiesbaden 2018.

Meutsch, D. und B. Freund (Hg.): Fernsehjournalismus und die Wissenschaften, Opladen 1990.

Nuernbergk, C. und C. Neuberger (Hg.): Journalismus im Internet : Profession – Partizipation – Technisierung, 2., akt. und erw. Aufl., Wiesbaden 2018.

Pörksen, B.: Die Beobachtung des Beobachters. Eine Erkenntnistheorie der Journalistik, Heidelberg 2015.

Renner, K. N.: Fernsehjournalismus. Entwurf einer Theorie des kommunikativen Handelns, Konstanz 2007.

Rühl, M.: Journalismus und Public Relations. Theoriegeschichte zweier weltgesellschaftlicher Errungenschaften, Wiesbaden 2015.

Rühl, M.: Journalistik und Journalismen im Wandel. Eine kommunikationswissenschaftliche Perspektive, Wiesbaden 2011.

Scheufele, B.: Frames – Framing – Framing-Effekte. Theoretische und methodische Grundlegung des Framing-Ansatzes sowie empirische Befunde zur Nachrichtenproduktion, Wiesbaden 2003.

Schönbach, K.: Das unterschätzte Medium. Politische Wirkungen von Presse und Fernsehen im Vergleich, München 1983

Schönbach, K.: Trennung von Nachricht und Meinung: Empirische Untersuchung eines journalistischen Qualitätskriteriums, Freiburg i. Br. 1977.

Kommunikationswissenschaft und Public Relations

Averbeck-Lietz, S. (Hg): Kommunikationswissenschaft im internationalen Vergleich. Transnationale Perspektiven, Wiesbaden 2017.

Blanke, E.: Eine Theorie der Public Relations, Marburg 2014.

Bonfadelli, H.: Die Wissenskluft-Perspektive. Massenmedien und gesellschaftliche Information, Konstanz 1994.

Dahinden, U.; S. Sturzenegger und A. C. Neuroni: Wissenschaftliches Arbeiten in der Kommunikationswissenschaft, 2., korr. und akt. Aufl., Bern 2014.

Dearing, J. W. und E. M. Rogers: Agenda-Setting, Thousand Oaks Calif. 1996.

Dohle, M.: Third-Person-Effekt, 2. Aufl., Baden-Baden 2017.

Faßler, M.: Mediale Interaktion. Speicher, Individualität, Öffentlichkeit, München 1996.

Faßler, M.: Was ist Kommunikation?, 2. Aufl., München 2002.

Flusser, V.: Kommunikologie, 4. Aufl., Frankfurt a. M. 2007.

Früh, W.: Inhaltsanalyse. Theorie und Praxis, 9., überarb. Aufl., Konstanz u. a. 2017.

Früh, W.: Realitätsvermittlung durch Massenmedien. Die permanente Transformation der Wirklichkeit, Opladen 1997.

Früh, W. und H.-J. Stiehler (Hg.): Theorie der Unterhaltung. Ein interdisziplinärer Diskurs, Köln 2003.

Gehrau, V. (Hg.): Auswahlverfahren in der Kommunikationswissenschaft, Köln 2005.

Gehrau, V.; J. Väth und G. Haake: Dynamiken der öffentlichen Problemwahrnehmung. Umwelt, Terrorismus, Rechtsextremismus und Konsumklima in der deutschen Öffentlichkeit, Wiesbaden 2014.

Hoffjann, O.: Public Relations, Konstanz 2015.

Ingenhoff, D. (Hg.): Internationale PR-Forschung, Konstanz u. a. 2013.

Kaase, M. und W. Schulz (Hg.): Massenkommunikation. Theorien, Methoden, Befunde, Opladen 1989.

Karmasin, M.; M. Rath und B. Thomaß (Hg.): Kommunikationswissenschaft als Integrationsdisziplin, Wiesbaden 2014.

Karnowski, V.: Diffusionstheorien, Baden-Baden 2011.

Koch, T.; C. Peter und P. Müller: Das Experiment in der Medien- und Kommunikationswissenschaft. Grundlagen, Durchführung und Auswertung experimenteller Forschung, Wiesbaden 2018.

Kübler, H.-D.: Mediale Kommunikation, Tübingen 2000.

Kunczik, M.: Public Relations. Konzepte und Theorien, 5., überarb. und erw. Aufl., Köln u. a. 2010.

Krüger, F.: Corporate Storytelling. Theorie und Empirie narrativer Public Relations in der Unternehmenskommunikation, Wiesbaden 2015.

Lobinger, K.: Visuelle Kommunikationsforschung. Medienbilder als Herausforderung für die Kommunikations- und Medienwissenschaft, Wiesbaden 2012.

Maier, M.; J. Retzbach, I. Glogger und K. Stengel: Nachrichtenwerttheorie, 2., akt. Aufl., Baden-Baden 2018.

Maurer, M.: Agenda-Setting, 2. Aufl., Baden-Baden 2017.

McCombs, M. E.; L. Holbert, S. Kiousis und W. Wanta: The News and public opinion, Cambridge u. a. 2011.

Meyen, M. und M. Löblich: Klassiker der Kommunikationswissenschaft. Fach- und Theoriegeschichte in Deutschland, Konstanz 2006.

Muckenhaupt, M.: Text und Bild. Grundfragen der Beschreibung von Text-Bild-Kommunikation aus sprachwissenschaftlicher Sicht, Tübingen 1986.

Pürer, H.: Kommunikationswissenschaft als Sozialwissenschaft, Konstanz 2015.

Quandt, T. und B. Scheufele (Hg.): Ebenen der Kommunikation. Mikro-Meso-Makro-Links in der Kommunikationswissenschaft, Wiesbaden 2011.

Raupp, J.: Politische Meinungsforschung. Die Verwendung von Umfragen in der politischen Kommunikation, Konstanz 2007.

Roessing, T.: Öffentliche Meinung – die Erforschung der Schweigespirale, Baden-Baden 2009.

Rossmann, C.: Fiktion Wirklichkeit. Ein Modell der Informationsverarbeitung im Kultivierungsprozess, Wiesbaden 2008.

Rothe, F.: Zwischenmenschliche Kommunikation. Eine interdisziplinäre Grundlegung, Wiesbaden 2006.

Röttger, U. (Hg.): PR-Kampagnen. Über die Inszenierung von Öffentlichkeit, 4., überarb. und erw. Aufl., Wiesbaden 2009.

Rühl, M.: Kommunikationswissenschaft. Selbstbeschreibung einer Sozialwissenschaft, Wiesbaden 2018.

Rupprecht, W.: Einführung in die Theorie der kognitiven Kommunikation. Wie Sprache, Information, Energie, Internet, Gehirn und Geist zusammenhängen, Wiesbaden 2014.

Scheu, A. M. (Hg.): Auswertung qualitativer Daten. Strategien, Verfahren und Methoden der Interpretation nicht-standardisierter Daten in der Kommunikationswissenschaft, Wiesbaden 2018.

Springer, N.; F. Koschel, A. Fahr und H. Pürer: Empirische Methoden der Kommunikationswissenschaft, Konstanz 2015.

Steininger, C. und R. Hummel: Wissenschaftstheorie der Kommunikationswissenschaft, Berlin u. a. 2015.

Stiehler, H.-J.; S. Hagen, F. Frey, M. Faust und S. Koch (Hg.): Inspiration und Systematik. Theoriebildung in der Kommunikationswissenschaft, Leipzig 2015.

Vogelgesang, J. (Hg.): Beobachtungsverfahren in der Kommunikationswissenschaft, Köln 2018.

Wehmeier, S.: Public Relations. Status und Zukunft eines Forschungsfelds, Wien u. a. 2012.

Wendelin, M.: Medialisierung der Öffentlichkeit. Kontinuität und Wandel einer normativen Kategorie der Moderne, Köln 2011.

Wirth, W.; A. Fahr und E. Lauf (Hg.): Anwendungsfelder in der Kommunikationswissenschaft, Köln 2006.

Wirth, W.; H.-J. Stiehler und C. Wünsch (Hg.): Dynamisch-transaktional Denken. Theorie und Empirie der Kommunikationswissenschaft, Köln 2007.

Zerfaß, A.: Unternehmensführung und Öffentlichkeitsarbeit. Grundlegung einer Theorie der Unternehmenskommunikation und Public Relations, 3., akt. Aufl., Wiesbaden 2010.

Zerfaß, A.; L. Rademacher und S. Wehmeier (Hg.): Organisationskommunikation und Public Relations. Forschungsparadigmen und neue Perspektiven, Wiesbaden 2013.

Zillien, N. und M. Haufs-Brusberg: Wissenskluft und Digital Divide, Baden-Baden 2014.

Medien- und Buchwissenschaft, allgemein

Anastasiadis, M. und C. Thimm (Hg.): Social Media. Theorie und Praxis digitaler Sozialität, Frankfurt a. M. u. a. 2011.

Birkner, T.: Medialisierung und Mediatisierung, Baden-Baden 2017.

Boeckmann, K.: Unser Weltbild aus Zeichen. Zur Theorie der Kommunikationsmedien, Wien 1994.

Bolz, N.: Theorie der neuen Medien, München 1990.

Bösch, F.: Mediengeschichte. Vom asiatischen Buchdruck zum Fernsehen, Frankfurt a. M. 2011.

Breitenborn, U.; G. Frey-Vor und C. Schurig (Hg.): Medienumbrüche im Rundfunk seit 1950, Köln 2013.

Drescher, K. H.: Erinnern und Verstehen von Massenmedien. Empirische Untersuchungen zur Text-Bild-Schere, Wien 1997.
Faßler, M. und W. Halbach (Hg.): Geschichte der Medien, München 1998.
Faulstich, W.: Die Mediengeschichte des 20. Jahrhunderts, Paderborn 2012.
Faulstich, W.: Medienkulturen, München 2000.
Faulstich, W.: Medientheorien, Göttingen 1991.
Füssel, S. und U. Schneider (Hg.): Meilensteine buchwissenschaftlicher Forschung. Ein Reader zentraler Quellen und Materialien, Wiesbaden 2017.
Gehrau, V.: Die Beobachtung als Methode in der Kommunikations- und Medienwissenschaft, 2., völlig überarb. Aufl., Konstanz 2017.
Gendolla, P.; P. Ludes und V. Roloff (Hg.): Bildschirm – Medien – Theorien, München 2002.
Grampp, S.: Ins Universum technischer Reproduzierbarkeit. Der Buchdruck als historiographische Referenzfigur in der Medientheorie, Konstanz 2009.
Groeben, N. und B. Hurrelmann (Hg.): Medienkompetenz. Voraussetzungen, Dimensionen, Funktionen, Weinheim u. a. 2002.
Grüne, A.: Formatierte Weltkultur? Zur Theorie und Praxis globalen Unterhaltungsfernsehens, Bielefeld 2016.
Hartmann, F.: Medienphilosophie, Wien 2000.
Hiebel, H. H. (Hg.): Kleine Medienchronik. Von den ersten Schriftzeichen zum Microchip, München 1997.
Hiebel, H. H.; H. Hiebler und K. Kogler: Die Medien. Logik – Leistung – Geschichte, München 1998.
Hörisch, J.: Der Sinn und die Sinne. Eine Geschichte der Medien, Frankfurt a. M. 2001.
Keiderling, T.; A. Kutsch und R. Steinmetz (Hg.): Buch – Markt – Theorie. Kommunikations- und medienwissenschaftliche Perspektiven, Erlangen 2007.
Kerlen, D. (Hg.): Buchwissenschaft – Medienwissenschaft. Ein Symposion, Wiesbaden 2004.
Kloock, D.: Von der Schrift- zur Bild(schirm)kultur. Analyse aktueller Medientheorien, 2., korr. und durchges. Aufl., Berlin 2003.
Kopper, G. G.: Medienhandbuch Deutschland. Fernsehen, Radio, Presse, Multimedia, Film, Reinbek 2006.
Künzler, M.; F. Oehmer, M. Puppis und C. Wassmer (Hg.): Medien als Institutionen und Organisationen. Institutionalistische Ansätze in der Publizistik- und Kommunikationswissenschaft, Baden-Baden 2013.
Ludes, P. (Hg.): Informationskontexte für Massenmedien. Theorien und Trends, Opladen 1996.
Luhmann, N.: Die Realität der Massenmedien, 5. Aufl., Wiesbaden 2017.
Migoń, K.: Das Buch als Gegenstand wissenschaftlicher Forschung. Buchwissenschaft und ihre Problematik, Wiesbaden 1990.
Nöth, W. und K. Wenz (Hg.): Medientheorie und die digitalen Medien, Kassel 1998.
Petersen, C.: Terror und Propaganda. Prolegomena zu einer Analytischen Medienwissenschaft, Bielefeld 2016.
Prokop, D.: Der Kampf um die Medien. Das Geschichtsbuch der neuen kritischen Medienforschung, Hamburg 2001.
Pürer, H.: Medien in Deutschland. Presse, Rundfunk, Online, Konstanz 2015.
Ritzer, I.: Medientheorie der Globalisierung, Wiesbaden 2018.
Saxer, U.: Mediengesellschaft. Eine kommunikationssoziologische Perspektive, Wiesbaden 2012.
Schmidt, S. J.: Kalte Faszination. Medien, Kultur, Wissenschaft in der Mediengesellschaft, Weilerswist 2000.
Seidler, J. D.: Die Verschwörung der Massenmedien. Eine Kulturgeschichte vom Buchhändler-Komplott bis zur Lügenpresse, Bielefeld 2016.
Stapf, I.: Medien-Selbstkontrolle. Ethik und Institutionalisierung, Konstanz 2006.
Ströhl, A.: Medientheorien kompakt, Konstanz u. a. 2014.
Swierk, A. G.: Zur Sozialistischen Theorie und Praxis des Buchwesens in Osteuropa, Wiesbaden 1981.
Wittwer, A.: Verwirklichungen. Eine Kritik der Medientheorie, Freiburg i. Br. 2001.
Wolling, J. (Hg.): Medieninnovationen. Wie Medienentwicklungen die Kommunikation in der Gesellschaft verändern, Konstanz 2011.
Yeh, S.: Anything goes? Postmoderne Medientheorien im Vergleich. Die großen (Medien-)Erzählungen von McLuhan, Baudrillard, Virilio, Kittler und Flusser, Bielefeld 2013.
Zbikowska-Migoń, A.: Anfänge buchwissenschaftlicher Forschung in Europa. Dargestellt am Beispiel der Buchgeschichtsschreibung des 18. Jahrhunderts, Wiesbaden 1994.
Zintzen, C. (Hg.): Die Zukunft des Buches. Vorträge des Symposions der Geistes- und Sozialwissenschaftlichen Klasse und der Klasse der Literatur in der Akademie der Wissenschaften und der Literatur, Mainz, am 20. Mai 2010, Stuttgart 2011.

Medien- und Buchökonomie

Altmeppen, K.-D. und M. Karmasin (Hg.): Medien und Ökonomie, 3 Bde., Wiesbaden 2003–2006.
Anderson, C.: The Long Tail – Der lange Schwanz. Nischenprodukte statt Massenmarkt. Das Geschäft der Zukunft, akt. und erw. Ausg., München 2009.
Beck, H.: Medienökonomie. Print, Fernsehen und Multimedia, 3., überarb. und erg. Aufl., Berlin u. a. 2011.
Beck, K.: Das Mediensystem Deutschlands. Strukturen, Märkte, Regulierung, 2., überarb. und akt. Aufl., Wiesbaden 2018.
Bez, T. und T. Keiderling: Der Zwischenbuchhandel. Begriffe, Strukturen, Entwicklungslinien in Geschichte und Gegenwart, Stuttgart 2010.
Bramann, K.-W. u. a.: Wirtschaftsunternehmen Sortiment. Der Buchhandel in Deutschland zu Beginn des 21. Jahrhunderts, 4., vollst. neu bearb. und erw. Aufl., Frankfurt a. M. 2014.
Breyer-Mayländer, T. u. a.: Wirtschaftsunternehmen Verlag, 5., akt. und erw. Aufl., Frankfurt a. M. 2014.

Breyer-Mayländer, T. und K.-W. Bramann: Online-Marketing und E-Commerce für Buchverlage, Frankfurt a. M. 2017.

Clement, R. und D. Schreiber: Internet-Ökonomie. Grundlagen und Fallbeispiele der vernetzten Wirtschaft, 3. Aufl., Berlin u. a. 2016.

Fetzer, G.: Berufsziel Lektorat. Tätigkeiten – Basiswissen – Wege in den Beruf, 2., überarb. u. erw. Aufl., revidierte Ausgabe, Stuttgart 2018.

Franzen, H.; D. Wallenfels und C. Russ: Buchpreisbindungsgesetz. Die Preisbindung des Buchhandels. Kommentar, 7., überarb. Aufl., München 2017.

Gläser, M.: Medienmanagement, 3. Aufl., München 2014.

Groothuis, R.: Wie kommen die Bücher auf die Erde?, überarb. und erw. Neuausg., Köln 2007.

Heinrich, J.: Medienökonomie, 3. Aufl., 2 Bde., Wiesbaden 2010.

Huse, U.: Verlagsmarketing, Frankfurt a. M. 2017.

Kappes, C.; J. Krone und L. Novy (Hg.): Medienwandel kompakt 2011–2013. Netzveröffentlichungen zu Medienökonomie, Medienpolitik & Journalismus, Wiesbaden 2014.

Kappes, C.; J. Krone und L. Novy (Hg.): Medienwandel kompakt 2014–2016. Netzveröffentlichungen zu Medienökonomie, Medienpolitik & Journalismus, Wiesbaden 2017.

Kerlen, D.: Der Verlag. Lehrbuch der Buchverlagswirtschaft, 14. Aufl., Stuttgart 2006.

Keuschnigg, M.: Das Bestseller-Phänomen. Die Entstehung von Nachfragekonzentration am Buchmarkt, Wiesbaden 2012.

Kolo, C.; T. Döbler und L. Rademacher (Hg.): Wertschöpfung durch Medien im Wandel, Baden-Baden 2012.

Krone, J. (Hg.): Medienwandel kompakt 2008–2010. Schlaglichter der Veränderung in Medienökonomie, -politik, -recht und Journalismus – ausgewählte Netzveröffentlichungen, Baden-Baden 2011.

Kuhlen, R. (Hg.): Grundlagen der praktischen Information und Dokumentation. Handbuch zur Einführung in die Informationswissenschaft und -praxis, Begr. von Klaus Laisiepen, 6., völlig neu gefasste Ausg., Berlin u. a. 2013.

Lucius, W. D. v.: Verlagswirtschaft. Ökonomische, rechtliche und organisatorische Grundlagen, 3., neu bearb. und erw. Aufl., Konstanz u. a. 2014.

Merz, M.: E-Commerce und E-Business. Marktmodelle, Anwendungen und Technologien, 2., akt. und erw. Aufl., Heidelberg 2002.

Mühl-Benninghaus, W. und M. Friedrichsen: Geschichte der Medienökonomie. Eine Einführung in die traditionelle Medienwirtschaft von 1750 bis 2000, Baden-Baden 2012.

Müller-Lietzkow, J. (Hg.): Ökonomie, Qualität und Management von Unterhaltungsmedien, Baden-Baden 2012.

Ott, T.: Crossmediales Publizieren im Verlag, Berlin u. a. 2014.

Pagel, S. (Hg.): Schnittstellen (in) der Medienökonomie, Baden-Baden 2015.

Pezoldt, K. und B. Sattler: Medienmarketing. Marketingmanagement für werbefinanziertes Fernsehen und Radio, Stuttgart 2009.

Pohl, S. und K. Umlauf: Der Sortimentsbuchhandel. Ein Lehrbuch, Stuttgart 2018.

Pohl, S. und K. Umlauf: Warenkunde Buch. Strukturen, Inhalte und Tendenzen des deutschsprachigen Buchmarkts der Gegenwart, 2., erneuerte Aufl., Wiesbaden 2007.

Prosi, G.: Ökonomische Theorie des Buches. Volkswirtschaftliche Aspekte des Urheber- und Verlegerschutzes, Düsseldorf 1971.

Rau, H. (Hg.): Digitale Dämmerung. Die Entmaterialisierung der Medienwirtschaft, Baden-Baden 2014.

Röhring, H.-H.: Wie ein Buch entsteht. Einführung in den modernen Buchverlag, 9. Aufl., rev. Ausg., Darmstadt 2011.

Schiffrin, A.: Verlage ohne Verleger. Über die Zukunft der Bücher, Berlin 2001.

Schönstedt, E. und T. Breyer-Mayländer: Der Buchverlag. Geschichte, Aufbau, Wirtschaftsprinzipien, Kalkulation und Marketing, 3., vollst. überarb. und erw. Aufl., Stuttgart u. a. 2010.

Wantzen, S.: Betriebswirtschaft für Verlagspraktiker. Jahresabschluss – Deckungsbeitragsrechnung – Erfolgsplanung, 2., überarb. Aufl., Frankfurt a. M. 2008.

Weidenbach, L.: Buchkultur und digitaler Text. Zum Diskurs der Mediennutzung und Medienökonomie, Hamburg 2015 [Online-Ressource].

Wendt, B.: Der Antiquariatsbuchhandel. Eine Fachkunde für Antiquare und Büchersammler, 4., von G. Gruber neu bearb. Aufl., Stuttgart 2003.

Winter, C.; A. Hepp und F. Krotz (Hg.): Theorien der Kommunikations- und Medienwissenschaft. Grundlegende Diskussionen, Forschungsfelder und Theorieentwicklungen, Wiesbaden 2008.

Zarnekow, R.; J. Wulf und F. Bornstaedt: Internetwirtschaft. Das Geschäft des Datentransports im Internet, Berlin u. a. 2013.

Lese(r)-, Rezeptions- und Medienwirkungsforschung

Andree, M.: Archäologie der Medienwirkung. Faszinationstypen von der Antike bis heute, München 2005.

Andree, M.: Wenn Texte töten. Über Werther, Medienwirkung und Mediengewalt, München u. a. 2006.

Bertschi-Kaufmann, A. und T. Graber (Hg.): Lesekompetenz, Leseleistung, Leseförderung. Grundlagen, Modelle und Materialien, 6. Aufl., Zug 2016.

Bilandzic, H.; F. Koschel, N. Springer und H. Pürer: Rezipientenforschung. Mediennutzung – Medienrezeption – Medienwirkung, Konstanz u. a. 2015.

Bonfadelli, H. und P. Bucher (Hg.): Lesen in der Mediengesellschaft. Stand und Perspektiven der Forschung, Zürich 2002.

Bonfadelli, H. und T. N. Friemel: Medienwirkungsforschung. 6., überarb. Aufl., Konstanz u. a. 2017.

Brosius, H.-B.: Alltagsrationalität in der Nachrichtenrezeption. Ein Modell zur Wahrnehmung und Verarbeitung von Nachrichteninhalten, Opladen 1995.
Brosius, H.-B.: Modelle und Ansätze der Medienwirkungsforschung. Überblick über ein dynamisches Forschungsfeld, Bonn 1997.
Bucher, H.-J. und P. Schumacher (Hg.): Interaktionale Rezeptionsforschung. Theorie und Methode der Blickaufzeichnung in der Medienforschung, Wiesbaden 2012.
Charlton, M. und S. Schneider (Hg.): Rezeptionsforschung. Theorien und Untersuchungen zum Umgang mit Massenmedien, Opladen 1997.
Chartier, R.: Lesewelten. Buch und Lektüre in der frühen Neuzeit, Frankfurt a. M. 1990.
Chartier, R. und G. Cavallo (Hg.): Die Welt des Lesens. Von der Schriftrolle zum Bildschirm, Frankfurt a. M. u. a. 1999.
Czichon, M.; C. Wünsch und M. Dohle (Hg.): Rezeption und Wirkung fiktionaler Medieninhalte, Baden-Baden 2016.
Franzmann, B. u. a. (Hg.): Handbuch Lesen, München 1999.
Fritz, A.: Lesen im Medienumfeld. Eine Studie zur Entwicklung und zum Verhalten von Lesern in der Mediengesellschaft auf der Basis von Sekundäranalysen zur Studie «Kommunikationsverhalten und Medien», Gütersloh 1994.
Früh, W.: Lesen, Verstehen, Urteilen. Untersuchungen über den Zusammenhang zwischen Textgestaltung und Textwirkung, Freiburg i. Br. 1980.
Früh, W.: Medienwirkungen: Das dynamisch-transaktionale Modell. Theorie und empirische Forschung, Opladen 1991.
Gehrau, V.; H. Bilandzic und J. Woelke (Hg.): Rezeptionsstrategien und Rezeptionsmodalitäten, Baden-Baden 2009.
Goetsch, P. (Hg.): Lesen und Schreiben im 17. und 18. Jahrhundert. Studien zu ihrer Bewertung in Deutschland, England, Frankreich, Tübingen 1994.
Groeben, N.: Rezeptionsforschung als empirische Literaturwissenschaft. Paradigma durch Methodendiskussion an Untersuchungsbeispielen, 2., überarb. Aufl., Tübingen 1980.
Groeben, N. und B. Hurrelmann (Hg.): Lesekompetenz. Bedingungen, Dimensionen, Funktionen, 3. Aufl., Weinheim u. a. 2009.
Hasebrink, U.; L. Mikos und E. Prommer (Hg.): Mediennutzung in konvergierenden Medienumgebungen, München 2004.
Jandura, O.; A. Fahr und H.-B. Brosius (Hg.): Theorieanpassungen in der digitalen Medienwelt, Baden-Baden 2013.
Kleinen v. Königslöw, K. und K. Förster (Hg.): Medienkonvergenz und Medienkomplementarität aus Rezeptions- und Wirkungsperspektive, Baden-Baden 2014.
Meyen, M.: Mediennutzung. Mediaforschung, Medienfunktionen, Nutzungsmuster, 2., überab. Aufl., Konstanz 2004.

Millard, A. R.: Pergament und Papyrus, Tafeln und Ton. Lesen und Schreiben zur Zeit Jesu, Gießen 2000.
Naab, T. K.: Gewohnheiten und Rituale der Fernsehnutzung. Theoretische Konzeption und methodische Perspektiven, Baden-Baden 2013.
Naab, T. K.: Naive Medientheorien und Third-Person Perception. Eine Untersuchung zur Integrierbarkeit beider Konzepte, Baden-Baden 2013.
Peter, C.: Fernsehen als Zerrspiegel. Relevanz und Bedingungen sozialer Vergleichsprozesse im Rahmen der Fernsehnutzung, Wiesbaden 2016.
Porsch, T. und S. Pieschl (Hg.): Neue Medien und deren Schatten. Mediennutzung, Medienwirkung und Medienkompetenz, Göttingen u. a. 2014.
Potthoff, M. (Hg.): Schlüsselwerke der Medienwirkungsforschung, Wiesbaden 2016 [Online-Ressource].
Rager, G.; K. Graf-Szczuka, G. Hassemer und S. Süper (Hg.): Zeitungsjournalismus. Empirische Leserschaftsforschung, Konstanz 2006.
Rössler, P.: Agenda-Setting. Theoretische Annahmen und empirische Evidenzen einer Medienwirkungshypothese, Opladen 1997.
Schemer, C.; W. Wirth und C. Wünsch (Hg.): Politische Kommunikation. Wahrnehmung, Verarbeitung, Wirkung, Baden-Baden 2010.
Schenda, R.: Volk ohne Buch. Studien zur Sozialgeschichte der populären Lesestoffe 1770–1910, 3. Aufl., Frankfurt a. M. 1988.
Schlimbach, I.: Emotionen und Informationsverarbeitung bei der Medienrezeption. Entwicklung und Überprüfung eines neuen Ansatzes, München 2007.
Schneider, J.: Sozialgeschichte des Lesens. Zur historischen Entwicklung und sozialen Differenzierung der literarischen Kommunikation in Deutschland, Berlin u. a. 2004.
Schön, E.: Der Verlust der Sinnlichkeit oder Die Verwandlung des Lesers, Mentalitätswandel um 1800, Stuttgart 1993.
Schönbach, K. und W. Eichhorn: Medienwirkung und ihre Ursachen: Wie wichtig sind Zeitungsberichte und Leseinteressen?, Konstanz 1992.
Schumann, C.: Der Publikumserfolg von Computerspielen. Qualität als Erklärung für Selektion und Spielerleben, Baden-Baden 2013.
Schulz, W. (Hg.): Medienwirkungen. Einflüsse von Presse, Radio und Fernsehen auf Individuum und Gesellschaft: Untersuchungen im Schwerpunktprogramm «Publizistische Medienwirkungen», Weinheim 1992.
Suckfüll, M.; H. Schramm und C. Wünsch (Hg.): Rezeption und Wirkung in zeitlicher Perspektive, Baden-Baden 2011.
Thomä, M.: Der Zerfall des Publikums. Nachrichtennutzung zwischen Zeitung und Internet, 2. Aufl., Wiesbaden 2014.
Wirth, W.: Von der Information zum Wissen. Die Rolle der Rezeption für die Entstehung von Wissensunterschieden. Ein Beitrag zur Wissenskluftforschung, Opladen 1997.

Wolf, S.: Medienwirkungen aus Rezipientensicht. Third-Person-Wahrnehmung in sozialen Netzwerken, München 2008.

Wünsch, C.; W. Früh und V. Gehrau (Hg.): Integrative Modelle in der Rezeptions- und Wirkungsforschung: Dynamische und transaktionale Perspektiven, München 2008.

Schriftmedien, ihre Herstellung(stechniken) und Handelszweige

Adam, B.: Das Buch der Blindenschrift. Schriften, Praxis, Wörterbuch, Wiesbaden 2009.

Assmann, J.: Das kulturelle Gedächtnis. Schrift, Erinnerung und politische Identität in frühen Hochkulturen, 8. Aufl., München 2018.

Aull, M.: Lehr- und Arbeitsbuch Druck, 9., durchges. und korr. Aufl., Itzehoe 2012.

Bauer, V. und H. Böning (Hg.): Die Entstehung des Zeitungswesens im 17. Jahrhundert. Ein neues Medium und seine Folgen für das Kommunikationssystem der Frühen Neuzeit, Bremen 2011.

Bechtel, G. : Gutenberg et l'invention de l'imprimerie, Paris 1992.

Bischoff, B.: Paläographie des römischen Altertums und des abendländischen Mittelalters, 4., durchges. und erw. Aufl., Berlin 2009.

Blanck, H.: Das Buch in der Antike, München 1992.

Bumke, J.: Höfische Kultur. Literatur und Gesellschaft im hohen Mittelalter, 12. Aufl., München 2008.

Czech, A.: In mittelalterlichen Schreibwerkstätten, 3. Aufl., München 1999.

Eisenstein, E. L.: Die Druckerpresse. Kulturrevolutionen im frühen modernen Europa, Wien 1997.

Estermann, M. und E. Lersch (Hg.): Buch, Buchhandel und Rundfunk 1945 – 1949, Wiesbaden 1997.

Estermann, M. und E. Lersch (Hg.): Buch, Buchhandel und Rundfunk 1950 – 1960, Wiesbaden 1999.

Estermann, M. und E. Lersch (Hg.): Buch, Buchhandel und Rundfunk 1968 und die Folgen, Wiesbaden 2003.

Fischer, E. und S. Füssel (Hg.): Geschichte des deutschen Buchhandels im 19. und 20. Jahrhundert. Die Weimarer Republik 1918 – 1933, 2 Teilbde., München und Berlin 2007 – 2012.

Fischer, E. und R. Wittmann (Hg.) in Zusarb. mit J.-P. Barbian: Geschichte des deutschen Buchhandels im 19. und 20. Jahrhundert. Drittes Reich 1933 – 1945, 1. Teilbd., Berlin u. a. 2015 [weitere Teilbde. in Vorbereitung].

Flügge, L.: Die Auswirkungen des Buchdrucks auf die Praxis des Schreibens, Marburg 2005.

Füssel, S.: Johannes Gutenberg, 5., überarb. und akt. Aufl., Reinbek 2013.

Füssel, S., G. Jäger und H. Staub (Hg.): Der Börsenverein des Deutschen Buchhandels 1825 – 2000. Ein geschichtlicher Aufriss, Frankfurt a. M. 2000.

Gerhardt, C. W. und H.-J. Imiela (Hg.): Geschichte der Druckverfahren, 4 Bde., Stuttgart 1974 – 1993.

Giesecke, M.: Der Buchdruck der frühen Neuzeit. Eine historische Fallstudie über die Durchsetzung neuer Informations- und Kommunikationstechnologien, 4., durchges. und um ein Vorw. erg. Aufl., Frankfurt a. M. 2006.

Goody, J.; I. Watt und K. Gough: Entstehung und Folgen der Schriftkultur, 3. Aufl., Frankfurt a. M. 1997.

Haarmann, H.: Universalgeschichte der Schrift, Frankfurt a. M. 2010.

Harms, W. und M. Schilling: Das illustrierte Flugblatt der frühen Neuzeit. Tradition, Wirkungen, Kontexte, Stuttgart 2008.

Haug, C. und V. Kaufmann (Hg.): Bestseller und Bestsellerforschung, Wiesbaden 2012.

Hoffmann, L.: Die Gutenbergbibel. Eine Kosten- und Gewinnschätzung des ersten Bibeldrucks auf der Grundlage zeitgenössischer Quellen. In: Archiv für Geschichte des Buchwesens 39/1993, Frankfurt a. M., S. 255 – 319.

Hömberg, W.: Lektor im Buchverlag. Repräsentative Studie über einen unbekannten Kommunikationsberuf, 2., überarb. Aufl., Konstanz 2011.

Honemann, V. u. a. S. Griese, F. Eisermann und M. Ostermann (Hg.): Einblattdrucke des 15. und frühen 16. Jahrhunderts. Probleme, Perspektiven, Fallstudien, Tübingen 2000.

Jacobi-Mirwald, C.: Das mittelalterliche Buch. Funktion und Ausstattung, Stuttgart 2004.

Jäger, G. (Hg.): Geschichte des deutschen Buchhandels im 19. und 20. Jahrhundert. Das Kaiserreich 1871 – 1918, 3 Teilbde., Frankfurt a. M. 2001 – 2010.

Jean, G.: Die Geschichte der Schrift, 4. Aufl., Ravensburg 1993.

Kipphan, H. (Hg.): Handbuch der Printmedien. Technologien und Produktionsverfahren, Berlin u. a. 2000.

Kusterka, W.: Colormanagement in der Farbreproduktion. Medientechnologie Druckvorstufe und Druck, 2. Aufl., Konstanz 2012.

Liebau, D. und I. Heinze: Industrielle Buchbinderei. Buchfertigung (Serie), 3., durchges. Aufl., Itzehoe 2010.

Mazal, O.: Einbandkunde. Die Geschichte des Bucheinbandes, Wiesbaden 1997.

Neddermeyer, U.: Von der Handschrift zum gedruckten Buch. Schriftlichkeit und Leseinteresse im Mittelalter und in der frühen Neuzeit. Quantitative und qualitative Aspekte, 2 Bde., Wiesbaden 1998.

Oligmüller, J. G. und S. Schachtner (Hg.): Papier. Vom Handwerk zur Massenproduktion, Köln 2001.

Ong, W. J.: Oralität und Literalität. Die Technologisierung des Wortes, 2. Aufl., Wiesbaden 2016.

Pollard, M.: Johannes Gutenberg, Recklinghausen 1993.

Rebel, E.: Druckgrafik. Geschichte und Fachbegriffe, 2., durchges. und akt. Aufl., Stuttgart 2009.

Robinson, A.: Bilder, Zeichen, Alphabete. Die Geschichte der Schrift, Darmstadt 2013.

Rück, P. (Hg.): Pergament. Geschichte, Struktur, Restaurierung, Herstellung, Sigmaringen 1991.

Rürup, B.; R. Klopfleisch und H. Stumpp: Ökonomische Analyse der Buchpreisbindung, Frankfurt a. M. 1997.

Sandermann, W.: Papier. Eine Kulturgeschichte, 3., erg., überarb. Aufl., Berlin 1997.

Schipke, R.: Das Buch in der Spätantike. Herstellung, Form, Ausstattung und Verbreitung in der westlichen Reichshälfte des Imperiums Romanum, Wiesbaden 2013.

Stein, P.: Schriftkultur. Eine Geschichte des Schreibens und Lesens, 2., durchges. Aufl., Darmstadt 2010.

Stiebner, E. D. und W. Leonhard: Bruckmanns Handbuch der Schrift, 4., akt. und neu gestaltete Aufl., München 1992.

Sting, S.: Schrift, Bildung und Selbst. Eine pädagogische Geschichte der Schriftlichkeit, Weinheim 1998.

Stöber, R.: Deutsche Pressegeschichte. Von den Anfängen bis zur Gegenwart, 3., überarb. Aufl., München 2014.

Stolz, M. und A. Mettauer (Hg.): Buchkultur im Mittelalter. Schrift, Bild, Kommunikation, Berlin 2005.

Straßner, E.: Zeitschrift, Tübingen 1997.

Teschner, H.: Druck- und Medientechnik. Informationen gestalten, produzieren, verarbeiten, 14. Aufl., revid. Ausg., Koblenz 2017.

Thompson, J. B.: Merchants of Culture. The Publishing Business in the Twenty-First Century, 2. Aufl., New York 2013.

Titel, V.: Geschäft und Gemeinschaft. Buchhändlerische Vereine im 19. Jahrhundert, in: Archiv für Geschichte des Buchwesens 52/1999, Frankfurt a. M., S. 1 – 227.

Tschudin, P. F.: Grundzüge der Papiergeschichte, 2., erg. Aufl., Stuttgart 2012.

Venzke, A.: Johannes Gutenberg. Der Erfinder des Buchdrucks und seine Zeit, 2. Aufl., München u. a. 2003.

Vorstand der Maximilian-Gesellschaft und Barbara Tiemann (Hg.): Die Buchkultur im 15. und 16. Jahrhundert, 2 Bde., Hamburg 1995 – 1999.

Wehde, S.: Typographische Kultur. Eine zeichentheoretische und kulturgeschichtliche Studie zur Typographie und ihrer Entwicklung, Tübingen 2000.

Welke, M. und J. Wilke (Hg.): 400 Jahre Zeitung. Die Entwicklung der Tagespresse im internationalen Kontext, Bremen 2008.

Windgätter, C.: Medienwechsel. Vom Nutzen und Nachteil der Sprache für die Schrift, Berlin 2006.

Wittmann, R.: Geschichte des deutschen Buchhandels, 3. Aufl., München 2011.

Auditive und audiovisuelle Medien, ihre Herstellung(stechniken) und Handelszweige

Bartz, C.: MassenMedium Fernsehen. Die Semantik der Masse in der Medienbeschreibung, Bielefeld 2007.

Bourdieu, P.: Über das Fernsehen, 11. Aufl., Frankfurt a. M. 2015.

Doelker, C.: Kulturtechnik Fernsehen. Analyse eines Mediums, Stuttgart 1991.

Dussel, K.: Deutsche Rundfunkgeschichte, 3., überarb. Aufl., Konstanz 2010.

Eberenz, K.: Lesen mit Händen und Ohren. Punktschriftbücher und Hörbücher für Blinde und Sehbehinderte, München 2008.

Erb, E.: Radios von gestern. Wie entstanden Funk, Rundfunk und Radiobewegung. Entwicklung des Radios und der wichtigsten Radiofirmen pro Land. Verwandte des Radios, 5., unveränd. Aufl., Baden-Baden 2012.

Fischer, T. und T. Schuhbauer: Geschichte in Film und Fernsehen. Theorie, Praxis, Berufsfelder, Tübingen 2016.

Früh, W.: Gewaltpotenziale des Fernsehangebots. Programmangebot und zielgruppenspezifische Interpretation, Wiesbaden 2001.

Früh, W.: Unterhaltung durch das Fernsehen. Eine molare Theorie, Konstanz 2002.

Groebel, J.: Das neue Fernsehen. Mediennutzung, Typologie, Verhalten, Wiesbaden 2014.

Häusermann, J.; K. Janz-Peschke und S. Rühr: Das Hörbuch. Medium – Geschichte – Formen, Konstanz 2010.

Hickethier, K.: Film- und Fernsehanalyse, 5., akt. und erw. Aufl., Stuttgart 2012.

Hickethier, K.: Geschichte des deutschen Fernsehens, Stuttgart 1998.

Jacobs, O. und T. Lorenz: Wissenschaft fürs Fernsehen. Dramaturgie, Gestaltung, Darstellungsformen, Wiesbaden 2014.

Kamps, K. und M. Meckel (Hg.): Fernsehnachrichten. Prozesse, Strukturen, Funktionen, Opladen 1998.

Karstens, E. und J. Schütte: Praxishandbuch Fernsehen. Wie TV-Sender arbeiten, 3., akt. Aufl., Wiesbaden 2013.

Keutzer, O.; S. Lauritz, C. Mehlinger und P. Moormann: Filmanalyse, Wiesbaden 2014.

Kittler, F. A.: Grammophon, Film, Typewriter, Berlin 1986.

Kreuzer, H. und C. W. Thomsen (Hg.): Geschichte des Fernsehens in der Bundesrepublik Deutschland, 5 Bde., München 1993 – 1994.

Krug, H.-J.: Radio, Konstanz 2010.

Maletzke, G.: Kulturverfall durch Fernsehen?, Berlin 1988.

Muckenhaupt, M.: Fernsehnachrichten gestern und heute, Tübingen 2000.

Müller, D. K. und E. Raff (Hg.): Praxiswissen Radio. Wie Radio gemacht wird und wie Radiowerbung anmacht, 2., akt. und erw. Aufl., Wiesbaden 2011.

Münker, S. und A. Roesler (Hg.): Televisionen, Frankfurt a. M. 1999.

Pichler, F.: Aufsätze zur Geschichte der Telegraphie. Spezielle Telegraphen-Apparate und Instrumente aus verschiedenen Ländern, Linz 2014.

Pichler, F. und J. Prikowitsch (Hg.): Aufsätze zur Geschichte der Radio- und Funktechnik. Von der drahtlosen Telegraphie von Marconi bis zum Radiobasteln nach dem 2. Weltkrieg, 2., überarb. Aufl., Linz 2013.

Prommer, E.: Film und Kino. Die Faszination der laufenden Bilder, Wiesbaden 2016.

Renner, K. N.: Fernsehen, Konstanz 2012.
Rühr, S.: Tondokumente von der Walze zum Hörbuch. Geschichte, Medienspezifik, Rezeption, Göttingen 2008.
Scheuermann, A.: Zur Theorie des Filmemachens. Flugzeugabstürze, Affekttechniken, Film als rhetorisches Design, München 2009.
Schumacher, H.: Fernsehen fernsehen. Modelle der Medien- und Fernsehtheorie, Köln 2000.
Zielinski, S.: Audiovisionen. Kino und Fernsehen als Zwischenspiele in der Geschichte, Reinbek 1994.

Multimediale, computergestützte Medien, ihre Herstellung(stechniken) und Handelszweige

Bade, A.: Das Internet als programmbegleitendes Medium des Hörfunks. Historische Entwicklung von Internet, Radio und ihrer Medientheorien, Hamburg 2009.
Beck, K.: Computervermittelte Kommunikation im Internet, München u. a. 2006.
Berker, T.: Internetnutzung in den 90er Jahren, Frankfurt a. M. 2001.
Brauckmann, P. (Hg.): Web-Monitoring. Gewinnung und Analyse von Daten über das Kommunikationsverhalten im Internet, Konstanz 2010.
Bucher, H.-J.: Neue Medien – neue Formate. Ausdifferenzierung und Konvergenz in der Medienkommunikation, Frankfurt a. M. u. a. 2010.
Fraas, C.; S. Meier und C. Pentzold: Online-Kommunikation. Grundlagen, Praxisfelder und Methoden, München u. a. 2012.
Furtwängler, F.: Computerspielphilosophie. Zu einer Spielforschung innerhalb der Medienwissenschaft, Konstanz 2010 [Online-Ressource].
Huber, M.: Kommunikation und Social Media, 3., überarb. Aufl., Konstanz u. a. 2013.
Rebensburg, K. (Hg.): Film, Computer und Fernsehen im Zeichen des Content. Neue Medien und Technologien der Informationsgesellschaft, Berlin 2010.
Reichert, R.: Die Macht der Vielen. Über den neuen Kult der digitalen Vernetzung, Bielefeld 2014 [Online Ressource].
Rössler, P. (Hg.): Online-Kommunikation. Beiträge zu Nutzung und Wirkung, Opladen u. a. 1998.
Rusch, G.; H. Schanze und G. Schwering: Theorien der neuen Medien. Kino, Radio, Fernsehen, Computer, Paderborn 2007.
Schmidt, J.-H.: Das neue Netz. Merkmale, Praktiken und Folgen des Web 2.0, 2., überarb. Aufl., Konstanz 2011.
Stöber, R.: Neue Medien. Von Gutenberg bis Apple und Google. Medieninnovation und Evolution, Bremen 2013.
Vitouch, P. (Hg.): Psychologie im Internet. Empirische Arbeiten zu Phänomenen der digitalen Kommunikation, 2 Bde., Wien 2001–2004.
Walsh, G.: Web 2.0. Neue Perspektiven für Marketing und Medien, 2., vollst. überarb. und erw. Aufl., Berlin u. a. 2011.
Welker, M.: Determinanten der Internet-Nutzung, 2., überarb. Aufl., München 2002.

Bibliotheks- und Informationswissenschaft

Bruns, K. und K. Meyer-Wegener (Hg.): Taschenbuch der Medieninformatik, München 2005.
Fisher, K. E.; S. Erdelez und L. McKechnie: Theories of Information Behavior, 3. Aufl., Medford N. J. 2009.
Gantert, K.: Bibliothekarisches Grundwissen, 9., vollst. akt. und erw. Aufl., Berlin u. a. 2016.
Hobohm, H.-C. und K. Umlauf (Hg.): Erfolgreiches Management von Bibliotheken und Informationseinrichtungen, Losebl.-Ausg., Hamburg 2002 ff.
Jochum, U.: Kleine Bibliotheksgeschichte, 3., verb. und erw. Aufl., Stuttgart 2007.
Linde, F. und W. G. Stock: Informationsmarkt. Informationen im I-Commerce anbieten und nachfragen, München 2011.
Plassmann, E.; H. Rösch, J. Seefeldt und K. Umlauf: Bibliotheken und Informationsgesellschaft in Deutschland, 2., gründlich überarb. und erw. Aufl., Wiesbaden 2011.
Rubin, R. E.: Foundations of Library and Information Science, 4. Aufl., Chicago 2016.
Stock, W. G.: Information Retrieval. Informationen suchen und finden, München 2007.
Stock, W. G. und M. Stock: Wissensrepräsentation. Informationen auswerten und bereitstellen, München 2008.
Umlauf, K.: Medienkunde, 3., akt. Aufl., Wiesbaden 2014.
Wirtz, B. W.: Medien- und Internetmanagement, 9., akt. und überarb. Aufl., Wiesbaden 2016.
Zimmer, D. E.: Die Bibliothek der Zukunft. Text und Schrift in Zeiten des Internets, 3. Aufl., Hamburg 2000.

Medien-, Urheber- und Verlagsrecht

Beater, A.: Medienrecht, 2., neubearb. Aufl., Tübingen 2016.
Bühler, P.; P. Schlaich und D. Sinner: Medienrecht. Urheberrecht – Markenrecht – Internetrecht, Berlin 2017.
Dommann, M.: Autoren und Apparate. Die Geschichte des Copyrights im Medienwandel, Frankfurt a. M. 2014.
Dörr, D.: Medienrecht, 6., neu bearb. und erw. Aufl., Heidelberg u. a. 2018.
Engelhardt, H.: Regulierung des Telekommunikationssektors. Technische Möglichkeiten, wirtschaftliche Zusammenhänge und juristische Konzepte, Berlin u. a. 2013.
Fechner, F.: Entscheidungen zum Medienrecht. Auswahl für Studium und Praxis, 3., erw. und akt. Aufl., Tübingen 2018.
Gersdorf, H. und B. P. Paal (Hg.): Online-Kommentar Informations- und Medienrecht, 20. Aufl., München 2018 [Online Ressource].

Gieseke, L.: Vom Privileg zum Urheberrecht. Die Entwicklung des Urheberrechts in Deutschland bis 1845, Baden-Baden 1995.

Götz von Olenhusen, A.: Der Journalist im Medien-, Arbeits- und Urheberrecht, 2., neu bearb. Aufl., München 2015.

Hagenah, J.: Alte und neue Medien. Zum Wandel der Medienpublika in Deutschland seit den 1950er Jahren, Berlin u. a. 2008.

Hager, P.: Rundfunkvielfalt und Medienkonzentration. Rechtliche Mechanismen zur Sicherung der Diversität in Radio und Fernsehen, Zürich u. a. 2016.

Henschel, U.: Vermittler des Rechts. Juristische Verlage von der Spätaufklärung bis in die frühe Nachkriegszeit, Berlin u. a. 2015.

Hillig, H.-P. (Hg.): Urheber- und Verlagsrecht. Urheberrechtsgesetz, Verlagsgesetz, Recht der urheberrechtlichen Verwertungsgesellschaften, Internationales Urheberrecht, 17., neu bearb. Aufl., München 2018.

Hoffmann, J. M. (Hg.).: Online-Recht 3.0. Datenschutz – Domainrecht – Verbraucherschutz – Haftung, Stuttgart u. a. 2010.

Lent, W:. Urheberrecht für Buchwissenschaftler. Studienbuch, Münster 2018.

Loewenheim, U.; M. Leistner und A. Ohly (Hg.): Urheberrecht. Kommentar, 5., neu bearb. Aufl. des von G. Schricker bis zur 3. Aufl. herausgegeb. Werks, München 2017.

Lutz, P.: Grundriss des Urheberrechts, 2., neu bearb. Aufl., Heidelberg u. a. 2013.

Menche, B.: Urheber- und Verlagsrecht, Frankfurt am Main 2017.

Miserre, T.: Rundfunk-, Multimedia- und Telekommunikationsrecht. Abgrenzung der Anwendungsbereiche von Art. 5 I 2 GG, Rundfunkstaatsvertrag, Teledienstegesetz, Mediendienstestaatsvertrag und Telekommunikationsgesetz, Frankfurt M. u. a. 2006.

Müller von der Heide, K.: Recht im Verlag. Ein Handbuch für die Praxis, Frankfurt a. M. 1995.

Nordemann, A.; J. B. Nordemann und C. Czychowski (Hg.): [Fromm/Nordemann] Urheberrecht. Kommentar zum Urheberrechtsgesetz, Verlagsgesetz, Einigungsvertrag (Urheberrecht), neu: zur EU-Portabilitätsverordnung, Begr. von F. K. Fromm, 12., erw. und überarb. Aufl., Stuttgart 2018.

Obert, A.: Die Preisbindung im Buchhandel in Deutschland und im Vereinigten Königreich in der Sicht des europäischen Rechts, München 2000.

Peukert, A. und M. Rehbinder: Urheberrecht und verwandte Schutzrechte. Ein Studienbuch, Begr. von H. Hubmann, 18., vollst. neu bearb. Aufl., München 2018.

Pierson, M.; T. Ahrens und K. R. Fischer: Recht des geistigen Eigentums. Gewerblicher Rechtsschutz, Urheberrecht, Wettbewerbsrecht, 4., überarb. u. akt. Aufl., revidierte Ausg., Stuttgart 2018.

Piltz, C.: Soziale Netzwerke im Internet. Eine Gefahr für das Persönlichkeitsrecht?, Frankfurt a. M. 2013.

Russ, C.: VerlG. Gesetz über das Verlagsrecht. Kommentar, Köln 2014.

Sedelmeier, K. und E. H. Burkhardt (Hg.): Presserecht. Kommentar zu den deutschen Landespressegesetzen, begr. von Martin Löffler, 6., neubearb. und erw. Aufl., München 2015.

Steiner, H.: Das Autorenhonorar – seine Entwicklungsgeschichte vom 17. bis 19. Jahrhundert, Wiesbaden 1998.

Ulmer-Eilfort, C. und E. I. Obergfell: Verlagsrecht. Kommentar, München 2013.

Vogel, M.: Deutsche Urheber- und Verlagsrechtsgeschichte zwischen 1450 und 1850. Sozial- und methodengeschichtliche Entwicklungsstufen der Rechte von Schriftsteller und Verleger, Sonderdruck: Archiv für Geschichte des Buchwesens. 19/1978, Frankfurt a. M.

Wadle, E.: (Hg.): Historische Studien zum Urheberrecht in Europa. Entwicklungslinien und Grundfragen, Berlin 1993.

Waiblinger, J.: «Plagiat» in der Wissenschaft. Zum Schutz wissenschaftlicher Schriftwerke im Urheber- und Wissenschaftsrecht, Baden-Baden 2012.

Wandtke, A-A.: Urheberrecht, 6., völlig neu bearb. Aufl., Berlin 2017.

Zappe, C.: Medienrecht 2.0. Jura für Medienmacher, Norderstedt 2011.

Medienkontrolle, Medienzensur

Anděl, M. (Hg.): Propaganda, (Selbst-)Zensur, Sensation. Grenzen von Presse- und Wissenschaftsfreiheit in Deutschland und Tschechien seit 1871, Essen 2005.

Barbian, J.-P.: Literaturpolitik im NS-Staat. Von der «Gleichschaltung» bis zum Ruin, Frankfurt a. M. 2010.

Barck, S.; M. Langermann und S. Lokatis: «Jedes Buch ein Abenteuer». Zensur-System und literarische Öffentlichkeiten in der DDR bis Ende der sechziger Jahre, 2. Aufl., Berlin 1998.

Bosse, H.: Autorschaft ist Werkherrschaft. Über die Entstehung des Urheberrechts aus dem Geist der Goethezeit, Neue, mit einem Nachwort von W. D. v. Lucius vers. Aufl., Paderborn 2014.

Breuer, D.: Geschichte der literarischen Zensur in Deutschland, Heidelberg 1982.

Buschmann, S.: Literarische Zensur in der BRD nach 1945, Frankfurt a. M. u. a. 1997.

Clemens, G. B. (Hg.): Zensur im Vormärz. Pressefreiheit und Informationskontrolle in Europa, Ostfildern 2013.

Eisenhardt, U.: Die kaiserliche Aufsicht über Buchdruck, Buchhandel und Presse im Heiligen Römischen Reich Deutscher Nation (1496–1806). Ein Beitrag zur Geschichte der Bücher- und Pressezensur, Karlsruhe 1970.

Fischer, H.-D. (Hg.): Deutsche Kommunikationskontrolle des 15. bis 20. Jahrhunderts, München 1982.

Fuld, W.: Das Buch der verbotenen Bücher. Universalgeschichte des Verfolgten und Verfemten von der Antike bis heute, Berlin 2012.

Göpfert, H. G. und E. Weyrauch (Hg.): «Unmoralisch an sich ...». Zensur im 18. und 19. Jahrhundert, Wiesbaden 1988.

Haefs W. und Y.-G. Mix (Hg.): Zensur im Jahrhundert der Aufklärung. Geschichte – Theorie – Praxis, Göttingen 2006.

Hüper, M.: Zensur und neue Kommunikationstechnologien, Aachen 2004.

Huse, U.: Zensur und Medienkontrolle in demokratischen Gesellschaften, Wiesbaden 2017.

Kienzle, M. und D. Mende (Hg.): Zensur in der BRD. Fakten und Analysen, München 1980.

Kliesch, M.: Ästhetik der Zensur, Salenstein 2017.

Koreng, A.: Zensur im Internet. Der verfassungsrechtliche Schutz der digitalen Massenkommunikation, Baden-Baden 2010.

Lokatis, S.: Der rote Faden. Kommunistische Parteigeschichte und Zensur unter Walter Ulbricht, Köln u. a. 2003.

Lorenz, M. N.: Literatur und Zensur in der Demokratie. Die Bundesrepublik und die Freiheit der Kunst, Göttingen 2009.

McCarthy, J. A. und W. von der Ohre (Hg.): Zensur und Kultur. Zwischen Weimarer Klassik und Weimarer Republik mit einem Ausblick bis heute, Tübingen 1995.

Mix, Y.-G. (Hg.): Kunstfreiheit und Zensur in der Bundesrepublik Deutschland, Berlin u. a. 2014.

Müller, B. (Hg.): Zensur im modernen deutschen Kulturraum, Tübingen 2003.

Petersen, K.: Zensur in der Weimarer Republik, Stuttgart u. a. 1995.

Plachta, B.: Zensur, Stuttgart 2006.

Roßbach, N.: Achtung, Zensur! Über Meinungsfreiheit und ihre Grenzen, Berlin 2018.

Wolf, H. (Hg.): Inquisition, Index, Zensur. Wissenskulturen der Neuzeit im Widerstreit, 2., erw. Aufl., Paderborn 2003.

Ziegler, E.: Literarische Zensur in Deutschland 1819–1848. Materialien, Kommentare, 2., rev. Aufl., München 2006.

Zimmermann, C.: Medien im Nationalsozialismus. Deutschland, Italien und Spanien in den 1930er und 1940er Jahren, Wien u. a. 2007.